中华学术·有道

品位与职位

阎步克——著

秦汉魏晋
南北朝
官阶制度研究

中華書局

图书在版编目(CIP)数据

品位与职位:秦汉魏晋南北朝官阶制度研究/阎步克著. —北京:中华书局,2023.6
(中华学术·有道)
ISBN 978-7-101-16023-9

Ⅰ.品… Ⅱ.阎… Ⅲ.①官制-研究-中国-秦汉时代②官制-研究-中国-魏晋南北朝时代 Ⅳ.D691.42

中国版本图书馆 CIP 数据核字(2022)第 231853 号

书　　名　品位与职位:秦汉魏晋南北朝官阶制度研究
著　　者　阎步克
丛 书 名　中华学术·有道
责任编辑　王传龙
责任印制　管　斌
出版发行　中华书局
　　　　　(北京市丰台区太平桥西里 38 号　100073)
　　　　　http://www.zhbc.com.cn
　　　　　E-mail:zhbc@zhbc.com.cn
印　　刷　北京盛通印刷股份有限公司
版　　次　2023 年 6 月第 1 版
　　　　　2023 年 6 月第 1 次印刷
规　　格　开本/920×1250 毫米　1/32
　　　　　印张 21⅞　插页 2　字数 472 千字
印　　数　1-4000 册
国际书号　ISBN 978-7-101-16023-9
定　　价　108.00 元

目　录

第一章　品位与职位

这一章既然位于全书开头,理所当然应该交待全书的思路和主题了,“开宗明义”好像就是这么个意思。

首先打算跟大家交待的,是几个基本概念和分析模式,全部讨论就是围绕它们而展开的。然而概念和模式只不过是研究者预设的工具而已,它们顺不顺手、好不好用,只能就具体的问题和对象而言,或说只有和史实融合起来才有意义。所以在“开宗明义”的时候,还不能不对相关史实,也就是对秦汉魏晋南北朝官阶制发展的各个要点,加以交待。所交待的各个要点,即被用来证成分析工具的可行性,此外也打算再进一步,就历代官阶制的宏观变迁提出一些展望推论。对秦汉魏晋南北朝官阶制变迁的那些概述,其论据都来自此后各章各节的专门考察;最后则是对整个中华帝国官僚等级制的鸟瞰,它包含着一个五阶段的分期模式。

说得再简单一点吧,这第一章里包含着三方面内容:第一,全书分析框架的阐释说明;第二,秦汉魏晋南北朝官阶制的变迁概述;第三,对整个中华帝国官阶制度变迁史的分期尝试。基于这种结构安排,读者就可以把第一章看成是概论,其中包含着此后各章的浓缩,而把此后的各章视为分论。虽说这会造成本章与后章内容的某些重复,但也能为阅读提供不少方便:可以让读者早点儿了解全书概貌,以免被过早遭遇的琐屑细节淹没了一以贯之的观点。相应的,习惯上被置于书末的结论部分也放在了本章。作为分论的各章中有许多考证辨析,连作者自己都厌烦着它们的琐碎枝末,大多数读者恐怕也不会兴味盎然。在新房子矗立之前少不了挖土奠基、砌墙安门、上梁铺瓦一类活计,但它们不是所有嘉宾的参观对象。要是真没兴趣的话,浏览第一章就足够了,掩卷之余的宝贵时间尽可另作他用。

一、品位与职位

"分科分层"是官僚制度的最基本特征,它提供了一个分配权力、责任和资源的等级架构,同时也提供了官僚个人获得报酬、地位和声望的基本级差①。在有些场合,文官的待遇和职权级差的影响大致只限于政府组织之内;而在另一些情况下,官阶制的影响还可能变本加厉,进而扩张为社会制度的骨架②。古今中外各色官阶制的千差万别,都能折射出其时政体的不同形态和倾向来。较传统的政治制度史研究主要集中于官署和职掌之上,新近

---

①马克斯·韦伯:"下述各点可以说是理性合法权威的基本概念:……(3)官署组织遵循等级制原则,亦即,各个较低的官署都处于一个较高的官署的控制和监督之下";最纯粹类型的行政官员的任命和工作遵循如下原则:"……(2)他们被组织在清晰定义的官署等级制之中。"Max Weber, *Economy and Society*, edited by G. Roth and C. Wittich, University of California Press, 1968, pp. 218, 220.

②例如周翼虎、杨晓民先生就描述了这样一个官本位的、等级森严的金字塔社会。见其《中国单位制度》,中国经济出版社 2002 年版,第 79—86 页。

的创新寻求又提出了“运作机制”、“政治文化”等等论题；除此之外，我们以为官僚等级制的研究具有同等重大的意义，同样是一块值得继续发掘的沃土。

汉代担负监察任务的刺史秩六百石，受其监察的郡守国相则秩二千石。这种等级安排极具匠心，并被顾炎武称为“百代不易之良法”：“夫秩卑而命之尊，官小而权之重，此小大相制、内外相维之意也。”①有些官位被置于崇高的品级，但实权却给了另一些品级较低的官员，某些时候三公与尚书令就是这种情况。这个精心设计就显示出了传统政治的特色：既要优礼笼络年高德劭的大臣元老，又要保证政务的高效处理、维持皇帝对权势的予取予夺。有时文臣、武将在官品上平起平坐，但实际位望高下悬殊，在历史后期尤其如此。担负实际事务的胥吏们不仅是行政地位较低而已，还在身份上被视为士大夫的“另类”，在等级制上以“流外”形式与士大夫划开鸿沟。这些也都是传统政治特质的折光。官僚们依照等级被授予了种种权益，其中一部分相当于薪俸，此外衣饰、房舍、舆马、仪卫、礼节、丧葬等方面的礼遇差别，法律、经济和文化的种种优待，还进而表现为特权。

套用“干部决定一切”这句老话，不妨说在传统中国是“官僚决定一切”。这是一个“管理者的政权”②。我们当然并不会贸然接受“治水社会”、“亚细亚的停滞”等说法，不过两千年中专制集权体制和儒生官僚体制的存在及其连续性，确实构成了一个巨大的权重，它使经济进步所带来的社会形态“变化率”，相对大为减

---

①顾炎武：《日知录》卷九《部刺史》，栾保群、吕宗力校点：《日知录集释》，花山文艺出版社 1990 年版，第 407 页。

②魏特夫：《东方专制主义——对于极权力量的比较研究》，中国社会科学出版社 1989 年版，第 40 页。

小了。曾有人断言传统中国“国家权力只达到县一级”，这未必是全部的真实①。在讨论中国法律的阶级性质时，瞿同祖先生指出：“八议者，其他官吏及上述二种人的亲属，因其法律上特殊的地位，我们不妨称之为法律上的特权阶级。”②政府里的官位高低同时也是社会上的贵贱尊卑，官僚明确无误地构成了传统中国的支配阶级；进而对官僚等级制度的研究，也就显示了更大一些的意义。

本书把秦汉魏晋南北朝的官僚等级制度，或说官阶制，作为叙述和研讨的对象。

说到这个时期的官僚等级，那么汉代以“若干石”构成的禄秩等级、魏晋以来的“九品”官品之类，马上就会浮出读者脑海吧。对禄秩和官品，各种政治制度史的专著一般都辟有专节介绍；同时还有那么多的论文，直接或部分地涉及了它们的细部考析。有关变迁好像不怎么复杂：汉代的禄秩等级已经很严谨了，大略有十七八个层次；魏晋以来出现了九品官品，构成一个较大转型；北魏孝文帝进而把九品官品析分出了正、从、上、下，共三十级；此后还有梁武帝别出心裁创十八班制，以及西魏、北周参照《周礼》改用九命、九秩等级的事件。隋唐以至后世，继承的是孝文帝所创之法；但为了简洁起见，也有略去上下阶而仅存正从十八等的时候。诸如此类的级差调整、名目改换过程，看来都已一清如水、尽人皆知了，此外真的有什么剩义可发，足使一部新书成为必要，而不至陈陈相因、遭“著书而不立说”之讥吗？

---

①可参看秦晖先生对这种观点的批评：《“大共同体本位”与传统中国社会》，《中国社会科学文摘》2000 年第 1 期（原刊《社会学研究》1998 年第 5 期、1999 年第 3 期、1999 年第 4 期）。

②瞿同祖：《中国法律与中国社会》，中华书局 1981 年版，第 208 页。

确实，官品官阶什么的看上去有点鸡零狗碎，研讨的余地不怎么太大了。不过就像研究宇宙和研究粒子是等价的工作一样，论题价值不一定就取决于题材的巨细，价值的大小在于如何发掘处理。一滴水可以见太阳，事物的任一片断都包含着整体的全息。对官阶制同样可能找到某种视角，得以用不尽相同的方式组织材料，从而为这个论题注入一些新意。

仍来看瞿同祖先生发人深思的论断："贵族官吏在法律上的特殊地位及种种特权已如上述，最令人惊异而感兴趣的是以官抵罪的方式。官职以今日的概念言之，原是行政上的一种职位，在古代则视为个人的一种身份，一种个人的权利……若从去职的官吏仍能享受这种特权的一点事实来看，我们更可以看出官职是一种身份，是一种权利，罢官所丧失的只是某种官位的行使职权，身份权利则属于个人而永不丧失，除非有重大的过失而革职。我们或可说在通常情况之下所丧失的是职而不是官，所以致仕官的生活方式同于现任官，法律上的种种特权亦同于现任官。"①这段叙述，提示了一种"官"、"职"有别的观察方法，"个人的一种身份"、"行政上的一种职位"被区别开来了。这很有启发意义。

于是，我们离本书"官阶"论题所采用的视角，就越来越近了。由上述"官"、"职"两分或"身份"与"职位"两分的思路，我们将进而揭著"品位分等"与"职位分等"概念，它们是从现代行政理论的"品位分类"(personnel rank classification system)和"职位分类"(position classification system)引申而来的。

现代文官等级制有所谓"职位分类"概念。它首先涉及工作

①瞿同祖：《中国法律与中国社会》，第218页。

种类、事务简繁、责任轻重、所需资格及报酬等分类标准①。并且，“许多国家虽然也有职系和职等、职级的划分，但是只限于工资类别和等级的划分，同职位分类不一样。职位分类与工资等级的不同在于，职位分类的内容不限于工资待遇，更重要的是要规定每个职位的工作标准、工作责任、所需资格、考核标准、奖惩措施等”②。为此，就要对每一职位进行科学的评估和归类，这是个相当复杂的工程③。不过若将“职位分类”只看成“明确的指挥体系”(chain of command)和“工作内容的明确规定”④，便容易忽略它的另一重要特征。“职位分类”之不同于一般“工资类别和等级的划分”，还不仅仅在于在它具体规定了各个职位的权责、资格、等级与报酬，建立了职门(service)、职系(series)、职级(class)、职

①张金鉴:《人事行政学》，台湾三民书局 1985 年版，第 139 页。

②谭健主编:《外国政府管理体制评介》，上海人民出版社 1987 年版，第 577 页。

③这包括进行职位调查，区分职组和职系，对各职位的工作简繁、责任大小和相应资格进行评价并制作职位说明书，并把职位纳入相应的职等和职级等。可参看曹志主编:《资本主义国家公务员制度概要》，北京大学出版社 1985 年版，第 97—113 页；王雷保主编:《公务员职位分类教程》，机械工业出版社 1989 年版，第 4 篇第 12 章“职位分类的基本原理”。

④参看罗文:《由现代行政学的职位分类看宋代的人事行政制度》，《华冈文科学报》1978 年第 11 期。罗文先生着眼于职系和职等的划分，把宋代行政制度视为“职位分类的雏形”。但我们则将着眼于“是否存在着跟人走的等级”一点，而对宋代官阶制提出不同判断(见下文)。当然罗先生也说到:宋代“寄禄阶的正俸，便是根据人品制度(即品位制度)定待遇；而差遣的职钱，便可谓根据职位来定待遇”。宋代官僚的职钱从属于职位，这确实有“职位分类”意味。但职钱并非官僚各种待遇权益的全部，由于其时存在着从属于官员个人的本阶，而且有许多特权从属于本阶，这仍应视作“品位分类”制度。

等(grade)的体系;它的另一重要特征,是在和所谓“品位分类”①的比较中显露出来的。

“品位分类以‘人’为中心,依地位高低来分类和定待遇,职位分类以‘事’为中心,依工作职责和贡献大小分类和定待遇”②的说法简单了一点,另一些阐述更为清晰详明:

> 西方国家文官系统的结构类型分为品位分类和职位分类两种。
>
> 在品位分类结构中,文官既有官阶,又有职位。官阶标志品位等级,代表地位之高低,资格之深浅,报酬之多寡;职位标志权力等级,代表职责之轻重,任务之简繁。官与职是分开的,既可以有官无职、有职无官,更可以官大职小、职大官小。总之,品位分类是以人为中心的,着眼点在人而不在事。
>
> 在职位分类结构中,文官本身的等级和行政部门中职位的等级合二为一,官和职融为一体,不存在品位分类结构中那种独立于职位的官阶。……总之,职位分类是以事为中心,等级随职而定而非随人走。③

---

①也有学者把“品位分类”译为“职务分类”,并把这两种类型进而分为四型:“一般职位分类”体制,“无共同职等之职位分类”体制,“一般职务分类”体制,“无共同职等之职务分类”体制。参看傅肃良:《各国人事制度》,台湾三民书局1986年版,第546—550页。

②李盛平:《各国公务员制度》,光明日报出版社1989年版,第46页。不过随后李盛平认为,“职位分类制度比较适用于担任领导的通才”,这与学界一般看法相反。一般认为,“职位分类”更适用于工作比较常规、责任比较固定的中低级官员,“品位分类”较适于担负领导责任的高级文官。

③杨百揆等:《西方文官系统》,四川人民出版社1985年版,第110—111页。

> 品位分类制最主要之特点——是对“人”的分类，而非对“事”的分类。对“人”的分类，系指对人员的品级官阶加以区分，而不涉及各等级人员所担任之“事”，即工作职务的分类。
>
> 品位分类制重视人员的品级、官等、年资与资格，而不是工作职责的性质与程度。人事行政学者多强调品位分类不是工作职务与责任的分类，而是人员的资历与品级的分等。①

那么“职位分类”的重要特点之一，就在于“级不随人走”，就在于“官和职融为一体，不存在品位分类结构中那种独立于职位的官阶”。在这里，职等、职级的等级都是从属于职位的，它们不是文官个人的等级，所以若无职位，便无等级可言②。比如说：“美国文官的等级具有职位属性，而没有人身属性。这就是说文官的工资级别一向是跟职务而定的，文官本人没有级别。工资随职务而定有按劳付酬的好处。”③

至如“品位分类”的特点，可以随手拈来军衔制作为例子。军衔与军职分离为二：上将、中校、少尉之类军衔是从属个人的品

---

①许南雄：《人事行政学》，台湾商鼎文化出版社 1993 年版，第 137 页。

②可参考原美国文官总署署长坎贝尔的叙述：“所要强调的是，美国文官制度的等级，是与他的职位相联系的。每一职位有一个等级，并不是说个人有一个等级，个人并没有等级；在位时就有等级，不在位时就没有等级。这与美国军事部门和外交部门不同，外交部门与军事部门的级别是跟人走的。你要是将军，到另外一个岗位还是将军，这跟文官制度不一样。”（按，美国的外交和军事部门，仍然实行“品位分类”制度）艾伦·K. 坎贝尔《1983 年在北京比较文官制度研究班上的讲话》，王莉据录音整理，参看曹志主编：《各国公职人员分类制度》，中国劳动出版社 1990 年版，第 786 页。

③王雷保主编：《公务员职位分类教程》，第 201—202 页。

位，师长、团长、连长等军职才是系以权责的职位。中国在 1956 年 7 月向国家工作人员颁布了三十级“职务等级工资制”。在这个制度下，同样是局长或县长，其“行政级别”及工资待遇却可能大不一样，同工不同酬的现象由此而生；若逢工作调动，这位前任局长或县长的“行政级别”将跟着他到达另一职位。这种“行政级别”，也是一种相当典型的“品位分类”。在上述情况中，职位确定权责和任务，官阶则确定官员自身的地位和报酬。由于二者是不一样的，所以常能看到官大职小、职大官小的事情，甚至有官无职的现象。

品位分类是以“人”为中心的，结构富于弹性，官阶的存在给了文官较大的稳定安全之感，即使职务变动也不致丧失位阶、待遇下降，而且它比较简单易行。职位分类则以“事”为中心，因而避免了同职文官品位不同、因而同工不同酬的现象，它强调专才专用，重视科学管理与效率，保证公开性与民主性。所以学者的如下说法就不足为怪了：从历史看，“在开始实行常任文官制度时，一般都采取品位分类结构”①。较早出现的官员等级制多呈品位分类，这是因为传统社会更重身份，而身份是一种以“人”为本的地位。“品位等级代表人事制度中升迁与待遇之地位，位高者权重，优遇荣宠，自属荣耀之事，故古代文官莫不以获高官厚爵为荣，品位秩等适足以满足此等希名求位心理而鼓舞其上进。现代文官固然不以热衷名位为根本要图，但公务人员在品位观念影响下，仍以享有品级地位为荣，这是不容否认的，在这方面，品位制确比职位分类制更具激励作用”②。

西方的文官制度改革始于英国，这时的文官制度就属于“品

①杨百揆等：《西方文官系统》，第 111 页。

②许南雄：《人事行政学》，第 138 页。

位分类”[1]，人们或以“绅治型”、“贵族型”概括之，说它“出身与考选均有不同，次一等级的人员，很难晋升高的等级，身份难以流通升晋，男女待遇亦不平等，有似封建时代的贵族制”[2]。英国文官制形成较早，残留着浓厚“绅治”、“贵族”色彩并不在意料之外。台湾公务员分为特任、简任、荐任、委任几大类，每类又分若干阶，这也是“品位分类”的例子。台湾学者把它称为“名器尺度”[3]，这种论调，传统气味扑面而来。此外日本曾把官吏分为敕任、奏任、简任三大类，亦属同类。不过在60年代末英国文官制已向“职位分类”靠拢，台湾、日本在数十年前也都发生了类似的转型。中国的公务员制度向“职位分类”的过渡，不过刚刚开启而已。美国则早在20世纪初就率先推广了“职位分类”，其文官体制被认为是这种分类的典型[4]，而且和美国政治文化的科学、民主精神息息相关[5]。

---

①W. E. Mosher 和 J. D. Kingsley 指出，英国文官等级制的基础是以通识考试为基础的个人资格，因而与美国有异。见其 *Public Personnel Administration*, New York and London, Harper & Brothers Publishers, 1936, pp. 411—413.

②李广训：《各国人事制度》，台湾五南图书出版公司 1983 年第 3 版，第 5 页。

③管欧：《现代行政学》，台湾永大书局 1978 年版，第 168 页。“简荐委制之优点”：“一、足以表示国家之名器。国家设官分职，乃为名器之授予，‘惟名与器，不可以假人’，特、简、荐、委的品位，即系国家对于公务人员名器尺度的表征，而使国人珍视”；“二、尊重各人已有之资历。简荐委制乃是以‘人’为制度运用的轴心，就各人所具有之法定资格、经历累积而成的身份，以定其品位的高低。”

④王雷保主编：《公务员职位分类教程》，第 5 篇“美、英、日和台湾地区公务员分类制度”；第 6 篇“我国职位分类制度的基本构造”。

⑤参看许南雄：《人事行政学》，第 152 页。“美国公私机关所以能推行职位分类，因其行政观念与职位分类之体制极其吻合，所谓行政观念，即社会文化背景下，员工对行政职位产生之价值意识。根据雷格斯（F. W. Riggs）等学者之说法，美国工业社会所形成之行政观念是成就主义（achievement）、平等观念（universalism）及专业原则（specifity）”，“其他国家若以品位体制之观念而行职位分类，自不免窒碍难行。”

有一种文官制度的分类，把德国、法国的文官制称为“官僚型”，把英国的称为“贵族型”，而把美国的称为“民主型”①。当然，“品位分类”和“职位分类”二者其实也是利弊相兼的。最新的动向显示，以效率为目的并强调按劳取酬的“职位分类”，实践中也存在着改良余地②。

“品位分类”和“职位分类”概念已经简介如上了，继踵而来的问题便是：对中华帝国的官僚等级制研究，这些概念到底能提供什么启发呢？中国古代的文官制度相当精致发达，其等级制度也相当完备。虽如前述，传统的官员等级制大多采取“品位分类”形式，不过若从品级从属于职位还是另有“从属于个人的品级”这个区别着眼，那么即使在本书所论的汉唐官阶制范围，还是能看到复杂得多的情况。进而再把“职位分类”重效率、以“事”为中心，“品位分类”重“身份”、以“人”为中心一点纳入考虑，我相信就能够提供一个新鲜视角。本章下一节就将提供一些情况，显示秦汉以“若干石”禄秩来标志的官僚等级，具有从属于职位的意味；同时唐宋“散阶”则构成了另一类型，它作为官僚们的“本

---

①王有仁：《各国人事制度汇编》，台湾高点文化事业有限公司 1991 年版，第 1—2 页。

②参看宋世明：《美国行政改革研究》，国家行政学院出版社 1999 年版，第 3 章第 3 节“案例研究：文官制度改革的脉络”。“体现功绩价值的僵化的职位分类及资格要求、集权化的评估体制，在实践中暴露出越来越多的弊端：能力和功绩已退居次席，从而使形式代替了本质，手段代替了目的”（第 190 页）；“职位分类的最大弊端是：政府的人力资本不能在政府之间自由流动，从而达到资源的最佳配置”，相应的，美国近年的有关改革便包括淡化职位分类、加宽工资级别的措施，“1978 年增设的高级文官系列（SES，约 8000 人）的目的在于，超越职位分类的障碍，造就通才、增加灵活性”（第 197 页）。

品”,无疑就是跟人走的“品位”。那么“品位—职位”框架,看来就是个很便利的工具,可以更清晰地揭示汉代禄秩和唐代散阶之间的差异,从而为秦汉魏晋南北朝的官阶研究注入新意,收“以论带史”之功。

不过若把“职位分类”一语直接用于古代,在初步尝试之余,犹疑依然挥之不去。在最初的思考中,我曾把汉代禄秩称为“以职位分类为主”的制度,把唐宋阶官称为“以品位分类为主”的制度。也就是说,还不打算把禄秩、阶官分别与“职位分类”、“品位分类”等同起来,而只是说以何种特色“为主”①。还曾考虑可以更谨慎一点儿,采用杨树藩先生的成说,把唐宋散阶称为“阶职分立制”(详后),另创“秩职合一制”指称汉代禄秩。可最终我还是感到,“职位分类”概念是很富现代性的,它伴随着职门、职系、职级、职等的精密规划,伴随着对权责资格的复杂考察,两千年前的等级制在这一点上很难与现代比拟。尽管汉代禄秩可能显示了从属于职位的色彩,而后代有些时候职事官品与官僚“本阶”被区别开来,但传统政治秩序中依禄秩或官品而授予的身份特权,依然使各种等级都染上了“品位”色彩。

事实上,“品位分类”和“职位分类”这种现代概念,在制订时并未考虑传统中国的政治现实,二者间存在着一大片尚未清晰定义的灰色区域,给自由引申留下了不小余地。一方面,若是断言传统官阶制,包括汉代的禄秩等级,全都属于“品位分类”,人们完全可以振振有词地给出许多“说法”;而另一方面,“是否存在着跟

---

①参看拙作《西魏北周军号散官双授制度述论》,《学人》第13辑,江苏文艺出版社1998年版;《周齐军阶散官制度异同论》,《历史研究》1998年第2期。

人走的等级”这个视角，确实有助于区分历代官阶制间不容忽略的差异，弃之可惜而不宜割爱。根据对史实的了解，我们有信心令“品位—职位”框架显示出锐利的分析价值，不过在这会儿做一些必要修订，使之尽量切合于研究对象的性状，当是明智之举。

在设计分析框架时我们遵循如下原则：尽量充分考虑各期各类官阶制的不同特征，并尽可能地以最便于把它们区分开来的方式定义概念。由此，本书最终的概念策略是：改用“品位分等”和“职位分等”二词，对“品位分类”和“职位分类”二词取而代之。“分类”的字样改换为“分等”，便可以淡化与现代制度的可能联想和直接比照，并“稀释”其职门、职系、职组等横向的“分类”意义，同时在纵向的“分等”上凸显一个关节之点：这等级是从属于职位的，还是另有独立于职位而跟个人走的位阶；进而再把重效率、以“事”为中心，还是重身份、以“人”为中心的问题，纳入考虑。

一番修订之后，这个由“品位分类”和“职位分类”而衍生出来的“品位—职位”视角，或许就具有了更大可行性。在此之后，若有人坚决主张各种传统官僚等级制都属“品位分类”，古代中国并不存在“职位分类”的话，这和我们的视角已不存在冲突抵牾。我们已预先避开了他指责的锋芒，让他扑了一个空儿：我们所用术语已经是“品位分等”和“职位分等”，而不再是“品位分类”和“职位分类”了。从这两种“分等”出发，考察所涉各种不同官僚等级的特征，及其来源、变迁和意义，由此就成了研究官阶制时可选择的思路之一。

进一步说，这个“品位—职位”视角的价值，还可以通过与另一组概念的结合，而变得更为精致丰满。考察时我们的关注并不限于官品官阶本身，也关注着由官品、官阶的变迁而投射出的传统官僚的性格变迁，由文官等级制问题进及于帝国官僚政治问题。这就将涉及专制强度与官僚特权之间的制约与均衡，官僚对专制者的从属程度，其与各个社会阶层的关系，其自主性的限度、其贵族化倾向，以及官僚自身构成一个阶级的可能性，等等。在此不必过多征引以免枝蔓横生，以色列学者艾森斯塔得提供的一个分析框架，我们觉得已足够清晰明快了。在艾森斯塔得看来，帝国官僚可能呈现的政治取向大略有四：

1. 同时为统治者和主要阶层维持服务的取向；

2. 演变为仅仅是统治者的被动工具，几乎没有内在的自主性，或几乎不为民众的不同阶层提供服务；

3. 取代了其为不同阶层和政权服务的目标，代之以自我扩张目标，或为一己和（或）他们与之密切认同的群体的利益而僭夺权力的目标；

4. 以自我扩张和谋取政治权力的目标取代了其服务于主要阶层的目标，但同时又保持了为政权和统治者服务的目标。①

现实中的官僚取向被认为是以上四者之一或其重叠；中华帝国的官僚被认为属于第一类“同时为统治者和主要阶层维持服务的取向”，他们极大地顺从于统治者，同时因科举制度，他们也构成了士人群体或绅士阶层的一部分；不过在各王朝的衰落时期，官僚们往往会显现出第三项“自利取向”。

为了便利起见，不妨以简化方式着重观察其第二和第三项，

①艾森斯塔得：《帝国的政治体系》，阎步克译，贵州人民出版社 1992 年版，第 280 页以下。

即“服务取向”（service orientation）和“自利取向”（self-orientation），这是两种极端的情况。在第二项“服务取向”的情况下，官僚完全顺从于君主，只有很小的自主性。统治者坚持认为官僚只是统治者或“国家”的“个人仆从”，对官僚强大的、经常是残酷无情的支配，使之成为动员资源、统一国家和压制反抗的卓有效能的工具。特别是在新王朝的初期，统治者有能力不循规蹈矩而把官僚任意调任，破坏确定的晋升模式，并施以严刑峻法。在这类情况中，中上层官僚总是从下等阶层或弱小的中等阶层中录用的，录用程序使官僚与其由之而来的阶层疏离、与传统社会的身份疏离，并建立了一个以权力为基础，以官僚为唯一顶端的身份等级制。

而在第三项“自利取向”情况下，官僚则极力强调其自主性和自我利益，甚至要求摆脱政治监督，淡化职业责任。这时官僚将变成一个效率低下、谋求私利的群体，主要通过在官僚内部引荐亲私的方式进行铨选，将其职位仅仅视为薪俸之源、视为私有甚至世袭财产。由此便有超出行政需要的官额膨胀，部门增殖而效率下降，越来越多的繁文缛节和形式主义。这时官僚已演化为独立的半贵族阶层或“绅士”阶层，甚至变成了既存贵族阶层的一部分。

我们打算，把“品位—职位”框架与上述的官僚取向分析结合起来，做出如下设定：重身份、以“人”为中心的“品位分等”安排，与官僚的“自利取向”或“贵族化”倾向具有更大亲和性；重效率、以“事”为中心的“职位分等”，则与官僚的“服务取向”呈内在契合关系。相应的理由过于简单，我想就不必赘述了。本来，从不同文官分等制度的以“人”为中心还是以“事”为中心的区别，转入到传统官僚政治的特性问题，其间还有一步之遥；但是现在我们又引入了“自利取向—服务取向”概念，就填上了预设概念中的空档或缺环。由此，“品位—职位”视角就变得更充实、更切题了。

在这里，对所谓“贵族化”一词还得略作说明。这里的“贵族化”是在很宽泛的意义上被使用的，用来指称这样一个进程：在其两端，分别以纯工具性的行政官僚和世袭的或封建的贵族作为起点和终点；由前者到后者的蜕变演化，则包括特权的累积、身份的凝固、作为阶层的自主性和封闭性的不断增强等等。早在 1821 年，黑格尔就曾论及官僚获得贵族式独立地位的可能性①。政治学家拉斯基也早已说过：“在极端的情况下，官僚还会变成世袭阶级（a hereditary caste），为他们的个人私利而操纵政权。”18 世纪的法国官僚就曾经变成了贵族②。王亚南先生在论述传统官僚政治之时，也曾提出过“官僚贵族化与门阀”这样的论题③。当然也存在相反的进程，例如贵族性官员的“官僚化”变迁。

本书用以考察汉唐官僚等级制的分析框架，就是这么构筑起来的。随后就将展开这样的尝试：对中华帝国的各色文官等级，观察它们是偏重从属于官员个人的，还是偏重从属于职位的；并由“品位分等”较重身份、“职位分等”较重效率一点，进而探讨历代官僚政治的倾向与性格，亦即“自利取向”和“服务取向”之间

---

①黑格尔：《法哲学原理》，范扬、张企泰译，商务印书馆 1961 年版，第 314 页。“政府成员和国家官吏……之所以不致占居贵族的独特地位，它的教养和才干之所以不致变成任性和统治的手段，是有赖于主权自上而下和同业公会根据自己的权利自下而上所做的种种设施。”

②Harold J. Laski：“Bureaucracy”，*Encyclopaedia of the Social Sciences*，The Macmillan Company，New York，1930，Vol. Ⅱ，pp. 70—71.

③王亚南：《中国官僚政治研究》，中国社会科学出版社 1981 年版，第 7 篇《官僚贵族化与门阀》。

的关系。也就是说，若考察发现某朝官阶更富“品位分等”色彩，我们推论这与其时官僚的更大“自利取向”和“贵族化”倾向相关；若发现某朝官僚等级较具“职位分等”意味，我们推论这与其时官僚的较强“服务取向”相关；其间因果，则涉及皇权的专制强度和官僚的自主程度。

当然，概念只是经过抽象的“理想类型”而已，现实的官僚取向必定存在着大量重叠或居间的情况，甚至同一时代的不同官僚层次也可能呈现出不同取向，并进而导致不同性质的等级制的同时并存。比方说吧，在官、吏两分的时候，就可能为士大夫官僚提供了跟人走的品位性质的等级，而对“吏”的高下安排，则使之近于“职位分等”。分析框架的简明性，不应该掩盖了现实的复杂性，也并不等于研究结果。

史学家们对所谓“理论”有两种态度：一是将之看成历史规律的归纳升华，二是将之看成研究者预设的分析工具。这两种态度各有偏重，我之所取则为后者①。作为预设的分析工具，它必须切

---

①近日，旅日学者、老同学李开元先生以其大著《汉帝国的建立与刘邦集团——军功受益阶层研究》（三联书店 2000 年版）见赠，其序论部分专有一节“理论工具论”，对这个问题有极清晰的阐释。作者强调，在史学的较高层次上，将更多地使用抽象和假设的方法；“理论”本身，“不过是我们为了确认历史事实，表达历史性认识而制造出来的一种便利的工具”（第 15 页）。李先生所论，深得我心。曾有好一段时间，中国史学界为“以论带史”还是“论从史出”而缠夹不清，或强调应在人类社会的“普遍规律”指导下研究中国历史，或强调理论只能来自对史实的提炼升华，只能来自对史料的考证辨析。这样的纠葛之所以生发，如今看来，多少显示了当时史学界的理论素养还嫌幼稚。如今由李先生对“史学三层次”的不同性质的辨析，上述纠葛我想一清如水了。

合于特定对象才有意义①。在科学演算之中,“公式”好比炊具,“得数”就是垂涎以待的佳肴;但人文研究有时候就得换个比方了:有时“公式”、“得数”不过餐前小菜、餐后水果而已,不吃也罢,“演算过程”本身倒成了餍人口腹的正餐。生活之树长绿,理论总是灰色的,只有在具体叙述之中,干巴巴的概念才会真正鲜活起来。那么随后的任务,就是把分析框架和历史事实编织在一起,并尽力使之融洽无间。假如到目前为止,对本书的“品位—职位”视角仍有不解,或作者还没说明白的话,那么不妨借用一句古语:“读书百遍其义自见”,在随后的四节中,随着事实的提供、叙述的展开和分析的推进,就不难逐渐体会出来。

二、禄秩与散阶

秦汉以“若干石”的俸禄额度来标志官僚等级,是所谓“禄秩”;用作官僚等级的“品”,则始于魏晋以来的九品官品。从词源角度看,“品位”之“品”可以追溯到九品官品。然而,称“品”不等于就存在着“品位”。在本书脉络中,“品位分等”意义上的“品位”是一种“跟人走”的地位;可官品只是级差而已,千官百职罗列其中,仅凭其本身还不能认定这品级到底是“跟人走”的,还是跟职位走的。对形形色色的传统官僚等级的性质,还要作具体辨析。从法律特权角度,瞿同祖先生论述了古代“官”、“职”有别,

①例如,若将上述“职位分等”、“品位分等”与“服务取向”、“自利取向”的对应模式用于现代社会,显然就不合适了。在实行“职位分类”的现代国家里,其官僚的廉洁和高效来自民主和法制的制约,而并不依赖强硬的君权。

也就是“个人身份”和“行政职位”存在区别，这就使问题进了一步。其实在官阶方面，中华帝国确实曾发展出一种“阶”、“职”有别的等级体制。

《新元史》卷一八五《王磐传》翰林学士王磐有言：

> 历代制度，有官品（按此官品实指散阶），有爵号，有职位。官爵所以示荣宠，职位所以委事权。臣下有功有劳，随其大小，酬以官爵；有才有能，随其所堪，处以职位。此人君御下之术也。臣以为有功者，宜加迁散官，或赐五等爵号，如汉唐封侯之制可也，不宜任以职位。

在传统官僚等级架构中，存在着职事官、散官、勋官、爵号等等不同序列，它们各有其用，相辅相成。“勋以叙功”，这主要是指军功；“爵以定崇卑”，古老的“爵”号为官僚身份涂抹上了贵族色彩；职事是帝国军政的最基本单位，王朝对“有才有能”者，应该“随其所堪，处以职位”；对才能欠优却“有功有劳”者，则升迁其散官而已，即王磐所谓“官品”。如此，才能和功劳各得其宜，这正是“品位”系统富于灵活性的地方。

“阶”、“职”分离之制，以唐制最为典型。在唐代的官僚等级制下，“散官”与“职事官”判然两分。在职事官之外，存在着文散阶和武散阶序列，它们分别由文武散官构成，被称为“散位”、“本品”或“本阶”。文散官一共有二十九阶。开府仪同三司居从一品，特进居正二品；自从二品到从五品下的十一号都以“大夫”为名，分别是光禄大夫、金紫光禄大夫、银青光禄大夫、正议大夫、通议大夫、太中大夫、中大夫、中散大夫、朝议大夫、朝请大夫、朝散大夫；自正六品上到从九品下为十六郎，分别是朝议郎、承议郎、奉议郎、通直郎、朝请郎、宣德郎、朝散郎、宣义郎、给事郎、征事郎、承奉郎、承务郎、儒林郎、登仕郎、文林郎、将仕郎。武散官也是二十九阶①。自从一品到正三品分别是骠骑大将军、辅国大将军、镇军大将军、冠军大将军；自从三品到从五品下分别为云麾将军、忠武将军、壮武将军、宣威将军、明威将军、定远将军、宁远将军、游骑将军、游击将军；正六品上到从九品下，上阶为校尉、下阶为副尉，分别是昭武校尉、昭武副尉、振威校尉、振威副尉、致果校尉、致果副尉、翊麾校尉、翊麾副尉、宣节校尉、宣节副尉、御侮校尉、御侮副尉、仁勇校尉、仁勇副尉、陪戎校尉、陪戎副尉②。白居易《轻肥》有句："朱绂皆大夫，紫绶或将军。"依照唐制，四品、五品官服绯衣，二品、三品官佩紫绶③，"大夫"与"将军"都是就散阶而言的。

《新唐书》卷四六《百官志一》对唐代的职位与品级有这样的概括：

> 其官司之别，曰省、曰台、曰寺、曰监、曰卫、曰府，各统其属，以分职定位。其辨贵贱、叙劳能，则有品、有爵、有勋、有阶，以时考核而升降之，所以任群材、治百事。其为法则精而密，其施于事则简而易行。

文中的"品"指的是九品三十阶，它只构成了一个级差，职、爵、勋、

①或说唐代武散阶为四十五阶，这种计算是把冠有"怀化"、"归德"字样的名号也算在内的，而它们是专门授给少数族首领的。不计这些名号则为二十九阶。

②参看《新唐书》卷四六《百官志一》。

③参看《旧唐书》卷四五《舆服志》。

阶罗列其中。“阶”就是散官，它与“品”分列，是从属于个人的位阶，也称“本品”。《旧唐书》卷四二《职官志一》：

> 凡九品已上职事，皆带散位，谓之本品。职事则随才录用，或从闲入剧，或去高就卑，迁徙出入，参差不定。散位则一切以门荫结品，然后劳考进叙。《武德令》，职事高者解散官，欠一阶不至为兼，职事卑者，不解散官。《贞观令》，以职事高者为守，职事卑者为行，仍各带散位。其欠一阶，依旧为兼，与当阶者皆解散官。永徽已来，欠一阶者或为兼，或带散官，或为守，参而用之。其两职事者亦为兼，颇相错乱。咸亨二年，始一切为守。

就是说百官群僚都拥有着一个“散位”，以此“本品”来标志其个人身份。学者概括说：“唐代以散官定官员班位，而以职事官定其职守。……散官与职事官的品级不一定一致。有低级散官而任较高级职事官者称‘守某官’，有高级散官而任较低级职事官者称‘行某官’，待遇则按其散官的品级。散官按资历升迁，而职事官则由君主量才使用。所以常有任重要职事官而其本官阶——散官仍较低的情况。”①

换句话说，唐代所谓“本品”与职事官是两分另立的。职事官“随才录用”，迁徙不定；“本品”则依“劳考”而稳步上升。作为“本品”的散官与职事官都用九品三十阶来确定高下，二者的品级经常不相一致，为此还发展出了“行”、“守”等术语以规范之。在

①俞鹿年：《中国政治制度通史》第5卷（隋唐五代卷），人民出版社1996年版，第453—454页。

入仕之初,官员首先获得的是本品;在任满解职的时候,这本品依然维系着官员个人的身份地位;在授予职事官时,本品的高低是必须考虑的因素。由这种"本品"制度,一种"跟人走"而与职位分离的等级序列,就清晰无误地摆在我们面前了。如果与若干年前我国实行的"行政级别"相比,"本品"的差异,不过是其各个等级都系以官称而已——但也正是为此,它每每令外行不知底蕴。然而这些官称,诸如某某大夫、某郎、某将军、某校尉之类,其实只是级差的"符号"。要是拿"本品"与军衔制相比,二者就异曲同工了:军衔的各阶都系以名号,诸如大将、上校、中尉、下士之类。就"本品"而言,九品三十阶所标志的是官员个人地位高下;就职事官而论,九品三十阶所区分的是职位高下。因此仅仅用九品三十阶的级差本身,还不能论定"品位分等"的存在;更能体现"品位分等"精神的,乃是散阶与职事官相分离的"本品"制度。

对于这种"本品"制度,杨树藩先生以"阶职分立制"概括之:

> "阶"为官阶,或称"散阶",亦称"散官"。"职"为职事,亦即官府内有定额编制之职事官也。阶称代表一切文官之共同身份标准,职称代表各官府个别职务性质及权力范围。运用之法,是依出身及考绩定"阶",以才华及能力补职。有职者必有阶,阶从职司中考核升进,职从进阶而调迁。虽并任而分立。故称"阶职分立制"也。①

王寿南先生还将之与台湾文官制的"简、荐、委"制度加以比较:

①杨树藩:《中国文官制度史》,台湾黎明文化事业公司1982年版,上册"绪论"第10页。

> “职事官”有职、有位、有权、有责，乃是真正的“文官”，不过，每一“职事官”必带“散官”，“职事官”乃是现职，通称“官”，“散官”则为铨叙之阶级，亦称“阶”。如以现行文官制度类比，则“职事官”近于现行之官职（如某部某司司长，某处某科科员等），而“散官”近于现行之官阶（如委任若干级，荐任若干级，简任若干级，特任等）。“职事官”可随时调动，而“散官”则须按部就班升级。《旧唐书》卷四十二《职官一》：“……散位则一切以门荫结品，然后劳考进叙。”①

从这也能看出，职事官相当于职位，散阶则是“品位”性质的东西。王德权先生已经采用“品位分类”和“职位分类”概念，揭著“我国传统官职显然是以品位分类为主”，相应证据便是唐代的散阶②。

自唐代以降，九品三十阶、职事官、阶官、勋官、封爵共同构成了一个复合体系，显示着帝国的官僚等级制发展到了一个新阶段。古人身临其境，对各个序列的不同功能也经常发表议论，诸如“爵者，官之尊也；阶者，官之次也；品者，官之序也；职者，官之掌也”③之类。又《新唐书》卷一五七《陆贽传》：

> 故锡货财，列禀秩，以彰实也；差品列，异服章，以饰虚也。居上者达其变，相须以为表里，则为国之权得矣。按甲令，有职事官，有散官，有勋官，有爵号。其赋事受奉者，惟职事一官，以叙才能，以位勋德，所谓施实利而寓虚名也。勋、

---

①王寿南：《唐代政治史论集》，台湾商务印书馆 1977 年版，第 5 页。

②王德权：《试论唐代散官制度的成立过程》，《唐代文化研讨会论文集》，文史哲出版社 1991 年版，第 843 页。

③《新元史》卷一九三《赵天麟传》。

散、爵号，止于服色、资荫，以驭崇贵，以甄功劳，所谓假虚名佐实利者也。

然而陆贽把“散官”指为“虚名”的议论，不可全据，学者已指出他的说法顶多只适合中唐以后的情况；在这之前“散阶”并不是“虚名”，而是实实在在的“品位”。唐代入仕者最初获得的都是散阶，称为“叙阶”，考课所升迁的“阶”也是“本品”。而通过考课来晋升个人的品级，乃是“品位”制度最重要的特征之一。

进而，还有众多的权益待遇，曾经是附着在散阶上的。黄清连先生胪列了各种与散阶相应的待遇，这至少包括薪俸、给田免课、刑罚、班序、车舆、衣服六项，此外还涉及致仕、封爵、置媵、营缮、丧葬、谥议等等。其中薪俸一项，在唐高宗乾封元年（666 年）之前，在京文武官的防阁、庶仆、俸料都是依散阶而定的，此后才依照职事官发放；至少到唐玄宗开元二十四年（736 年）之前，官僚的资课仍依本阶。值得注意的，还在于考课时“本品”是加禄或夺禄的一项依据。均田制下的永业田授受，散官五品以上同职事官给；在租调方面的待遇，散官与职事官略同。在涉及“八议”、“请”、“减”、“赎”、“官当”等等法律特权时，散阶的优待虽低于职事官，但仍然高于勋官及封爵①。

王德权先生进而对唐代律令中“某品职事官”概念提出新解。他认为，“散官”指不带职事官而仅仅拥有散阶者，而所谓“某品职事官”，其实指的是同时拥有散阶和职事官的人；虽然字面上使用着“某品职事官”概念，但诸多待遇其实仍是以散阶为准的。那

①黄清连：《唐代散官试论》，《中央研究院历史语言研究所集刊》第 58 本第 1 分。

么，以往被认作职事官待遇的许多情况，由此便可更多地与官僚"本品"挂钩了①。陆贽说散阶只不过是"差品列，异服章，以饰虚也"，不过即就"服章"而论，那也是被唐代的官僚看成重大荣耀的，如"酒典绯花旧赐袍"、"银鱼金带绕腰光"一类诗句所显示的那样②。

唐代文武散阶制具有浓厚"品位分等"色彩，那么其前其后的时代，又是什么情况呢？本书的讨论范围是秦汉魏晋南北朝，这时候的官阶制与唐代散阶有何异同呢？对历代官阶制度变迁，不妨继续引证杨树藩先生的概括：

> 秦汉以来，文官有职而无阶。
>
> 至隋始见"阶制"之初型。当时将阶称名为"散官"，且文武职官兼用。其阶称为"特进、左右光禄大夫、金紫光禄大夫、银青光禄大夫、朝议大夫、朝散大夫"等六阶，以"为散官，以加文武官之有德声者，并不理事"(《隋书·百官志》)。因此凡官员有德望声誉者，则加一散官(阶)之称，如杨文思"授民部尚书(职事官)，加位左光禄大夫(散官)"(《隋书·杨素传》)即是其例。不过隋阶制之运用，因在初创，未臻完善。
>
> 至唐，扩充为二十九阶，每一阶称皆附阶品，按考试出身

---

①王德权：《唐代律令中的"散官"与"散位"——从官人的待遇谈起》，《中国历史学会史学集刊》第21期，1989年。

②参看洪迈：《容斋随笔》卷一〇《唐人重服章》；《容斋三笔》卷五《绯紫假服》："唐宣宗重惜服章。"吉林文史出版社1994年版，第11、376页。又钱大昕《十驾斋养新录》卷一〇《唐人服色视散官》："唐时臣僚章服不论职事官之崇卑，唯论散官之品秩。虽宰相之尊，而散官未及三品，犹以赐紫系衔。……而散官未到金紫银青，则非赐不得衣紫。唐人之重散官如此。"《嘉定钱大昕全集》，江苏古籍出版社1997年版，第7册第271—272页。

之等差定阶，按才干及阶品之高低补职。然后依考绩进阶，阶进同时职亦随之而调升。不过，食俸以职品为准，阶乃为荣宠及功劳之标准而已。

宋袭唐制，元丰改制以后，其阶职分立制之运用，较唐尤佳。宋定三十七阶，除每阶附以阶称阶品外，并以“阶”来定俸额，通称“寄禄官”。官府编制之职称，曰“职事官”。按职事官大小、职务性质定津贴，通称“职钱”。同样性质之职官，支同等之职钱。阶俸则不然，视出身之高低，年资之深浅，考绩之优平而定。如此既区别劳考之分序，又顾到同职而同酬，堪称良制。

辽金之制，大致皆仿唐宋，尤其金之阶制，按职司分定五类，有一般文官阶，内侍官阶，医官阶，教坊官阶，司天官阶等，此乃金之特制也。元之阶制，多沿金旧，亦分五类，其一般文官之阶数，为四十二阶，阶附阶称及阶品，补职时，必凭阶品而定。但俸额则按职品而定，此点盖如唐也。

明之阶制，与唐宋不同，与元亦异。文官之劳考，不以阶定矣，反之阶随职事官之升进而赋予。于是“阶”之价值已失，无复叙劳之意矣。清代虽有阶称及阶品，其法悉如明旧。是知阶职分立制之精神，至明清已破坏殆尽矣。①

这个叙述虽然只是略具轮廓，但就当下的讨论而言，引为参考还是很方便的。由此可见，向上追溯，“秦汉以来，文官有职而无阶”；向下推延，“阶职分立制之精神，至明清已破坏殆尽矣”。这

①杨树藩:《中国文官制度史》，上册“绪论”第10—11页。原文总为一段，本书引用时，代分段落以清眉目。

样一来，帝国的官阶变迁史便呈现出了三个大的段落，其中仅仅第二段落，即唐朝和宋朝，是散阶制度的发达时期，其前、其后的情况就不尽相同了。

“若干石”的禄秩是在战国发端的，至秦汉由疏而密、蔚为大观，以至在九品官品产生之后禄秩仍未遽废，还在魏晋南朝保存了好长一段时间。

禄秩的级差，从中二千石、二千石、千石等直到百石，其下还有“斗食”等等。禄秩的等级有时二十个上下，有时十七八个，随着王朝的调整而时有变化。在追述中国传统官品制度时，曾见过某些行政学研究者把秦汉禄秩也看作“品位分类”，尽管只是寥寥一语而已。这种说法也不是不可以发挥，不过本书已把“品位分类”和“职位分类”概念改造为“品位分等”和“职位分等”了，以便让问题聚焦在“是否存在着跟人走的等级”一点之上，那么“有职而无阶”的禄秩等级制与“阶职分立制”的差异，仍将提示着不尽相同的情况。

如果和唐代散阶相互比照，并着眼于是否存在着独立于职位的品位序列，我们就能发现，以“若干石”为标志的各个禄秩等级有一个鲜明特点：它们都是附丽于职位的。如果没有了职位，或者说在职位之外，官员本身便无等级可言。禄秩只是职等而已。比方说吧，某一位郡守被解免了，那么“二千石”之秩也就非其所有了。陈梦家先生指出：“所谓俸给或吏禄制度，其内容是秩别（秩级）、俸禄数量、官职和俸禄性质；即哪一种官职属于哪一秩级，每年或每月应得多少俸禄（所谓岁禄或月俸），用什么物资作为俸禄（如钱、谷或二者各半）。”①陈先生并没打算透过现代文官

---

①陈梦家：《汉简所见奉例》，《文物》1963年第5期。

理论审视汉代禄秩，但他对禄秩性质的叙述却相当精确，尤其是“哪一种官职属于哪一秩级”一句，一语道破汉代禄秩的如下特点：秩级与官职直接相应，而不是与官员的个人品位直接相应。杨树藩在追述历代“阶职分立制”时，断言“秦汉以来，文官有职而无阶”，这并不是无根之辞，事实上等于表达了不把汉代禄秩看成“品位”的意见。

汉代禄秩附丽于职位这一点，还可通过因病、因丧而一度离职后的再任情况，得到进一步的旁证。在这种非因罪过而一度中断勤务的情况下，汉廷一般并不保留官员既往官资。正是为此，离职官员在再仕的时候，其禄秩低于原官的情况屡见不鲜，诸如原官六百石者再仕为比三百石官，原官二千石者再仕为六百石官之类。还有不少离职官员是以察举辟召、甚至以出仕州郡而再入仕途的。经过辟召而为公府掾，不过百石或二百、三百石；经察举而为郎官，也不过比三百石。对那些再仕州郡者来说，州郡掾吏乃长官私属，而非朝廷命官，那么这时官员的以往仕历便几乎白费，几乎与初仕者处于同一起点了。官员在非因罪过而一度中断勤务时，也要丧失昔日秩位，朝廷不予保有其既往官资，这都可以旁证“若干石”的禄秩并没有跟随官员本人走，它是从属于职位的。

汉代“故官”在某种程度上也构成了一种资格，存在着“故九卿”、“故廷尉”、“故谏大夫”这类身份，朝廷有时还会委派给他们一些差使。不过即令如此，汉廷仍未设立品位序列以为安置离职官员之需，离职官僚的以往禄秩对再度任命的影响是很有限的。只有“故公”这样的高官，再次任命为较低官职时有可能得到增秩的优待，但“不以赃罪免”的“故二千石”，就连这种优待也没有了，只能依从新职之秩。比如说某位“故二千石”又做了千石的尚书令，那么他当下的品级只能是千石，而不是二千石。也就是说，尽管存在着一种“故官”概念，但其“品位”意义是很淡薄的。

当然，汉廷以“增秩”、“贬秩”为官员奖惩之法，有时还对一些称职官员给予“增秩留任”待遇，而这就将造成个人的禄秩与职位的禄秩品级不一的情况。我想在这时候，禄秩确实就开始呈现出了“品位”色彩，并反映出秦汉政治中已孕藏着对“品位分等”的内在需求了。毕竟，“职位分类”在当代中国也刚刚在尝试之中，汉代禄秩“附丽于职位”的特性更不可能纯而又纯。不过，无论增秩、贬秩，都是以职位的确定秩等为基准而上下浮动的，增秩者的日后调迁取决于其才绩，所增之秩并没有构成就任新职的条件，也没有多少材料反映它可以被带到新职上去。从尹湾简牍看，贬秩者不能够继续占有原职，而是要降职使用的，那么这时遵循的就仍是秩、职一致的原则。也就是说，增秩、贬秩之法仍未发展到如下程度：促使禄秩转化为一种超越职位而独立累加的“品位”序列，官员可以依此序列逐阶上升。居其职方有其秩，居其职则从其秩，仍然是汉代禄秩等级的重要特点。

离职再仕之时，虽然再仕官高于原官的例子也不是找不着，但之所以要特别揭著再仕官秩低于原官之例，是因为这样才更能说明，“职事”才是汉廷的关注所在，至于官员个人的地位权益，则照顾得很不周到。为父母行服本应得到“以孝治天下”的朝廷的表彰，在职罹疾也有可能是忧勤政务所致，当局应有体恤义务；然而在官员为此一度不能履职时，朝廷随即就停发其俸禄、漠视其官资，甚至听其从头仕起（如出仕州郡），夸张说简直有点儿视同路人。这不但远较后世苛刻寡恩，甚至都不及某些现代国家的做法①。由此一

---

①参看本书第 201 页注③。

种观感便油然而生:当时王朝对官僚的个人权益,是较为漠视的。

在“品位—职位”视角中,汉代禄秩与唐代散阶由此便呈现出了重大差异。以往一些政治制度史的论著,仅仅把官阶简单地视作一种级差,在各代官制中分节叙述而已。这样的做法,有可能割裂了它们的内在脉络、忽略了其间变迁的深层意义。然而以“通古今之变”的态度,并借鉴社会科学的“品位”、“职位”概念,昔日隐而不显的一个重大变迁线索,就呈现于我们面前了。基于“任一事物的片断都包含着整体的丰富信息”的信念,官阶制度的每一细节及变迁,都可能是官僚政治宏观变迁的投射。看似简单琐屑的官品官阶研究,由此就能获得重大得多的意义。

隋唐以前的历朝“阶”、“职”关系,只以“秦汉以来,文官有职而无阶”一句轻轻带过的话,是不惬人意的。隋唐的散阶制已相当成熟了,它是如何演变而来的呢?汉代的禄秩,又为何呈现了“附丽于职位”的性质呢?在随后一节里面便尝试叙说。

三、先秦至隋的阶、职关系变迁

对隋唐以前的散阶制发展,宋代的岳珂曾有过专门讨论①,我们把它转述如下,借以引发讨论线索。岳珂首先就唐代散官来追溯汉代散官:

> 还考汉制,光禄大夫、太中大夫、郎(议郎、中郎、侍郎、郎中)皆

---

①岳珂:《愧郯录》卷七《散阶勋官寄禄功臣检校试衔》,《丛书集成初编》,中华书局 1983 年版,第 0842 册第 59 页。

> 无定员，多至数十人①；特进、奉朝请亦皆无职守，优游禄秩。则官之有散，自汉已有之矣。然当时之仕于朝者，不任以事，则置之散，正如今日宫观设官之比，未有以职为实，以散为号，如后世者也。故成都侯王商以特进领城门兵，置幕府，得举吏，是正如今日兼官，不可以官称为比。

有些隋唐制度的研究者，也把隋唐散官的渊源，追溯到汉代散官那里去了。然而也正如岳珂所论，汉代散官颇不同唐，“当时之仕于朝者，不任以事则置之散”，“未有以职为实，以散为号”，它们依然是“职”而不是“号”，或者说不是用作“等级符号”的“阶”。为此，我们宁愿把“散官”和“阶官”区分得严格一些，视为两个不同概念。散官有可能被用作阶官，但也可能不是那样。

进一步说，为了解汉唐间“品位”、“职位”的关系变迁，仅仅追溯到汉代我想依然不够，还应向更早的先秦延展视线。

相对于“事”，越富传统性的社会越重视“人”，所以学者指出：“在开始实行常任文官制度时，一般都采取品位分类结构”，“对官吏进行品位分类已经有很悠久的历史”②。中国的周代已

---

①按，汉代大夫之官员数十人，而三署郎官少则数百，多则可达二千余人。《后汉书》卷五四《杨秉传》：“三署见郎七百余人。”同书卷六六《陈蕃传》：“三署郎吏二千余人。”大夫与郎官合计绝不止“数十人”。原文的错误来自对《汉书》卷一九上《百官公卿表》如下文字的错误摘录：“大夫掌论议，有太中大夫、中大夫、谏大夫，皆无员，多至数十人。……郎掌守门户，出充车骑，有议郎、中郎、侍郎、郎中，皆无员，多至千人。”《表》谓大夫“多至数十人”而郎官“多至千人”，岳珂则错误地节述为大夫、郎官二者合计“多至数十人”。又《宋书》卷三九《百官志上》说三署郎官“多至万人”，不知何据。

②杨百揆等：《西方文官系统》，第111—112页。

发展出颇具规模的官员体系了，在当时它是贵族政治的一部分，但同时也是后世官僚政治的沃土和温床。在这时候，卿、中大夫、下大夫、上士、中士、下士之类爵级，以及与之相关的“命数”，就被用来标志贵族官员的个人身份并与“职位”分立，从而呈现为一种“品位”。爵级、命数决定了服章銮旗车马之赐和礼仪的等差，田邑人民的授予尤为大宗，它们都构成了“爵禄”，并往往可以终身以至世代享有。这就是说，中国古代最初的官员等级制，同样是以“人”为本的“品位分等”，较之文官制度史的通例并无二致。

在变法最彻底的秦国出现了二十级爵制。爵和官存在着一定对应关系：斩一甲首者爵一级，欲为官者，为五十石之官；斩二甲首者爵二级，欲为官者，为百石之官。军功爵制令“有功者显荣”，贵族和宗法身份不再是授爵的天然资格，这无异于一场社会革命。但另一方面，秦代仍是爵重于官和“官、爵合一”的情况。“爵”依然被视为地位之根本，为各种权益所归依，包括益田宅、给庶子、赐邑赐税、免除徭役、豢养家客、减刑抵罪、赎取奴隶等等，这明显比居官俸禄要优厚得多了。《汉旧仪》：“秦制爵等，生以为禄位，死以为号谥。”二十等爵根据军功来授予一点，已突破了周爵的贵族传统；但在以身份为本上，它与周爵仍有藕断丝连、一脉相承之处。

到了汉代，不但卿、大夫、士之类“爵禄”等级被禄秩取而代之，就连二十等爵制也逐渐衰落下去了。俸禄制的普及与官僚制的扩张是同一进程，这一点众多学者都有揭示。同时我们还注意到一个有趣线索：先秦曾经出现过“年俸”之法，而秦汉禄秩的典型形态却是“月钱”，这个看似细微的差异同样不可不予深究。这种按月授薪的制度，可以追溯到周代“稍食”。周代的士大夫享有采邑、禄田，士大夫之下则有一批无爵命可言的胥吏，古称“府史胥徒”、“皂舆臣僚”或“官师小吏”。与采邑、禄田这种“长时段”的酬报方式不同，王朝对胥吏采用按月考绩、分等授廪之法，时称“稍食”。田邑人民的占有是一种永久性的产业，而按劳取酬领取“稍食”，却是一种寄人篱下、仰人鼻息的生计，当然又更富于功绩制的意味。

《荀子·强国》：“士大夫益爵，官人益秩。”在这个说法中，“士大夫”对应着“爵”，“官人”对应着“秩”，这是非常发人深思的。战国士大夫当然也领取俸禄，但他们最终以晋身封君、占有田邑为安身立命之所，我觉得这依然有“爵禄”色彩；同时日益普及中的俸禄则针对于“官人百吏”，可称“吏禄”。我们认为，先秦的年俸与汉代的月钱各有不同来源。年俸来自士大夫的封邑。最初由领有者自行管理的封邑，后来逐渐由国家代管，并代征代发邑中的租税；再进一步，代征的租税便演变为“万石”、“千钟”之类年俸了。至于月钱，则可以通过秦国的“月食”追溯到周代“稍食”。稍食的等级与职事的简繁轻重相关，稍食多寡可以被用作职位的等级。秦汉俸禄采用月俸形式，而且以俸额标志职位高下，这明显是被“稍食”的形式所同化的；昔日用以待胥吏者的报酬方式，战国秦汉间逐渐用以待百官了。

战国秦汉间的社会转型是如此剧烈，以至被称为“天地一大变局”①。官僚政治的迅猛推进，伴随着一个士、吏分途的重大进程，它最终因秦汉的“文吏政治”而达顶点②。这个变迁，在俸禄、等级上也体现出来了。战国年俸是面向士大夫的，它与昔日的贵

①赵翼：《廿二史札记》卷二《汉初布衣将相之局》，王树民：《廿二史札记校证》，中华书局 1984 年版，上册第 36 页。

②参看拙作《士大夫政治演生史稿》（北京大学出版社 1996 年版）有关部分。

族采邑存在着渊源关系；而来自胥吏"稍食"的月俸的普及，显示的却是"吏"群体的崛起，其性质可以名之为"吏禄"。由商鞅变法时的"吏禄"看，"吏"群体已向上扩张到了千石左右，侵入了士大夫"爵禄"的传统领地。秦统一的前夕，领取月俸的"吏"进而跨入"二千石"层次。这由下而上的进程表明，奉行"法治"、"霸道"的统治者，逐渐以"吏"的形象，为百官定性定位了。月俸这种"短时段"的酬报方式，更适应于秦汉官僚的流动性和更新率，更便于专制者对文武官僚任免驱策。"与我共此者，其唯良二千石乎！"以"若干石"标志等级的"吏"，才是皇帝治天下的左膀右臂。

"爵禄"逐渐让位于"吏禄"。随着爵位的买卖和泛授，二十等爵在汉代不断贬值，最终沦落到了"夺之民亦不惧，赐之民亦不喜"的地步。当然，列侯与关内侯的封授依然是对官僚权益的重要补偿，这便显示了汉代政治的多重性、复杂性。一方面，早期帝国不可避免残留着早期政治的影响：官僚一旦封侯，形式上便成了有土之君，摇身一变而比拟先秦贵族了，在当时观念中这是一种身份的升格。而另一方面，在政府的日常官吏管理范围内，"吏禄"又确实显现了"职位分等"精神并处于支配地位，爵位已丧失了与官职的直接联系，也并不构成候选资格。

当然，汉廷经常依据禄秩向官僚授予特权，如六百石以上的免役权、"先请"权和子弟入学权，二千石以上的任子权，以及各种礼遇舆服的等差和依禄秩赐爵、赐金的做法，这都使禄秩等级日益蒙上了"品位"色彩。我们之所以要改换"职位分类"为"职位分等"，也是为了这个缘故。不过本书依然认为禄秩有异于"品位分等"，因为较之唐宋"本品"制度，汉代禄秩依然体现了"有职而无阶"、"禄秩附丽于职位"的特点，依然具有重"事"不重"人"的特征。汉廷特重吏能功劳，"以能取人"是汉代选官的基本精神，官职往往以"功次补"、"积功劳稍迁";而直接以俸禄多少为官秩,也意味着"若干石"不是官员的个人品位,而是对吏能功劳的直接酬报。进而从官僚的权益和特权看,汉代的情况也往往异于唐宋,例如较少的法律特权、较微薄的俸禄(所谓"百里长吏,荷诸侯之任,而食监门之禄");在职、离职及致仕后的待遇远不若唐宋那样无微不至,"恩逮于百官者惟恐其不足";甚至唐宋官员结衔时的成串成堆名号,也是汉代官僚所梦想不及的。

从东汉到魏晋,士族门阀阶层获得了积久不衰的家族权势。与此相应,官僚等级制也发生了变态,九品中正制应运而生。中正在事实上依据门第为士人定品,较高的"中正品"对应着较高官职。"凡厥衣冠,莫非二品,自此以还,遂成卑庶"。中正二品的官资,被用作士族与寒庶的身份界限。各种官职都标有高下不等的中正品资格,由此中正品还成了官品之外又一级差。还有所谓"二品清官"之名,许多特权被规定为"二品清官"才能享有。进而发展出了以"清浊"区分官职的选例,由"浊官"迁为"清官"居然被认为胜过官品的提高。"清官"一般都是士族习居之官,以清要切近、职闲廪重及文翰性质为其特征,这些实际也就是文化士族的基本特征。官品所确认的官职尊卑,多少还是要依据于职事权责的;而中正品和"清浊"造成的官职资望高下,则更多适应了士族口味,适应了他们维系高贵门第的需要。我们有理由把后者视作一种以身份为本的"品位"格局,它大异于汉代"吏禄"下的等级秩序。士族的门第本身就构成了一种居官资格,则其"品位"在居官之前就隐然存在了,所以这种"品位"可以名之为"门品秩序"。

这个时候,各种散官、名号也开始泛滥开来。这包括上承于汉代的郎官、诸大夫之类。郎官在汉代有宫廷宿卫之责,魏晋时则已变成“散郎”了;诸大夫本来只是没有固定职事,而不是没有职事,魏晋以下则纯为优崇冗散之位。位望清贵的散官,则以“黄散”——黄门侍郎、散骑侍郎、散骑常侍——最为典型,此外还有冗从仆射、给事中、奉朝请等等。特进、开府仪同三司用为高级的加号,加官侍中、散骑常侍也成了通常做法。南北朝时还形成了“东省”和“西省”这两个两相对应的机构,分别容纳文职和武职散官,东西省成了汉代郎署的替代物。这些散官几乎没有兵刑钱谷的固定职事,其起家意义及名位意义大大超过了职能意义:被用作起家之选,被用作迁转之阶,被用来标示品位或增加资望,被用来奉送一份俸禄及其他权益。由此“官”和“职”的分离便大大加速了。散官的这种“品位”功能,无疑就是散阶制的前奏或滥觞。

“门品”、散官所导致的官、职分离,无疑使等级秩序中“品位”因素大为增加。至如隋唐那种散阶制的形成,则还涉及了更多因素,例如将军号构成的军阶序列。仍然来看岳珂的叙述:

> 自宋、齐、梁、陈、后魏、北齐以来,诸九品官皆以将军为品秩,谓之加戎号,此正如国初军制皆以御史为品秩,谓之“加宪衔”也。梁制,虽亲王起家,未加将军不开府、不置佐史官,可以见一时以此号为重,然其实未尝将屯(兵),亦虚名耳。

除散官之外,由散号将军构成的军阶制度,构成了此期“品位”的另一条进化线索。

汉代的常设将军如大将军、骠骑将军、车骑将军、卫将军和前后左右将军等,经常能够参与朝政,这时诸将军的班位就构成了辅政者的资望尊卑。此外因军事而临时任命的杂号将军，在烽火战乱中往往迅速增殖，诸将军间也常常形成上下统属关系。汉代还把“将军”用为优崇之衔，加给并不领兵的方士、文官甚至宦官，这时的“将军”显已脱离军职而成衔号了。世入魏晋，将军号迅速繁衍，并在位阶化的道路上骤然加速。军队编制中另有牙门将、骑督、五百人督或队主、幢主、军主等等军职，各级将校所拥有的军号，便成了他们的品位标志。由于地方行政制度日趋军事化，地方牧守及都督大抵以军号作为位阶，“随其资望轻重而加以征、镇、安、平之号”，并与东、西、南、北等方位字样相配，例如征西将军、镇南将军之类。上承汉代的将军辅政传统，中央官僚加军号的范围也在扩大蔓延。

由此，昔日寥寥可数而班位高贵的“将军”之官，就逐渐演变成了由众多军号构成的军阶了，军号的变换意味着位阶的升降。晋宋间的军号分布于官品的一至五品和八品，并按同类军号为一阶的原则，构成了有异于官阶和禄秩的又一序列。梁武帝又使军阶列于官品之外，以一百二十五号军号为十品、二十四班，再加上十四个不登二品之军号共八班。军号的授予对象并不限于军官而已，也包括文职官员。如学者所称：“梁陈的散号将军已成为整个职官体系中最基本的身份等级尺度。”①史称“后魏及梁，皆以散号将军记其本阶”②。岳珂“自宋、齐、梁、陈、后魏、北齐以来，诸九品官皆以将军为品秩，谓之加戎号”的看法，实际是上承唐人旧说③。

---

①陈苏镇：《南朝散号将军制度考辨》，《史学月刊》1989 年第 3 期。

②《旧唐书》卷四二《职官志一》。

③参看《唐六典》卷二《吏部郎中员外郎》。

魏晋南北朝时，军号最先形成整齐清晰的散阶序列，并成了唐代武散阶的先声。而文散官的“品位”意义尽管也很浓厚，但其散阶化却仍不充分，零乱而不系统，落在了军号后边。直到北魏、北周之际，情况才发生了变化。魏末战乱时的军号滥授中，军号往往是和文散官成双成对地“双授”的，授军号的同时也授一个文散官，例如诸大夫及东西省散官①，所谓“皆以将军而兼散职，督将兵吏无虚号者。自此五等大夫遂致猥滥，又无员限，天下贱之”②。随后这“双授”现象便引发了一个重要变动。西魏模仿周制，改九品官品为“九命”等级；“九命”所列，除大将军到武牙将军的军阶之外，还有一个由开府仪同三司到山林都尉等文散官构成的序列，与军阶赫然两立而双峰并峙。军号和文散官不仅在品阶上一一对应，而且仍像魏末那样成双加授，例如骠骑将军与右光禄大夫双授，车骑将军与左光禄大夫双授，征南将军与右金紫光禄大夫双授，中军将军与左金紫光禄大夫双授，如此等等。

西魏“九命”中军号和散官序列，至少包含着两个重要进步。第一个是军阶与官阶的一致化。此前各朝的军阶与官品是不对应的，某些品级上军号阙如，另一些品级上又分布着十数个军号。而西魏的军号则转而均匀分布在官品各阶之上，每“命”两个军号，它们还构成了上下阶关系。军阶与官阶不再参差龃龉了。

第二个进步，便是文散官也迈入了文散阶的境界，形成为序列。前述岳珂认为汉代诸大夫只是散官而非阶官，其后又云：

---

①西省散官原为武职禁卫军校，但在南朝这些军校已虚衔化了。参看拙作《仕途视角中的南朝西省》，《中国学术》2000年第1期。在北魏后期，这些西省武职与东省文职，在散官性质上已没多大区别，可以和文散官一视同仁了。详见本书第九章有关部分。

②《魏书》卷七五《尔朱世隆传》。

> 梁制，左右光禄、金紫光禄、太中、中散等大夫，并无员，以养老疾。溯而考之魏、晋、宋、齐、元魏，下而考之陈、北齐、后周、隋，亦莫不有之，参见于九品十八班之间。元魏初又尝置散官五等，其品至第五第九（按，应作“第五至第九”），百官有阙则取于其中以补之。盖皆以储才待须，而亦与诸职事官均分其劳佚也。

依岳珂所论，南北朝“莫不有之”的诸大夫只用于“以养老疾”、“储才待须”，散官的性质依然故我。不过有一个进化岳珂却没看到：曾在阶官化道路上滞后不少的诸大夫和东西省散官，在西魏北周曾发生过一次质变的飞跃，由此演化为首尾完整的位阶序列了；其时军号与散官的两列分立，显已构成唐代文武散阶体制的先声。

文散官的阶官化在魏末骤然加速，与魏末以来的名号滥授、尤其是“双授”，实有密切关系。“双授”令军号得以发挥一种“拉动”作用：先已成为散阶的军号，通过“双授”而把自身性质“传递”给了文散官，将之“拉”入了位阶的境界；由于军号的序列化程度高得多，通过“双授”时的一一对应关系，军号便把零落散乱的文散官也“拉”成了首尾完备的序列。质言之，魏末“皆以将军而兼散职”的“双授”，对文散官的散阶化和序列化，曾构成了强劲的“拉动”因素。

然而魏末的名号滥授毕竟是一种弊端，军号与散官的“双授”又混淆了文武职类。为此，东魏北齐政权选择了与西魏不同的态度，雷厉风行地抑制名号滥授及文武“双授”，史称“始革其弊”。不过对“正规化”、对“文治”的这种寻求，却使诸多散官回复了原有性质，阻碍了其阶官化进程。岳珂说南北朝散官“盖皆以储才待须”，这个论断不足以论西魏，倒还合于北齐（及南朝）的实情，在那里诸大夫仍是优崇元老、安置冗散的散官而已，而非阶官。不过对西魏“军阶与官阶一致化”这个进展，北齐统治者还是怦然心动了，步其后尘，依官阶重新安排了军号的排序。

隋廷面对来自北周、北齐和梁陈三方面的制度资源，在这个百川归海、承上启下的当口，散阶制进程一度呈现了大幅度的动荡摇摆。岳珂所述过于琐细，兹不赘引了。相关事件大略包括：隋文帝用上柱国到都督的十一等“散实官”，与翊军等四十三号军号共同构成本阶，开皇六年（586年）又创设“八郎八尉”；隋炀帝以九大夫和“八尉”构成本阶，后来又创设谒者台九郎；唐高祖起事之初把这些名号全都利用起来，以酬奖将吏。这等于是一轮官阶大实验，各种位阶优劣各现，便推动了随后的进步。武德七年（624年），唐高祖便着手清理，初步规划出文散官、散号将军和勋官三个序列。文散官由开府仪同三司、诸大夫、诸散骑及十六种郎官构成，军号包括辅国到游击共十二号；勋官方面则形成柱国、大将军、都尉、骑尉的组合。

最终，散阶制的进化来到了百尺竿头、再进一步的当口。唐太宗贞观十一年（637年）令，以光禄大夫等十一个大夫加十六个郎官构成文散阶，以骠骑大将军等十三号将军加十六个校尉、副尉构成武散阶，以柱国、护军、都尉、骑尉等构成勋官。岳珂谓：

> 按阶、散、勋官，在前世合于一，至唐则析而为二。……而唐乃析之。郎、大夫之秩，光禄、中散之养疾，儒林、文林之待问，一归之于文散；散号将军参取杂置，益以校尉，一归之于武散；柱国等号，本以酬劳，武骑诸称，并同郎位，一归之于勋官。则散阶也，勋官也，唐虽因隋，而所用未尝因隋，有职者改为虚名，徒名者置在兼秩，是所谓前世合于一，而唐则析为二。

隋文帝的散实官加军号，隋炀帝的九大夫加八尉，都是既以进阶又以酬劳的单一序列。而到唐代，首先散阶与勋官“析而为二”了，其次散阶中的文阶、武阶也“析而为二”了。到这时候，唐代散阶制就算基本定型了。

四、动因与意义的进一步分析

汉唐间禄秩等级到文武散阶的发展，以上的叙述勾勒出一幅概貌。读者能感到这个叙述有其特别的取舍，某些事实被置而不论，某些事实只是约略言及，某些事实则得到分外的关注。其原因则在于我们采取了“品位—职位”视角，这就是叙述时的取舍原则。而且，上一节采取了尽量简洁一些的笔调，而把进一步的分析留给了本节，这样层次可以清楚一些。

本书的目的，是探讨不同的分等类型与官僚的“服务取向”和“自利取向”的相互关系。为此，我们首先论证了周代官员等级制是一种“品位分等”的制度，卿—大夫—士的爵级及“命数”等等构成的等差，乃是从属于官员个人的身份等级，这是其时贵族政治的内在部分。这样，在论述“汉代禄秩等级之从属于职位”一点时，对帝国时代的官僚等级制肇始于“职位分等”意味的禄秩，“品位分等”性质的散阶制反在其后，就不致心存疑窦了。因为重“品位”的爵禄之制已先期演生，这与学者如下论述并无二致：较早出现的官员等级制多属“品位分类”。周代的封建制、宗法制和贵族制，决定了当时的官员等级制必然是以身份为基础的，不可避免地呈现为“品位分等”。这时的贵族官员阶层拥有重大的自主性，君主对其权势利益的予取予夺能力，较之后世是相当有限的。

秦汉的禄秩等级一度显现出“等级从属于职位”的鲜明特点，这确实非常发人深思。我们通过“从稍食到月俸”等线索，揭示了秦汉禄秩作为“吏禄”的来源与性质。也就是说，禄秩等级制的重要来源之一，是“稍食”这样的东西；而昔日的“稍食”是对胥吏阶层的酬报，因而“吏禄”的扩张也就是文吏群体的扩张。战国的专制官僚制化，一度造成了“天地一大变局”。商鞅、韩非所主张的“以法治国”也就是“以吏治国”，“吏者平法者也”。学者谓秦帝国“君民不相爱，块然循于法律之中”，从而大异于“后世繁文缛礼之政”。秦以“刀笔吏”治天下，这种“文吏政治”与后世“士大夫政治”确实大异其趣。“士大夫”阶级已是一个拥有深厚文化根基和社会根基（就其与“绅士”阶层的关联而言）的官僚群体，已拥有相对于专制皇权的相当自主性。

汉承秦制，依然视官为“吏”。其时自佐史至三公皆可称“吏”，我们觉得这大有深意。汉儒曾痛心疾首于“王侯三公之贵”而被朝廷“如遇犬马”、“如遇官徒”，正反映贵族的坐享天禄、安富尊荣已成明日黄花，专制君主以“吏”的形象为臣僚定性、定位，他们只能在专制权力之下俯首帖耳，听凭其役使、迁黜和宰割。对官吏的权益、地位和荣耀，统治者经常漫不经心。职此之由，此期官吏的酬报和等级，便透露出了更多从属于职位的色调；此期的官僚，便显示出了更浓厚的“服务取向”。如艾森斯塔得所论，这种取向往往对应着拥有“铁腕”的专制皇权①，对应着他对

①这里有意不说“铁腕皇帝”而说“铁腕皇权”，这个细微的考虑是为了避免误解，以免有人举出软弱的汉惠帝、谨慎俭朴的汉文帝为例，说他们不是“铁腕君主”。然而我们所用“铁腕”之词，乃就皇权与臣吏的关系而言，而不是君主的个人品性。

官吏的无情支配，官僚由此变成卓有效能的行政工具，而且未能与某个特定社会阶层建立起特殊的联系。秦汉的文法吏确实很近于这种情况，他们并未显示出特定的社会来源，与后世士大夫来自儒生和绅士阶层的情况，明显不同。

不过帝国的官僚们总有一种“自利取向”及寻求“贵族化”的本能倾向。随时光推移，汉代官僚逐渐成为支配阶级，在社会上扎下了根基，进而形成了官僚、地主与儒士三位一体的世家大族。这时官僚们必然提出更多的权益要求，希望在规划等级制时给官僚个人以更多保障。为换取官僚的效忠，汉廷也不断依禄秩等级向官僚授予特权。同时，“品位分等”确实有其灵活的地方，它在处理能力、功绩和年资的矛盾时不乏独到之处。“增秩”、“贬秩”等做法日益普遍，事实上便蕴含了一种寻求“品位”的苗头。无论从哪方面看，汉代的等级体制中确已蕴含着趋于“品位分等”的内在动因了。

进之，魏晋南北朝时代演化出了一个以士族门阀构成的官僚群体，这是一个具有强烈身份性和相对“贵族化”了的集团，士族以其门第权势支配了官僚的铨选，并把禄位占有视为一种应得私利和身份特权。为在分裂动荡中维系统治集团的稳定，朝廷必须给官僚更多权益以为笼络，并尽量从长期合作者的家族中录用官员，从而使官僚队伍呈现出封闭性。以致人称南朝官僚组织与其说是政府的得力工具，倒不如说是“流亡贵族的福利体制”①。与门阀和皇权的“共天下”以及士族坐享天禄、平流进取的局面相适应，“分官设职”时的“效率考虑”经常让位于“优惠考虑”。九品

①Dennis Grafflin：“The Great Family in Medieval Southern China”，*Harvard Journal of Asiatic Studies*，41：1，1981.

中正制、“清途”概念、“清浊”观念及门第高下相互配合，赋予了官吏个人以凝固的“门品”。士族门阀习惯于尸位素餐，同时每奉送出一顶官帽子便等于增加了一位政权拥戴者，所以没有多少职掌的冗位冗号，便在职事官之外与日俱增。至如十六国北朝“官”与“职”的分离，比南朝有过之而无不及。众多的部落贵族们的“一损俱损，一荣俱荣”，便是“选贤任能”的限度。原始粗糙的政治体制容纳不下众多子弟，然而也不能让其同于白民，所以朝廷向之大把大把地散发着各种爵、位、衔、号而毫不吝惜。这种大异秦汉的“品位分等”格局，是这个时期官僚等级制的最突出特征，由此划出了一个特定的阶段。

由散号将军构成的军阶，也是在这个时代发达起来的。军阶与军职是分离的，这无疑是一种典型的“品位分等”制度；它拥有首尾具备的序列形式，与唐代散阶已非常类似。而且在魏晋南北朝时代，军号最早形成为成熟的“本阶”；文散官的阶官化，是在与军号“双授”时拜军号的“拉动”之赐，才得以完成的。军阶的性质、倾向和影响，与前述士族政治相关的那种“品位”秩序，存在着某种重要差异，由此便可揭示出此期官阶制度演进的又一线索。

军事领域中功绩制构成了士气和战力的维系，而提升军阶便是褒奖将士之良方；军阶便于灵活处理沙场战功和军事才能间的矛盾，可以及时酬功迁级而不至变动职任，所以现代军队依然采用军衔制度。这样的理由，便可解释汉魏之际的战乱中将军号得到迅速发展的情况；两汉之际刘秀打天下时也曾涌现出众多的杂号将军，也是一个平行的参照。进之，尽管五朝门阀的典型形态是文化士族，他们以雄厚文化自重且“重文轻武”，但其时军政仍是帝国政治的重要领域。地方行政军事化了，而其后果之一就是都督和州郡长官都把军号用作位阶。田余庆先生认为东晋门阀政治的条件之一是“流民出力”,即指以流民组建的北府兵构成了江左军事屏障①。而武将的身份标志之一,便是军阶。南朝宗王起家例授军号,更多情况则是武人依赖军号而发身迁转。学者指出,梁武帝大通年间的军号改制,在官品第三至四品之间加置了十六班共一百六十号军号,其目的就是拉长寒人武将的仕进之途。这样看来,军阶的形成,在相当程度上出于军政的需要,具有功绩制的色彩;军阶并未被士族所独占,并不是个专意维护士族政治的制度。士族的高贵地位,主要体现于对文职高官和“清华”诸官的独占,他们的军职和军号只是占有“清官”的“延伸”。

这样,就有必要把两种不同的“品位分等”清晰区分开来:一种是由士族门第、中正品、清途、清官、清浊概念等等构成的,另一种由将军号构成。前者“散漫”地存在于各种惯例、选例之中——这“散漫”二字是相对于后者军阶而言的,相形之下,军阶则采取了阶次清晰、严整有序的外在形式,这与唐代的散阶更为接近。尽管它们都体现了“以人为中心”的特色,但不妨借助引喻以示区分:前者是以人的“门品”为中心的,后者则是以人的“官品”为中心。此处的“官品”一词不是指九品官品,而是特指因供职服勤而被君主授予的禄位。军阶具有较多功绩制色彩,要较多地服从于军政考虑,它相对较近于那种由君主操纵而依功加授的禄位,由此就蕴含着使之整齐划一、形成序列的较大动力,以便利于中央权威的高效管理和依功加授。“门品”自是指士族门第,它来自士族的传统权势;门第、中正品、清浊与官品、官职的错综对应,乃是一种基于惯例的秩序。士族在其中如鱼得水,很容易就能找到应得位置,对自己应该由何起家、由何迁转了若指掌;但君主的“革选”也

①田余庆:《东晋门阀政治》,北京大学出版社 1991 年第 2 版,第 347 页。

很难使之发生重大改变，高门冠冕也不打算使之转化为“外在”的散阶序列，那样的话，反会打乱传统惯例中的既成利益格局。

“官品秩序”也就是“官僚政治性质的品位秩序”，“门品秩序”也就是士族门第性质的品位秩序。借助这个区分，就可以更深刻地认识北朝文散官的进化因果。文散官在西魏北周脱胎为整齐的散阶序列，这得益于军号与散官的“双授”和军号的“拉动”。作为对比，南朝不但“双授”之事很少，就连散官的阶官化、序列化也是步履蹒跚。这个对比是非常有意思的。究其原因，首先江左政治更富“文治”色彩，它因直承汉晋而保持了更大的制度惯性和惰性；进而士族政治造成的“文清武浊”观念，还使文臣和武将的职类区分变成了一道身份鸿沟，以致南朝武将获得大夫一类文散号，有时会诧为殊荣，所以“双授”在这里不大容易泛滥成灾。对士族的传统门第与中正品、清浊、官品、官职搅成一团的局面，军号想要“拉动”它们是太过沉重了。对江左政权的军号，可以看成士族等级秩序的一种补充物。士族政治是官僚政治的“变态”，它多少也需要一些功绩制因素才能存活。在北朝这就不仅仅是“补充”了。北魏末年，将士们的名号觊觎使军号、散官的滥授和“双授”蔚成时风，士庶、文武的堤防都没办法阻止这汹涌而来的洪水。孝文帝以来所积累的“门阀化”、“贵族化”因素在魏末横遭扫荡，军功阶层的新一轮崛起伴随着权益的再分配，随后就波及到位阶制度上了。通过“双授”而被“拉”入阶官境界的文散官，被赋予了与军阶相近的特性，例如不是依门第而是依功加授的功绩制性质，以及清晰整齐的序列形式。由此，北朝的文散官也超越了“门品秩序”，被接纳为“官品秩序”的一部分了。

北朝的文散官反而赢得了阶官化的进步，南朝却相形见绌，这一点相当发人深思。北方少数族政权显然缺少南朝“文治”体制的惯性和惰性，这就为制度的变异带来了更多契机。部落贵族当然也是孕育“品位”的温床，北魏前期的散官相当发达，散号将军的普授和滥授比南朝有过之而无不及。可是与南朝文化士族占据要津的情况不同，北朝的“国人武装—军功贵族—鲜卑皇权”体制构成了政治结构的主干，汉族士族是依附于这个主干之上的，其士族身份更多地取决于当朝官爵。江左由次等士族和武将终结了东晋的门阀政治，重振了南朝皇权①；但南朝次等士族重振皇权的动量，远不如北朝军功贵族集团之大。南朝皇权的复兴是有限的，士族门阀盘根错节，依然是最有权势的社会阶层。北朝国人武装和军功贵族的支持，则令十六国北朝自初就拥有一个强大皇权；骑马部落对“军功”的传统崇尚，在政权渐具规模之后，顺理成章地转化为对“事功”的崇尚。魏晋以来趋于衰败的专制皇权和官僚政治，遂在北朝逐渐走出低谷而再呈生机；北朝的官僚群体，其贵族化程度和“自利取向”的比重日趋衰减，而“服务取向”的分量不断上升。由军功阶层造成的文散官的阶官化，就发生于这一背景之中。

北朝政治发展对官阶制的影响还不止于此。此前北魏孝文帝的政治改革，便已显示了北朝官僚政治的蓬勃活力。在官品方面，孝文帝把简单粗略的九品官品析分为正从十八级、三十阶及流外七品，并把它用于考课进阶制度，这是一个重大进步。稍后梁武帝也制订了十八班及流外七班之制，但这不过是对孝文帝的东施效颦而已。可见北朝的制度建设已不限于学习汉晋南朝，其创制能力已足够地强大，已足以向南朝提供制度反馈了。梁武帝

①参看田余庆《东晋门阀政治》“刘裕与孙恩——门阀政治的‘掘墓人’”及“后论”两章。

借鉴了孝文帝的官品析分之法,但对其考课进阶制却望而却步、视而不见,从而昭示了双方官僚政治的不同前景。

孝文帝和梁武帝时南北都出现了流内、流外之别,这也是一个重要变迁,"吏"阶层从此沦落到了"流外"。在九品官人法之下,中正二品以上为士族士大夫,三品以下则是寒士和寒人所担任的吏职。流外七品或七班,便是由中正品的三品至九品这七等转化而来的。先秦拥有爵命的士大夫与无爵的"官人百吏"或"府史胥徒",本是两个阶层;战国至秦的社会变革打破了这种身份界限,秦汉时基本没有官、吏分途的制度,入仕者皆"本于小吏干佐,方至文学、功曹",再经过察举、辟召而"迁为牧守,入作台司"①。而魏晋以来,官、吏在身份上再度一分为二,显示了事物在一左一右地曲折发展。南北朝官与吏的分途和分等是以"门品"为基础的,属于"品位分等"范畴;流内流外之制与九品官人法的渊源关系,说明它本是中古士族政治的制度遗产;但与此同时,它也具有划分高级和低级文官的积极意义,所以某些现代国家中仍然有类似的做法。

北魏孝文帝的官品析分曾经反馈到南朝,这一事实提示我们,对此期的制度传播和互动,应该给予足够的注意。这种互动也存在于北齐与北周之间。西魏北周顺应魏末的滥授和"双授",发展出了文武散阶并立的体制,并令官阶与军阶一致化了。对这个进步,东魏北齐拒绝了前者,却学习了后者。这与梁武帝效法孝文帝的官品析分而创十八班,却拒绝了考课进阶制的做法相类,都属于政治文化差异而导致的制度接纳和排斥。西魏北周显示了浓厚的军事立国倾向,承魏末积习继续向将士"双授"军号与散官,是非常自然的事情;而东魏北齐政权则继承了洛阳的文物人才,其"文治"色彩令

①《通典》卷一六《选举四》,沈约论选举。

其更倾向于维系“正规”和“常态”,包括散官的传统性质和文武职类的严格区别,当然客观上这反倒阻碍文散官的进化。

讨论至此,我们业已涉入“东西南北”(北齐、北周;南朝、北朝)的制度互动与隋唐制度渊源问题了。以往有一个通行的叙述模式:北朝在汉化进程中不断学习魏晋南朝,隋唐采北齐及南朝制度而不采北周。然而我们的南北朝官阶制研究,却提供了一些不尽相同的事实:北魏的官阶改革反馈到了江左,西魏的军阶改革反馈到了北齐。隋廷面对南北及东西三方面的制度资源,其官阶制呈现了大幅度的动荡摇摆,最终在唐初定型的文散阶、武散阶及勋官并立之制,最早是在北周初具形态的。概而言之,就“东西”而言,北周对唐代散阶制的影响更大一些;就“南北”而言,北朝对唐代散阶制的影响更大一些。

北周对隋唐的制度影响还不只散阶制而已,还见于兵制、爵制、法制、官制等更多方面。这说明北齐的制度和文化水准虽胜北周一筹,但北周官僚政治也并非一无可取,其探索创造之中,仍然包含着足以令北齐取法和隋唐继承的地方。学者或说北周的政治文化精神对隋唐社会文化的影响最大,或说宇文泰、苏绰改制有“重开中国历史之光昌盛运”之功,这都可与“东西”制度异同优劣问题一并观察。至于在散阶制、考阶制,以至法制、监察制、学校制、均田制、府兵制众多方面,北朝都深刻影响了隋唐制度,则显示了北朝相对于南朝的更大政治活力。有的学者甚至指出,就是在文化方面,到隋、陈对峙时北方也已胜过南方了。

在南北朝史研究上,学界现有“南朝化论”和“北朝主流论”二说。看上去矛盾的这两种说法其实可以并存互补、相得益彰。“南朝化”论指出,隋唐以来的经济文化发展上承南朝,而来源于北朝部族传统的那些特点则日趋淡化。这个论断符合各少数族政权入主中原后的一般发展趋势,即“汉化”或说被华夏文化所同化的趋势。而“北朝主流论”则揭示,华夏政权每每周期性地由盛而衰,而振作衰颓的动力有时就来自北方少数族的入主,来自异质文化之间的冲突与融合。魏晋南北朝这个帝国体制的衰败时代,最终以北朝为其“历史出口”,就证明了这样一点。具体到本书对官阶制的考察,同样印证了这一事实。作为唐初散阶的直接来源,北朝是“主流”之所在;但此期散阶发展以武号为主导,散阶的授予以武人为对象,这毕竟显示了北朝的军功贵族政治并非传统政治的“常态”。世入李唐,文散阶逐渐凌驾于武散阶之上,文臣逐渐凌驾于武将之上,这便是“南朝化”意味的变动了。既非北朝的军功贵族政治,也非南朝的士族门阀政治,而是专制皇权所操纵的“士大夫政治”,最终主导了隋唐散阶的发展方向。

较之汉代禄秩等级的“职位分等”性质,唐代散阶制属于“品位分等”,但由前者到后者所经历的并不是一个线性的演进,中间还隔着一道魏晋南北朝的曲折。在为中古时代区分出了两种“品位分等”之后,便可为唐代散阶制更准确地定性定位了。相对江左五朝的维护士族门阀的“门品秩序”,我们把军阶和北周的文散阶另行称为“官品秩序”,后者更富于功绩制色彩。唐代的文武散阶,上承的乃是北周的军阶和文散阶,它显已超越了中古士族政治,回归于官僚政治的范畴之内了。唐代以品级、本阶、勋官、封爵等与职事官相互为用,这是一个更复杂的复合体系,它为帝国的官员管理提供了更灵活的手段。正如王德权先生的论述:唐制“将‘考绩’与‘散阶的升降’紧密结合,而散位的高低具体地反映在各种官人待遇的等级中,形成‘考绩—散阶—待遇’间的密切联系:考绩优则升其散阶,散阶升则提高待遇。若将唐制特别强调考绩一事置于此一联系里加以观察,就显得是极具意义”,这“正是唐代官制中极具合理性的部分”①。

但另一方面，与“等级附丽于职位”的汉代禄秩相比，唐代散阶制毕竟为官员提供了从属个人的品位，具有“以人为中心”的性格，这就显示汉唐官僚政治的形态差异。唐制：“凡叙阶之法，有以封爵，有以亲戚，有以勋庸，有以资荫，有以秀孝，有以劳考。”②以“劳考”进阶发生在居官之后，而入仕之初所叙散阶，主要取决于门资，所谓“散位则一切以门荫结品，然后劳考进叙”③。正如池田温所论，唐代官阶的特质是一种“身份官人制”，因为官人由官品而来的待遇，超过了与职务有关的合理范围，而泛及于生活的全体，这便是它与近代官僚制的相异之处。这种对品官的优待，并不是针对职务的保障，而不外乎表示附属于品官自身的身份特权④。唐人经常说“置阶级所以彰贵贱”⑤，这个时代的散阶制依然散发着贵族身份的气息。由此看来，散阶制的演生，也是历史发展中官僚阶级所获权益的一部分。

五、一个尝试：传统官阶制的五段分期

秦汉魏晋南北朝的官阶制发展，已扼要叙述如上了。以此作为基础，我们还打算对中华帝国的历代官阶变迁，做一个宏观的

---

①王德权：《唐代律令中的“散官”与“散位”——从官人的待遇谈起》，第 45 页。

②《唐六典》卷二《吏部郎中员外郎》。

③《旧唐书》卷四二《职官志一》。

④池田温：《中國律令と官人機構》，《前近代アジアの法と社會——仁井田陞博士追悼論文集》，东京劲草书房 1976 年版，第 168 页。

⑤崔嘏：《授内诸司及供奉官叙阶制》，《全唐文》卷七二六，中华书局 1983 年版，第 8 册第 7483 页。

鸟瞰。这个展望依然要借助于“品位分等”、“职位分等”这些概念，它们的“以论带史”之功，足以使形形色色的官品官阶，暴露出某些原本晦暗不清的面貌，并使潜在的“阶段”呈现出轮廓来。

由此所呈现出来的阶段，就我们所见大略有五：一，先秦时代；二，秦汉时代；三，魏晋南北朝时代；四，唐宋时代；五，明清时代。这个段落划分，初看上去与一般通史教科书的章节了无大异，不过具体说来就不同了。在我们的观察结果之中，历代官阶制的形态和倾向变迁并不是一个直线前行的简单历程，它们有其起伏不定的波峰和波谷，并涉及了“品位分等”、“职位分等”和“自利取向”、“服务取向”各自分量的此消彼长。

前面几节中，已简略交待了第一阶段的情况，着力阐释了第二和第三阶段的情况，因此有必要再为唐宋和明清两个段落，提供必要的叙述。

在唐朝初年，文武散阶制度就相当成熟严整了。不过在传统政治中，涉及官僚权益的名号位阶都有一个渐趋猥滥的规律，秦汉的二十等爵、魏晋南北朝的散号将军都曾越授越滥，唐代的文武散阶也未能免俗。唐代中期的“泛阶”做法，也导致了散阶的猥滥和贬值，包括俸禄在内的种种待遇只好向职事官品转移。但在政治形态尚未发生决定性变化之时，官阶的“品位分等”色彩并不会骤然淡去。以“职”为实，以“散”为阶的制度衰败之后，以“使”为实、以“职”为阶的新制一波再起。随着“使职差遣”制度的发展，三省六部官、御史台官、卿监长官、诸卫大将军等等官位，借助“检校”、“试官”、“加宪衔”等等，而开始了另一类形式的阶官化，它们开始变为“使职”的“阶”了。在唐末五代，甚至连一些使职本身也阶官化了。与散官构成的阶官相类，这种由“带职”构成的阶官，也发展出了一套年考成资、依资改转的成熟制度①;在散官构成的散阶因贬值而变质之后,这明显构成了一种代偿性的机制②。

宋代初年承袭了唐后期的情况,散官几乎仅仅是荣号而已;至于本官的官阶则使用三省六部官名,是所谓"寄禄官"。宋太宗时"始定迁叙之制",所制订的官阶包括"文臣京官至三师"共四十二阶,"武臣三班借职至节度使"共二十七阶。朝廷向寄禄官发放俸禄,向任职的"差遣"发放职钱,二者共同构成了官员报酬③。由于职钱已经依"差遣"而定了,所以有人认为这兼采了"品位分类"和"职位分类"之长④。然而这时依然存在跟人走的品位,仍

①可参看张国刚:《唐代阶官与职事官的阶官化论述》,《中华文史论丛》1989年第2期,上海古籍出版社版。张国刚先生的原用语是"以职为实、以散为号"和"以使为实、以职为号",本书改"号"为"阶"。

②《宋史》卷一六一《职官志》"总叙"云:"唐承隋制,至天授中,始有试官之格,又有员外之置,寻为检校、试、摄、判、知之名。其初立法之意,未尝不善。盖欲以名器事功甄别能否,又使不肖者绝年劳序迁之觊觎。而世戚勋旧之家,宠之以禄,而不责以猷为。其居位任事者,不限资格,使得自竭其所长,以为治效。且黜陟进退之际,权归于上,而有司若不得预。"

③参看俞宗宪:《宋代职官品阶研究》,《文史》第21辑,中华书局1983年版;丁凌华:《宋代寄禄官制度初探》,《中国史研究》1986年第4期;龚延明:《宋代官吏的管理制度》,《历史研究》1991年第6期;朱瑞熙:《中国政治制度通史》第6卷(宋代卷),人民出版社1996年版,第650页以下;苗书梅:《宋代官员选任和管理制度》,河南大学出版社1996年版,第414页以下;张希清等:《宋朝典制》,吉林文史出版社1997年版,第73页以下。当然,俸禄依寄禄官、职钱依差遣只是个大致的说法,宋朝文官等级制的结构错综复杂,也有部分俸钱、衣赐是由差遣决定的。参看姜锡东:《北宋前期宰相制度的几个问题》,《中州学刊》1990年第2期;汪圣铎:《宋朝文官俸禄与差遣》,载《中日宋史研讨会中方论文选编》,河北大学出版社1991年版。

④罗文:《由现代行政学的职位分类看宋代的人事行政制度》,《华冈文科学报》1978年第11期,第145页。

有大量的官僚权益从属于"本官",我们认为这依然是一种"阶职分立制"。到宋神宗元丰改制的时候,又重新启用了开府仪同三司到承务郎等散官作为本阶,绕了好大一个弯子,又回到唐初那种以散官为阶官的办法上去了。如前引杨树藩之论:宋代"其阶职分立制之运用,较唐尤佳。宋定三十七阶,除每阶附以阶称阶品外,并以'阶'来定俸额,通称'寄禄官'。官府编制之职称,曰'职事官'。按职事官大小、职务性质定津贴,通称'职钱'。同样性质之职官,支同等之职钱。阶俸则不然,视出身之高低,年资之深浅,考绩之优平而定。如此既区别劳考之分序,又顾到同职而同酬,堪称良制。"

唐末五代进一步荡涤了士族和贵族因素,宋代科举制的繁荣标志着"士大夫政治"的发达成熟,其时的官阶制相应也多了一些理性行政色彩。但从另一方面说,无论唐也好、宋也好,其时的"本阶"毕竟都是以"人"为本的,从而有异于秦汉禄秩从属于职位的情况。邓小南先生指出:中晚唐的"职事官通用为赏"造成了职事官的冗滥猥杂和队伍分化,既有治本司事者,又有带本官充他职者,更有坐领俸禄者,这成为宋代以职事官为阶官、以差遣任实职的直接原因①。孙国栋先生也曾论及:唐代用以叙品阶的散官,由于后来授受太滥,不为人所重,不得不以中央职事官作为赏功勋、叙位望的空资格②。按,唐代作为阶号的散官本来就来自官职,中晚唐叙品阶的散官猥滥了,然而仍然"不得不"用某种官职来叙品阶、系禄位;承唐而来的中央职事官"冗滥猥杂",到了北宋

①邓小南:《宋代文官选任制度诸层面》,河北教育出版社1993年版,第3—4页。

②孙国栋:《宋代官制紊乱在唐制的根源》,《唐宋史论丛》,香港商务印书馆2000年版,第197页以下。

依然无法克服，其实反映了两朝政治局面的一脉相承处。从专制和行政角度看“职位”首先是一份责任，薪俸能少给就少给以省钱增效；而从官僚私利看“职位”首先是一份享受、荣耀和地位，尽量多拿钱不干事才好呢，能让儿孙接班就更如意了。假如后一要求占了上风，就可能导致“以官为阶”的变迁，官职本身变成了品位。唐宋的这种“阶职分立制”，我们已论定为历史发展中官僚阶级所获特权的一部分，对应着官僚群体较浓厚的“自利取向”和较淡薄的“服务取向”。

可以用更多事实，来旁证唐宋官僚为一己权益猎取了更大保障，获得了“自利取向”的更大空间。宋人洪迈说：“国朝官制，沿晚唐、五代余习，故阶衔失之冗赘”，并举出了李端愿长达凡四十一字的头衔为例：“镇潼军节度观察留后、金紫光禄大夫、检校刑部尚书、使持节华州诸军事、华州刺史，兼御史大夫、上柱国”①。其实这阶衔冗赘，自南北朝到唐、宋都是如此，不只是晚唐、五代余习，且超过四十一字的并不算稀罕事。官僚结衔时的成串成堆名号，诸如“使持节特进侍中太尉公尚书令都督冀定沧瀛幽殷并肆云朔十州诸军事骠骑大将军左光禄大夫开府仪同三司并肆汾大行台仆射领六州大酋长大都督散骑常侍御史中尉领领左右驸马都尉南赵郡开国公”、“成德军节度镇冀深赵等州观察处置等使光禄大夫检校司徒兼太傅同中书门下平章事兼镇州大都督府长史驸马都尉上柱国太原郡开国公食邑二千户实封二百户赠太师”、“端明殿学士兼翰林侍读学士太中大夫提举西京嵩山崇福宫上柱国河内郡开国公食邑二千六百户食实封一千户”之类——要是像今天那样印成名片的话，非得印成那种折叠式的不可——以

①洪迈：《容斋三笔》卷四《旧官衔冗赘》，《容斋随笔》，第368页。

及散官、勋官、封爵、检校官、寄禄官、祠禄官、加宪衔、功臣号、提举宫观官等充斥于职位之外的情况，都是秦汉官僚所梦想不及的。秦汉帝国还未及炮制出花样繁多、五光十色的名号头衔，来满足官僚们的夸示荣耀与维系品位的需要。

唐代科举制的加速社会流动之功，历来为人瞩目，但绝不能以此低估了门荫和世袭的分量。爱宕元说："唐代前期，官僚化的主要倾向是靠祖、父的官荫而入仕。"①吴宗国先生指出，在唐初的官吏选拔上科举并不占重要地位，唐后期进士科又"变成了公卿大臣用来世袭高位的工具"②。将之与宋代"恩荫之滥"一并观之，则唐宋官僚的"贵族化"宛然在目，尽管宋代其"贵族化"程度又低落了不少。南北朝出现的以官当刑的"官当"制度，到了隋唐就更臻发达了，职事官、散官、卫官及勋官一一折算、毫不吃亏，甚至历任官都可当罪，以官当罪者期年后但降先品一等叙，从此又可消受种种特权了。宋代官员也不逊色，同样可以用现任官或历任的官、职、差遣抵徒罪若干年。唐代的"以理去官"之制，给了那些无罪过离职的官员以更多保障。对解职官员依旧拥有特权的制度，瞿同祖指出这显示了"官职是一种身份"，并进而评价说：唐宋"办法较前代为复杂，而对于大官的优待亦较前代为厚。……

①爱宕元：《唐代的官荫入仕——以卫官之路为中心》，《日本中青年学者论中国史》六朝隋唐卷，上海古籍出版社 1995 年版，第 252 页。

②吴宗国：《科举制与唐代高级官吏的选拔》，《北京大学学报》1982 年第 1 期；《进士科与唐朝后期的官僚世袭》，《中国史研究》1982 年第 1 期；《唐代科举制度》，辽宁大学出版社 1997 年版，第 8、12 章。毛汉光先生也有类似看法："士族在科举初期三百年间，利用科举制度而延长其政治地位"，"在唐代统治阶层中，士族官吏仍占绝大多数，而科第出身者，亦以士族居绝大多数。"《唐代大士族的进士第》，黄约瑟编：《港台学者隋唐史论文精选》，三秦出版社 1990 年版，第 60 页。

唐、宋官当法优礼官吏可谓无微不至”①。唐代对官员实行退休时赠以高一级散阶的做法②,唐宋官僚在致仕后都享有半俸待遇,宋代官员还可享受“致仕荫补”、申请恩例,还有“加官致仕”或“带职致仕”制度,退休时升迁寄禄官一资或一阶,甚至还有升二等、三等者③。赵翼有论:宋代制俸“恩逮于百官者惟恐其不足。”④这

①瞿同祖:《中国法律与中国社会》,第212—213、218页。

②例如尉迟敬德为刺史、都督等从二品、三品之官,致仕时“授开府仪同三司,朝朔望”,是以从一品散阶致仕。李靖为从二品尚书右仆射,致仕时“乃授检校特进,就第”,是以正二品散官致仕。分见《新唐书》卷八九《尉迟恭传》及卷九三《李靖传》。

③参看朱瑞熙:《中国政治制度通史》第6卷(宋代卷),第689—692页;金中枢:《宋代公教人员退休制度研究》(一),《宋史研究集》第28集,台湾编译馆1998年版,第65页以下。又洪迈《容斋随笔》卷九《带职致仕》:“熙宁以前,待制学士致仕者,率迁官而解其职。若有疾就闲者,亦换为集贤院学士”;又《致仕之失》:“本朝尤重之,大臣告老,必宠以东宫师傅、侍从。”第92、101页。

④赵翼:《廿二史札记》卷二五《宋制禄之厚》,《廿二史札记校证》,下册第534页。按,一般认为“在中国历代封建王朝中宋代官僚的俸禄是最为优厚的”。例如龚延明:《宋代官吏的管理制度》,《历史研究》1991年第6期;邵红霞:《宋代官僚的俸禄与国家财政》,《江海学刊》1993年第3期。但衣川强认为:宋代“官吏们如仅靠俸给生活,就无法享受充分的供应。”见其《宋代文官俸给制度》,郑梁生译,台湾商务印书馆1977年版,第98页。近年国内也出现了宋代俸禄低于实际支出的意见。例如郭东旭:《论宋代防治官吏经济犯罪》,中国宋史研究会第6届年会论文;何忠礼:《宋代官吏的俸禄》,《历史研究》1994年第3期。张全明先生则指出:宋初官俸是较低的,元丰至宣和年间俸禄较高,“两宋时期,从整体看,其官员的俸禄水平大致处于中国历朝的中上等水平”。见其《也论宋代官员的俸禄》,《历史研究》1997年第2期。苗书梅先生进而认为,部分宋代官员穷窘的原因,在于中下级官员守选、待阙时间过长,待阙时仅得部分俸料,造成官员实际收入下降;而在制度规定上,官员的俸禄并不算少,所以这“不足以说明宋代俸给不厚”。见其《宋代官员选任和管理制度》,(转下页注)

与秦汉君王“厚自封宠,而虏遇臣下”、“百里长吏,荷诸侯之任而食监门之禄”正成对比。有的学者认为,汉代不仅小吏,甚至高官的月俸亦较唐宋微薄。当然宋代的经济有了不小发展,大官小官们没功劳也有苦劳,其待遇也该比汉代丰润一些,“先富起来”;然而其时官僚待遇,是与经济发展不成比例地膨胀开来的。宋王朝官额之冗,宋人都叹为“病在膏肓”①,其祠禄之制、恩荫之滥、恩赏之厚又何尝不是如此。宋朝真是个当官的好去处,官迷们都不妨到宋朝去试试“发展”。钱穆先生评论说:宋代“元丰改制,一依唐规。不知唐代政府组织,已嫌臃肿膨大,宋在冗官极甚之世,而效唐制,自不能彻底。汉之中都官,不及宋什一,郡守少于宋而令长过之,此宋代治政所以终不足以追古。”②

若把秦汉与唐宋相比,则其间的政治差异是很明显的。日人大庭脩对汉制有一个很精彩的总结:“从整个制度来看,与后世相比,冗官不多,而且每个官吏都担负非常具体的任务。……冗官少恐怕是官僚制发展的表现,但也是官僚制尚处于初期阶段的特点。”③秦汉冗官不多,任务既确定又具体,这个特点确实相当醒目。大庭脩将之归结于“官僚制发展的表现”和“初期阶段的特点”两点,颇具启发意义。战国官僚制的发展呈现了“穷其极致”

(接上页注)第 522 页。对这些新近出现的分歧,我们仍然采取传统的说法。而且还应考虑到,赵宋皇帝豢养了一支庞大的官僚队伍,难免有时拿不出足够的钱粮供给其中的某些人;但冗官队伍的庞大,本身就是官僚特权的表现。正如当今某些贫困地区财政不敷工资,但依然官员众多,人们依然争着吃国家饭一样。

①洪迈:《容斋四笔》卷四《今日官冗》,《容斋随笔》,第 521 页。

②钱穆:《国史大纲》(修订本),商务印书馆 1994 年版,下册第 572 页。

③大庭脩:《秦汉法制史研究》,林剑鸣等译,上海人民出版社 1991 年版,第 42 页。

的强劲势头，正如法家对法制、效率之极意寻求所显示的那样。秦汉官僚队伍来自昔日的“府史胥徒”，“以吏治天下”的体制，使文法吏与贵族士大夫的行政重要性整个反转过来了，并直接体现在“分官设职”的简练、精干和尽量围绕行政职能而展开之上。至于所谓“初期阶段的表现”，这除了体制的简单粗糙外，还应从较积极的方面加以理解：官僚组织在初创时总是较为精干而富有效能的；此后随时光推移，腐化、老化和贵族化因素便将逐渐滋生和积累起来，包括冗官冗吏的繁衍增殖等等。秦汉官吏等级管理的简单中包含着草创的粗糙，但同时又是简练明快、富有新生朝气的；唐宋入流、进阶、磨勘、改官的复杂程序当然可以视为制度的发达进化，但其过分的繁文缛节、繁琐细密，也反映王朝已须为官僚自身的权益分配而穷思殚虑，这部分事务畸形膨胀开来，用于国计民生的精力便只好忍痛割爱了。

南北朝、唐宋是阶官制度的发达期，而这时的官僚特权恰好也呈现膨胀之势。可见我们把“品位—职位”视角与“自利取向—服务取向”结合起来的做法，并不是生搬硬套或求之过深，而是大有必要。进一步向后看，就进一步坚定了这个信心。世入明清，新的变化发生了①。王鏊《震泽长语·官制》：

> 唐制，有勋、有阶、有官、有爵。爵以定崇卑，官以分职务，阶以叙劳，勋以叙功。四者各不相蒙，有官、爵卑而勋、阶高者，亦有勋、阶卑而官、爵高者。宋朝列衔，凡阶高官卑则称“行”，阶卑官高则称“守”，官与阶同则无“行”、“守”字。

①辽金元时代同样存在着各种阶官序列。为避免头绪过多而使问题复杂化，本书略去不谈。

今制惟以官为定，为是官，则勋、阶、爵随之，无复叙劳、叙功之意。①

王鏊所谓的"今制惟以官为定"，表明重大的变迁又已发生其间了。明代的文散阶分布于九品正从十八级之上，但各品上的散阶又出现了"初授散官"、"升授散官"和"加授散官"（仅正二品至从四品六号）之别，因而合计起来达到了四十二阶。此外武散阶分布于一至六品正从十二级上，亦有"初授散官"、"升授散官"和"加授散官"（仅正二品至从四品六号）之别，合计共有三十阶②。

乍一看上去，明代的散阶形式与唐宋好像没有太大变化；然而细一深究就不同了。"虽然形式上仿效宋代官制，但实际上明朝不仅把职事官归入品秩序列，而且使散阶、勋位和官职所属品级逐渐接近"③。二者在一个关键之点上已经名同实异：唐代据门荫而授阶、据阶而授官，官职来自位阶，或说以"阶"为基准；明制则不相同，却是据官而授阶的，有官职才有位阶，散阶通过入流和考满来授受，并依据职事官的迁调改降而加以相应调整，如此而已④。所以有人

①沈节甫辑：《国朝纪录汇编》卷一二五《震泽长语·官制》，上海涵芬楼影印明万历刻本；王云五主编：《宋元明善本丛书十种》，台湾商务印书馆1969年版，第14册。

②参看《明史》卷七二《职官志一》。

③葛承雍：《中国古代等级社会》，陕西人民出版社1992年版，第192页。

④《明会要》卷四三《职官十五·勋阶》："（洪武）九年四月，始定散官资阶。散官者，初授之资阶也。其有升授加授者，以历考为差。"中华书局1956年版，下册第785页。徐学聚《国朝典汇》卷三五《吏部二》："凡初入仕、任内未初考而迁调改除升等者，考核平常量才降等非贬降者，皆得初授阶。初考称职、任内已及初考、迁调改除而品级仍前者，任内已升授、未及再考、迁调改除而品级仍前者，皆得升授阶。凡及两考而事迹显著者。皆得加授阶。"北京大学出版社1993年版，第4册第2936页。万历朝（转下页注）

把明代散阶仅仅视为"官员的一种荣衔"①。进一步说:"散官与勋级既是附加性官衔,又可视为考核制度的补充,但与实职和俸禄并无关系。"②"明代的散阶,很大程度上可说是对唐代职事官正、从各品上、下阶的一个稍加扩展的翻版。正因如此,明代散阶的性质,也就与唐代大不相同了。其主要效用,无非是区分和体现官僚的年劳资格,以便朝廷据以进行较正从九品十八级更为细致的管理和激励活动罢了";明代"散阶几乎完全成了官品的附属物。唐代是做官必先有阶,现在则是有阶必先做官,两者关系已经颠倒。勋级则与散阶性质相类而辅之,它们基本上不再有独立于官品的意义,除借以进行一些激励活动外,在衡量官员地位和等级时的意义实在淡而又淡"③。明代俸米依官品而定,因散阶从属于官品,进而从属于官职,因此也可以说它已不属"跟人走"的待遇等级了。这样,阶官的

(接上页注)重修本《明会典》卷六《散官》:"洪武二十六年定,凡白身人入仕,并杂职人等初入流者,与对品初授散官。任内历俸三年,初考称职,与升授散官。又历俸三年,再考功绩显著,方与加授散官。若考核平常者,止与初授。其任内未经初考、迁调改除者,仍照见授职事,与初授散官。已经初考,合得升授,迁调改除,仍系本等品级者,照见授职事,与升授散官。若升等者,只与对品初授。或有已得升授,未经再考,迁调改除,仍系本等品级者,照见授职事,与升授散官。已经再考,合得加授,迁调改除,仍系本等品级者,与加授散官。若升等者,止与对品初授。其有先曾历仕二品三品等职,今次降用,若系有罪及阘茸不称职贬降者,照依见授职事,与初授散官。若量才任使,不系贬降,但今授职事,比与原授降等,其原授散官诰敕仍旧者,亦照见授职事,与对品初授散官。俱于三年之后,照例升授。"中华书局 1989 年版,第 34 页。可见在各种情况下,散官的授予都尽量与"见授职事"相应。

①王天有:《明代国家机构研究》,北京大学出版社 1992 年版,第 81 页。

②杜婉言等:《中国政治制度通史》第 9 卷(明代卷),人民出版社 1996 年版,第 445 页。

③楼劲、刘光华:《中国古代文官制度》,甘肃人民出版社 1992 年版,第 532、537 页。

昔日作用、意义显已变质，一变而为职事官的附属物了，这也就是王鏊所谓“今制惟以官为定，为是官，则勋、阶、爵随之”的意思。

至于清代，实行的是一种相当简化的散阶制度，自正一品到从九品十八阶而已。尽管清人自夸其文阶武阶“循名责实”，“洵为法则精而密，施于事则简而易知者矣”①，其实不过荣号而已，甚至可以貤封父母②，散阶的授予混同于“封赠”。顺治初年有三年考满封赠之事，康熙改为逢朝廷庆典，任职二年以上者便可请求封赠。这种“封赠”比之唐代散阶，好比退化之后残留下来的一段盲肠③。同时各色俸禄虽有依于官品者，例如京官；但也有相当数量是因职位而异的，大大高于正俸的“养廉银”便是如此④。“各

①纪昀等撰：《历代职官表》，上海古籍出版社 1989 年版，下册第 1302 页。

②光绪二十五年《钦定大清会典》卷一二《吏部·验封清吏司》，台湾新文丰出版公司 1976 年影印本，第 1 册第 140—141 页；《钦定大清会典事例》卷一四三《吏部·封赠》，台湾新文丰出版公司 1976 年影印本，第 8 册第 6975 页。

③《清通典》卷四〇《职官十八》犹称之为“文武官阶”，见江苏古籍出版社 1988 年版，第 2231 页；《清文献通考》卷九〇《职官考》则称“封阶”，江苏古籍出版社 1988 年版，第 1 册第 5645 页；《清朝续文献通考》卷一四六《职官考》亦称“封阶”，江苏古籍出版社 1988 年版，第 2 册第 9069 页。而《大清会典事例》叙于“封赠”部分，参看前注。这时候的“阶”几乎全失本意，而与“封赠”合流了。

④清初在京汉官一度每年俸米十二石而已。大约到了雍正三年（1725 年），才落实了俸银“不论满汉，一律照品支给”原则。在外的文官另外享有柴薪银、蔬菜烛炭银、心红纸张银、案衣什物银、修宅什物银等等，它们不仅超过了正俸许多，并且不是按官品，而是针对具体职位一一规定的。雍正初年又实行“耗羡归公”、向官员支发“养廉银”，其数额往往超过正俸几十倍。山西巡抚诺岷的养廉银高达 31700 两，为原俸的 204. 5 倍，而河南巡抚田文镜亦达 28900 两，为原俸的 186. 5 倍。正俸遂微不足道了。养廉银也是按职位一一而定的，例如同为总督，高者有 22000 两，低者或只 13000 两；同为七品知县，养廉银有 400 两至 2000 两之别。

级官员的养廉银额是按官职高低、事务繁简、地方冲僻和耗羡多少等标准来确定的。”[①]学者认为：“发给养廉银的标准，不以官员的品衔衡量，而是按职官地位的轻重和事务繁简而定……这种以事务繁简来规定俸禄的做法，在某种程度上比笼统地以品级定数，更显得合理些。”[②]“由于各地事务繁简、地方远近、用度多寡不同，其标准仍不能完全划一，这种不划一，应该说亦有其合理的成分。”[③]而这应该视为“职位分等”因素。这样看来，“清朝仍为九品十八阶，但清朝官员的品阶之制已大为削弱，官员等级及待遇等，皆以官员的实际职务为主”[④]；“清代更进一步使阶官与品级完全对应，官居几品即授几品阶官，散官失去了身份地位的意义，基本做到职阶一体”[⑤]。杨树藩认为：自明以来，“文官之劳考，不以阶定矣，反之阶随职事官之升进而赋予。于是‘阶’之价值已失，无复叙劳之意矣。清代虽有阶称及阶品，其法悉如明旧。是知阶职分立制之精神，至明清已破坏殆尽矣”。

如何认识这种变迁呢？学者认为：这“反映了明代不像唐那样面临着士族官贵子弟安流平进、直接做官的沉重压力等社会背

---

①薛端录：《清代养廉银制度简论》，《清史论丛》第 5 辑，中华书局 1984 年版，第 148—149 页。

②郭松义等：《中国政治制度通史》第 10 卷（清代卷），人民出版社 1996 年版，第 571 页。

③黄惠贤、陈锋主编：《中国俸禄制度史》，武汉大学出版社 1996 年版，第 551 页。从本书视角看，这种“合理成分”的意义就更加明晰了，它体现的是一种“俸禄从属于职位”的精神，从而淡化了“品位分等”的比重。

④曾小华：《中国政治制度史论简编》，中国广播电视出版社 1991 年版，第 227 页。

⑤葛承雍：《中国古代等级社会》，第 192 页。

景。”[①]其说甚是。进而我们推测，明太祖以降帝国统治者大大强化了君主专制和对臣僚的役使控制，相应的，王朝官僚的“服务取向”分量加重，“自利取向”的空间变得狭窄，“贵族化”倾向受到了更大抑制，对官员个人的优惠和保障也相对减少。明清散阶制发生变化，由“重人”转向“重事”，其因果关系似当于此求之。

下面就为此提供一些背景参考。朱元璋废宰相而隆君权，一改唐宋制度的君权、相权互为制衡之法，使君主专制上了一个新台阶[②]。或说宋帝无专擅、无暴虐，其制度的缺点是“散”和“弱”，而非“专”与“暴”，尽量优假士人[③]；明廷则一改故辙。宋廷忌武人而明廷忌士人，帝王不惜严刑酷法，“期使士人震慑于王室积威之下，使其只能为吾用而不足为吾患”[④]。明制，文官不得封公侯，违者主司及受封者斩，或即其由。法有“凌迟”，始于元明。朱元璋大兴“文字狱”[⑤]，甚至以“寰中士大夫不为君用科”入律。“时

---

①楼劲、刘光华：《中国古代文官制度》，第 537 页。

②徐道邻先生曾说：“中国政治制度中的君主专制，到了明朝，才真正恶化。……到了明朝的皇帝，才真正能‘为所欲为’、‘独制于天下而无所制’。”《明太祖与中国专制政治》，《中国法制史论集》，台湾志文出版社 1975 年版，第 338 页。

③钱穆：《中国历代政治得失》，台湾东大图书公司 1977 年版，第 76 页。

④钱穆：《国史大纲》，下册第 668—669 页。“鞭笞捶楚，成为朝廷士大夫寻常之辱。终明之世，廷杖史不绝书。其残酷无理，殆为有史以来所未见。”又第 701 页：“明室政治之支撑点，上面靠有英明能独裁的君主，下面靠有比较清廉肯负责的官僚。”

⑤野史稗乘中关于明太祖文字狱的那些记载，是在弘治、万历朝才大量出现的，有很多难以视为信史，但它们仍然反映了“国初”的政治气氛和后人的追忆。参看陈学霖：《明太祖文字狱案考疑》，《明史研究论丛》第 5 辑，江苏古籍出版社 1991 年版。

京官每旦入朝，必与妻子诀，及暮无事，则相庆以为又活一日”①。薛允升的著作曾在明律“奸党”诸条之下，比较汉、唐、明有关律文：“明祖猜忌臣下，无弊不防，所定之律亦苛刻显著，与唐律迥不相同。……汉有非所宜言、大不敬及执左道乱朝政法，唐律不载，明此律则更甚矣！”②唐代自簿尉以上就不加捶楚了，所以杜甫有诗云：“脱身簿尉中，始与捶楚辞。”③而明朝皇帝以“廷杖”待大臣，动辄“血溅玉阶，肉飞金陛”④，还通过厂卫特务机构的天罗地网监视百官⑤，这都上承明太祖“开国规模”之流泽。

一方面，学者看到了“明代皇帝权力之大，远远超过了前代”⑥；而与“明代君权与官权相比，君权大为增强”结伴而来的，便是“贵族、官僚法律特权地位的降低”⑦。与宋代“恩逮于百官者惟恐其不足”有异，明代宗室俸禄丰厚，一般官员却以“薄俸”为

①《稗史汇编》卷七四《国宪门·刑法类·皮场庙》，转引自《廿二史札记校证》，下册第757页。赵翼《廿二史札记》原称出自《草木子》。这条材料中有朱元璋在府州县立“皮场庙”、对贪官“剥皮实草”的著名记载，近来有学者辨其说之非。参看王世华：《朱元璋惩贪“剥皮实草”质疑》，《历史研究》1997年第2期。《稗史汇编》刊行于万历朝，这个记载的出现可能与关于“国初”文字狱的传说相似。

②薛允升：《唐明律合编》卷九，中国书店1990年版，第73页。

③参看顾炎武：《日知录》卷二八《职官受杖》，《日知录集释》，下册第1248页以下。顾氏谓唐制“优于南北朝多矣”，然而亦如顾氏所引，南朝官吏行杖大抵有名无实，所谓“上捎云根，下拂地足”。这都与明代不同。

④可参看陈登原：《国史旧闻》卷四九《廷杖》，中华书局1980年版，第3分册第273页。

⑤丁易：《明代特务政治》，中外出版社1950年初版，群众出版社1983年版。

⑥陈高华：《从〈大诰〉看明初的专制政治》，《中国史研究》1981年第1期。

⑦张显清：《〈大明律〉的形成及其反映的时代特点》，《中国史研究》1989年第4期。

主流，以至到了清初"正俸"依然微薄如故[1]。史家因有"明官俸最薄"之说[2]，顾炎武叹云"今之制禄不过唐人什二三"，"自古百官俸禄之薄，未有如此者！"[3]官僚们"月不过米二石，不足食数人"、"不足以资生"、"困于饥寒"的抱怨不绝于口[4]。明代致仕待遇也比唐宋简薄得多，国初的致仕者居然没有俸禄，赐半俸终身就算是优礼了。赵翼认为："明初无加恩致仕官之例。《明史·杨鼎传》：成化十五年，鼎致仕，赐敕驰驿归，命有司月给米二石，岁给役四人。大臣致仕有给赐，自此始。自后多有月廪岁夫之制。……此皆明代加恩致仕官故事，然视唐、宋则甚减矣！"[5]唐代的门荫之法，是依父祖之官而授子弟之阶，进而就可候选入仕了，宋代恩荫也是直接给予官阶或差遣的。而到明代，"国初因前代任子之制，文官一品至七品，皆得荫一子以世其禄"，是为"荫叙"；但所叙的只是"禄"而非"官"，想做官仍要参加考试。而且"后乃渐为限制"，宪宗成化三年（1467 年）规定"在京三品以上，满考著绩，方得请荫，谓之官生"；至孝宗弘治十八年（1505 年）又规定，即使三品以上京官，也须三年考满、得诰命、无过犯，才能自请一子入国子监[6]。

---

①参看黄惠贤、陈锋等主编：《中国俸禄制度史》，第 388、493、504 页。

②赵翼：《廿二史札记》卷三二《明官俸最薄》，《廿二史札记校证》，下册第 750 页。又刘锦藻《清朝续文献通考》卷一四一《职官考·禄秩》："明代禄米最薄。"第 2 册第 9013 页。又《明史》卷一六四《黄泽传附孔友谅传》孔友谅云："国朝制禄之典，视前代为薄。"

③顾炎武：《日知录》卷一二《俸禄》，《日知录集释》，上册第 549、552 页。

④《明会要》卷四三《职官十五》，下册第 798—799 页。

⑤赵翼：《陔余丛考》卷二七《致仕官给俸》，栾保群、吕宗力校点，河北人民出版社 1990 年版，第 455—456 页。

⑥《明会典》卷六《荫叙》，第 32 页。

前期成规,期亲亡故是可以离职奔丧的[①],但洪武二十六年(1393年)为避免旷官废事,定制除父母、祖父母承重者丁忧外,期丧只能遣人致祭而已[②]。为了皇上,士大夫只好"以义断恩"了。明朝武官更无丁忧之制[③]。以官品抵罪的"官当"制度在唐宋臻于发达细密,在明律之中却被一笔勾销了。薛允升因云:"唐律于官员有犯除名官当,免官免所居官,委曲详备,其优待群僚之意溢于言外。明律一概删去,古谊亡矣!"[④]不仅"官当"被废,明清官吏的免刑也只限于笞杖轻罪,徒流以上便须实配,由此瞿同祖先生指出:"明、清律在这方面对于官吏的优待不如唐、宋远甚。"[⑤]薛允升也看到:"大抵事关典礼及风俗教化等事,唐律均较明律为重;贼盗及有关帑项钱粮等事,明律则又较唐律为重,亦可以观世变矣。古人先礼教而后刑法,后世则重刑法而轻礼教。唐律犹近古,明律则颇尚严刻矣!"[⑥]用来管制官吏的法制在明代又大为完善了[⑦]。朱元璋决意以重典治吏[⑧],所颁《大诰》的锋芒所

①参看顾炎武:《日知录》卷一五《期功丧去官》,《日知录集释》,上册第702页以下。

②参看顾炎武:《日知录》卷一五《奔丧守制》,《日知录集释》,上册第708页以下。又张德信:《明朝典制》,吉林文史出版社1996年版,第121页,"品官丧礼"。当然,许多官僚心底并不乐意舍弃禄位离职守丧。不过官僚个人是否选择奔丧是一回事,帝国法律是否给予服丧权利则是另一回事。

③顾炎武:《日知录》卷一五《武官丁忧》,《日知录集释》,上册第712页以下。

④薛允升:《唐明律合编》卷九,第26页。

⑤瞿同祖:《中国法律与中国社会》,第214页。

⑥薛允升:《唐明律合编》卷九,第73—74页。

⑦参看关文发、颜广文:《明代政治制度研究》,中国社会科学出版社1995年版,第9章"明代官吏的法律责任制度"。

⑧参看杨一凡:《明初重典考》,湖南人民出版社1984年版;《论明初的重典治吏》,《求是学刊》1982年第2期。

向就是贪官污吏①。他定制地方守令贪赃达到六十两便剥皮囊草，枉法达到八十贯则论处绞刑②。史称：明祖“重绳贪吏，置之严典”，“一时守令畏法，洁己爱民，……下逮仁、宣，抚循休息，民人安乐，吏治澄清者百余年。”③赵翼以为“几有两汉之遗风，且驾唐、宋而上哉”④，显有明代吏治近于两汉而超迈唐宋之意。赵翼另有“明祖行事多仿汉高”之论⑤，不妨也参照考虑。

秦汉、唐宋和有明的吏治孰优孰劣、哪个更高明些，难免见仁见智，因为立足点稍微变化，就会有不同的判断。就算明初真的一度“吏治澄清”，然而面对着专制帝王的剥皮刲舌、铲头刳肠、血肉横飞、尸虫满狱⑥，我依然觉得那大明王朝不是人呆的地方；宋朝“对士大夫的礼遇无与伦比”的做法虽然后人不乏诟病，却可能也“大大激发了宋代士大夫践履儒家理想的道德自律精神……以天下为己任”⑦。但眼下还是旁搁了价值判断问题，继续通过唐宋

---

①杨一凡：《明大诰研究》，江苏人民出版社 1988 年版，第 80 页。

②《明史》卷二二六《海瑞传》万历十三年(1585 年)：海瑞上疏，“因举太祖法剥皮囊草及洪武三十年定律枉法八十贯论绞，谓今当用此惩贪。”

③《明史》卷二八一《循吏传序》。

④赵翼：《廿二史札记》卷三三《明初吏治》，《廿二史札记校证》，下册第 760 页。

⑤赵翼：《廿二史札记》卷三二《明祖行事多仿汉高》，《廿二史札记校证》，下册第 737 页。

⑥参看丁易：《明代特务政治》，第 5 章“杀人如草不闻声”第 2 节“血肉横飞尸虫满狱”，第 353 页以下。

⑦参看苗书梅：《宋代官员选任和管理制度》，“引言”第 3 页。按，这种“以天下为己任”与“自利取向”并不矛盾。前者是就道德风貌而言的，后者则是指官僚在社会、经济和政治领域的权势扩张，涉及了官僚较大的特权、贵族化程度和相对于专制君主的自主性。在特定情况下，这种扩张也能激发士大夫“以天下为己任”的文化气象。反过来说，在“服务取向”之下，官僚个人同样是要牟取私利的。

与有明政治之异，来探讨唐宋存在着发达的“阶职分立制”、而明代这一制度却发生变质和遭到破坏的缘由。

我们已经看到，散阶制度的变质不是孤立的事件，它与明清官僚的特权削减，是同时发生的事情。那么就可以做出推论：明初高度强化的专制皇权，对官僚的“自利取向”及“贵族化”倾向重新构成强力抑制，令其“服务取向”的分量再度加重，由此造成的政治变动，进而就波及到官阶品位之制了。相应的，唐宋的“阶职分立制”，与明清这个制度的变质和破坏，便可大致视为两个不同段落。至于为什么唐宋、明清间会发生这样的变动，据张帆先生的精彩见解，金、元二朝的制度简化和专制强化，应是最重要的转折动因①。

正是基于以上事实，历代官阶制的变迁，就可以归纳为一种

①2000 年 4 月 7 日，我在北京大学历史学系就本书内容发表学术报告。报告之后，张帆先生随即就唐宋到明清散阶制的变质问题，向我提示了一些重要看法，并把他的意见写成了约五千字的论述垂赐本人。张先生认为，对于唐宋到明清间的这个重要变动，金、元二朝是一个重要的转折点。金、元两代的政治影响体现在两个方面。第一，金、元的官僚制虽以唐宋为蓝本，但因其是北方少数族王朝，只能做到轮廓大致仿佛而已，实际的复杂精密程度较唐宋远为逊色。金、元虽然设立了四十二阶散官，但徒具形式而有名无实，以往繁密的资格、阶级制度大大简化了，并倾向于向职位提供待遇。第二，金、元王朝带有明显的北方民族“家产制国家”特征，由父家长权力发展而来的皇权很少受到约束，唐宋以来皇帝与士大夫“共治”天下的政治传统大大削弱了，官僚自我扩张和“自利”的趋向受到了明显抑制；专制者至高无上，奴视臣下，前代优礼臣下之举多成具文。值此之时，用来优遇官僚阶级的散官制度受到漠视、趋于贬值，是顺理成章的。张先生的意见使本书有关论述大为深化。期待他的文章早日刊出，以飨读者。此外，楼劲、刘光华也曾推测：明代散阶制“出现这样的格局，大概与元代的做法有关”。《中国古代文官制度》，第 537 页。就此而论，杨树藩认为辽金元散阶制上承唐宋，也不够全面，失于简单化了。

“五段落”的分期：

第一阶段，亦即先秦的贵族政治时代，其时由爵级命数构成的官员等级制，以及作为“另类”的“府史胥徒”这个无爵等级的存在，呈现出最浓厚的“品位分等”色彩。

第二阶段，亦即秦汉阶段，因战国变法的剧烈政治转型依然保持着强劲惯性，由昔日“府史胥徒”扩张而来的新生官僚队伍依旧被视之如“吏”，他们便维持了浓厚的“服务取向”。相应的，以禄秩标示的官僚等级，便透射出了“附丽于职位”的鲜明特征，其“品位”因素则较为淡薄。后代那种士与庶、官与吏、文与武间森严的身份性界限，此期阙如。不过汉代封爵的较大重要性，列侯、关内侯的较大权益，对官僚都是一种补偿，并具有早期社会的意味。

第三阶段，亦即魏晋南北朝时代，早期专制官僚制的原始粗糙方面无法阻止士族门阀的崛起，官僚开始“贵族化”了，其“自利取向”得以充分扩张。与中正品相关的士庶、清浊、文武、流内流外等等选例，以及委积繁衍的散官、名号等等，在事实上构成了一种以“门品”为中心的“品位分等”秩序。与此同时，与战事频仍及行政的军事化相应，将军号迅速演化为军阶序列，并在北朝后期带动了文散官的阶官化，形成以“官品”为中心的、相对较具功绩制色彩的另一种“品位分等”秩序。

第四阶段，亦即唐宋时期，这也是个“阶职分立制”的发达阶段，以成熟的文武散阶制度为内容。唐代散阶“一切以门荫结品”，显示其时官僚仍残留了一定“贵族化”的性质；同时“劳考进叙”的制度，又表明总体上它已回归于官僚政治范畴之内了。宋代官阶，由于俸禄依散阶支付而职钱依差遣支付，因而增加了不少“职位分等”成分，但总体说这依然属于“阶职分立制”。优厚的品位待遇体现了宋朝皇权对士大夫的优宠宽容,为官僚扩展其特权、自主性以至"自利取向"留下了较大空间。

第五阶段,继承元朝余绪,明帝国初年君主专制高度强化了,士大夫官僚的众多利益、特权惨遭削减,其自主性受到压制,官僚作为铁腕君权之行政工具的"服务取向"特征,又开始浓厚起来。与此相应,散阶制开始变质,由唐代的据阶而授官一变为据官而授阶,散官成了官品的一种补充,"阶职分立制"遂遭破坏了。这种情况延续到了清代。

以往只从级差和待遇角度被叙述的历代官阶制度,由此便呈现出了错落有致的不同阶段,这就是初步提示如上的五个大的段落。以形象语言描述其左右摇摆或上下动荡,可以说在中国历史前期有较高的波峰和较低的波谷,即如先秦爵命等级与秦汉禄秩等级间的较大反差,从禄秩等级到魏晋南北朝"门品秩序"的重大转折;至如后期,依旧存在着动荡不定,但其波幅已趋减小,例如由唐宋的"阶职分立制"到明清这个制度"变质"的情况。大致说来,秦汉的禄秩等级表现为"职位分等"的一个波峰,两晋南北朝唐宋的"本阶"表现为"品位分等"的一个波峰;明清官阶表现了向"职位分等"一定程度的回归,但考虑到官僚阶级在十几个世纪中累积的众多等级特权,此期官阶的性质和倾向,应该视为前两个此起彼伏的波峰之综合。明清已值帝国时代的后期,官僚们作为统治阶级,早已在神州大地上根深叶茂、不可动摇了。围绕官品而滋生出的各种等级特权①,士大夫与胥吏、文臣与武将之间的身份性隔膜,都构成了"品位"因素。又比如说,"升衔留任"便是

①参看瞿同祖:《中国法律与中国社会》,第三、四章;以及林金树:《论明代品官的等级特权》,《史学月刊》1981 年第 4 期。

一种保障官僚品位的做法①。"兼衔"以加重官僚资望的情况，也等于官位被用如"品位"了，例如总督例加兵部尚书兼右都御史衔，巡抚例加兵部侍郎兼右副都御史衔②，翰林官迁吏部侍郎例兼翰林院学士，还有加宫衔的恩典等等③，甚至官品本身都可以作为待遇、用作"品位"，如同"加若干品衔"之类做法所反映的那样④。这些情况，都大大遮掩了"阶职合一"所带来的那些"职位分等"亮色。

在理解这些波峰和波谷的时候，还应对如下两点加以考虑，以用作"加权"的评估因素。首先，官僚的等级特权可能来自两个方面：对君主权力的分割和对社会权益的占夺。专制独裁需要和理性行政需要，不允许官僚自我膨胀到妨害专制和行政的程度，但在官僚占夺社会权益上帝国统治者有可能网开一面，令君主与官僚"双赢"而听任社会萎缩和偏枯。因而官僚的"服务取向"和"自利取向"，不仅涉及君主与官僚之间的权势分割，也包含着官僚对社会的利益分割。人称宋王朝"恩逮于百官者惟恐其不足"，相应的则是"财取于万民者不留其有余"，说的就是这种情况。进而明清的官阶制度既体现了向"职位分等"的一定回归，从官僚那

①《钦定大清会典事例》卷七一《吏部·汉员升补》，第7册第6006页。

②《钦定大清会典事例》卷一八《吏部·汉官品级》，对各种"晋衔"、"加衔"、"兼衔"都一一说明。第6册第5285页。

③王士禛：《池北偶谈》卷三《兼衔》及《宫衔》，中华书局1982年版，上册第69页。又《清会典》卷二三《职官一》："凡师保傅，皆有少，皆虚衔，无职掌，亦无员额，凡大臣宣力中久，劳绩懋著者，则奉特旨加衔。"江苏古籍出版社1988年版，第2160页。

④例如王士禛《池北偶谈》卷三《七品衔》所记："近江宁黄虞稷、慈溪姜宸英以诸生荐入馆修史，特加七品服俸，覃恩得以其品貤封父母，而实未授官也。"上册第53页。

里回收的权势强化了皇帝专制；同时浩荡的皇恩依然保障品官以至缙绅地主的特权[①]，这些特权大多是从社会方面分割而来的。官僚的贪污侵渔，比起前朝来一点儿都不逊色。所以"有明一代，一方面官俸呈现下降趋势，以至低到历代所未有的水平，另方面大小官员的富有豪华却又达到了历代王朝未曾达到的高度"[②]；明代仕宦阶级的生活，"可以用骄奢淫佚四字尽之"[③]。有时皇帝强悍专断而官僚唯唯诺诺，有时皇帝和和气气而士大夫意气风发，可不管怎样，"民不出粟米麻丝、作器皿、通货财以事其上，则诛"。

其次，正如艾森斯塔得所指出的那样，在官僚呈现"服务取向"之时，中上层官僚经常来自较低阶层，并疏离了他们由之而来的社会阶层和传统身份。而这正是秦与西汉的情况，其时的文吏群体，并没有显示出与哪个社会阶层关系特别密切。这样一点，我想也有助于理解汉代禄秩等级"从属于职位"的性格。而东汉以来，帝国官吏与儒生群体、进而与士族阶层建立了越来越密切的关系。魏晋南北朝的"门品秩序"，就对应着一个盘根错节的门阀士族阶层的存在，他们拥有最浓厚的"自利取向"。由唐宋以至明清，"绅士"或"乡绅"构成了社会的结构性特征，而"官僚就是士大夫在官位时的称号，绅士是士大夫的社会身份"[④]。艾森斯塔得也认为，中华帝国的官僚呈"同时为统治者和主要阶层维持服

---

①明代缙绅地主的政治经济特权，参看张显清：《明代缙绅地主浅论》，《中国史研究》1984年第2期。

②张海瀛：《明代的赐田与岁禄》，《明史研究论丛》第4辑，江苏古籍出版社1991年版，第291页。

③吴晗：《明代的新仕宦阶级，社会的政治的文化的关系及其生活》，《明史研究论丛》第5辑，第39页。

④吴晗、费孝通：《皇权与绅权》，天津人民出版社1988年版，第66页。

务的取向”。这“主要阶层”就是绅士阶层；通过科举制度的联结，官僚成了士人或绅士阶层的一部分。我想，明清官阶制的倾向性体现为前两个波峰之综合，与这种社会政治变迁也是一致的。

在“品位—职位”和“自利—服务”分析概念的照耀之下，历代官阶制演化的阶段性便由晦暗而显明，呈现出了如上五个段落的鲜明轮廓。它协助我们探寻传统官僚政治的进化轨迹，从一个侧面揭示了帝国官僚的“自利取向”和“服务取向”二者关系的动态变迁①。各王朝初年的官僚一般都比较精干、处于君主的强权制御之下，但在中后期则将积累出老化、腐化和贵族化因素，这是一种较小的周期；同时也存在着更长时段的变迁，也就是初步提示如上的五大阶段。总的看来，传统政治体制的连续性，并不应该夸大到“停滞”的程度，它并不是一潭死水；同时其变迁的方面也是有限度的，即便是魏晋以来由“贵族化”了的士族阶层造成的士族门阀政治，最终也应视作专制官僚政治的一种“变态”，它并没有导致一种全然不同的贵族政体。

当然，这个分期模式对历代官僚政治演变的判断，主要是基于官阶制而做出的，不过是它的一个侧影而已；并且较深入的考

---

①另一些对传统专制官僚政治发展史的分期方法，就不大能够看清本书所揭示的上述段落。例如近年的巨著《中国政治制度通史》第1卷（总论）的分期如下：战国到汉初，是“军事封建君主制”的形成、鼎盛到衰微时期；两汉到南北朝、隋唐、宋元、明清四段，则分别是“宗法封建君主制”的确立、巩固、高度发展和鼎盛时期。人民出版社1996年版，第33—34页。李治安、杜家骥先生则把秦汉魏晋南北朝、隋唐宋元、明清三段，分别定性为“封建官僚行政管理”的推行、发展和完善时期。见其《中国古代官僚政治》，书目文献出版社1993年版，第5—6页。这样的分期方法主要是对线性进程的总体概括，本书的分期，则进而从一个侧面提供了更多曲折。因而对“品位—职位”视角具有独到的分析价值这一点，我们抱有信心。

察只限于秦汉魏晋南北朝时代，如果把更多事象纳入视野，特别是若对宋、元、明、清的情况作更多考察，则可能还有复杂得多的情况；眼下的论断，必定还有不少漏洞需要填补，还有更多空地等待开掘。不过，对一个论题若无话可说或只能泛泛而论，那反倒是思考的困境；而还有众多线索等待深究的感觉，所预告的却是开阔的研究前景。正如赵翼所说："无所因而特创者难为功，有所本而求精者易为力。"①不管眼下的认识还多么简陋粗糙，毕竟一个不无新意的叙述框架已被搭起，随后的雕镂修补就容易多了。每一个特定观照角度，都好比投射到黑暗的历史客体的一束探照灯光，它当然不会是面面俱到的，但只要能照亮一个侧面，提供一幅其他角度看不到的特殊景象，就足够了。期望本书的努力确有创获，今后我们将沿此方向继续前行。

①赵翼：《廿二史札记》卷一《各史例目异同》，《廿二史札记校证》，上册第3页。

第二章　爵禄与吏禄

汉王朝用俸禄级差来标示官大官小，这种禄秩等级的特点是"有职而无阶"，等级是从属于职位的。我们把它归为"职位分等"制度，与"品位分等"的唐代散阶区分开来了。不过这会儿便有个疑团摆在面前：历史上较早出现的官员等级制，一般都是以"品位分等"为特征的，因为早期社会更看重个人身份，而"品位分等"与身份制更具亲和性。中国历史在这一点上似乎不当与众不同。那么，"职位分等"的禄秩出现于中华帝国之初，更富"以人为中心"意味的散阶制反倒在其之后，这是否与上述规律抵牾不合呢？

为了消解这个疑团，我们把视线向前延伸到帝国之前的周代。中国早期政治体制有这么一个令人惊异的特点：一方面，国家政权与氏族纽带纠缠不清，充满了亲缘组织的原始色彩；另一方面，在较早时候就演化出了发达的官员组织，这构成了后世官僚政治的温床沃土。早期官员体系在战国时脱胎换骨，急剧进化为官僚体制；在这个质变之前的官员形态，则可以"贵族政治"名之，与之相适应的贵族官员等级以"爵"来标示。"爵禄"明显是一种以身份为本的等级制度。换言之，中国最早的官员等级制，仍是一种以身份为本的体制，在此没有什么奇迹发生，让中国历史变成一个例外。

随后在秦形成的二十等军功爵制，具有双重的意义：它固然已冲破了贵族制的藩篱，开通了走向功绩制的坦途；但在爵重于官一点上，依然是一种“品位”为本之制。不过，正如学者所指出的那样，自汉以来发生了一个“官”重“爵”轻的过程，爵制与官位和官秩序列日益疏离，从而构成了此期官僚政治继续进化的荦荦大端。

一、贵族时代的爵禄等级

对西周春秋的爵制，学界的研究已经很多了。本书既然以“官阶制”为题，便将采用一个不太相同的叙述模式，把职事、等级、身份、俸禄等等的相互关系，作为主要的着眼之点。

“爵”本来是酒器。朱骏声《说文通训定声》“爵”：“旧说，古人行爵，有尊卑贵贱，故引申为爵禄。”俞樾《儿笘录》：“或曰，古人行爵有尊卑贵贱，故引申为爵禄字。”虽然朱、俞二氏在引证之余所提出的乃是异议，日人西嶋定生却肯定了这个说法：古老的乡饮酒礼的齿位就构成了最初的爵列、爵序①。侯外庐先生还有个很精彩的论断：“‘礼者别贵贱序尊卑者也’。这一种制度，藏在尊爵彝器的神物之中，这种宗庙社稷的重器代替了古代法律，形成了统治者利用阶级分化而实行专政的制度”，故“在器谓之

①西嶋定生：《二十等爵制》，国际文化出版公司1992年版，第314—315页。又晁福林先生亦持同样看法，见其《先秦时期爵制的起源与发展》，《河北学刊》1997年第3期。乡饮酒礼时的“献”、“酢”、“酬”井然有序，参看姚伟均：《乡饮酒礼探微》，《中国史研究》1999年第1期。

'尊'、'爵',在人谓之亲、贵。"[①]早在二里头文化之中,就能看到很精美的铜爵了。以"爵"标志等级身份,其渊源看来是非常的古老。后儒或说天子亦爵[②],这大约也是于古有征的:早期王权尚不发达,天子不过高公侯一等而已,从许多礼制的等级安排中也能体味出这样一点。当然,晁福林先生认为,直接以"爵"为等级之称,可能是西周后期的事情[③]。

《孟子·万章下》叙周室班爵禄:"天子一位,公一位,侯一位,伯一位,子、男同一位:凡五等也。君一位,卿一位,大夫一位,上士一位,中士一位,下士一位:凡六等。"又贾谊《新书·阶级》:"古者圣王制为列等,内有公、卿、大夫、士,外有公、侯、伯、子、男,然后有官师小吏。"孟子和贾谊所揭著的"公、侯、伯、子、男"和"公、卿、大夫、士"两个爵序,意义不尽相同。对于前者,周代是否存在着严整的公、侯、伯、子、男所谓"五等爵"序列,学界曾经有过好多异说,甚至不乏否定态度[④]。不过清人顾栋高曾作《春秋列国爵姓及存灭表》,罗列国、爵、姓、始封、都邑及其存灭,森然有序[⑤]。

---

①侯外庐等:《中国思想通史》第1卷,人民出版社1957年版,第78页。

②《孟子·万章下》:"天子一位";《汉书》卷二五下《郊祀志下》:"王者父事天,故爵称天子";《白虎通义·爵》:"天子者,爵称也。……《书·亡逸篇》曰:厥兆天子爵。"

③晁福林:《先秦时期爵制的起源与发展》。

④例如郭沫若:《周代彝铭中无五服五等之制》,《中国古代社会研究》,人民出版社1954年版;《金文所无考·五等爵禄》,《金文丛考》,人民出版社1954年版;傅斯年:《论所谓五等爵》,《历史语言研究所集刊》第2本第1分,1930年;杨树达:《古爵名无定称说》,《积微居小学述林》卷六,中华书局1983年版。

⑤顾栋高:《春秋大事表》卷五,吴树平、李解民点校,中华书局1993年版,第1册第563页以下。

50年代以来,对五等爵的肯定似乎转成主流的看法①。杜正胜先生认为:“可见《春秋》的五等爵制是宗周旧礼无疑。”②王世民先生对金文的考辨显示,除生前尊称和死后追称的情况之外,金文中确已有了固定的五等爵称,它们合于《公羊传》的如下记载:“天子三公称公,王者之后称公,其余大国称侯,小国称伯、子、男。”③陈恩林先生近年再度检索文献:“在先秦两汉文献中,周代诸侯公、侯、伯、子、男五等爵的排列是有序的。”④《春秋》所记会盟场合上列国国君的公、侯、伯、子、男爵称,都显示了区分地位的实际意义。

不过“五等爵”所区分的是列国国君的尊卑高下,因而并不在官员等级制这个话题之内。至于公、卿、大夫、士所构成的另一爵序,无疑便是贵族官员的等级了。后儒也把它们叫做“内爵”。《白虎通义·爵》:“公、卿、大夫者何谓也?内爵称也。”“士”是否为爵,礼家向有异说,或谓“士非爵”⑤,或以“夏、殷制”与“周制”

①根据瞿同祖先生对《春秋》的排比,各国爵称大致是固定不变的,见其《中国封建社会》,商务印书馆1950年版,第2章第3节“诸侯的等级”。束世澂讨论五等爵名及其各种变例,见其《爵名释例——西周封建制探索之一》,《学术月刊》1961年第4期。陈世辉先生认为束先生的论点只适合春秋,不见得西周也是如此,但并未说西周不是如此,见其《〈爵名释例〉质疑》,《学术月刊》1961年第8期。

②杜正胜:《编户齐民——传统政治社会结构之形成》,台湾联经出版公司1990年版,第322页。

③王世民:《西周春秋金文中的诸侯爵称》,《历史研究》1983年第3期。

④陈恩林:《先秦两汉文献中所见周代诸侯五等爵》,《历史研究》1994年第6期。

⑤《白虎通义·爵》:“何以知士非爵?《礼》曰:‘四十强而仕’,不言‘爵为士’,‘至五十爵为大夫’。”

别之①。不过在本书脉络中这不必过多纠缠,视“士”为“爵”应该没多大问题。此外“卿”一级官员还可能因身份不同而另称“侯”、“伯”②。西周春秋已有了颇具规模的官员体系。西周晚期,仅金文所见的职官名称已达八十四种③。爵位的高下,构成了各种官员的基本身份等差,贵族所任官职等级与“内爵”存在着对应关系。

《周礼》对某官是上大夫卿、中大夫、下大夫或上士、中士、下士,都一一加以明确规定。下面试以《周礼·天官·叙官》来显示这样一点:

爵位	官职
卿	大宰(冢宰)
中大夫	小宰　司会
下大夫	宰夫　大府　内宰
上士	宫正　膳夫　医师　玉府　司书 职内　职岁　职币　内小臣(奄)
中士	宫伯　庖人　内饔　外饔　兽人　鱼人　食医 疾医　酒正　宫人　内府　外府　司裘　典妇功
下士	亨人　甸师　鳖人　腊人　疡医　兽医 凌人　掌舍　幂人　掌次　掌皮　典丝 典枲　染人　追师　屦人　夏采
	府、史、胥、徒、奄、奚、工、徒,妃嫔、女官等

①陈立《白虎通疏证》卷一谓:“《礼·士相见》、《丧服传》,《太宰》、《司仪》注,并以士为爵,与此不同。《檀弓》云:‘士之有诔。’注:‘殷大夫以上为爵。’则周时以士为爵也。班氏所言,盖据夏、殷制。”中华书局 1994 年版,上册第 18 页。

②杨宽认为,执政大臣称“公”;其他朝廷大臣,由四方诸侯进入为卿的称“侯”,由畿内诸侯进入为卿的称“伯”。见其《西周史》,上海人民出版社 1999 年版,第 341 页。

③张亚初、刘雨:《西周金文官制研究》,中华书局 1986 年版,第 109 页。

《周礼》的等级设计，大概有不少理想化的色彩。但另一些史料也显示，两周时代承担职事的各种官员，确实有卿、大夫、士的等级之分。例如：

> 克敌者，上大夫受县，下大夫受郡，士田十万。（《左传》哀公二年，赵简子誓辞）
>
> 大国之卿，一旅之田；上大夫，一卒之田。（《国语·晋语八》）
>
> 晋国之法，上大夫二舆二乘，中大夫二舆一乘，下大夫专乘，此明等级也。（《韩非子·外储说左下》）

比之大国，次国和小国的卿、大夫的地位还要依次下降一等。列国之大夫朝见周天子，则只能算是"士"了：

> 次国之上卿当大国之中，中当其下，下当其上大夫。小国之上卿当大国之下卿，中当其上大夫，下当其下大夫。（《左传》成公三年，臧宣叔语）
>
> 列国之大夫入天子之国，曰"某士"。（《礼记·曲礼下》）

诸如此类的身份等差，在考古材料中也有反映。《邾公牼钟》："以宴大夫，以喜者（诸）士。"《邾公华钟》："台（以）乐大夫，台（以）宴士庶子。"①或说"列鼎"制度便对应着士、大夫、卿、国君

①杨树达谓："《邾公华钟》云'台（以）乐大夫，台（以）宴士庶子'，士庶子者，士庶人也，文以与上文忌祀下文旧字为韵，故变人言子耳。"见其《积微居金文说》（增订本）卷一《邾公牼钟再跋》，科学出版社1959年第2版，第40页。按杨说可商，"庶子"非庶人，而是贵族子弟。

的地位之异[1]。学者对彝器所见册命金文的研究显示,礼书所记"命服"之制确实以某种形态存在于西周时期,约略可以辨识出下士、中士、上士、中大夫、卿、公的命服等差[2]。当然,段志洪先生认为,周初无大夫之称,"西周晚期出现了大夫这一等级称谓","周初之'士'作为贵族称呼没有等级意义"[3]。那么,清晰的卿、大夫、士之等级名称,及其区分为上、中、下的制度,应以春秋时代最为典型。

至如《周礼》中的府、史、胥、徒,则是"内爵"之下无爵的"另类",亦即贾谊所谓"官师小吏",《左传》所谓皂、舆、臣、僚[4],他们为官府承担具体行政,以至各种细小的职事差役[5]。有爵的士、大夫与无爵的"吏"这种身份区分,我们认为也是"品位分等"的一

①参看原北京大学历史系考古教研室编:《商周考古》,文物出版社 1979 年版,第 203 页以下;李玉洁:《殷周用鼎制度研究》,程民生、龚留柱主编:《历史文化论丛》,河南大学出版社 2000 年版。又杨宝成先生认为,楚国的大、中、小型墓及相应的铜礼器的组合,分别对应着上卿、上大夫,大夫、下大夫,元士、下士,以及僭用"士礼"的庶民。见其《楚国青铜礼器组合研究》,《华夏考古》2000 年第 2 期。当然,林沄先生对列鼎制度曾表怀疑,见其《周代用鼎制度商榷》,《史学集刊》1990 年第 3 期。

②陈汉平:《西周册命制度研究》,学林出版社 1986 年版,第 295—304 页;黄盛璋:《西周铜器中服饰赏赐与职官及册命制度的关系》,《传统文化与现代化》1997 年第 1 期。

③段志洪:《周代卿大夫研究》,台湾文津出版社 1994 年版,第 9—14 页。

④《左传》昭公七年楚无宇云:"故王臣公,公臣大夫,大夫臣士,士臣皂,皂臣舆,舆臣隶,隶臣僚,僚臣仆,仆臣台,马有圉,牛有牧。"

⑤或谓"皂以下为普通劳动者",如王宇信、杨升南:《中国政治制度通史》第 2 卷(先秦卷),人民出版社 1996 年版,第 486 页。恐不尽是。《国语·晋语四》:"皂隶食职。"有"职"则不为"普通劳动者","职"是指官府的职事。又据赵伯雄研究,《周礼》中的"胥徒"是宫廷和官府中的杂役、随从和侍卫。见其《〈周礼〉胥徒考》,《中国史研究》2000 年第 4 期。

项重要内容。

礼书云周代有“九命”之制，它把五等爵与“内爵”同时纳入其中而差次之。或云上公九命作伯，三公八命，侯伯七命，卿六命，子男五命，大夫四命；公、卿、大夫“及其出封，皆加一等”，同于五等爵；列国依其大小，其卿、大夫命数等而下之①。“命”即是册命之意。《左传》中有册命为卿和赐以三命、再命、一命之服之类记载，命数与官爵大体相应②。各个命数对应着相应的礼遇和利益，诸如“一命受职，再命受服，三命受位，四命受器，五命赐则，六命赐官，七命赐国，八命作牧，九命作伯”，“王执镇圭，公置桓圭，侯执信圭，伯执躬圭，子执谷璧，男执蒲璧”，“孤执皮帛，卿执羔，大夫执雁，士执雉，庶人执鹜，工商执鸡”③。“上公九命为伯，其国家、宫室、车旗、衣服、礼仪，皆以九为节”，侯伯以七为节，子男以五为节；王之三公、卿、大夫分别是八命、六命及四命，“宫室、车

---

①参看《周礼·春官·典命》。郑玄据此推测：“王之上士三命，中士再命，下士一命。”

②《左传》僖公三十三年：“襄公以三命命先且居将中军，以再命命先茅之县赏胥臣。……以一命命郤缺为卿。”成公二年：“赐三帅先路三命之服，司马、司空、舆帅、候正、亚旅，皆受一命之服。”襄公十九年：“公享晋六卿于蒲圃，赐以三命之服，军尉、司马、司空、舆尉、候奄，皆受一命之服。”襄公三十年：郑“伯有既死，使大史命伯石为卿，辞。大史退，则请命焉。复命之，又辞。如是三，乃受策入拜。”昭公七年：“一命而偻，再命而伛，三命而俯。”昭公十二年：“及平子伐莒，克之，更受三命。”命数与官爵显然存在着对应关系，虽然其细节我们不甚了了，但从有些情况看其规定是相当严格的。《左传》襄公二十六年：“郑伯赏入陈之功，……享子展，赐之先路、三命之服，先八邑。赐子产次路、再命之服，先六邑。”其时子产辞谢“六邑”：“自上以下，降杀以两，礼也。臣之位在四，且子展之功也。臣不敢及赏礼。”按其时子展为上卿，子西次之，良霄第三，子产居四。卿大夫每下一级则赏格以二为杀，故子产不敢受六邑之赏，“礼也”。

③《周礼·春官·大宗伯》。

旗、衣服、礼仪各视其命之数”①。

《礼记·王制》:“任事然后爵之,位定然后禄之。”杜正胜指出:“职事、官位、食禄与爵等的具体联系在于策命。”②周代彝铭中“册命”实例所见颇多,一般以授予官位职事为内容,并往往附以服章车马鸾旗之赐。册命金文所见,授予官职的时候并没有涉及卿、大夫、士的爵位高下。不过官职既有高下之别,它与任官者的身份等级便应存在对应关系,这对当事人是不言自明的。孟子说“朝廷莫如爵”,卿、大夫、士等爵称是官员的最基本身份标志,即使它们形成较严整的序列可能为时较晚。

封建时代的政治体制依旧相当原始。诸侯所治称“国”而卿大夫称“家”,春秋时有百乘之家、千乘之家,这种“家”简直和小国相去无几,有着复杂的内部结构③,以至有人把大夫之“家”视为“以家族组织为核心构建的基层政权和隐性的国家”④,认为“春秋时代的采邑已经由官吏的俸禄形式演变为国家政权形式”,“家”变成了“有相对独立性的政权机构”⑤。“家”是领主个人有

---

①《周礼·春官·典命》。

②杜正胜:《编户齐民——传统政治社会结构之形成》,第325页。

③范文澜描述说:“卿大夫受封土作为自己的采邑,在采邑内可以收族聚党。宗族有土地、刑法(杀人权)、军队(私卒、私属)、臣属(士)、农民(耕田的族党)、农奴(非族党的农夫)、隶农(耕田奴隶)和奴隶(包括手工业商业及家内役使的奴隶)。替宗子管理宗事的人叫做‘宰’或‘宗老’。又有管理祭祀的祝、史,管军事的司马,管手工业的工正,管商业的贾正。宗族实际是一个小国家。”参看其《中国通史简编》(修订本第一编),人民出版社1949年版,第159页。又可参考侯志义:《采邑考》,西北大学出版社1989年版,第2章“采邑的体制”。

④张荣明:《商周时代的族权、政权和教权》,张国刚主编:《中国社会历史评论》第1卷,天津古籍出版社1999年版,第3页。

⑤吕文郁:《周代采邑制度研究》,台湾文津出版社1992年版,第162—163页。

权支配的私产。那些拥有采邑、家臣与家兵的贵族们的传统权势，并不完全来自当朝君主授予的爵位，这便划开了贵族官员与后世的领俸官僚的界限。在某种意义上，册命、爵级甚至可以看成是对既得权力利益的一种认定，受制于来源悠久的权势格局。在"世禄"、甚至"世职"的情况之下，爵位高低与职类、职等，往往不那么容易区分开来。我们不大好说采邑、禄养是根据身份而占有的，还是根据职事、勤务与功绩来授予的。《国语·晋语八》叔向曰："爵以建事，禄以食爵。"不过，其语中所言之"事"，其意恐怕相当宽泛，既包括具体职事，也泛指受爵者对君主承担的传统义务；而叔向语中所言之"禄"，恐怕也不同于官僚制时代的文官俸禄，它既包括大量贵族个人先已拥有、在任职时得到君主正式确认的传统权益，也包括作为任职酬报而被君主授予的一份增额的权益。这两种权益都涉及田邑、人民、财货及舆马、服章、重器、礼遇等等繁多节目，它们共同构成了"禄"的内容，并往往是一次授予后便可终身甚至世代享有的。在这种情况下，卿、大夫、士这些爵称，就不仅仅是从属于官员个人的品级了，而且还是从属于贵族身份的品级，它们无疑构成了一种"品位分等"。

周代贵族也有"弃官则族无所庇"①之言，有"纳邑与政"②之说。但"弃官则族无所庇"是政治斗争所导致的，与后世文官制下的免官失俸不得等量齐观；至于"纳邑与政"，则如学者所论，虽然当时确有这种说法和做法，但总体上说采邑"泽及子孙"乃是"国故"（国家之故法），"凡是勤劳国家，忠于职守——须知这对一般

①《左传》文公十六年公孙寿语。

②《左传》襄公二十九年，吴公子札敦促齐大夫晏平仲"子速纳邑与政"，即交还权位与采邑。

卿大夫都是适用的——在大夫本人死了以后,其子孙仍然得以继承采邑,不作变动,所谓'官者世禄'的便是"[1];"王分封赏赐给大贵族的土地田邑,一经成为固有领地,就具有相当程度的独立性"[2]。西周有些世卿大族掌权十几代,相应的,他们在王畿之内占有采邑便达数百年之久[3]。卿大夫实际拥有的采邑数量,并不总与爵位、官职成严格对应,因为他拥有的采邑除了受职时依等级授予者外,还有继承于父祖的,有随机赏赐的,甚至还有从其他贵族或公室那里巧取豪夺而来的[4]。在卿大夫致仕时把这些田产一股脑儿收走,像对后世官僚的菜田、职田那样,国君恐怕没那么大的本事。

总之,贵族时代的官员等级制仍然较为原始,与贵族身份等级相互纠缠在一起,还没能充分分化开来。贵族的权势虽然要由君主以"册命"形式认定,但这并不同于后世的官员任命,某些时

---

①侯志义:《采邑考》,第 15 页。

②刘雨:《西周金文中的大封小封和赐田里》,《中国考古学论丛——中国社会科学院考古研究所建所 40 年纪念》,科学出版社 1995 年版,第 321 页。

③吕文郁:《周代采邑制度研究》,第 112 页。吕文郁也谈到,西周采邑虽可世袭,但新的继承者需要经过重新册命;但他指出,春秋时代随采邑主的势力上升,采邑事实上已成私产,故称"私邑",以别于公室直接管辖的"公邑"。参看同书第 113、255 页。又,徐喜辰认为周有"官邑"和"私邑"之别,前者是来自官爵的禄邑,后者则是私有土地,见其《春秋时代的"室"和"县"》,《人文杂志》1983 年第 3 期。汤雄平不赞成这个看法,认为来自官爵而为卿大夫享有的"官邑"就是"私邑",而国君控制的则为"公邑",见其《关于春秋时代的"室"》,《史学月刊》1987 年第 6 期。

④参看侯志义:《采邑考》,第 1 章第 1 节"五、赏田",第 3 节"七、卿大夫争夺土地"。据其所引,这种赏田少者数邑,多者达六十邑。另据《子仲姜宝镈铭文》记,齐侯赏给一个大夫二百九十九邑。卿大夫兼并之例,如晋国六卿相攻而范氏、中行氏和知氏被灭;至于削公室以自肥,鲁国三桓的"三分公室"、"四分公室"为其最著者。

候还不妨视为君主与领主间权利义务的一种“约定”。所以齐思和先生将册命仪式与西欧中世纪的 investiture(封建册命仪式)相比拟,且云:“盖古者有爵者必有位,有位者必有禄,有禄者必有土,故封建、命官,其实一也。”①

命士享受禄田。《国语·晋语四》:“大夫食邑,士食田。”《左传》成公十七年:“施氏之宰有百室之邑。”邑宰身份为士,施氏的禄田有百户农夫,则不下万亩。又《周礼·地官·载师》有“士田”,郑司农谓“士大夫之子得而耕之田也”②。又《孟子·滕文公上》:“卿以下必有圭田,圭田五十亩。”赵岐注谓:“古者卿以下至于士,皆受圭田五十亩,所以共祭祀也。”古礼无田则不祭③,礼书中又能看到士之祭礼④,可知大部分的命士都应该是田禄的拥有者。对采邑众多的卿大夫来说,这么点儿“圭田”还不够塞牙缝的,但对最低级的士就不无小补,不是可有可无了。采邑规模巨大、结构复杂,私家统治之,世世承袭之;而士之禄田,则受命任事后方可享有,或以家族耕作之,或由朝廷管理而本人食其租税,略

---

①齐思和:《周代锡命礼考》,《中国史探研》,中华书局 1981 年版,第 50 页。

②对于《左传》哀公二年所见赵简子誓辞:“克敌者,上大夫受县,下大夫受郡,士田十万……”何直刚先生曾提出新解,认为这段话的意思,应是斩获上大夫的受县,斩获下大夫的受郡,杀获士的田十万,杀获庶人工商的进爵,杀获人臣隶圉的勉励。见其《赵鞅誓师辞解》,《中国史研究》1980 年第 3 期。但王育成先生则维护传统解说,见其《〈赵鞅誓师辞解〉质疑》,《中国史研究》1981 年第 4 期。那么“士田十万”仍然可供推测“士田”的规模。

③《礼记·王制》:“大夫、士宗庙之祭,有田则祭,无田则荐。”《礼记·曲礼下》:“无田禄者不设祭器,有田禄者先为祭服。”

④可参看张鹤泉:《周代祭祀研究》,台湾文津出版社 1993 年,第 5 章第 3 节“四、大夫、士宗庙之祭的主要礼仪形式及特点”;第 5 节“二、大夫、士宗庙祭祀是宗法大家族组织存在和稳定的思想基础”。

如后世之职田。在贵族时代“田邑”是立身之本：有“土”则可称“君”，拥有田土人民作为“私奉养”，地位权益就有了可靠保障。

官职以爵位为本，爵位则以采邑、田禄为本。官僚政治性质的秦汉禄秩，可以名为“吏禄”，理由详后；相形之下，周代以田土（及人民）为本的这种等级和享受的形态，我们名为“爵禄”。

这种“爵禄”传统，直到战国依然余波未平。尽管这时候俸禄制已开始普及了，但君主仍经常使用封邑、田宅作为对将士和官僚的酬报，这是一种更具永久性的产业。战国的赐田，有十万、二十万、四十万以至百万的记载；各国的将相大臣，许多都是拥有封土和封号的封君，有食千户、食万户以及食十数县者。刘泽华先生认为：“不能肯定每个大夫都有食邑，但相当多的大夫是有的。”①楚国的封君制出现最早，在战国时也最为发达②。尽管史称秦国“废分封，立郡县”，但秦国同样存在着封君制度③。战国封邑与春秋的采邑当然已大不相同了，许多已不能世袭，领有者的管理权大为削减，以致有人说“加赐邑君者，盖假其位号，或空受其爵耳”④，但毕竟还保留了不少传统权益⑤。封君失势或告老时往往就食于封邑，而单纯的食俸者在免官后就一无所有了。《韩非子·爱臣》：“是故大臣之禄虽大，不得藉威城市；党与虽众，不得臣士卒。”这“大臣之禄”显为爵禄，亦即封邑。“藉威城市”指在封邑之内征收市租，“臣士卒”指以封邑中的吏民为私党，如

---

①刘泽华：《战国大夫辨析》，《史学集刊》1987年第1期。

②何浩：《战国时期楚封君初探》，《历史研究》1984年第5期。

③胡澍：《“秦无分封制”质疑》，《西北大学学报》1988年第3期。

④孙楷撰，徐复订补：《秦会要订补》，中华书局1959年版，第237页。

⑤韩连琪：《春秋战国时代的官制及其演变》“六、战国时代的薪俸和封君制度”，《先秦两汉史论丛》，齐鲁书社1986年版。

商鞅“走商邑，与其徒属发邑兵”①之类。韩非的告诫若不是虚张声势，则当时仍有封君“藉威城市”和“臣士卒”的情况。有时候封君在封邑内还拥有置吏权力，并自行派遣家臣征收租税②。尽管谷物甚至货币形式的“吏禄”业已萌生并开始普及，然而以田邑为本的“爵禄”，依然显示着基于传统的深厚影响。

后代依然经常借用卿、大夫、士概念，来区分官员或官职的等级。“内爵”在形式上确实具有官员等级制的性质，除了确定身份外，还用以标志官职大小。在高爵与低爵之间，也存在着流动的可能。起初只拥有“士”身份的人，有可能被提拔到“大夫”之位上来。比方说孔子最初为士，后来就位居大夫了。《白虎通义·爵》引《传》曰：“进贤达能，谓之卿大夫。”这个解释虽属比附，但卿、大夫、士具有官员意味，在任用时多少要“进贤达能”、“量职尽才”。

时至战国，大夫、士都开始向官僚演化。据刘泽华先生揭示，这时候“大夫”的含义复杂起来了。本来是爵称的大夫，渐渐含有了官职的意义。后一意义也有两种情况：一种是以大夫之爵领一定官职，另一种情况中“大夫”本身就是官称。“大夫作为一种爵称是一种荣誉，所担任的官职才是实质性的。……战国大夫的爵称已缺乏独立性，而是从属于官僚制度的。”刘先生还指出了一个有趣的事实：春秋以上的称谓习惯，“士”都被排列在“大夫”之后；而战国以来，发展出了“士大夫”这种称呼。“士之所以冠于大夫之前，是士伴随着官僚制发展而大显身手的结果。”③平民“学

①《史记》卷六八《商君列传》。

②《战国策·赵策》：“赵王封孟尝君以武城，孟尝君择舍人以为武城吏而遣之。”《史记》卷七五《孟尝君列传》：“孟尝君相齐，其舍人魏子为孟尝君收邑入。”《索隐》：“收其国之租税也。”

③刘泽华：《战国大夫辨析》。

以居位曰士”，再由“士”而仕为大夫卿相，“士大夫”之称谓，大约就是这么来的吧。战国时爵位、官职间关系变得复杂多了，不是一两句话就能说清楚的。下面再进入二十等爵这个话题。

二、二十等爵制

随战国变法运动的推进，官僚政治日新月异，爵制和俸禄制在各国都发生了进化，并且在变法最为彻底的秦国，发展出了二十级爵制，以及较为成熟的禄秩。下面我们来看二十等爵和官员等级制的关系。

秦国爵制的初具规模，约在商鞅变法之时；完整的二十级爵，则大约是在秦统一前后形成的。汉魏刘劭《爵制》对秦二十等爵的爵称来源有一个解释：公士，“步卒之有爵为公士者”；上造，“皆步卒也”；簪袅，“御驷马者”；不更，“为车右，不复与凡更卒同也”；大夫，“在车左者也”；官大夫、公大夫、公乘、五大夫，“皆军吏也”；左庶长、右庶长、左更、中更、右更、少上造、大上造、驷车庶长、大庶长，“皆军将也。所将皆庶人、更卒也，故以庶、更为名。大庶长即大将军也，左右庶长即左右偏裨将军也”①。由此看来，

①《续汉书》卷二八《百官志五》注引。又卫宏《汉旧仪》也有类似说法：上造，“乘兵车也”；不更，“主一车四马”；大夫，“主一车，属三十六人”；官大夫，“领车马”；公大夫，“领行伍兵”；公乘，“与国君同车”。周天游点校：《汉官六种》，中华书局 1990 年版，第 51—52 页。《汉旧仪》所言不更、大夫、官大夫所主之车马，并不是个人仪仗，而应是“兵车”，其“属三十六”乃是步卒。尽管《汉旧仪》与《爵制》所释时有歧义——例如对上造之爵，前者以为“乘兵车”，后者以为是“步卒”——但都认为爵称来自军职。

二十等爵中许多爵称,都曾经是步卒、军吏、军将之名,或更准确地说,是各种军中等级之名。秦史上有不少左更、右更、中更、庶长率兵征伐的记载,其中有些还在商鞅变法之前,即是其证。后来这些称号逐渐演变为"禄位"、演变为"爵",将领的军职另作称呼,军职与军功爵便有一分为二之势。

从《商君书·境内》看来,军功爵之外确实别有军职,如操士、校徒、卒、屯长、五百主、二五百主、百将、国尉、大将等等。稽之其他史料,秦国的军职还有上将军、裨将军、将军、护军、校尉、军候、司马、车司马、骑长之类名目①。对爵级与军职的相互为用,守屋美都雄曾有考论:公士对应于操徒、校士;上造、簪袅、不更对应于卒,自大夫至公乘之爵,对应于屯长、五百主、二五百主;五大夫以上对应于大将。这既说明爵称本身不是军职,又说明二者间有一定对应关系②。不过以爵称领兵征伐之事,在商鞅之后到秦统一之前仍然不时地见于史传③,看来军功爵与军职在很长一段时间里依然藕断丝连,或许迟至统一六国之后,二者才清晰分离开了吧。

二十级爵的爵称许多来自军职,这就显示了它与周爵的本质不同。《汉书·百官公卿表》谓二十级爵号"皆秦制,以赏功劳"。这"以赏功劳"就是关键所在。《史记·商君列传》载商鞅变法立

---

①参看马非百:《秦集史》,中华书局 1982 年版,《职官志》。

②守屋美都雄:《作为汉代爵制源流看待的商鞅爵制之研究》,《东方学报》第 27 号,1957 年。转引自西嶋定生《二十等爵制》,第 55 页。

③如《左传》成公十三年"秦师败绩,获秦成差及不更女父";襄公十一年"秦庶长鲍、庶长武,帅师伐晋以救郑";《史记》卷一五《六国年表》厉共公二十六年(前 451 年),有"左庶长,城南郑";卷五《秦本纪》有左更错、中更胡伤、大良造白起出征事;卷七一《樗里子甘茂列传》有樗里子被授右更而伐曲沃之事;等等。

制："有军功者，各以率受上爵……宗室非有军功论，不得为属籍。明尊卑爵秩等级，各以差次名田宅，臣妾、衣服以家次。有功者显荣，无功者虽富，无所芬华。"商鞅时的爵制或说十五级①，或说十七级②，或说十八级③，或说二十级④，但有一点却是学者的共识：军功爵制让"有功者显荣"，宗法贵族身份不再构成授爵的资格，这无异于一场革命。正如杜正胜所说："封建制度的君子小人分野取消了，万民同站在一条起跑线上，凭借个人在战场上的表现缔造自己的身份地位。"他甚至断言："军爵塑造新社会。"⑤军功爵使爵禄下于庶人，这一点古人也洞若观火："诸侯之有关梁，庶人之有爵禄，非升平之兴，盖自战国始也。"⑥

二十等爵与官职存在着一定对应关系。《汉旧仪》谓：五大夫

①安作璋、熊铁基：《秦汉官制史稿》，齐鲁书社1985年版，下册第435页。

②守屋美都雄：《作为汉代爵制源流看待的商鞅爵制之研究》。

③高敏：《商鞅的赐爵制非二十等爵说》，《秦汉史探讨》，中州古籍出版社1998年版(原载《中国古代史论丛》第3辑，福建人民出版社1981年版)；柳春藩：《秦汉封国食邑赐爵制》，辽宁人民出版社1984年版，第21页注①。

④郭沫若主编：《中国史稿》，人民出版社1979年版，第2册第14页。

⑤杜正胜：《编户齐民——传统政治社会结构之形成》，第334、358页。按，在《商君书·境内》中，"军爵"与"公爵"是有区别的。高亨认为公爵对军爵而言，是文官或无官者的爵位。见其《商君书注译》，中华书局1974年版，第147页。安作璋、熊铁基认为军爵是军队中的爵制，包括公爵的最低几级，其下还分若干级。见其《秦汉官制史稿》，下册第433页。高敏认为军爵面向将士，属于军功赐爵；公爵面向军队以外的人，属于事功赐爵。见其《秦的赐爵制度试探》，《秦汉史论集》，中州书画社1982年版，第12页。其中安作璋、熊铁基的解释较为深入，如依其说，则《商君书》的"军爵"与二十等爵并不相同。当然，睡虎地秦简的《军爵律》的"军爵"所指，就是二十等爵。参看《睡虎地秦墓竹简》，文物出版社1978年版，第92—93页。

⑥《盐铁论·险固》。原文称其语出自"《传》曰"，《传》不知何书。

“以上次年德者,为官长、将率。”就是说应从拥有爵位的人中选择官长、将率。《商君书·境内》:“能得甲首一者,赏爵一级,……乃得入兵、官之吏。”参照注译者意见,语中“兵”指军队,“官”指官府;“乃得入兵、官之吏”是说士兵若获得了爵位,便拥有在军中或官府中任职的资格了。《境内》又曰:“爵吏而为县尉,则赐虏六,加五千六百。爵大夫而为国治,就为官大夫。”据注译者意见,这话的意思是“旧爵是个小吏,升为‘县尉’”,“旧爵是‘大夫’,就让他掌管一种政务,升为‘官大夫’”①。然而我想这里的“吏”或“大夫”,应指承担“国治”的官职②。《韩非子·定法》:“商君之法曰:斩一首者爵一级,欲为官者,为五十石之官;斩二首者爵二级,欲为官者,为百石之官。”又《墨子·号令》云:“又用其贾贵贱、多少赐爵,欲为吏者许之。”《号令》所记,亦为秦制。爵位构成了候选官吏的资格,爵位较高者,就有资格担任较高的军职和官职。

刘劭的《爵制》还有另一个论述引人注目:他以一至四级爵比“士”,以五至九级爵比“大夫”,以十至十八级爵比“卿”,以关内侯、列侯比古之“圻内子男”和“列国诸侯”。就是说二十等爵大致包含了四个段落:士、大夫、卿、诸侯。李学勤先生指出:“秦的

---

①引文据高亨:《商君书注译》。

②高亨释“吏”为爵,不过这“吏”似应是《境内》上文的“吏自操及校以上大将”及“行间之吏”。与“爵吏”的辞例相应,“爵大夫而为国治”的“大夫”也不应是爵位,而是官职。睡虎地秦简《法律答问》:“可(何)谓‘宦者显大夫?’宦及智(知)于王,及六百石吏以上,皆为‘显大夫’。”《睡虎地秦墓竹简》,第233页。“六百石吏”并不是爵位,做到了这个等级的官员可称“显大夫”,那么这“显大夫”也不是爵位。《墨子·号令》:“守入临城,必谨问父老、吏、大夫”,“令吏、大夫及卒、民皆明知之。”所记为秦制。看来秦国以“吏”泛指较低之官吏,以“大夫”泛指较高之官吏。

爵制虽然复杂,从名称看来,容易发现其由周爵制蜕变而来的痕迹。如'士'、'大夫'、'侯'等字样,仍按贵贱次第在二十级中循序出现。……这四段正好和周制的士、大夫、卿、诸侯相对应。所以,秦爵是在周爵的基础上发展而来的,它的特点是同军制结合得更紧密。"①我们强调军功爵来自军职,对于周爵这是一个革命。当然"秦爵是在周爵的基础上发展而来"这一点也不可忽视。军功爵与周爵在士、大夫、卿等等字面上的相似,也许只是借用而已;更重要的在于:二十等爵所确定的仍是个人的身份、地位,它依然是一种"品位分等"之制,这与周爵的性质一脉相承。

对个人来说,爵和官二者有什么不同意义呢?《商君书·弱民》:"农、商、官三者,国之常官也。农辟地,商致物,官治民。"依照一种古老的看法,"官"乃是一种职事,与务农、经商相类,所谓"士之仕也,犹农夫之耕也"。尤其是下级的官吏,看上去就跟为官府提供劳务换取报酬的行当差不多少。但"爵"就很不一样了,它赋予人一种身份荣耀,使人进入了某个更高阶层,并是众多权益的归依。体味《韩非子·定法》"欲为官者,为五十石之官"这种表述,一种观感油然而生:赐爵构成了一项重大利益,而当不当官却听凭君便,愿意干就干,不愿干就算。这"为吏"似乎并不是什么太大的便宜。前引《墨子·号令》先说"欲为吏者许之",又云"其不欲为吏,而欲以受赐赏爵禄,若赎出亲戚、所知罪人者,以令许之",似乎也有类似意思。还有不少得爵的人"不欲为吏"呢。至于《商君书·境内》"乃得入兵、官之吏",只是说有爵才有资格为吏,也没说这人一定要为吏,不干不行。对"有爵者可以为吏"的制度,打个不太恰当的比喻,它好像是向获得爵位者提供的一

①李学勤:《东周与秦代文明》(增订本),文物出版社1991年版,第209页。

种“就业选择”。并且我们算一笔账就能知道，当官的待遇是没法跟爵位相比的。

《商君书·境内》记载：“赏爵一级”则“益田一顷，益宅九亩，除庶子一人。”这包括多大的利益呢？据李悝《尽地力之教》：“今一夫挟五口，治田百亩，岁收亩一石半，为粟百五十石。”“益田一顷”会带来150石的收入。秦制，爵一级“欲为官者，为五十石之官”，这“五十石”最初应是实额，据何德章先生推算，它相当于小米1712.5公斤，“约可供五口之家一年口粮”①。同时还可以有另一种算法。根据秦简《仓律》，官府为隶臣妾、城旦这种人规定的“月禾”，成年男女年廪食为18—24石，少年儿童为6—18石。其时通常的口粮标准，大致如斯②。设定一个五口之家，为吏者本人

①何德章：《中国俸禄制度史》（黄惠贤、陈锋主编），先秦秦汉魏晋南北朝史部分，第25页。

②现据《仓律》将他们的口粮数列为下表：

身份	月禾	年廪食
隶臣	二石	24石
隶妾	一石半	18石
小城旦、小隶臣作者	一石半	18石
小城旦、小隶臣未能作者	一石	12石
小妾、小舂作者	一石二斗半	15石
小妾、小舂未能作者	一石	12石
婴儿	半石	6石

《仓律》又说：“隶臣田者，以二月月禀二石半石，到九月尽而止其半石。”就是说在二月至九月的农忙季节中，隶臣每月还要增加半石口粮。加上这八个月中增加的4石，则隶臣年食28石（第49页）。又，秦简所见服役者每日食量，有男子“旦半夕参”即早饭半斗、晚饭三分之（转下页注）

另有官府廪食(见后),其 50 石禄秩须供家人四人食用,恐怕相当拮据;除非另有收入,其他开支便无从措手。

按照守屋美都雄、李开元等先生意见,“赏爵一级,益田一顷,益宅九亩,除庶子一人”的标准,应该理解为递进的级差,也就是说获得二级爵者则益田二顷,以此类推而至公乘①。二级爵的益田二顷可收获谷物 300 石。韩非所说的二级爵可以做的百石之官号称“有秩”,相当于命士,若把这“百石”看成俸禄实数的话,也不过略可“代耕”而已。可见由爵位而获益的大头儿仍在“田

(接上页注)一斗,和女子“参”即早晚各三分之一斗等规定(第 53 页)。前者约合每月食二石半,年食 30 石;后者约合每月食二石,年食 24 石。查《墨子·杂守》:“升食,终岁三十六石;参食,终岁二十四石;四食,终岁十八石;五食,终岁十四石四斗;六食,终岁十二石。升食食五升,参食食参升小半,四食食二升半,五食食二升,六食食一升大半;日再食。”这“升食食五升,参食食参升小半”正与秦简之“旦半”、“夕参”相合。因知《杂守》所言,必是秦国的情况无疑。李悝谓“人月一石半,五人终岁为粟九十石”,何德章认为其数太大,谓“此当因魏国量制小于秦国所致”。不过从秦简看来,这个数字不但不大,“一石半”还低于成年人的一月食量。由秦简可知,男女成幼食量不同。李悝“五人终岁为粟九十石”大致不误,“人月一石半”则应该是老幼成人食量的平均数。《管子·国蓄》谓大男食四石,大女食三石,“吾子”食二石,这个数字显然就偏大了。张志明先生谓:“这足证齐国的斗小。”见其《对于〈陶潜不为五斗米折腰新释〉的商榷》,收入缪钺《读史存稿》,三联书店 1963 年版。张志明认为汉人月食在一石半至二石之间,而宁可先生认为汉代成人口粮一般在一石半至二石半之间,见其《有关汉代农业生产的几个数字》,《宁可史学论集》,中国社会科学出版社 1999 年版,第 548 页。秦简《仓律》又谓“稻禾一石,为粟二十斗”,如果把这一点也考虑在内,隶臣妾的“月禾”一石还应折合为粟二石。但宁可先生认为,“月禾”之“禾”“则非米而是粟”(同前,第 545 页)。

①参看李开元:《前漢初年における軍功受益階層の成立——“高帝五年詔”を中心として》,《史学杂志》第 99 编第 11 号,1990 年 11 月;《汉帝国的建立与刘邦集团——军功受益阶层研究》,第 47 页。

宅”。朱绍侯先生也曾指出：秦代“低爵所享受的待遇，却比汉代多。”①面对着这种情况，在“欲为吏”时，得爵者恐怕真得掂量一番才成。秦简《封诊式》中有不少“某里公士”、“某里五大夫”等有了爵位却没做官的人，这未必都因官缺有限或才干不够，也可能他们一番盘算之后，对入仕为吏就兴趣索然了。

《商君书·境内》叙爵赏：“爵吏而为县尉，则赐虏六，加五千六百。”这“五千六百”高亨先生释为钱币。姑以每石谷物 30 钱计②，所赐钱币约合谷物 187 石；假如以每石 20 钱或 10 钱计③，则可购买谷物 280 石或 560 石④。再加上六个奴隶的赏赐，以及“爵乞一人”的庶子役使等等，当已超过县丞、县尉一类二百石吏的一年收入。《境内》又谓：“就为五大夫，则税邑三百家。……就为大良造，皆有赐邑三百家，有赐税三百家。”战国时的田税或十一、或十二，或“百取五”⑤。如果以一家百亩年产 150 石计，“十一而

①朱绍侯：《军功爵制试探》，上海人民出版社 1980 年版，第 51 页。

②《汉书》卷二四上《食货志上》李悝《尽地力之教》云“石三十（钱）”，又睡虎地秦简《司空》：“系城旦舂，公食当责者，石卅钱。”注释者谓：“拘系服城旦舂劳役，官府给予饭食应收代价的，每石收三十钱。”又如前所述，隶臣每月口粮为禾二石。秦简《司空》：居赀者“以令日居之，日居八钱；公食者，日居六钱。”可见官府提供的饭食折价每日 2 钱，每月计 60 钱，以石 30 钱计，这恰可购粮二石，同于隶臣一月的口粮。《睡虎地秦墓竹简》，第 84—88 页。秦简所见之钱当然应是秦之半两钱，而李悝《尽地力之教》之谷价同于秦简，知其所论必为先秦之事。

③《管子·国蓄》：“中岁之谷粜石十钱”，“岁凶谷贵，籴石二十钱。”战国时周、秦用圜钱，所以这个谷价可以用于推测秦国情况。

④当然，这些都不能视为《境内》篇写作时的谷价，这里只是对大略额度作估计而已，并非精确计算。

⑤李悝《尽地力之教》：“十一之税十五石”；陆贾《新语·至德》谓鲁庄公“收民十二之税”；《管子·幼官图》：“田租百取五。”或谓秦国“舍地而税人”，但秦国从实行了“初租禾”之后同样履亩而税。

税”为15石，则左右庶长、三更及大良造的“赐税三百家”约略可得田税4500石；税率如以“十二”计，其数还当加倍；即使以“百取五”即二十税一计，仍有2250石之巨。左右庶长、三更及大良造在三百家地税外还有“赐邑三百家”，这比“赐税”更为优厚。据高亨意见：“赐邑乃把邑赏给臣下，作为封邑；赐税乃把地税赏给臣下，土地人民仍属公家。”①那么赐邑领受者还进而对邑中土地人民拥有了支配权力。若假定第九级爵五大夫的“税邑三百家”也是“赐税”和“赐邑”各半的话，那么仅“赐税”一百五十家一项，带来的年收入就是1000—2250石。高爵拥有者待遇之优厚，由此而见。汉初五大夫与六百石吏地位相当②，而秦时五大夫的待遇，大概远远超过了俸禄六百石的官员，以致高敏先生发出了这样的惊叹：“爵位获得者有这样多的权益，简直令人骇异。”③

上述各种估算自然不能视为实数，只能用作大致参考，但已足够说明秦爵所系待遇之优厚，往往胜过官职了。秦人重“爵”胜于重“官”，这不仅因为“爵”是身份标志，也在于它特权的众多，如获得田宅，役使庶子，穿着华服，免除徭役，食邑赐税，豢养家客，减刑抵罪，赎取奴隶，以至于较高的传食待遇等等。赐爵构成了任官和升官资格，对犯有罪过的官员，则以“夺爵”作为惩罚。“爵”可以抵罪，而“官”却不能够抵罪，“官当”是在魏晋南北朝才发展出来的。这也反映了最初“官”轻而“爵”重。在秦代，爵至

①高亨：《商君书注译》，第150页。

②参看杜正胜：《编户齐民——传统政治社会结构之形成》，第330页，及附录十四“五大夫与六百石”。

③高敏：《从云梦秦简看秦的赐爵制度》，《云梦秦简初探》（增订本），河南人民出版社1981年版，第161页。

不更就“不予更卒之事”了，但如无爵位，“虽丞相子亦在戍边之调”①。秦的丞相确实有无爵者，见秦始皇《琅邪刻石》，这位丞相家里的公子哥，难免要吃“戍边”的苦头了。这种以爵为本、以爵领官的惯例，对理解早期“官”、“爵”关系，是很重要的。

所以我们推测，历史早期很可能有这样一种观念：“官”更多地被看成一种差使，相形之下“爵”才是立身之本。封建领主拥有爵位，便拥有了众多权益之所辐凑的高贵身份；而且依照“君，谓有地者也”的传统观念，他们都是自己封国采邑中的大小君主。《汉书》卷一《高帝纪》汉高祖诏：“爵或人君，上所尊礼。”师古曰：“爵高有国邑者，则自君其人，故云或人君也。”刘邦把拥有国邑的有爵者称为“人君”，叫顾炎武听了都觉得新鲜，特意写了条“人臣称人君”的札记②。不过刘邦所言实为古义，《战国策·魏策》中龙阳君对魏王已有类似说法：“今臣爵至人君。”卫宏《汉旧仪》：“秦制爵等，生以为禄位，死以为号谥。”二十等爵构成了“禄位”，在以身份为本上与周爵藕断丝连。秦孝公“以卫鞅为左庶长，卒

---

①如淳在叙述汉代更赋时说：“天下人皆直戍边三日，亦名为更，律所谓繇戍也。虽丞相子亦在戍边之调。……此汉初因秦法而行之也。后遂改易，有谪乃戍边一岁耳。”见《汉书》卷七《昭帝纪》引。这“虽丞相子亦在戍边之调”，我想只是秦制而已，并不是汉制。查《汉书》卷一下《高帝纪》高帝五年诏：“非七大夫以下，皆复其身及户，勿事。”众所周知，汉初的丞相都出自列侯，而列侯居二十等爵之首；爵在七大夫以下者尚且“皆复其身及户，勿事”，则丞相家属不服更役，可得而知。又《汉书》卷二《惠帝纪》惠帝诏：“今吏六百石以上父母妻子与同居，及故吏尝佩将军都尉印将兵及佩二千石官印者，家唯给军赋，他无有所与。”所谓“军赋”当为算赋，“他无有所与”应为更徭之类。六百石以上吏其家属就“无有所与”、不服徭役了，不能想象丞相之子反而“亦在戍边之调”。

②顾炎武：《日知录》卷二四《人臣称人君》，《日知录集释》，下册第1085页。

定变法之令”,“于是以鞅为大良造,将兵围魏安邑”;又白起秦昭王十三年为左庶长,次年为左更,次年为大良造[①]——在作史者心目中,不记官职无伤大雅,但爵位高下可别给人家漏掉了。杜正胜指出秦代有“官爵合一”现象:“封建爵位,我们知道卿大夫是官爵合一的,秦爵犹承此传统,反而与汉爵不类。”[②]二十等爵不仅与军职没有充分分化,而且与官职也没有充分地分化,爵位较军职、官职分量更重。与西汉以下的“布衣将相之局”不同,嬴氏统治集团拥有悠久的封建渊源。因变法运动而创立的军功爵制虽然具有革命意义,但它毕竟在“爵重于官”一点上,显示了封建贵族身份制的传统影响。

楚汉相争之时,刘邦用“饶人以爵邑”[③]的办法激励将士玩命杀敌;至天下初定,当务之急是酬奖军功阶层以培育统治基础,故伎重演势在必行。汉高帝五年(前202年)诏:“军吏卒会赦,其亡罪而亡爵及不满大夫者,皆赐爵为大夫;故大夫以上赐爵各一级;其七大夫以上皆令食邑,非七大夫以下,皆复其身及户,勿事。……诸侯子及从军归者,甚多高爵,吾数诏吏先与田宅,及所当求于吏者,亟与。爵或人君,上所尊礼。……其令诸吏善遇高爵,称吾意。”[④]这“七大夫以上皆令食邑”较秦更为优厚,得以成

---

①《史记》卷六八《商君列传》、卷七三《白起列传》。

②杜正胜:《编户齐民——传统政治社会结构之形成》,第330页。

③《汉书》卷四〇《陈平传》。陈平把刘邦能“饶人以爵邑”作为其成功的重要原因。

④《汉书》卷一下《高帝纪下》汉高帝十二年(前195年)诏:“其有功者上致之王,次为列侯,下乃食邑。而重臣之亲,或为列侯,皆令自置吏,得赋敛,女子公主。为列侯、食邑者,皆佩之印,赐大第室。”这“自置吏,得赋敛”及“佩之印”,正与高帝五年(前202年)诏“爵或人君”相应。

为“人君”而置吏赋敛，佩戴印绶①。秦代爵至四级不更者方能“不予更卒之事”，刘邦则使之惠及到当时的所有获爵者。因封授之广，一时有“天下为不足用遍封”②之说。据李开元先生推算，当时约有六十万将士因赐爵而获得了三亿亩土地和一千五百万亩宅地；将士家属如以五口计，则军功爵的受益面约三百万人，约占当时人口的20%③。

三、吏禄的扩张和爵禄的退缩

秦代的“官爵合一”，当然只是问题的一个方面而已。除爵级之外，秦国又以禄秩为官僚等级，从中可以推导出另一些事实。战国毕竟是个官僚政治突飞猛进的时代，与之相适应，一个称为“文法吏”的群体日益兴起，他们作为纯粹的职业官僚，标志着其时政治进化所达到的水平。学人论战国官僚队伍，往往只谈到“士阶层”便止步不前了；而我则多次强调，这个时期曾有过一个

①七大夫即公大夫，为第七级爵；秦制大约第九级爵五大夫以上方有食邑，刘邦降低了这个标准以优遇将士。《汉书》卷四二《周昌传》：“遂拜（赵）尧为御史大夫。尧亦前有军功食邑，及以御史大夫从击陈豨有功，封为江邑侯。”赵尧的“军功食邑”当即列侯以下、第七级爵以上所享有的食邑。

②《汉书》卷一下《高帝纪下》。

③李开元：《前漢初年における軍功受益階層の成立——“高帝五年詔”を中心として》；《汉帝国的建立与刘邦集团——军功受益阶层研究》，第54页。柳春藩认为汉高祖仅仅对七大夫以上的高爵授予田宅，与秦不同。见其《秦汉封国食邑赐爵制》，第125—126页。这里采用李开元的意见。

"士、吏分途"进程,对"吏"阶层的兴起不可视而不见[①]。而文法吏以"若干石"的禄秩划分高下,从而与用爵禄标志尊卑的贵族士大夫区分开来了。那么,"若干石"的禄秩之与"爵禄"的关系演变,就成了本节的话题。

《韩非子·和氏》:"不如使封君之子孙三世而收爵禄,绝减百吏之禄秩。"这是吴起为楚悼王变法时的政治措施。吴起对"封君"与"百吏"双管齐下,一则收爵禄,一则减禄秩。可知以"爵"标志地位的"封君"与以"秩"为薪俸的"百吏",当时在观念上和制度上都是两个阶层。《荀子·强国》谓战争胜利之后,"士大夫益爵,官人益秩"。杨倞注云:"爵,谓若秦庶长、不更之属。官人,群吏也。"《强国》的说法是讥刺楚国将领公孙子发之语,杨倞注则以秦爵比拟楚制;如上所见,秦、楚确实也都以"爵"、"秩"两分。《荀子·荣辱》:"志行修,临官治,上则能顺上,下则能保其职,是士大夫之所以取田邑也。循法则、度量、刑辟、图籍,不知其义,谨守其数,慎不敢损益也;父子相传,以持王公,是三代虽亡,治法犹存,是官人百吏之所以取禄秩也。"与"士大夫"相对应的酬报是"取田邑",封君的"田邑"就是"爵禄"的要件。《战国策·楚策一》:"封之执圭,田六百畛。"是有爵者往往有田之一证。在本章第一节中,我们已经指出战国相当多的大夫都有食邑。至于"取禄秩"的"官人百吏",就别在"另册"了。当然不是说战国的"吏"就没有得爵的情况,但这不足以否定以"士大夫"和"官人百吏"两分的身份

---

①参看拙作《士·事·师论——社会分化与中国古代知识群体的形成》,《北京大学学报》1990年第2期;《荀子论"士大夫"与"官人百吏"之别及其意义》,《学人》第3辑,江苏文艺出版社1992年版;《乐师、史官文化传承之异同及其意义》,《庆祝邓广铭教授九十华诞论文集》,河北教育出版社1997年版。

结构的存在，不足以否定“爵”与“秩”是两种不同的身份标志。

就是从爵、秩制度看，战国时存在着“士、吏分途”进程的论断，也不是空口无凭。“士、吏分途”的“士”，兼指春秋以上的卿大夫士和战国的“士大夫”。战国士大夫已具有了更多官僚色彩，但与文法吏相形对比，则其身上依然残留不少贵族气质。他们时时呼吁君主以礼相待，编造出许多君主“侧行撇席”、“拥彗先驱”以至“以境内相委”的传奇故事，甚至自命为“帝王师”而不惮指斥时政、触犯时君。由于贵族文化传统的深厚影响，君主倒也能“礼贤下士”，“高门大屋尊宠之”。而“官人百吏”就不同了，他们源于春秋以上的府史胥徒、皂舆臣僚或官师小吏，这原本就是个无爵的胥吏阶层。他们“循法则、度量、刑辟、图籍，不知其义，谨守其数，慎不敢损益”，只不过是国家机器上“永不生锈的螺丝钉”而已。不妨就阶层的来源和特质，来为战国士大夫和文法吏打个比喻：前者好比破落贵族家的小姐，“下嫁”给了专制官僚政治这个新贵；后者则是由贴身女仆扶了正，才爬到了妻妾地位上来的。前者知书达礼，教养不错，可难免要撒撒娇、教训教训人，摆摆旧贵族的架子，丈夫有时还得让她三分；后者则不会忘记昔日的卑贱，因对主子感恩戴德而兢兢业业地奉侍晨昏。惯于颐指气使、人莫予毒的专制者，更欣赏的当然是后者了。战国士大夫在政坛上的夺目风采，吸引了学者的过多目光，掩盖了文法吏悄悄上升的事实；不过这“士、吏分途”，到了秦统一总算泥沙澄清、尘埃落定了，它以秦帝国的“文吏政治”而告终：“狱吏得贵幸”，“秦以任刀笔之吏，吏争以亟疾苛察相高”①。只盯着“士人官僚”的人这

①参看拙作《士大夫政治演生史稿》，第4、6章；《史官主书主法之责与官僚政治之演生》，《国学研究》第4卷，1997年。

会儿不免大吃一惊:打哪儿忽然冒出了这么一拨"吏"呢,前些日子政坛上风风火火的并不是他们啊。

这样一种"士、吏分途",当然会影响到官僚等级和薪俸制度上来。战国士大夫有不少已在领取实物甚至货币薪俸了,但其身份标志依然是"爵",并最终以"田禄"为归宿,如封邑、禄田之类。封邑的渊源可以追溯到春秋卿大夫的采邑,它由爵位而来并赋予其领主"人君"的身份。战国封邑的领有者依然号称"封君",不仅对其中土地人民依然拥有不少支配权力①,甚至还豢养着成百上千的门客。至如"官人百吏",则源于春秋以上的府史胥徒、皂舆臣僚或官师小吏,对这个无爵的胥吏阶层,君主觉得给其禄秩以为生计就足够了,他们自己也别无奢望。与"爵禄"相对,我们不妨把面向"官人百吏"的禄秩名为"吏禄",这是更具官僚制色彩的酬报方式和等级形式。

《韩非子·外储说右下》、《战国策·燕策》以及《史记》卷三四《燕世家》,都有"三百石吏以上"字样。官蔚蓝先生云:"燕国且已以'石'定官任之高卑,官俸制度似已成为国家常制。"②这是个很敏锐的观察。关东列国也采用了谷禄之法,但史料所见"万钟"、"千盆"等等,仍然只是俸额而已,却还没有被用作官阶;并且这俸额往往是君主与入仕者随机商定而非先有定准,甚至还有讨价还价的情况(详见下章)。燕国的"三百石吏以上"之类提法,则明示这里的俸额已成官阶。这是一个重大的演进。

---

①参看杨宽:《战国史》,第 6 章第 7 节"封建的封君制度的创设",上海人民出版社 1980 年版,第 242 页以下。

②官蔚蓝:《西汉的俸禄制度及其政治》,《中央日报》1946 年 8 月 3 日。

以若干石定官阶，绝不以燕国为始①。“商君之法”中已有五十石之官、百石之官的规定，其事在燕之前。商鞅主持推广县制，公元前349年秦在县级单位初设“秩史”②，这里的“秩”应是以“石”来计算等级的。《商君书·境内》出现了千石之令、八百石之令、七百石之令、六百石之令的等级；《史记》卷六《秦始皇本纪》有六百石以上、五百石以下及斗食等阶次；同书卷七九《范雎蔡泽列传》有“今自有秩以上至诸大吏”之语，《战国策·秦策》则记作“其令邑中自斗食以上至尉、内史及王左右”；《墨子·号令》中所见有“二百石之吏”、“三百石之吏”，当属秦制③；秦简《法律答问》中亦有“六百石吏以上”之载。以上的记载都可显示禄秩在秦国已成官阶，对文法吏的管理通过禄秩而形成了严密制度，从而为秦国官僚政治优于列国，提供了更多证据。

进一步说，秦国早期出现的禄秩，在总体上给人以偏低之感：最高不过是《商君书·境内》的“千石”，大多数在六百石以下，其低端者还有五十石，以及斗食、佐史什么的。比起关东诸国授予士大夫的“粟六万”、“禄万钟”、“禄千盆”之类，秦国早期的禄秩明显地矮了半截儿；与汉代史料里面中二千石、二千石屡见不鲜的情况，也是大异其趣的。

由此我们判断：禄秩在秦国实行之初，主要就是针对于“吏”的。“官人百吏”虽在事实上已是行政骨干了，但其社会地位依然

---

①《韩非子》、《战国策》及《史记》中关于“三百石吏”的记录，都是燕王禅位于子之时候的事情，据《史记》卷一五《六国年表》应在公元前316年，杨宽《战国史》的《附录三·战国大事年表》则定为前318年（第571页）。

②《史记》卷一五《六国年表》。

③秦国一度活动着好多墨者，《墨子》之《备城门》、《号令》等篇多据秦制为说。可参看拙作《士大夫政治演生史稿》第247页所引有关论述。

低于卿大夫及高爵拥有者，所以面向官人百吏的禄秩等级，直到商鞅变法前后，也不过在五十石至千石。二十等爵的第九级五大夫约略与六百石吏相当，它们构成了官爵体系的特殊转捩点，当然也是政治身份的转捩点。秦汉史料中不止一次出现过“六百石以上吏”的提法，我们以为在这个相当于五大夫爵的阶次以上，主要以爵位为身份、以爵禄为供养，且地位等级越高，“爵”就越较“官”为重；在六百石以下，则主要依照禄秩来确定官位等级。当然，《商君书·境内》还记有千石、八百石、七百石诸令，禄秩的高端与五大夫稍上的爵位形成了重合。

前面已提出了一个推测：早期社会是以“爵”为身份之本的，无爵者“策名委质”与人为臣，无论是仕于朝还是仕于家，都难免“当差服役换取报偿”的意味。所谓“臣”曾与“妾”并称“臣妾”，原为奴仆之称；早期的官吏来自家仆，所以才有以“臣”称官的事情①。居官为吏不过是替人打工的雇员，而拥有了爵位命服、土地人民才相当于股东、老板。就是丞相也不例外。我们看到，秦国经常“随随便便”地让客或客卿当了“相”，其中包含着张仪、范雎、蔡泽一类游士身份的人物。洪迈有“秦用他国人”之论，说是六国多以宗族及国人为相，“独秦不然”，与之谋国以开霸业者多

①郭沫若先生认为“臣”乃“竖目之形”，是奴隶中被提拔的监工。汪宁生进而认为是张目之形，并提供了旁证：西双版纳傣族为统治者督耕的出身家奴的“陇达”，意思就是统治者“在下面的眼睛”；克里特文字中的眼睛形象，也作监督者和治理者解。见其《释臣》，《考古》1979 年第 3 期。又如“保”源于保母，“宰”是杀牲者，“膳夫”是厨师。西周膳夫一度颇有权势。(《诗经·大雅·十月之交》：“皇父卿士，番维司徒，家伯冢宰，仲允膳夫，聚子内史，蹶维趣马，楀维师氏，艳妻煽方处。”又《大雅·云汉》：“疚哉冢宰，趣马师氏，膳夫左右，靡人不周。”)《周礼》中仍能看到膳夫、庖人、医师、酒正、司裘之类家仆与官员混同不分的情况。

魏、赵、燕、韩、楚国之人,“皆委国而听之不疑”①。当然他们有时也陷入与“宗室大臣”的矛盾,惨遭“逐客”之祸。据杨宽先生统计,过半的秦相“都是外来的有功的客卿”②。此时的丞相虽然已是百官之长,却远不是帝国时代那种一人之下、万人之上的“人臣之极位”,他不过是君主雇用的高级管家,看着不错就让他干几天,看不顺眼就让他出国走人。

另一些存在官员组织的古代国家,其官员的情况可以为此提供平行的参考。在罗马帝国初期,朝廷行政事务并不是贵族垄断的事业,许多官吏反倒是由奴隶或释奴来担任的③。在古埃及,曾经有过任用奴隶和外国人为官的情况,这些人不但数量越来越多,而且还在不断自下而上地向较高等级扩张,一直扩张

---

①洪迈:《容斋随笔》卷二《秦用他国人》,第 17 页。

②杨宽:《论秦汉的分封制》,《中华文史论丛》1980 年第 1 辑。

③*The Cambridge Ancient History*, second edition, volume Ⅹ, “the augustan empire, B. C. 43–A. D. 69”, p. 128. “In the imperial period there is a civil service, purely executive, staffed by ‘slaves of Caesar’ and ‘freedmen of Augustus’.”这条材料系承彭小瑜先生复印提供,特此致谢。又邢义田先生的《古罗马的荣光——罗马史资料选译》:“罗马公民释放的奴隶,通常可有公民权,但不得进入骑士和元老阶级,也不能担任上层的公职。他们的子孙却不受此限制,与自由出身的罗马人享有相同的权利。解放奴虽不能出任高层职位,却因个人的能力,在各城镇地方与帝国中央的实际行政中,扮演极重要的角色,有些皇帝的解放奴甚至负责帝国的财物与皇帝秘书工作。”远流出版事业股份有限公司 1998 年版,第 1 册第 395 页。其书后面所征引的《米卢拉墓志》,便显示了一位释奴进入了六人委员会(seviri)的情况。又董建萍先生的《西方政治制度史简编》:“为了便于控制,皇帝往往任用自己的释放奴隶。后来,皇帝的私人事务日益和国家事务混为一体,皇家办事机构发展成为中央行政机关,大量皇家释放奴隶和奴隶介入国家高级行政管理成为罗马帝国早期的特殊现象。”东方出版社 1995 年版,第 46 页。

到各种最高级的官职；在赫梯王国，各行省的财政长官来自“国王的奴隶”①。

参考这种自下而上的扩张，再来反观“士大夫益爵，官人益秩”之语，它就不止一个静态的结构，而且还是个动态的进程了。在贵族时代，“官人百吏”不但不能齿列于士大夫，甚至还在未命之士之下；但随着战国官僚政治的推进，职业文吏群体就开始崛起，在等级序列上他们逐渐向上扩张到了六百石至千石的层次，侵入了士大夫“爵禄”的部分领地。秦汉之际，六百石吏约略与第九级爵五大夫相当。按刘劭《爵制》：“大夫以上至五大夫五等，比大夫也”，“自左庶长以上至大庶长，九卿之义也。”②试依古制加以比拟：“卿”是上大夫，则五大夫爵相当于中大夫。进而不妨认为，六百石至千石之秩的出现，标志着昔日的不命之吏，已经向上扩张到了“中大夫”这个等级，仅仅居“卿”之下了。

---

①在古埃及的古王国到新王国，宰相及军队将领多半由王室担任，但“尽管如此，恰恰是埃及仍然发展成了一个十分典型的官吏国家。时不时存在过的藩属王侯贵族，一再被溶化为官吏贵族或宫廷贵族，而在国家的政府部门中，越来越多地同时任用国王的奴隶——也就是说在大多数情况下甚至是外国人——为官，这些人不仅从社会地位来看而且整个人身都依附于法老。不言而喻，这是一个自下而上的发展过程，它肯定是从王宫的仆役、使者、探子、法院差役、马夫和轿夫这样一支庞大的队伍开始的。但是它不断向上延伸，进而将国家的各种最高官职也席卷进去。……所以说，赫梯国王们从他们的‘奴隶’中挑选各行省财政长官的做法，其实并不像某些人感觉的那样异乎寻常。”赫梯虽是一个贵族的国家，但“各省的贵族省长总是辅以一个最高的财政官员（agrig），这个财务官是大国王的‘奴隶’，因而有义务特别对他尽忠、效劳。”参看［德］罗曼·赫尔佐克：《古代的国家——起源和统治形式》，赵蓉恒译，北京大学出版社 1998 年版，第 348、193 页。

② 《续汉书》卷二八《百官志五》注引。

更高的二千石这个秩次的情况，可以通过郡守来观察。秦国设郡较晚，史料所见最早者是秦惠文王后元十一年（前314年）、十三年（前312年）所置巴郡和汉中郡①。《华阳国志》卷三《蜀志》：前314年"秦惠王封子通国为蜀侯，以陈壮为相，置巴郡，以张若为蜀国守。"同书卷四《南中志》："秦并蜀，通五尺道，置吏主之。"翦伯赞先生指出："由此足见所谓'公子通封于蜀'者，亦不过名义上之封爵而已，至于蜀地，则置郡设吏，仍直隶中央。"②按《史记》卷一一六《西南夷列传》："秦时常頞略通五尺道，诸此国颇置吏焉。十余岁秦灭。"是通五尺道乃在秦始皇时期，"置吏"乃在西南夷地区，翦氏所据有误。郡守不同于拥有爵禄的封侯、封君，郡治代表着中央集权对地方之"吏治"，郡守号称"长吏"，属可以随时调任迁黜的"吏"之列。《汉书》卷一九上《百官公卿表上》的"郡守，秦官，掌治其郡，秩二千石"叙述，用来证明秦朝已有"二千石"之秩或许仍嫌薄弱，但汉高帝时已能看到的"吏二千石"③，应该

①参看谭其骧：《秦郡新考》，《浙江学报》第2卷第1期。林剑鸣谓："秦国自孝公死后才开始设郡，最早建立的一个郡是公元前三二八年（秦惠文王十年）建的上郡。"见其《秦史稿》，上海人民出版社1981年版，第218页。查《史记》卷五《秦本纪》：秦惠文王十年"魏纳上郡十五县"。但此时秦国境内似乎还没有设郡，在接收魏国所纳上郡十五县时，是否保留了其"郡"级机构尚不能肯定。《水经注·河水注》："秦昭王三年置上郡治。"时在前304年。

②翦伯赞：《秦汉史》，北京大学出版社1983年版，第27页。

③《汉书》卷一下《高帝纪》高帝十二年（前195年）诏："吏二千石徙之长安。"又《史记》卷九六《张丞相列传》："孝文帝元年，举故吏士二千石从高皇帝者，悉以为关内侯。"《史记》卷一〇《孝文本纪》："故吏二千石以上从高帝颍川守尊等十人食邑六百户。"这些"故吏"也许包括汉高帝时官居二千石者。

就是承自秦制的吧①。大概可以认为,随郡的不断设置和郡守的不断任命,"吏"阶层进而向二千石的层次扩展了。与此同时,朝廷中一些高级官员,大约也在向所谓"有秩以上至诸大吏"的"大吏"演变;换个更好的说法,则是逐渐被朝廷以"吏"的形象定位定性了。

自"六王毕、四海一",秦帝国的官僚政治又上了一个新台阶,随即就有迹象显示,"爵位"意义下降而"官职"的重要性上升。秦始皇二十八年(前219年)琅邪刻石所记扈从者中,隗林(一作状)、王绾、李斯、王戊等人仅具丞相、卿等衔而未见爵称②。学者都把这看成从"爵重于官"到"重官不重爵"的演变的表征。柳春藩先生论曰:秦统一后"统治者所面临的主要任务是如何治理……这样一个庞大国家的问题,这就更需要一些'智能之官'去治国为政,不一定都要经过杀敌斩首、赐爵之后才去从政为官。于是出现一些无爵位者任高官的情况。"③

"爵禄"的退缩和"吏禄"的扩张,还以另一种曲折的形式表

---

①《史记》卷五七《绛侯周勃世家》,周勃从刘邦征战,先后所获二千石三人;同书卷九五《樊哙列传》,樊哙所获有二千石以下至三百石十一人;同卷《郦商列传》,郦商所获有二千石以下至六百石十九人;同卷《灌婴列传》,灌婴从得二千石二人,别得二千石十人;卷九八《靳歙列传》,靳歙得二千石以下至五百石三十九人。其中的这些"二千石",当然应有秦官在内。

②也有人把李斯、王戊的"卿"衔视为爵号。不过李斯其时官居廷尉,位在列卿,这"卿"应是就其廷尉的等级而言的。秦以中二千石为"卿",参看劳榦:《秦汉九卿考》,《劳榦学术论文集》甲编上册,台湾艺文印书馆1976年版。《史记》卷七三《白起列传》有"客卿错",即司马错,这"客卿"应是泛称;同书卷五《秦本纪》有"左更错",这"左更"才是他的爵位。秦末刘邦起事后,一度使用过"卿"为爵名。如《汉书》卷四一《樊哙传》:"击破赵贲军开封北,以却敌先登,斩候一人,首六十八级,捕虏二十六人,赐爵卿。"但这也不是秦制,而是杂取古之名号,因便利而用之而已。

③柳春藩:《秦汉封国食邑赐爵制》,第30—31页。

现出来。这就是“爵”向下扩散。秦国的军功爵制令浴血沙场的将士都有了得爵的指望，“爵”不再是贵族的独占禁脔，将士既可获得，官吏们当然也可获得。前已论及，所谓“士大夫益爵，官人益秩”不止是一个静态结构，而且也是个动态进程；而且它不仅伴随着“吏禄”的向上扩张，也伴随着“爵禄”的向下扩散。这个变迁秦国得风气之先，“斩一首者爵一级，欲为官者，为五十石之官；斩二首者爵二级，欲为官者，为百石之官”的制度，使得五十石、百石之吏都拥有了爵位。六国也存在着类似情况。《战国策·赵策》：“请以三万户之都封太守，千户封县令，诸吏皆益爵三级。”玩其语气，文中“诸吏”很可能包括相当于县令、甚至比县令更为低下的“吏”，他们也得以“益爵三级”。

也许有人会问：既然“爵”在向下普及，为什么不把这说成是“爵禄的扩张”，反倒将之视为“爵禄的退缩”呢？对这一点，自有必要予以澄清。

本书的出发点是一个特定视角，这就是行政等级的性质和类型，各种论述都是就此而言的，包括“扩张”和“退缩”的判断标准。由此便有如下两点：首先，我们所定义的“爵禄”是一种具有强烈贵族性的“品位分等”，卿大夫士与府史胥徒两分的身份结构就是其最基本特征之一。爵位的普及突破了这种结构，使“吏”得以崛起，因而大大冲淡了“爵”的“品位”色彩，并为“吏禄”的扩展扫除了障碍、开辟了道路。其次，“爵”的普及扩散，不久就导致了自身的贬值，使其作为行政等级的意义逐渐下降，它日益远离了职事权责、不得不让位于相当于“吏禄”的禄秩等级。这种贬值，最终甚至导致了二十等爵的名存实亡，详下。

西汉初年王朝大面积培植军功阶层。就江陵张家山汉简《奏谳书》所见，当时就连求盗、亭校长、发弩、狱史这样的走卒胥吏，都拥有了大夫、大庶长的爵位[①];在一个案件中,主要四犯赫然拥有着大庶长之爵,"从这个案例可以看出,秦汉之际战事频仍,赐爵冗杂"[②]。拥有爵位者变成了一个如此庞大的群体,这必然导致二十等爵的功能、性质和意义发生变化,《奏谳书》的例子"说明汉初已是重官轻爵"[③]。始萌于秦的赐民爵的办法,在西汉前期越来越频繁了,有爵者扩大到了大多数的成年男子。据西嶋定生的研究,甚至有十四岁的毛孩子受惠得爵的情况。爵位失去了与功劳的确定联系。同样始萌于秦而盛行于汉的入粟拜爵,和汉武帝以来的卖爵做法,也促成了爵的变质和贬值。要爵位,找市场,爵位成了"市场经济"中一手交钱、一手交货的商品,如"请卖爵子"一类记载所反映的那样。从属于爵位的特权也越来越少。向有爵者授予田宅之制被取消,食邑特权由七大夫以上爵缩小到关内侯以上;汉简中拥有低爵的服役者比比皆是,可见民爵已没有了复除免役的待遇了。钱大昕云:"爵自公士至公乘,凡八等,虽有爵犹不得复除,与编户无异。自五大夫至大庶长十等,爵虽高,初无职事,非有治民之责也。官有定员,而爵无定员,故云:'爵者上之所擅,出于口而无穷。'盖假以虚名,未尝列于仕籍。"[④]爵位也不再构成居官资格了。

秦代七大夫以上就算高爵了,刘邦将之提到了第八级公乘,

①《江陵张家山汉简〈奏谳书〉释文(一)》,《文物》1993 年第 8 期。

②李学勤:《〈奏谳书〉解说(上)》,《文物》1993 年第 8 期。

③朱绍侯:《从〈奏谳书〉看汉初军功爵制的几个问题》,李学勤主编:《简帛研究》第 2 辑,法律出版社 1996 年版,第 181 页;或程民生、龚留柱主编:《历史文化论丛》,河南大学出版社 2000 年版,第 335 页。

④钱大昕:《廿二史考异》卷三《平准书》,《嘉定钱大昕全集》,第 2 册第 54 页。

惠帝又以第九级五大夫作为高爵的分界线[1]。那么七大夫和公乘显然就等于贬值了。汉成帝时一度有入谷赐爵补吏补郎之诏,且爵在右更者不过补吏三百石,爵在五大夫者补郎,而郎中不过比三百石而已[2]。按汉初制度,二千石官与关内侯相比拟,六百石官与五大夫相比拟[3]。而汉成帝的入谷赐爵补吏规定,则等于使五大夫与比三百石官相比拟,使第十四级爵右更与三百石官相比拟了:相对于官秩,爵位一方黯然失色。而且以爵补官不过成帝一时之事,大多数情况仍如徐孚远所论:"秦人重爵,除吏、复家,故不轻赐爵。汉则赐民多矣,然亦稍轻,不得为吏也。"[4]由青海大通上孙家寨汉简所见,西汉中期军队中仍使用军功爵以酬功,但军爵律的律文中屡次出现的"爵毋过五大夫"的规定,显然是想卡住将士

---

①参看朱绍侯:《军功爵制试探》,第48—49页。

②《汉书》卷一〇《成帝纪》永始二年(前15年)诏:"入谷物助县官振赡者,已赐直,其百万以上,加赐爵右更,欲为吏补三百石,其吏也迁二等;三十万以上,赐爵五大夫,吏亦迁二等,民补郎。"右更为第十四级爵,五大夫为第九级爵。钱大昭据此而提出推测:"是爵至十四级,与三百石吏相埒矣。准是以推,九级之五大夫等比百石,十级之左庶长等百石,十一级之右庶长等比二百石,十二级之左更等二百石,十三级之中更等比三百石矣。"见其《汉书辨疑》卷九"爵"条,《二十五史三编》,岳麓书社1994年版,第3册第272页。按钱氏的推算殊不足取。稍阅原文就可以知道,被赐爵五大夫的平民补郎,而郎中是比三百石官,并不合于钱氏所云"五大夫等比百石"的对应关系。

③《续汉书》卷二五《百官志二》注引卢植《礼注》:"汉《大乐律》,卑者之子不得舞宗庙之酎。除吏二千石到六百石,及关内侯到五大夫子,取嫡子,高五尺已上,年十二到三十,颜色和,身体修治者,以为舞人。"《周礼·春官·大胥》郑司农注引《大乐律》"五尺"作"七尺"。孙诒让谓《大乐律》所见宗庙舞人用贵人子弟之法,来自周代国子二十学习大舞的古制。《大乐律》的问世应在西汉前期,可能出自叔孙通所定"朝仪"。

④《史记会注考证》卷六引,东方文化学院东京研究所1934年版,第2册第4页。

获得高爵的关口①。世入东汉，终于如王粲所言："今爵事废矣，民不知爵者何也。夺之民亦不惧，赐之民亦不喜。是空设文书而无用也。"②大致说来，汉武帝以后，除关内侯以上爵位外，其下的各级爵位都在迅速缩水，尽管"赐民爵"的做法一直沿用到了明代③。

西嶋定生曾提出："自天子以至于庶人都含摄于爵制中，所以爵制不只是形成民间秩序的原理，以皇帝为顶点的国家结构也利用爵制组成为一个秩序体。"④我们相信二十级爵制在改造政治秩序上居功甚伟，不过若推导超出限度的话，汉爵的退缩就不太好解释了：是不是这"以皇帝为顶点的秩序体"又变味儿了呢？事实上西嶋定生也看到，进入和平年代后，帝国适应新的需要而有再度调整完善官僚制度之事，从而导致了官秩和爵位的分离："爵位者，是朝廷依之叙定爵列、形成朝廷秩序的。正因如此，才说是'朝廷莫如爵'。但是，官僚制度一经整备起来，与爵列之序位一起，官秩之次序也被重视起来了。初时，由于爵称与官称不一定互相分离，所以这也不太成其为问题；但是，官制之整备导致了两

①国家文物局古文献研究室大通上孙家寨汉简整理小组：《大通上孙家寨汉简释文》；朱国炤：《上孙家寨木简初探》；均见《文物》1981年第2期。很有意思的还有第342号简："捕虏拜爵满五大夫，欲先罢者，许之。"因其他简文中有"军罢"之词，可知这个"罢"也指罢军，即退役。鼓励爵至五大夫者提前罢征退役，至少客观上有抑制军士们问鼎更高爵位之效。其中还有"爵毋过左庶长"（第068、375号简）的规定，这大概是针对高级将校的。

②《艺文类聚》卷五一《封爵部》。

③魏晋南北朝时王朝依然把"赐民爵"视为例行公事。此后各代情况，则如韩菼《民爵论》的概括："唐时谓之古爵，自乾封、神龙、天宝、大历屡以赐民，宋端拱、咸平、祥符间亦然。洪武初，赐民爵里士、公士。"《清经世文编》卷一七，中华书局1992年版，上册第417—418页。

④西嶋定生：《中国古代统一国家的特质——皇帝统治之出现》，《中国上古史论文选集》（下），台湾华世出版社1979年版。

者的分离，驯至官与爵并称，而常呼之曰‘官爵’”；从朝贺时“引诸侯以下至吏六百石以次奉贺”一类情况看，“秩六百石以上者在朝廷中的班序遂确定下来，并且它也起到了安排朝中秩序之作用；而爵位是补充这个的，并不是只有爵位才规定朝中次序”①。真正构成帝国大厦支柱的，是君—臣—民这个三层一元的政治秩序，是专制官僚体制的整体架构，而不仅仅是它的一个局部，例如爵制。在官僚制度逐渐走上正轨的时候，官秩便开始压迫爵级并令其退缩，这个事实是值得深思的。

卜宪群先生对官、爵关系变迁提出看法：最初的爵制是有爵则有任官资格，爵尊于官，有些爵名可能本身就是官名；但后来官、爵开始分离，“官秩决定爵位，但爵位并不能决定官秩”，依靠高爵已不容易获得高官，“官、爵关系上官秩的意义和重要性充分显示出来”。汉代选官并没有把爵作为条件。许多特权都依据官秩而非爵位，爵的身份特权受到限制，这与专制主义加强的总趋势相吻合；早期官僚制在选官、考绩、等级秩序尚不完备时爵制可补其不足，但官僚制逐渐完备后赐爵、卖爵等就将起破坏作用了。秦代以功授爵，东汉以“德”授爵，而汉代官僚制真正寻求的是以“能”任官。这最终就导致了官、爵的分离和二十等爵的消亡②。此外，张铭洽、刘文瑞先生以新形势下与官僚政治不相适应，解释军功爵制的衰落，一些看法也不无可参③。

从“重爵”到“重官”，各种权益开始逐渐向“官”倾斜，这意味

①西嶋定生：《二十等爵制》，武尚清译，第68—69页。

②卜宪群：《二十等赐爵制与官僚制》，《原学》第6辑，中国广播电视出版社1998年版，第92、94页。

③张铭洽、刘文瑞：《军功爵制与秦汉大一统官僚文化》，《秦汉史论丛》第5辑，法律出版社1992年版。

着与贵族政治相关的“爵本位”时代已成明日黄花，官僚政治的“官本位”时代已降临人世。陈直先生说：“秦代爵重于官……秦代武臣所称皆为爵名，此外并无官名，是官爵合一之特征。汉代则官重于爵，有官者书官，无官者书爵。”[①]除了尚有较大意义的列侯和关内侯外，总体来说，是官秩而不是爵位，构成了汉代官员最重要的身份标志；二十等爵几乎丧失了与官职的任何直接联系。不是拥有爵位而是拥有官职者操纵着权势，这在汉初就显露端倪了。七大夫、公乘以上之高爵，是刘邦所极力尊礼而且拟之“人君”的，但他们面临文吏的欺凌蔑视却一筹莫展：“久立吏前，曾不为决。”本来法律规定“以功劳行田宅”、向有功有爵者倾斜；但实际分地分房子时官吏却占了先儿，未曾从军的小吏都称心如愿了，有功有爵者反倒望洋兴叹。为此刘邦谆谆告诫诸吏要“善遇高爵”，而且以死刑相儆[②]。然而谁不知道“吏”的厉害：你刘邦已经捞够了，未央宫也住上了，还跟老爷子吹牛“今某之业所就孰与仲多”，凭什么就不许我们捞呢。中央的精神到基层就稀释得像空气了，只供望梅止渴、画饼充饥。

时至高后，酷吏开始“侵辱功臣”[③]。汉惠帝鉴于“吏所以治民也，能尽其治则民赖之”，转而向六百石以上吏及二千石故官之

①陈直：《居延汉简研究》，天津古籍出版社 1986 年版，第 63 页。

②《汉书》卷一下《高帝纪》刘邦五年（前 202 年）诏：“七大夫、公乘以上，皆高爵也。诸侯子及从军归者，甚多高爵。吾数诏吏先与田宅，及所当求于吏者，亟与。爵或人君，上所尊礼，久立吏前，曾不为决，甚亡谓也。异日秦民爵公大夫以上，令丞与亢礼。今吾于爵非轻也，吏独安取此！且法以有功劳行田宅，今小吏未尝从军者多满，而有功者顾不得，背公立私，守尉长吏教训甚不善。其令诸吏善遇高爵，称吾意。且廉问，有不如吾诏者，以重论之。”

③《汉书》卷九〇《酷吏传》。

家，授予“家唯给军赋，他无有所与”的特权①。由于“吏”已操纵着官府权势、体现着朝廷威严，所以汉景帝颁诏为六百石至二千石配备相应的车驾、衣服和从者，以免“出入闾里，与民亡异”②。宣帝倾心于“循吏”：“庶民所以安其田里而亡叹息愁恨之心者，政平讼理也。与我共此者，其唯良二千石乎！”③以“若干石”标志等级的“吏”，才是皇帝治天下的左膀右臂。买官现象开始出现了。如张释之以赀为骑郎、司马相如以赀为郎，黄霸以入钱补侍郎谒者，后入谷沈黎郡，补左冯翊二百石卒史④，等等。秦国的军功爵获得者是否“欲为官”本是悉听君便的，当时还有不少得爵者“不欲为吏”呢。可是世入汉代，官儿一天比一天尊贵了，以致一个“二百石卒史”都有人甘愿出血，以为晋身之阶。铜镜上常见的“位至三公”、“长宜高官”、“为吏高升居人右”铭文⑤，成了人民群众间的美好祝愿。

西汉前期到中期的诏书，授予权益时还时不时地以秩、爵并称，例如以五大夫与吏六百石并称。汉元帝定妃嫔位次时，曾经

---

①《汉书》卷二《惠帝纪》。

②《汉书》卷五《景帝纪》景帝中元六年（前144年）诏：“夫吏者，民之师也，车驾衣服宜称。吏六百石以上，皆长吏也。亡度者或不吏服，出入闾里，与民亡异。令长吏二千石车朱两幡，千石至六百石朱左幡。车骑从者不称其官衣服，下吏出入闾巷亡吏体者，二千石上其官属，三辅举不如法令者，皆上丞相、御史请之。”

③《汉书》卷八九《循吏传序》。

④《汉书》卷五〇《张释之传》、卷五七上《司马相如传》、卷八九《循吏黄霸传》。

⑤汉代铜镜中的“为吏高迁位公卿”、“宜官秩”、“为吏高升居人右”、“出入居官在人右”、“为吏高□带青黄”、“位至三公”、“君宜高官”、“位爵明公”之类铭文，参看孔祥星、刘一曼：《中国铜镜图典》，文物出版社1992年版，第265、298、313、314、323、331、334、364、372、373、375、376、377、379、382、383、389、390、391、393页。又李发林：《战国秦汉考古》，山东大学出版社1991年版，第350页。

兼以爵位、禄秩为比。《汉书》卷九七上《外戚传》:

> 而元帝加昭仪之号,凡十四等云。昭仪位视丞相,爵比诸侯王。婕妤视上卿,比列侯。娙娥视中二千石,比关内侯。傛华视真二千石,比大上造。美人视二千石,比少上造。八子视千石,比中更。充依视千石,比左更。七子视八百石,比右庶长。良人视八百石,比左庶长。长使视六百石,比五大夫。少使视四百石,比公乘。五官视三百石。顺常视二百石。无涓、共和、娱灵、保林、良使、夜者皆视百石。上家人子、中家人子视有秩斗食云。

朱绍侯先生推测这个规定,来自"秦及汉初刘邦继承秦的官级与爵级的对比制度",这种以二十等爵与禄秩类比的做法,在汉元帝时只适用于后宫嫔妃了①。它已是强弩之末,仅仅应用于特殊场合而已②。后妃名号在当时看来近乎于"爵",在"昭仪位视丞相,爵比诸侯王"的表述中,"爵"包括昭仪本身在内,意谓"昭仪"这种"爵"可比于"诸侯王"的爵位③。证以《三国志》卷五《魏书·后妃传》:魏明帝时"自夫人以下爵凡十二等:贵嫔、夫人,位次皇

---

①朱绍侯:《从〈奏谳书〉看汉初军功爵制的几个问题》,《简帛研究》第2辑,第181—182页;或《历史文化论丛》,第337—338页。

②又如于振波先生通过燧长、候长和戍卒的爵位情况,说明汉代不存在"什么级别的官吏与哪一级爵位相配"的制度。见其《居延汉简中的燧长与候长》,《史学集刊》2000年第5期。

③汉元帝时"昭仪"比诸侯王,在婕妤、娙娥之上的地位,与另一些材料不符。据孙星衍辑卫宏《汉官旧仪》卷下"中宫及位号",婕妤见皇后,礼比丞相;娙娥礼比将军、御史大夫;昭仪比中二千石,贵人礼比二千石。周天游点校:《汉官六种》,第76页。这种歧异也许是制度变化造成的。

后，爵无所视……”又《宋书》卷四一《后妃传》：晋武帝时“美人、才人、中才人，爵视千石以下。”这两处所见的“爵”都指后宫位号。既然后妃名号与二十等爵都属于“爵”，所以要通过二者的对应关系以明后妃之爵位尊卑。但这并不证明其时行政等级中，二十等爵与禄秩也存在着严格对应，反倒显示了“若干石”的禄秩的影响正在增大，进及于后宫名号了。

秦始皇的《琅邪刻石》上的列名以列侯居首，次伦侯，次丞相，次卿，次为五大夫；而汉代的通常情况则正好相反，朝位班序，一般是丞相、将军、御史大夫、列侯、列卿中二千石、吏二千石至若干百石①；列侯被挤到丞相、御史大夫、诸将军后边去了，五大夫在上述班序中干脆销声匿迹了；列在列侯以下的大抵是“若干石”的官员。世入东汉，列侯中仅仅加位“特进”者方能排在车骑将军之下，“朝侯”退居五校尉之后，“侍祠侯”更在大夫之下②。从整体说侯爵的地位又跌落了不少。

妃嫔的地位比定方式的变化，看来也显示了类似的变迁。“光武中兴，斫雕为朴，六宫称号，唯皇后、贵人；……又置美人、宫人、采女三等，并无爵秩”③。《三国志》卷五《魏书·后妃传》：

明帝增淑妃、昭华、修仪；除顺成官。太和中始复命夫

①例如，《汉书》卷八《宣帝纪》地节二年（前68年）诏：“率三公、诸侯、九卿、大夫定万世策。”同书卷一〇《成帝纪》建始三年（前30年）诏：“丞相、御史与将军、列侯、中二千石及内郡国举贤良方正能直言极谏之士。”同书卷六八《霍光传》：“遂召丞相、御史、将军、列侯、中二千石、大夫、博士会议未央宫。”

②《续汉书》卷二八《百官志五》。

③《后汉书》卷一〇上《皇后纪上》。

人,登其位于淑妃之上。自夫人以下爵凡十二等:贵嫔、夫人,位次皇后,爵无所视;淑妃位视相国,爵比诸侯王;淑媛位视御史大夫,爵比县公;昭仪比县侯,昭华比乡侯,修容比亭侯,修仪比关内侯,婕妤视中二千石,容华视真二千石,美人视比二千石,良人视千石。

我们看到,曹魏时禄秩等级业已深入人心,并进一步扩大了应用范围:关内侯以下的婕妤、容华、美人、良人,所比唯以禄秩为准;只有王、侯之爵被用以比拟后宫,汉元帝时以大上造、少上造、中更、左更、左庶长、五大夫、公乘等二十等爵名比拟后宫位号的做法,已成陈迹。《宋书》卷四一《后妃传》:

晋武帝采汉魏之制,置贵嫔、夫人、贵人,是为三夫人,位视三公。淑妃、淑媛、淑仪、修华、修容、修仪、婕妤、容华、充华,是为九嫔,位视九卿。其余有美人、才人、中才人,爵视千石以下。

那么西晋后妃名号唯与三公、九卿及"千石以下"的禄秩相应,连对王侯之爵的比拟也被弃置不用了。

汉朝诏书中叙官员身份,已不再像秦代那样官、爵相杂,甚至只出爵名而无官名。昔日属于不命之士以下的府史胥徒,至秦已向上扩张到六百石至千石的地位;汉诏中屡屡出现的"廉吏二百石以上"、"六百石以上吏"、"吏二千石以上"、"中二千石以下"、"中二千石以下至六百石"之类措辞,无不显示,禄秩已成为各类吏员最重要的等级标尺。

四、爵制的品位意义

如前所引，卜宪群先生论汉政重“能”，同时又设定秦代“以功授爵”、东汉“以德授爵”作为它的对立面。一般说来，“明君爵有德”、“爵以居有德”一类古语所说的“德”，不是道德，而是对社稷有赫赫贡献的“大功德”。古人认为，有大功德则当分茅裂土，封以公侯伯子男五等列爵；若引申之，公卿大夫这些拥有“世禄”的内爵也在其内。至于“以功授爵”，二十等爵衰落后尚“功”依旧是汉代吏治的基本精神，积功晋升仍是汉代选官的最通行做法。质言之，不仅仅“爵”与“功”相关，“官”也与“功”相关；“官”不仅仅依“能”而定，也依“功”而迁。

楼劲、刘光华指出：“大部分爵级明确充当了奖励官僚功劳的手段，因而其虽并无行政职事，也不反映官僚的行政级别，却不失为当时官僚管理制度中一个引人注目的内容。”①这个看法是可取的。进一步说，设“品位”以酬功勤，仍是规划官僚等级制时可供选择的做法。因为功劳大未必才能优，对这类矛盾，本阶、职事相分相辅的“品位分等”便显示了独到之处：通过提高“本阶”来反映由功绩、勤务和年资而来的地位，职事官的任命则另据才能，功劳、资历和才能间的矛盾由此可得协调。唐宋的阶官、勋官与职事官的交互为用，就是这样的例子。汉武帝曾经创制武功爵，“实

①楼劲、刘光华：《中国古代文官制度》，第467—468页。

际是要恢复军功爵的原有价值和作用"①;曹操设名号侯②,也出于褒奖将士军功之需。就此而言,"以功授爵"与"以能授官"并非势不两立,它们之间原可建立相辅相成的关系。

二十等爵最初来自军职,在它们与军职一分为二以后,军功爵的功能便有些类似今天的军衔了。这种分化,与魏晋南北朝时将军号向军阶的演化,不无可比之处。构成军阶的军号本来源于领兵征伐之将军,可后来它们逐渐虚衔化、阶官化了,至南北朝时便成了"本阶"序列。散号将军频繁地用于将士们的进阶,并构成了候选实官的资格。而二十等爵曾与官职存在对应关系一点,本来也包含着使自身与禄秩配合,从而发展成为一种类似"本阶"的序列的可能性。

周代公、卿、大夫、士的爵命本来就是官员品位。战国时代的各种爵位,仍然显示了与官职交相为用的情况:

> 君谓景翠曰:"公爵为执圭,官为柱国,战而胜,则无加焉矣。"(《战国策·东周策》)
>
> (陈轸)问:"楚之法,覆军杀将,其官爵何也?"昭阳曰:"官为上柱国,爵为上执圭。"(《战国策·齐策二》)

---

①朱绍侯:《军功爵制试探》,第60页。

②《三国志》卷一《魏书·武帝纪》,建安二十年(215年)"始置名号侯至五大夫,与旧列侯、关内侯凡六等,以赏军功。"注引《魏书》:"置名号侯爵十八级,关中侯爵十七级,皆金印紫绶;又置关内外侯十六级,铜印龟纽墨绶;五大夫十五级,铜印环纽,亦墨绶,皆不食租,与旧列侯、关内侯凡六等。"按"关内外侯",钱仪吉《三国会要》卷二〇、卢弼《三国志集解》卷一引潘眉及钱大昕《廿二史考异》卷一五,都推断"内"字为衍文,应作"关外侯"。又,《通典》卷三七《职官十九·晋官品》第七品之末有"关外侯爵";咸阳博物馆收藏有一枚"关外侯"印,见张旭、景明臣:《咸阳市博物馆收藏的几枚官印》,《文博》1988年第1期。

建信君曰："文信侯之于仆也，甚无礼。秦使人来仕，仆官之丞相（鲍彪注：使为丞相官属），爵五大夫。"（《战国策·赵策三》）

信陵君使人谓安陵君曰："君其遣缩高，吾将仕之以五大夫，使为持节尉。"（《战国策·魏策四》）

请以三万户之都封太守，千户封县令，诸吏皆益爵三级。（《战国策·赵策一》）

在前四条材料中，"柱国"、"上柱国"、"丞相官属"和"持节尉"是职位，而"执圭"、"上执圭"、"五大夫"之爵级则显然构成了官员的个人"品位"。在第五条材料中，"诸吏皆益爵三级"的"爵三级"，就是"诸吏"职位不动而"品位"上升的情况。

汉初一度还曾有以年资进爵之事。《汉书》卷二《惠帝纪》惠帝诏：

中郎、郎中满六岁爵三级，四岁二级。外郎满六岁二级。中郎不满一岁一级。外郎不满二岁，赐钱万。宦官尚食比郎中。谒者、执楯、执戟、武士、驺比外郎。太子御骖乘赐爵五大夫，舍人满五岁二级。

这个按年资迁升爵级的做法，与唐代劳考进阶之制度是不是有些相似之处呢？好並隆司就把这郎官与爵级的对应规定，理解为"代替了依军功而授爵的文官的年功序列方式"①。也许有人要

①好並隆司：《秦汉帝国史研究》，未来社1978年版，第250页。又，宣帝元康元年"赐勤事吏中二千石以下至六百石爵"，见《汉书》卷八《宣帝纪》；元帝永光元年"赐天下勤事吏爵二级"，见《汉书》卷九《元帝纪》。授爵对象既然是"勤事吏"，或许采用的也是类似的年功进爵之法。

插嘴说封爵是封爵、品阶是品阶，这在制度上可是两回事呀。不过请注意我们不是写《百官志》，而是在进行功能分析，从作为“品位”的功能看它们未必全不可比。唐代散阶是官员的个人品级，还构成了候选职事官的资格，所授职事官的等级与散阶存在着对应关系，至少原则上二者应相去不远。反观汉初的以年资进爵，若再加上一条把爵位用作官资、参照爵级而授官的规定，那与唐代的散阶就异曲同工，至少相去不远了。秦爵爵级共有二十，即使把列侯和关内侯排除在外，仍有十八个等级。不妨设想这样一种做法：让爵位构成一个官员的个人品位序列，而与官职和禄秩的序列互相配合、交相为用。其实商鞅的“斩一首者爵一级，欲为官者，为五十石之官；斩二首者爵二级，欲为官者，为百石之官”，就是类似的做法。

不过，汉代以来爵位因泛授、买卖而贬值缩水，终归是把二十等爵的变迁整个扭转到另一方向去了。这也不仅仅是二十等爵的特有遭遇，名号因趋滥而贬值是帝国政治的固有规律。北朝的军号序列与二十等爵在酬奖军功、标志身份上颇有可比之处，可是这军阶的授予后来也极为猥滥，是隋唐间的改朝换代才扭转了这种弊端。中唐以后朝廷又开始以“泛阶”施惠，散官的含金量与日俱减，“下至州郡胥吏军班校伍，一命便带银青光禄大夫阶，殆与无官者等。……乃至藏典书吏、优伶奴仆，初命则至银青阶，被服皆紫袍象笏”①。一套名号不好使唤了，那就另外想辙。随“使职差遣”逐渐通行，被架空的三省六部“寄禄官”取代散官变成了另一套“本阶”。

在二十等爵缩水贬值的过程中，列侯和关内侯多少幸免于

①洪迈：《容斋续笔》卷五《银青阶》，《容斋随笔》，第213页。

难。它们经常被用来奖励官员。列侯皆有封邑，关内侯则有的有封邑、有的没有[①]。没有封邑的时候，关内侯的称号本身也是一份不小的荣耀；拥有封邑的，其封户多少关涉于功劳大小，并进而标志着身份高低。关内侯所食户数，西汉在两千户至数百户之间。据柳春藩先生的推算，如以三十税一计，每户百亩、亩产一石半，则食邑千户者岁收谷物 5000 石[②]。即使按"半税"即"六十食一"计算，那么也可由之推出 2500 石这个数字[③]，这比中二千石官僚的年俸 2160 斛还高出一头。东汉往往为食租规定定额，可以看到年食租千斛以至二千斛等实例[④]。作为对比，千石禄秩的年俸约 1080 斛、二千石禄秩的年俸约 1440 斛。可见列侯、关内侯的爵位为官员提供了一张很优厚的长期饭票。列侯是可以世袭的，关内侯在西汉可以世袭，东汉也有世袭的情况。列侯、关内侯的坟头儿高下也有专门的规定[⑤]，比庶人的巍峨多了。

汉代的官僚们把"封侯"作为远大理想和人生目标。李广怏怏于"不得爵邑"、"无尺寸功以得封邑"，班超汲汲于"效傅介子、

---

①胡大贵先生认为，西汉惠帝以后关内侯即无食邑，只少数有特殊功绩的才"特令食邑"。见其《关内侯食邑考》，《四川师范大学学报》1986 年第 1 期。但柳春藩先生认为，关内侯大多数是有食邑的。见其《西汉的食邑制度》，《南充师范学院学报》1984 年第 2 期。

②柳春藩：《西汉的食邑制度》。

③汉代封君食租率，或说是三十税一，参看冯辉：《汉代封国食邑制度的性质》，《求是学刊》1983 年第 6 期；或说是三十税一之半，参看朱绍侯：《汉代封君衣食租税制蠡测》，《松辽学刊》1985 年第 1 期；杜绍顺：《汉代封君"衣食租税"辨》，《华南师范大学学报》1989 年第 3 期。但朱、杜二人的计算方法又有所不同。

④柳春藩：《秦汉封国食邑赐爵制》，第 192 页。

⑤《周礼 · 春官 · 冢人》郑玄注引《汉律》："列侯坟高四丈，关内侯以下至庶人各有差。"

张骞立功异域，以取封侯"[1]，这些例子谁都不会陌生；苏武归汉后，朝廷只给他典属国之官而不得封侯，这事还被燕王刘旦用作攻击霍光的口实[2]。汉代画像以"射雀射猴"图样谐音"射爵射侯"，从而"反映了汉代人生愿望的重要一面"[3]。寻求封侯既是为了身份的抬高，也是为了经济上的润泽，所谓"人所愿封侯者，欲上奉祭祀，下求温饱耳"[4]。封爵、赐爵之制，既是朝廷酬功褒劳的重要手段，也是调节官员资位的重要手段："故二千石有治理效，辄以玺书勉厉，增秩赐金，或爵至关内侯"，王成"治有异等之效，其赐成爵关内侯，秩中二千石"，"颍川太守黄霸以治行尤异，秩中二千石，赐爵关内侯，黄金百斤"[5]。业已封侯的官员，若又有新的功勤可嘉还可以益封，汉哀帝时"曲阳侯（王）根前以大司马建社稷策，益封二千户。太仆安阳侯（王）舜辅导有旧恩，益封五百户"[6]。在官员因故去职或免职之时，身居列侯者仍可用"就国"、"就封"的方式来维持身份，关内侯也有类似的用处。汉元帝时弘恭、石显排挤光禄勋周堪，杨兴谓："臣愚以为可赐（周堪）爵关内侯，食邑三百户，勿令典事。明主不失师傅之恩，此最策之得者也。"[7]汉哀帝策免大司空师丹，尚书令唐林议云："免爵大重，京师识者咸以为宜复丹邑爵，使奉朝请。"于是朝廷"下诏赐丹爵

---

①《汉书》卷五四《李广传》、《后汉书》卷四七《班超传》。

②《汉书》卷五四《苏武传》、卷六三《武五子传》、卷六八《霍光传》。

③邢义田：《汉代画像中的"射爵射侯图"》，《中央研究院历史语言研究所集刊》第71本第1分，2000年3月。

④《后汉书》卷一〇《马皇后纪》。

⑤《汉书》卷八九《循吏传》、卷八《宣帝纪》。

⑥《汉书》卷一一《哀帝纪》。

⑦《汉书》卷三六《刘向传》。

关内侯，食邑三百户”。而几个月后朱博奏其“不宜有爵邑，请免为庶人”，“丹于是废归乡里者数年”①。拥有爵位者，免官去职后依然保有了优游余年的一席之地；而无爵或夺爵者就只能“废归乡里”同于庶人，倒霉倒到底了。也就是说，爵制仍然发挥着调节名位的辅助作用。

我们强调秦汉禄秩的性质是“吏禄”，这一点在随后两章中，还将从“稍食到月俸”的来源和“禄秩等级附丽于职位”的性质两个方面，提供进一步的论证，从而显示禄秩等级应该划归“职位分等”的范畴之内。那么，如何理解汉代官员的封侯制度呢？

战国以来人们对封爵有两种最基本的看法。一是认为“爵”用以标志贵贱，例如《礼记·中庸》：“序爵，所以辨贵贱也。序事，所以辨贤也。”二是认为“爵”用以褒奖功勋，例如《战国策·秦策三》：“功多者其爵尊，能治众者其官大。”如不考虑对异政权首领的封授，两千年中封爵大体不出这两个原则。卿、大夫、士的爵级主要在于标志贵贱，二十等军功爵则辨贵贱和褒功勋兼而有之。世入汉代，“褒功”时依然利用着封侯的方式。“侯”作为爵位浸透着古老的贵族荣耀，在人们看来，一旦封侯，则跻身一个更高阶层，俨然世世祭祀不绝的“世家”②；虽然只是“衣食租税而已”，但

---

①《汉书》卷八六《师丹传》。

②先秦大夫称“家”而司马迁以“世家”记诸侯，曾遭到不少非议。郑慧生先生对“世家”提出新解，认为“家”是宗庙，世家就是世代不迁之庙，长享祭祀者。鲁地祭孔子至汉二百年不绝，刘邦“为陈涉置守冢三十家砀，至今血食”，所以《史记》把他们列在“世家”。参看其《“世家”解》，《史学月刊》2000 年第 1 期。又傅举有先生利用考古材料，论汉代太子、公主、诸侯和列侯称“家”，“称家是为了区别于‘国’”。见其《汉代的“家”和家吏》，《考古与文物》1984 年第 3 期；《汉代列侯的家吏——兼谈马王堆三号墓墓主》，《文物》1999 年第 1 期。

形式上却已封土臣民，可以“上奉祭祀，下求温饱”，安富尊荣了。从这来看，汉代官员封侯所获得的较大礼遇和经济待遇，确实体现了先秦“爵禄”的深刻影响。而到唐代，封爵者的“食邑”就名存实亡了，“食实封”在中唐以后也逐渐打了折扣；宋初“食实封”还有些经济收入，以后也成了空名①。

但在另一方面，汉爵毕竟已与秦代以至先秦不同了，它与官员等级的联系已日益遥远。从传统官僚等级制的整个历程来看，封爵、赐爵毕竟已是另一序列，与官阶已不能混为一谈了。杜佑云：“二汉并有秦二十等爵，然以为功劳之赏，非恒秩也。”②所谓“序事，所以辨贤也”、“能治众者其官大”，授事治众的官职应该根据贤能来任命，这与封爵的原则大不相同。因而，我们有理由把爵位因素排除在官阶之外。可以把汉代官僚的等级待遇分成两块儿。第一块儿是禄秩支配的行政秩序，这里面贯彻着“职位分等”的原则，是以“事”为中心的，对官员个人品位的保障不但远少于先秦贵族，甚至比后代官僚为少，从而体现出“吏禄”的性质。第二块儿则是“爵”发挥作用的范围。若官僚功勋卓著得以封侯，就等于拿到了贵族俱乐部的会员卡，其中的待遇残留着不少传统色彩，体现了早期社会的影响③。

---

①陈振：《宋史研究中官制引起的几个问题》，《宋史论集》，中州书画社 1983 年版，第 178—181 页；张希清等：《宋朝典制》，第 96 页。南宋理宗以前，每食实封一户，随月俸加给二十五文。司马光曾加食封二百户，每月不过由此多得五贯俸禄而已。

②《通典》卷三六《职官十八・汉官秩差次》本注。

③朱绍侯先生把汉爵划分为“民爵”、“吏爵”和“王侯爵”三大类，列侯属于“王侯爵”而关内侯属于“吏爵”，见其《军功爵制在汉代的变化》，《河南师范大学学报》1983 年第 1 期；刘敏先生则以“食邑”为界，把关内侯归入“贵族爵”，见其《西汉爵之类别》，《秦汉史论丛》第 3 辑，陕西人（转下页注）

然而,后代的封爵制又何尝不是在利用着"爵"的传统色彩呢。相比之下,汉爵与"职位"的联系反倒疏远一些。两晋以下,以爵位起家的制度逐渐发展起来:"晋世名家身有国封者,起家多拜员外散骑侍郎"①;北魏宣武帝为五等爵拥有者制订了起家"选式"②;大唐帝国,"凡叙阶之法,有以封爵"③。汉代却还不是这样,这时候的各级爵号,与政府职位没有直接关系,并不构成选官和任用的资格,与禄秩等级的对应一天比一天淡薄。我们所说的"品位分等"是就行政等级而言的。从行政等级角度看,汉代官僚所封的列侯、关内侯的"品位"色彩,比两晋、北魏和唐代反倒淡薄不少。

质言之,如果从爵制构成了身份序列一点看,二十等爵依然保留了浓厚的"品位"色彩。但在汉代它与官僚的职位、权责、官资的距离日益遥远,日益成为一种"功劳之赏",与"吏治"范围的行政等级分离开来,变得"非恒秩"了。由这一点看,我们又可以

(接上页注)民出版社 1986 年版。为此朱先生又作文答复,见其《简论关内侯在汉代爵制中的地位》,《史学月刊》1987 年第 1 期。但朱先生也指出,关内侯"侯的头衔,世袭的特权,足以显示出他荣耀的身份"。附带说,关于"吏爵"与"民爵"间是否存在着"不可逾越的界限",朱绍侯与杨际平先生曾多次往复论辩。参看杨际平:《西汉"民爵、吏爵界限森严不可逾越"说质疑》,《河南大学学报》1984 年第 4 期;朱绍侯:《再谈汉代的民爵与吏爵问题(兼答杨际平同志)》,《河南大学学报》1984 年第 4 期;杨际平:《再论汉无民爵、吏爵之分:答朱绍侯同志》,《厦门大学学报》1985 年第 4 期。

①《宋书》卷五八《谢弘微传》。

②《魏书》卷八《世宗宣武帝纪》。

③《唐六典》卷二《吏部郎中员外郎》:"谓嗣王郡王,初出身从四品下叙,亲王诸子封郡王者从五品上,国公正六品上,县公从六品上,侯及伯子男,并通降一等。若两应叙者,从高叙也。"

说它的“品位”色彩淡薄了。变换一个说法：二十等爵的“品位分等”色彩的淡化，倒不是说它转化为“职位分等”了，而是说由于“官、爵分离”，它越来越不算是一种行政分等了。由此，对二十等爵制的衰落才能有更全面的理解。这个爵列也曾蕴含着一种可能性，发展为类似唐代散阶的那种东西，但最终的结果却并非如此。不管怎么说，汉代文官等级制的基本精神体现于“吏禄”，这是一种重“事”而不重“人”的制度。它以任务和效率为中心，以同工同酬为原则，对官员的个人身份权益较少顾及。对这个局面的来源和这个体制的特征，我们还要就另一些线索探讨于后。

第三章 从稍食到月俸

一、问题的提出

先秦、秦汉之间，承担行政者所获之“禄”大略有二。周代贵族政治之下，贵族官员以卿大夫士这些爵号来标示等级，其所享有的采邑、禄田及车马舆服鸾旗礼遇等等可称“爵禄”；汉代则用“若干石”来标志职位的地位高下、权责大小，它来自战国普及开来的谷禄之制，已是一种官僚等级制了，我们视为“吏禄”。学者阐发了其间政治社会变迁：“官吏俸禄由食邑逐渐变为食谷，有着极深刻的社会内涵。食邑是贵族对邑中的耕民亦领有，食谷则无领民。这样贵族赖以立身的根基就丧失掉了，由此大贵族没落，世官制也就走到历史的尽头。而以个人关系为基准的效忠国君的封建官僚制度也就产生出来。这种变化预示着一场社会制度的大变革即将到来。”①“吏禄”取“爵禄”而代之的过程，也就是从贵族政治到官僚政治的历史进化过程。

---

①王宇信、杨升南：《中国政治制度通史》第 2 卷（先秦卷），第 489—490 页。

俸禄制度的重大意义，已如学者所论；但若再作细致推敲，也许还有余义可发。例如，官吏俸禄具体如何“由食邑逐渐变为食谷”，是否各类各级官吏的俸禄都来自“由食邑逐渐变为食谷”的变动，禄秩是否还有其他来源，等等。这样质疑并不是无事生非，确实能找到一些微妙线索，若加深究则可以深化对“吏禄”的理解。同是俸禄，进而还有“年俸”和“月俸”这样的区别。由“年俸”和“月俸”的差别入手辨析，我想就能够更清晰地显示，汉代禄秩为什么是一种“吏禄”，为什么有别于“爵禄”。

汉代禄秩大抵是月俸，这一点已是学界共识了①，可战国的谷禄却大多是年俸。谷禄是春秋晚期方才出现的。《论语·泰伯》：“三年学，不致于谷，不易得也”②；又《宪问》：“邦有道，谷。邦无道，谷，耻也。”《尔雅·释诂》：“谷、履，禄也。”孔子所说的“谷”，当即谷禄。又《史记》卷四七《孔子世家》：“卫灵公问孔子：‘居鲁得禄几何？’对曰：‘奉粟六万。’卫人亦致粟六万。”司马贞《索隐》：“若六万石似太多，当是六万斗，亦与汉之秩禄不同。”又张守节《正义》：“六万小斗，计当今二千石也。周之斗升斤两皆用小也。”汉代二千石月俸 120 斛，年粟约 14400 斗，离“六万小斗”还

①由居延汉简所见，陈直先生指出其中有每月一发、三月一发、一年一发及二年不能发给的各种情况，见其《居延汉简研究》，第 22 页；施伟青先生进而发现，存在着以 10 天、14 天、15 天、20 天、25 天、一个月、两个月、三个月……直到超过两年才发俸禄的十九种情况，月俸占 73.36%，见其《汉代居延官俸发放的若干问题》，《中国经济史研究》1997 年第 1 期。然而不管怎样，“月俸”仍是最基本的制度规定，正如今天拖欠乡村教师工资的事情屡见不鲜、见惯不惊，但教师工资制度仍然是“月薪”一样。

②按这句话中的“谷”字有人别释为“善”，然而注家多以释“谷禄”为正，而且自汉已然。参看程树德《论语集释》卷一六所引及所论，中华书局 1990 年版，第 2 册第 537—539 页。本处亦取“谷禄”之说。

差一大截呢。这“六万”的单位到底是什么，一时难知其详；但无论用什么方法估算，把“俸粟六万”释为年俸而非月俸，从数额看更合情理。《论语·雍也》：“原思为之宰，与之粟九百。”这也不能排除年俸的可能性①。

以上是春秋的情况。至如战国谷禄，就其数额看也有许多应是年俸。《孟子·公孙丑下》中齐王十分慷慨：“我欲中国而授孟子室，养弟子以万钟。”孟子却并没有为此屈膝折腰：“如使予欲富，辞十万而受万，是为欲富乎？”按，齐国旧量 640 升 = 1 钟，一钟合六斛四斗，所以杨伯峻先生说“万钟则为六万四千石”②。不过齐国的陈氏为了收买人心，把新量增大到了 1000 升 = 1 钟，则一钟折合十斛。今天所能看到的齐国量器实物，经实测都属新量③。如果以新量计算，“万钟”所折合的是十万斛谷物，而不是六万四千石。孟子还说他曾有一次“辞十万”，十万钟便达到了百万斛之多。这数量太大未免教人起疑，假如孟子不是吹牛的话，也许这还包含着“养弟子”的费用；而阎若璩谓为数年俸禄之总和④，也是一种可以考虑的解说。

---

①“粟九百”或说是“九百斗”，或说是“九百釜”。依前者则为月俸，依后者则为年俸。参看陈仲安、王素《汉唐职官制度研究》的辨析，中华书局 1993 年版，第 328 页。以“釜”计的可能性好像更大一些。但径称“几百斗”而不折算为斛石的例子，先秦也是存在的。例如银雀山汉简《田法》有“二百斗”、“三百斗”的表述，参看吴九龙：《银雀山汉简释文》，文物出版社 1985 年版，第 74 页，简 1120、1121。

②杨伯峻：《孟子译注》，中华书局 1960 年版，上册第 105 页。

③参看丘光明：《试论战国容量单位》，《文物》1981 年第 10 期；莫枯：《齐量新议》，《考古与文物》1987 年第 1 期。又可参王忠全：《秦汉时代的“钟”、“斛”、“石”新考》，《中国史研究》1988 年第 1 期；宁可：《有关汉代农业生产的几个数字》，《宁可史学论集》，第 538 页注[1]。

④参看焦循：《孟子正义》卷九，中华书局 1987 年版，上册第 298—299 页。

《战国策·齐策四》:“齐人见田骈曰:‘……今先生设为不宦,訾养千钟。’”《史记》卷四四《魏世家》:“魏成子以食禄千钟。”《管子·小问》:“客或欲见于齐桓公,请仕上官,授禄千钟。”仍依前例计算,千钟禄折合万石,若说是月俸便多得吓人,这自然也是年俸了。《庄子·寓言》记曾子曰:“后仕,三千钟而不洎,吾心悲。”语中“三千钟”应为年俸,与前同理。

《吕氏春秋·异宝》:“荆国之法,得五员者爵执珪,禄万檐,金千镒。”或说“万檐”即是“万石”,或说一儋等于二斛,最新的说法则是一斛二斗①。无论怎么计算,这么大的数额都应是一年所得。也许有人会觉得《吕氏春秋》的说法有夸饰口吻,但夸饰不等于全不着边儿,多少会有些现实背景作基础的。

《墨子·贵义》:“子墨子仕人于卫,所仕者至而反。子墨子曰:‘何故反?’对曰:‘与我言而不当。曰“待女以千盆”,授我五百盆。故去之也。’”若以一盆折合二斛②,那么千盆为二千石,五百盆为千石,分别近于汉代郡守的二千石和县令的千石。当然,汉代禄秩的“若干石”只是虚名,另说二千石岁得144斛,千石岁

①高诱注:“万檐,万石也。”但《汉书》卷四五《蒯通传》“守儋石之禄”句应劭注:“齐人名小罂为儋,受二斛。”如此则“儋”为二斛。同书卷九一《货殖传》“浆千儋”句孟康注:“儋,罂也。”师古注:“儋,人儋之也,一儋两罂。”或谓百斤为儋。《鄂君启节》、《王命龙节》中有“檐”之单位,张振林、于省吾先生认为是容量单位。分见张氏《“檐徒”与“一檐饮之”新诠》,《文物》1963年第3期;于氏《“鄂君启节”考释》,《考古》1963年第8期。李家浩先生又考定了一担的容量是一斛二斗,见其《传赁龙节铭文考释——战国符节铭文研究之三》,《考古学报》1998年第1期。

②《周礼·考工记·陶人》:“盆实二鬴。”注:“量六斗四升曰鬴。”“鬴”通“釜”。由此折算,一盆为一斛二斗八升。但“六斗四升曰鬴”依据的是齐国“旧量”,若依“新量”则一釜百升,相当于一石或一斛;进而“盆实二鬴”,一盆相当于两石或两斛。

得 109 斛。

战国谷禄大多是年俸，而就官吏酬报在汉代的最终进化结果而言，却不是表现为年俸，而是月俸。这年俸、月俸的区别，也许有人认为只是细枝末节，但我想它必定有其生发缘由。拿今天来打比方，工人、职员及笔者这样的教书匠，都靠按月领薪水来维持生计，总裁、总经理则已开始领取丰厚年薪了，对这做法的"物有所值"、"与国际接轨"已有广泛共识。领月薪的打工者若不称职或不称心，随时炒鱿鱼走人是很便利的；而老总们即令一年后再拿钱也不至喝西北风，对那一大笔银子的指望促使他们至少得兢兢业业干好十二个月。即令当今情况，月薪、年薪都已显示出针对不同阶层的倾向性了，转向古代社会，从年俸到月俸的演进也不尽是小事一桩吧，假如确实存在这种演进的话。

按月发放报酬这种形式，其实在先秦并非无迹可寻。秦简中就可以看到一种"月食"；在更早一些的《周礼》之中①，还能看到

①《周礼》的成书年代向来是聚讼之所。近年来有些学者将其年代向后推迟到了秦代，例如金春峰先生：《周官之成书及其反映的文化与时代新考》，台湾东大图书公司 1993 年版；更有学者将之推迟到了汉初，如彭林先生：《〈周礼〉主体思想与成书年代研究》，中国社会科学出版社 1991 年版。也有学者坚持它就是西周作品。但李零先生认为："但是以系统核系统，我们还是应当承认西周金文的官制与《周礼》中的官制差异是很大的"，"《周礼》代表的已是一种后期的系统。"见其《西周金文中的职官系统》，《尽心集》，中国社会科学出版社 1996 年版，第 212 页。刘起釪先生认为《周礼》作为官制汇编成于春秋，后来给每一官填写职掌时，除录存了春秋资料外还录进了许多战国资料，所以其补充写定在战国时期，后来还有极小部分的汉代资料掺杂进去。见《中国大百科全书·中国历史》，中国大百科全书出版社 1992 年版，第 3 册第 1603 页。杨宽先生认为《周礼》由后儒利用西周制度加以改造编排而成，但其中也包含着真实的西周制度。见其《西周史》"前言"第 2 页，第 10、395 页。近日又见袁林先生意见，(转下页注)

一种按月发放的“稍食”。它们都是为地位低下的“吏”这类人等提供的廪食。那么这“稍食”、“月食”与汉代月俸是什么关系呢？至少它们全都“按月发放”这一点，就足以引起我们的高度警觉了。至于年俸，我们推测它与卿大夫享有的田邑应有渊源关系，走的是“官员酬报由食邑逐渐变为食谷”的途径，换言之它源出“爵禄”，却和“稍食”无大关系。战国存在着“士大夫”与“官人百吏”两个不同群体，它们也是两个不同阶层。假若我们能证明年俸面向士大夫，而月俸针对官人百吏的话，那么俸禄形式的差异，便能投射出其时政治结构及其变迁。时至汉代，千官百吏全都领取月俸了，也就是说，王朝对官吏都采用了昔日针对小吏的酬报方式。沿此线索加以稽考，对于理解汉政“以吏治天下”的政治精神，理解“吏禄”对官吏的定性和定位，或许不至途穷而返。

下面的叙述，将从《周礼》所见“稍食”开始。

二、《周礼》所见稍食考

首先要加以显示的是，《周礼》所见“稍食”是按月发放或领取的，并且要通过考功计劳来定其额度。

《周礼·夏官·司士》：“以德诏爵，以功诏禄，以能诏事，以久奠食。”“司士”这个官职是掌管选举的，爵位、职事的授予都在其权责之内。郑玄注：“食，稍食也。贤者既爵乃禄之，能者事成乃食之。”根据这个说法，“爵”与“禄”两相对应，“事”与“食”两相对应，

(接上页注)认为《周礼》的主流反映了管仲的变革。见其《两周土地制度新论》，东北师范大学出版社2000年版，第170页。

授爵者则禄之，任事者则食之。质言之：爵、事有别，禄、食有别。

有爵则有禄，爵、禄之相关是人所共知的；至于以事、食相应而别为一类，今天的学者似乎就没有太多措意了。但孙诒让《周礼正义》却没把这一点轻轻放过："诏事者，未命爵先试之以事也。……奠食者，未授禄先颁以稍食也。……稍食谓不命之士及庶人在官者之廪食，与命士以上之正禄异。"①如此看来，对《周礼》所言之"禄"与"食"，便不当视同一事。《周礼·天官·大宰》："四曰禄位，以驭其士。"郑玄注："禄，若今月奉也。"贾公彦"疏不破注"，并进而推论"古者禄皆月别给之"。郑、贾二氏对食、禄、月俸往往混而言之。不过我们觉得，"古者禄皆月别给之"的论断，是过于轻率了。孙诒让《正义》后来居上，有精细得多的辨析：

> 凡公卿大夫贵戚有功德得世禄者，皆颁邑以为禄，是谓采邑。唯疏族新进未得世禄者，则赋田敛粟以颁禄，是谓禄田。……采邑、食邑，食其田并主其邑，治以家宰私臣，又子孙得世守之。禄田不世守，且仅食其田之租税，而不得主其邑，各就近属乡遂或公邑王官治之。……凡命士有功德者，或功臣之后，亦间有采地。……然士有采地者甚少，且里数亦大减，其余则唯颁禄田而已，故《国语·晋语》云"大夫食邑，士食田"，明恒制士不得有采邑。……其不命之士及庶人在官者，则又无禄，而唯有稍食。以禄与命相将，不命则亦无禄也。通言之，禄田或亦谓之采，采地及稍食或亦谓之禄，散文不别也。②

---

①孙诒让：《周礼正义》，中华书局1987年版，第10册第2457—2458页。

②《周礼正义》，第1册第67—69页。

这样，就把采邑、禄田和稍食这三者，相当清晰地区别开来了。

公卿大夫贵戚以采邑为“禄”①，命士低下一等，就只能以禄田为“禄”了。这二者都是根据爵位高低而分级占有的，都属于“爵禄”。但二者之间仍有区别：采邑中的土地人民都相当于卿大夫的私产，治以家宰家臣，且子孙得世守之；命士之禄田，则是在受职时才获得的，致仕离职后就应该交还，不但不得世袭，而且不得主掌其邑，不过食其田土之租税而已。命士既包括服事于王侯朝廷者，也包括卿大夫的家臣。这样看来，采邑制鲜明地表现为一种宗法贵族身份制，而禄田则稍有文官制色彩，略具“以能诏事”意味了。不过无论是采邑还是禄田，都不是“月别给之”的。

“月别给之”的报酬当时也有，“稍食”就是按月发放的。《周礼·天官·宫正》：

> 掌王宫之戒令、纠禁。以时比宫中之官府、次舍之众寡，为之版以待，夕击柝而比之。国有故，则令宿，其比亦如之。辨外内而时禁，稽其功绪，纠其德行，几其出入，均其稍食。去其淫怠与其奇邪之民，会其什伍而教之道艺。月终则会其

①金景芳先生说，西周春秋“又有无采地的大夫。无采地的大夫有禄田。……例如，春秋时陬邑大夫叔梁纥，就是无采地的大夫。”见其《中国奴隶社会史》，上海人民出版社1983年版，第157页。按，“陬邑大夫”以及郈邑大夫、郰邑大夫之类大夫，实际上是邑宰，即大夫的家臣，因而相当于士，而非大夫。《公羊传》隐公元年：“宰，士也。”《左传》昭公七年：“大夫臣士。”毛奇龄《四书剩言》卷三征诸史料，指出：“故邑宰、家臣，当时得通称大夫。”又阎若璩《四书释地·又续》卷上“大夫僎”条以卫、鲁、晋等国之例，说明“陪臣至春秋时亦称大夫”。可见他们称“大夫”属于特殊情况，并且他们没有采地而有禄田一点，也恰好与“士”的待遇相同。

稍食，岁终则会其行事。

《说文解字》卷七上：“稍，出物有渐也。”这个“稍”字，有依照等差时序之意。官员升迁有术语曰“稍迁”，其意近于“累迁”。贾公彦疏：“稍，则稍稍与之，则月俸是也。……稍食谓宫中官府等月禄，故至月终会计之。”是稍食即是月食。又《周礼·天官·宫伯》：

> 掌王官之士庶子，凡在版者。掌其政令，行其秩叙，作其徒役之事，授八次八舍之职事。若邦有大事作宫众，则令之。月终则均秩，岁终则均叙，以时颁其衣裘，掌其诛赏。

注家或把语中的“均秩”、“均叙”，解释为均平士庶子宿卫番直之次第，说白了就是为士庶子的值勤来排班。然而郑玄谓：“秩，禄廪也；叙，才等也。”则“均秩”、“均叙”是在安排各种徒役职事之时，确认士庶子的禄廪和才等，这也许更接近原义一些。如前所见，宫正也掌管着宫中次舍之禁，同于宫伯。那么宫正的“均其稍食”，就应与宫伯的“行其秩叙”相应；宫正的“月终则会其稍食，岁终则会其行事”，就应与宫伯的“月终则均秩，岁终则均叙”相应。也就是说，“均秩”是在月终按照劳绩发放稍食，“均叙”是到年终根据才能安排职事，这便是“以能诏事，以久奠食”的意思。

孙诒让释宫正之“均其稍食”：“食之多寡无定，视其事之繁简、功之上下，以岁时稽而均之。”①由此看来，番直之次第与稍食之多寡，实为一事而不必强别为二：番直或以月计，月食亦按月发放；贾疏所谓“月终会计之”，即是“以久奠食”之本意。江永曰：

①《周礼正义》，第1册第220页。

"食亦谓之秩,《宫伯》'月终则均秩',《月令》'收禄秩之不当'是也。"又沈彤亦云:"《宫正》之会稍食,《宫伯》之均秩,皆以月终,则给禄当亦然,盖汉亦承周法也。"①都把"均秩"之"秩"与"稍食"看成是一回事。《礼记·中庸》:"日省月试,既廪称事,所以劝百工也。"郑玄注:"日省月试,考校其成功也;既读为饩,饩廪,稍食也。"孔颖达疏:"既廪谓饮食粮廪也。言在上每日省视百工功程,每月试其所作之事。又饮食粮廪,称当其事,功多则廪厚,功小则饩薄,是所以劝百工也。"这与"会其稍食"、"会其行事"大同小异——无非安排职事、考定功绩、发放衣廪、实施黜赏之类。换言之,"稍食"名之为"稍",首先是说它根据功次考核、勤务累积而发放,其次是说它以"月"为周期而发放。在追溯考课制度的起源时,不大有人注意先秦胥吏的"月终则均秩,岁终则均叙"制度,这是很遗憾的。

三、领取稍食者之身份

采邑面向卿大夫,禄田面向命士,那么领取"稍食"的又是些什么人呢?孙诒让云:"不命之士及庶子、庶人在官者,皆无爵而有事者也,故皆给食不给禄。"②"稍食"面向的是"无爵而有事"的这个层次,具体说来,则是未命而服役于朝廷的士庶子,庶人之在官者即"府史胥徒"一类胥吏,以及宫廷中的服役者等等。下面一一论证之。

---

①《周礼正义》引,第 3 册第 683 页,第 1 册第 70 页。

②《周礼正义》,第 1 册第 220 页。

根据前引《周礼·宫伯》，宿卫番直的士庶子是稍食的领取者。贵族子弟在还没得到爵命时也不能吃闲饭，也要承担职事，其时他们领取廪食。这类事情又见《商君书·垦令》："均出余子之使令，以世使之，又高其解舍，令有甬官食饩。"高亨先生解释说："朝廷对于贵族大家无职业的子弟，平均地给以徭役，按照名册役使他们，提高解除徭役的条件，设立管理徭役的官吏，供给当役者的粮食。"①商鞅想让"余子"们承担农垦，这大概不是无端的狠心，一定是以"余子"本有职事为前提的。《仪礼·燕礼》"士旅食"句郑玄注："旅，众也。士众食，谓未得正禄，所谓庶人在官者也。"贾公彦疏："故《王制》云'庶人在官者，其禄以是为差'，谓府史胥徒，……皆非正禄，号为士旅食者也。"亦如《礼记·檀弓》所谓"士而未有禄者"。由于"余子"或"庶子"与"庶人在官者"地位相近，所以注家往往笼统而言，甚至把他们混为一谈。《公羊传》襄公二十七年："夫负羁絷、执铁锧，从君东西南北，则是臣仆庶孽之事也。"何休注："庶孽，众贱子。"裘锡圭先生因谓："在古人眼里子弟的地位与臣仆相近。"并且指出：作为子弟的"庶子"、"余子"，"实际上也是受到家长剥削的"②。裘先生的这个论述，有助于我们理解领取稍食者的低下地位，尽管其中含有士庶子这种贵族子弟。

又宫中服役者领取稍食。《周礼·天官·内宰》："掌书版图之法，以治王内之政令，均其稍食。……岁终，则会内人之稍食，稽其功事，佐后而受献功者，比其小大与其粗良而赏罚之。会内

---

①"饩"字据高亨意见，《商君书注译》，第26页。

②裘锡圭：《战国时代社会性质试探》，第6节，《古代文史研究新探》，江苏古籍出版社1992年版；或《社会科学战线》编辑部编《中国古史论集》，吉林人民出版社1981年版。

宫之财用,正岁均其稍食,施其功事。"内宰这个官所掌管的,是内官和各色宫中服役者,包括诸女御、女工及奄宦、奚奴等等,另说还有庶子、虎士、隶民在内。她(他)们服事于宫中,领取稍食。这稍食也不是随便发放的,年底要进行考课,年初要重定标准并安排功事。

至于府史胥徒这个"胥吏"阶层领取稍食,便是我们最关注的事情了。《周礼·天官·小宰》:"以官府之六叙正群吏:……四曰以叙制其食。……月终,则以官府之叙受群吏之要。"孙诒让云:"此云'以叙制其食',当专属不命之小吏言之,以其在官前后之叙,制其稍食。"①又《夏官·校人》:"掌王马之政。……等驭夫之禄、宫中之稍食。"郑玄指明了"稍食"的领取者为"师圉府史以下也";贾公彦疏:"上云驭夫之等,言士已上讫,故知此是师圉府史以下,中仍有胥徒之等也。"这个解释应该没有什么问题。

《左传》昭公七年楚无宇所谓"皂舆隶僚",《新书·阶级》中贾谊所云"官师小吏",皆居士大夫之下,都相当于《周礼》所谓府史胥徒,他们所领取的应该就是稍食。《国语·晋语四》:"皂隶食职。""食职"者,领取"稍食"也。《韩诗外传》卷七载有曾子一段很动人的话语:"故吾尝仕为吏,禄不过钟釜,尚犹欣欣而喜者,非以为多也,乐其逮亲也。"这句话《庄子·寓言》记作:"吾及亲仕,三釜而心乐。"三釜不过三石或三斛而已,那么曾参所做的"吏",大约就是府史胥徒之类吧。又《传赁龙节》:"王命

①《周礼正义》,第1册第160页。又《周礼·天官·大宰》孙诒让《正义》谓,《周礼》中"群吏"之义有四:一、通指百官府关内外卿大夫士;二、专指大夫士;三、专指士以下的小吏;四、专指乡遂公邑等有地治之吏。第1册第155页。

命传赁一檐食之。”学者谓“一檐食之”是“传赁”一月的食量，“传赁”则是楚国从事驿传的雇佣人员，亦即驿吏①，他们也吃官府的稍食。

《国语·晋语四》又谓：“工商食官。”根据前引《中庸》“日省月试，既廪称事，所以劝百工也”一语，推知百工也以稍食为生。《周礼·夏官·稿人》：“乘其事，试其弓弩，以上下其食而诛赏。”这是制弩工匠领取稍食的例子。医师的各种下属们地位近于百工。《周礼·天官·医师》：“岁终则稽其医事，以制其食。十全为上，十失一次之，十失二次之，十失三次之，十失四为下。”孙诒让云：“禄与爵常相因，有一定之爵，则有一定之禄，不当稽其事以为之制。此‘制其食’，即《小宰》六叙之制食，皆谓稍食。”②医师的稍食依医疗事故的多少而定，治错了病、治死了人就得扣口粮，不失良制。

这样看来，领取稍食者主要是各种官府胥吏，为王宫服役的士庶子及男工女仆之类。《国语·楚语下》：“五物之官，陪属万为万官。……天子之田九畡，以食兆民，王取经入焉，以食万官。”当朝的卿大夫、命士各有爵禄做为“私奉养”，用不着君主给饭吃；而王廷中的各色各类服事者——“万官”，地位低微而无田邑，天子要以王畿的收入供养他们，令其“以能诏禄，以久奠食”，根据劳绩换取廪食。除了王廷之外，列国大抵与之相类，存在着府史胥徒和宫中服役者领取稍食的情况。

至于卿大夫的家臣，可能也有靠稍食为生的，不过史料有嫌

①裘锡圭先生谓“檐”是驿传的“檐徒”，“食”是膳食。参见前揭氏著《战国时代社会性质试探》。这里依从李家浩先生的诠释，参见前揭氏著《传赁龙节铭文考释——战国符节铭文研究之三》。

②《周礼正义》，第2册第318页。

暧昧。《国语·晋语四》:“官宰食加。”韦昭注“加”:“官宰,家臣也。加,大夫之加田。”孙诒让云:“彼谓家臣所食,于加田取之。”①如依照韦昭意见,那么“官宰”所食的“加田”,并不是“官宰”所拥有的,而是“大夫之加田”,就是说卿大夫以其加田(或许还有采邑)的收入,来供给其众多家臣的廪食。不过对这“加田”还另有解释:“担任邑宰、家臣的士,则可另外享有‘加田’”②,它是“卿大夫给予士为家臣者的最初的官职禄田”③,“大夫之加田赐予家臣者当为其职田”④。这固然与旧说有异,征之史料好像也有根据。《卯簋》:“……易于乍一田,易于宓一田,易于队一田,易于戠一田。”这就是周大夫荣伯赐给家臣卯的禄田。又《左传》成公十七年:“施氏之宰有百室之邑。”所以学者认为,“西周时代,家臣的俸禄是田”⑤。不过我想这说法还是简单了一些。家臣不仅人数众多,而且身份复杂、尊卑各异。那些拥有“士”身份的家臣,如邑宰、家宰、家大夫等等,是可以拥有禄田的;至若低级的家臣如乐工、司宫、阍人、饔人、御驺、差车、小子等等,他们分别主管奏乐、守门、饮食、养马、驾车以及各种杂役,恐怕就只好与领取稍食者为伍了。

此外,战争时期政府向参战军民颁发稍食。《周礼·夏官·掌固》:“掌修城郭、沟池、树渠之固,颁其士庶子及其众庶之守;设其饰器,分其财用,均其稍食。”贾公彦疏:“所守之处,官及民合受

---

①《周礼正义》,第9册第2372页。《周礼·夏官·司勋》:“唯加田无国正。”加田意为加赏之田,国家对之不征租税,属卿大夫私有。

②刘泽华主编:《士人与社会》,天津人民出版社1988年版,第12页。

③李向平:《西周春秋时期士阶层宗法制度研究》,《历史研究》1986年第5期。

④段志洪:《周代卿大夫研究》,第209页。

⑤邵维国:《周代家臣制述略》,《中国史研究》1999年第3期。

官食,月给米廪与之,故谓之稍食也。”孙诒让云:“此士庶子谓县鄙公邑贵族子弟来助守御者”;“众庶”则是一般军民。守城的时候官府向军民发放廪食,其事又见《墨子·备城门》以下诸篇。这虽与本节论题关系不大,却依然有助理解稍食的性质和意义:稍食是针对功绩勤务的直接酬报。

四、月食与月钱

沈彤的《周官禄田考》基于稍食按月发放、与汉代月俸相近一点,便断言说“盖汉亦承周法也”。不过汉代的月俸只是遥承“稍食”而已,汉制直承于秦而非承周。沈彤没有见过睡虎地秦简,而我们却有幸在秦简中看到了“月食”。在“稍食”、“月俸”之间,秦之“月食”构成了承上启下的中介环节。

在秦简之中,可以看到佐、史、卜、司御、寺、府一类官府职役承担者①,他们大抵没有爵位,由官府按月提供廪食,是为“月食”。这种月食是与禄秩两存并用的。

秦简《仓律》:“月食者已致廪而公使有传食,及告归尽月不来者,止其后朔食,而以其来日致其食;有秩吏不止。”《金布律》:“官啬夫免,复为啬夫,而坐其故官以赀赏(偿)及有它责(债),贫窭毋(无)以赏(偿)者,稍减其秩、月食以赏(偿)之。弗得居。”《司空律》:“官长及吏以公车牛廪其月食及公牛乘马

①《传食律》:“上造以下到官佐、史毋(无)爵者,及卜、史、司御、寺、府。”《睡虎地秦墓竹简》,文物出版社1978年版。下引睡虎地秦简均出自此书。

之廪,可殴(也)。”有人把上文中的“月食”说成是俸禄①,不过高敏先生以“廪给制度”释之②,显然更为合理。依照《仓律》,有秩吏在享受传食时不必停发“月食”;依《司空律》,官长及吏可以借用公车领取月食;依《金布律》,啬夫的秩与月食可以被用作赔偿。换言之,在秦简中,有仅仅领取月食而不涉及“秩”的情况,也有同时领取月食和禄秩的官员。月食与禄秩是两码事,不好混为一谈。又《金布律》:“都官有秩吏及离官啬夫,养各一人,其佐、史与共养。”“养”就是今天所谓“炊事员”,他的责任大约是烹饪“月食”,为官吏们提供工作餐。“皂隶食职”一点,至秦犹然。

《墨子·七患》:“岁馑,则仕者大夫以下皆损禄五分之一;旱,则损五分之二;凶,则损五分之三;馈,则损五分之四;饥,则尽无禄,廪食而已矣。”也表明大夫享有“禄”与“廪食”两项待遇,可与秦简参看。又居延汉简中有《廪名籍》一类文书,据杨联陞先生研究,其廪额一般为粟三石三斗三升少或米二石,而且依男女长幼

①安作璋、熊铁基说秦国“秩俸是按月发放的,又叫月食”,见《秦汉官制史稿》,下册第448页。陈仲安、王素说“《睡虎地秦墓竹简》所见‘月食’则为月俸”,见《汉唐职官制度研究》,第329页。高恒将《仓律》的上述条文说成是“扣除月食者俸禄的规定”,见《秦汉法制史论考》,厦门大学出版社1994年版,第43页。何德章将《司空律》上述条文说成是“用公家车牛运送其当月俸禄”,见《中国俸禄制度史》(黄惠贤、陈锋主编)第1章,第26页。

②高敏:《从云梦秦简看秦的若干制度》“(十一)关于廪给的制度”,《云梦秦简初探》(增订本),第216页以下。又,安作璋先生后来也改用了与高敏相近的说法:“‘有秩吏’在享有国家秩俸的同时,也享有‘月食’,即按月供应的口粮。”见其《秦汉官吏法研究》,齐鲁书社1993年版,第95页。

有等差之别[1]。这与秦简所见隶臣妾的月食标准,是很相似的。陈直先生指出,受廪者有戍卒也有官员,如秩比二百石的候长也以“三石三斗三升少”为廪额;同时汉简中另有《吏受奉名籍》、《吏奉赋名籍》一类文书,所记载的则是俸钱的发放情况[2]。汉简中廪食与俸禄两分,正与秦简“月食”与“秩”之两分相合,谓其承于秦制,当无疑问。

汉代的禄秩是月俸而非年俸,“若干石”“不过是定等级的虚名”[3]。从年俸到月俸,这意味着“月食”的按月发放形式,最终主导了俸禄制的发展方向。其间的变迁演进虽然仍嫌模糊,不过史料还有余地,有可能把它弄得稍微清晰一些。

以“石”确定俸额,暗示这俸禄最初是从“谷禄”开始的;然而西汉的俸禄是月钱,不但不是年俸,而且不是谷禄。西汉丞相、大司马大将军月钱六万,御史大夫四万,真二千石二万,百石六百[4]。汉简所见官吏月俸也是以钱计算的,支付布帛被认为是汉武帝实行平准均输、财政收入中布帛大增以后的事情[5]。东汉以来自然经济抬头,钱不好使了,才又采取了“半钱半谷”的做法[6]。《汉

①杨联陞:《汉代丁中、廪给、米粟、大小石之制》,《杨联陞文集》,中国社会科学出版社1992年版。

②陈直:《居延汉简研究》,第20—23页。

③聂崇岐:《汉代官俸质疑》,《宋史丛考》,中华书局1979年版,上册第237页。

④这些数字,分见《汉书》卷一〇《成帝纪》、《史记》卷四九《外戚世家》、《史记》卷一二〇《汲黯传》、《汉书》卷八《宣帝纪》等注引《汉律》。

⑤佐原康夫:《居延汉简月俸考》,《日本中青年学者论中国史》上古秦汉卷,上海古籍出版社1995年版。

⑥傅筑夫先生说,古代货币经济在西汉已达到顶峰,东汉却“由自己发展到的顶峰陡然一落千丈地堕到深渊”。《中国封建社会经济史》第2卷,人民出版社1982年版,第516页。这或许就是俸禄转而采取半钱(转下页注)

书》卷六五《东方朔传》:“朱儒长三尺余,奉一囊粟,钱二百四十;臣朔长九尺余,亦奉一囊粟,钱二百四十。”“一囊粟”应是廪食,当为大石二石,“钱二百四十”则为汉武帝时之月钱①。秦汉之际的动乱年代情况不明。据《汉书》卷二《惠帝纪》,惠帝初即位时赏赐给丧事者,其时官吏按禄秩给钱,从二万钱到五千钱不等。赏赐既然给钱,俸禄就可能也是给钱的。或许在西汉惠帝时候,官俸就已不是谷禄了。

秦国官员的“秩”是发放钱币还是发放谷物呢?尽管史阙有间,我们仍可通过种种迹象加以推测。首先来看战国货币的使用范围和规模。当时关东诸国以“金”作为赏赐和馈赠的现象是很常见的,还有以“金”聘士之事②。至如以“金”为俸,好像也不是没有。请看:

田子为相,三年归休,得金百镒奉其母。母曰:“子安得

(接上页注)半谷形式的社会经济背景。《后汉书·光武帝纪下》:“王莽乱后,货币杂用布帛金粟。”饶宗颐先生具体叙述说:“汉以钱为俸,莽之最后六年乃以谷为主,此改奉钱为谷斛(按指天凤三年五月所颁吏禄之制),即东汉建武制度之所本。”见其《新莽职官考》,《饶宗颐史学论著选》,上海古籍出版社 1993 年版,第 201 页。不过陈梦家指出:“但天凤五年后居延仍有俸钱记录,则新制之施行如何,尚待研究。”《汉简所见奉例》,《文物》1963 年第 5 期。此外聂崇岐把东汉建都洛阳,接近产谷区,漕挽方便,看成官俸“半钱半谷”的原因之一。见其《汉代官俸质疑》,《宋史丛考》,第 255 页。又,罗庆康先生说:“西汉的月俸是半钱半谷。”见其《汉代俸禄制度的特点》,《湖南师范大学学报》1987 年第 1 期;《西汉财政官制史稿》,河南大学出版社 1989 年版,第 320 页。然而照一般看法,西汉俸禄是月钱而不是“半钱半谷”。

①用陈梦家说,见其《汉简所见奉例》。

②如《战国策·齐策》:梁王“遣使者,黄金千斤、车百乘往聘孟尝君”。

此金?"对曰:"所受俸禄也。"(《韩诗外传》卷九,屈守元:《韩诗外传笺疏》,巴蜀书社1996年版,第756页)

(子贡)常相鲁、卫,家累千金。(《史记》卷六七《仲尼弟子列传》)

君有山,山有金,以立币,以币准谷而授禄。(《管子·山至数》,上海古籍出版社1989年版,第209页)

君以币赋禄,什在上;君出谷,什而去七。(《管子·山至数》,第211页)

前两条材料,都显示"金"已是俸禄的一种形式了。后两条材料,还进而显示"币"作为俸禄之时,其额度是通过与"谷禄"的折算而来的。史籍所记东汉禄秩,其格式作"若干石,若干斛"①,前者指等级,后者指实际俸额,但"若干斛"在发放时还要再折合为半钱半谷,也存在着钱、谷之间的折算。《管子·山至数》所说的"以币准谷而授禄"做法,大概是齐国的情况②。齐国既已"以币赋禄",那么推断秦国也有类似事情,就不是空穴来风吧。齐国的官僚已经挣钱了,秦国当官的怎么就不给钱,而只给一大堆粮食呢?

①参看《后汉书》卷一下《光武帝纪下》注引《续汉志》、《续汉书》卷二八《百官志五》。

②《山至数》在《管子》中属"轻重"一组,王国维、罗根泽、郭沫若都以为成于汉代,马非百还指为王莽时的作品。但容肇祖则认为其出自战国,近年胡家聪、赵俪生、李学勤诸先生又多方举证,详论"轻重"诸篇出自战国的齐国。参看胡家聪:《〈管子·轻重〉作于战国考》,《中国史研究》1981年第1期;赵俪生:《〈管子〉与齐国历史的关系》,《历史研究》1988年第4期;李学勤:《〈管子·轻重〉篇的年代与思想》,《道家文化研究》第2辑,上海古籍出版社1992年版;胡家聪:《管子新探》,中国社会科学出版社1995年版。

由秦简所见,秦国的钱币使用颇具规模①;秦律中诸如"赀一甲"、"赀一盾"的惩罚,学者大都认为实际是交纳钱币的②;"头会箕敛"而来的口赋,有可能已是征收钱币了③;制造伪币"盗铸钱"的情况也出现了④。还有,军功的赏赐已经用钱了。《商君书·境内》:"爵吏而为县尉,则赐虏六,加五千六百。"这"五千六百"就是赏钱。赏赐军功已经用钱了,俸禄怎么就不给钱,而只给一大堆粮食呢?

此外还有,官府已向隶臣妾等发放衣钱了。请看《金布律》:

> 稟衣者,隶臣、府隶之毋(无)妻者及城旦,冬人百一十钱,夏五十五钱;其小者冬七十七钱,夏卌四钱。舂冬人五十五钱,夏卌四钱;其小者冬卌四钱,夏卌三钱。隶臣妾之老及小不能自衣者,如舂衣。

我们认为,《金布律》中所记的钱数,就是秦国官府向隶臣妾、城旦舂

---

①参看吴荣曾:《从秦简看秦国商品货币关系的发展状况》,《先秦两汉史研究》,中华书局1995年版。

②高敏《从云梦秦简看秦的若干制度》:"当官府允许各种罪犯以'赀赎'和官府判处犯人以'赀一甲'、'赀二甲'、'赀一盾'等罚款时,也是使用铜钱作为赎罪与缴纳罚款的手段,所谓'赍钱如律'等法律用语,就反映了这一内容。"《云梦秦简初探》(增订本),第227页。又梁自玉先生也认为"盾、甲折钱交纳",见其《秦的赀刑》,《秦文化论丛》第6辑,西北大学出版社1998年版,第66页。当然也有人认为是交纳甲、盾之实物。参看石子政:《秦律赀罚甲盾与统一战争》,《中国史研究》1984年第2期。

③高敏:《秦汉赋税制度考释》,《秦汉史论集》,第66页。

④《封诊式》:"丙盗铸此钱,丁佐铸。"《睡虎地秦墓竹简》,第252页。

发放冬夏衣钱的标准①。隶臣妾、城旦舂的衣装都已发钱自己买了，官吏的俸禄怎么就不给钱，而只给一大堆粮食呢？当官儿的能乐意么？

秦国的官吏们经常花钱。赔偿公物、赀甲赀盾要用钱，应酬

①《睡虎地秦墓竹简》注释者解释《金布律》这段文字时说："疑指每人应缴的衣价。推测领衣者如无力缴纳，就必须用更多的劳役抵偿。"（第68页）有人还把"冬人百一十钱"、"舂冬人五十五钱"的两处"人"字引作"入"字，并把这条史料释作"领取衣服人及衣服价格的规定"，如王瑞明：《云梦秦简〈金布律〉试释》，《中国历史文献研究集刊》第2集，岳麓书社1981年版；又高敏先生谓：冬夏衣服费"是由"隶臣妾"本人缴纳，而不是由官府支付。"见其《关于〈秦律〉中的"隶臣妾"问题质疑——读〈云梦秦简〉札记兼与高恒同志商榷》，《云梦秦简初探》（增订本），第100页。宫长为、宋敏先生也说是"在衣服发放方面，规定隶臣（无妻的）冬缴一百一十钱，夏缴五十五钱"。见其《"隶臣妾"是秦的官奴婢》，《中国史研究》1982年第1期。这些解释也许还有商榷余地。《仓律》："妾（隶妾）未使而衣食公……"《司空律》："隶臣妾、城旦舂之司寇、居赀赎责（债）系城旦舂者，勿责衣食；其与城旦舂作者，衣食之如城旦舂"（第87页）；《金布律》："及隶臣妾有亡公器、畜生者，以其日月减其衣食，毋过三分取一。"（第60页）这都说明"衣食"都是官府发放的，也正因为这样，才会有在丢失公物和牲畜时，以扣减"衣食"作为惩罚的做法。高恒先生说："至于隶臣妾所穿的衣服，一般由官府供给。""由官府供给"的说法是可取的。见其《秦律中"隶臣妾"问题的探讨——兼批四人帮的法家"爱人民"的谬论》，《文物》1977年第7期。《周礼·天官·宫伯》："月终则均秩，岁终则均叙，以时颁其衣裘。"郑玄注："衣裘，若今赋冬夏衣。"周代对宫廷服役者，就已在发放稍食的同时发放"衣裘"了。《金布律》所记载的大褐60钱、中褐46钱、小褐36钱，才是衣服的价格；至于所开列的"冬人百一十钱，夏五十五钱……"，乃是发放的衣钱，并非衣服价格。《金布律》叙述的是"禀衣"，开列的却是冬、夏各钱若干，不难推测，这实际上是依不同标准发给衣钱，使无妻的隶臣妾、城旦舂等自己购买。隶臣、城旦"冬人百一十钱，夏五十五钱"，年计不过165钱；舂"冬人五十五钱，夏卌四钱"，年计不过99钱。而《汉书·食货志上》李悝《尽地力之教》："衣，人率用钱三百。"隶臣妾、城旦舂的衣钱比常人少了很多，当然因为他们身份卑微、服装粗陋。

交际也以钱币为馈礼、为资奉①。那么这钱是从哪来的呢？该不都是卖掉谷禄换来吧。那样的话，每个月都将有一大群官员在市场上扯着嗓子卖粮食，要不然他们就没钱花。而我想那些钱都来自俸钱。在干什么都得花钱的情况下，让我来挑我也宁愿要钱而不要粮食，这么做对谁都方便。秦国官府和官吏的想法不会相去太远。劳榦先生说“所以西汉俸禄，至少在昭帝和宣帝时期以后是以俸钱为主的”②，陈梦家先生说“武帝末至西汉末以钱为俸”③，刘文瑞先生说“西汉政府可能在高惠文景之时就已发放俸钱”④。而我想这“以钱为俸”的做法，还可上推到更早时候。

随后的问题便是，秦代俸禄是年俸还是月俸呢？燕、秦通行着五十石、百石、二百石以至千石这样的秩等，学者曾说：“以‘石’计数均为年俸。”⑤然而对这个问题，是不宜混淆不同时代笼统而论的。我们特别注意到，秦之用以计俸的“若干石”业已构成了官阶，在这一点上它颇异列国、并由此而超越了列国的谷禄。秦之

①如《史记》卷八《高祖本纪》：“沛中豪桀吏闻令有重客，皆往贺。萧何为主吏，主进，令诸大夫曰：‘进不满千钱，坐之堂下。’高祖为亭长，素易诸吏，乃绐为谒曰：‘贺钱万’，实不持一钱。”同书卷五三《萧相国世家》：“高祖以吏繇咸阳，吏皆送奉钱三，何独以五。……乃益封何二千户，以帝尝繇咸阳时何送我独赢奉钱二也。”《集解》引李奇释“奉钱三，何独以五”：“或三百，或五百也。”王云度先生则认为“三”为三千，“五”为五千。见其《“吏皆送奉钱三，何独以五”新解》，《中国史研究》1990 年第 4 期。照这样看，萧何当年多奉送了二千钱，刘邦便给他益封二千户，以“一钱一户”为率，是投以木瓜、报以琼瑶之意了。

②劳榦：《关于汉代官俸的几个推测》，《劳榦学术论文集》甲编下册，第 1045 页。

③陈梦家：《汉简所见奉例》，《文物》1963 年第 5 期。

④刘文瑞：《西汉官俸杂考》，《陈直先生纪念文集》，西北大学出版社 1992 年版，第 206 页。

⑤陈仲安、王素：《汉唐职官制度研究》，第 328 页。

禄秩制度已相当进步了,汉廷采用月俸又不会是突发事件,应该说汉代月钱存在着承袭于秦的可能性。秦国俸禄有可能是发放钱币的,而货币薪俸之特别便于按月发放,用不着我多啰唆吧。

《包山楚简》第147号简:

> 陈旵、宋献为王煮盐于海,受(授)屯二儋之食,金铚二铚。将以(已)成收。①

文中"煮"、"海"二字原被释作"具"与"泯爰",均据刘钊先生意见更改。刘先生认为,"二儋之食",是陈、宋二人前去煮盐的沿途招待等级,"金铚二铚"是他们的盘缠②。不过李家浩先生判断说,陈旵、宋献是"煮盐于海"的雇佣者;"受(授)屯二儋之食,金铚二铚",是发给这些雇佣者每人每月的廪食和佣金③。结合前文所论稍食、月食及廪食制度,我们认为李先生的推测相当合理。由此可见,当时楚国官府对雇佣者既提供廪食,也酬以佣金,并且二者都是以"月"发放的。这种向雇佣者同时提供廪食和支付佣金的做法,并不是楚国的特例,《韩非子》也记有这类事情④。战国的

---

①湖北荆沙铁路考古队:《包山楚简》,文物出版社1991年版,第28页。

②刘钊:《谈包山楚简中有关"煮盐于海"的重要史料》,《中国文物报》1992年11月8日。

③李家浩:《传赁龙节铭文考释——战国符节铭文研究之三》。

④《韩非子·外储说左上》:"夫卖庸而播耕者,主人费家而美食,调布而求易钱者,非爱庸客也,曰:如是,耕者且深,耨者熟耘也。庸客致力而疾耘耕者,尽巧而正畦陌畦畤者,非爱主人也,曰:如是,羹且美,钱布且易云也。""美食"或"羹且美"指庸客的廪食,"钱布"则是庸客的佣金。庸客是短工,其佣金应是计月(或计日)支付的,与稍食的"日省月试,既廪称事"相类。

雇佣劳动者已很普遍了①,"市佣"所挣的一般是佣金②,秦国也有"市庸"③,这是通行各地的社会常情。

向雇佣者同时提供廪食和支付佣金的做法,与官府对吏员的待遇是可以类比的。吏员们既享有廪食,又领取俸禄。从廪食说,既然吏员的稍食(或月食)与雇佣者一样都按月发放,那么吏员的俸禄就可能和雇佣者一样,也是按月发放的;从佣金说,既然对雇佣者已发放货币了,那么吏员月俸就可能也发货币。汉武帝时,低俸阶层东方朔和侏儒们领得"奉一囊粟,钱二百四十",这类廪钱兼用、按月发放的做法,先秦应有先声。雇佣煮盐者佣金的按月领取形式,可以上溯到"稍食"的按月发放形式。佣金,以至吏员的月钱,很可能都是在最下层的食廪者那里肇始发端的。不妨设想一下:最初的"稍食"包括饭食和衣装两项;后来饭还是在主子那儿吃,但"衣"这一项改为发衣钱,实际上变成了个人支配的零花钱④,进而变成了数额更大的雇佣者的工钱、吏员的俸钱,

---

①裘锡圭:《战国时代社会性质试探》,《古代文史研究新探》,第 411 页。

②《荀子·议兵》:"齐人隆技击,其技也,得一首者则赐赎锱金。……是其去赁市佣而战之,几矣。"齐国对士兵杀敌斩首以"赐赎锱金"为奖赏,杨倞注:"此与赁市中佣作之人而使之战相去几何也。"(王先谦:《荀子集解》,中华书局 1988 年版,下册第 272 页)也就是说,"赁市佣"也是付给金钱的。

③《封诊式》:"自昼甲见丙阴市庸中。"《睡虎地秦墓竹简》,第 252 页。

④据前引《金布律》推算,隶臣、城旦的衣钱年计 165 钱,舂年计 99 钱;而衣价则是大褐 60 钱、中褐 46 钱、小褐 36 钱。若购衣之后多少有些剩余,这就成了零花钱。也许有人会提出他们还要为家人购衣。不过"隶臣妾之老及小不能自衣者,如舂衣",家中老小的衣钱官府另发。又《仓律》:"小城旦、隶臣作者,月禾一石半石;未能作者,月禾一石。小妾、舂作者,月禾一石二斗半斗;未能作者,月禾一石。婴儿之毋母者各半石;虽有母而与其母冗居公者,亦禀之,禾月半石。"(第 49 页)官府既然对儿童(转下页注)

诸如此类。

那么,对秦国官俸是不是“月钱”的问题,“是”的推断不算捕风捉影吧。当然,俸禄是发钱还是发谷尚属次要,最要紧的是这俸禄是否按月发放的问题。高恒先生认为:“汉代实行的按月发给俸禄的制度系因袭秦制。从秦律有关规定可以看出,秦时官吏的俸禄已是按月发给。”①蒲坚先生亦持同样看法②。当然这里还横着一个问题,就是对月食和俸禄不能混淆。然而徐昌富先生考虑到了这一因素:“以《云梦秦简》来看,这个说法是可以成立的”;《金布律》有“稍减其秩、月食以赏(偿)之”一语,徐先生因谓:“秩和月食并提,口粮和秩应是一起发放”,“口粮的发放是以月为主,月俸当亦如此”③。这里再补充一点分析:这“秩”显然是可以随时“减”的,有如月食;在赔偿时月食马上就“减”,那么

(接上页注)也提供廪食,那么就也应发给衣钱。总之这衣钱已是个人支配的了,拿它买什么可能听凭个人心愿。据《汉书·食货志上》李悝《尽地力之教》,一夫五口每年收粟150石,除掉口粮余45石,折钱1350钱,平均每人270钱,这是编户口粮之外的零用钱的一般情况。汉代佣保之价,月二百至千钱不等。这可以为食廪者的衣钱演变为个人支配的零花钱,进而是工钱和俸钱的论点,提供参考。居延汉简所见,最低等的小吏月俸不过100钱。参看陈梦家:《汉简所见奉例》,《文物》1963年第5期。月俸100钱则年计1200钱,不过是秦代隶臣、城旦衣钱的七倍多。而且居延地区的衣装价格高昂,例如绔一两值700—800钱,长袍一领值2000—2500钱,单衣一领值352钱。戍卒经常把官府发放的衣物卖给官吏,由于官吏月俸有限,往往要赊欠立券。参看陈直:《居延汉简研究》,第81—83、96页;高维刚:《从汉简管窥河西四郡市场》,《四川大学学报》1994年第2期。

①高恒:《秦简中的职官及其有关的几个问题》,《秦汉法制论考》,第42—43页;或《云梦秦简研究》,中华书局1981年版,第260页。

②蒲坚:《中国古代行政立法》,北京大学出版社1990年版,第126页。

③徐昌富:《睡虎地秦简研究》,台湾文史哲出版社1993年版,第455—456页。

"秩"也不会拖到年底才扣除。所谓"稍减"就是按月扣除的意思,"秩"和月食既然都是按月"稍减",当然就应该都是按月发放的了。结合其他迹象,我们很愿意接受徐先生的推测。

裘锡圭先生还曾提出:"无秩的啬夫所受的月食,当然不可能仅仅是口粮,而应该相当于汉代的斗食之俸。"①这个推测确实也非常值得参考。对于战国俸禄,以往学者所注重的仅止"官吏俸禄由食邑逐渐变为食谷"的进程而已;而现在我们看到,"从食邑到食谷"并不是战国俸禄的唯一来源,还有第二个来源一度被人们忽视了,这就是"稍食"。"稍食"对月俸的影响包含着两个要点:第一,在按月付酬的形式上,稍食、月食逐渐同化了俸禄的发放周期;第二,有些低级官吏的月俸,很可能就直接来自月食以至稍食的数量增加,因而继续保持了按月支付的形式。

上述考察当然存在着一些缺环,这在研究中是很常见的事儿。不可能一切都白纸黑字明明白白摆在那儿,这时就要审视各种迹象,并求助于判断力、洞察力了。在逻辑和情理上我们不妨做如下推论:秦国吏禄的"若干石"等级最初应是实数②,从额度上看是指全年俸额,但实际按年还是按月发放不得而知;后来其实际发放数额因时因事不断变化,"若干石"便逐渐凝固为"定级的虚名",实际禄额则另行规定,二者开始不相一致;在某个时候,这谷禄开始部分地折钱发放;并且,就算其最初是年俸的话,那么这谷禄或俸钱也在某个时候,开始按月份而不是按年头发放了,从而被同化于"月食"的方式。随后便是"汉承秦制",一如秦用

---

①裘锡圭:《啬夫初探》,《古代文史研究新探》,第446页。

②聂崇岐先生亦云:"以石定秩,初期自然是名实相符。"见其《汉代官俸质疑》,《宋史丛考》,上册第249页。

月钱的做法。

五、年俸与田禄

前边对稍食的特征、性质做了叙述，对从稍食到月钱的演进进行了推测，随后让我们转回到“年俸”一点上来。贵族时代的“爵禄”大抵是以田邑为本，也就是说以“田禄”为中心内容。“年俸”因采取“谷禄”形式而超越了“田禄”，但在实践中依然显示了与“田禄”的某种藕断丝连的关系，从而与胥吏的“稍食”区分开来。

孙诒让认为，在周代采邑、禄田、稍食之间还有一种“禄粟”。这是从“司禄”一职推论出来的。不过《周礼》中“司禄”一职仅存其名而阙其职掌，前人只能以推测求之。《周礼·地官·叙官》司禄条孙诒让《正义》引江永之说：

> 《司禄》职虽阙，观其序于廪人、仓人、舍人之后，司稼之前，皆为谷米之类，其为颁谷禄于群臣可知矣。诸官之授田食邑者，三公、六卿、王子母弟及诸卿之大夫、元士也。其余散官不得有田，宜以廪人、仓人之粟给之，所谓匪颁之式也。校人等驭夫之禄，是其一隅。又案，《司士》“以德诏爵，以功诏禄，以能诏事，以久奠食”，《内史》“王制禄则赞为之，以方出之”。此授田禄者也。若“食”则司禄给之，当不关内史。分言之“禄”与“食”异，通言之“食”亦“禄”也，故官名司禄。“食”亦谓之“秩”，《宫伯》“月终则均秩”，《月令》“收禄秩之不当”是也。庄公十九年，惠王夺子禽、祝跪与詹父田，而收

膳夫石速之秩，此散官无田有秩之证也。①

在江永看来，“司禄”之官既然与谷禄的颁发有关系，那么周代就应该有谷禄之制。“司禄”所掌之“禄”既包括“食”即“稍食”，也包括“颁谷禄于群臣”。既然“分言之‘禄’与‘食’异，通言之‘食’亦‘禄’也”，那么从“分言之”的方面说，在胥吏的稍食之外，似乎就该另有官员的“禄粟”了。孙诒让因之而言：“江说是也。凡周制有世禄采地，有禄田，有禄粟，有稍食。对文禄与食异，散文则食亦通称禄，此官盖通掌之矣。”又《周礼·春官·内史》“王制禄，则赞为之”句孙诒让《正义》曰：“今考周时诸臣，唯贵戚世禄，得有采地、赏田，其次则授以禄田，更其次则赋以禄粟。田以夫亩为差，粟以钟石为率。”②不管孙氏的看法是否符合江氏原意，总之他在采邑、禄田、稍食之外又揭著了“禄粟”这么一项。由此在周代官员的酬报上，我们又得面对采邑、禄田、禄粟、稍食四种方式了。

不过在《周礼》中的“禄粟”一项，我们总觉着过于暧昧模糊，诸多注家说来说去依然不明不白，不得不乞灵于推测猜想③。若从其他史料来看，至少在春秋中前期，“禄粟”仍然很不发达。《左传》庄公十九年：“王夺子禽、祝跪与詹父田，而收膳夫之秩。”子禽等人位为大夫，其拥有田邑是很自然的；注谓膳夫为士，其“秩”为“禄”。西周有些膳夫很风光过一阵儿，不过春秋的膳夫是否仍是

①《周礼正义》引，第3册第683页。

②《周礼正义》，第8册第2133页。

③《周礼》中“匪颁”（见《天官·大宰》之“匪颁之式”、《地官·廪人》之“国之匪颁”等），清儒或以为含禄粟在内，但郑众释为“班赐”，郑玄释为“分赐群臣”，都没有看成俸禄。

命士，就说不好了。从其服事于宫内推断，这“秩”应与稍食性质相近。《左传》昭公元年：“子干奔晋，从车五乘。叔向使与秦公子同食，皆百人之饩。”叔向宣称这是“底禄以德”。单单从这“禄”又称“食”、称“饩”来看，它似乎真就是谷禄；可一查《国语·晋语八》就明白了，楚国的子干、秦国的后子两位上大夫所“食”之“禄”，其实是“一卒之田”。韦昭注：“百人为卒，为田百顷。”亦即万亩。一夫百亩，则万亩恰为“百人之饩”。所以我想，春秋士大夫的“禄”，如不像春秋末的孔子那样明言是“奉粟”，一般都以视作“田禄”为宜。《孟子·万章下》是这样追述“周室班爵禄”的制度的：“天子之卿受地视侯，大夫受地视伯，元士受地视子、男。”从卿、大夫直到元士，其“爵禄”形态都是“受地”。我们已曾指出，早期社会的地位基础是田土（和人民）的占有，自己没有一块地的人不被看成正经人；做胥吏等于是自己找不到生计，只能到人家家里去帮忙混口饭吃，和“臣”、“妾”差不多少。《周礼》一书中“禄粟”一项颇为朦胧晦暗，我想这不仅源于“司禄”的职掌业已阙佚，也在于贵族卿大夫士所享受的一般都是田邑，“禄粟”还不是通行的做法；或者说，在《周礼》编者看来这“禄粟”不能算经制，因此对萌生中的谷禄没打算予以反映。

春秋末年以至战国以降，随官僚政治的迅猛发展，“禄粟”日益普遍化了。“禄粟”在发放粟谷一点上当然近于“稍食”，但其“年俸”而非月俸的形式，则使之与“稍食”划开了一道不浅的界沟，并令进一步深究其来源成为必要。

学者谓俸禄制与“游士”间有密切关系①。客卿和游士，可以

①官蔚蓝：《周末食禄制度之产生与先秦之游士政治》，《学艺杂志》第18卷第9、11号，1948年。

推定为较早的领取禄粟者。这些客居者的临时性、流动性是很大的，君主仅仅为之提供谷禄而不是给予田邑，当然是情理中事。同时至少在春秋后期，出仕本国的人也有了领取禄粟者，如孔子居鲁俸粟六万，原思为宰俸粟九百之例。我推测，以田邑为酬报的古老传统，对“年俸”形式应该有过重大影响。首先，禄粟额度的确定，最初可能是与田邑的收益比拟而来的；进之，还可能存在过一个三阶段的演化过程。比方说吧，在第一阶段，作为供职酬报的封邑由官员私人占有和经营；继之第二阶段，由于社会变迁和政治改革，国家加强了对封邑的控制而直接管理之，领有者唯得食其收益，而且这收益还往往由国君代征代发；再往后就是第三阶段，官员在名义上也不再拥有封邑了，国家直接发给谷禄而已，至于其额度，则根据以往封邑的通常收益来斟酌参定。

《孟子·滕文公下》：“仲子，齐之世家也；兄戴，盖禄万钟。”这“盖”是陈戴的田邑，从中获得的收益却体现为“禄万钟”，就是说占有“盖”为私邑和获得“禄万钟”的意义是相近的①。这也许就相当于上述第二个阶段：这时候陈戴只是名义上拥有着盖邑，

①《孟子·滕文公下》赵岐注：“仲子，齐之世卿大夫之家。兄名戴，为齐卿，食采于盖，禄万钟。”而同书《公孙丑下》又别有“盖大夫王驩”。阎若璩《四书释地》：“以半为王朝之下邑，王驩治之；以半为卿族之私邑，陈氏世有之。”杨伯峻谓“此说甚是”，参看其《孟子译注》，第161页。但以一邑分治释之，这未免太过迂曲。也许还存在着另一种可能，就是对这盖邑，朝廷派大夫王驩以治之，而陈戴食其收益。三晋官印有“阴成君邑大夫金安”，这“邑”是阴成君的封邑，而“金安”就是“阴成君”的掌邑大夫〔参看李学勤：《战国题名概述》(中)，《文物》1959年第8期〕。东汉曾把关内侯所食户数变换为年租斛数。《后汉书》卷七八《宦者曹节传》：“余十一人皆为关内侯，岁食租二千斛”；《宦者张让传》：赵忠“延熹八年，黜为关内侯，食本县租千斛。”这虽与战国时代相距较远了，但这种食邑户数向定额谷物的转换，还是有助于理解食邑向年俸的转化过程的。

实际所享则是“万钟”谷禄。与之同时,齐王曾打算向客居的孟子授予“万钟”之禄,齐国的田骈有“赀养千钟”,这两处俸禄都已不涉“封邑”了,但其数量则可与领有封邑者比拟,这或许就相当于上述第三个阶段。在前述三个阶段的前两个阶段中,无论是本人经营还是国家管理,其田邑收入都是在收获季节一次性获得的,所以在第二阶段出现的禄粟,照老规矩依旧在年终发给,由此就形成了“年俸”。

至如年俸的万钟、万石及数千钟、千盆的数量之大,也可由大夫此前所享田邑数量之大解释之。《左传》襄公二十七年:“唯卿备百邑,臣六十(邑)矣。”《国语·晋语八》:“大国之卿,一旅之田;上大夫,一卒之田。”韦昭注谓“一旅”为田五万亩,“一卒”为田一万亩。另一些记载中,大夫所享田邑达到了“百万”、“七十万”之巨①,又《左传》哀公二年赵简子誓辞:“士田十万。”这“百万”、“七十万”或“十万”的单位旧释为“亩”,数量显然大得可疑;张政烺先生释为“步”,这个谜便豁然开朗。依张先生翻开的谜底,“士田十万”等于千亩;下大夫、中大夫和上大夫的禄田级差,分别是五十万步、七十万步和百万步,分别等于五千亩、七千亩和一万亩②。把这亩数的对应产量折合为谷禄,其额度当然可观。李悝《尽地力之教》说战国初期魏国农民“治田百亩,岁收亩一石

①《国语·晋语八》:“中大夫里克与我矣,吾命之以汾阳之田百万;丕郑与我矣,吾命之以负蔡之田七十万。”《晏子春秋·内篇·杂下》田桓子谓晏子:“君赐之卿位以尊其身,……宠以百万以富其家。”同书《外篇第八》田无宇谓晏子:“位为中卿,田七十万。”吴则虞:《晏子春秋集释》,中华书局 1962 年版,下册第 397、508 页。

②张政烺:《“士田十万”新解》,《文史》第 29 辑,中华书局 1988 年版。不过类似史料所见之“田”,在春秋应为采邑性质,战国以下方为禄田,其性质似乎还可以略作区分。

半”（这是下等田地的产量）；“上孰其收自四”，“中孰自三”，“下孰自倍”，就是说大丰收时亩产可达六石，中熟者四石半，下熟犹至三石①。姑以亩产两石计②，则千亩之田的收益为二千石，万亩之田的收益为两万石，“一旅之田”即五万亩的收益可达十万石之多。若依一钟折合十斛的比率折算，十万石谷物正好就是所谓的“万钟禄”。也就是说，战国时代“万钟禄”的俸禄等级，略可比拟于春秋时代“大国之卿一旅之田”的享受；其间区别则在于，前者已由国君直接支付了，后者则来自个人领有的采邑。

这种由田邑而谷禄的变换过程，《管子·山至数》也能帮忙提供证据：

> 君有山，山有金，以立币，以币准谷而授禄。
>
> 君以币赋禄，什在上；君出谷，什而去七。
>
> 士受资以币，大夫受邑以币，人马受食以币，则一国之谷资在上，币赀在下。

虽然前两条文字前已引及，为便利读者仍然重述如上了。上述“以币准谷而授禄”、“君以币赋禄”的财政措施，涉及了“授禄”时“币”、“谷”的折换；同时除“币”、“谷”之外，我们还能看到“邑”也关涉其间。文中所谓“邑”，应是大夫之封邑。《山至数》的作者经常帮君主琢磨那些裁抑大夫的财政措施，还为“大夫旅壤而

①《汉书》卷二四《食货志上》。

②《管子·治国》：“中年亩二石。”银雀山竹书《田法》：“岁收，中田小亩亩廿十斗，中岁也。”《银雀山竹书〈守法〉〈守令〉等十三篇》，《文物》1985年第4期。李根蟠认为，战国各国的一般亩产量是二石（以周亩计）。见其《从银雀山竹书〈田法〉看战国亩产和生产率》，《中国史研究》1999年第4期。

封,积实而骄上”而愤愤不平①。“旅壤而封”当然是指大夫的封邑了,“积实而骄上”之“实”,应该是“邑”中的谷物收益。至于“币”,旧注:“币则谷之价。”由此大夫与封邑、封邑与谷物、谷物与“币”和“禄”的关系为何,就成了一个有待清理的毛线团。

幸好这毛线团还不怎么太乱。结合“以币准谷而授禄”和“受邑以币”两种叙述,可以把“邑”、“谷”、“币”三者关系推测如下:这“邑”并非大夫本人可以全权统治,对“邑”的“谷”、“币”收益,君主可以用行政和财政手段横加干预。《山至数》作者建议用“币”的形式偿发“邑”所对应的收益,这也就意味着,大夫名义上拥有着“邑”,实际所享受的却是“币”;并且“币则谷之价”,这“币”的数量,本是由谷物折算而来的,也就是说在“币”之前,国家还曾以“谷”的形式来支付“邑”的占有者。这“谷”原来就是田邑的租税,最早是大夫自己征收的;但从“授禄”、“赋禄”的用语看,这时候它已不由大夫征收,而改由国家来“授”、来“赋”,因而已具有谷禄性质、开始向年俸进化,并且可以折币发放了②。不难看到,“邑”、“谷”、“币”三者关系的变迁过程,也就是田邑向年俸

---

①“旅壤而封”或作“聚壤而封”,郭沫若以“聚”为是,“所谓‘富者田连阡陌’也”。见《管子集校》,科学出版社 1956 年版,下册第 1129 页。马非百先生据戴望说释“旅”为“裂”,如《史记》屡见之“裂地而封”。见其《管子轻重篇新诠》,中华书局 1979 年版,第 376 页注[19]。

②对《山至数》中的上引史料,郭沫若先生谓:“言大夫之俸禄,君以币予之,而不以粟。既收购大夫所有之粟,复‘以币赋禄’,则粟之十分在上也。”见郭沫若、闻一多、许维遹:《管子集校》,下册第 1129 页。马非百先生释云:“谓封君之采邑收入皆以货币征收。”马非百:《管子轻重篇新诠》,上册第 385 页注[5]。但我们觉得,郭氏“收购”、马氏“征收”的解释都嫌不妥,与“以币准谷而授禄”、“君以币赋禄”、“大夫受邑以币”等语中的“授”、“赋”、“受”诸字,不尽融洽而未达一间。

的变迁过程。春秋卿大夫的“一旅之田”,就如此这般地变成战国的“万钟禄”了。

此外,《庄子·外物》的一段话好像也可以引作参照:“庄周家贫,故往贷粟于监河侯。监河侯曰:‘诺,我将得邑金,将贷子三百金,可乎?’”成玄英疏:“铜铁之类,皆名为金,此非黄金也。待我岁终,得百姓租赋封邑之物乃贷子。”①无论这“邑金”是由个人征收还是由国家发放的,它都应是监河侯名下的封邑所得,成疏以为它要待至“岁终”方能得到,这个看法相当合理;无论这“邑金”是金是铜,从“三百”的计量方式看,释为货币应无问题。《庄子》所云“邑金”与《管子》所云“受邑以币”两相映照,田邑的年终收益向国家租税转化、向谷禄转化、并进而向俸钱转化的这一过程,就更为凸显了。

那么相应的推论便是:年俸与田邑的关系更为密切一些,而月俸则与稍食的关系更为密切一些。这二者间当然存在着居间过渡的层次,但中间层次的存在并不使上述辨析丧失意义。《荀子·强国》有“士大夫益爵,官人益秩”之语,又曰“是士大夫之所以取田邑也”、“是官人百吏之所以取禄秩也”。荀子明以士大夫与官人百吏两分并列,而且以士大夫与爵禄相应,以官人百吏与禄秩相应,这不是无因而发,确实就是社会现实的反映。荀子作此议论已值战国后期。尽管战国时俸禄制已日益通行,但士大夫功成名就时仍以占有田宅、田邑作为安身立命的归宿,田宅、田邑则来自对功臣的赏赐和对封君的封授。而那些还没得到田邑封赐的士大夫,其俸禄即使不如田邑为优,也绝不至微薄到胥吏月廪的水平。也就是说,这年俸乃是从田邑派生出来的,因而它依

①郭庆藩:《庄子集释》,中华书局1961年版,第4册第924页。

然针对于士大夫，具有较高之额度，保留了按年度获取收益之形式，并由此而残留了“爵禄”的色彩。

有的学者还曾指出：“由所引《论语·雍也》及《墨子·贵义》二条观之，于孔子、墨子之时，禄之多少，得随时斟酌，并非依官位而有一定之等差。”①这个观察也堪称锐利。根据《论语·雍也》，孔子给其家宰原思粟九百，原思辞而不受；根据《墨子·贵义》，墨子荐士于卫，最初与卫君约定俸禄千盆，后来卫君言而无信，只愿兑现五百盆，那位士人便拂袖而去。又《管子·小问》所见，有位以“客”为身份的士人向齐君“请仕上官”，并先行开出了“仕禄千钟”的价码。可见在俸禄多少之上，士人与君主颇有讨价还价的余地。究其原因，这“年俸”原是针对士大夫的。士大夫阶层源出贵族，因昔日贵族政治的流风余泽，他们依然拥有着较高的身份和荣耀，不单自己高自标置、待价而沽，就连君主也得礼敬优崇之，肯倾听其诉求、给其面子。至如领取稍食的府史胥徒、“官人百吏”，显然就谈不上这种“侃价儿”资格了。一边儿是与君主相约年俸的士大夫，一边儿是按月食廪的官人百吏，他们谁更像纯粹的行政雇员，君主觉得谁更好使唤，不言自明。

那么，就再回到《周礼·司士》所谓“以德诏爵，以功诏禄，以能诏事，以久奠食”那句话上来。在官员酬报上，孙诒让等提示了采邑、禄田、禄粟和稍食四种方式。在宗法贵族所支配的政治形态中，封建地位构成了最基本的等级架构，这种社会的流动性很小，各色身份大抵以凝滞不变的情况居多。与此相适应的，便是采邑、禄田这样“长时段”的官员酬报形式。越富传统性的社会越看重田土人民。拥有田土人民作为“私奉养”，这是更具永久性的

①官蔚蓝：《西汉的俸禄制度及其政治》，《中央日报》1946年8月3日。

产业，领有者的地位权益有更长久的保障。而处于另一极端的“稍食”则是按月食廪的，这对于领受者来说，却是一种寄人篱下、仰人鼻息的生计；反过来看，对于发放者则是更有效的控制手段。从这两方面观察，就可知道为什么最初领取稍食者，只是那些地位低下的官府胥吏，以及宫廷使役、未命之士了。

官蔚蓝先生注意到“燕国且已以‘石’定官任之高卑”这个事实。秦国、燕国出现了一批官人百吏，他们直接以“若干石”为其等级之称。我们没见过“万钟之吏”、“千盆之吏”，或更准确地说，没有见过以“万钟”、“千盆”为官员等级之名的做法。拿“若干石”与爵称相比，其间差异灼然可见。卿、大夫、士一类爵称，或“某某君”、“某某侯”的封君之称，依然残留着传统的身份荣耀；至如“若干石”这种等级之名，我们以为最初应是一种较轻贱的称呼。

什么样的服事者，更容易直接拿报酬来划分等级类别呢？主家根据工作量把佣工或家奴分为大工、小工，当不在意料之外；如果廪食对应着工作量大小的话，那么以廪食多寡名其等差，也在情理之中。通过“月终则均秩，岁终则均叙”而确定的稍食多少，很容易被用来标志府史胥徒的地位高下。胥吏也不妨说是奴仆，当然是公共性的官府奴仆，在最初他们确实也源于臣隶仆从。汉代低级吏员有以“斗食”为称者。《汉书》卷一九《百官公卿表》颜师古注：“《汉官名秩簿》云斗食月奉十一斛，佐史月奉八斛也。一说，斗食者，岁奉不满百石，计日而食一斗二升，故云斗食也。”《史记》卷六《秦始皇本纪》记有“军归斗食以下什推二人从军”；同书卷七九《范睢蔡泽列传》记有“今自有秩以上至诸大吏”，其语《战国策·秦策》作“其令邑中自斗食以上至尉、内史及王左右”。至于较早出现的官秩如五十石、百石及若干百石，显然也都偏于低级吏员的段落。以收入多少定等级之名,意味着你的等级是一种干得多挣得多、干得少挣得少的等级,君主没怎么把你当"人"看,你的价值是"若干石",你只能和一份劳务、一份报酬画等号。

因此,以"若干石"为等差之官,与以卿、大夫、士为等差之官,乃是两个不同群体。前者是以"事"为中心的,后者却以"人"为中心。并不是巧合,在甲骨文和金文之中,"吏"和"事"最初就是同一个字;而卿、大夫、士这些爵名却都来自人称,而且是人之尊称。由按月授廪和以"食"之多寡为等级的方式,对吏与"吏禄"、士大夫与"爵禄"的泾渭分途,就看得更加清楚了。荀子兼综儒法,对士大夫与官人百吏两不相失,强调他们各有其用;而在法家韩非看来,唯独"官人百吏"才是最佳的行政人选。《韩非子·外储说右下》:"主卖官爵,臣卖智力。"又《难一》:"臣尽死力以与君市,君垂爵禄以与臣市。"君主与"官人百吏"之间,不过是这么一种雇佣买卖关系。这是一种新型的行政关系,但也意味着"吏"不过是出卖心力换取报偿者,其尊严与荣誉无须经心关怀、尽可漠然视之。

由此背景进而观察这一事实:昔日针对府史胥徒的稍食,被逐渐扩展到整个官员阶级了。在采邑、禄田、禄粟和稍食这四种酬报方式中,采邑作为一极,其享有时间最长,体现了最浓重的贵族身份制色彩。尽管形式上说是"以德诏爵,以功诏禄",可实际上这采邑往往因一时功德便世代不斩,甚至只凭宗法身份就可平白承袭。处于对极位置的则是稍食,它显现了鲜明的官僚制特性:按月考核其功能,按月发放其口粮;提供了相应服务,则有相应报酬。又如孙诒让所论:"禄之多寡有定,视命数以为差。……食之多寡无定,视其事之繁简、功之上下,以岁时稽而均之。""禄"即"爵禄"是从属于身份的,"命数"是标志贵族尊卑的"品位";稍食却是从属于职事的，是衡量事务简繁、功绩大小的"职等"。"爵禄"的获得依据于身份，"稍食"的领取则取决于功绩。一望可知这"以久奠食"其实并不很"久"，在采邑、禄田、禄粟、稍食这个序列之中，稍食反倒周期最短。

比起个人经营的禄田来，按年领俸更便于处理文官的迁升罢免。但和按月发放的稍食相比，年俸却又逊一筹。因为这稍食是"以能诏事，以久奠食"、是计月程功的。虽然"奉粟六万"、"盖禄万钟"一类年俸实际也可能分次支付，不过在概念上它仍为年俸，是一年内应该全部支付的数额。这与"月均其秩"，也就是按月计功给廪的稍食仍有重大区别。这种"以能诏事，以久奠食"的制度以勤务劳绩为本，并充分贯彻了按劳取酬原则。汉简所见，汉代功次制度有细密的考核、记分和奖惩之法；先秦胥吏的"月终则均秩，岁终则均叙"，应该就是汉代功次制度的起源。

包括田邑人民在内的爵禄，在授予之后就不大容易变动，在贵族时代，这恰好适应了缺乏流动、身份凝滞的状况；官职则应随着才绩功过而不断迁转变易任职人选，这在帝国时代就成了行政常态：

> 二千石系者新故相因，不减百余人。郡吏大府举之廷尉，一岁至千余章。章大者连逮证案数百，小者数十人；远者数千里，近者数百里。（《汉书》卷六〇《杜周传》）
>
> 又数改更政事，司隶、部刺史察过悉劾，发扬阴私，吏或居官数月而退，送故迎新，交错道路。（《汉书》卷八六《王嘉传》）
>
> 帝以二千石长吏多不胜任，时有纤微之过者，必见斥罢，交易纷扰，百姓不宁。……浮因上疏曰："……而今牧人之吏，多未称职，小违理实，辄见斥罢。……而间者守宰数见换

易，迎新相代，疲劳道路。"（《后汉书》卷三三《朱浮传》）

东方朔因而感叹，"尊之则为将，卑之则为虏"，"用之则为虎，不用则为鼠"；扬雄因而感叹："当涂者入青云，失路者委沟渠。旦握权则为卿相，夕失势则为匹夫！"[①]在这时候，"短时段"的月俸之优越性，就将充分显现出来。汉代禄秩全为月俸，这与官员频繁的更新率正相适应。

黄留珠先生指出："汉代官吏的罢免，是经常、大量的。……据统计，西汉时丞相一职，平均任期为 4.55 年，大率与现代任期制常见的 4—5 年任期相若；而东汉之三公，平均任期只有 2.43 年，其中司徒 2.6 年，司马（太尉）2.4 年，司空 2.3 年。高级官吏如此的变动速度，实在令人叹为观止！另据统计，两汉书《本纪》中记载的重大免黜事件共 306 起，平均 1.4 年即有一起事件发生。官吏大量的频繁的黜罢，结果势必带来官吏队伍的流动。这种流动，有助于提高官员的素质，增加官吏队伍的活力，使官府保持良好的办事效率。当代一些发达国家，有意识通过各种方式造成公职人员的频繁变动（如美国年平均变动率保持在 1/4 左右），以求取得积极的效果。"[②]

就汉代而言，这么高的官员更新率当然也有弊端，黄留珠先生已指出它造成了官员普遍的不安定感，王嘉所谓"二千石益轻贱，吏民慢易之"，朱浮所谓"人不自保，各相顾望，无自安之心"。不过在我们看来，这却恰恰显示了汉政与周政的一个重大不同：

---

①《汉书》卷六五《东方朔传》、卷八七下《扬雄传》。

②黄留珠：《汉代退免制度探讨》，《秦汉史论丛》第 4 辑，西北大学出版社 1989 年版。

贵族官员们的长享世禄、安富尊荣已成明日黄花，卑微的胥吏逐渐取代了封建贵族而成为帝国的行政骨干；“以吏治天下”的时代已经到来，臣吏只能在专制君主的生杀予夺之下俯首帖耳，听凭其任意调用、役使、迁黜和宰割。

换句话说，文吏的崛起与月俸的采用乃同一进程。官禄之演化为月俸，采用了稍食的原则，乃是贵族政治衰微、“文吏政治”确立的重要表现。汉代视官为“吏”，自佐史至三公皆可称“吏”，我们觉得这大有深意。计月程功、计月发廪的“稍食”显示了最浓厚的官僚制色彩，在春秋以上这仅仅针对“府史胥徒”、“官师小吏”层次；而秦汉之际，它进而被用来待百官了。这也就意味着，官僚帝国的专制君主，是以“吏”的形象为百官定位的。百官皆考核功过、按月食俸，就意味着百官皆“吏”。

第四章　汉代禄秩之附丽于职位

前面两章已揭示了禄秩等级的"吏禄"性质。以此为基础，本章将从对官阶、职位、权责、酬报等等的安排与处理方面，继续对禄秩等级加以深究。目的则是要证成如下一点：汉代禄秩所构成的行政等级，具有"附丽于职位"的浓厚色彩；在本书的概念框架之中，禄秩等级应归入"职位分等"的范畴之内。

一、离职再仕问题的意义

在规划分析框架的时候，我们尽量充分考虑各期各类官阶制的不同特征，并尽可能地以最便于把它们区分开来的方式设计概念；为秦汉禄秩等级做出的性质判断，也是基于这种特征的比较。

先秦的卿、大夫、士等等爵级以及"命数"，构成了与官职分离的"品位分等"，它们比官职更为根本，并成为各种权势、利益和声望之所归依。秦代的二十等爵，依然是"爵"重于"官"。南北朝和唐代之时，在职事官外另有由散官构成的散阶，时称"本品"，它用以标志官员的个人资位。在任满解职之时，这本品依然维系着官员的个人资位不至丧失；在授予职事官时，本品的高低是必须考虑的因素。由于散阶跟人走而与职位相分离,便会产生散阶高于或低于职事官品的现象。这种散阶体制,明显构成了“品位分等”制度。宋代改以“寄禄官”为本阶,也是异曲同工。

汉代则不相同,“若干石”的禄秩是附丽于职位,它所区分的是职位的高低;若无职位的话,则官员本身无等级可言。比方说吧,某位郡守被朝廷解免,那么其“二千石”的禄秩也就非其所有了。陈梦家先生指出:“所谓俸给或吏禄制度,其内容是秩别(秩级)、俸禄数量、官职和俸禄性质;即哪一种官职属于哪一秩级,每年或每月应得多少俸禄(所谓岁禄或月俸),用什么物资作为俸禄(如钱、谷或二者各半)。”①陈先生没打算借助现代行政学来透视汉代禄秩,但他对之的定义却相当精确。尤其是“哪一种官职属于哪一秩级”一句,一语道破汉代禄秩的如下特点:秩级是与官职直接相应,而不是与官员的品位直接相应的。杨树藩先生在概叙历代“阶职分立制”之时,也明确指出:“阶称代表一切文官之共同身份标准,职称代表各官府个别职务性质及权力范围。……秦汉以来,文官有职而无阶。至隋始见‘阶制’之初型。”②这“秦汉以来,文官有职而无阶”一语,就在事实上表达了不把汉代禄秩看成是“阶”的意见。基于本书思路,我们把禄秩等级划归“职位分等”类型。

以上的论证还嫌简单了一点。为说明汉代“禄秩从属于职位”这一特点,有必要从官员的任用方面提供更多论证。经过一番斟酌,我们打算提供这样一个思路,就是对因病、因丧而一度离职后的再任方式进行考察。鈴木啓造曾对汉代“弃官”有所论述,

---

①陈梦家:《汉简所见奉例》,《文物》1963年第5期。

②杨树藩:《中国文官制度史》,“绪论”第10页。

不过他的着眼点主要是汉末士人与朝廷日趋疏离的现象①,而这并不是本书之所关注。王彦辉先生探讨了“去官”和“弃官”之别,指出前者是正常离职,后者则是自行抛弃官位②,这与本书的关注也相去一间。我们所瞩目的焦点,是一度离职后再仕之时的官资问题。官资是从属于官员个人的,“品位分等”的目的之一,就是为了维系官员个人的官资。朝廷如果尊重这种官资,则对离职再仕将有一种考虑和安排,反之亦然。某种制度安排的存在或阙如,都将与官员等级制的形态和性质相关。

在各种离职再仕情况中,为什么只考察因病、因丧而来的离职再仕呢? 相比之下,寻常的迁升降黜由于涉及了才干专长、功过奖惩,过多的因素纠缠其间,拿来用作证据就不够明快。此外汉代官职大多没有确定任期③,所以也无法像对后世存在任期制

①鈴木啓造:《后漢における就官の拒絶と弃官について——“征召・辟召”を中心として》,中国古代史研究会编《中國古代史研究》第 2 辑,吉川弘文馆,1965 年。

②王彦辉:《汉代的“去官”和“弃官”》,《中国史研究》1998 年第 4 期。

③《汉书》卷八三《朱博传》:“故事,(刺史)居部九岁举为守相,其有异材、功效著者辄登擢。”《后汉书》卷六四《卢植传》,灵帝时卢植上封事:“今郡守、刺史一月数迁,宜依黜陟,以章能否。纵不九载,可满三岁。”《后汉书》卷八〇上《文苑黄香传》,黄香为尚书左丞,“功满当迁,和帝留,增秩”。蒋非非先生说:“在一般情况下,官吏任职满九年升迁至高一秩等的职务。”参看其《汉代功次制度初探》,《中国史研究》1997 年第 1 期。总的看来,“刺史居部九岁举为守相”虽是升迁资格,但似乎还不是严格任期。汉代官员升迁大约以“功满升迁”为原则。其时考课对“殿”、“最”有严密的计算方法,治绩突出的大约“功满”较早,而屡有过失者则将迟迟不得“功满”。《汉书》卷八《宣帝纪》如淳注:“太守虽号二千石,有千石、八百石居者,有功德茂异,乃得满秩。”也是说“功德茂异,乃得满秩”。《后汉书》卷六六《陈蕃传》:“又三署郎吏二千余人,三府掾属过限未除。”由“过限未除”,知三署郎及公府掾也有其“限”,这“限”大约是勤务及功绩之“限”。

度的情况那样，对任满解职后的安排加以排比。在这时候，考察因病、因丧时的离职再仕，我觉得就是个很便利的切入点，因为这既不涉及因罪过而来的左降，也不涉及因功次而来的升迁，疾病或丧事甚至是个人所不能左右的遭遇，那么在官员为此一度不能提供勤务之时，朝廷对官员的以往秩位作何安排，显然就与前揭主旨密切相关了。如果在无罪过的情况下一度去官离职，官员也要丧失既往秩位，那么就能清晰显示，汉代官员未能获得从属于人身的官资。说得再直截一点儿：如果他丧失了秩次只因为一度离职，那么这秩次显然就是从属于职位的了。

汉代官员生了病，可以提交“病书”“移病”，即呈交病假条。病假得到批准后在三个月内可以保持原有职位，但如超过三个月仍不能痊愈视事，朝廷即予免职，除非皇帝特恩“赐告”①。在居延汉简中，看得到《吏病及视事书卷》一类文件，以及“病书”、销假及“病三月免”的记录②。日人大庭脩对汉代“病免”制度曾有考察，但对病免后的再仕则未予深论③。因疾免官可能一病不起魂归泰山，但有幸痊愈的也不会是少数，这时朝廷怎么对待官员

①参看宋杰：《汉代官吏的休假制度》，《北京师范学院学报》1986 年第 3 期；安作璋、熊铁基：《秦汉官制史稿》，下册第 488—493 页；杨鸿年：《汉魏制度丛考》，“休假与告”条，武汉大学出版社 1985 年版，第 191 页以下。据杨鸿年所论，有一种“长假”、“长告”，或为变相免职，或有优待之意。其所举例证中的郑小同，是以郎中长假在家，并未丧失官职。其余则大抵都属“变相免职”。

②可参看李振宏：《居延汉简中的劳绩制度》，《中国史研究》1988 年第 2 期，“吏病及视事卷”节；赵沛、王宝萍：《西汉居延边塞休吏制度》，《西北史地》1993 年第 3 期。又《居延新简》E. P. T52：158：“第十三燧长王安病三月免缺移府。”文物出版社 1990 年版，第 239 页。这条材料二文未引。

③大庭脩：《秦汉法制史研究》，第 2 节“病免的规定”。

的“故官”身份,就是此刻打算讨论的问题。

至于服丧,“汉人有因父母丧去官习惯”,“因丧去官或不到官的事例很多”①。汉文帝以来的法定父母丧假,旧说为三十六日,但廖伯源先生提出怀疑,认为西汉丧假长短无考②。近来江陵张家山汉简《奏谳书》所存律文提供了线索,秦或汉初的丧假本来是:

律曰:诸有县官事,而父母若妻死者,归宁卅日;大父母、同产十五日。③

有人说这是秦制④,但也有人说是汉初制度⑤。依后一说法,西汉丧假就不能说全然“无考”了。居延汉简中有不少告请丧假的记载。其中《居延汉简甲编》第四二八号简云:

第三十八燧长诵母死诣官宁三月☐

陈直先生便据此立论:“诵为燧长之名,因母死告假三月也。可证

---

①杨鸿年:《汉魏制度丛考》,“因丧去官”条,第449页。

②廖伯源:《汉官休假杂考》,《中央研究院历史语言研究所集刊》第65本第2分,1994年。

③江陵张家山汉简整理小组:《江陵张家山汉简〈奏谳书〉释文》(二),案例二一,《文物》1995年第3期。

④彭浩:《谈〈奏谳书〉中秦代和东周时期的案例》,《文物》1995年第3期。

⑤李学勤:《〈奏谳书〉解说》(下),《文物》1995年第3期。附带说,这条法律中丧妻的丧假同于丧父母而重于丧大父母,与儒家丧服礼不合。儒家礼书所载礼制,为父母斩衰三年,为妻与为祖父母齐衰三年。这一点也是很有意思的。

汉代官吏，亲丧告假期为三月。”①然而这个判断是有疑问的。请再来看另外两简：

第廿七燧长宣妻不幸死诣官取急六月癸☐

第廿一燧长尊母不幸死诣官取急三月癸巳食时入②

若把这两简中的“六月”、“三月”看成丧假长短的话，那么妻丧之假长于母丧，并不合理。这“六月癸☐”、“三月癸巳”，显为取宁告假的日期，而非假期长短。以此例之，第一简中“三月☐”的“☐”，也应是燧长诵“诣官宁”那一天的干支，而不是说诵获得了三个月的丧假。陈说非是。

尹湾汉简的《东海郡下辖长吏不在署、未到官者名籍》中也有六人归宁的记录：

郯令华乔十月廿一日母死宁

襄贲左尉陈褒十一月廿日兄死宁

□□丞□□□□月廿八日伯兄

利成丞儿勋八月十九日父死宁

厚丘左尉陈逢十月十四日子男死宁

曲阳尉夏筐十月廿五日伯父死宁③

---

①陈直：《汉书新证》，天津人民出版社1979年版，第52页。

②引自谢桂华、李均明、朱国炤编：《居延汉简释文合校》264. 10，文物出版社1987年版，上册第439页；《居延新简》E. P. T48：138，第141页。

③共有6人告假，此外部乡侯相李临为告病。《尹湾汉墓简牍》，中华书局1997年版，第97—98页。第3条“伯兄”或当作“伯父”。

归宁的日期被详细记录下来,在销假视事时显然有案可稽。可见当时侯相、县令、县尉、县丞遇到父母及兄弟、子弟、叔伯之丧,都可“取宁”。

居延汉简及尹湾汉简所反映的是西汉情况,当时这些取宁者可能是按法定丧假重新视事的[①],而法定丧假不过十几天或几十天,比儒家提倡的丧礼短得多了。这种时间很短的法定丧假,与我们所要讨论的“一度离职”还是“告别官场”,没多大关系。至于汉儒们鼓吹的三年丧制,朝廷时行时废。赵翼云:“终汉之世,行丧不行丧迄无定制”,不过“士大夫有独行已见、持服三年者,遂以之得名。”[②]东汉官僚的守制对象,不仅有父母、祖父母,还发展到叔伯、兄弟、姐妹、从兄弟、伯母等等,甚至还有以师丧而去官[③]、以长官丧而去官者[④],以致我们有时会怀疑,如果某官僚有一大家子亲戚,再加上一堆师长、故主什么的,由于他们“络绎不绝”地排队告别人世,这官僚会不会就把一生大部分年头儿都花在守制服丧上了。

在朝廷“绝告宁之典”的时候,从制度上说官员便无行服的权利。廖伯源云:“故(东汉)官员欲为父母行三年之丧者,除上书辞职外,唯有弃官归家一途。”[⑤]那么也许就会有读者提出质疑:汉廷大部分时间不实行三年丧假,官员因丧去官便等于自行辞职、同

---

①居延汉简中看不出丧假的长短。赵沛、王宝萍认为是三十六天的丧假,这个判断是参照文献做出,见其《西汉居延边塞休吏制度》。

②赵翼:《陔余丛考》卷一六《汉时大臣不服父母丧》,第252页。

③参看顾炎武:《日知录》卷一五“期功丧去官”条,《日知录集释》,上册第702—705页。

④参看赵翼:《廿二史札记》卷五“东汉尚名节”条,《廿二史札记校证》,第102—103页。

⑤廖伯源:《汉官休假杂考》。

于白丁,这与后代存在三年丧假的情况就有了不同:既然已为白丁,那么讨论其再仕官资便失去了意义,这些官员从较低官职再度起家是理所当然的。

但我以为事情还没那么简单。由于因丧离职太过普遍、渐成世风,后来朝廷在相当程度上是把因丧离职默认为惯例的,东汉很可能就是这种情况了。这主要是就二千石以下官员而言的,详后。既然朝廷默认了选择奔丧的权利,那么去官服丧就和且行辞职、因故罢免不一样了,多少有了“一度离职”的性质。

东汉“行丧不行丧迄无定制”、丧制之屡次废兴,主要关涉于“二千石以上大臣”的高级官僚层次①。《后汉书》卷五《安帝纪》元初三年(116年):“初听大臣、二千石、刺史行三年丧。”又安帝建光元年(121年):“复断大臣二千石以上服三年丧。”同书卷六四《赵岐传》:桓帝永兴二年(154年)“辟司空掾,议二千石得去官为亲行服,朝廷从之”;卷七《桓帝纪》永兴二年(154年):“初听刺史、二千石行三年丧服”;《桓帝纪》延熹二年(159年):“复断刺史、二千石行三年丧”;同书卷六二《荀爽传》桓帝延熹九年(166年)荀爽对策:“今之公卿及二千石,三年之丧,不得即去,殆非所以增崇孝道而克称火德者也。”

至于位在公卿、郡守、刺史之下或之外的官员服丧,东汉并无明确禁令,邓太后还有“长吏以下不为亲行服者,不得典城选举”之诏,鼓励长吏行服。洪适《隶续》卷一六《北海相景君碑阴》“跋

---

①可参钱大昕《三史拾遗》卷四《邓彪传》:“晦之曰:邓彪本太仆,而以光禄大夫行服;桓郁本越骑校尉,而听以侍中行服;桓焉本太子太傅,而听以大夫行丧。盖侍中、光禄大夫无定员,亦无专职,且非中二千石。即有以忧乞身者,或可听许;其实仍遵旧制,公卿二千石不行三年服也。”《二十五史三编》,第5册第80页。

尾”历举议郎、令长、国相等服丧实例，及碑阴“行三年服者凡八十七人”之辞，指出“则解组居庐，仅行于下僚尔”，“当其时二千石已上不行三年之服，而令长小(阙)……”①意谓二千石以下的令长小吏仍以行丧为习惯做法。又李调元《金石存》卷六同碑跋语亦云：“是三年之丧，固不得尽人行之矣。而繁阳令杨君则以叔父薨去官，荆州刺史度尚以从父忧去官，郃阳令曹全以同产弟忧去官，则又何也？且更可异者，三年之丧，在位卿大夫不得致之于亲，而故吏故民又往往用之于其长。如此碑云，行三年服者八十七人……”②连为故主服丧的故吏都这么成群结伙的，则为亲服丧的行为之普遍，可以类推。

《后汉书》卷五《安帝纪》永初元年(107年)九月丁丑诏：

> 自今长吏被考竟未报，自非父母丧，无故辄去职者，剧县十岁、平县五岁以上，乃得次用。

李贤注“考竟”：“考谓考问其状也，报谓断决也。”对这诏文可作两种解释：第一，长吏在“被考竟未报”时不得“无故辄去职”，在“非父母丧”时也不得“无故辄去职”；第二，只有那些“被考竟未报”的长吏，“自非父母丧”才不得“无故辄去职”，但逢“父母丧”则“考竟未报”也得去职。无论哪种情况为是，总之这诏书认定了因父母丧而去职的合情合法，推测三年丧毕即可“次用”了。擅自去职的相应惩罚是延长其候选时间：“剧县十岁、平县五岁以上，乃得次用。”平县令长事务稍简，而剧县县令职任重大，撂挑子就

①洪适：《隶释·隶续》，中华书局1985年版，第429页。

②《石刻史料新编》，台湾新文丰出版公司1982年第2版，第9册第6644页。

走更难容忍，故惩罚加倍至十年之久。既然因父母之丧而去职就用不着延长“次用”时限，则这位去职长吏并未彻底告别公职，他依然拥有某种候选资格，有异于白丁。“被考竟未报”者是这种情况，其他情况遂可类推。

又查《后汉书》卷三九《刘恺传》：

> 旧制，公卿、二千石、刺史不得行三年丧，由是内外众职并废丧礼。元初（安帝年号，114—120年）中，邓太后诏：长吏以下不为亲行服者，不得典城选举。时有上言牧守宜同此制，诏下公卿，议者以为不便。恺独议曰：“诏书所以为制服之科者，盖崇化厉俗，以弘孝道也。今刺史一州之表，二千石千里之师，职在辩章百姓，宣美风俗，尤宜尊重典礼，以身先之。而议者不寻其端，至于牧守则云不宜，是犹浊其源而望流清，曲其形而欲景直，不可得也。”太后从之。

安帝元初时“公卿、二千石、刺史不得行三年丧”已是“旧制”了。此前安帝永初年间车骑将军邓骘丧母，“乞身行服，章连上，太后许之”①，是为“不得行三年丧”之一证。而“长吏以下不为亲行服者，不得典城选举”，乃是元初中邓太后所建新制。与公卿、守、刺比照，可知这里的“长吏”指的是低于公卿、守、刺的地方官员，如令长一类。前引《安帝纪》中的永初元年诏书所云“长吏”也是剧县或平县的令长，他们如因丧去职则依然保留“次用”资格。也就是说，综合《安帝纪》和《刘恺传》，安帝元初之前，公卿、大臣、郡守、刺史遵从着“不得行三年丧”的规定，县级长吏行服与否则在

---

①《后汉书》卷一六《邓骘传》。

两可之间，听凭官员择其所欲。

以行丧为习惯做法的，可能还不止地方的令长小吏。《后汉书》卷三三《虞延传》：

> 永平初，有新野功曹邓衍，以外戚小侯每豫朝会，而容姿趋步，有出于众，显宗目之，顾左右曰："朕之仪貌，岂若此人！"特赐舆马衣服。延以衍虽有容仪而无实行，未尝加礼。帝既异之，乃诏衍令自称南阳功曹诣阙。既到，拜郎中，迁玄武司马。衍在职不服父丧，帝闻之，乃叹曰："'知人则哲，惟帝难之。'信哉斯言！"衍惭而退，由是以延为明。

注："玄武，宫之北门也。每宫城门皆有司马一人，秩千石，见《续汉志》。"《续汉书》卷二五《百官志二》："宫掖门，每门司马一人，比千石。"

我们看到，邓衍的腆颜"在职不服父丧"，连汉明帝都看不入眼；邓衍因龙颜不悦，只好羞惭辞职。可见中央朝廷上比千石左右的官员，如玄武门司马之类，其实也有"解组居庐"、辞官服丧的义务，尽管这还不是硬性规定。

对络绎不绝、遍地都是的去官行丧者，其终丧再仕时东汉官府作何处理呢？东汉《雁门太守鲜于璜碑》提供了重要线索：

> 迁赣揄令，经国帅下，政以礼成。丧父去官，服终礼阕。复应三公之招，辟大尉府。（以上碑阳）
>
> 遂迁宰国，……父君不豫，弃官奉丧。……五五之月，令丞解丧，州辟典部，入领治中。大尉聘取，上辅机衡。（以上

碑阴)①

鲜于璜以赣揄令"弃官奉丧",而且是"五五之月"即三年丧②,不只三十六日而已。丧毕便是"令丞解丧",这四个字很值得推敲。张传玺先生以"释服"、"夺服"释之:"为丧服未满,朝廷命本县令丞强令出任。"不过既然碑阳的"服终礼阕",张先生也认为是"服三年丧毕"的意思③,就是说鲜于璜尽足了孝心、并没有提前终止丧期,那么我想"令丞解丧"就应该另作他解。对鲜于璜"解丧"后的"州辟典部",张先生解释说"典部,掌管州部事";按"典部"当即州府的部郡国从事④,此官不由朝廷任命,而是刺史自辟的,从这一点看也不能说"朝廷强令出任"。"令丞解丧"的合理解释似乎应该是:鲜于璜"弃官奉丧"至"五五之月",便前往县廷去办理"服终"手续,由令丞予以"解丧",从而再度获得了任职资格。《后汉书》卷四六《陈忠传》:"元初三年有诏,大臣得行三年丧,服

①天津市文物管理处考古队:《武清东汉鲜于璜碑》,《考古学报》1982年第3期。

②汉碑称三年丧期为"五五",二十五月也。参看顾炎武:《日知录》卷五《三年之丧》,《日知录集释》,上册第244—245页。

③张传玺:《东汉雁门太守鲜于璜碑铭考释》,《秦汉问题研究》,北京大学出版社1985年版,第389、379页。张先生的文章把"服终礼阕"引作"服终礼阙","阙"字似误。"礼阙"的意思是礼数不足,《后汉书》卷一〇上《皇后纪上》:"(和)帝以贵人酷殁,敛葬礼阙,乃改殡于承光宫。"而《鲜于璜碑》的"服终礼阕"意同"服阕",如《资治通鉴》卷一三七"陛下祥练已阕,号慕如始"、《晋故武威将军魏君柩铭》"息曰忠等,礼服阕竟"之类。高文先生亦释"服终礼阕"为"守孝终了,丧礼已毕",见其《汉碑集释》,河南大学出版社1997年版,第285、289页。

④《续汉书》卷二七《百官志四》:"其余部郡国从事,每郡国各一人,主督促文书,察举非法,皆州自辟除,故通为百石云。"

阕还职。”“解丧”便发生在“服阕还职”之时。既然服终时存在着正式的“解丧”手续，那么就等于朝廷承认了县令是可以服三年丧的。根据碑文，鲜于璜为父行丧之事，应该在东汉安帝元初三年（116年）“初听大臣、二千石、刺史行三年丧”的诏书之前。那么可以推测，在此之前汉廷已经允许县级长吏行三年丧了。附带说，《鲜于璜碑》既云“丧父去官”，又云“弃官奉丧”，那么前述王彦辉先生所区分的“去官”、“弃官”之别，在用词上实际并不是那么严格的。

也就是说，虽然汉代的许多时候、许多官员没有后代那种正式的三年丧假，但“圣典有制，三载已究”[①]，“素王”订下的“三年丧”这个规矩，还是习惯成自然了。所以汉廷，特别是东汉朝廷，已经承认了因丧去职者的某种资格和身份，因丧离职三年之后并不因此就变成了白丁。为此，我们有理由把因丧去职视为一种“一度因故中断勤务”，而并不看成彻底告别公职。当然，因丧去职者的身份在汉代仍是相当模糊的，而揭示这样一点正是我们的兴趣所在。

除此之外，官员的离职还可能是出于辞职“弃官”，即自行决定退出官场，因而与本节论题无干。不过，三公因灾异而引咎辞职者却有不同意义。这个制度始于西汉中期[②]。即使在最初人们确实认为灾异的出现罪在宰相，但后来它已成为走过场的例行公事了。就本节论题而言，不妨也将之算在“无罪过一度离职”的范畴之内。

---

①《北海相景君碑》，《金石萃编》卷七，陕西人民美术出版社1990年版，第1册。

②参看赵翼：《廿二史札记》卷二“灾异策免三公”条，《廿二史札记校证》，第47—48页。

二、病免、服丧后再仕的考察

下面就来具体观察在因病因丧而去职再仕之时，汉廷对官僚的既往官资作何处理。

有时朝廷对某些遭丧或遭疾的官僚给予特恩，使其居散官之位服丧或养疾（可参本章第五节）。不过显而易见，绝不是所有官僚都能得此殊遇。就一般情况而言，病免或服丧之后官员的再任，史料显示至少存在着以下几种途径：有重新拜郎中者，有重新接受察举者，有接受三府辟召者，有接受州郡辟召者，有直接征举任命者。下面抄拣史料一一明之。

1. 以拜郎再仕者：

郭旻：数迁敬陵园令、廷尉左平、治书侍御史。……以父忧去官，还拜郎中，侍御史。遭母忧，服除，复拜郎中，治书侍御史。（《丹阳太守郭旻碑》，洪适《隶续》卷一九，中华书局1985年版，第437页；《全后汉文》卷九九，《全上古三代秦汉三国六朝文》，中华书局1958年版，第1册第1006页）

王纯：还谒者官，迁左都候。丧父服除，复拜郎，敬丘（阙三字）……（《冀州刺史王纯碑》，《隶释》卷七，第80页；《全后汉文》卷一〇〇，第1010页）

孔彪：举孝廉，除郎中，博昌长，疾病留宿（阙）；迁（阙）京府丞，未出京师，遭大君忧，泣逾皋鱼，丧过乎哀，谨畏旧章，服竟还署，试拜尚书侍郎。（《博陵太守孔彪碑》，《隶释》卷八，第96页）

范丹：以处士举孝廉，除郎中，莱芜长。未出京师，丧母行服。故事，服阕后还郎中，君遂不从州郡之政。（蔡邕《范丹碑》，《全后汉文》卷七七，第891页）

首先来看郭旻，他所任侍御史、治书侍御史为六百石官，而两次服除后都拜为比三百石的郎中。也就是说，郭旻曾两次丢掉了六百石的秩位而重新从郎官仕起。依汉代选官通例，为郎是士人出仕朝廷的起点。与之类似，王纯初任的左都候也是六百石，他也因丁忧而从比三百石郎中仕起。《王纯碑》之“敬丘”即沛国郡的太丘县，其地东汉设长①，而县长秩四百石。王纯直到任为县长之时，仍低于六百石的原秩。这期间王纯的六百石、比三百石、四百石的秩次，都是依职位而定的，其间没什么制度被用来维系个人官资。

上引史料中，有几条显示了“故事，服阕后还郎中”制度的存在。孔彪以郎中除博昌长，但因病未能成行，再度任命又因丧不能成行，“服竟还署”。范丹与相类似，未能离京上任便遭母丧，丧毕还归郎署。《范丹碑》说“服阕后还郎中”是“故事”，但如稍作辨析的话，范丹（可能还包括孔彪）行服时的身份仍是郎中，这“服阕后还郎中”可能仅是针对郎署的。上述丧毕拜郎者都是父母之

①据《汉书》卷二八上《地理志》，沛郡有敬丘为侯国。应劭注：“《春秋》：‘遇于犬丘。’明帝更名大丘。”《续汉书》卷二〇《郡国志二》沛国有太丘。李晓杰先生因谓：“明帝时，敬丘县更名太丘。”见其《东汉政区地理》，山东教育出版社1999年版，第35页。查《后汉书》卷六二《陈寔传》：“迁除太丘长。”时约桓帝。知太丘设“长”而不设“令”。据《王纯碑》，王纯举孝廉在顺帝永和二年（137年），担任敬丘长更在其后，这个时候敬丘仍没有更名太丘，则应劭“明帝更名大丘”之说似乎不确，或桓帝始更其名也。

丧。是否对父母之丧曾一度有过某种特殊待遇，例如允许他们通过拜郎再仕，而不必像后边的例子那样，重新接受察举征召呢①？不过即使存在着这种优遇，官员的旧秩还是没有得到保留。《后汉书》卷八一《独行陈重传》："又同舍郎有告归宁者，误持邻舍郎绔以去。主疑重所取，重不自申说，而市绔以偿之。后宁丧者归，以绔还主，其事乃显。"这"同舍郎"丧毕还署之事时约安帝②，而这正是邓太后下令"长吏以下不为亲行服者，不得典城选举"之时。另一些时候就未必如此了，比如《后汉书》卷六六《陈蕃传》："举孝廉，除郎中。遭母忧，弃官行丧。服阕，刺史周景辟别驾从事。"陈蕃在遭遇母忧时未得"宁丧"，而是"弃官行丧"的；服阕之后也未能还署，而是另应辟召去了。郎官不过执戟宿卫、出充车骑而已，多一个人、少一个人无所谓，父母去世让其奔丧，丧满再让其回署宿卫，这对行政无大关碍。但职能机构的官吏如果离职服丧，他们所遗留的公务就不便束之高阁、任其尘封了，朝廷不大可能在数月、逾年甚至长达二十五或二十七个月的丧期中为之保留官缺。史称"汉承秦制"，而秦代官员任免是有定期的，由十二月一日至三月底截止；但"其有死亡及故有夬(缺)者，为补之，毋须时"③，官吏死亡或因故出缺，依律应随时除补，不必等到集中任免之时。又如："官啬夫免，□□□□□□□其官亟置啬夫。过二月弗置啬夫，令、丞为不从令。"④就是说官啬夫免职，依律该职位

①这一点承祝总斌先生垂示，特此致谢。

②据《传》，其时陈重、雷义"俱在郎署"；又查《后汉书》卷四五《袁敞传》：袁敞安帝元初四年因其子与尚书郎张俊交通，策免；而张俊得罪事涉"郎陈重、雷义"。知陈重为郎约在安帝之时。

③《秦律十八种·置吏律》，《睡虎地秦墓竹简》，文物出版社1978年版。

④《秦律十八种·内史杂》，《睡虎地秦墓竹简》。

必须立即任命新人,如超过两个月仍未任命,便以“不从令”论令、丞之罪。以此类推,对于汉代的职能性官署,“服阕还故官”也不会是法定制度。参以后文所述,就可知道“服阕后还郎中”之类做法并非通则。

2. 重新接受察举者:

辕固:拜为清河太傅,疾免。武帝初即位,复以贤良征。(《汉书》卷八八《儒林传》)

杜邺:哀帝即位,迁为凉州刺史。……数年以病免。……(元寿元年)诏举方正直言,扶阳侯韦育举邺方正。……邺未拜,病卒。(《汉书》卷八五《杜邺传》)

谯玄:后迁太常丞,以弟服去职。平帝元始元年,日食,又诏公卿举敦朴直言,大鸿胪左咸举玄诣公车对策,复拜议郎。(《后汉书》卷八一《独行谯玄传》)

度尚:初奉岁计,拜郎中,除上虞长。……以从父忧去官。更举孝廉,为右校令。(《荆州刺史度尚碑》,《隶释》卷七,第 84 页)

刘衡:以特选为郎中令。……以□兄琅邪相亡,即日轻举。州察茂材。(《赵相刘衡碑》,《隶释》卷一七,第 171 页)

杨弼:举孝廉,西鄂长,伯母忧去官。复举孝廉,尚书侍郎。(《司隶校尉杨淮碑》,《隶续》卷一一,第 397 页;《全后汉文》卷一〇二,第 1024 页)

曹全:建宁二年举孝廉,除郎中。……迁右扶风槐里令。遭同产弟忧弃官。续遇禁网,潜隐家巷七年。光和六年,复举孝廉。七年三月,除郎中,拜酒泉福禄长。(《郃阳令曹全碑》,《金石萃编》卷一八,第 1 册;《全后汉文》卷一〇五,第

1037 页)

辕固、杜邺举贤良、方正后未得任用,但其仕历可以证明察举是病免再仕的途径之一。哀、平之际谯玄自千石之太常丞去职,后因察举对策才复拜比六百石之议郎。东汉的度尚、杨弼、曹全,都是官居三百石至千石的令长,因丧去官后又以举孝廉再度起家。举孝廉者依例应该进入三署为郎中,或许有人认为这与“还拜郎中”相似。然而从拜郎的结果看是如此,从程序看二者意义便不相同:不是直接再次拜郎,而是经“举孝廉”才再次拜郎,这更多地意味着仕途的重新开始。设若未经察举,以上诸人似乎就得继续处于“去官”状态,游离政界之外了。度尚、杨弼和曹全并未得到“服阕后还郎中”的待遇,可见那只是朝廷允许行丧时的一时之制,并且是只适用于郎署的。

3. 重新接受中央三公、大将军之辟召者:

> 杜钦:后为议郎,复以病免。征诣大将军幕府。……优游不仕,以寿终。(《汉书》卷六〇《杜钦传》)

《汉书·百官公卿表》中对西汉将军幕府组织没有叙述,据《续汉书》卷二四《百官志一》,东汉大将军有掾属二十九人①,他们的禄

①大庭脩谓:“《汉书·百官表》……还记载了位比三公的将军莫府的组织系统。其中有长史、司马各一人,为千石之官,司马主兵。还有从事中郎二人,为六百石之官,参与谋议。掾属二十九人,令史及御属三十一人。”见其《秦汉法制史研究》,第323页。按,大庭脩过于粗率,把《续汉书·百官志》中的东汉制度,误叙为《汉书·百官公卿表》的内容了。

秩应与三府掾属相类，约在比三百石、比二百石之间①，西汉的将军幕僚也许与之相近。不过《杜钦传》后文又称其“优游不仕”，似乎杜钦是以私人身份入幕的。无论如何，这例子说明了大将军辟召是病免者再仕之一途。又：

> 鲁峻：举孝廉，除郎中、谒者、河内太守丞，丧父如礼。辟司徒府，举高第，侍御史、东郡顿丘令。（《司隶校尉鲁峻碑》，《隶释》卷九，第100页；《全后汉文》卷一〇二，第1025页）

鲁峻已仕至六百石郡丞②，只因父丧归宁便丧失了这个秩位，只能从二三百石的司徒掾属再仕；此后所迁侍御史、县令，也不过六百石而已。与三署郎中相似，公府辟召也构成了出仕朝廷的起点；鲁峻再辟公府，也等于其仕途重新开始了。以辟召再仕者又如：

> 班彪：举司隶茂才，拜徐令，以病免，后数应三公之命，辄

---

①《后汉书》卷二〇《铫期传》：“《汉官仪》曰：东西曹掾比四百石，余掾比三百石。”又《续汉书》卷二四《百官志一》：“本注曰：《汉旧注》东西曹掾比四百石，余掾比三百石，属比二百石，故曰公府掾比古元士三命者也。或曰：汉初掾史辟，皆上言之，故有秩比命士。其所不言，则为百石属。其后皆自辟除，故通为百石云。”这段史料的叙述颇有含混不清之处：掾属“皆自辟除”之后，似乎也不会有掾属“通为百石”之事。从“或曰”看，作者对大将军掾属的秩位并不十分清楚。《宋书》卷三九《百官志上》：“公府长史、司马秩千石，从事中郎六百石，东西曹掾四百石，他掾三百石，属二百石。”这是晋宋制度，但也可供推测东汉情况。

②《续汉书》卷二七《百官志四》：“凡中二千石者，丞比千石；真二千石，丞、长史六百石。”又《汉书》卷一九上《百官公卿表》：“郡守，秦官，掌治其郡，秩二千石。有丞，边郡又有长史，掌兵马，秩皆六百石。”

去。(《后汉书》卷四〇上《班彪传》)

杨仁:拜什邡令。……行兄丧去官。后辟司徒桓虞府。……后为阆中令。(《后汉书》卷七九下《儒林杨仁传》)

陈重:后举茂才,除细阳令。政有异化,举尤异,当迁为会稽太守,遭姊忧去官。后为司徒所辟,拜侍御史。(《后汉书》卷八一《陈重传》)

贾逵:举茂才,除渑池令。……以丧祖父去官。司徒辟为掾。(《三国志》卷一五《魏书·贾逵传》)

王纯:复拜郎,敬丘(阙三字)失妹宁归,遂释印绶。司空辟,举高第,选侍御史。(《冀州刺史王纯碑》,见前)

陈球:迁繁阳令。……丧母去官,服除,辟司徒府,拜侍御史。(《太尉陈球碑》,《隶释》卷一〇,第110页)

王元宾:位极州郡,察孝廉,郎、谒者,考工、苑陵、叶、封丘令。……以母忧去官,服祥,辟司空府,补阙(下阙)。(《封丘令王元宾碑》,《隶续》卷一九,第437页;《全后汉文》卷九九,第1009页)

张纳:迁甘陵、冤句令,亲病去官。念(阙二字)复义章海内,辟司空、司徒府。……复辟大尉,举高第,拜侍御史。(《巴郡太守张纳碑》,《隶释》卷五,第62页;《全后汉文》卷一〇五,第1039页)

樊敏:察孝除郎,永昌长史,迁宕渠令。布化三载,遭离母忧,五五断仁,大将军辟。(《巴郡太守樊敏碑》,《隶释》卷一一,第128页;《全后汉文》卷一〇五,第1039页)

杨著:擢拜议郎,迁高阳令,……闻母氏疾病,孝蒸内发,醉荣投黻,步出城寺,衣不暇带,车不俟驾。……复辟司徒,举治剧,拜思善侯相。(《高阳令杨著碑》,《隶释》卷一一,第

133 页）

王元赏：封丘令，母忧去官。服祥，辟司空府。（《王元赏碑》，《集古录》卷三，《隶释》卷二二，第 228 页）

以上诸人，也都因病或因丧而丧失了昔日三百石到千石的令长秩位；陈重为此还错过了会稽太守的任命，而在后来从较低的府掾再仕。

公府辟召看来是再仕之途，但读者不要因举例稍多便得出这一结论：官僚在病愈或丧满后都能得到公府辟召。《后汉书》卷四一《宋均传》："至二十余，调补辰阳长。……以祖母丧去官，客授颍川。"宋均为南阳人，他在祖母丧毕后之所以"客授颍川"，显然是因为没能找到再仕门路，只好另谋生计。公府辟召之外还有他途，如州郡辟召。《成皋令任伯嗣碑》："举孝廉，除郎中、蜀郡府丞、江州令，以服去官，辟□□。"[1]任伯嗣所应辟的不知何府，除了三公府辟召之外，州郡辟召也是离职再仕的途径之一，详下。

4. 重新接受州郡辟召者：

虞延：建武初，仕执金吾府，除细阳令。……后去官还乡里。太守富宗闻延名，召署功曹。（《后汉书》卷三三《虞延传》）

李翊：拜广汉属国候，……至建宁元年，遭从事君（其父）忧，去官。……礼服既尽，州郡争取。……栖迟不就，童冠相娱。（《广汉属国侯李翊碑》，《隶释》卷九，第 102 页；《全后汉文》卷一〇二，第 1025 页）

---

①《隶续》卷一五，第 422 页。

胡硕：除郎中，宿卫十年，遭叔父忧，以疾自免。州郡交辟，皆不就，后以大将军高第拜侍御史。（蔡邕《陈留太守胡硕碑》，《全后汉文》卷七五，第882页）

鲜于璜：遂迁宰国，……父君不豫，弃官奉丧。……五五之月，令丞解丧，州辟典部，入领治中。（鲜于璜"遂迁宰国"时的任官为赣揄令。参前）

虞延、鲜于璜等原任之县令约六百石，李翊之原任当是属国都尉之下的候官，其禄秩约比六百石。他们仅因丁忧就失去了旧秩，而面临着寻求州郡辟召的局面。李翊、胡硕虽然未就州郡之辟，但其事例可以反映这是丁忧再仕的途径之一。鲜于璜之例前面已有考察，他被州辟的部从事、治中，都是百石之官①。州郡掾属大抵以百石者居多。那么虞延、鲜于璜在去官后，竟然以六百石官，屈就百石之位了。州郡辟召又低于公府辟召，往往是布衣白民的发身之阶，并且众所周知，东汉出仕州郡与出仕朝廷颇有不同：州郡掾属是地方长官的私属，而不是朝廷王官②。那么，再仕

①《通典》卷三二《职官十四·总论州佐》："州之佐吏，汉有别驾、治中、主簿、功曹、书佐、簿曹、兵曹、部郡国从事史、典郡书佐等官，皆州自辟除，通为百石。"又《太平御览》卷二六三："应劭《汉官仪》曰：元帝时，于定国条定州大小，为设吏员，有治中、别驾、诸部从事，秩皆百石。"

②六百石吏在汉代是一个地位的转折点，二百石到百石也是一个转折。如日人紙屋正和认为："众所周知，汉代在百石以下小吏和二百石以上官吏之间，横有一道非经察举等不能逾越的森严关卡。"见其《前汉时期县长吏任用形态的变迁》，《日本中青年学者论中国史》上古秦汉卷，第512页。那么由六百石官而百石官，其间身份下降了两个层次。

附带说，对百石和二百石之间存在"森严关卡"问题，近年发现的尹湾汉简在一定程度上改变了这一印象。据廖伯源统计，尹湾汉简（转下页注）

州郡者的以往仕历就等于白费，又与布衣初仕者处于同一起跑线了。

5. 接受朝廷征召而起家再仕者：

刘歆：后复转在涿郡，历三郡守。数年以病免官，起家复为安定属国都尉。(《汉书》卷三六《楚元王传》)

段会宗：拜为金城太守，以病免。岁余，小昆弥为国民所杀，诸翎侯大乱。征会宗为左曹、中郎将、光禄大夫，使安辑乌孙。(《汉书》卷七〇《段会宗传》)

王骏：迁赵内史。(父)吉坐昌邑王被刑后，戒子孙毋为王国吏，故骏道病，免官归。起家复为幽州刺史。(《汉书》卷七二《王骏传》)

萧由：为大鸿胪，会病，不及宾赞，还归故官，病免。复为中散大夫，终官。(《汉书》卷七八《萧望之传》)

朱博：徙为山阳太守，病免官。复征为光禄大夫，迁廷尉。(《汉书》卷八三《朱博传》)

召信臣：超为零陵太守，病归。复征为谏大夫，迁南阳太守。(《汉书》卷八九《循吏召信臣传》)

袁良：举孝廉，郎中、谒者、将作大匠丞、相令、广陵太守。

(接上页注)中属吏以功次升迁为朝廷命官的情况占45.45%，"则属吏与朝廷命官之间，并无所谓非经传统所知之仕途不得跨越之鸿沟"。见其《汉代仕进制度新考——〈尹湾汉墓简牍〉研究之三》，《严耕望先生纪念文集》，台湾稻乡出版社1998年版，第385页。不过尹湾汉简所反映的是西汉后期的情况。从东汉情况看，学者的以往印象仍有相当真实性。东汉的郡国察举和公府辟召，确实构成了从属吏到朝官的身份转折。地方属吏通过"功次"直接迁为朝官这种仕途的萎缩，也许要推迟到东汉时期。

讨江贼张路等,威震徐方。谢病归家。孝顺初,政咨□□白三府举君,征拜议郎。(《国三老袁良碑》,《隶释》卷六,第70页)

李咸:征河南尹,母忧乞行,服阕奔命。孝桓皇帝时机密久缺,百僚佥乞,诏拜尚书。(蔡邕《太尉李咸碑》,《全后汉文》卷七六,第887页)

刘歆、萧由、朱博、召信臣、袁良原来都是郡守二千石,他们的再仕之官,属国都尉比二千石,中散大夫六百石①,光禄大夫比二千石,谏大夫比八百石②,议郎六百石,均低于原秩(按,以议郎再仕也可系于"以拜郎再仕"部分。但郎中多为初仕之职,而议郎官秩已高,故归于此类)。王骏原任之王国内史约二千石③,再仕为六百石刺史;李咸原任之河南尹中二千石,再仕为六百石尚书。

下面再看看几位三公的情况:

陈球:迁球司空,以地震免。拜光禄大夫,复为廷尉、太

①中散大夫,《汉书》卷一九上《百官公卿表上》不见。《资治通鉴》卷七六魏邵陵厉公纪嘉平五年(253年)胡三省注:"中散大夫秩六百石,在谏议大夫上,按中散大夫,王莽所置,后汉因之。"时在平帝元始年间。

②据《汉书》卷一九上《百官公卿表上》,谏大夫比八百石;据《续汉书》卷二五《百官志二》,谏议大夫六百石。这个变化大约发生在汉成帝时。《汉书》卷一〇《成帝纪》阳朔二年(前23年):"除吏八百石、五百石秩。"师古注:"李奇曰:除八百就六百,除五百就四百。"查召信臣为零陵、南阳二郡太守之事均在宣帝以前,故此时谏大夫应为比八百石。

③按,王国内史禄秩,《汉书·百官公卿表》无载,不过记有"成帝绥和元年省内史,更令相治民,如郡太守"。又查《汉书》卷一一《哀帝纪》:"令,诸侯王朝,得从其国二千石,傅、相、中尉皆国二千石。"由国相二千石,推知王国内史原亦二千石。

常。光和元年迁太尉。数月以日食免。复拜光禄大夫。明年,为永乐少府。(《后汉书》卷五六《陈球传》)

乔玄:遂陟司空、司徒,托疴逊位。起家拜尚书令。以疾笃称,拜光禄大夫。后拜太尉,久病自替,复为少府、太中大夫。(蔡邕《太尉乔玄碑》,《全后汉文》卷七七,第888页)

胡广:……进作太尉……援立孝桓,以绍宗绪,用首谋定策,封安乐乡侯。……致位就第。复拜司空。……功遂身退,告疾固辞,乃为特进,爰以休息。又拜太常,典司三礼。……复拜太尉,寻申前业。又以特进,逍遥致位。又拜太常,遘疾不夷,逊位辞爵,迁于旧都。征拜太中大夫。延和末年,……引公为尚书令。以二千石居官,委以阃外之事。……乃拜太仆,……迁太常、司徒。成宗晏驾,推建圣嗣,复封故邑,与参机密。寝疾告退,复拜太傅、录尚书事。(蔡邕《太傅胡广碑》,《全后汉文》卷七五,第885页)

刘宽:迁……太尉。……寝疾逊位。复拜光禄大夫、卫尉、太尉。□□交会,独引其咎,□□□□,□拜永乐少府、光禄勋。(《太尉刘宽后碑》,《隶释》卷一一,第126页;《全后汉文》卷七七,第890页)

杨赐:列作司空,地平天成。阴阳不忒,公遂身避,托疾告退。又以光禄大夫受命司徒。(蔡邕《太尉杨赐碑》,《全后汉文》卷七八,第894页)

这些高高在上的三公们,他们以疾病、灾异或其他原因逊位后的再仕之官,有比千石之太中大夫,千石之尚书令,比二千石之光禄大夫,二千石之永乐少府,中二千石之少府、太常等,仍然不是直接恢复旧职或旧秩。

上面列举了汉代官员再仕的多种途径，他们会同时面临多种选择，如前举胡硕之例，他有幸得到了州郡辟召和大将军辟召两个再仕机会。其例又如：

> 樊敏：大将军辟。光和之中，京师扰穰，雄狐绥绥，冠履同囊，投劾长驱，毕志枕丘。国复重察，辞病不就。再奉朝娉，十辟外台，常为治中、诸部从事。（《巴郡太守樊敏碑》，《隶释》卷一一，第128页）
>
> 刘宽：迁梁令。……丧旧君以弃官，遵洙泗之业，有悔仕思初之计。三府并招，博士征，皆辞疾不就。司隶□茂材，太尉举有道，公车征拜议郎，司徒长史。（《太尉刘宽碑》，《隶释》卷一一，第124页）

樊敏辞职后，曾得到郡国察举、朝廷征聘及“外台”（即刺史①）辟召等好几个机会；刘宽亦有征召、辟召和察举等多种再仕途径可供挑选。这说明朝廷对离职再仕并无一定之规。

类似事例当然不止于此，恕不一一征引，以免烦秽。以上事例足资显示，在非因罪过而去官再仕的情况之中，再任官的官秩低于原官绝不稀罕。尽管原官较高者的再任官往往也会较高，但无论如何，官员离职后便丧失了旧日秩位，“若干石”的禄秩等级并没有跟随官员本人走，它是附丽于职位的。你当下被安排在哪个职位，你就是哪个秩次。

---

①汉代“外台”有时指谒者台。《后汉书》卷七四上《袁绍传》李贤注“三台”：“《晋书》曰：汉官尚书为中台，御史为宪台，谒者为外台。”但《樊敏碑》中的“外台”显然不是指谒者台，而是指刺史。证以《晋书》卷七一《陈頵传》：“《甲午诏书》：刺史衔命，国之外台，其非所部而在境者，刺史并纠。”

三、“故公”与“故二千石”的任用

今天我们这些领国家工资的人，对“连续工龄”都要斤斤计较的，谁肯吃亏让份儿；而汉代的官僚们为娘亲行服时却宁可丢掉“行政级别”，孝心确实可嘉。人们经常诟病当今的官儿只能上不能下，级别只能升不能降，汉代却远不是那么回事儿。在官员非因罪过而一度中断勤务之时，汉廷不予保留昔日官资，这令一种观感油然而生：当时朝廷对官员的个人权益是较为漠视的。你因为闹病或奔丧在官资上吃了亏，这是你自找的，与朝廷无干。

当然另一些事实我们也没遗略：官僚阶级构成了帝国的统治基础，其权益朝廷不能完全视若罔闻；曾经仕宦者的经验能力仍是可资利用的宝贵资源，对此统治者也不会错过。事实上，“故官”确实被朝廷视为一种有异于白民的资格，这里所要强调的是，即令如此，汉廷仍未设立品位序列来满足离职官员的需要。

首先，“故官”、“故吏”在汉代是一种身份，故将军、故都尉和故吏二千石的家庭依制有免役特权①。李广赎罪以庶人家居，称“故李将军”，后值匈奴入犯，“于是天子乃召拜广为右北平太守”。“故将军”在朝廷需要时可随时起之于家，这个称呼不仅仅

---

①《汉书》卷二《惠帝纪》：“今吏六百石以上父母妻子与同居，及故吏尝佩将军、都尉印将兵及佩二千石官印者，家唯给军赋，他无有所与。”永田英正释曰：这个诏令“把豁免税役的范围甚至于扩大到同秩六百石官吏同居的父母妻子，扩大到曾经担任过将军和都尉以至秩二千石的故吏。”见其《论礼忠简与徐宗简——平中苓次氏算赋申报书说的再探讨》，《简牍研究译丛》第 2 辑，中国社会科学出版社 1987 年版，第 49 页。

是泛称而已。又汉武帝天汉年间(前100—前97年)所遣镇压徐勃起义者中有“故九卿张德”;汉昭帝始元元年(前86年)所遣循行郡国者中有“故廷尉王平”,始元二年冬“调故吏将屯田张掖郡”;刘向曾“以故谏大夫通达待诏”①。颜师古谓:“故吏,前为官职者”,“前为此官今不居者,皆谓之故也”。从史料看,这“故某官”应有两种不同情况:一种是“前为官职”而现无官职者,一种是“前为此官今不居”,但现居他官者②。目前我们讨论的是前一种人,他们虽无现职,却仍为朝廷承担着临时性差使。然而也很明显,这种“故官”、“故吏”身份并不十分清晰确定。至于州郡之中,也有以故官故吏自居者,汉碑中往往可以看到以“故某官”题名的情况。例如《刘熊碑阴》有“故征试博士”、“故华长”、“故上计掾”、“故郎中”、“故兖州从事”、“故外黄守令”、“故雍丘守令”、“故守东昏长”、“故五百掾”、“故督邮”等数十人。洪适曰:“其称‘故华长’、‘故雍丘令’之类,则邑之荐绅大夫也;其称‘故郡文学’、‘故督邮’之类,则尝吏于郡者也。”③那些“尝吏于郡者”的身份就更为含糊不清了。

一些史料反映,对故官的任用朝廷还有些具体安排。请看如下史料:

---

①《史记》卷一〇九《李将军列传》,卷一二二《酷吏列传》;《汉书》卷七《昭帝纪》,卷八八《儒林传》。

②按,尹湾汉墓简牍中的《东海郡下辖长吏名籍》,对各位现职官吏都记其故官及迁升途径,如“下邳令、六安国阳泉李忠,故长沙内史丞,以捕群盗尤异除”、“海西右尉、临淮郡射阳武彭祖,故海盐丞,以廉迁”之类。见《尹湾汉墓简牍》,第85页。这属于后一种情况。

③洪适:《隶释》卷五,第67—68页。

《续汉书》卷二六《百官志三》:"尚书令一人,千石。"注引蔡质《汉仪》:"故公为之者,朝会下陛奏事,增秩二千石,故自佩铜印墨绶。"

《初学记》卷一一《尚书仆射》:"仆射,……秦汉秩六百石,公为之,增至二千石。"

所谓"公"即三公,在西汉则为丞相。昔居三公而无现职者,若被任命为千石之尚书令或六百石之尚书仆射,则增其秩为二千石,但其昔日秩次——姑且视为"万石"①——则不能维持。蔡邕《太

①丞相或三公禄秩,不少学者认为其秩名为"万石",如安作璋、熊铁基《秦汉官制史稿》(第456页"西汉职官秩禄表"),张晋藩、王超《中国政治制度史》(中国政法大学出版社1987年版,第283页"汉官秩石折合表");楼劲、刘光华《中国古代文官制度》(第470页附表"西汉官秩概要");孟祥才《中国政治制度通史》第3卷(秦汉卷,人民出版社1996年版,第398页)。又如俞鹿年编著《中国官制大辞典》(黑龙江人民出版社1992年版,下册第1247页)、吕宗力主编《中国历代官制大辞典》(北京出版社1994年版,第50页)亦是。但《汉书·百官公卿表》及《续汉书·百官志》实无"万石"之秩。《通典》卷三五《职官十七》:"汉制禄秩,自中二千石至百石,各有等差。"同书卷三六《职官十八·汉官秩差次》及《后汉官秩差次》均以"中二千石"居首。唯《汉书·百官公卿表》颜师古注:"汉制,三公号为万石。"顾炎武《日知录》卷一一《汉禄言石》也只是说"汉承秦制,始以石为名,故有中二千石、千石……而三公号为万石"(《日知录集释》上册第485页)。"号为万石"者,不敢认定其必有"万石"之秩名也,可见顾氏治学之慎。王莽时有"万斛"之禄,见《汉书》卷九九中《王莽传》天凤三年所颁吏禄,但这既不是"万石",也不是秩名,而是禄额。60年代陈梦家先生就已指出:"汉初最高秩为二千石,此上三公、大将军和御史大夫没有秩名,东汉建武制亦如此。二千石秩,后来增中、真、比为四等。"见其《汉简所见奉例》。又沈任远《魏晋南北朝政治制度》(台湾商务印书馆,第210页):"汉则以食禄之石数,定官秩之高低,最高者食禄中二千石,最少者斗石(食)。"

傅胡广碑》:“引公为尚书令,以二千石居官。”按胡广曾为司徒、司空、太尉,正是所谓“故公”,恰好可以印证上述制度的存在。

这种规定说明了什么呢?说明了一方面,朝廷对“故公”是有所尊重的,无论尊重的是其资位还是其才能,所以在其屈居千石之官时要略增其秩;但另一方面优待依然有限:昔日的“万石”之秩已然事过境迁,所增二千石之秩,比起九卿的中二千石还要低下一级呢。顺便指出,此时“故公”所佩之“铜印墨绶”也按尚书令这个职位而定,既不是其故官三公之金印紫绶,也不是其现秩二千石之银印青绶。增秩并不导致印绶的变化,这作为权责象征物的印绶也是从属于职位的。

三公居政务官之首,朝廷还能想到在秩次上给点儿优惠。至于二千石故官,请看:

> 《汉书》卷七《昭帝纪》:“丞相征事任宫手捕斩桀。”文颖注:“征事,丞相官属,位差尊,掾属也。”张晏注:“《汉仪注》,征事比六百石,皆故吏二千石不以臧罪免者为征事,绛衣奉朝贺正月。”
>
> 又《汉旧仪》:“刺史奏幽隐奇士,拜为三辅县令,比四百石,居后六卿,一切举试守令,取征事。”本注:“征事,比六百石,皆故吏二千石不以赃罪免,降秩为征事。”(《汉官六种》,第38或69页)
>
> 《续汉书》卷二六《百官志三》:“御史中丞一人,千石。”注引蔡质《汉仪》:“丞,故二千石为之,或选侍御史高第。”
>
> 《晋百官表注》:“侍御史,员十五人,皆用公府掾属高第补,或用故守相、议郎、[郎]中为之,初上称守,满岁拜真。”

(《北堂书钞》卷六一《设官部·侍御史》①)

首先来看从"故吏二千石"中选拔征事的制度。《汉旧仪》本注"降秩为征事"一语,不能简单理解为所有的"故二千石不以赃罪免者"人人有份儿,这是要经过荐举选拔的。刺史循行州部时,有义务从"故二千石"中选取有用之才,供中央任用为丞相征事。这些故二千石显然都是家居者,朝廷认为他们仍有利用价值,以"故吏"视之。不过这时对其原先的二千石之秩,就不像对"故公"那样优惠了:征事"掾属也",比六百石而已,比旧秩二千石低好几级呢。此外,汉廷还从"故二千石"中选拔御史中丞,他们的离职可能有各种原因,但这时也只能"降秩"使用,而依从新职御史中丞的千石秩次了。此外,汉廷还从"故守相"中选拔六百石之侍御史,但是也没有任何增秩的优待②。

可见汉代禄秩有这样一个重要特点:秩次是从属于职位的,居其职方有其秩,居其职则从其秩。甚至从加官看都是如此③。

---

①按《续汉书·百官志三》:"侍御史十五人,六百石。"注引蔡质《汉仪》:"公法("法"疑衍文)府掾属高第补之。初称守,满岁拜真,出治剧为刺史、二千石,平迁补令。"可知《晋百官表注》上文是追溯东汉制度的内容;所多"或用故守相、议郎、[郎]中为之"一句,应有所据。《后汉书》卷七七《酷吏李章传》:"迁千乘太守,坐诛斩盗贼过滥,征下狱免。岁中拜侍御史。"大概就是故二千石拜侍御史的例子。

②又《后汉书》卷八七《西羌传》:"(永初)五年春,征西校尉任尚坐无功征免。……复以任尚为侍御史,击众羌于上党羊头山。"校尉比二千石。

③2000年上半年我在"中国古代官僚政治"课上,讲授过本章论点。其时一位98级同学提出,"禄秩从属于职位"的论断不适合加官:加官是在原官的基础上加一个头衔,官员多了职位,但原官的秩级均随其原官不变。直到东汉时,侍中才有了固定的秩级,为比二千石。其他的加官如左右曹、诸吏、散骑、中常侍、给事中等也是加了头衔而实际原秩不变。(转下页注)

官员先前达到的秩次，一般不能带到新职上去。“二千石”故吏虽已地位不低，但再仕时并无优遇，只能“降秩”处理；至于二千石以下故官，再任的优待当然更为微薄了。作为百官之首的“故公”就任低秩之官时，虽可稍增其秩，但也是很有限的，以致宋人洪迈都忍不住替他们鸣不平了：“王梁罢大司空而为中郎将，其后三公去位，辄复为大夫、列卿。如崔烈历司徒、太尉之后，乃为城门校尉。其体貌大臣之礼亦衰矣！”①

再任官也经常有同于旧职、甚至高于旧职者，我们可从没说过再仕官必定低于原职。然而之所以要特别揭著那些低于原职的再仕之例，是因为这样才有助于说明，此时“职事”才是朝廷的关注所在，至于官员的个人权益，则照顾得很不周到，绝不是“无微不至”的。具体说来，对非因罪过而中断勤务者，朝廷并不是将其昔日资格全盘抹煞；对曾经仕宦者业已积累了工作经验一点，朝廷也并非视而不见，如果他们才干优异，自不妨再度授予较高职务。但从制度上说，离职官员的再仕之途有重新征用者，有察举者，有公府辟召者，还有出仕州郡者，这种纷纭不一只能说明王朝在此尚无定制。尤其是，察举、辟召及出仕州郡也是布衣之士

(接上页注)这位二年级学生勇于质疑，是值得赞赏的。然而我觉得加官与“禄秩从属于职位”的论断并不冲突。查《汉旧仪》：“左曹，日上朝谒，秩二千石；右曹，日上朝谒，秩二千石。”安作璋、熊铁基先生因云：“一般认为，加官无禄秩，从这里的情况看也不尽然，不够二千石的官吏，加左右曹之号，当给以二千石的待遇。诸吏也是如此。如张禹‘拜为诸吏、光禄大夫，秩中二千石’，孔光‘迁诸吏、光禄大夫，秩中二千石’，光禄大夫的秩只有比二千石，加诸吏之后就是中二千石。”见《秦汉官制史稿》，上册第293—294页。这足以证明，加官者由于被赋予了新的职事，秩次便不同从前了。可见在加官制度上，禄秩仍与职事直接相关。

①洪迈：《容斋随笔》卷一一《汉丞相》，第106页。

的起家之阶，如着眼于此，官员因病因丧离职后几乎就等于退出了干部队伍，又和布衣站到同一行列中去了。想做官您得重觅门路，当局是否还惦记着您那是没准儿的事。再度录用主要看行政需不需要，所以不照顾去官者的昔日资历，把他们安排到较低位置，甚至听任他们从头再来（比如出仕州郡），也是屡见不鲜的做法。对那些为父母行服者，“以孝治天下”的朝廷本应大力褒彰；在职罹疾也可能是忧勤政务所致，当局应有体恤义务。然而在官员为此一度离职、不能效力卖命之时，朝廷便漠视其既往官资；二千石以上故官尚有免役待遇，至如二千石以下的官吏，夸张说简直有点儿视同路人，这不但较后世王朝苛刻寡恩，甚至都不及某些现代国家的做法①。写到这里，料想已有人为汉廷的刻薄愤愤不平，而为自己“阳光灿烂的日子”弹冠相庆了。这恰好可供比照汉家重“事”不重“人”的政治风格。

汉代以降，官僚的待遇“一天天好起来”了，朝廷不断向他们送温暖。魏晋便已萌生了“诸去官者，从故官之品”的制度②。唐朝有散阶制度，因而官员在因疾离职或致仕退职之时，所解只是

①法国规定，文官病假可以长达一年，三个月内领取全薪，超过三个月领取半薪；需支付昂贵医疗费的长期病号，其病假可以延长到三年，一年内领全薪，一年后领半薪。英国的文官，带薪病假六个月，超过六个月则付半薪。参看谭健主编：《外国政府管理体制评介》，第573页；曹志主编：《资本主义国家公务员制度概要》，第244页。官员最有理由表示满意的，应是我国政治体制改革之前的干部制度。这是事实上的终身制，就是长年生病住院也不会丢掉干部身份和“行政级别”，并享有全额公费医疗，比汉朝优惠得多了。不过，实行“职位分类”制度的美国倒很苛刻，带薪病假仅仅限于十三天之内，超过则无工资（出处同上）。这是很有意思的。我们知道，美国文官制度的重要特点就是重效率、重“事”而不重“人”。

②《通典》卷九〇《礼五十》“齐缞五月”条：“按《令》，诸去官者，从故官之品。”结合同书“齐缞三月”条，在晋代这涉及了对君主的丧服问题。

职事官而已，其时仍有散官维系品位，官员不必担心丧失官资①。宋代凡因病退休而痊愈者（以及提前退休、正常退休者），在朝廷需要时都可再度入仕、担任差遣，复职后的待遇一般都是恢复原来的官阶②。在明代，“凡文武忧制，稽其在职一年，廉勤无过者，照品级半禄终制；三年历考无过者，给全禄终制，著为令”③。而汉廷在上述各种情况中，都没有为官员个人提供“品位”以存其故秩。模糊不清的“故官”、“故吏”概念，当然构不成什么“品位”了。

四、增秩和贬秩

论述至此，还有必要对“增秩”、“贬秩”现象做一讨论。杨鸿年先生指出：“所谓郡守秩二千石乃是原则，实际上因为功过增贬以及任职者资格深浅不同，以致太守官秩差别颇大，上自中二千石，下至八百石，凡有六级之别。”④那么便引发了一个问题：杨先

①《唐六典》卷二《吏部郎中员外郎》：“凡职事官，应覲省及移疾，不得过程。谓身有疾病满百日，若所亲疾病满二百日，及当侍者，并解官，申省以闻。”明言因本人或亲人病免者所解为“职事官”，而不涉于作为本阶的散官。在唐代，是连致仕官员都可以带散官致仕的。《通典》卷三三《职官十五》：“《大唐令》：诸职事官七十听致仕，五品以上上表，六品以下申省奏闻。诸文武选人，六品以下，有老病不堪公务，有劳考及勋绩，情愿给阶授散官者，依其五品以上，籍年虽少，形容衰老者，亦听致仕。”（标点从仁井田陞《唐令拾遗》，栗劲等编译，长春出版社 1989 年版，第 204—205 页）

②参看朱瑞熙：《中国政治制度通史》第 6 卷（宋代卷），第 692—693 页。

③《明会要》卷四三《职官十五》，下册第 797 页。

④杨鸿年：《汉魏制度丛考》，“郡太守不尽二千石”条及“郡有美恶守有高低”条，第 281 页以下。

生所说的“资格”好像是指郡守个人的既往官资，若既往官资较高的郡守便可以“增秩”，这却是含有“品位”因素的。

从法定禄秩说“郡守二千石”只是泛称，其实际秩次不止“二千石”一级。某些要郡、大郡太守秩中二千石，这除了杨先生所举“三辅”（即京兆尹、左冯翊、右扶风）之外，三河郡（即河东、河内、河南）亦在其列，此外还包括“大郡”之属①。就是说，汉郡本身原有级别高下，正如汉县有级别高下一样②。这与功过增贬和个人官资无关。此外汉代官吏在“试守”即试用期中，是不能“满秩”的③，但由此而来的较低禄秩，与目前的讨论关系不大。

至于因“功过”而来的“增贬”，确实造成了郡守地位高下有别，在此黄霸的例子，比较典型。汉宣帝时他被任命为颍川太守，秩比二千石；后治为天下第一，征守京兆尹，秩二千石；因罪过连贬秩，诏归颍川太守官，以八百石居；郡中愈治，宣帝赐爵关内侯，黄金百斤，秩中二千石④。黄霸的例子，说明增秩、贬秩是通行的

①《汉书》卷九《元帝纪》建昭二年（前37年）：“益三河、[大]郡太守秩。户十二万为大郡。”益秩则为中二千石，可见三河及“大郡”之守在中二千石；又同书同卷建昭三年：“令三辅都尉、大郡都尉秩皆二千石。”三辅及大郡都尉秩二千石，则郡守为中二千石。又《汉旧仪》：“元朔三年，以上郡、西河为万骑太守，月奉二万。绥和元年，省大郡万骑员，秩以二千石居。”本注：“十二万户以上为大郡太守，小郡守迁补大郡。”《汉官六种》，第82页。那么万骑太守之秩显然应该高于二千石。汉简中也能看到“万骑太守”：“臣请列侯、中二千石、诸侯相、边郡万骑大守……”见《居延新简》E. P. T51:480，第211页。

②汉代县级长官的等级最初是千石、六百石、五百石、三百石四级，后来是千石、六百石、四百石、三百石四级。

③参看陶天翼：《前汉的试守制度（公元前206年至公元8年）》，《劳贞一先生八秩荣庆论文集》，台湾商务印书馆1986年版。

④《汉书》卷八《宣帝纪》、卷八九《循吏黄霸传》。

奖惩手段。汉廷对久任的良守往往“增秩赐金”，对其他官职也每每如法炮制。如将作大匠秩二千石，“将作大匠乘马延年以劳苦秩中二千石”①。除增贬一等之外，还有“数增秩”、“连贬秩”、“增秩二等”、“贬秩二等”及普增秩等等记载②。居延汉简中也能看到这类“增”、“贬”的例子③。尹湾汉简中东海郡有一位都尉的禄秩可能高于太守，大概也是增秩所致吧④。当然，君主法外施恩的增、贬，我们有理由排斥于“奖惩手段”之外。

此外，汉廷还实行“欲留增秩”制度。《汉旧仪》：“选中二千石书佐⑤试补令史。令史皆斗食，迁补御史令史，其欲以秩留者许

---

①《汉书》卷七〇《陈汤传》。

②例如《汉书》卷六八《霍光传》：“诏增此郎秩二等。”《汉书》卷七八《萧望之传附萧咸传》：“数增秩赐金。”《汉书》卷八六《师丹传》：“上贬(申)咸、(炔)钦秩各二等。”《汉书》卷八九《循吏黄霸传》：“连贬秩。”《汉书》卷八九《循吏召信臣传》：“复数增秩赐金。”《后汉书》卷五七《李云传》：“(沐)茂、(上官)资贬秩二等。”又《后汉书》卷一《光武纪一》建武二年(26年)六月：“立贵人郭氏为皇后，子强为皇太子。大赦天下，增郎、谒者、从官秩各一等。”等等。

③例如《居延新简》E. P. T2：45的“以诏书增秩”，E. P. T56：306的“吏二千石贬秩”，第5、328页。

④在尹湾汉墓简牍中的《东海郡吏员簿》中，东海郡的都尉秩真二千石，而郡太守是“□二千石”。卜宪群先生认为所缺应为“真”字，《西汉东海郡吏员设置考述》，《中国史研究》1998年第1期；但朱绍侯先生相信所缺的是“比”字。这位太守比二千石，低于都尉。朱先生说，这是为镇压山阳铁官徒暴乱之需，提高了军事指挥官的权力和地位所致。见其《〈尹湾汉墓简牍〉是东海郡非常时期的档案资料》，《史学月刊》1999年第3期。另一种可能，则是因为这位都尉镇压有功，增秩所致。

⑤原作“中二十书佐”，而且上文也有“丞相……试中二十书佐高第补，因为骑史”一句。纪昀等辑《汉官旧仪》及孙星衍辑《汉旧仪》同。周天游点校《汉官六种》(第37、38、68、69页)于此无校。按，“中二十书佐”于义不通，当作“中二千石书佐”。丞相府的令史及骑史，当时都由中二千石九卿府的书佐高第者试补。

之。”相府令史秩在“斗食”，而御史令史大约是百石之吏。如因工作所需或个人意愿，这位相府令史打算留任，则可给予御史令史之秩，以免他在俸禄上吃亏。类似事例又如《汉旧仪》：“谒者缺，选郎中美须眉、大音者补之。功次当迁，欲留增秩者许之。”《后汉书》卷八〇上《文苑黄香传》：“永元四年，拜左丞，功满当迁。和帝留，增秩。六年，累迁尚书令。后以为东郡太守，香上疏让曰……帝亦惜香干用，久习旧事，复留为尚书令，增秩二千石。赐钱三十万。”

那么如何看待这种现象呢？增秩、贬秩既然造成了秩次和职位的分离，也可以说这里就开始闪现出“品位”色彩了。王朝规定了某职定俸“若干石”，但对此并不墨守。增秩、贬秩的变通做法，便蕴含着对超越职位的“品位”的需求，这需求内在于传统政治之中。甚至可以把这视为后世“本阶”制度的萌芽，并把“增郎、谒者、从官秩各一等”之类视作后世“泛阶”之滥觞。毕竟，“职位分类”即使在现代也是很先进的制度，中国政府在目前也仅仅处于尝试阶段。不能想象，汉代文官体制反倒能把“品位”因素排除得一干二净。

但进一步说，这毕竟只是雏形或萌芽而已。增秩和贬秩所造成的“职位”与“品位”一定程度分离，较之唐代文武散阶还有重大距离。普遍增秩的做法在汉代也不常见。增秩、贬秩的目的，是既维持官员职责不致变动，同时又要褒其功绩、惩其过失；这时即使有“连增秩”、“连贬秩”之事，仍不过是根据某职位的确定秩次上下浮动，让官员多领或少领些薪俸而已。比如说，某郡的秩次为二千石，则相应的增、贬均以“二千石”为准；“诏增此郎秩二等”，则是以郎中比三百石的原秩为准而增秩二等，反之亦然。增贬的基准既然是从属于职位的定秩，则这种做法仍是以职位为本的。得以“增秩”的官员，其日后升迁取决于功绩才能，所增之秩并未构成就任新职的秩次条件，也没有材料反映它可以被带到新职上去。附带说，东汉顺帝时左雄仍在建议“臣愚以为守相长吏惠和有显效者，可就增秩，勿使移徙”①，可见直到东汉中后期，这“增秩”做法的应用仍有限度，否则用得着左雄费唇舌建议么②。

关于“贬秩”问题，在尹湾汉墓的《东海郡下辖长吏名籍》简牍里，还可考见若干记录：

> 昌虑左尉沛郡谯丁禁故贬秩郎中
>
> 良成尉□□□□□□故贬秩山□□□
>
> 平曲侯国尉颍川郡郾殷临故贬秩□□
>
> 部乡丞淮阳国□营忠故贬秩东昌相③

其中第二条的良成尉某某、第三条的平曲侯国尉殷临，其原官无从考释；第一条丁禁、第四条营忠，其现职与故职则可资比较。营忠所担任的“部乡丞”，根据《东海郡吏员簿》应为二百石；其故职东昌相，大约三百或四百石④，就是说他的现秩低于故秩。丁禁之

①《后汉书》卷六一《左雄传》。

②顺便说，清代也有地方官“升衔留任”的做法，乾隆十六年（1751 年）谕，说这种做法“合古增秩进阶之义”，但又规定了留任必须满五年方可题补，以免“转启规避之端”。《钦定大清会典事例》卷七一《吏部·汉员升补》，第 7 册第 6006 页。

③《东海郡下辖长吏名籍》，《尹湾汉墓简牍》，第 90、91、93 页。

④《东海郡吏员簿》：“部乡吏员……丞一人，秩二百石。”《尹湾汉墓简牍》，第 82 页以下。于琨奇先生推测东昌相为三百石相，见其《尹湾汉墓简牍与西汉官制探析》，《中国史研究》2000 年第 2 期。按东昌属于冀州信都国，为侯国，见《汉书》卷二八下《地理志下》；侯国的相，秩约四百石至三百石，这一点在尹湾《东海郡吏员簿》中也能看到。

故职郎中应为比三百石，现职昌虑左尉，据《东海郡吏员簿》应为二百石①。比照营忠的情况，丁禁也因为现秩低于故职，所以才称为"贬秩"②。

丁禁、营忠二人贬秩后的任官都低于原官，这应该看成贬秩的直接结果。《东海郡下辖长吏名籍》对所列众多官吏，都记录了其升迁缘由，诸如"以秀才迁"、"以功迁"、"以捕群盗尤异除"、"以廉迁"、"以请诏除"、"故将军史以十岁补"之类，但以上四位贬秩者却均无"以……迁"记载。合理的解释，就是他们四人是贬至其职的，所以不能以"迁"相称。那么丁禁、营忠二人所任之现职与现秩应是一致的，其原职与原秩也应是一致的。相应的，良成尉某某和平曲侯国尉殷临，也应该是因"贬秩"而免去原职、另行降职使用的例子。既然遭到"贬秩"就不能居于原职，那么我们在此所看到的，仍是"居其职则从其秩"的原则。

在尹湾简牍的《东海郡下辖长吏不在署、未到官者名籍》里，"右十人缺、七人死、三人免"一栏中再度出现了"部乡丞营忠"③。曾遭贬秩而降职为部乡丞的营忠又犯了什么罪过，最终连部乡丞也给弄丢了。按照汉制，对连续犯下的几项罪过，罚俸赎罪、贬秩

①《东海郡吏员簿》："昌虑……尉二人，秩二百石。"《尹湾汉墓简牍》，第 82 页。

②李解民先生认为，丁禁的故官郎中"如其系比三百石郎中则是降了，如系比二百石郎中则是升了，未能遽定"。见其《〈东海郡下辖长吏名籍〉研究》，收入《尹湾汉墓简牍综述》，科学出版社 1999 年版，第 68 页。廖伯源先生则谓："按郎中秩比三百石，郎中贬秩当贬为二百石或比二百石，外迁为昌虑左尉。"见其《简牍与制度——尹湾汉墓简牍官文书考证》，台湾文津出版社 1998 年版，第 161 页。按，既然称为"贬秩"，那么原秩就该高于现职才对。丁禁的"故郎中"应系比三百石郎中，因"贬秩"而降为二百石昌虑左尉。

③《尹湾汉墓简牍》，第 98 页。

和免官,大略是一步重似一步的惩罚。《后汉书》卷四六《陈忠传》:“宜纠增旧科,以防来事。自今强盗为上官若它郡县所纠觉,一发,部吏皆正法,尉贬秩一等,令长三月奉赎罪;二发,尉免官,令长贬秩一等;三发以上,令长免官。便可撰立科条,处为诏文,切敕刺史,严加纠罚。”语称“纠增旧科”指的是惩罚力度加大,至于对连犯者依次给予罚俸赎罪、贬秩和免官惩罚,本是“旧科”而非新制。为什么营忠初次贬秩就降职使用,而陈忠规划的科条初次贬秩并不降职呢?按,县尉有四百石、三百石、二百石三秩①,县丞亦然,这三秩就可供“贬秩”之用。可以设想一下:营忠是二百石部乡丞,所以一遭处罚就得免官;但假如营忠是三百石丞就不致免官了,因为下边还有二百石一级接着他呢,贬其秩为二百石就可以了②,足以构成同等力度的惩罚。

①《汉书》卷一九上《百官公卿表》:县“皆有丞、尉,秩四百至二百石,是为长吏。”《尹湾汉墓简牍》为此提供了证明。

②当然,丁禁原是比三百石郎中,“贬秩”时似乎也可采取降秩为比二百石郎中的做法。但郎官的情况稍有特殊,他们的限满出补以丞、尉为其常途。《后汉书》卷四《和帝纪》永元元年(89年)三月:“初令郎官诏除者,得占丞、尉,以比秩为真。”注引《汉官仪》:“羽林郎出补三百石丞、尉,自占。丞、尉小县三百石,其次四百石,比秩为真,皆所以优之。”又同书卷五《安帝纪》元初六年(119年)二月:“诏三府选掾属高第、能惠利牧养者各五人,光禄勋与中郎将选孝廉郎宽博有谋、清白行高者五十人,出补令、长、丞、尉。”这虽然是东汉制度,但可供类推西汉。陈勇先生指出:“《东海郡下辖长吏名籍》所列县长吏中由郎吏除补者,计有侍郎二人,郎中五人,郎中骑二人,贬秩郎中一人,共十人。可证郎吏确系县级长吏除补之重要来源。”见其《尹湾汉墓简牍与西汉地方官吏任迁》,收入《尹湾汉墓简牍综论》,第81页。按若不计“郎中骑”,余八人所除包括郯右尉、阴平相、建陵相、建陵丞、都阳相、合乡长、昌虑左尉、山乡侯家丞。这也都证明了长、相、丞、尉是郎官外补之通途。大概“故郎中”丁禁之为昌虑左尉,系“贬秩”与“出补”同时实施,具有双重性质。

无论如何，增秩、贬秩之法仍未发展到如下程度：促使禄秩转化为一种完全脱离职位而独立累加的"品位"序列，官员可以依其序列而稳步上升或下降。

由上述可见，汉代的某些官职有不同秩次，但也仅仅数级之差而已。这种级差有时也可视为加俸等级。《汉书》卷八《宣帝纪》如淳注："太守虽号二千石，有千石、八百石居者，有功德茂异，乃得满秩。"例如石显等曾建议试用京房为郡守，汉元帝于是以其为魏郡太守，秩八百石。是试为郡守者有八百石之例。假如这样的话，郡守之职是有薪俸等级的，它可能在十八九个秩次构成的大序列上，占据了八百石、千石、比二千石、二千石、中二千石五级，从而形成一个较小序列。在这个序列上，初居郡守者禄秩较低，此后则因功劳政绩而有提升前景。然而这个序列仍未超越郡守这个职位。在现代"职位分类"体制下，同样使用"提薪"作为激励手段，但因提薪等级限定于职级之内，而职级是从属于职位架构的，所以这并没有使工资等级转化为"品位"。前述县丞、县尉各有四百石、三百石、二百石三秩，是同样的例子。官职相同而俸钱有差的情况，在居延汉简中也灼然可见①。

几个同类不同级的官职构成序列，往往具有增俸加秩的意义。《续汉书》卷二五《百官志二》："谒者三十人，其给事谒者四

①根据管东贵先生的考察，汉简中"候史的月俸有九百的有六百的，燧长月俸也有九百的及六百的"。见其《从汉简看汉代边塞的俸廪制》，《陶希圣先生八秩荣庆论文集》，台湾食货出版社 1979 年版，第 458 页。又据施伟青先生考察，候长的俸钱有 1800、1600、1200、840 钱四等，候史有 900、600、571 钱三等，燧长有 900、814、600、500、400、300 钱六等，佐史有 900、600、366 钱三等。见其《汉代居延戍边官吏的俸钱及相关的一些问题》，《中国社会经济史研究》1996 年第 2 期。

百石,其灌谒者比三百石①。……初为灌谒者,满岁为给事谒者。"②也就是说,谒者的薪俸等级有二,分别名以灌谒者、给事谒者,秩为比三百石、四百石。又同书卷二六《百官志三》注引蔡质《汉仪》:"尚书郎初从三署诣台试,初上台称守尚书郎,中岁满称尚书郎,三年称侍郎。"也就是说,尚书郎的薪俸等级有三,分别名以守尚书郎、尚书郎及侍郎。据《续汉书·百官志三》,尚书侍郎秩四百石,尚书令史二百石,那么守尚书郎和尚书郎的禄秩可以推定为比三百石和三百石。由此可见,谒者和尚书郎都在同一职位上设有增俸加秩的职级。此外,据《续汉书》卷二五《百官志二》,五官及左右中郎将三署有比三百石郎中、比四百石侍郎、比六百石中郎三等之别③,如据其他史料及尹湾汉简推断,则还可能

①原文作"其灌谒者郎中比三百石"。王先谦《后汉书集解》(中华书局1984年版,下册第1316页)于此无说。按"灌谒者"本身已成完整官名,"郎中"二字疑为夹注。而且原文本来应该是"郎中补"三字,后来"补"字误夺,"郎中"二字便被误入正文了。证以《汉旧仪》:"谒者缺,选郎中美须眉、大音者补之。"《汉官六种》,第90页。为此,本书引证时径删"郎中"二字。

②又《后汉书》卷八一《独行雷义传》注引《汉官仪》:"谒者三十五人,以郎中秩,满岁称给事,未满岁称灌谒者。"谒者多任以郎中,灌谒者从郎中比三百石之秩,故称"以郎中秩"。

③王克奇认为,东汉"三署郎似乎并不存在中郎、侍郎、郎中三个级别,只有秩比三百石之郎中",见其《论秦汉郎官制度》,附载于安作璋、熊铁基《秦汉官制史稿》,上册第385页。他的推测不能说没有道理,但所举证据却不强硬。《后汉书》中"中郎"三见。《宋书》卷三九《百官志》记汉代三署:"凡有中郎、议郎、侍郎、郎中四等。"(按议郎应在中郎之前)当然也可以说《宋志》是袭用《续汉志》成说。但直到魏晋以下,"侍郎"一名为尚书侍郎专用,余下的中郎、郎中,仍有等级区别。如《晋书》卷三《武帝纪》:"封孙皓为归命侯,拜其太子为中郎,诸子为郎中。"同书卷一〇五《石勒载记下》:"答策上第者拜议郎。中第中郎,下第郎中。"《隋书》卷一一《礼仪志六》记梁陈之制:"太中、中散、谏议大夫,议郎、中郎、郎中、舍(转下页注)

有比二百石郎中存在①。虎贲郎有比二百石之节从虎贲,比三百石之虎贲郎中,比四百石之虎贲侍郎,比六百石之虎贲中郎,"自节从虎贲久者转迁,才能差高至中郎"。这也具有同样意义。《后汉书》卷一三《公孙述传》注引《东观记》:"成帝末,述父仁为侍御史,任为太子舍人,稍增秩为郎焉。"按,太子舍人二百石,"如三署郎中"②,而郎中比三百石。从太子舍人到郎中构成了一种迁转顺序,迁转的条件则是"增秩"。

总之,汉代太守秩次不同,其原因大略有三:一是源于各郡本身存在着高下等差,正如各县本身有高下一样;二是实施奖惩时

(接上页注)人,朱服,进贤一梁冠。"是直至梁陈,郎官仍有等级之别,这都是沿用东汉旧制。曹魏以下郎官中不见了侍郎,东汉似乎也很少看到三署侍郎,但郎中、中郎的区别,似乎一直都是存在着的。再看西汉的尹湾汉墓简牍《名谒》,有"中郎王中宾",《东海郡下辖长吏名籍》有"故郎中"骆严、张霸、曾圣、盛咸、曹平等,"故贬秩郎中"丁禁,"故侍郎"郎延年、李临。见《尹湾汉墓简牍》,第85页以下,第133页。是西汉成帝之时,简牍所见郎官也有郎中、中郎、侍郎之别。

①尹湾汉简中有郎中盛咸"以功迁"为二百石建陵丞的实例,又《史记·儒林列传》索隐引如淳:"《汉仪》弟子射策,甲科百人补郎中,乙科二百人补太子舍人,皆秩比二百石。"据此李解民先生提出,汉代郎中还有"比二百石"一秩。见前揭氏著《〈东海郡下辖长吏名籍〉研究》,第68页。这个推断是可以接受的。《东海郡下辖长吏名籍》中所见郎中,除"故贬秩郎中"丁禁外另有五人。其中一位"以国人罢补"任山乡侯家丞,暂不予论;而属"以功迁"或"以积功"者有四人。既言"迁"则其原秩应低于现秩。这四人中有三人任三百石相,他们此前都属比三百石郎,可见这三郎"迁"前之秩确实低于现秩;又,曾任比四百石侍郎的郎延年"以功迁"为四百石郯右尉,亦属同例;进而郎中盛咸担任二百石丞也被称为"迁",则其郎中之原秩也应低于现秩,应为比二百石。又本书下文所论虎贲郎,也有比二百石、比三百石、比四百石、比六百石四秩,或是郎官曾有四级之差的又一旁证。

②《续汉书》卷二七《百官志四》。

的增秩、贬秩造成的；其三，郡守一职自身在禄秩序列上占据了一个迁升段落。至如三者间的关系是什么，我想汉廷尚无明确规定，三种情况是同时存在，而且相互交错的。其他官职大约也有类似情况。这三者都还没有促使禄秩超越职位而具有独立意义。从增秩、贬秩情况看，汉代官僚政治并不是没有对“品位”的内在需求，作为官僚等级制的禄秩也并不是丝毫没有“品位”色彩，而且这种色彩还在逐渐趋浓。但和唐代文武散阶相比，汉代禄秩的“品位”色彩仍不浓厚。把唐代散阶作为参照点，则“禄秩从属于职位”便成了汉代禄秩等级的鲜明特色，所以我们有理由将之归入“职位分等”。

五、散官问题

唐代的文散阶是由散官组成的。这些散官以“大夫”和“郎”为名，史家在溯源时往往把它们追溯到汉代的大夫、郎官。魏晋以下散官日益繁衍委积，为士族贵公子们提供了众多“平流进取”、“坐享天禄”之位。就是由于这些散官的不断虚衔化所导致的“官、职分离”，才逐渐演化出了唐代独立于职事官的文散阶序列。汉代散官是唐代文散阶的远祖，那么它们总归是有些特别之处，才使后来的演化成为可能；同时汉代散官和唐代散阶又有很大区别，这对理解汉唐官僚等级制之异同，也很有参考意义。为此，在本节我们对汉代散官予以讨论。

战国已有“不治而议论”的大夫之位了。齐国稷下学宫的列大夫们“不仕”、“不宦”而“受上大夫之禄，不任职而论国事”①，余

①《史记》卷七四《孟子荀卿列传》，同书卷四六《田敬仲完世家》。

英时先生因谓:“即不在官僚系统之中,所以依然能保持‘士’的身份。”①《管子·山至数》有“散大夫”,马非百释为“列大夫”②。楚汉相争时“列大夫”仍被用为爵位③,那么先秦的列大夫也应是一种官爵,所以他们未必“不在官僚系统之中”。“大夫”之称因其传统荣耀,后来还成了“贵者”的泛称④。

汉廷治事的官职有官属、有印绶,不治事、无官属之官则无印绶。诸大夫“掌论议”,郎官“掌守门户,出充车骑”⑤,他们都没有日常政务,当然也没有印绶了,属于散官。汉代并无“散官”之专名,这是后人的称谓。初看“散官”之名,顾名思义似是闲散无事之官。《后汉书》卷七〇《孔融传》:“复拜太中大夫。……及退闲职,宾客日盈其门。”李贤注:“太中大夫职在言议,故曰闲职。”杨鸿年先生因谓:“据此,可知大夫乃系一种‘闲职’。盖大夫所掌,计有论议、谏争、顾问应对、拾遗补阙、奉使出差等等。所谓论议、谏争云云,空空洞洞,本不具体。奉使出差,又是临时性质。也就难怪大夫是一种‘闲职’了。因为大夫是‘闲职’,所以两汉当权执政的人,就往往用大夫来位置以下几种人物。一、病人,二、因政治原因不愿仕宦的人,三、不宜做某些官员的人。”⑥

---

①余英时:《士与中国文化》,上海人民出版社1987年版,第58页。

②马非百:《管子轻重篇新诠》,第379页注[2]。

③《史记》卷九五《樊哙列传》:“沛公击章邯军濮阳,攻城先登,斩首二十三级,赐爵列大夫。”

④《汉书》卷一上《高祖纪》:“(萧何)令诸大夫曰:‘进不满千钱,坐之堂下。’”师古曰:“大夫,客之贵者总称耳。”又卷四《文帝纪》十二年(前168年)诏:“孝悌,天下之大顺也。力田,为生之本也。三老,众民之师也。廉吏,民之表也。朕甚嘉此二三大夫之行。”

⑤《汉书》卷一九上《百官公卿表》。

⑥杨鸿年:《汉魏制度丛考》,“大夫性质”条,第104页。

从一方面看，散官没有固定职事，所以才会被用作服丧、养疾或致仕养老之位。在西汉之时，少数得蒙殊恩的大臣可以由大夫之职致仕，如石奋以上大夫禄归老于家，岁时预朝请[①]。在官员遭遇病、丧而离职之时，如果特许他们转居散官，也属格外优遇。桓郁以侍中行服，桓焉、仲定以大夫行丧，鲁峻、刘衡以议郎服丧，胡硕以侍中养疾，傅喜以大夫养病，刘祐、索卢放以病乞身而任以大夫，以及胡广致位后被加以"特进"之号，都属其例[②]。洪适云："肃宗时越骑校尉桓郁以母忧乞身，诏公卿议，皆以郁身为名儒，学者之宗，可许之，诏听以侍中行服。后其子焉为太子太傅，以母忧自乞，听以大夫行丧。二公缠陟屺之痛，皆避剧就闲，与鲁君以议郎行丧同。"[③]对丁忧罹病的官僚不能旷位以待其服阕，原职要由新官主持；本人则优赐散官，使之继续享有俸禄名位。当然这反过来也说明，官员以丧或以疾去官之时，如无朝廷特恩，就将丧失原有禄位。至于不擅拨烦理剧而徒能"论议"者，也以处之散官为宜。例如哀帝使光禄大夫龚胜出守右扶风，"数月，上知胜非拨烦吏，乃复还胜光禄大夫"[④]。

从较长时段看，比如说到了东汉后期，诸大夫、郎官确实也在

①《汉书》卷四六《石奋传》。

②分见《后汉书》卷三七《桓郁传》、卷三七《桓焉传》、《廷尉仲定碑》（赵明诚《金石录》卷一六，《隶释》卷二五，第265页）、《司隶校尉鲁峻碑》（《隶释》卷九，第101页）、《赵相刘衡碑》（《隶释》卷一七，第171页）、蔡邕《陈留太守胡硕碑》（《全后汉文》卷七五，《全上古三代秦汉三国六朝文》，第1册第882页）、《汉书）卷八二《傅喜传》、《后汉书》卷六七《刘祐传》、卷八一《索卢放传》、蔡邕《太傅胡广碑》（《全后汉文》卷七五，第1册第885页）。

③洪适：《司隶校尉鲁峻碑跋》，《隶释》卷九，第101页。"陟屺之痛"指代丧母，参看《诗经·魏风·陟岵》。

④《汉书》卷七二《龚胜传》。

日趋闲散①。不过在西汉和东汉初年时，情况还未必完全如此。诸大夫的“奉使出差”虽属“临时性质”，却未必是微末事务。比如说，汉代的大夫经常被派出去“循行天下”，前往郡国循视、存问、布政、察举，这在沟通中央与地方上具有重要意义：

宣帝元康四年（前 62 年）：遣大中大夫强等十二人循行天下，存问鳏寡，览观风俗，察吏治得失，举茂材异伦之士。（《汉书》卷八《宣帝纪》）

元帝初元元年（前 48 年）诏：临遣光禄大夫褒等十二人，循行天下，存问耆老鳏寡孤独困乏失职之民，延登贤俊，招显侧陋，因览风俗之化。（《汉书》卷九《元帝纪》）

元帝建昭四年（前 35 年）诏：临遣谏大夫、博士赏等二十一人循行天下，存问耆老鳏寡孤独乏困失职之人，举茂材特立之士。（《汉书》卷九《元帝纪》）

成帝永始三年（前 14 年）：临遣大中大夫嘉等循行天下，存问耆老，民所疾苦。其与部刺史举惇朴逊让有行义者，各一人。（《汉书》卷一〇《成帝纪》）

如果遇到临时事宜或变故，朝廷往往派遣大夫受命前往处理：

景帝中元二年（前 148 年）诏：王薨，遣光禄大夫吊襚祠赗，视丧事，因立嗣子。列侯薨，遣大中大夫吊祠，视丧事，因立嗣。（《汉书》卷五《景帝纪》）

---

①例如，《后汉书》卷五四《杨震传》：“时郡国计吏多留拜为郎，秉上言三署见郎七百人，帑臧空虚，浮食者众……”

成帝建始三年(前30年)诏:乃者郡国被水灾,流杀人民,多至千数。京师无故讹言大水至,吏民惊恐,奔走乘城。殆苛暴深刻之吏未息,元元冤失职者众。遣谏大夫林等循行天下。(《汉书》卷一〇《成帝纪》)

成帝河平三年(前26年):遣光禄大夫、博士嘉等十一人行举濒河之郡水所毁伤困乏不能自存者,财振贷。……举惇厚有行能直言之士。(《汉书》卷一〇《成帝纪》)

成帝鸿嘉元年(前20年)诏:临遣谏大夫理等,举三辅、三河、弘农冤狱。(《汉书》卷一〇《成帝纪》)

成帝绥和二年(前7年)哀帝诏:乃者河南、颍川郡水出,流杀人民,坏败庐舍。朕之不德,民反蒙辜,朕甚惧焉。已遣光禄大夫循行举籍,赐死者棺钱,人三千。(《汉书》卷一一《哀帝纪》)

平帝元始元年(公元1年):遣谏大夫行三辅,举籍吏民,以元寿二年仓卒时横赋敛者,偿其直。(《汉书》卷一二《平帝纪》)

王莽地皇二年(21年):莽又多遣大夫、谒者分教民煮草木为酪,酪不可食,重为烦费。(《汉书》卷九九下《王莽传》)

光武帝建武五年(29年):帝使太中大夫持节拜宫为辅威将军。(《后汉书》卷一八《臧宫传》)

顺帝汉安元年(142年):时诏遣八使巡行风俗,皆选素有威名者,乃拜举为侍中,与侍中杜乔、守光禄大夫周栩、前青州刺史冯羡、尚书栾巴、侍御史张纲、兖州刺史郭遵、太尉长史刘班,并守光禄大夫,分行天下。其有刺史、二千石有臧罪显明者,驿马上之。墨绶以下,便辄收举。其有清忠惠利,为百姓所安,宜表异者,皆以状上。于是八使同时俱拜,天下

号曰"八俊"。(《后汉书》卷六一《周举传》)

各种职能机构的官吏各有其日常事务,分身乏术;那么各种临时差使,依惯例便落到了散官大夫们的头上①。从上引材料中还能看到,一些人是先被委以出使之任,随后才加大夫之衔的,或如末条所示,以本官刺史、尚书、侍御史、太尉长史等等"守"光禄大夫。可见大夫们承担出使乃是惯例,如果原先不是大夫的,也要即时任为大夫,才算名正言顺。

这样看来,大夫们还不是一年到头优游禄位。其所承担的差使,甚至还包括金戈铁马、洒血疆埸,例如:

武帝建元三年(前 138 年):闽越围东瓯,东瓯告急。遣中大夫严助持节发会稽兵,浮海救之。(《汉书》卷六《武帝纪》)

①以大夫身份受任出使,又如中大夫朱某、中大夫意、光禄大夫张猛出使匈奴,分见《史记》卷九七《郦生陆贾列传》、卷一一〇《匈奴列传》、《汉书》卷六一《张骞传》;太中大夫陆贾、谏大夫终军出使南越,分见《史记》卷九七《郦生陆贾列传》、卷一一三《南越列传》;光禄大夫义渠安国使行诸羌,见《汉书》卷六九《赵充国传》;光禄大夫常惠前往敦煌,见《汉书》卷九六下《西域传》;段会宗以光禄大夫使乌孙,见《汉书》卷七〇《段会宗传》;谏大夫贡禹参与杂考刘更生,见《汉书》卷三六《楚元王传》;太中大夫任宣受任辨认汉宣帝外家,见《汉书》卷九七上《外戚传》;太中大夫吾丘寿王受任规划上林苑,见《汉书》卷六五《东方朔传》;太中大夫张匡受任持节和解夜郎王兴与钩町王禹,见《汉书》卷九五《西南夷传》;谏大夫桓谭受任班诏天下,见《汉书》卷九九上《王莽传上》;谏大夫如普受任巡视边防,见《汉书》卷九九中《王莽传中》;等等。还可参看廖伯源:《汉代大夫制度考释》,"四、皇帝之使者",《中国历史学会史学集刊》第 27 期,1995 年,第 148 页以下。

> 武帝天汉（前100—前97年）中徐勃起事：乃使光禄大夫范昆、诸辅都尉及故九卿张德等，衣绣衣、持节虎符，发兵以兴击，斩首大部，或至万余级。（《史记》卷一二二《酷吏列传》）
>
> 光武帝建武三年（27年）：（邓晨）拜光禄大夫，使持节监执金吾贾复等击平邵陵、新息贼。（《后汉书》卷一五《邓晨传》）
>
> 光武帝建武五年：（张纯）拜太中大夫，使将颍川突骑安集荆、徐、杨部，督委输，监诸将营。（《后汉书》卷三五《张纯传》）
>
> 光武帝建武八年：（高）峻据高平，畏诛坚守，建威大将军耿弇率太中大夫窦士、武威太守梁统等围之，一岁不拔。（《后汉书》卷一六《寇恂传》）

光武帝时大夫参与战事的情况相当之多，出使监军的又如太中大夫王遵、郑兴，率兵从征的又如太中大夫马援、臧宫①。有些大夫率兵出征时被加以“将军”之号②，但这是临时性的。大庭脩指出：“本来将军是为征发叛乱和进行外征而临时设置的官职，因此，战事一旦结束，将军就被罢免，这是武帝以前大体上的原则。

①分见《后汉书》卷一三《隗嚣传》、卷三六《郑兴传》、卷一五《来歙传》、卷一八《吴汉传》。

②《史记》卷一〇八《韩长孺列传》武帝元光元年（前134年）：“太中大夫李息为材官将军。”《史记》卷一一一《卫将军骠骑列传》武帝元光五年（前130年）：“大中大夫公孙敖为骑将军，出代郡”；武帝元封四年（前107年）：“（郭昌）以太中大夫为拔胡将军，屯朔方。还击昆明，毋功，夺印。”

因此，被任命为什么官的人，征战结束仍旧任原来的官职。”①这个原则也适用于大夫。

还可指出的是，在经营西域的事业上“大夫”曾有特殊贡献。《汉书》卷一九上《百官公卿表》：“西域都护，加官，宣帝地节二年（前 68 年）初置，以骑都尉、谏大夫使护西域三十六国。”“西域都护”最初不是官名而是职事的加号，它的最初形式是以“骑都尉、谏大夫”来“使护西域三十六国”。这不是突发奇想而是有制度根据的。汉廷的出使异域者往往以“大夫”为之，规取西域时又常常派“使者”前行。《汉书》卷九四上《匈奴传》：“马宏者，前副光禄大夫王忠使西国，为匈奴所遮，忠战死，马宏生得，亦不肯降。”这些前往西国的“使者”，本来就有任以“大夫”的情况②。

有趣的是学者还指出，西域都护的前身应是“使者校尉”③。在《汉书·西域传》“置使者校尉领护”一语中，这“使者”与“校尉”是一事还是二事，其实不必过分拘泥。汉宣帝神爵中（前 61—前 58 年）以郑吉为都护西域骑都尉，史家叙述西域都护往往以此为始④，

①大庭脩：《秦汉法制史研究》，第 317 页。

②“西国”即“西域”。又《汉书》卷七〇《傅介子传》谓，楼兰王安归曾“候遮汉使者，发兵杀略卫司马安乐、光禄大夫忠、期门郎遂成等三辈”。“三辈”即前后三个使团，“光禄大夫忠”即王忠，这里又说为楼兰王所杀，其时楼兰与匈奴相结抗汉也。

③参看张维华：《西汉都护通考》，《汉史论集》，齐鲁书社 1980 年版，第 245 页以下；余太山：《两汉魏晋南北朝与西域关系史研究》，“四、两汉西域都护考”，中国社会科学出版社 1995 年版，第 233 页以下。

④《汉书》卷七〇《郑吉传》：“都护之置自吉始焉。”或说西域都护始于宣帝神爵三年（前 59 年），如《新疆简史》，新疆人民出版社 1980 年版，第 1 册第 37—38 页。林剑鸣《秦汉史》采用了这一说法，见其《秦汉史》，上海人民出版社 1989 年版，上册第 501 页。但《汉书》卷八《宣帝纪》神爵二年（前 60 年）春二月诏已有“使都护西域骑都尉郑吉迎日逐”语，（转下页注）

而且把“都护”和“西域骑都尉”连为一官[①];此外学者还有“以骑都尉谏大夫出任”[②]、“由中央政府委派骑都尉或谏大夫充任”[③]一类含糊其辞的说法。余太山先生取《汉百官公卿表》西域都护“地节二年初置说”,又以《景武昭宣元成功臣表》参证之,谓神爵二年时郑吉的本职实际只是“骑都尉、光禄大夫”[④]。安作璋先生认为《百官表》中“骑都尉、谏大夫”这个组合中,骑都尉比二千石,谏大夫比八百石,都与二千石的都护不相称,所以《百官表》中的谏大夫应为“光禄大夫”之误[⑤]。不过,甘延寿就曾被推荐担任“谏大夫、使西域都护、骑都尉”[⑥],可见《百官表》未必有误,安先生所说不确。又段会宗在“竟宁(前 33 年)中,以杜陵令,五府举为西域都护、骑都尉、光禄大夫”[⑦];复参前引,段会宗在安辑乌孙时,其官号为左曹中郎将、光禄大夫,同样都是文武两兼。总之帝国的西疆开拓者往往同时拥有两个头衔,一文一武;文职为谏大夫、光禄大夫之类,武职为骑都尉或中郎将等等。就“使者校尉”这个官名而言,谏大夫、光禄大夫对应着“使者”,“校尉”则对应着骑都尉之类的军职。西域对帝国边防的重大意义不言而喻,而散官“大夫”曾以“使者”身份在此大显身手。那么,只把大夫看成吃

(接上页注)故又有学者谓在神爵二年,如苏北海:《西域历史地理》,新疆大学出版社 1988 年版,第 88 页。

①如吕宗力主编《中国历代官制大辞典》谓“宣帝神爵中,以郑吉并护鄯善以西南道、车师以西北道,称都护西域骑都尉”。第 344 页。

②李大龙:《两汉时期的边政与边吏》,黑龙江教育出版社 1995 年版,第 35 页。

③《新疆简史》,第 1 册第 37—38 页。

④余太山:《两汉魏晋南北朝与西域关系史研究》,第 240 页。

⑤安作璋:《两汉与西域关系史》,齐鲁书社 1979 年版,第 43 页。

⑥《汉书》卷七〇《甘延寿传》。

⑦《汉书》卷七〇《段会宗传》。

闲饭的，合适么？

综上所述，仅仅以“论议”概括诸大夫的职能，是远远不够的。或谓散官是“指有官名而无固定职事的官，与职事官相对而言”[①]，这“无固定职事”一语相当稳妥。因无日常业务，别人忙的时候散官可能闲在一边儿，甚至在那儿养病。但另一方面，“无固定职事”毕竟不等于没有职事，同样在哀帝之世，王嘉曾有如下奏疏：

> 嘉上疏曰：“……前苏令发，欲遣大夫使逐问状，时见大夫无可使者，召盩厔令尹逢，拜为谏大夫遣之。[今]诸大夫有材能者甚少，宜豫畜养可成就者，则士赴难不爱其死。临事仓卒乃求，非所以明朝廷也。”嘉因荐儒者公孙光、满昌及能吏萧咸、薛修等，皆故二千石有名称。天子纳而用之。（《汉书》卷八六《王嘉传》）

在苏令起义爆发后，朝廷立刻打算派大夫“使逐问状”，可一时找不到称职的人选，为此只好仓猝任命了县令尹逢为谏大夫。朝廷派遣尹逢时必要先行“拜为谏大夫”，因为依据惯例，这些临时事变应由“大夫”代表朝廷出面处理。由于诸大夫构成了一个储才待用之所，所以除了“儒者”外也任以“能吏”。王嘉担心这个储才之所所储非才，便建议让那些能干大事、舍命不怕死的人充斥其间，以供随时派遣。可见，在汉代担任散官的人，并不仅仅是“病人”、“因政治原因不愿仕宦的人”和“不宜做某些官员的人”这三种人。

进而再来看与大夫有关的如下事例：

---

①吕宗力主编：《中国历代官制大辞典》，第769页。

晁错：太子家号曰“智囊”。数上书孝文时，言削诸侯事，及法令可更定者。书数十上，孝文不听，然奇其材，迁为中大夫。当是时，太子善错计策，袁盎诸大功臣多不好错。（《史记》卷一〇一《晁错列传》）

石奋：其官至孝文时，积功劳至大中大夫。（《史记》卷一〇三《万石张叔列传》）

周仁：景帝为太子时，拜为舍人，积功稍迁，孝文帝时至太中大夫。（《史记》卷一〇三《万石张叔列传》）

赵禹：以刀笔吏积劳，稍迁为御史。上以为能，至太中大夫。与张汤论定诸律令，作见知，吏传得相监司。用法益刻，盖自此始。（《史记》卷一二二《酷吏列传》）

张汤：补御史，使案事。治陈皇后蛊狱，深竟党与。于是上以为能，稍迁至太中大夫。与赵禹共定诸律令，务在深文，拘守职之吏。（《史记》卷一二二《酷吏列传》）

朱买臣：为太中大夫，用事；而（张）汤乃为小吏，跪伏使买臣等前。（《史记》卷一二二《酷吏列传》）

赵始成：（李广利伐大宛）军正赵始成功最多，为光禄大夫。（《汉书》卷六一《李广利传》）

在这里又能看到，积功有能者才能居大夫之位，大夫有“用事”参政之责。有时他们承担的还是很重要的政务，例如制定律令。认为大夫全都悠闲自在、无所事事，他们要委屈得鸣不平了。

不仅大夫，同属散官的郎官也经常承担差使：

司马相如：相如为郎数岁，……上闻之，乃遣相如责唐蒙，因谕告巴蜀民以非上意。（《史记》卷一一七《司马相如

列传》)

司马迁:于是迁仕为郎中,奉使西征巴蜀以南,略邛、筰、昆明,还报命。(《汉书》卷六二《司马迁传》)

郑吉:数出西域,由是为郎。……至宣帝时,吉以侍郎田渠黎,积谷,因发诸国兵破车师,迁卫司马。(《汉书》卷七〇《郑吉传》)

刘向:向以故九卿召拜为中郎,使领护三辅都水。(《汉书》卷三六《楚元王传》)

乐奉:时乌孙公主遣女来至京师学鼓琴,汉遣侍郎乐奉送主女,过龟兹。(《汉书》卷九六下《西域传》)

殷广德:后汉使侍郎殷广德责乌孙,求车师王乌贵,将诣阙,赐第与其妻子居。(《汉书》卷九六下《西域传》)

可见郎官也不是整天干呆着,他们不仅有"掌守门户,出充车骑"的日常职责,而且也经常被委以各种临时差使,与诸大夫相似①。

①这一制度至少延续到了魏晋时代。魏晋的郎官属于所谓"王官司徒吏"中的"王官",经常承担临时差使,还要定期番上。参看拙作《北魏北齐"职人"初探——附论魏晋的"王官司徒吏"》,《文史》第48辑,中华书局1999年版。长沙走马楼吴简两件嘉禾元年(232年)的文书提到了一位"右郎中何宗",其"所督"有"武□司马"及"别部司马",涉及了军粮督运事宜。王素先生认为,"显然,此处的'右郎中',不可能是中央官","应为潘濬奋威将军府的官号"。见其《长沙走马楼三国孙吴简牍三文书新探》,《文物》1999年第9期。但这个推测根据不足。孙吴仍有三署郎官,参看田余庆:《暨艳案及相关问题——兼论孙吴政权的江东化》,《秦汉魏晋史探微》,中华书局1993年版,第280—283页。走马楼简的"右郎中"应即右中郎将署的郎中,不是军府之官。又《吴九真太守谷朗碑》:"功成辞退,拜五官郎中。"见《八琼室金石补正》卷八,文物出版社1985年版,第42页。"五官郎中"即五官中郎将所辖之郎中。这也是孙吴的郎中照旧从(转下页注)

汉代的散官大夫，也许可以追溯到先秦的"列大夫"。不过由于战国间官僚制化的剧烈转型，汉代散官大夫的"品位"色彩淡化了许多，"职能"意味明显增强了。所以，汉代的散官和唐代的散官是有重大区别的。岳珂辨析二者之异："还考汉制……当时之仕于朝者，不任以事，则置之散，正如今日宫观设官之比，未有以职为实，以散为号，如后世者也。"①特进、奉朝请在汉代只是名号。《汉书・百官公卿表》说侍中、给事中是加官。不过侍中秩比二千石，设有长官仆射及祭酒，除了用作加官外，至少到东汉就有了专任者②；有人认为给事中也不完全是加官③。任给事中者有"平尚

(接上页注)属三署之证。三署郎出都承担临事任，自汉已然。

曹魏也有类似情况。曹植墓砖铭文："太和七年三月一日壬戌朔十五日丙午，兖州刺史侯甾遣士朱周等二百人作毕陈王陵，各赐休二百日。别驾(督)郎中王□(纳)主者，司徒从掾位张顺。"参看东阿文化馆：《山东东阿县鱼山曹植墓发现一铭文砖》，《文物》1979年第5期；卢善焕：《曹植墓砖铭释读浅议》，《文物》1996年第10期。这位"别督郎中王纳"，就是督责建陵的官员之一。由以上两个郎中任"督"的例子，说明孙吴、曹魏的郎官依然经常承担临时差使。

附带说，高敏先生和陶新华同学都曾考察过魏晋士家的分休制度。分见高敏：《两晋时期兵户制考略》，《历史研究》1992年第6期；陶新华：《魏晋士家"休假"制度考论》，《中国史研究》1999年第2期。而曹植墓砖铭文中"士朱周等二百人"的"士"应是士家，他们的"作毕陈王陵，各赐休二百日"，也应是士家休假的一种形式，而且休假时间长达"二百日"之久，能在家中呆大半年呢。

①岳珂：《愧郯录》卷七《散阶勋官寄禄功臣检校试衔》，《丛书集成初编》第0842册。

②余行迈：《两汉侍中制度初探》，《陈乐素教授九十诞辰纪念文集》，广东人民出版社1992年版，第375页。

③秦欣：《西汉给事中非加官考》，《文史》第31辑，中华书局1989年版。

书奏事”之职事[①]，在东汉侍中也承担起了同样职责[②]。至于郎官，他们既有宿卫之责，也承担各种临时差使。此外，好多“待诏”也有散官的意味[③]。岳珂认为汉代散官还不像唐宋那种“以职为实，以散为号”意义上的散官，这个意见入情入理，因为它们依然是“官”，而不是“阶”。

总的说来，包括东汉在内，诸散官仍是“官”而不是“阶”。它们仍有众多职事，尽管是不固定的职事。当然汉代存在着散官“闲散化”的趋势，尤其是东汉中期以来，诸大夫以至郎官的闲散是很明显的，这已开启了魏晋以下散官不断委积、不断虚衔化的进程。《通典》卷三四《职官十六》谓：光禄等大夫“魏氏以来，无员，转优重，不复以为使命之官，其诸公告老，皆家拜此位；及在朝显职，复用加之。”说的就是这么个发展：魏晋以来诸大夫转为优老之官和加官，不再是承担临时或不固定任务的“使命之官”了。但西汉情况还不完全如此。至少在秦与西汉之时，官僚机构还是相当地精干，以“霸道”治天下的帝国统治者并不怎么情愿白白向人奉送名位，也不打算白白养活太多的闲人。

六、禄秩等级与吏治精神

西汉禄秩，史料所见有中二千石、二千石、比二千石、千石、比

---

①《太平御览》卷二二一引《汉仪注》：“诸给事中日上朝谒，平尚书奏事。”

②《续汉书》卷二六《百官志三》注引《献帝起居注》：“帝初即位，初置侍中、给事黄门侍郎，员各六人，出入禁中，近侍帷幄，省尚书事。”

③杨鸿年指出，汉代太史所属待诏为正官，普通待诏则是听候差使或听候分配之职。见其《汉魏制度丛考》，“待诏”条，第125页。

千石、八百石、比八百石、六百石、比六百石、五百石、比五百石、四百石、比四百石、三百石、比三百石、二百石、比二百石、百石、比百石等众多级差①。汉成帝时取消了八百石、五百石。百石以下则有斗食、佐史，这个微末的层次也划分为许多等级②。

依汉代禄秩的基本精神，俸禄等级是与官位亦即职事联系在一起的：居其职方有其秩，居其职则从其秩。以“禄秩”为本位，也就意味着以“职事”而不是“身份”为本位。在阐释禄秩的来源之时，我们曾以“月俸”为线索将之上溯到了周代“稍食”，并曾指出，就连禄秩的“以俸禄多寡为等级之名”一点，可能也是以“稍食”为始的。这“稍食”的考功定廪之法，无疑已具有“廪食从属于

①汉代还能看到“真二千石”这个秩级，徐天麟《西汉会要》已指出《汉书·百官公卿表》“乃亡此秩，欠考”。陈梦家先生的《汉简缀述·汉简所见奉例》认为这个等级是后来所增的：“二千石秩，后来增中、真、比为四等。”周国林先生认为“真二千石”即二千石，见其《汉史杂考》“真二千石与诸二千石差次”一节，《华中师范大学学报》1995 年第 1 期。《尹湾汉简》中也能看到“真二千石”，但卜宪群先生说这是“满岁为真”之“真”，还是作为秩次的“真二千石”，无法断言，见其《西汉东海郡吏员设置考述》，《中国史研究》1998 年第 1 期。按《三国志》卷五《魏书·后妃传》：“婕妤视中二千石，容华视真二千石，美人视比二千石。”汉代存在“真二千石”的秩级应无疑问，但它与中二千石、二千石、比二千石是什么关系，仍然有待考察。

又何德章先生云：“《汉书·百官公卿表》及后来述西汉官制的史籍与研究著作均不曾提及‘比百石’这一秩别。《汉书》卷八八《儒林传序》称公孙弘奏请选择吏‘比百石以下补郡太守卒史’，知西汉时曾有之。”见其《中国俸禄制度史》，第 29 页。按官蔚蓝先生在 40 年代已有同样看法：“是西汉又有比百石之秩。”见其《西汉的俸禄制度及其政治》，《中央日报》1946 年 8 月 3 日。

②根据陈梦家先生研究，汉简所记令史、啬夫、尉史、侯史、亭长、书佐等斗食、佐史级的小吏，其月俸有 600、570、500、480、400、360、300、200、100 钱的诸多级差。见其《汉简所见奉例》，《文物》1963 年第 5 期。

职位”的性质。进而秦国、燕国以俸禄为官秩之名，这官秩由吏员下层不断向上扩展，直到中二千石的高官大吏。秦汉帝国严整有序的禄秩等级，乃是官僚政治成熟发达的重要表征。回顾禄秩等级的发展历程，其“禄秩从属于职位”这个性质由何而来，就不难理解了。

汉代吏治特重吏能功劳，“以能取人”构成了汉代选官的重大特征。如汉武帝倚重文法酷吏，而那些酷吏们正多以“能”为称者。据《史记》卷一二二《酷吏列传》：赵禹，“上以为能，至太中大夫”；张汤，“上以为能，稍迁至太中大夫”；义纵，“上以为能，迁为河内都尉”；王温舒，“天子闻之，以为能，迁为中尉”；尹齐，“上以为能，迁为中尉”；杨仆，“天子以为能，南越反，拜为楼船将军”①。“能”之见于事则为功劳。“功次”构成了汉廷褒奖官吏的基本依据。史籍中诸如“功次补天水司马”、“功次补大鸿胪文学”、“功次迁河南都尉”、“积功劳稍迁至廷尉右监”、“积劳迁为御史”等等都在显示，官簿上累积的功劳是迁升官吏的基本依据；在汉简中功劳簿一类文件中人们能够看到，其时对功绩、勤务的计算存在着精密的制度②，甚至还有计分之法③。在尹湾汉墓简牍《东海

①参看拙作《察举制度变迁史稿》，辽宁大学出版社 1997 年第 2 版，第 2 章“授试以职和必累功劳”。

②参看大庭脩：《论汉代的论功升进》，《简牍研究译丛》第 2 辑；《秦汉法制史研究》第 4 篇第 6 章“汉代的因功次晋升”；《〈建武五年迁补牒〉和功劳文书》，《简帛研究译丛》，湖南出版社 1996 年版；李振宏：《居延汉简中的劳绩制度》，《中国史研究》1988 年第 2 期；胡平生：《居延汉简中的“功”与“劳”》，《文物》1995 年第 4 期；佐藤達郎：《漢代官吏の考課と昇進——功次による昇進を中心として》，日本古代史协会《古代文化》第 48 卷第 9 号，1996 年。

③于振波：《汉简“得算”、“负算”考》，收入李学勤主编：《简帛研究》第 2 辑，第 324 页以下。

郡下辖长吏名籍》所记迁、除实例一百一十多个，其中标明“以功迁”的就有七十多例①，占到了65%。而汉代禄秩附丽于职位，并不是跟随官员个人走的，这也就意味着，禄秩是对吏能功次的直接酬报。

现代文官制度，要求对各类各级文官的权力、责任、等级、报酬、资格等等予以明文规定，尤其是实行职位分类的地方，还要经过复杂的程序制订出精密的“职位说明书”。在《左传》、《国语》以及《尚书》的有关记载中，有迹象说明周人已开始对各种职位作书面说明了。对官职等级职能的阐述，构成了《周礼》一书的结构框架，这当然是有现实为基础的。睡虎地“秦律”也显示了类似情况。例如其中《司空》，被注释者释为“关于司空职务的法律”，《内史杂》被释为“关于掌治京师的内史职务的各种法律规定”，《尉杂》被释为“关于廷尉职务的各种法律规定”，《属邦》被释为“关于属邦职务的法律”②。汉代的文官管理法规又大大进化了。《汉书》中的《百官公卿表》，对各个官职的员额、权限、职责、印绶、秩次都一一叙之。汉惠帝时以御史察三辅，为其规定了“九条”之制③；武帝设刺史一官，秩六百石，为州牧则为二千石，其职责是著名的“六条察州”，对其权限则有“刺史不察黄绶”④之文，等等。《汉旧仪》等文献中的官制记载，也应来自各种法规及官府“故事”。

①《东海郡下辖长吏名籍》，《尹湾汉墓简牍》，第85页以下。

②《睡虎地秦墓竹简》，第80、105、110页。

③《唐六典》卷一三《侍御史》：“惠帝三年，相国奏遣御史监三辅不法事：有辞讼者，盗贼者，铸伪钱者，狱不直者，繇赋不平者，吏不廉者，吏苛刻者，逾侈及弩力十石以上者，作非所当服者，凡九条。”

④《汉书》卷八三《朱博传》。

官员管理法规中，各种职位的资格分类和迁转途径，条分缕析。汉代丞相府有“四科辟士”之制，“四科”即德行、经学、法令、吏能四种资格；又刺史以“三科”举秀才，即明经、明律令、能治剧三种资格[①]。丞相府的西曹南阁祭酒、侍中，按规定应该用德行科；议曹、谏大夫、议郎、博士及王国傅、仆射、郎中令等，按规定应该用明经科；侍御史、廷尉正监平、市长丞、符玺郎等，按规定应该用明法科；三辅令、贼曹、决曹等，按规定应该用治剧科[②]。官员的迁转途径也有法可依，例如博士高第为尚书，次为刺史，其不通政事，以久次补诸侯太傅[③]；刺史居部九岁举为守相，州牧高第补九卿[④]；陵园丞例迁府长史、都官令、候、司马[⑤]；尚书郎剧迁二千石或刺史，公迁县令[⑥]；公府掾高第补侍御史，侍御史高第补廷尉正监平、御史中丞，出治剧为刺史、二千石，平迁补令，及补博士、诸侯王郎中令[⑦]；谒者例迁县令长、都官府丞、长史[⑧]；中二千石书佐

①《汉旧仪》：“丞相设四科之辟，以博选异德名士，称才量能，不宜者还故官。第一科曰德行高妙，志节清白；二科曰学通行修，经中博士；三科曰明晓法令，足以决疑，能案章覆问，文中御史；四科曰刚毅多略，遭事不惑，明足以照奸，勇足以决断，才任三辅[剧]令。”“刺史举民有茂材，移名丞相。丞相考召，取明经一科，明律令一科，能治剧一科，各一人。”《汉官六种》，第37页。

②以上参看前注，以及《续汉书》卷二六《百官志三》注引《汉仪》：“侍中常伯。选旧儒高德，博学渊懿”；《初学记》卷一二：侍中“汉本用旧儒高德”；《续汉书》卷二六《百官志三》注引《汉官》：“市长一人，秩四百石，丞一人，二百石，明法补”；符玺郎中“当得明法律郎”。

③《汉书》卷八一《孔光传》。

④《汉书》卷八三《朱博传》。

⑤《续汉书》卷二五《百官志二》注引《汉官名秩》。

⑥《续汉书》卷二六《百官志三》注引《汉仪》。

⑦《汉旧仪》，《汉官六种》，第40页；《续汉书》卷二六《百官志三》注引《汉仪》；《汉官仪》，《汉官六种》，第132页。

⑧《后汉书》卷四《和帝纪》注引《十三州志》。

试补丞相令史,丞相令史迁补御史令史[1];兰台令史补尚书令史,尚书令史补尚书郎[2];等等。有些职位的资格特别被规定为"孝廉郎作",如陵园丞、羽林监、尚书郎、洛阳尉、谒者、太官丞[3]。由此可见,汉廷对于"职位"的管理,堪称周密。

比起先秦的爵制和南北朝唐宋的"阶职分立制",居其职、任其事方有其秩的禄秩等级颇富个性,足以显示秦汉帝国的政治特色。章太炎论秦政不同于后世:"独秦制本商鞅,其君亦世守法。……要其用意,使君民不相爱,块然循于法律之中。……借令秦皇长世,易代以后,扶苏嗣之,虽四三皇、六五帝曾不足比隆也,何有后世繁文缛礼之政乎!"[4]章氏极言秦法为后世所不及,我们也觉得秦帝国纯以法律治天下,汉政"儒表法里"、"霸王道杂之",确实大异于后世的"繁文缛礼之政"。韩非说"吏者平法者也",以法治天下,也就是以吏治天下。

秦去古未远,其统治者仍不是出自平民,而有其悠久高贵的来源,秦的二十等爵也仍然以身份为本;汉初的统治集团则一变而为"布衣将相",这个变迁是如此的剧烈,以至赵翼惊为"天地一

---

①卫宏:《汉旧仪》,《汉官六种》,第 69 页。

②《太平御览》卷二一三引《汉官仪》。这是西汉制度。

③《续汉书》卷二五《百官志二》注引《汉官名秩》:陵园丞"皆选孝廉郎年少薄伐者"。注引《汉官》:羽林左监"孝廉郎作"。卷二六《百官志三》注引《决录注》:"故事,尚书郎以令史久缺者补之,世祖始改用孝廉为郎。"卷二八《百官志五》注引《汉官》:洛阳县"孝廉左尉四百石,孝廉右尉四百石"。《后汉书》卷四《和帝纪》注引《十三州志》:谒者"皆选孝廉年未五十,晓解宾赞者"。《太平御览》卷二二九引《汉官仪》:太官丞"四人,郡孝廉年五十,清修聪明者,光禄上名乃召拜"。

④章太炎:《秦政记》,《太炎文录初编》卷一,《章太炎全集》(四),上海人民出版社 1985 年版。

大变局”。汉代视官为“吏”，自佐史至三公皆可称“吏”：张汤为廷尉，《汉书》卷五九《张汤传》谓“汤至于大吏”，是九卿可以称“吏”；同书卷六〇《杜周传》：“张汤、杜周并起文墨小吏，致位三公，列于酷吏。”是三公不妨称“吏”；同书卷一九上《百官公卿表》：“吏员自佐史至丞相，十二万二百八十五人。”又，二千石郡守号称“长吏”。《史》、《汉》皆有“循吏”、“酷吏”之传，其中不乏居高官者。选曹又称“吏部”。《后汉书》卷一七《贾复传》：“朱祐等荐复宜为宰相，帝方以吏事责三公，故功臣并不用。”注引《东观记》：“上以天下既定，思念欲完功臣爵土，不令以吏职为过，故皆以列侯就第也。”是三公乃“吏职”，所任为“吏事”。《后汉书》卷一八《吴汉传》：“（谢）躬勤于职事，光武常称曰：‘谢尚书真吏也。’”这些现象，我们都觉得大有深意。秦汉帝国统治者的视官如“吏”，就是汉代“有秩而无阶”、禄秩附丽于职位的缘由。

春秋以上的封建时代，贵族士大夫拥有高贵的身份与教养，与相适应的官员酬报便是“爵禄”。《左传》、《国语》中的“疆吏”、“什吏”、“军吏”、“吏人”、“下吏”、“百吏”之类，则应是胥吏阶层留下的印迹，在《周礼》中他们属于领取“稍食”的府史胥徒。战国变法以来“吏”阶层开始扩张，这在禄秩等级上的体现，就是被视为“吏”者上升到了千石左右，进而是二千石的层次。官员的俸禄，也开始被昔日的“稍食”所同化，逐渐采取了“月俸”的形式，同时也就继承了其“计功授廪”的原则，并把重心置于“职事”之上。

汉人称“若秦时但任小臣，诛杀忠良，竟以灭亡；令亲任大臣，即至今耳”①。这“但任小臣”不应理解为不任“大臣”，而是说以

---

①《汉书》卷六六《杨恽传》。

对待“小臣”的态度对待“大臣”。汉初朝廷仍踵其风。萧何、樊哙、周勃动辄得咎下狱，以致周勃感叹曾将百万军，而今方知狱吏之贵。“大臣废退，当阖门惶惧，为可怜之意，不当治产业、通宾客、有称誉”①。一旦被罢免，则如丧家之犬。贾谊回首古制、感怀古义，禁不住为当今世态而痛心疾首：“王侯三公之贵，……今与众庶徒隶同黥、劓、髡、刖、笞、骂、弃市之法。……束缚之，系绁之，输之司空，编之徒官，司寇、牢正、徒长、小吏骂詈而榜笞之。”这在贾谊看来是“如遇犬马”、“如遇官徒”，弄得“大官而有徒隶无耻之心”②。官徒者，贱吏也。贾谊大声疾呼，卿大夫士应与“官师小吏”判然有别。我们曾把士大夫比作下嫁的贵族小姐，而把“官人百吏”比作扶了正的女仆，专制者对后者可以颐指气使，不高兴了就踹两脚，她也不以为恨。不过这女仆做了一段太太便忘了本，竟开始埋怨丈夫对她不如对前妻好了。这在专制者看来是很不识相的。

学者向来都指出秦汉之俸禄较后代微薄，汉人则抱怨秦汉俸禄较前代微薄。《盐铁论·疾贪》：“古之制爵禄也，卿大夫足以润贤厚士，士足以优身及党，庶人为官者足以代其耕而食其禄。今小吏禄薄，郡国繇役远至三辅，粟米贵，不足相赡。常居则匮于衣食，有故则卖畜粥业。”崔寔亦云：“昔在暴秦，反道违圣，厚自封宠，而虏遇臣下。汉兴因循，未改其制，夫百里长吏，荷诸侯之任，而食监门之禄。”③荀悦也有同样感触：“古之禄也备，汉之

①《汉书》卷六六《杨恽传》。

②《新书·阶级》，上海古籍出版社 1989 年版，第 20 页。

③崔寔：《政论》，严可均《全后汉文》卷四六，第 1 册第 726 页。“食监门之禄”的所谓“监门”，于先秦在皂隶之列（参看吴荣曾：《监门考》，（转下页注）

禄也轻。”①

萨孟武先生指出，百石吏“其收入不过与百亩农夫相似”，“西汉小吏之禄不如上农”②。官蔚蓝先生推算：“必须比二百石以上官吏，俸禄才能维持一家生计。”③马大英先生说：即使在宣帝增吏俸之后，百石吏的16斛月俸折合原粮也不过合今2960市斤左右，只够五口之家吃饭；此前就更为微薄了。西汉末年朝廷俸禄支出年20余万万，官吏数量12万余人，依此计算每人平均月俸为1350—1400钱。这略微多于百石吏的月俸，而远低于比二百石的月俸，而且比服徭役者的月价2000钱的数目还少得多④。六百石以下吏待遇尤为微薄，所以汉廷后来不得不益其俸禄⑤。又彭信威先生曾将汉、唐、宋三代官吏的月俸作如下比较⑥：

（接上页注）《先秦两汉史研究》，中华书局1995年版），属于领取稍食的阶层。崔寔算了这样一笔账来说明俸禄养活不了一家老小：“一月之禄，得粟二十斛，钱二千。长吏虽欲崇约，犹当有从者一人，假令无奴，当复取客。客庸一月千、刍膏肉五百、薪炭盐菜又五百，二人食粟六斛，其余财足给马，岂能供冬夏衣被、四时祠祀、宾客斗酒之费乎？况复迎父母、致妻子哉！”

①荀悦：《申鉴·时事》，上海古籍出版社1990年版，第15页。

②萨孟武：《从汉至唐官吏薪俸制度的研究》，《中山文化季刊》第1卷第5期，1943年。

③官蔚蓝：《西汉的俸禄制度及其政治》，《中央日报》1946年8月3日。

④马大英：《汉代财政史》，中国财政经济出版社1983年版，第182—184页。

⑤《汉书》卷八《宣帝纪》：“今小吏皆勤事，而奉禄薄，欲其毋侵渔百姓，难矣。其益吏百石以下奉十五”（《通典》卷三五《职官十七·禄秩》引应劭：“宣帝乃益天下吏俸什二”，“而《汉书》言什五，两存其说耳”）；卷一一《哀帝纪》：“益吏三百石以下奉。”《后汉书》卷一下《光武帝纪》：“诏有司增百官奉。其千石已上，减于西京旧制；六百石已下，增于旧秩。”

⑥彭信威：《中国货币史》，上海人民出版社1965年增订版，第468页。

历代高级官吏月俸比较表

朝别	官级	货币所得	真实所得（公石米）
汉建武制	万石		41.6
唐开元制	一品	约54贯	161.0
宋元丰制	三太三少	约324贯	386.0

历代低级官吏月俸比较表

朝别	官级	货币所得（文）	真实所得（公石米）
汉建武制	百石		1.9
唐开元制	九品	3817	11.3
宋元丰制	承务郎	7000	10.3

照此来看，则汉代不仅小吏，甚至高级官僚的月俸也比唐宋微薄。赵翼有言，宋代官俸“恩逮于百官者惟恐其不足，财取于万民者不留其有余，此宋制之不可为法者也”；宋廷还“设祠禄之官，以佚老优贤”，不限员数；宋廷恩荫之滥、恩赏之厚以及冗官冗费，也是极有“特色”的。宋真宗咸平四年（1001年），有司言减天下冗吏十九万五千余人，“所减者如此，未减者可知也”①！

最近有人提出汉代实行“厚禄养廉制度”②，这与大多数论断并不相合。其所举证据包括皇帝对官僚的大量赏赐，而我们认为这与俸禄不当等量齐观。皇帝的赏赐如不是论功行赏，则具有法外施恩的个人性质。假若法外施恩占到了某位官员收益的较大部分，这位官员便会认为，他的生计取决于皇帝个人的爱憎予夺，

①赵翼：《廿二史札记》卷二五《宋制禄之厚》、《宋祠禄之制》、《宋恩荫之滥》、《宋恩赏之厚》、《宋冗官冗费》等条，《廿二史札记校证》，第533—538页。
②张兆凯：《两汉俸禄制度研究》，《中国社会经济史研究》1996年第1期。

而不是正常的公职服务。此外,汉代官僚肯定还以非法和法外途径捞到了许多好处,天下乌鸦一般黑,只要有空子钻官僚就不会怠慢了私囊。但法外收入与正式俸禄也不是一码事儿。换言之,即使总量上汉代官僚的实际收入并不少于后世,但若法定俸禄在其中所占比例较小的话,那么学者所论证的薄禄制度,依然显示着较大的君主专制程度和较小的官僚贵族化程度。

又西汉官员致仕,若无特赐则再无禄养。至平帝元始元年(公元1年)方诏:"天下吏比二千石以上年老致仕者,参分故禄,以一与之,终其身。"①西汉比二千石月俸12000钱②,"参分故禄"则为4000钱,仅凭这些许禄养仍不能维持奢侈优裕;何况赵翼还认为,元始元年诏只是王莽专政时笼络人心的一时之制,东汉即予废止,其给俸者仍出特赐③。这个看法是有道理的,特赐就不是大多数官员所及沾溉的了。唐代官员致仕之后则可以得到半俸的待遇,宋代官员致仕不但享受半俸,而且还实行"带职致仕"制度,升迁寄禄官一资或一阶,并享受恩荫、申请恩例④。为避免"伤恩"而薄待了士大夫,宋廷还开设"祠禄"之制以"优礼大臣之老而罢职者",不限员数,使官员得以半退休身份居位享俸⑤。明代

---

①《汉书》卷一二《平帝纪》。

②《汉书》卷七二《贡禹传》:"又拜为光禄大夫,秩二千石,奉钱月万二千。"据《百官公卿表》,其时光禄大夫秩比二千石。参看何德章先生的考证,《中国俸禄制度史》(黄惠贤、陈锋主编),第42页。

③赵翼:《陔余丛考》卷二七《致仕官给俸》,第454页。

④参看朱瑞熙:《中国政治制度通史》第6卷(宋代卷),第685—692页。

⑤叶梦得《石林燕语》卷七:"患四方士大夫年高者,多疲老不可寄委,罢之则伤恩,留之则玩政,遂仍旧宫观名,而增杭州洞霄及五岳庙等,并依西京崇福宫置管勾或提举官,以知州资序人充,不复限以员数,故人皆得以自便。"中华书局1984年版,第95页。王士禛《池北偶谈》卷三(转下页注)

官僚在丁忧期间也有俸禄①。这都与汉代的情况形成了对比。

较之秦汉，南北朝唐宋官僚结衔时的成串成堆名号，也是秦汉官僚所梦想不及的。诸如"使持节侍中都督南徐兖北徐南兖青冀六州诸军事骠骑大将军开府仪同三司录尚书事南徐州刺史竟陵□开国公"②、"使持节特进侍中太尉公尚书令都督冀定沧瀛幽殷并肆云朔十州诸军事骠骑大将军左光禄大夫开府仪同三司并肆汾大行台仆射领六州九(大)酋长大都督散骑常侍御史中尉领领左右驸马都尉南赵郡开国公"③、"成德军节度镇冀深赵等州观察处置等使光禄大夫检校司徒兼太傅同中书门下平章事兼镇州大都督府长史驸马都尉上柱国太原郡开国公食邑二千户实封二百户赠太师"④、"端明殿学士兼翰林侍读学士太中大夫提举西京嵩山崇福宫上柱国河内郡开国公食邑二千六百户食实封一千户"⑤之类，都和秦汉官衔的"单调"形成鲜明对比。除真正的职

(接上页注)《宋祠禄》引《世史正纲》:"王安石行新法，而欲去异议者，彼皆先朝旧臣，素有闻望，一旦去之无名，乃为祠禄处之。"上册第63页。又参《廿二史札记》卷二五《宋祠禄之制》、《文献通考》卷六〇《总宫观》等。

①《明太祖实录》卷一二二洪武十二年(1379年)正月乙未:"凡丁忧官，在任三年之上无赃犯者，依品级月与半俸，止于终制；在任三年者，亦依本品级全俸三月，以养其廉，著为令。"台湾中研院历史语言研究所校印本，第3册第1974页。

②吐鲁番出佛经残页萧道成具衔题记。转引自唐长孺:《南北朝期间西域与南朝的陆道交通》，收入《魏晋南北朝史论拾遗》，中华书局1983年版，第191页。

③高琛具衔，见北齐天保七年《高睿造无量寿佛像记》，刘建华:《北齐赵郡王高睿造像及相关文物遗存》，《文物》1999年第8期。

④周绍良主编:《唐代墓志汇编》，上海古籍出版社1992年版，大中096号《王元逵墓志》。

⑤《资治通鉴》司马光《进书表》结衔，中华书局1956年版，第20册第9608页。

位以外，唐宋又有散官、勋官、封爵、检校官、寄禄官、祠禄官、加宪衔、功臣号等等，不一而足。元代中书右丞相伯颜所署官衔，计二百四十六字[①]；明代大宦官魏忠贤编《内官便览》，“首列己衔，亦至二百许字”[②]。秦汉帝国则还未及炮制出花样繁多、五光十色的名号、头衔、阶位，用来满足官僚们谋求身家荣耀与维系个人品位的需要。

自南北朝以来发展出了以官当刑的“官当”制度。“官当”有可能始于晋律，晋律规定除名、免官比三岁刑[③]，虽不能确定除名、免官可以直接抵罪，但“比”的办法也许就是官当之滥觞。陈朝之官当，免官当二岁刑[④]。而且江左朝廷的“免官”不过免职事官而已，兼领之官不在免例，文武加官依然保留。隋唐“官当”更臻发达。唐朝之法，犯罪例得先以职事官、散官及卫官中之最高者当之，次以勋官当之，一一折算，毫不吃亏。官当虽然最多比徒三年，但又有种种方式使官员不致实徒实流。同时，朝廷又想方设法保留犯罪官员的官位，使之不致由此永别仕途：以官当罪者期年后但降先品一等叙，便是罪犯除名免官若干年后亦听叙官，从此又可消受官吏的种种法律特权了。唐代已有“以理去官”的概念，“谓不因犯罪而解者，若致仕、得替、省员、废州县之类，应入议、请、减、赎及荫亲属者，并与见任同”[⑤]。就是说依相应规定，无

①陶宗仪：《南村辍耕录》卷二《权臣擅政》，辽宁教育出版社 1998 年版，第 29 页。

②王士禛：《池北偶谈》卷三《结衔》，上册第 56 页。

③《太平御览》卷六三五引。

④《隋书》卷二五《刑法志》：陈“五岁四岁刑，若有官，准当二年，余并居作；其三岁刑，若有官，准当二年，余一年赎；若公坐过误，罚金。其二岁刑，有官者赎论；一岁刑，无官亦赎论”。肖永清先生的《中国法制史简编》（山西人民出版社 1981 年版，第 276 页）用这条史料来解释北魏的官当，误。

⑤长孙无忌等：《唐律疏议》卷二《名例·以理去官》，刘俊文点校，中华书局 1983 年版，第 40 页。

罪过解官者的诸多特权与现任官相同。尽管汉廷也给了某些等级的官员部分法律特权，但从优厚程度说比唐宋就小巫见大巫了，从解职官员依旧拥有特权一点看尤其如此。正如瞿同祖先生所谓：唐宋“办法较前代为复杂，而对于大官的优待亦较前代为厚。……唐、宋官当法优礼官吏可谓无微不至”。并且，“若从去职的官吏仍能享受这种特权的一点事实看，我们更可以看出官职是一种身份，是一种权利，罢官所丧失的只是某种官位的行使职权，身份权利则属于个人而永不丧失，除非有重大的过失而革职，我们或可说在通常情况下所丧失的是职而不是官”①。我们已经知道，独立于“职”并附有各种权益的“官”的存在，正是“品位分等”的最重要特征。汉代不仅禄秩不从属于官员个人，而且从属于官员个人的权益也远没那么丰富多彩。因此我们感到，汉代禄秩的“品位”色彩，较之后世要淡薄得多。

魏晋以降，将军号开始泛滥，大量散官委积繁衍，它们日益淡薄了与职事的联系，经“虚衔化”而成为标志资位的名号。至少在萧梁和北魏，散号将军已经成为一种等级的“符号”；在西魏北周，文散官也散阶化了。唐帝国承此变迁，在职事官外别设文散阶、武散阶和勋官，构成了独立于职位的品位序列。这个阶、勋、职事相异相辅的复合体系，既为王朝提供了更灵活的官僚管理手段，同时又应视为历史发展中官僚阶级所获权益的一部分。唐代散阶虽以劳考升进，但叙阶时却主要根据皇亲国戚、父祖官爵。此期“吏”阶层沦落到了“流外”，流外胥吏仍无“本阶”——在安排“吏”阶层的等级时依然以“事”为中心，这种“阶职合一”的待遇依然近于汉制；士大夫则在职事官外另行拥有了“本阶”，而这与

①瞿同祖：《中国法律与中国社会》，第212—213、218页。

先秦贵族在官职外另有卿、大夫、士等爵位的情况，又有了某种可比之处。正是在这种比较之中，汉代禄秩等级显出了它的独特性。

毋庸讳言，汉廷不断依秩次向官僚授予特权，例如六百石以上吏的免役权①、六百石以上吏的"先请"权②、二千石以上长官的任子权③、六百石以上子弟的入学权④，加上舆服方面的等级规定和依禄秩赐爵、赐金等做法，都使禄秩等级日益蒙上了"品位"色彩。甚至优老的规定也以禄秩为比，例如"年七十受王杖者比六百石"之类⑤。用以调节官员待遇的"增秩"、"贬秩"之法，事实上开始造成了秩级与职事的某种分离。在禄秩之外，列侯与关内侯的封授也构成了官员权益的重大补偿。

不过，尽管汉代禄秩已含有一些"品位"色彩，但在总体上说，"禄秩跟随职位走"依然是其基本性格。它并没有提供一个跟人走的序列，也还没有超越职位而发展为独立的"品位"，如同先秦爵级或唐代散阶那样。随着爵制的衰落，大部分未获封侯者要把官位、禄秩视为荣辱生计之所系，以兢兢业业地效力君国来保住

---

①《汉书》卷二《惠帝纪》。

②《汉书》卷八《宣帝纪》："吏六百石位大夫，有罪先请。"《后汉书》卷一上《光武帝纪》建武三年诏："吏不满六百石，下至墨绶长相，有罪先请。""先请"的范围又再度扩大了。

③《汉书》卷一一《哀帝纪》注引《汉仪注》："吏二千石以上视事满三年，得任同产若子一人为郎。"

④《后汉书》卷六《质帝纪》令："自大将军至六百石，皆遣子受业……又千石、六百石、四府掾属、三署郎、四姓小侯先能通经者，各令随家法，其高第者上名牒，当以次赏进。"

⑤《王杖十简》，见《散见简牍合辑》，文物出版社 1990 年版，第 18—27 简。又可参看《王杖诏书令》，同书第 142—167 简；及甘肃武威旱滩坡东汉墓简 1，武威地区博物馆：《甘肃武威旱滩坡东汉墓》，《文物》1993 年第 10 期。

官秩。官员等级制之所涉,乃是权力、地位、职事和薪俸的分配。在兼顾官员个人权益之时,将有一种等级安排;而在以职事为中心时,则将有另一种等级安排。南北朝唐宋时代,士大夫官僚分割了更优厚的权势礼遇,发达的“阶职分立制”恰好就出现在这个时候;而信奉“霸道”、以吏治天下的汉帝国专制者以“吏”的形象为百官定性、定位,这就是汉代禄秩附丽于职位的缘由,也是其不同于前朝后代——既不同于先秦之“爵禄”,又不同于南北朝唐宋的“阶职分立制”——的缘由。

第五章　官品的创制

九品官品制度是在曹魏时期出现的。继秦汉禄秩等级，九品官品开启了传统官僚等级制的又一阶段：在这以后，大多数的王朝都把“品”用作最基本的官阶尺度，用它来标示各种官职、名位的高下，用它来区分俸禄和待遇的多少。

从魏晋到宋齐，官品只有九个等级，这么简单的东西好像不该有什么纠葛。可是实际并不是这样。围绕官品的创制，学界有些认识仍然莫衷一是。一个很大的争议，来自对官品九品和当时的另一制度——九品中正制的关系的不同认识。有人认为，魏晋官品的性质并不是官阶，而是“官才之品”、是“人品”，进而把它看成九品中正制的派生物。还有，对官品与禄秩、与中正品的等级对应关系，也不是没有彼此抵牾的看法。本书既然以官僚的“品位”为主题，则官品的研讨就是题中应有之义。本章打算就魏晋官品本身的创制、来源和性质，提供一些初步的事实与看法；以此为下一章，也就是第六章对官品与中正制关系的讨论，提供论述的前提。

一、《魏官品》的问世时间

曹魏官品的具体内容，见于《通典》卷三六《职官十八》所载《魏官品》。它到底出在曹魏王朝的哪一时期，史料可就没有明确记载了。日本学者由九品中正制的研究进及中正品与官品的关系，从而较多地涉及了这一问题。国内学者对之则没有太多留意。许多人在排比官品与中正品的对应关系时条分缕析，不过却忽略了一个重大前提：这两种“品”是否创制于同一时候。眼下的讨论暂时把中正品问题放在一边，弄清九品官品的创制时间是当务之急。

首先来听一听祝总斌先生的意见：“我们虽无法弄清《通典》所列魏官品，究竟依据的是哪个材料，但可以肯定，绝非曹魏前期的制度。”他的具体论点略如下述：

> 1. 魏官品与《三国志》所载曹魏前期诸臣的历官、升迁次序多不合；
>
> 2. 魏官品第一品列有“诸国王、公、侯、伯、子、男爵”。考曹魏爵制无子、男。魏元帝咸熙元年（264 年）禅晋之前方决定恢复五等爵。则《通典》魏官品的时间，不得早于咸熙元年；
>
> 3. 魏官品第一品第一位为“黄钺大将军”。考曹魏前期大将军但“假节钺”。称“假黄钺”，始于司马师。《晋书·宣帝纪》称太和四年（230 年）司马懿“假黄钺”，与《三国志》所记情况多不合，当系晋人美化。正式定名为“黄钺大将军”，

当更在其后，此亦《通典》魏官品晚出之一证；

4.《魏晋官品令》、《魏官品令》、《咸熙元年百官名》这些法令的颁布时间亦当在咸熙元年以后。司马氏代魏前为笼络百官而颁官品令，将长期以来的官制变化固定下来，提高占据要职（如侍中、尚书、中书监令、中领护军等）诸追随司马氏心腹的官品，是完全可能的。①

魏元帝咸熙元年的次年就是265年了，这一年里西晋取代了曹魏的统治。如依照祝先生见解，那么《魏官品》的创制已经晚在魏晋鼎迁的前夕了。

祝先生说曹魏出现“假黄钺”始于司马师，此前大将军但“假节钺”而已。这个细处还可略作辨析。查《三国志》卷九《魏书·曹休传》：“（文）帝征孙权，以（曹）休为征东大将军，假黄钺，督张辽等及诸州郡二十余军，击孙权大将吕范等于洞浦，破之。”据同书卷二《文帝纪》及《资治通鉴》卷六九《魏文帝纪》，这场战火是文帝黄初三年（222年）冬十月点燃的，其时已出现征东大将军“假黄钺”的事情了。又《晋书》卷二四《职官志》：“魏文帝黄初三年，……又上军大将军曹真都督中外诸军事、假黄钺。”当然，《三国志》卷九《魏书·曹真传》把这件事记作“以真为上军大将军、都督中外诸军事，假节钺”，而不是“假黄钺”。不过首先从曹休看，黄初三年确实已有“假黄钺”之事了；其次，将军出征被假以斧

①祝总斌：《两汉魏晋南北朝宰相制度研究》，中国社会科学出版社1990年版，第155—156页。上面的引文对“黄钺大将军”一段考证出自原书脚注，本书在引用时移入正文以便观览。

钺本是古制①,“假节钺”与“假黄钺”二者大概没多大区别②。由此推论,魏明帝太和年间司马懿的“假黄钺”不是没有可能的,《晋书·宣帝纪》所记不一定出于“美化”。

当然,“假黄钺”或“假节钺”是一回事,而“黄钺大将军”又是一回事。“黄钺大将军”作为正式官称而列于《魏官品》第一品之首,位在同品的三公之前。《通典》卷二九《职官十一·大将军》:“明帝青龙三年(235年),晋宣帝自大将军为太尉,然则大将军在三司下矣。其后又在三司上。”估计直到司马师、司马昭以大将军假黄钺,方才创制了“黄钺大将军”一职,并且使其居于三公之上。由此来看,《魏官品》之制定,确实就应该推定在曹魏后期。进而史料还可提供更多证据,说明把《魏官品》确定在咸熙元年左右,是可资取信的。

《通典·魏官品》第三品有“龙骧将军”,而《宋书》卷三九《百官志上》记曰:“龙骧将军,晋武帝始以王濬居之。”查《晋书》卷四二《王濬传》:“武帝谋伐吴,……寻以谣言拜濬为龙骧将军、监梁益诸军事。”王濬官居龙骧将军晚在西晋平吴前夕,曹魏还没有任其职者,《魏官品》所列龙骧将军最初应是有号无人。这便是《魏官品》晚出之又一证据。

---

①参看拙作《士大夫政治演生史稿》,第2章第1节“士字的初形与初义”;大庭脩:《秦汉法制史研究》,第4篇第1章第2节“三、钺的象征意义”。

②《初学记》卷六《淮水·赋》引魏文帝《浮淮赋》:“建安十四年王师自谯东征,……白旄冲天,黄钺扈扈,武将奋发,骁骑赫怒。”是“假黄钺”始于曹操。又《太平御览》卷三三九《叙兵器·牙》引魏文帝《校猎赋》:“抗冲天之素旄兮,靡格择之修循(?)旃。雄戟趟鞨而跃厉兮,黄钺扈而杨(扬)鲜。”白旄”(或“素旄”)和“黄钺”合称“节钺”。这都可旁证曹魏前期“假黄钺”业已存在了。

又《魏官品》第四品有"左右卫"，即左卫将军、右卫将军。查《宋书》卷四〇《百官志下》："左卫将军，一人；右卫将军，一人。二卫将军掌宿卫营兵。二汉、魏不置。晋文帝为相国，相国府置中卫将军。武帝初，分中卫置左、右卫将军，以羊琇为左卫，赵序为右卫。"《晋书》卷二四《职官志》"左右卫将军"条所记略同，但在其"序"则云："及文王纂业，初启晋台，始置二卫，……是以武帝龙飞，乘兹奋翼。"何兹全先生怀疑"序"文有误，认为"应从《宋志》及《晋志》左右卫将军条本文。"①然而查《晋书》卷九三《羊琇传》："（武）帝即王位后，擢琇为左卫将军，封甘露亭侯。"又《太平御览》卷二三七引《晋书》："羊琇为晋台左卫将军。"是《晋志》"序"原不尽误。设置左右卫将军的时间，既不是司马昭"初启晋台"之初，也不在司马炎"践阼"之后，而是在司马炎进位晋王之时，也就是魏元帝咸熙年间。《魏官品》既然列有左右卫将军，它的创制也应该在咸熙年间。

又《魏官品》第四品中有前军、左军、右军、后军四将军。据《通典》卷二九《职官十一》："晋武初又置前军、左军、右军，太始八年又置后军，是为四军。"《宋志》所言略异："魏明帝时，有左军将军，然则左军魏官也。晋武帝初，置前军、右军。泰始八年，又置后军。"②复查《太平御览》卷二三八引《晋起居注》："太始八年，置后军将军，掌宿卫。"其说可与《通典》、《宋志》印证。按照这个说法，则前军、右军是晋初才设置的，后军将军的设置更晚在泰始八年了。推测前、左、右、后四军并置是《魏官品》的设想，确定了

①何兹全：《魏晋的中军》，《读史集》，上海人民出版社 1982 年版。

②按，曹魏时还有前、后、左、右诸将军，但前后左右字后并无"军"字，这四种将军在《晋官品》为第三品，是另一种官称。

具体人选而一一任命则是后事。这也是《魏官品》产生较晚之证。

又《魏官品》第五品有“国子祭酒”，第八品有“国子太学助教”及“诸京城四门学博士”。按曹魏无国子学，国子学的初建是在晋武帝咸宁二年（276 年），那么为国子学选置国子祭酒、博士及助教当然更在其后了；至如四门小学博士，在整个魏晋南朝都无迹可寻。前赵的刘曜曾在大学之外别立小学，地点在长安未央宫西；后赵石勒在大学外也有宣文、宣教、崇儒、崇训等小学十余所，地点在襄国四门；北魏孝文帝曾诏立国子学、太学及四门小学，但这个计划到宣武帝时才得以落实①。反观曹魏，即令其时已打算增设国子学及四门小学，并预先将国子祭酒、国子助教、四门博士诸官列入官品，那至少也是在魏末了，主持这项“教改”构想的实际是司马氏。

又《魏官品》有“太子中舍人”，在第六品。然而根据《晋书·职官志》：“中舍人四人，咸宁四年置，以舍人才学美者为之，与中庶子共掌文翰。”《唐六典》卷二六《太子中舍人》所记略异：“太子中舍人，本汉魏太子舍人也。晋惠帝在储宫，以舍人四人有文学才美者，与中庶子共理文书。至咸宁二年，齐王冏为太傅，遂加名为中舍人，位叙同尚书郎。”这太子中舍人，无论是置于咸宁二年（276 年）还是咸宁四年，总之是在晋武帝的时候。查《续汉书》卷二七《百官志四》，东汉的东宫有太子舍人而无“中舍人”，但太子庶子则有中庶子、庶子之分，推想西晋“中舍人”是比照中庶子派生出来的。

又《魏官品》有“兰台谒者”，在第八品。《唐六典》卷九《通事

---

①可参看吕思勉：《两晋南北朝史》，上海古籍出版社 1983 年版，第 23 章第 1 节“学校”，下册第 1335、1341、1344 页。

舍人》:"二汉谒者台并隶光禄勋。魏置谒者十人,晋武帝省仆射,以谒者并兰台。"《通典》卷二一《职官三》记载相同。那么"兰台谒者"一官,也是晋武帝时才设置的。

《魏官品》包含着不少西晋才出现的官职,难免有人疑心顿起:这份《官品》会不会实际是"晋官品",而被后人误冠以"魏"呢?不过《魏官品》、《晋官品》间的另一些差异,又说明前者确实是曹魏制度。

《魏官品》中有"符节令",在第五品;又有"符玺郎"及"符节御史",均在第七品。按,卫宏《汉旧仪》谓西汉殿中有侍御史"二人尚玺",《汉书》卷四二《周昌传》记有汉高祖时的符玺御史赵尧,可见西汉最初是由御史掌管玺印符节的。大约在汉武帝时这责任转给了尚符玺郎,《汉书》卷六八《霍光传》便记有霍光"召尚符玺郎"的事情[①]。《续汉书》卷二六《百官志三》记,符节台有符节令、尚符玺郎中及符节令史,御史台不预玺符之事了[②]。魏晋间的有关变化见于《晋书·职官志》:"符节御史,秦符玺令之职也。汉因之,位次御史中丞。至魏别为一台,位次御史中丞,掌授节、铜虎符、竹使符。及泰始九年,武帝省并兰台,置符节御史掌其事焉。"但《晋志》的这个叙述很容易引起误解,让人误以为这"汉因之,位次御史中丞。至魏别为一台,位次御史中丞"的是符节御史。查《唐六典》卷八《符宝郎》:"汉因秦,置符节令丞。……魏符节令,位次御史中丞。晋武帝太始元年省,并兰台;置符节御史。"《通典》卷二一《职官三》记载相同。这就很明白了:"位次御

①参看汪桂海:《汉代官文书制度》,广西教育出版社 1999 年版,第 113—114 页。

②《续汉书》卷二六《百官志三》本注谓兰台令史"掌奏及印工、文书",掌"印工、文书"与掌符玺应为二事。

史中丞、至魏别为一台”的，不是符节御史而是符节令；晋武帝废符节令、并其职事于兰台，这时候才出现了符节御史。

曹魏的符节令及符玺郎“别为一台”，这是承袭汉代的符节令制度；而晋武帝置符节御史的做法，则与汉初侍御史掌玺的制度较为相近。曹魏设符节令而西晋设符节御史，二职似不并存；然如前述，《魏官品》中却是既有符节令、符玺郎，又有符节御史的。我们只能推断，这是魏晋之交的过渡性安排，反映的是尚未罢废“符节令”而又打算设置“符节御史”时的制度，其时应在咸熙年间。

又《魏官品》第七品“中廷御史”一官为晋所无，疑即晋代“殿中御史”之前身。虽然《通典·晋官品》中看不到殿中侍御史，但《晋书·职官志》说：“殿中侍御史，案魏兰台遣二御史居殿中，伺察非法，即其始也。及晋，置四人。”曹魏兰台所遣居殿中的两位御史，我想就相当于“中廷御史”。《魏官品》既然有“中廷御史”一官，那么它当然应该是曹魏的官品了。又《魏官品》第七品有“三台五都侍御史”。按，魏文帝定制以长安、谯、许昌、邺、洛阳为“五都”①，“五都”是魏制而非晋制，相应的“五都侍御史”也是魏官。

还有一些情况也显示，《魏官品》不会早于曹魏中后期。例如《魏官品》中有“著作丞、郎”，在第六品；有“中书佐著作”，应即中书省的佐著作郎，在第七品。而《唐六典》卷九《史馆史官》告诉我们：“至魏明帝太和中，始置著作郎及佐郎，隶中书省，专掌国史。至晋惠帝元康二年，改隶秘书省。”其说又见同书卷一〇《著作局》。这说明《魏官品》应在魏明帝之后。又《魏官品》第七品有

①参看《三国志》卷二《魏书·文帝纪》黄初二年(221年)注引《魏略》。

"中书通事舍人"。查《唐六典》卷九《中书舍人》:"魏氏中书置通事一人,掌呈奏案草,《魏志》云明帝时有通事刘泰是也。高贵乡公正始中改为通事舍人,寻又改为通事侍郎。则犹兼侍郎之任也。《晋书·百官志》云:晋初中书舍人、通事各一人。"那么直到曹魏正始年间,才有了中书通事舍人一职①。又《魏官品》列有"三公",而《晋官品》则仅云"公"而已,这因为西晋已正式"八公"并置、不止"三公"了。又《魏官品》中的"黄钺大将军"、"大丞相"等不再出现于《晋官品》中,也是因为这两种官职产生于魏末的特殊情况之下。

曹魏时有一些法令或故事性质的文件,其内容含有官品的记载,它们也可成为《魏官品》晚出的证据。在此祝总斌先生已列举了《晋书·职官志》所引《魏晋官品令》,《新唐书·艺文志》所引《魏官品令》,《三国志·钟会传》注所引《咸熙元年百官名》。查《晋书·职官志》:"又案魏、晋《官品令》,又有禁防御史,第七品。"查《通典·魏官品》,禁防御史正在第七品,与《晋志》所记《魏官品令》相合无间②。进而又如《唐六典》卷五"兵部郎中"条

①《初学记》卷一一《中书舍人》:"高贵乡公时改为通事都尉,寻又改为通事侍郎。晋初置舍人一人,通事一人。至东晋,合舍人、通事二职,谓之通事舍人。"说高贵乡公所改为"通事都尉",而不是"舍人",这与《唐六典》不同。当以《唐六典》为是。

②姚振宗《三国艺文志》:"《唐书·艺文志》《魏官品令》一卷;《通志·艺文略》《魏官品令》一卷。……疑是书乃《魏令》二百余篇之别行者,《刑法志》、《文选》注引《魏晋官品令》,则又有合晋代以为一编者。"以《魏官品令》为一书、《魏晋官品令》又为一书,后者由前者与《晋官品令》合编而来。见《二十五史补编》,中华书局 1955 年版,第 3 册第 3229—3230 页。其说是。此外,《魏晋官品》又见《文选》卷六〇任昉《齐竟陵文宣王行状》李善注:"《魏晋官品》曰:相国、丞相,绿綟绶。"《六臣注文选》,中华书局 1987 年版,下册第 1113 页;及《白氏六帖事类集》之《中郎将第六十六》:"《魏晋官品》曰:冠服如将军。"台湾新兴书局 1975 年版,第 2 册第 865 页。

注:"魏《甲辰令》、晋《官品令》、梁《官品令》,辅国将军并第三品","魏《甲辰令》,游骑将军,第四品","魏《甲辰仪》,秘书令史品第八。"末条《甲辰仪》也记载曹魏官品,与前两条《甲辰令》当为一事,而程树德《魏律考》"甲辰令"条下失收①。中村圭爾分析说,"甲辰"若是岁次,则应在黄初五年(224年);《甲子科》的"甲子"若是岁次则在184年;这与曹操的活动不相合,因而"甲辰"不像是岁次②。按,中村氏用不着这样迂曲求证。顾炎武早就指出了"古人不以甲子名岁"③,"甲辰"乃是颁《令》那一天的干支。上述三条《甲辰令》的令文中都含有官品,这都说明曹魏确已实行官品之制了。

《隋书》卷三三《经籍志二》列有《甲辰仪》五卷,注曰"江左撰",被列入"仪注"部而非"职官"部;两《唐志》则题为《甲辰仪注》。可能是江左有什么人对魏《甲辰令》做过整理编辑,后人便把这部书题为"江左撰",但其内容仍应是曹魏制度④。《甲辰令》或《甲辰仪》都记有官品,《唐六典》又以"魏《甲辰令》、晋《官品令》、梁《官品令》"并列,由此看它很可能就是曹魏的《官品令》,至少可以证明曹魏确有"官品"之制。"咸熙元年百官名"这种文献,似乎也暗示着咸熙年间官制有过较大变动,对此年的官名要

①程树德:《九朝律考》,中华书局1963年版,《魏律考》卷二,第217页。

②中村圭爾:《六朝貴族制研究》,风间书房1987年版,第84页。

③顾炎武:"以甲子名岁,虽自东汉以下,然其时制诏、章奏、符檄之文,皆未尝正用之。其称岁必曰元年、二年,其称日乃用甲子、乙丑,如乙亥格、庚戌制、壬午兵之类,皆日也。"原注:"《宋书·武帝纪》有癸卯梓材、庚子皮毛,亦皆下诏之日。"《日知录》卷一九《古人不以甲子名岁》,《日知录集释》,下册第880页。

④参看姚振宗:《隋书经籍志考证》,《二十五史补编》,第4册第5321页。

特加记叙①,《魏官品令》、《甲辰令》大约都产生在这个时候。

《唐六典》叙述各种官职的品秩变迁时,经常提到某官在魏之官品,如卷一《尚书令》:“自魏至晋宋齐,秩皆千石,品并第三”;《尚书仆射》:“魏晋宋齐,秩皆六百石,品并第三”;卷二《吏部尚书》:“自魏至梁,并第三品”,“魏晋、来(东)晋,吏部郎品第五”;卷一一《殿中省》:“魏氏初置殿中监,品第七”;卷一八《大理寺卿》:九卿“魏晋宋齐梁陈俱第三品”,廷尉正“魏氏第六品”;卷二五《左右羽林军卫大将军》:“魏羽林监品第五”;卷二六《太子太师太傅太保》:“至魏,太子太傅为第三品”,“魏复置(太子)詹事,品第三”;等等。以上记述,大抵都与《魏官品》相合,恐怕都是以《甲辰令》为依据的。

当然《唐六典》所述曹魏官品,也有异于《通典·魏官品》的。例如谏议大夫一官,《唐六典》卷八《谏议大夫》:“光武中兴,谏议大夫置十三(按,应为三十)员。魏氏因之,史阙员、品。晋宋齐梁陈并置。”可是《通典·魏官品》中谏议大夫明明在官品第七,即使史阙其“员”,也不能说史阙其“品”②。不过《唐六典》对其他朝代的官品记述,也同样有不合《通典》之处。例如秘书书令史,《唐六典》卷一〇《著作局书令史》谓:“自晋以来,秘书、著作皆有令史,史阙其员品。”然而一查《通典·晋官品》,“散骑集书中书尚书秘

①《唐六典》卷一〇《著作佐郎》:“《宋百官春秋》云:常道乡公《咸熙百官名》,有著作佐郎三人。”《唐六典》是从《宋百官春秋》转引《咸熙百官名》的,可见编者并未见到其书。

②又,谏议大夫“晋宋齐梁陈并置”的“置”字,日人近卫家照认为“置当作省”。不过改“置”为“省”,又将招惹出新的问题。查《通典·晋官品》,第七品中列有“太中中散谏议大夫”,同于《魏官品》,那么至少对晋代来说,就不得谓“省”。

书著作治书主书主图主谱令史”在第八品。《唐六典》卷一三《殿中侍御史》叙殿中侍御史:“梁陈史不载其品秩。”然而一查《通典》卷三七《梁官品》及《隋书·百官志上》,殿中御史明明列在流外七班。《唐六典》的编者好像连《隋书·百官志》也没有善加利用。

对《唐六典》和《通典》所记官品的相异之处,可以有两种解释。一是《唐六典》的编者们在运用史料上粗枝大叶,有时未经检阅就径下论断。二是《唐六典》编者的案头并没有一份《通典·历代官品》那样的官品表,否则检索官品不过举手之劳。要是这样的话,在记叙魏晋南北朝官品时,《唐六典》和《通典》作者所据材料可能不尽相同,研究者在引用时似应留意。当然,《通典》所抄录的《魏官品》,也不乏粗率致误之处①。

无论如何,《唐六典》所引《甲辰令》(或《甲辰仪》)中的辅国将军、游骑将军及秘书令史三官的品级,与《通典·魏官品》中它

①例如,《通典·魏官品》第八品中列有“校尉部司马、军司马、假司马、诸乡有秩三老、司马史从掾、诸州郡防门”,这与第九品中的“校尉部司马军司马假司马、诸乡有秩、司徒史从掾、诸州郡防门”,几乎完全相同,唯一不同处是八品的“司马史从掾”在第九品中作“司徒史从掾”。其间疏误,显而易见。不仅影印万有文库十通本《通典》(中华书局1984年版,第206页)是如此,而最新的王文锦等点校本《通典》(中华书局1988年版,第1册第994页)也一仍其误;钱仪吉《三国会要》卷二三《职官二》于此无辨、原文照抄;《中国历代官制大辞典》所附《三国魏职官品位表》(第873页)倒是发现了这里存在的问题,不过随后的处理却是删掉了第八品的司马史从掾、第九品的诸乡有秩、司徒史从掾和诸州郡防门,反倒误上加误。查《通典·晋官品》,“校尉别部司马、军司马、假司马”在第九品之末。据此,《魏官品》第八品中自“校尉部司马”至“诸州郡防门”一段,应删。但《魏官品》第九品中的“诸乡有秩”,还应该据第八品所列“诸乡有秩三老”补上“三老”一职。

们第三、第四和第八品的记载，是完全吻合的。而且还要特别指出，游骑将军由于被列在左右卫、中坚、中垒、骁骑之后，若比照《通典·晋官品》，它应该就是作为西晋"六军"之一的"游击将军"。这个细小的线索转瞬即逝，我们要赶快揪住它：西晋"游击将军"这个军号，在《通典·魏官品》和《唐六典》所引《甲辰令》中，都被称为"游骑"而不是"游击"。

曹魏任游骑将军者不见其人，至于游击将军，钱仪吉考得乐进、陈泰、卞兰三人①，洪饴孙又考得裴演一人，共四人②。据张金龙先生的研究："曹操建安时代曾临时任命过汉代杂号将军之骁骑、游击将军之职，但均因人因事而设，并非定制。曹魏建立之初，官制中并无此二职。大约在明帝至齐王芳正始年间曾一度再设骁、游之职，但为时较短，且可能在司马氏开始控制曹魏朝政之后而不再设立。"③《晋书·职官志》："骁骑将军、游击将军，并汉杂号将军也。魏置为中军。及晋，以领、护、左右卫、骁骑、游击为六军。"那么《魏官品》和《甲辰令》出现的"游骑将军"，到底是怎么回事呢？我们推测：魏末咸熙年间规划官制之时，曾一度创"游骑"之号与"骁骑"相对，进而与领、护、左右卫共同构成禁卫"六军"。这个措施由于被纳入了《魏官品》、《甲辰令》而留下了痕迹。不过没几天进入晋代，王朝又改了主意，仍"游击"之旧名，放弃了"游骑将军"之号。《唐六典》卷五《兵部郎中》："《晋官品

①钱仪吉：《三国会要》卷二四《职官五》，上海古籍出版社 1911 年版，第 480 页。

②洪饴孙：《三国职官表》，《后汉书三国志补表三十种》，中华书局 1984 年版，下册第 1543 页。

③张金龙：《魏晋南北朝禁卫武官制度研究》，北京师范大学历史学系 1998 年博士论文，第 35 页。

令》,游击将军四品。"换言之,在《魏官品》和《甲辰令》中同时出现了"游骑将军",是因为二者都来自咸熙年间的那次官品改革。反过来说,这份《甲辰令》便应出自咸熙,同于《魏官品》。

为了给夺权制造舆论,司马氏在魏末曾掀起了一个"制度创新"高潮。《晋书》卷二《文帝纪》魏咸熙元年:"秋七月,帝奏司空荀顗定礼仪,中护军贾充正法律,尚书仆射裴秀议官制,太保郑冲总而裁焉。始建五等爵。"又《晋书》卷三五《裴秀传》:"迁尚书仆射。魏咸熙初,厘革宪司。时荀顗定礼仪,贾充正法律,而秀改官制焉。秀议五等之爵,自骑督已上六百余人皆封。"又云:"秀创制朝仪,广陈刑政,朝廷多遵用之。"①可以认为,《魏官品》就是在这个时候,由尚书仆射裴秀等人着手制订的。总之,上述考察全都在证明,祝总斌先生对《魏官品》创制时间的判断,确凿无误②。

---

①这次创制高潮又见《初学记》卷一一《太尉司徒司空》引《荀彧家传》:"文帝平蜀,议复五等,表魏朝,使公(荀顗)定礼仪,中护军贾充正法律,尚书仆射裴秀议官制。公遂删定旧文,行正式,为一代之典。书成奏上,藏于秘府。其服色旗帜法驾之式,礼乐牺牲柴燎之典,袷禘迁毁配食之制,及于明堂辟雍之仪,皆公所议定。"中华书局 1962 年版,第 2 册第 257 页。

②本书于 2000 年 4 月交付出版社后,9 月份收到了熊德基先生的遗著《六朝史考实》(中华书局 2000 年版),系承刘驰先生所寄。书中所收《九品中正制考实》一文,其中对魏官品与中正品关系的论述,与本节的论证部分相近。根据此书《后记》,这篇文章是熊先生未发表的遗稿。熊先生于 1987 年逝世。祝先生的《两汉魏晋南北朝宰相制度研究》出版于 1990 年,内容来自他的历年讲义。我相关的两篇论文《乡品与官品关系之再检讨》、《魏官品产生时间考》,则分别刊于《学人》第 8 辑(江苏文艺出版社 1995 年版)、《原学》第 4 辑(中国广播电视出版社 1996 年版)。熊先生较早得出了相关结论,但其文章的问世则是较晚的。以上情况,特此说明。

二、官品与朝位

魏晋官品是怎么发源的呢？有一种看法认为它是九品官人法的衍生物，另一个意见则认为，官品来自汉代的朝位制度。对前一看法，如果“魏官品创制于魏末”之说不误，那么这距离汉末已先行问世的九品官人法已很遥远，二者的关系就可以另作考虑了。至于官品与朝位的关系一点，本节打算予以集中讨论，以显示魏晋官品的性质究竟为何，并为下一章中正品的讨论先行扫清障碍。

朝位是官员在朝会时所处班位，汉朝就已利用朝位来区分官员地位了。魏晋以下的“位”、“阶”概念，与此盖有密切关系。魏末的官品与先前的朝位有一点颇为相像，这就是通过位次前后来调整官职资望的做法。安作璋、熊铁基先生认为，官品来自朝班：

> 朝位的班序和官秩高低是相应的，这也是封建等级制度的一种表现形式。两汉以后的官品之制，即由朝位制度发展而来。
>
> 由于前后汉官制的演变、官秩的升降，以及兼官、特进、奉朝请等附加条件，错综交叉，其间也颇多变通之处。如以列侯而论，就国侯位次将作少府，但如以列侯居长安奉朝请，则位在九卿上。如《后汉书·百官志》所说：“旧列侯奉朝请在长安者，位次三公。”或者如胡广所引《汉制度》曰：“功德优盛，朝廷所敬异者，赐特进，在三公下，不在车骑下。”具体的例子，如张禹，以列侯朝朔望，位特进，见礼如丞相。东汉

以后，赐位侍祠侯者次大夫，其余位在博士、议郎下，是为“猥诸侯”。关内侯本位次太子詹事，但萧望之为关内侯，给事中，朝朔望，坐次将军。汉兴，置大将军、骠骑将军，位次丞相；但武帝以卫青为大将军，位在公上。其后霍光、窦融为大将军，均位上公。又如光禄大夫依本秩（比二千石）在三辅都尉（二千石）下，但秩中二千石者则位居其上。又如监官与被监官叙位时，往往是监官位在被监官之上，而不依秩次的高低。如丞相司直（比二千石）、司隶校尉（二千石）与州郡叙，则居守、相（二千石）之上；御史中丞（千石）、十三部刺史（六百石）与守、相叙，亦位居其上。①

以上所论，看来主要依据《汉书》、《后汉书》及徐天麟《西汉会要》等等材料。徐天麟《西汉会要》卷三七《班序》，曾开列了一份西汉官员的朝位班序②。这个班序的来源不明，但应该有所根据，可以参考。汉初高帝七年（前 200 年）十月，曾有叔孙通定朝仪的事件，安、熊二先生认为，这就是汉代朝位制度的起源。

除了叔孙通定朝仪之外，汉初还曾有过定诸侯朝位的事情。《汉书》卷一六《高惠高后文功臣表》：“讫十二年（前 195 年），侯者百四十有三人。……又作十八侯之位次。高后二年（前 186 年），复诏丞相陈平尽差列侯之功，录弟下竟。”③汉朝初年先为十八位最显赫的功臣侯排定了位次，高后又把定位次的范围扩大到

①安作璋、熊铁基：《秦汉官制史稿》，下册第 462 页。

②徐天麟：《西汉会要》卷三七《班序》，中华书局 1955 年版，第 384 页以下。

③孟康曰：“唯作元功萧、曹等十八人位次耳。高后乃诏作位次下竟。”师古曰：“谓萧何、曹参、张敖、周勃、樊哙、郦商、奚涓、夏侯婴、灌婴、傅宽、靳歙、王陵、陈武、王吸、薛欧、周昌、丁复、虫达，从第一至十八也。”

了所有的功臣侯。其时所定之“位次”，当然就是朝堂班位。证之以《汉书》卷三《高后纪》高后二年诏：“今欲差次列侯功，以定朝位”；陈平也有这样的话：“陛下加惠，以功次定朝位。”汉高帝之封功臣侯，约始于汉六年（前201年）；“列侯毕以受封”，约在汉十二年。

如果进一步上溯的话，朝位制度在先秦就已萌生了。《周礼·秋官·朝士》：“三槐，三公位焉”；“左九棘：孤、卿、大夫位焉，群士在其后；右九棘：公侯伯子男位焉，群吏在其后。”这“三槐”、“九棘”都相当于朝位。又《左传》昭公十一年：“朝有著定，会有表，衣有襘，带有结。会朝之言，比闻于表著之位，所以昭事序也。”杜预注：“著定，朝内列位常处，谓之表著。野会，设表以为位。”可见在春秋时君臣对朝位就很当一回事儿了，不仅朝廷上有“列位常处”，即令“野会”也要“设表以为位”。这种“位”仍是个具体的席位，然而同时抽象化的“位”之概念也应运而生了。《左传》成公三年谓晋国的中行伯“其位第三”，就是说他位在中军帅及中军佐之后；成公十六年谓郤至“位在七人之下”，当时郤至是新军之佐，其位列在上中下三军将佐及新军将等七人之下；又襄公二十六年子产自称“臣之位在四”，其时子展为郑国上卿，次子西，次良霄，再次子产位居第四。又襄公三十一年，郑国大夫公孙挥以善辨列国大夫之“族姓、班位、贵贱、能否”而知名。居然有人对列国大夫的“班位”都了如指掌，这位外交家真是很专业的。

汉廷的朝堂班位是归谒者掌管的。《续汉书》卷二五《百官志二》记载，有“常侍谒者”五人“主殿上时节威仪”。这“殿上时节威仪”当即包括百官班次。《晋书》卷二四《职官志》说的更明确一些：“谒者仆射，秦官也。自汉至魏因之。魏置仆射，掌大拜授及百官班次。”在朝会时引导百官各就其位，大约就是谒者的责任。

推敲《西汉会要》所见西汉朝位的排列规则，可知首先有一基本朝位，它与禄秩等差大致相合；但二者又并不永远级级相应，王朝有时会针对个案加以微调，从而造成朝位与禄秩不相一致的情况。类似事例除安、熊二先生所揭之外，还可以举出一些。《续汉书》卷二五《百官志二》注引《献帝起居注》："建安八年，议郎卫林为公车司马令，位随将、大夫。旧公车令与都官、长史；位从将、大夫，自林始。"[①]这次调整并没有涉及禄秩，但却改变了官职的相对地位。朝位的调整被郑重地记录下来，在时人看来这不是无足轻重的。又《续汉书》卷二七《百官志四》："长信、长乐宫者，置少府一人，职如长秋。……本注曰：帝祖母称长信宫，故有长信少府、长乐少府，位在长秋上。……长乐又有卫尉，仆为太仆，皆二千石，在少府上。"按大长秋及长信、长乐宫卫尉、太仆、少府都是二千石官，从禄秩看他们是平级的；但若从位次而论，则其间还进而存在着卫尉、太仆、少府、大长秋的排序。《通典》卷二七《职官九》："皇太后卿，皆随太后宫为官号，在正卿上。"正卿的禄秩是中二千石，皇太后卿则为二千石，可后者位次却在前者之上，禄秩与位次并不一致。

《艺文类聚》卷四六《职官二·博士》引《李郃别传》："（李）郃上书太后，数陈忠言。……博士著两梁冠，朝会随将、大夫例。时贱经学，博士乃在市长下。公奏以为：'非所以敬儒德、明国体也。'上善公言，正月大朝，引博士公府长史前。"查《后汉书》卷八

①中华书局本标点，末句作"旧公车令与都官、长史位从将、大夫"，误。又"旧公车令与都官、长史"句末疑有夺讹，原本应作"旧公车令与都官、长史同位"之类。

二上《李郃传》,这位"太后"应是和熹邓太后。博士祭酒六百石,博士比六百石,市长四百石,公府长史千石①。那么:博士禄秩高于洛阳市长,但朝位却一度在市长之后;公府长史禄秩高于博士,但却不妨根据需要,而把博士朝位移至公府长史之前。又查徐天麟《西汉会要》所列朝班,其中将军长史被列在博士之后第四位,而将军长史的禄秩也是千石。又《晋书·职官志》记载东汉符节令"位次御史中丞"。御史中丞秩千石,符节令秩六百石,其间还相隔着比千石一级,可是在朝位上二官却以次相接。

总之,第一,朝位并不一定与禄秩一一对应;第二,朝位被认为是官职尊卑的重要标尺,调整朝位也就等于调整资望。王莽变法时,也曾有过"更公卿、大夫、八十一元士官名位次"之举,见《汉书》卷一二《平帝纪》。为此我们的如下感觉油然而生:汉代朝位已隐隐构成了禄秩之外的又一级差。

对于高级官僚来说朝位特别的重要,因为禄秩等级至中二千石而止,在此之上的官职只是大略分为"上公"、"公"及"上卿"几个级差。又,列侯、关内侯和将军也都没有相应秩次②,这时它们

①参看《续汉书》卷二五《百官志二》,《百官志三》注引《汉官》,《百官志一》。

②《汉书·百官公卿表》及《续汉书·百官志》都不叙将军禄秩。《汉书》卷一九上《百官公卿表上》只说前后左右将军位上卿、金印紫绶,但未记其禄秩。御史大夫也是上卿,银印青绶,也未叙其禄秩。中二千石以上官员当然都有俸禄,将军也有俸禄。《汉书》卷五五《霍去病传》:"定令,令票骑将军秩禄与大将军等。"但有俸禄并不等于有秩名,后者不止是一份俸禄,还是一个由"若干石"名目构成的尊卑等级,它在法令中明确系于某官之后,这才是本书意义上的"禄秩"。《史记》卷四九《外戚世家》:"娙何(娙娥)秩比中二千石,容华秩比二千石,婕妤秩比列侯。"这是汉武帝时的制度。司马贞《索隐》引《汉旧仪》:"皇后为婕妤下舆,礼比丞相也","娙娥秩比将军、御史大夫。"婕妤比丞相或列侯,娙娥比将军、御史大夫或比中二千石,容华比二千石的情况,也反映了中二千石以上无秩可称,(转下页注)

与百官的高下尊卑关系,便要通过“位”来确定了。

首先来看“上公”与三公。《汉书》卷一九上《百官公卿表》:

(接上页注)只能举官号以明之。

《艺文类聚》卷四八《骠骑将军》引韦昭《辨释名》:“骠骑将军、车骑将军,秩皆比三公。辨云:此三将军,秩本二千石。”(又见《太平御览》卷二三八)韦昭曾作《官职训》、《辨释名》以考官爵,事见《三国志》卷六五《吴书·韦曜传》。但韦昭这段话中的“秩皆比三公”与“此三将军,秩本二千石”显然是矛盾的。“三将军”应是大将军及骠骑、车骑将军,在西汉它们位次丞相,“秩比三公”应是东汉制度,这时候它们都不可能秩二千石。“秩本二千石”疑作“秩今二千石”,说的是孙吴的情况。孙吴军号最高的是“上大将军”,所以大将军及骠骑、车骑将军秩二千石。

《通典》卷三六《职官十八·后汉官秩差次》,比二千石一级中列有“都护将军”,二千石一级中列有“度辽将军”,似乎后汉将军有禄秩等级。但实际并不这样简单。首先来看都护将军。查《续汉书》卷二四《百官志一》注引《魏略》:“曹公置都护军中尉,置护军将军,亦皆比二千石,旋军并止罢。”这大概就是《通典》之所本。按都护将军已见于东汉之贾复,护军将军已见于西汉之韩安国,都属“事讫皆罢”的杂号将军,与常设将军不同。又《魏略》所说乃“都护军中尉”与“护军将军”,并非“都护将军”,疑《通典》误将二官缀成一职。而且此事已在汉末曹操之时,非东汉经制。

其次再看度辽将军。《续汉书》卷二四《百官志一》:“明帝初置度辽将军,以卫南单于众新降有二心者。后数有不安,遂为常守。”注引《汉官仪》:“度辽将军,孝武皇帝初用范明友。明帝永平八年,行度辽将军事;安帝元初元年,置真。银印青绶,秩二千石。”按《后汉书》卷二《明帝纪》永平八年(65年)三月:“初置度辽将军,屯五原曼柏”;冬十月,诏“三公募郡国中都官死罪系囚,减罪一等,勿笞,诣度辽将军营,屯朔方、五原之边县”。可知度辽将军是很特殊的,它因是“常守”,而与西域校尉、护匈奴中郎将、护乌桓校尉相类。何天明先生认为东汉度辽将军不止是官号而已,而且还是一个“建制”,其说是。参看其《两汉北方重要建制“度辽将军”探讨》,《北方文物》1988年第3期。此外还可参看廖伯源:《东汉将军制度之演变》,《历史与制度——汉代政治制度试释》,香港教育图书公司1997年版,第214页以下。所以这都护、度辽二将军之有禄秩,不足以推断其他将军。

"太师位在太傅上，太保次太傅。"三位"上公"的位次由此而定。至如三公太尉、司徒、司空，它们在禄秩方面也许彼此无别，但朝班方面却存在着太尉居首、次为司徒、次为司空的位次，从而形成了司空升司徒、司徒升太尉的迁转之序。班次低者代理班次高者则用"行"字，例如以司徒行太尉事①。

继之再看列侯。《续汉书》卷二八《百官志五》："旧列侯奉朝请在长安者，位次三公。"所述较为粗略。另参《汉书》卷六八《霍光传》："群臣以次上殿，召昌邑王伏前听诏。光与群臣连名奏王，尚书令读奏曰：丞相臣（杨）敞、大司马大将军臣（霍）光、车骑将军臣（张）安世、度辽将军臣（范）明友、前将军臣（韩）增、后将军臣（赵）充国、御史大夫臣（蔡）谊、宜春侯臣（王）谭、当涂侯臣（魏）圣、随桃侯臣昌乐、杜侯臣屠耆堂（以下为九卿，略）……"当时"以次上殿"之朝位排序，应该就同于奏文中丞相、诸将军、御史大夫、列侯、九卿之排序②。《续汉书·百官志五》又谓："中兴以来，唯以功德赐位特进者，次车骑将军；赐位朝侯，次五校尉；赐位侍祠侯，次大夫。其余以肺附及公主子孙奉坟墓于京都者，亦随时见会，位在博士、议郎下。"注引胡广《汉制度》："是为猥诸侯。"《后汉书》卷一六《邓禹传附邓康传》注引《汉官仪》曰："诸侯功

①祝总斌：《两汉魏晋南北朝宰相制度研究》，第71页。林剑鸣《秦汉史》中有如下叙述："阿附梁氏之无耻官僚胡广，则由太尉升为司空……"（下册第355页）这个误解来自疏于三公班次：由太尉转任司空，应该视为降官。

②在西汉有些诏书中，"御史"列在将军之前。如《汉书》卷一〇《成帝纪》建始三年（前30年）诏："丞相、御史与将军、列侯、中二千石及内郡国举贤良方正能直言极谏之士。"同书卷六八《霍光传》："遂召丞相、御史、将军、列侯、中二千石、大夫、博士会议未央宫。"我想这是因为御史大夫职副丞相，与丞相职类相近，在议政时地位优先，所以诏书有时会连类叙于一处；但这并不意味着这个银印青绶之官的朝位在金印紫绶的将军之上。

德优盛，朝廷所敬者，位特进，在三公下。其次朝侯，在九卿下。其次侍祠侯。其次下土小国侯，以肺腑亲公主子孙，奉坟墓于京师，亦随时朝见，是为限诸侯也。”列侯的相对地位由朝位而明①。

再次来看将军。《续汉书》卷二四《百官志一》：诸将军“比公者四：第一大将军，次骠骑将军，次车骑将军，次卫将军。又有前后左右将军。”注引蔡质《汉仪》：“汉兴，置大将军、骠骑，位次丞相；车骑、卫将军、左右前后将军，皆金紫，位次上卿。”按《汉书·百官公卿表》：前后左右将军“位上卿，金印紫绶”。“位次上卿”和“位上卿”文字略异。银印青绶的御史大夫虽然也位在上卿，不过从印绶看，御史大夫应在将军之下，所以学者对“位次上卿”一语中的“次”字应该作何理解，曾经发生过怀疑②。无论如何，从

①按《后汉书》卷一〇下《何皇后纪》李贤注：“汉法，大县侯位视三公，小县侯位视上卿，乡侯、亭侯视中二千石也。”从县侯、乡侯、亭侯的爵名看来这应是东汉制度，但也不知为东汉何朝之制。不过这也反映列侯没有禄秩，只能采取“视中二千石”的比视之法，实际上是比卿。又，卜宪群先生认为，列侯低于三公的安排，“比西汉列侯与丞相相配低了一个等级”。见其《二十等赐爵制与官僚制》，《原学》第6辑，中国广播电视出版社1998年版，第95页。按，西汉即使在实行丞相制的时候，列侯也是低于丞相的。这除了上引《汉书·霍光传》所见，又如《汉书》卷一下《高帝纪下》十一年（前196年）正月诏：“王、相国、通侯、吏二千石择可立为代王者”；卷四《文帝纪》后元元年（前163年）三月诏：“其与丞相、列侯、吏二千石、博士议之”；卷六《武帝纪》建元元年（前140年）十月：“诏丞相、御史、列侯、中二千石、二千石、诸侯相举贤良方正直言极谏之士”；卷七《昭帝纪》始元四年（前83年）三月诏：“赐长公主、丞相、将军、列侯、中二千石以下及郎吏、宗室钱帛各有差。”均可为证。

②安作璋、熊铁基：《秦汉官制史稿》，上册第237页。又廖伯源也认为：“将军金印紫绶，与丞相太尉同，比银印青绶之御史大夫地位为高。”见其《东汉将军制度之演变》，《历史与制度——汉代政治制度试释》，（转下页注）

前引《汉书·霍光传》看,大司马大将军霍光、车骑将军张安世、度辽将军范明友、前将军韩增、后将军赵充国,是排在御史大夫蔡谊之前的。又《续汉书》卷二四《百官志一》注引《东观书》:"窦宪作大将军……位次太傅。"又《后汉书》卷二三《窦宪传》:"旧大将军位在三公下。……宪威权震朝廷,公卿希旨,奏宪位次太傅下、三公上。"

仅根据以上材料,已可得到西汉朝位的如下排序:丞相、大将军、骠骑将军、车骑将军、前后左右将军、御史大夫、列侯;以及东汉朝位的如下排序:太傅、大将军、三公、骠骑将军、车骑将军、列侯特进者、卫将军、前后左右将军、九卿、五校尉、朝侯、大夫、侍祠侯、博士、议郎、猥诸侯。靠禄秩分不出尊卑的诸公、将军、列侯之流,通过朝位便都各就其位、高下井然了。《三国志》卷一《魏书·武帝纪》建安元年(196年)九月:"以太祖为大将军";冬十月,"于是以袁绍为太尉。绍耻班在公下,不肯受。公乃固辞,以大将军让绍。天子拜公司空,行车骑将军"。袁绍以太尉为耻,是因为依东汉制度,三公班在大将军之下;曹操见势不妙、随风转舵,赶紧把大将军让给袁绍以为妥协。

朝位既是个具体的朝堂席位,为谒者所掌,同时也变成了抽象

(接上页注)第239页。《续汉书》卷三〇《舆服志下》注引《汉官仪》:"马防为车骑将军,银印青绶,[位]在卿上,绝席。和帝以窦宪为车骑将军,始加金紫,次司空。"("位"字据《北堂书钞》卷六四引《汉官仪》补)似乎东汉曾一度把车骑将军降为"银印青绶",到窦宪才恢复为金紫。《汉官仪》言之凿凿,不会凭空而发。如果这样的话,东汉的车骑以下将军当然要随例而降至银青。但这不是西汉制度。宋人洪迈也根据《汉书·百官公卿表》及《霍光传》,而有"汉将军在御史上"之说,见其《容斋三笔》卷一,《容斋随笔》,第341页。

化的等级。比方说，地方官平时肯定不在京师呆着，没机会参与日常朝会，可刺史、守、相也有其位次。《汉书》卷九《元帝纪》初元三年（前 46 年）春："令诸侯相位在郡守下。"郡守、国相都是二千石官，从禄秩看他们平起平坐，谁也不比谁矮一截儿，但从位次看则高下立判。又按，汉代朝会时本有"文东武西"惯例。叔孙通所定朝仪："功臣、列侯、诸将军、军吏以次陈西方，东乡；文官丞相以下陈东方，西乡。"①这个安排与《周礼》"左九棘：孤、卿、大夫位焉；右九棘：公侯伯子男位焉"的记载是很近似的。由于文武各自成列，列侯、诸将军居右，文官丞相以下居左，因而从朝会场面来说，似乎就不该有"大将军、骠骑位次丞相"或"侍祠侯次大夫"一类文武混同的朝堂场面，大将军、骠骑将军的席位不会恰在丞相之后，侍祠侯的席位也不会恰在大夫之后，因为他们不在一行而分列东西。那么这便意味着，朝位概念已经抽象化，升华为一般性的尊卑等级了。如前所述，由于中二千石以上官职及将军、列侯等没有禄秩等级以别高下，那么在禄秩的这个空白区域，朝位的作用简直就可视同官品。

魏晋以下，朝位依然是官位尊卑的重要标志。魏文帝黄初四年（223 年）杨彪"拜光禄大夫，秩中二千石，朝见位次三公，如孔光故事"②，这个具体的朝见位次，也确认了杨彪的个人地位。执政者经常对百官位次加以调整。《通典》卷二七《职官九》："皇太后卿，皆随太后宫为官号，在正卿上。……魏改汉制，太后三卿在

①《汉书》卷四三《叔孙通传》。又《汉书》卷七六《尹翁归传》："悉召故吏五六十人，（田）延年亲临见，令有文者东，有武者西。"

②《三国志》卷二《文帝纪》注引《续汉书》。

九卿下。晋复旧,在同号卿上。”太后三卿就是卫尉、太仆、少府。据《三国志》卷四《魏书·三少帝纪》注引《魏书》,司马师为废黜曹芳而与群臣上书永宁太后,其时群臣列衔中的“永宁卫尉臣桢”、“永宁太仆臣阁”及皇后的“大长秋臣模”,都在“卫尉昌邑侯臣伟”、“太仆臣嶷”、“少府臣袤”等诸卿的后面。《晋书》卷三一《后妃传上》:“晋武受禅,尊(文明王皇后王元姬)为皇太后,宫曰崇化。初置宫卿,重选其职,以太常诸葛绪为卫尉,太仆刘原为太仆,宗正曹楷为少府。”太后三卿既然选以朝廷九卿,那么太后三卿就在九卿之上。二千石的三卿与中二千石的九卿,大约都在魏晋官品第三品的“诸卿尹”一项涵盖之中,其彼此地位高下则依从于位次安排。

又《晋书·职官志》:

及魏有太尉,而大司马、大将军各自为官,位在三司上。晋受魏禅,因其制。……自义阳王望为大司马之后,定令如旧,在三司上。……至景帝为大将军,亦受非常之任。后以叔父孚为太尉,奏改大将军在太尉下。及晋受命,犹依其制,位次三司下,后复旧,在三司上。太康元年,琅邪王伷迁大将军,复制在三司下,伷薨后如旧。

光禄大夫假银章青绶者,品秩第三,位在金紫将军下,诸卿上。

给事中,秦官也。所加或大夫、博士、议郎,掌顾问应对,位次中常侍。汉因之。及汉东京省,魏世复置,至晋不改。在散骑常侍下,给事黄门侍郎上。……符节御史,秦符玺令之职也,汉因之,位次御史中丞。至魏(符节令)别为一台,位次御史中丞。……中朝制,(王国)典书令在常侍下,侍郎上。

及渡江，则侍郎次常侍，而典书令居三军下。

上文所涉之“位”均含具体朝班及抽象品级二义。“特进”的情况也能说明这样一点。《晋书·职官志》：“特进，汉官也。二汉及魏晋以加官从本官车服，无吏卒。太仆羊琇逊位，拜特进，加散骑常侍，无余官，故给吏卒车服；其余加特进者，唯食其禄赐、位其班次而已，不别给特进吏卒车服。后定令，特进品秩第二，位次诸公，在开府骠骑上，冠进贤两梁，黑介帻，五时朝服，佩水苍玉，无章绶，食奉日四斛。”这条材料，《职官分纪》卷四八引《晋职官志》作：“晋惠帝元康中定令，特进品秩第二，位次诸公，在开府骠骑上。”①又《太平御览》卷二四三：“《晋书·百官表》②曰：特进，官品第二。汉制，皇后之父率为此官。傅咸奏曰：公品第一，执珪，坐侍臣之上；特进品第二，执皮帛，坐侍臣之下。今启：特进宜执

①《通典》卷三四《职官十六》所记同于《职官分纪》，但无“品秩第二”字。《职官分纪》所引《晋职官志》，疑非唐修《晋书·职官志》，而是臧荣绪《晋书·职官志》。但这条史料，汤球辑、杨朝明校补的臧荣绪《晋书》未收（《九家旧晋书辑本》，中州古籍出版社 1991 年版）。

②记晋代官制而可能称“表”者有二，一是西晋荀绰的《晋百官表注》十六卷；二是刘宋何法盛《晋中兴书》的《百官公卿注》，乃就《汉书·百官公卿表》之名改“表”为“注”而来，《史通·表历》所谓“至法盛书载中兴，改表为注，名目虽巧，芜累亦多”。赵吕甫：《史通新校注》，重庆出版社 1990 年版，第 124 页。杨朝明先生校补汤球《晋中兴书》辑本，题“《百官公卿志注》”，又有小注“表一作志”（按，似当作“志一作表”），见《九家旧晋书辑本》，第 346 页；不过若有“改表为注”之事，则书名中就不应该存在“表”字了。这里所引的《晋书·百官表》，从“晋书”二字看好像来自何法盛《晋中兴书》，从“表”字看好像是荀绰的《晋百官表注》。诸书所引亦颇混乱，《北堂书钞》卷六五《太子太傅》引作《晋中兴书·百官公卿表注》，卷六六《太子舍人》又引作《晋中兴书·百官公卿注》。

璧、继公。”①特进“位次诸公,在开府骠骑上”这一班位既是具体的,体现于朝会时特进应在什么地方就位,同时也具有一般等级意义。东汉制度,特进位次于车骑将军,获得特殊礼遇者方在三公之下②。《魏官品》不见特进,《晋官品》一品有公、诸位从公、开国郡公县公爵,二品有特进、骠骑、车骑、卫将军等,是晋代特进已高于东汉,居于骠骑将军、车骑将军之前了。不过《晋书·职官志》说“开府者皆为位从公”,骠骑将军等如果开府的话,则进位至一品从公,是为“武官公”。二品特进原在从公之下,可能是因傅咸之奏,晋惠帝便把特进的班位调整到了“继公”的位置,紧接于一品诸公,而“在开府骠骑上”,也就是在“诸位从公”之上了。在调整之前,特进的官品排序与朝位班次本是吻合的;调整之后,则形成了一品公、二品特进、一品开府位从公者的朝位次序,这就与

①“今启:特进宜执璧、继公”句,“继公”二字《太平御览》原作“同公”。查《北堂书钞》卷五二作:“今启:特进宜执璧继公。”《周礼·春官·大宗伯》:“以玉作六瑞,以等邦国。王执镇圭,公执桓圭,侯执信圭,伯执躬圭,子执谷璧,男执蒲璧。以禽作六挚,以等诸臣:孤执皮帛,卿执羔,大夫执雁,士执雉,庶人执鹜,工商执鸡。”又《夏官·司马》:“三公执璧,孤执皮帛。”这是周代古制。据傅咸之语推测,晋朝的相应制度含有执珪、执璧、执皮帛诸等。制度上执珪、执璧既然有别,“公”又属“执珪”,则傅咸请求特进“执璧”,就不能说是“同公”了。依《北堂书钞》作“继公”较妥,意为越过侍臣而使其班次紧接于诸公之下也。

又上引《太平御览》“傅咸奏曰”一语,《艺文类聚》卷四七记作:“《傅咸集》曰:特进执皮帛,坐侍臣之下,门下属。汉武特进执璧,已有旧制,今特进宜执璧。”“奏”、“集”二字,未知孰是。《北堂书钞)卷五二亦引作“《傅咸集》云”。《唐六典》卷二仅云“晋傅咸奏”。

②《续汉书》卷二八《百官志五》:“中兴以来,(列侯)唯以功德赐位特进者,次车骑将军。”注引胡广《汉制度》:“功德优盛,朝廷所敬异者,赐特进,在三公下,不在车骑下。”

官品不完全吻合了。

官品与班位不相吻合的情况，应属个别现象。总的说来，官品与班位是一致的。而且在如下一点上，魏晋官品与朝位非常相似：朝位的基本运用原则就是以"居前"和"居后"定尊卑；而魏晋官品也正是通过"居前"和"居后"，来进一步区分同品官职的地位高低的，看上去这很像是对朝位的模拟。相形之下，由禄秩构成的级差就不相同了，"若干石"的同级官职并无前后高下之分。这种"以优劣为前后"的规则已被学者用来考订史事了，例如祝总斌先生曾以如下事例，论证《魏官品》并不是曹魏前期制度：常林由尚书迁少府，而《魏官品》中九卿班次在尚书之后；高堂隆由侍中迁光禄勋，而《魏官品》中侍中班次在九卿之前①。

刘宋时有一场关于宗王朝堂班次的争论，可以反映朝班的排序合于"官次"。《宋书》卷五七《蔡廓传》："时疑扬州刺史庐陵王（刘）义真朝堂班次"，中书令傅亮认为："扬州自应著刺史服耳。然谓坐起班次，应在朝堂诸官上，不应依官次坐下。"而御史中丞蔡廓却认为："扬州位居卿君之下，常亦惟疑。然朝廷以位相次，不以本封，复无明文云皇子加殊礼。……皇子出任则有位，有位则依朝，复示之班序。"皇子的朝位是依据还是超越官次，看来并无成规可循，以致傅、蔡二人各执一端；由此却可看出，其他人等的"坐起班次"是"依官次坐下"，也就是依据官品来决定座次的。

《隋书》卷二六《百官志上》叙南朝梁代十八班制："以班多者为贵，同班者则以居下者为劣"；又叙大通三年（529年）将军号："转则进一班，黜则退一班，班即阶也。同班以优劣为前后。"十八班制实即九品正从十八阶的变体，某种意义上它等于班、品的合

①祝总斌：《两汉魏晋南北朝宰相制度研究》，第155页。

流。“同班者则以居下者为劣”、“同班以优劣为前后”的做法，其实在十八班之前就已是官品的运用原则了。《隋书·百官志上》陈官品部分，记述州郡长官“加督”或“加都督”则进位，其时还特别注明了进在某品某官之下①；《魏书·官氏志》所载北魏孝文帝太和十七年（493年）《前职令》，对将军加“大”时“次某官下”，也有具体的说明②。

汉廷确定官员等级有禄秩和朝位两种办法，两种办法中朝位对官品的影响，显然要在禄秩之上。在“以优劣为前后”上官品与朝位一脉相承，禄秩却不能通过前后排序确定官位尊卑。官品只有九个级差，禄秩却有十七八个级差，假使官品来自禄秩的话，其级差不当骤然变得如此疏简。而且禄秩等级与官品并不对应，同品之中含有不同禄秩，同一禄秩又可能出现于不同品级。魏晋新创官品而不废禄秩，二者并行直到南朝末年，这期间官品高低并

---

①例如第三品“扬州刺史”注：“凡单车刺史，加督进一品，都督进二品。不论持节假节，扬州、徐州加督，进二品右光禄已下。加都督，第一品尚书令下。”第四品“荆江南兖郢湘雍等州刺史”注：“六州加督，进在第三品东扬州下。加都督，进在第二品右光禄下。”第五品“豫益广衡等州，青州领冀州，北兖北徐等州，梁州领南秦州，司南梁交越桂霍宁等十五州”注：“加督，进在第四品雍州下。加都督，进在第三品南徐州下。”第五品“丹阳尹、会稽太守”注：“加督，进在第四品雍州下。加都督，进在第三品南徐州下。诸郡若督及都督，皆以此差次为例。”

②例如第一品下“骠骑将军、车骑将军”注：“二将军加大者，位在三司上。”第一品下“卫将军”注：“加大者，次仪同三司。”从第一品中“四征”注：“加大者，次卫将军。”从第一品下“四镇”注：“加大者，次尚书令。”从第一品下“中军将军、镇军将军、抚军将军”注：“加大者，秩次四征下。”第二品下“四安”注：“加大者，秩次三少下。”从第二品上“四平”注：“加大者，秩次护军下。”《魏书·官氏志》所载太和二十三年（499年）《后职令》与相类似，不赘举。

不直接决定俸禄多少，更偏重于其他礼遇，而朝位就是礼遇的一个集中体现。具体的朝位当然因场面变化而并不等于抽象品级，可能存在着特殊情况，比如“三独坐”、“绝席”①，比如“侍臣”得居诸公与特进之间（前引《晋书·百官表》“公品第一，执珪，坐侍臣之上；特进品第二，执皮帛，坐侍臣之下”），等等。又如傅亮与蔡廓争论的宗王座次是依本封还是依官次，不同时候可能有不同取舍；也并不是所有列入官品的官员都能跻身朝会、拥有朝位。可我们毕竟看到，朝位的排序与官品的排序密切相关。

对某些官职或位次，官品在初创时甚至直接承用了既往朝位的排序。如前所示，汉代禄秩等级至中二千石而止，丞相、三公、诸将军、列侯等等均无秩次，在禄秩的那些空白区域，朝廷大抵是以朝位定尊卑的。而世入魏晋，这些空白区全都被纳入了官品之内。兹据前述西汉和东汉有关位次情况，将其与《魏官品》的相应安排比较如下：

西汉位次	东汉位次	魏官品	
丞相（三公） 大将军 骠骑将军 车骑将军 前后左右将军	太傅 大将军 三公 骠骑将军 车骑将军	一品	黄钺大将军 三公 诸国王公侯伯子男爵 大丞相

①“三独坐”，见《后汉书》卷一五《王常传》注引《汉官仪》：“御史大夫、尚书令、司隶校尉，皆专席，号三独坐。”“绝席”，见《后汉书》卷一五《王常传》：“七年，使使者持玺书即拜常为横野大将军，位次与诸将绝席”；卷二四《马防传》：“拜车骑将军，城门校尉如故。防贵宠最盛，与九卿绝席。”

续表

<table>
<tr><th>西汉位次</th><th>东汉位次</th><th colspan="2">魏官品</th></tr>
<tr><td rowspan="4">御史大夫
列侯
九卿①</td><td rowspan="4">列侯特进者
卫将军
前后左右将军
九卿
五校尉
朝侯
大夫
侍祠侯
博士
议郎
猥诸侯</td><td>二品</td><td>骠骑、车骑、卫将军
诸四征四镇大将军②</td></tr>
<tr><td>三品</td><td>诸征镇安平将军
诸县侯爵
龙骧将军
征虏将军
辅国将军</td></tr>
<tr><td>四品</td><td>宁朔、建威等将军
诸乡侯爵</td></tr>
<tr><td>五品</td><td>鹰扬、折冲等将军
诸亭侯爵</td></tr>
</table>

---

①《西汉会要)卷三七为这一层次的官职提供的排序不尽相同,录此以供参考:

诸侯王	相国	太师
太傅	太保	丞相
大司马	御史大夫	大将军
列将军兼官	特进	列将军

列侯奉朝请……(此后有就国侯、高密等侯、关内侯杂于诸官之间)

②影印万有文库十通本《通典·魏官品》(第205页)第二品原作"诸四征四镇、车骑、骠骑将军、诸大将军",王文锦等点校本《通典·魏官品》同(第991页)。不过参考同书《晋官品》第二品"骠骑、车骑、卫将军,诸大将军"的记法,《魏官品》中"诸四征四镇、车骑、骠骑将军"的次序应该颠倒过来,补入"卫将军",作"骠骑、车骑、卫将军"及"诸四征四镇大将军"。"诸征镇安平将军"在第三品,加"大"则进至第二品卫将军以下。《三国志》卷四《魏书·三少帝纪》高贵乡公正元二年(255年)秋七月诏:"以征东大将军胡遵为卫将军",征东大将军即在低于卫将军的"诸大将军"之列。

由列表很容易看出，昔日处于禄秩空白区域的那些官职、爵号和将军，在《魏官品》中都获得了明确的品级；《魏官品》对它们的安排，几乎就来自对昔日朝位的承袭调整。

再尝试以一个实例，来观察朝班是如何向官品转变的。《三国志》卷四《魏书·三少帝纪》魏元帝咸熙元年(264年)三月己卯注引《汉晋春秋》：

晋公既进爵为王，太尉王祥、司徒何曾、司空荀顗并诣王。顗曰："相王尊重，何侯与一朝之臣皆已尽敬，今日便当相率而拜，无所疑也。"祥曰："相国位势，诚为尊贵，然要是魏之宰相，吾等魏之三公；公、王相去，一阶而已，班列大同，安有天子三公可辄拜人者！损魏朝之望，亏晋王之德，君子爱人以礼，吾不为也。"及入，顗遂拜，而祥独长揖。

其事又见《晋书》卷三三《王祥传》。按，《魏官品》第一品的排序是"黄钺大将军、三公、诸国王、公侯伯子男爵"，三公的位阶是在"诸国王"之上的。不过到了这年的夏五月晋王司马昭才"奏复五等爵"，列有五等爵的《魏官品》显然又当出于其后。而王祥不拜晋王司马昭在此前三月，也就是说在《魏官品》之前。玩王祥之语义，他强调的是三公地位虽低于国王，但也不过是低下"一阶而已"，从朝位说二者"班列大同"，还没有卑下到要"相率而拜"的份儿上。可见在《魏官品》之前，存在三公低诸王一阶的旧制。在这之后，《魏官品》便以"班列大同"为基础，把三公、诸王与黄钺大将军、五等爵、大丞相等列为第一品；同时又以"公、王相去一阶"为基础，在一品之中保存了三公与诸国王的阶次之差，不过三公转居诸国王之前，变成高诸国王一阶了。昔日的班、位之次，就如此这般地演化为官品，以及官品之内的位阶了。在这个过程中，早先从属于"位"的有关礼遇，也顺理成章地转给了官品，例如服制①。至于晋王司马氏为何肯让三公居己之上，以我小人之心度其君子之腹，他是在故作谦逊以刁买人心吧；并且他还有别的花招足以自重，这就是居官品之首的"黄钺大将军"。官品与朝班的如上渊源关系，说明仅仅用九品官人法来解释魏晋官品的诞生，是很不够的。

三、官品与爵命

从以上考述看来，官品和朝位间存在密切关系。官品在一定程度上来自朝位秩序，官品创制之后，二者仍然相辅相成以定官职之高卑。除此之外，马端临还有这样的说法："盖官品之制，即周之所谓九命，汉之所谓禄石，皆所以辨高卑之等级，其法始于魏。"②周制，以爵级命数定百官尊卑，卿、大夫、士等爵位还有上、中、下之分；汉代也把上公、公、上卿、卿一类术语，用作确定等级之助。至如曹魏的等级制，宫川尚志曾有这样的推测："恐怕是受

---

①《三国志》卷九《魏书·夏侯玄传》："今科制自公、列侯以下，位从大将军以上，皆得服绫锦、罗绮、纨素、金银饰镂之物；自是以下，杂采之服，通于贱人。"这是齐王曹芳正始年间的事情。其时官品尚未创制，三公、列侯、大将军的次序显然是依据班位的。这是《魏官品》晚出的又一证据。至西晋服制便转以官品为等差了，见之于《晋令》，详见本章第五节。服制从依班位到依官品并不会造成太大变动，因为官品排序系由班位变换而来的。

②《文献通考》卷六七《职官二十一》。

周礼九命制度的影响，而制订了官品九等吧。”[①]不过宫川氏仅此一语而已，未加深论。从史料看来，《周礼》的爵命之制是否直接影响了九品官品的制订一点，还不是特别清楚；但在运用官品的时候，爵命确实构成了一种辅助性的参照。下面就由一些考察，为理解魏晋官品的性质提供进一步的帮助。

《通典》卷四八《礼八》引东晋贺循：

> 古者六卿，天子上大夫也，今之九卿、光禄大夫诸秩中二千石者当之。古之大夫，亚于六卿，今之五营校尉、郡守诸秩二千石者当之。上士，亚于大夫，今之尚书丞郎、御史及秩千石县令、在官六品者当之。古之中士，亚于上士，今之东宫洗马、舍人、六百石县令、在官七品者当之。古之下士，亚于中士，今之诸县长丞尉、在官八品、九品者当之。

从古者“六卿”这个提法，推测贺循采用的是古文经说[②]。杨光辉先生已注意到了这条史料，并据之指出：“可知两晋采用了古今官制相类比的方式，以便使《周礼》能够指导现存的等级制度。”如依其说，晋官品便有与《周礼》公卿大夫士之制比拟之意。进而根据杨先生的考证，“西晋按官品划分的礼遇层次”应当如下：

---

①宫川尚志：《六朝史研究·政治社會篇》，平乐寺书店1964年原版，1977年再版，第267页。

②按汉代今文家说，天子立三公司徒、司马、司空，立九卿、二十七大夫、八十一元士，凡百二十人；按古文家说，天子立三公太师、太保、太傅，立三少少师、少保、少傅，谓之三孤，又立六卿冢宰、司徒、宗伯、司马、司寇、司空。参看周予同：《经今古文学》，《周予同经学史论著选集》，上海人民出版社1983年版，第26页。

一、二品官，亭侯以上封爵——诸侯

三品官——上大夫

四、五品官——大夫

六品官——上士

七品官——中士

八、九品官——下士①

对这个排比我们还可补充一条材料，以证杨先生的推定言之有据。据《魏书》卷一〇八《礼志四》，北魏世宗宣武帝永平四年（511年），员外将军、兼尚书都令史陈终德逢祖母之丧，请示是否可以服齐衰三年之服，其时太常卿刘芳议云：

> 且准终德资阶，方之于古，未登下士；庶人在官，复无斯礼。……宜依诸孙，服期为允。……士皆世禄也。八品者一命，斯乃信然。但观此据，可谓睹其纲，未照其目也。案《晋官品令》所制九品，皆正无从，故以第八品准古下士。今皇朝《官令》皆有正从，若以其员外之资，为第十六品也，岂得为正八品之士哉？

据《魏书》卷一一三《官氏志》，员外将军在从第八品下。刘芳认为，陈终德之官品还够不上"士"，不得行齐衰三年，而应以期年为允。他的理由是：若以官品与古之诸侯、卿、大夫、士之制相比的话，那么"八品者一命"，这有《晋官品令》"以第八品准古下士"的规定为证；

①杨光辉：《官品、封爵与门阀制度》，《杭州大学学报》1990年第4期；《汉唐封爵翻度》，学苑出版社1999年版，第174页。

而陈终德位在从八品下，刚刚沾上了第八品的边儿，刘芳便咬住了这一点不放，说是正八品只是“下士”，从八品就连“下士”也够不上了。

陈终德是否能算“下士”，当时的人也没弄得很明白，我们也用不着纠缠。总之刘芳曾经取证于《晋官品令》，而体察“《晋官品令》所制九品，皆正无从，故以第八品准古下士”的语意，可知《晋官品令》中确实有“第八品准古下士”的明文规定。这就说明晋官品在运用上，确实有过与周代爵命比拟的做法。《晋官品令》既然以八品官比拟周代的一命下士，官品的其他级差，当然也都与中士、上士、大夫、卿、公等各有所准。“第八品准古下士”的规定，与贺循“古之下士，亚于中士，今之诸县长丞尉、在官八品、九品者当之”的说法存在矛盾。贺循所说的也许是东晋的制度，与西晋有所不同。《晋官品令》规定“第八品准古下士”，刘芳又说从八品下即不得为士，以此推论，在西晋似乎官品第九尚不得为“士”，也许只够得上所谓“庶人在官者”。

再证以《北齐书》卷二八《元孝友传》：

> 古诸侯娶九女，士一妻一妾。《晋令》：诸王置妾八人，郡君、侯妾六人。《官品令》：第一、第二品有四妾，第三、第四有三妾，第五、第六有二妾，第七、第八有一妾。所以阴教聿修，继嗣有广。

按《公羊传》庄公十九年：“诸侯一聘九女。”《礼记·内则》“妻不在，妾莫敢当夕”句孔颖达疏：“大夫一妻二妾，则三日御遍；士一妻一妾，则二日御遍。”既然“士一妻一妾”，那么《孟子·离娄下》所记“齐人有一妻一妾而处室者”的那位“良人”，其身份就应该是“士”了。

《晋官品令》规定第五、第六品有二妾，这相当于古之大夫；第七、第八品有一妾，这相当于古之士。第九品不见其文，应是无妾，大概就不算是“士”了。杨光辉先生的九品官在西晋为下士之说，似可据此略做调整。由王侯之置妾八人、六人都高于一、二品官，还可知道王侯的礼遇并不全依官品。同时第六品有二妾相当于大夫一点，与贺循“上士，亚于大夫，今之尚书丞郎、御史及秩千石县令、在官六品者当之”的看法，也不相合。这或是因为晋制与古制并非丝丝入扣，或是因为贺循所言不过一己私见而已。前一解释的可能性更大一些。

以公、卿、大夫、士或“九命”来确定当代官爵的所当服膺之礼法，这在魏晋很是通行的做法，可见经典中的古制在当时有过重大影响。魏晋之交，出现了一系列复古礼、用周制的事件，例如复五等、行封建，用三年丧，尊三老五更，以及规划国子学、太学、四门学三学之类。前已述及，魏晋南朝以官品、禄秩并用；官品九品既不决定俸禄，则礼遇安排就成了九品级差的重要功能。魏晋以下是礼学昌明的时代，尊卑礼数一方面以命数爵称为别，一方面以官品为别，在当时这是一而二、二而一的关系。

《通典》卷九三《礼五十三·三公诸侯大夫降服议》：

> 魏制，县侯比大夫。按大夫之庶妹，在室大功，适人降一等，当小功。晋制，王公五等诸侯成国置卿者、及朝廷公孤之爵，皆旁亲绝周，而旁亲为之服斩。卿校位从大夫位[者]，皆绝缌。

据后文所引挚虞议，文中所谓“魏制，县侯比大夫”之说，应该是《魏科》里面的条文；而其所谓“晋制”，则应推测于《晋令》之中。看来自曹魏以至晋朝，都是把官爵与古代爵级相比照的，如“县侯

比大夫”、“朝廷公孤之爵”、“卿校位从大夫者”之类所显示的那样。又《通典》卷八四《礼四十四·设铭》:

> 晋杜元凯云:“诸侯建大旗,杠七仞,斿至地。”徐宣瑜议云:“王之上公八命,出为二伯加一等,谓九命作伯,建九斿。按上公之上服远游冠,佩山玄玉,宜与三公同,建八斿。诸位从公者,三公八命,应建旗八斿。侯伯同七命,建旗七斿。”元凯又云:“卿建旗,六斿至轸。”宣瑜曰:“王之卿六命,建旜六斿;王之上大夫五命,建物(旜?)五斿。”

语中所言九命、八命、七命、六命、五命并非泛论周礼,远游冠也不出自周礼而是秦汉制度①。他们是在讨论当代官员的铭旌之制。前引《通典·三公诸侯大夫降服议》显示了晋礼有“卿校位从大夫者”,而这“设铭”之议中又提到了“王之上大夫”。“从大夫”当然不会直接上承“上大夫”,其间还应该有一个居间等级,其名目也许是“中大夫”。

在魏晋之前,王莽变法也曾仿照《周礼》改革官制,把官阶分为公、卿、上大夫、中大夫、下大夫、元士、命士、中士、下士、庶士十等②;

---

①《通典》卷五七《礼十七·远游冠》:“秦采楚制,楚庄王通梁组缨,似通天冠而无山述,有展筒横之于前。汉因之,天子五梁,太子三梁,诸侯王通服之。”是远游冠源出于楚,为秦所采而为汉所承,但不是周代古礼。

②参看《汉书》卷九九《王莽传中》。居延汉简中有“右五命上大夫增劳名籍”,见《居延新简》E. P. T5:32,第 20 页。这显然是王莽时简。由一命的命士上数到上大夫,正好应该是“五命”。又罗福颐《秦汉南北朝官印征存》收有“偏将军中士”、“奋武中士印”、“纳言右命士中”、“尚书大夫章”,都是王莽时的印章。文物出版社 1987 年版,第 91 页第 509 号、第 96 页第 541 号、第 97 页第 543、545 号。

在魏晋之后，又有北周继踵而来用《周礼》改制，也以公、卿、上大夫、中大夫、下大夫、上士、中士、下士、庶士十等为差①。新莽和北周的品级，大夫都分三等，垫底的都是"庶士"一级。西晋的"从大夫"，当即新莽、北周的"下大夫"。杨光辉先生以三品官当"上大夫"，四、五品官当"大夫"，止有两阶，也许有些简单化了。上大夫之下，似乎有中大夫、从大夫二等；三等大夫也许分别对应着三、四、五品官。此外，《通典》"设铭"条还提到了上公、三公、从公、卿这些个等级。称"公"的当然都在一品。至于"卿"，汉代有上卿、有列卿；前后左右将军、御史大夫位在上卿，而太常以下属于列卿。时至魏晋，列卿被置于三品，实际已下降到了"上大夫"；二品所列骠骑、车骑、卫将军及诸大将军在东汉的位次是"比公"，在晋应该是降而比"卿"了。此外，新莽、北周的官阶都有"庶士"，而《晋官品令》"以第八品准古下士"，那么等而下之的第九品，就应该是"庶士"了。

由此，就可以把杨光辉先生的排比推定稍加修订如下：

一品官：行公礼
二品官：行上卿礼
三品官：行上大夫礼
四品官：行中大夫礼
五品官：行从大夫礼

---

①《隋书》卷二七《百官志中》记北周爵命，三公九命，三孤八命，六卿七命，上大夫六命，中大夫五命，下大夫四命，上士三命，中士再命，下士一命。《隋书》卷一一《礼仪志六》叙后周冠服，有公卿之服、上大夫之服、中大夫之服、下大夫之服、士之服和庶士之服：士之服"上士以玄，中士以黄，下士杂裳"，"庶七，庶人在官，府史之属"。

六品官:行上士礼

七品官:行中士礼

八品官:行下士礼

九品官:行庶士礼

官品与周爵的这种对应,在现实中当然也会遇到矛盾。古礼本来就纷纭莫明,魏晋的人们也没来得及将之弄得明明白白。不过在复古潮流中,王朝尽力使官品能与古礼比拟、以便于施行礼制之意,依旧昭然若揭。

世入北齐,铭旌之制便直接以"品"为等差,一品九斿,二三品七斿,下至七品三斿。北齐的藉礼也以官品为差,如一品五推五反,二品七推七反,三品九推九反之类,可参看《隋志》及《通典》。南朝刘宋则仍然遵循旧法,以公卿大夫士的概念确定礼节。刘宋藉田之礼:"皇帝亲耕,三推三反。于是群臣以次耕,王公、五等开国诸侯五推五反,孤卿大夫七推七反,士九推九反。"①这里所谓的公、卿、大夫、士,在实际运用中应是都要还原为官品的,这种比照方式晋代已然了。《魏官品》出自魏晋之交,与《晋官品》相距非常之近;晋之《官品令》以官品比拟爵命的做法,应是上承于《魏官品》的。早在《魏科》之中,就已有"县侯比大夫"之制了。杨光辉先生推定西晋三品官比上大夫,而《魏官品》中县侯官品第三,大约也是比上大夫的。魏晋的丧服礼法讨论中,大量使用着诸侯、大夫、士这样的语辞,如《通典·礼》所见的"天子诸侯大夫士吊哭议"、"诸侯大夫士降服议"、"诸侯大夫及大夫妻降服议"之类。这些诸侯、大夫、士,在曹魏时或许与"若干石"相对应;而在产生

①《宋书》卷一四《礼志一》。

了官品的晋代,都应是能够还原为官品的①。

把官品与周制加以比拟,这因为《周礼》等书所载"九命"及诸侯、公、卿、大夫、士的等级阶梯,看上去与刚刚建立的官品制具有相似的形式。这种比照显示,官品的制订目的,就是要重新安排各级官员的地位礼遇,而不是为了与九品官人法相为表里。

四、官品对官僚等级的调整

就各种情况看,曹魏末年制订官品的用意,就在于对诸多官职的尊卑高下重加调整。它是在王朝政府面临官僚体系的重大变化之际,而生发出的应时对策。自汉入魏,诸多官位的职责、性质、地位、声望的相对高下,业已发生了众多变化。官品的创制,便为王朝以一个新的序列调整百官等级,提供了一次良好机遇。

---

①《通典》卷八三《礼四三·初丧》:"博士张敷等进议:'诸王公、大将军、县亭侯以上有爵土者,依诸侯礼,皆称薨;关外侯无土,铜印,当古称不禄;千石、六百石下至二百石皆诣台拜受,与古士受命同,依礼称不禄。'高堂隆议:'……今大中大夫秩千石,谏议、中散大夫秩皆六百石,此正天子之大夫也,而使下与二百石同列,称不禄,[生]为大夫,死贬从士,殆非先圣制礼之意也。'"这大约是魏明帝时的事情,时无官品,人们还是用禄秩和古代的爵级相比拟的。而且由当时之诸说纷纭,推知其时未有定制:张敷以千石、六百石、二百石比古之命士,而高堂隆则以为千石之大中大夫及六百石之谏议、中散大夫应该比拟古代的大夫。但晋代服制,便已经与官品直接相关了。这除正文中所引之例外,又如《通典》卷九〇《礼五十·齐衰三月》:"穆帝崩,前尚书郎曹耽等奔赴,皆服齐衰。治书侍御史喻希表弹其失礼。博士孔恢等议云:礼无解职厌降之文,今(《令》)有去官从本官之品;典律并愆,轨训有违。"去官的尚书郎应该为君主服齐衰抑或斩衰,看来涉及了是依据"去官"身份还是依据"本官之品"的问题,由此可知,服制是与官品相关的。

世入曹魏，现实政治变迁中许多新的官爵应运而生。例如，东汉所没有的秘书监、秘书令、中书监等机要之职，业已分夺了尚书台的部分职权；曹魏新设的散骑常侍、散骑侍郎、中书侍郎等，已是权门显贵的起家之选和习居之位，它们的扩张把此前曾构成仕途中介环节的议郎、中郎和郎中等等的地位大大压低了；中领军、中护军、武卫将军等等，成了重要的宿卫之官，为兵权之所归；一些新出军职，如牙门将、骑督、千人督、部曲督、部曲将等等，逐渐取代了东汉军队的部曲编制。这许多新生官位在政府中的地位资望，显然有待重新确定。建安时代王朝新定名号侯十八级，关中侯十七级，关外侯十六级；曹魏时已出现了公、侯、伯等五等爵性质的封号，到了西晋朝廷便正式封授五等爵了。这些新的爵称与百官的相对地位，以及它们与乡侯、县侯、亭侯等列侯的相对地位，当然也有待于更清晰地加以确认，而旧有的禄秩已不能适应这一要求了，因为封爵并无禄秩。

同时旧有的许多官职，其实际地位在历经沉浮之后，往往也大异于旧日禄秩所确认的等级了。比方说尚书省诸职，自东汉以来事权不断扩大，已成了事实上的行政中枢，但尚书令的禄秩不过千石；而权责日衰一日的九卿之官，其禄秩却依旧高居中二千石，比尚书令高好几等呢。这显然已不适应行政需要了。与之相类，御史中丞在东汉与尚书令同属“三独坐”，是最重要的监察首长，但其秩不过千石。又如刺史、州牧，在汉末便已逐渐成为郡守、国相以上的地方行政长官了，但刺史仅仅是六百石官，依然低于郡守二千石；称州牧则为二千石，也不过与郡守同级而已。可见，由禄秩所标志的旧有等级，也已不能反映州、郡二者的现实统属关系了，何况州之长官因时势之变还有了领兵刺史和“单车刺史”的分别。东宫官在魏晋时已成了权贵子弟的起家清途，但它们的昔日禄秩不能体现相应变动。汉代没有为将军规定相应的禄秩,但汉魏之际,各种将军号不断繁衍、与日俱增,并且随着都督制度的发展,担任都督者还要以不同军号标志官阶。那么各种将军号的品级,当然也有必要予以厘清。

面对这种种情况,王朝以九品这种等级,把新增的、旧有的和职权业已变化了的诸多官职纳入一个新的等级框架,显然就成了当务之急,势在必行了。《魏官品》中许多官职的级别较之先前的禄秩都发生了重大变化,就是明证。

千石的尚书令,六百石的尚书仆射、尚书,在《魏官品》中列在第三品,并且在班次上被置于同品的九卿之前。而九卿原先的禄秩是中二千石,由此它们与令、仆、尚书的相对地位,便因官品而翻转过来了。祝总斌先生评论说:"这表明经过几百年的发展,尚书的重要性已经超过九卿","这一官品,实际上与晋官品一样,是与尚书台长官已代替三公为宰相这一状况相适应的制度。"①

与此相应,尚书左右丞、尚书侍郎在汉代秩四百石,尚书郎中在汉代大约比三百石;而在《魏官品》中,"尚书左右丞、尚书郎中"进居六品之首。魏晋同居六品、但位于尚书丞郎之后的,有治书侍御史,在汉秩六百石;有奉车都尉、驸马都尉、骑都尉②,在汉秩比二千石;有廷尉正监平,在汉秩六百石;有公车令,在汉秩六百石;有"诸县署令千石者"。可以看到,魏晋的尚书丞郎业已居于一些六百石、千石甚至比二千石官员之前了。并且《魏官品》的安排是把禄秩置之度外的,同品之中安置着比三百石到比二千石的各种官

①祝总斌:《两汉魏晋南北朝宰相制度研究》,第155—156页。

②按,《通典·魏官品》第六品作"奉车驸马都尉",但《晋官品》作"奉车驸马骑等都尉",当以《晋官品》为是。

职,其班次根本不依禄秩排列,是“打乱”了禄秩而另起炉灶的。

又尚书令史,在东汉与四百三百石长相之丞尉禄秩相同,都是二百石官。而在魏晋官品中,“诸县署令长相之丞尉”在第九品①,“尚书、中书、秘书、著作及主书、主图、主谱[令]史”②却居于第八品之首。《魏官品》中居于这些令史之后的有“郡国太守相内史丞、长史”③,而郡丞、长史在汉秩六百石;居于其后还有“诸县署令千石之丞、尉”,这些丞、尉在汉秩四百石。也就是说,昔日二百石之尚书令史,如今跻身于一些六百石、四百石官之前了。尚书丞、郎、令史在魏晋官品中的地位提高,无疑都是尚书机构不断扩张的伴生现象。

比二千石之侍中,上升到了三品之首,而且还居于中二千石的九卿之前,可见此期门下省的重要性已今非昔比。官品三品中还有散骑常侍,紧接侍中之后。相应的,六百石的黄门侍郎提高到了第五品,给事中、给事黄门侍郎及散骑侍郎列在第五品之首,而且列在二千石郡守国相之前,这也都具有同样意义:反映了“内侍”政治重要性的上升。中书监令、秘书监在《魏官品》中为第三品,居九卿之前;中书侍郎在第五品,秘书郎、著作丞郎在第六品,这当然也对应着中书、秘书等机构在此期的实际地位。

御史中丞在东汉秩卑而任重,虽然只是千石之官,但在朝堂

---

①按,《通典·晋官品》第八品有“诸县令长相”,第九品有“诸县署令长相之丞尉”。但《魏官品》第八品不见“诸县令长相”,第九品却有“诸县令长相”而无“诸县署令长相之丞尉”。这一定是抄手粗率致误,这两处《魏官品》都应与《晋官品》相同才对。

②《通典·魏官品》但称“史”,但比照《晋官品》第八品,以作“令史”为是。

③《通典·魏官品》原作“郡国太守相内史中丞、长史”,“中”字疑衍,《晋官品》第八品同处即无“中”字。因删。

之上却拥有着“三独坐”的特殊班位。《魏官品》中御史中丞列在第四品，而二千石的郡守国相内史在第五品，由此便可认为御史中丞的品级高于往昔；是“四品”这个品级，而不是“千石”这个秩次，才更真实地体现了此官的实际权责。不过六百石治书侍御史、侍御史被列在官品第六，这些监察之职在魏晋的地位，较之东汉似无明显上升。

五官中郎将及左右中郎将三署的比六百石之中郎、比四百石之侍郎、比三百石之郎中，在东汉曾是士人出仕朝廷之通阶，但在《魏官品》中它们被置于第八品。仅从品级上已能看到，至少中郎一官已低落不少。事实上此时郎官正在黯然失色，它们遭遇了内侍的排挤。曹魏以降皇权不稳，相应地出现了内侍起家之途的兴盛之势。皇帝的门下侍从如黄门侍郎、散骑侍郎等等，太子的东宫侍从如太子庶子、舍人、洗马等等，地位大为提高，变成了仕途通阶。在以法理手段控制官僚已不大灵光之时，最高统治者便希望通过扶植身边近侍，以此使自己与士人以及使储君与士人建立更密切的个人关系。职此之由，门下“黄散”、东宫侍从日趋清贵，成为高门权贵子弟的入仕迁转之阶，选官格局为之一变：清官起家迁转之途兴起，郎署日趋消沉①。

构成“清途”的黄门侍郎与散骑侍郎同居五品，这当然不是八品郎官所能望其项背的。类似变动也发生在“率取膏粱击钟鼎食之家”的东宫官属与郎官之间。东汉时四百石之太子庶子，二百石之太子舍人，原来是分别比拟中郎、郎中的②；但中郎、郎中奉侍

①参看拙作《察举制度变迁史稿》，第6章第3、4节。

②《续汉书》卷二七《百官志四》：太子庶子“如三署中郎”，太子舍人“更直宿卫，如三署郎中”。

皇帝，而太子庶子、太子舍人奉侍太子，太子当然要比他的皇帝老子低一头了，所以后者的禄秩低于前者。《汉书》卷九三《佞幸董贤传》："父恭为御史，任贤为太子舍人。哀帝立，贤随太子官为郎。"《汉书》卷八八《儒林传》："岁课甲科四十人为郎中，乙科二十人为太子舍人。"又《后汉书》卷八《灵帝纪》："试太学生年六十以上百余人，除郎中、太子舍人，至王家郎、郡国文学吏。"这都是汉代郎官高于太子舍人的证据。然而在《魏官品》中，太子庶子居第五品，太子舍人居第六品，全都高于八品的中郎、郎中，而且所高不止一品。也就是说，东宫官属与三署散郎的相对地位，整个翻了个个儿。

汉代的公府掾属，掾比三百石，属比二百石，《魏官品》它们被置于第七品，得以附着于同品的诸县令相秩六百石者、千石之太中大夫、六百石之中散、谏议大夫及议郎之后，其地位应该说上升了不少。公府掾属来自对郡国士人的辟召，原来也是与郎署相类的仕途中转站，汉廷按制度从公府掾属里定期选拔"高第"迁补他官。曹魏时居"公"之位者开始增殖，到了西晋时便形成了"八公"之制。"世祖武皇帝即位之初，以安平王孚为太宰，郑冲为太傅，王祥为太保，司马望为太尉，何曾为司徒，荀顗为司空，石苞为大司马，陈骞为大将军。世所谓'八公同辰，攀云附翼'者也。"①魏晋称"公"者，都是协助曹、马迁鼎篡位的元勋功狗，当时最显赫的权贵高门。尽管诸公多趋闲散但位望不替，其掾属品级的提升便是一端。正如众多学者指出的那样，以公府掾属起家在晋也属"清途"。辟召而来的掾属与府主的关系渗透着更多私人性质。这种私人关系对法理秩序的侵蚀，本来就是士族政治的特点

①《晋书》卷二四《职官志》。

之一。

六百石的刺史被分成了领兵刺史和“单车刺史”，分居第四、第五品；相应的，二千石郡守国相居第五品，其品级转在刺史之下，汉末以来的州郡统属关系由此而被理顺了。由于刺史、州牧的地位提高，以及都督区开始构成更高级的军政单位，郡守、县令的地位相对下降了。《魏官品》中，千石县令在第六品，六百石县令在第七品，四百三百石县长在第八品。由于许多禄秩较低的朝官在《魏官品》中明显上升，一些新增官署、新创官职初始就占据了较高品级，因而从等级序列看，郡守、尤其是县令相形失色了。当时的人称“汉魏以来，内官之贵，于今最崇”，“中间选用，唯内是隆，外举既颓，复多节目，竞内薄外，遂成风俗”①，这都为理解外官的较低品级提供了参考。

诸多爵位，诸国王公侯伯子男爵在第一品，县侯在第三品，乡侯在第四品，亭侯在第五品，关内侯、名号侯在第六品。黄钺大将军以下各种军号，被列入一至五品，以及八品“诸杂号宣威将军以下”。昔日靠朝位来区分尊卑的爵位、军号本来处于禄秩的盲区，现在它们都由《魏官品》而位序井然、眉目一清了。

在禁军将领方面，中领军在第三品，武卫、左右卫将军等在第四品，司马督在第六品。又汉代军队的部曲制度：大将军营五部，部校尉一人，比二千石；军司马一人，比千石；又有军假司马、别部司马。若以各个军职的禄秩比拟官品的话，它们本来相当于五、六品的官。但在《魏官品》中，武猛中郎将、武猛校尉②、别部司马、

①《通典》卷一六《选举四》引李重奏议，《晋书》卷四七《傅咸传》。

②《通典》卷三六《职官十八·魏官品》在“武猛中郎将”之后，以“校尉”下连“部司马军司马假司马”，误。应作“武猛中郎将、校尉，别部司马，军司马，假司马”。

军司马、假司马竟然沦落到了九品之末，实际已变成虚衔加号了[①]。

---

①《隶续》卷二一残卷《南乡太守司马整碑》中有“部曲将、裨将军”、“部曲将、武猛中郎将”、“部曲将、武猛都尉”、“部曲将、武猛校尉”、“部曲将、军司马”、“骑□□（部曲）将、武猛校尉”、“副部曲将、广野将军”这样的头衔。《隶续》，第450页；又见《湖北金石志》卷三，《石刻史料新编》第1辑第16册，第11974页。上述两个官称组成的具衔中，后一官显然就是加号。严耕望因有“部曲将或加武猛中郎将，或加裨将军，或加武猛校尉，或加武猛都尉，亦见（部曲将）地位之高”的说法。见其《魏晋南北朝地方行政制度》，《中央研究院历史语言研究所专刊》之四十五B，1990年版，上册第285页。又1972年河南孟津县长华公社发现一窖铜印，其中有别部司马印11枚，军曲侯印64枚，军司马印20枚，军假司马印80枚，假司马印619枚。参看贺官保、陈长安：《洛阳博物馆藏官印考》，《文物》1980年第12期。由此我们知道“军假司马”和“假司马”二者还有区别。这些官印同处一窖、数量又如此之大，似乎也说明它们已成加号了，殊非东汉可比。

《南乡太守司马整碑》的“武猛都尉”不见《魏官品》，可补《魏官品》之阙。罗福颐《秦汉南北朝官印征存》也收有一方“武猛都尉印”（第144页第812号，以下简称《征存》）。曹魏的典韦曾为武猛校尉，孙吴的潘璋曾以建昌县令加武猛校尉，分见《三国志》卷四《魏书·齐王纪》及卷五五《吴书·潘璋传》。走马楼吴简6—2255号简中有孙吴的一位武猛校尉，在嘉禾元年（232年）。《征存》所收武猛中郎将印，有两方银质龟纽者（第235页第1342号，第265页第1513号）；所收武猛校尉印，有一方银质龟纽者（第272页第1554号）。又1972年河南伊川县江左公社也曾发现“武猛校尉”银印，亦见贺官保、陈长安：《洛阳博物馆藏官印考》。按，中二千石、二千石的官职才银印青绶，武猛校尉既曾使用银印，则其最初地位并不算低。而《魏官品》中“武猛”诸职已如此卑微、今非昔比了，这是《魏官品》晚在魏末的又一证据。《晋祀后土碑》有“武猛校尉”一人，见《希古楼金石萃编》卷一〇，《石刻史料新编》第1辑，第16册第3936页。世入西晋，这只是个“九品芝麻官”了。《文馆词林》卷六六二《晋武帝伐吴诏》：“今调诸士家有二丁、三丁取一人，……其武勇散将家亦取如此，比随才署武勇掾史，乐市马为骑者，署都尉、司马。”（《丛书集成初编》，第1691册第99页）所谓“武勇散将”我想就包括“武猛”诸官，其身份已有士家性质；至如“都尉、司马”，应该就是武猛都尉、军司马一类散号吧。

而新出军官之名牙门将、骑督等在第五品，千人督等在第六品，部曲督在第七品，部曲将在第八品①，从而反映了曹魏时军队编制的

---

①《通典·魏官品》不见“部曲将”一职，但第九品有“副散部曲将”，《晋官品》第八品有“部曲将”。按魏晋官品中的军官，副职、散职称“副散”。例如第五品有牙门将，《魏官品》第七品有“散牙门将”、《晋官品》第七品有“副牙门将”；《魏官品》第七品有“部曲督”，《晋官品》第八品有“副散督”。以此类推，《魏官品》第九品既有“副散部曲将”，则必有正职“部曲将”，而且应该在第八品，同于《晋官品》。

魏晋史传还有“骑部曲将”，但不见魏晋官品。《征存》所收有“骑部曲将”印颇多；西晋的《晋祀后土碑》题名中有八名“骑部曲将”，宁可先生视同八品部曲将，见其《记〈晋当利里社碑〉》（即《晋祀后土碑》），《文物》1979年第12期；又见《宁可史学论集》，中国社会科学出版社1999年版。但它也可能因为统率骑兵而较普通部曲将为高，如同骑督高千人督一品一样。《征存》又收“骑部曲督”印，上海博物馆也藏有一方，参看胡舜庆：《六朝印章艺术风格试探》，收入南京市博物馆编：《六朝文物考古论文选》，1983年5月油印本，第83页。“骑部曲督”与“骑督”不当为一事。又《魏大将军曹真残碑》中有“州民骑副督天水古成凯伯”，见《八琼室金石补正》卷八，文物出版社1985年版，第42页。“骑副督”应为骑督的副贰，低骑督一等。《晋祀后土碑》中还有两名“散将”，宁可先生推定为九品的“散部曲将”，其说可从。

顾名思义，六品的千人督统兵应为千人；七品的部曲督也许就相当于“五百人督”，统兵五百人（“五百人督”，参看陶新华：《魏晋南朝地方军政职官研究——以中央对地方的军政管理为中心》，北京大学历史学系2000年博士论文，第123页以下。又《征存》收有“左积射五百人督印”一方，见第395页第2210号）。至于八品部曲将统兵多少，与“部曲督”有何区别，殊难推定。《通典》卷一四八《兵一》：“二队为官（百人，立长），二官为曲（二百人，立候），二曲为部（四百人，立司马）。”这种队、官、曲、部制度，由青海大通县上孙家寨汉简得到了证明。参看朱国炤：《上孙家寨木简初探》，《文物》1981年第2期。《通典》所记应是西汉制度，当时部曲长官统兵应在二百到四百人左右。又《太平御览》卷二九六引曹操《步战令》：“什长不进，都伯杀之。督战部曲将，拔刃在后，察违令不进者斩之。”都伯既然统兵百人，高于都伯的部曲将统兵便应多于都伯。不过据（转下页注）

深刻变化。

汉魏之间因官品出现而导致的众多官职的等级变动，我们无暇一一详考。以上不过选择若干例子以期说明，官品的适时创生，为王朝调整官僚等级提供了一个有力手段。

五、官品与禄秩

官品使王朝得以重新安排官僚等级，但官品的调整能力又不是没有限度的。在官僚实际等级关系已发生深刻变动的当口，王朝本有三种做法可供选择：第一，仅仅利用旧有的禄秩进行调整；第二，废除禄秩，以新创的九品官品全盘取而代之；第三，不废禄秩又兼用官品，实行“双轨制”。第一和第二种做法，我想都会导致现有等级秩序和权益格局的过大波动；第三种“双轨制”虽有叠床架屋之病，但却有助于减小波动幅度。在“稳定压倒一切”和改弦更张之间，王朝走上了第三条路线不过是顺水推舟。

由于创置官品后禄秩不废，官品就不是衡量品级、确认待遇的唯一标尺。在这种情况下，俸禄以及其他待遇拿什么作为尺

(接上页注)《晋南乡太守郛休碑》：“兵三千人，骑三百匹，参战一人，骑督一人，部曲督八人，部曲将卅四人。”参看《八琼室金石补正》卷九，第46页。若以3000(兵)÷34(部曲将)≈88人计，则晋代每位部曲将统兵不到一百。《征存》收有“左积弓百人将”印一方(第395页第2211号)，似乎也是存在“百人将”之证。当然无烦深论：法定编制是一回事，实际兵额又是一回事。河南孟津县平乐公社曾一次发现了63枚“部曲将印”，是由同一印模铸成的。参看赵安杰：《汉魏洛阳故城发现六十余枚汉代官印》，《文物》1984年第5期。古制一官一印，如以《郛休碑》例之，则63枚部曲将印便对应着一支六千人左右的队伍。

度，就构成了一个问题。或说："西晋之初，优待中央及中央派出的高级官员，先按级别给他们固定的日俸或月俸。平吴之后，太康二年（281 年），又按级别给他们固定的绢、绵等赐物。"①可这"级别"是官品还是禄秩，并未明言。有些论著便进而推论，九品官品"三国魏始置，将各种官职划分为九个等级，自一品至九品，由高至低，以此享受禄秩及其他待遇"②。朱大渭先生依据官品推定了两晋南朝的官员俸禄，得出了一品月俸 150 斛、二品 120 斛、三品 90 斛、四品 72 斛、五品 54 斛、六品 36 斛、七品 27 斛、八品 18 斛、九品 8 斛这样的结论③。

然而汪征鲁先生指出，魏晋南朝的官品与禄秩并不对应，比如《晋官品》中，第三品有秩中二千石、秩二千石、秩千石者，第六品有秩千石、秩比千石、秩四百石者，第七品有秩千石、秩六百石者。《宋官品》、《陈官品》也都有类似情况。而且列在官品的官职之中，还有"言秩"者、有"依减秩例"者和"不言秩"者的区别。"言秩"者享有全俸，"依减秩例"者享有部分俸禄，"不言秩"者无俸。并不是所有列在官品者都有俸禄的④。这是个很出色的揭示。何德章先生还举证说，光禄大夫、诸卿与尚书令同居第三品，但光禄大夫、诸卿日俸 3 斛，合月俸 90 斛，尚书令的月俸却只有 50 斛。何先生认为，同品官职的这种俸禄不同，是由它们的禄秩

---

①陈仲安、王素：《汉唐职官制度研究》，第 337—338 页。

②吕宗力主编：《中国历代官制大辞典》"九品"条，第 11 页。

③朱大渭：《两晋南北朝的官俸》，《中国经济史研究》1986 年第 4 期；又收入《六朝史论》，中华书局 1998 年版。

④汪征鲁：《魏晋南北朝选官体制研究》，福建人民出版杜 1995 年版，第 148—149 页。

不同造成的，光禄大夫、诸卿秩中二千石，尚书令秩千石①。

终南朝之世一直是官品和禄秩并用。梁武帝似乎一度想缩小其间距离。《隋书》卷二六《百官志上》："天监初，武帝命尚书删定郎济阳蔡法度定令为九品。秩定，帝于品下注：一品秩为万石，第二第三为中二千石，第四第五为二千石。"梁武帝看来是想把官品与禄秩统一起来，不过这个办法详情如何、到底落实了没有，不得而知。《隋志》所见，陈官品依然故我，禄秩与官品各行其是②。这种不一致，不仅如汪征鲁所云一品之中禄秩各异，而且还在于同品各官的禄秩与其班序不相吻合。姑以《隋书·百官志上》所记陈官品第五品为例：

秘书丞，明堂、太庙、帝陵等令，已上六百石。

散骑侍郎，前左右后军将军，左右中郎将，已上千石。

大长秋，二千石。

太子中舍人、庶子，六百石。

豫益广衡等州，青州领冀州，北兖北徐等州，梁州领南秦州，司南梁交越桂霍宁等十五州，丹阳尹，中二千石。

会稽太守，二千石。

吴郡吴兴二太守，二千石。

皇弟皇子府咨议参军，八百石。

皇弟皇子府长史，千石。

皇弟皇子府司马，千石。

---

①何德章：《中国俸禄制度史》（黄惠贤、陈锋主编），第75—76页。

②雷渊深、季德源先生说，梁朝实行十八班制后，"禄石制完全消失了"。见其《中国历代军事职官制度》，《中国史研究》1993年第4期。这显然属于误解。

皇弟皇子公府从事中郎，六百石。

这个品级中包含着中二千石、二千石、千石、八百石、六百石五种禄秩，但它们却杂乱交错于同品之中，并不依照由高而低的降序排列。即使把职类因素考虑在内，禄秩仍与班次不符，例如同是府僚，八百石之皇弟皇子府咨议参军，却被列在千石之皇弟皇子府长史、司马之前。

那么能不能说，官品决定的是官僚的权责及礼遇，而禄秩决定的是其薪俸待遇呢？就与此相关的俸禄数额来看，问题仍不这样简单。西晋俸额是决于官品还是决于禄秩，除以上诸先生所据材料之外，《晋百官表注》的片断还能提供另一些情况。日人中村圭爾曾利用了若干条《晋百官表注》考察西晋俸禄①，本书在这里又补充了一些条文，下面把它们列示如下：

《晋百官表注》：尚书令一人，唐虞官也，是谓文昌天府。铜印墨绶，五时朝服，纳言帻，进贤两梁冠，佩水苍玉。官品第三，俸月四十五斛。（《太平御览》卷二一〇引；《职官分纪》卷八所引略同；《北堂书钞》卷五九所引，作"俸月三十五斛"）

《晋百官表注》：仆射一人，铜印墨绶，五时朝服，纳言帻，进贤冠，佩水苍玉。官品第三，俸月四十五石。（《初学记》卷一一；《太平御览》卷二一〇引作《晋书百官注》）

《晋百官表注》：（尚书）左右丞，俸月三十斛。（《职官分纪》卷八；《太平御览》卷二一三引作《晋百官表志注》）

①中村圭爾：《六朝貴族制研究》，风间书房1987年版，第4篇第2章第2节"二、晋制"。

《晋百官表注》:都令史绛朝服,进贤一梁冠,官品第八,廪月八斗。诸令史皆同掌与郎共平处事宜,别掌录上事立草。令史服与同,官[品]第九,俸月五斗。(《职官分纪》卷八引;文中"廪月八斗"、"俸月五斗"之"月"均当作"日"①,月俸24斛与15斛也。"别掌录上事立草"句原作"别录上士五章",据《北堂书钞》卷六〇《尚书令史》所引改正,但《书钞》所引缺品俸)

《晋百官表注》云:公车司马令一人,周官也,铜印墨绶,绛服,冠集(进)贤一梁冠,官品第七,俸月二十七斛。(《北堂书钞》卷五五引)

《晋百官表注》云:太仓令一人,铜印墨绶,朝服,进贤一

①"八斗"、"五斗",作为月俸均嫌太低,作为日俸则顺理成章。陶潜有"不能为五斗米折腰"之说,"五斗米"何意学者众说纷纭。缪钺先生的《陶潜不为五斗米折腰新释》认为是士大夫一个月的食量,张志明先生《对于〈陶潜不为五斗米折腰新释〉的商榷》提出驳议,均见缪钺:《读史存稿》,三联书店1963年版。杨联陞先生则认为,县令秩六百石者,按"粟五米三"比例折算,合已舂之米360斛,"若依汉代半钱半谷,每月米十五斛,正好每日五斗。所以五斗米应是汉以来低级县令的日俸(严格说是半俸)标准。"见其《论东晋南朝县令俸禄的标准》,《杨联陞论文集》,中国社会科学出版社1992年版,第10页。可是杨先生误把"六百石"禄秩当成了俸禄实数,所以他的计算不可为据。查《后汉书》卷一下《光武帝纪》李贤注引《续汉志》,六百石月俸70斛,以半钱半谷计则为35斛,日俸1斛有余;又查《续汉书》卷二八《百官志五》注引荀绰《晋百官表注》:"汉殇帝延平中(106年),……六百石月钱三千五百,米二十一斛。"月米21斛合每日7斗,非"五斗米"。但正如何德章所论,"晋代以日计俸,且俸额较汉代大为减少,我们认为陶潜所说五斗米还是应理解为当时俸例规定的某一秩石级别县令的日俸为宜,且不必如杨联陞先生那样,从汉代'半俸'的角度加以推论"。《中国俸禄制度史》,第81页。今以西晋令史的"俸日五斗",直接证明了西晋确有日俸五斗的俸例,则陶潜的"五斗米"之为日俸,我想已近定谳。

梁冠，品第七，俸月二十斛。品俸与上太医令同也。（《北堂书钞》卷五五引）

《晋百官表注》云：车府令，铜印墨绶，朝服，进贤一梁冠，官品第七，俸月二十斛。（《北堂书钞》卷五五引）

《晋百官志注》云：武库令，铜印墨绶，朝服，武冠，官品第七，俸月二十斛。（《北堂书钞》卷五五引）

《晋百官表注》云：光禄大夫，银章青绶，五时[朝服]，进贤两梁冠，佩水苍玉，官品第二，俸月三十五斛。（《北堂书钞》卷五六引）

《晋百官表注》云：太宰长史，铜印墨绶，朝服，进贤两梁冠，官品第六，俸月五十斛。（《北堂书钞》卷六八引）

《晋百官表注》为荀绰所作，这部书在记述官职时是追溯汉制的，参看《续汉书·百官志》李贤注所引诸条。不过上引各条中既然有官品记载，当然应该是晋制，而不会是汉制了。下面把《晋书·职官志》和荀绰《晋百官表注》所涉官品、西晋月俸、禄秩及其昔日的东汉月俸，列如下表以供比较：

	官名	官品	西晋月俸	禄秩	东汉月俸
晋志	诸公及从公	1	150		
	特进	2	120		
	金紫光禄大夫	2	120		
	光禄大夫	3	90	中二千石	180
	诸卿	3	90	中二千石	180
	太子太傅	3	90	中二千石	180
	太子少傅	3	90	二千石	120
	尚书令	3	50	千石	90

续表

	官名	官品	西晋月俸	禄秩	东汉月俸
晋百官表注	光禄大夫	2(3?)	35(?)	中二千石	180
	尚书令	3	45	千石	90
	尚书仆射	3	45	六百石	70
	太宰长史	6	50	千石	90
	尚书左右丞	6	30	四百石	45
	公车司马令	7	27	六百石	70
	太仓令	7	20(27?)	六百石	70
	太医令	7	20(27?)	六百石	70
	车府令	7	20(27?)	六百石	70
	武库令	7	20(27?)	六百石	70
	尚书都令史	8	24	二百石①	30
	尚书令史	9	15	二百石	30

表中有些月俸数额是由日俸折算而成的。东汉月俸,依据《后汉书》卷一下《光武帝纪下》建武二十六年(50年)正月李贤注。由于所引《晋百官表注》辑自类书,而类书在传抄时经常出错,有时甚至会错到难以卒读的程度,所以下面还要做一些必要辨析。

首先是光禄大夫,据《晋书·职官志》其月俸应为90斛,但《晋百官表注》却记为35斛,二者差距太大。因《晋志》的记载较为清晰,疑后者有误,不足采信。

其次是尚书令。《太平御览》及《职官分纪》引荀绰《晋百官表注》把尚书令的月俸记作45斛,《北堂书钞》引《晋百官表注》却记作35斛,三者有异。中村圭爾只根据《书钞》,取35斛的额度立论,但我想取45斛为好,这个数字与《晋志》所记尚书令月俸

①汉代无"尚书都令史"一官。《职官分纪》卷八:"《晋百官公卿表》云,尚书都令史八人,秩二百石。"

50斛更接近一些，也算是“三占从二”吧。至于45斛与50斛之差，也许是不同时期制度变动所致，暂时不宜轻言孰是孰非。由于唐修《晋志》叙述俸禄时与《晋百官表注》存在差异，我想《晋志》并未参考《晋百官表注》，所依据的是另一些文献，例如《晋公卿礼秩》之类。《艺文类聚》卷八五引《晋公卿礼秩》：“品第一者，春赐绢百匹，秋赐二百匹。”这正好与《晋志》所记一品官的春绢和秋绢数额相符。

其三是太仓、太医、车府、武库四令，月俸都被记作20斛；而同居七品的公车司马令却为27斛。这五种官职的禄秩都是六百石，又都以“令”为名，月俸不同似不应该，所以这两个数字必有一误。而且尚书都令史为八品、二百石官，其月俸尚为24斛，七品、六百石令的月俸却较此更低，未免叫人瞧不过眼：尚书都令史何德何能，竟比诸令挣得还多呢。曾想干脆“胆子再大一点儿”，对四处记载径加改动，把太仓、太医、车府、武库四令的月俸都由20斛改定为27斛，同于公车司马令，这样从官品和禄秩两方面看，就都匀称不少了；但终因拿不出直接证据而不敢强项，存疑可也。

那么就可利用这份表格，着手分析其时官品、俸禄和禄秩之间关系了。由上所见，我们感觉晋代官员的俸禄既不全依据官品，也不全依据禄秩。其不依官品一点，已如汪征鲁、何德章等先生所论，即如光禄大夫、诸卿、尚书令同居三品而俸禄不同的情况。此外太宰长史和尚书左右丞月俸一为50斛、一为30斛，同居六品却有这么大差别，从官品看很不合理；然而太宰长史秩千石而尚书左右丞秩四百石，千石的尚书令据《晋志》也是50斛。但由这些例子，不应导向俸禄全都决于禄秩的结论，因为另一些例子这时又会跳出来捣乱。依《晋百官表注》所记，尚书令和尚书仆射月俸都是45斛，这与它们都是三品官一点是一致的，但与其一为千石官、一为六百石官则不相应，在这里禄秩差别就没有造成俸禄差别。又尚书令史和都令史虽然都是二百石，但月俸一为24斛、一为15斛，合于它们一为八品官、一为九品官的情况。由此可见，断言俸禄仅仅取决于官品，或断言俸禄仅仅取决于禄秩，都有在史料前头碰钉子的时候。

《晋书·职官志》记载了若干高级官僚的俸禄、绢绵与菜田、田驺，我们把它们列为下表：

官名	官品	春绢	秋绢	绵	菜田	田驺	禄秩
诸公及从公	1	100匹	200匹	200斤	10顷	10人	
特进	2	50匹	150匹	150斤	8顷	8人	
金紫光禄大夫	2	50匹	150匹	150斤	8顷	8人	
光禄大夫	3	50匹	100匹	100斤	6顷	6人	中二千石
诸卿	3	50匹	100匹	100斤	6顷	6人	中二千石
太子太傅	3	50匹	100匹	100斤	6顷	6人	中二千石
太子少傅	3	50匹	100匹	100斤	6顷	6人	二千石
尚书令	3	30匹	70匹	70斤	6顷	6人	千石

其中一品的诸公、从公，二品的特进、光禄大夫假金章紫绶者，其俸禄显然是依照官品而定的。三品以下的俸禄、绢绵看来与禄秩有关，所以同居三品的光禄大夫、诸卿和尚书令的俸禄有高有低。但在太子太傅和少傅之处便遇到新问题了：太傅中二千石，少傅二千石，其日俸、赐绢、田驺之数却一模一样，这应以它们都官居三品来解释为好。至于菜田、田驺，一品为10顷、10人，二品为8顷、8人，三品为6顷、6人，这显然又如何德章所谓："'菜田'按官

品授予。”①

根据以上的有限材料，在官品和禄秩并行的情况下，王朝确定俸禄时既参考了官品和禄秩，同时又根据具体官职作具体规定，所以有些时候，薪俸甚至与官品和禄秩两者都不相合。例如《晋书》卷七〇《应詹传》，东晋明帝时江州刺史应詹上疏：“都督可课佃二十顷，州十顷，郡五顷，县三顷。”此处“课佃”实即禄田或职田，它的顷数按都督、州、郡、县分等②，既不依官品也无关禄秩。

禄秩之制终魏晋南朝而不废，官品和禄秩都被用为礼遇尺度。以禄秩为准的情况，如《宋书》卷一四《礼志一》记晋武帝《咸宁元会注》：

> 治礼郎引公、特进、匈奴南单于子、金紫将军当大鸿胪西，中二千石、二千石、千石、六百石当大行令西，皆北面伏。

又《晋书》卷二五《舆服志》记晋礼：

> 三公、九卿、中二千石、二千石、河南尹、谒者仆射，郊庙明堂法出，皆大车立乘，驾驷。中二千石、二千石，皆皂盖，朱两幡，铜五采，驾二。中二千石以上，右騑。千石、六百石，朱左幡。
>
> 郡县公侯、中二千石、二千石夫人会朝及蚕，各乘其夫之

---

①何德章：《中国俸禄制度史》，第81页。

②应詹的建议得到了实行，南朝禄田可能分为都督、州、中二千石郡、一般郡、县五等。参看李文澜：《两晋南朝的禄田制度》，《武汉大学学报》1980年第4期；曹文柱：《东晋南朝官俸制度概说》，《北京师范学院学报》1986年第1期。

安车。

进贤冠，……卿、大夫、八座尚书、关中内侯、二千石及千石以上，则冠两梁。中书郎、秘书丞郎、著作郎、尚书丞郎、太子洗马舍人、六百石以下至于令史、门郎、小史，并冠一梁。

但在这仍可看到官品对待遇的影响，如最后一条中，千石之尚书令、六百石之尚书得以列于二千石之前。

此外《宋书》卷三九《百官志上》："晋世则都督……使持节得杀二千石以下，持节杀无官位人。"是"二千石以下"构成了使持节都督杀人的一个界限。又《隋书》卷二五《刑法志》叙梁制："耐罪囚八十已上，十岁已下，及孕者、盲者、侏儒当械系者，及郡国太守相、都尉、关中侯已上，亭侯已上之父母妻子，及所生坐非死罪除名之罪，二千石已上非槛征者，并颂系之。""二千石已上"还被用作"颂系"（羁押时免除械具）的优待资格。禄秩甚至被用于比视后妃等级。曹魏已是如此①。西晋时官品业已创制，但《宋书》卷四一《后妃传》记："其余有美人、才人、中才人，爵视千石以下。"北魏后妃采用与公卿大夫士比拟之法：三夫人视三公，三嫔视三卿，六嫔视六卿，世妇视中大夫（从三品上），御女视元士（从四品上）②。北齐则左右昭仪比丞相，三夫人比三公（一品），九嫔比九卿（正三品），二十七命妇比从三品，八十一御女比正四品③，至此后妃才全以官品为比而与禄秩无涉了。

---

①《三国志》卷五《魏书·后妃传》记魏明帝制度："婕妤视中二千石，容华视真二千石，美人视比二千石，良人视千石。"

②《魏书》卷一三《皇后传》；《北史》卷一三《后妃传上》。按《魏书·皇后传》原阙，有关文字系据《北史·后妃传》补。

③《北史》卷一三《后妃传上》。

史料显示,随时间推移,与官品挂钩的官员礼遇与日俱增。《南齐书》卷九《礼志上》:

> 晋初太学生三千人,既多猥杂,惠帝时欲辨其泾渭,故元康三年始立国子学,官品第五以上得入国学。

孩子能不能进国学念书,这个特权是以爸爸官品五品为准的。《晋书》卷二〇《礼志中》:

> 成帝咸康七年,皇后杜氏崩。……有司又奏,依旧选公卿以下六品子弟六十人为挽郎,诏又停之。孝武帝太元四年九月,皇后王氏崩。诏曰:"终事唯从俭速。"又诏:"远近不得遣山陵使。"有司奏选挽郎二十四人,诏停之。

按当时制度,被选为"挽郎"者可以获得入仕的优待,而"挽郎"的选拔限于"公卿以下六品子弟",官品六品便是特权的界限。成帝咸康七年(341 年)一度诏停挽郎之选,但从"依旧选"三字仍能看出这是先前的老规矩。又依晋制,官僚们的官品高一些娶妾就可以多几位,不算腐败。《北齐书》卷二八《元孝友传》:

> 《晋令》:诸王置妾八人,郡君、侯妾六人。《官品令》:第一第二品有四妾,第三第四有三妾,第五第六有二妾,第七第八有一妾。

王侯置妾载在《晋令》,据《唐六典》,西晋时贾充等撰成《晋令》四十篇,第二十四为《王公侯令》;而官员置妾载在《官品令》,看来涉及品官待遇的法令条文，以载在《官品令》者居多。

再来看有关晋代服制的一些令文：

> 六品下，得服金钗以蔽髻。（《太平御览》卷七一八引《晋令》）
>
> 第三品已下，得服杂杯（?）之绮。第六品已下，得服七采绮。（《太平御览》卷八一六引《晋令》）
>
> 第六品已下，不得服罗绡。（《太平御览》卷八一六引《晋令》）
>
> 第六品已［下］不得服今缜绫锦，有私织者，录付尚方。（《艺文类聚》卷八五引《晋令》）
>
> 第七品以下始服金钗，第三品以上蔽结爵钗。（《北堂书钞》卷一三六引《晋令》）

《晋令》第七篇曰《服制》，以上所揭令文，也许就在《服制令》之内。服制上的尊卑等差，已直接与官品联系起来了。

又《晋书》卷二六《食货志》记述的西晋品官占田荫族荫客制：

> 其官品第一至于第九，各以贵贱占田。品第一者占五十顷，第二品四十五顷，第三品四十顷，第四品二十五顷，第五品三十顷，第六品二十五顷，第七品二十顷，第八品十五顷，第九品十顷。而又各以品之高卑荫其亲属，多者及九族，少者三世。……而又得荫人以为衣食客及佃客，品第六已上得衣食客三人，第七第八品二人，第九品……一人。其应有佃客者，官品第一第二者佃客无过五十户，第三品十户，第四品七户，第五品五户，第六品三户，第七品二户，第八品、第九品

一户。

如上所示，其时官僚们占田、荫族、占有衣食客、佃客的特权，也明明是与官品挂钩的。杨光辉先生还就官品与荫族额度提出了如下推论："很可能是行上大夫礼的三品以上官可荫九族，行大夫礼的五品以上官可荫三世，六品以下官因是士而不荫族。"①

在北朝，官员俸禄与官品并轨的走势就很明显了。《魏书》卷一一〇《食货志》："太和八年（484 年），始准古班百官之禄，以品第各有差。"这"品第"当然就是官品。据《隋书》卷二七《百官志中》，北齐中央官僚的俸禄以"品"为准、以"匹"为差，由正一品的岁禄 800 匹，直到从九品的岁禄 24 匹。北周的中央官僚俸禄，据王仲荦先生意见："盖谓公万石，孤八千石，卿六千石，上大夫四千石，中大夫二千石，下大夫一千石，上士五百石，中士二百五十石，下士一百二十五石也。"②这里的"若干石"与汉代禄秩已面目全非，实际上是以"九命"为差的，而"九命"不过九品官品的变体而已。

魏晋南朝的官品与禄秩并用做法，在于禄秩之制已有悠久传统，是大多数官员所习惯了的，假如把它骤然废除，就有可能造成官员俸禄和地位的过大波动。并且，最初官品还没有析分出正、从、上、下阶次，九品等级还是疏略了一点儿，这时旧有的禄秩依然足资利用，于是就出现了官品和禄秩并行的情况。在这时候，这种"双轨制"兼顾了调整和稳定两方面的要求，所带来的倒不全

---

①杨光辉：《魏晋南北朝士族免役免税特权考》，《文史》第 33 辑，中华书局 1990 年版。

②王仲荦：《北周六典》，中华书局 1979 年版，上册第 139 页。

是“混乱”。它确实给后人了解当时的实际等级结构添了不少麻烦，但作为当事人的官僚们就未必觉得麻烦了，他们对品秩高下、待遇丰瘠必定是了如指掌、如数家珍的，再傻的官儿在级别薪水上也不会犯傻。一个简捷划一的制度，毕竟是官僚政治架构匀称、体系谨严的标志。在北魏和北齐，出现了俸禄、礼制各种等级待遇逐渐向官品看齐，并与官品同一化的趋势。这种“整齐制度”当然应该视为一种进步，同时也应看到，各类各级官职的实际尊卑隆替必然因时、因事、因人而异，官阶制的变迁，总是在变态与整顿的交替中迂回行进的。

六、南齐官品拾遗

魏晋南北朝各代官品，见于《通典》卷三六、三七、三八及三九，其中独阙《南齐官品》。《通典》卷三七于“齐官品”下注“未详”二字。此外梁、陈、北齐官品又见《隋书》卷二六、二七《百官志》，刘宋官品又见《宋书》卷四〇《百官志下》。而《南齐书》卷一六虽有《百官志》，却独无官品之载。这就造成了某种不便，某些论著在论及南朝官品之时，于齐代只好注明“南齐官品阙”。那么南齐官品与其前的刘宋、其后的梁陈相比有没有什么变化，人们难免就心中无数了①。

然而事实上，南齐官品并没有全都湮灭无闻，仍有数十种官

①我旧日曾有《南齐官品拾遗》一文，刊于《原学》第4辑，中国广播电视出版社，1996年6月。当时只是把南齐官品的有关材料辑出，诸多细微处则未及一一深考。现在重新审视有关材料，发现许多地方可以修订。为此声明原文作废，欲加参考者请以本书为准。

职的品阶可以考见于史籍他处,尤其是类书所引《齐职仪》能够提供不少材料。《唐六典》在追溯官职渊源、官品变迁时往往述及南齐官品,许多注明出自《齐职仪》,未注者大约也是以《齐职仪》为本的。成于宋代的《职官分纪》、《太平御览》等依然多次征引《齐职仪》,而《通典》作者对它却没有善加利用,这很让人奇怪。

《隋书》卷三三《经籍志二》:"《齐职仪》五十卷,齐长水校尉王珪之撰。梁有王珪之《齐仪》四十九卷,亡。"其下又列"《齐职仪》五卷"。这五十卷、五卷本的《齐职仪》及四十九卷本的《齐仪》是什么关系,已不可知。《旧唐书》卷四六《经籍志上》:"《齐职仪》五十卷,范晔撰。"中华书局本《校勘记》云:"'范晔撰',《隋志》作'齐长水校尉王珪之撰'。《新志》'职'下有'官'字,亦作'王珪之撰'。《南齐书》卷五二《王逡之传》:'从弟珪之,有史学,撰《齐职仪》。'《殿本考证》云:'按范晔受诛于宋元嘉二十二年,不应著《齐职仪》也。《新书》作王珪之较合。'"《新唐书》卷五八《艺文志二》:"王珪之《齐职官仪》五十卷。"《南齐书·百官志》:"诸台府郎令史职吏以下,具见长水校尉王珪之《职仪》。"《志》中又言"晋世王导为司徒,右长史干宝撰立官府,《职仪》已具"。可见梁代萧子显作《齐志》时,便已充分地利用了《齐职仪》。无论如何,对了解南齐官品之概貌,现有材料仍能提供一定帮助。现将勾稽所得,排比如下。

一　品

相国——《职官分纪》卷三:"《齐职仪》:相国綟绶、衮冕服。"《太平御览》卷二〇四:"相国绿綟绶,衮冕服。"《南齐书》卷一六《百官志》:"至齐不用人,以为赠,不列官。"相国"为人臣极位",当在一品。

太宰——《艺文类聚》卷四五:"《齐职仪》曰:太宰品第一,金章紫绶，佩山玄玉。”《职官分纪》卷二、《太平御览》卷二〇六同。

太傅——《唐六典》卷一叙太师、太傅、太保：“《齐职仪》云：品第一，金章紫绶，进贤三梁冠，绛朝服，佩山玄玉。”查《南齐书》卷一六《百官志》：“晋惠帝初，卫瓘为太保。自后无太师，而太保为赠。齐唯置太傅。”又《艺文类聚》卷四六：“《齐职仪》曰：太傅，品秩冠服同太宰。”《职官分纪》卷二、《太平御览》卷二〇六引《齐职仪》同。

太保——《艺文类聚》卷四六：“《齐职官仪》曰：太保，品秩冠服同太宰。”《南齐书·百官志》谓太保为赠官，见前。

大司马——《太平御览》卷二〇九：“《齐职仪》曰：大司马，品第一，秩中二千石，金章紫绶，武冠绛朝服，佩山玄玉。”《艺文类聚》卷四七所引略同。

太尉——《唐六典》卷一：“《齐职仪》云：太尉品第一，金章紫绶，进贤三梁冠，绛朝服，佩玉（当作山）玄玉，郊庙冕服七旒，空不（当作玄衣）纁裳，服七章。”《职官分纪》卷二所引略同。

司徒——《艺文类聚》卷四七：“《齐职仪》曰：司徒，品秩冠服同丞相，郊庙服冕同太尉。”《职官分纪》卷二、《太平御览》卷二〇七引同。

司空——《艺文类聚》卷四七：“《齐职仪》曰，司空品秩冠服同太宰。”《职官分纪》卷二、《太平御览》卷二〇八所引同《艺文类聚》。

二　品

骠骑将军——《唐六典》卷五：“《齐职仪》云：骠骑品秩第二，金章紫绶，武冠，绛朝服，佩水苍玉。”

三　品

尚书令——《唐六典》卷一：“自魏至晋宋齐，秩皆千石，品并第三。"《初学记》卷一一:"自魏已来,尚书令品并第三。……《齐职仪》曰:尚书令品第三,秩千石,绛朝服,佩水苍玉。"《南齐书》卷二三《褚渊传》:"尚书令品虽第三……"

尚书仆射——《初学记》卷一一:"自魏以来品第三,至陈加品第二。"《唐六典》卷一:"魏晋宋齐,秩皆六百石,品并第三。"

尚书——《唐六典》卷二:"自魏至梁,并第三品。"《太平御览》卷二一二:"《齐职仪》曰:尚书六人,品第三,秩六百石,进贤两梁冠,纳言帻,绛朝服,佩水苍玉,执笏负荷。"又见《职官分纪》卷九、《艺文类聚》卷四八。

中书监令——《唐六典》卷九:"晋氏监令,并第三品……宋齐置监令,品秩并同晋氏。"

镇军将军——《唐六典》卷五:"《齐职仪》云:品第三。"

冠军将军——《唐六典》卷五:"《齐职仪》云:品秩第三。"

九卿——《唐六典》卷一八:"两汉卿秩中二千石,魏晋宋齐梁陈俱第三品。"是南齐诸卿均应在第三品。

太常——《唐六典》卷一四:"晋太常……品第三。……宋太常用尚书,……齐因之。"《艺文类聚》卷四九:"《齐职仪》曰:太常卿,一人,品第三,秩中二千石,银章青绶,进贤两梁冠,绛朝服,佩水苍玉。"《职官分纪》卷一八、《太平御览》卷二二八引同《艺文类聚》。

廷尉——《唐六典》卷一八:"魏晋宋齐梁陈俱第三品。"

大司农——《唐六典》卷一九:"后汉改为大司农,魏因之,品第三。……宋齐因之。"

太子詹事——《唐六典》卷二六:"《晋令》,詹事品第三。……宋齐品秩仪服略同于晋。"《艺文类聚》卷四九:"《齐职仪》曰:詹事,品第三。"《职官分纪》卷二七、《太平御览》卷二四五引同《艺文类聚》。

国子祭酒——《唐六典》卷二一:“(晋)《百官志》:……官品第三,东晋及宋齐并同。”《通典·魏官品》国子祭酒在第五品,《晋官品》不见其职,《晋书》卷二四《百官志》也未记国子祭酒品级。但《南齐书》卷一六《百官志》叙南齐国学设官:“祭酒准诸曹尚书。”按晋宋诸曹尚书均在官品第三;南齐也是三品,参前。南齐国子祭酒既然“准诸曹尚书”,则其官品应为三品。可见晋代国子祭酒的品级比曹魏上升了两级,而南齐承之。又《通典·陈官品》,陈代国子祭酒亦在三品。

四　品

左右卫将军——《唐六典》卷二四:“(晋)武帝受命,分为左右二卫,各大将军一人,品第四。……宋齐因之。”

将军——《南齐书》卷一七《舆服志》:“四品五品将军。”下文之积弩将军,为“四品将军”之一例。

积弩将军——《太平御览》卷二三九:“《齐职仪》曰:积弩将军,品第四,银章青绶,武冠,绛朝服,佩水苍玉。”《职官分纪》卷三四所引同。

御史中丞——《唐六典》卷一三:“历晋宋齐梁陈,并以中丞为台主,品第四。”按,《通典·宋官品》及《宋书·百官志》下,御史中丞在第四品;据《通典》及《隋志》《陈官品》,陈代御史中丞在第三品。《唐六典》云“品第四”,与陈不合。

五　品

黄门侍郎——《唐六典》卷八:“《晋令》:品第五。……齐因晋宋。”

中书侍郎——《唐六典》卷九:“《晋令》:中书侍郎四人,品第四。……宋齐并同晋氏。”按《魏官品》、《晋官品》及《宋官品》中书侍郎均在官品第五,如果晋、宋相同,应以五品为是。《唐六典》"四"字,当涉上"四人"而误。南齐中书侍郎既然也是"同晋氏"的,则为官品第五。

太子家令、太子仆——《唐六典》卷二七:"宋太子家令……齐因之",太子仆"……宋齐品秩冠服同家令寺"。《宋官品》太子"三卿"在第五品;而"三卿"即太子家令、率更令和太子仆。推知太子仆同太子家令,而三卿在宋为第五品,既曰"齐因之",则在齐亦应为第五品。

太子左右卫率——《唐六典》卷二八:"齐左右卫率,武冠绛朝服,品第五,秩千石。"

将军——《南齐书》卷一七《舆服志》:"四品五品将军。"

国子博士——《唐六典》卷二一:"魏以太常统太学博士、祭酒。晋初置博士十九人,咸宁四年立国子学,置国子博士一人。晋官品第六,介帻两梁冠,服佩同祭酒,宋齐无所改作。"但我想晋代国子博士不会是"官品第六",《唐六典》的这个叙述很可能混淆了太常博士、太学博士和国子博士。《通典·晋官品》及《宋官品》中,只是在第六品列有"诸博士"(或"博士"),可是一查《魏官品》便知博士有三:太学博士官品第五,诸博士官品第六,诸京城四门学博士官品第八。《晋书》卷二四《职官志》:"太常博士,魏官也。魏文帝初置,晋因之。掌引导乘舆,王公已下应追谥者,则博士议定之";"晋初承魏制,置博士十九人,及咸宁四年武帝初立国子学,定置国子祭酒、博士各一人。"可见曹魏以来,太常博士与十九位太学博士分置。我认为,《魏官品》、《晋官品》、《宋官品》第六品的"诸博士"(或"博士")实际都是太常博士。曹魏太学博士既然官品第五,那么晋代增置的国子博士品级不会较此更低,至少也得官品第五。又《南齐书·百官志》叙南齐国学设官:"博士准中书郎。”由魏至齐中书侍郎都是官品第五,参前。南齐国子博士既然“准中书郎”,当然也该官品第五了,由此反推晋、宋国子博士,均应官品第五。

太子率更令——《唐六典》卷二七:“晋詹事属官,有太子率更令一人,铜印墨绶,进贤两梁冠,绛朝服,掌宫殿门户之禁、郎将屯卫之士,局拟光禄勋、卫尉。太康八年进品第五。宋齐因之。”

六　品

尚书左右丞——《唐六典》卷一:“自魏至宋、齐,品皆第六,秩四百石。”《初学记》卷一一亦云:“尚书丞……自汉魏以来,品皆第六,秩四百石,梁加品第四,秩六百石。”注:“出《齐职仪》及《五代史·百官志》。”

太常博士——《唐六典》卷二一:“晋官品第六,……宋齐无所改作。”晋代官品第六的博士应是太常博士,“宋齐无所改作”的也应是太常博士。参前国子博士条的考证。

诸王长史——《唐六典》卷二九:“宋齐诸王领藩镇者,有长史,品第六,秩千石。”“诸王领藩镇者”,即诸王加军号、为持节都督者。庶姓军府之长史亦第六品,但禄秩稍低,为六百石,见下。《通典·梁官品》,皇弟皇子府长史在第十班,嗣王府长史在第九班,蕃王府长史及庶姓持节府长史在第八班。

领军长史——《唐六典》卷二四:“《齐职仪》,领军将军有长史,品第六,秩六百石。”《通典·晋官品》第六品有“二品将军及诸大将军特进都督中护军长史、司马”,《宋官品》第六品有“抚军以上及持节都督领护长史、司马”。

廷尉正——《唐六典》卷一八:“魏氏第六品,晋置二人,宋齐梁陈并一人,品同魏氏。”

廷尉平——《唐六典》卷一八:“宋齐各一人,第六品。”

秘书丞——《唐六典》卷一〇:“《晋令》:秘书丞品第六。……宋、齐并一人,品服同晋氏。”《职官分纪》卷一六:“《齐职仪》:秘书丞,铜印墨绶。”《唐六典》所叙南齐之制,应据《齐职仪》。

著作郎——《唐六典》卷一〇:“《晋令》:著作郎,品第六。……宋、齐并同晋氏。”

著作佐郎——《唐六典》卷一〇:“《晋令》:著作佐郎,品第六,……宋、齐并同。”

诸王友——《唐六典》卷二九:“魏晋诸王,置友一人,宋齐因之,品第六。”

太子门大夫——《唐六典》卷二六:“宋品第六,秩六百石……齐梁陈因之。”

国子助教——《唐六典》卷二一:“晋武帝初立国子学,置助教十五人,官品视南台御史,服同博士。……宋齐并同。梁班第二,陈品第八。”《通典·魏官品》中国子太学助教在第八品,《晋官品》及《宋官品》无国子助教。但“官品视南台御史”一语可以提供线索。“南台御史”应即治书侍御史、侍御史,在《晋官品》及《宋官品》中它们官品第六。又《南齐书·百官志》亦云:“祭酒准诸曹尚书,博士准中书郎,助教准南台御史。”“祭酒准诸曹尚书,博士准中书郎”的“准”都意味着官品相同,那么“助教准南台御史”的“准”也应同理,所以南齐国子助教应该在官品六品,据《唐六典》这是晋代已然了。梁、陈以降,国子助教复为八品。

七　品

太常丞——《唐六典》卷一四:“宋《百官春秋》:太常丞视尚书郎,……品第七。……齐因之。”

廷尉丞——《唐六典》卷一八:“宋齐梁各置一人,第七品。”

太子詹事丞——《唐六典》卷二六:“《晋令》:詹事丞一人,品第七,……局拟尚书左右丞,……宋齐品服同晋氏。”

太史令——《唐六典》卷一〇:“晋太史令,品第七,……宋齐梁陈并同晋氏。”

太祝令——《唐六典》卷一四:“晋宋皆有太祝令丞,《齐职仪》:太祝令,品第七,四百石,铜印墨绶,进贤一梁冠,绛朝服,用三品勋位。”

太乐令——《唐六典》卷一四:“宋太常有太乐令丞,齐因之,品第七,四百石,铜印墨绶,进贤一梁冠,绛朝服。”参前条《齐职仪》所记太祝令,本条“品第七”的只是太乐令,而不包括“太乐丞”。

陵令——《唐六典》卷一四:“《齐职仪》:每陵令一人,品第七,秩四百石,铜印墨绶,进贤一梁冠,绛朝服,旧用三品勋位,孝建三年改为二品。”《太平御览》卷二二九所引,至“绛朝服”而止。

廪牺署令——《唐六典》卷一四:“《齐职仪》:令品第七,秩四百石,铜印墨绶,进贤一梁冠,绛朝服,今用三品勋位。”

乘黄令——《唐六典》卷一七:“宋太常属官有乘黄令一人……《齐职仪》云:乘黄,兽名也,龙翼马身,黄帝乘之而迁(当作仙),因以名厩。乘黄令,品第七,秩四百石,铜印墨绶,进贤一梁冠,绛朝服。”

太仓令——《唐六典》卷一九:“魏品第七。晋宋齐梁陈亦然。”

中散大夫——《唐六典》卷二:“《齐职仪》:品第七,绛朝服,进贤一梁冠。”

八　品

尚书都令史——《唐六典》卷一:“都事,本尚书都令史之职。……《齐职仪》云：自魏晋宋齐，正令史、书令史皆有品秩，朱衣执版，进贤一梁冠”，“魏氏令史皆八品，……宋齐八人，梁陈五人，品并第八。”

门下省主事——《唐六典》卷八：“晋置门下主事，历宋齐，品第八。”

中书省主事——《唐六典》卷九：“魏氏所置，历宋齐，中书并置主事，品并第八。”

九　品

廷尉主簿——《唐六典》卷一八：“魏晋宋齐梁陈，大理皆有主簿；晋至陈俱二人，正七品上。”“大理”乃就唐制而言，魏晋南朝称“廷尉”不称“大理”。据《通典·梁官品》，梁十二卿的主簿之中，太常主簿在流外四班，宗正等十一卿主簿在流外三班，品级是相当低微的，则梁以前的廷尉主簿不大可能高居七品。然而《唐六典》卷二三《将作监主簿》：“梁天监七年，复置将作主簿一员，七品，班第三。”似乎梁代将作卿的主簿也是七品，同于廷尉。不过这个叙述是可疑的。请看《唐六典》对以下十卿主簿的记法：

> 太常主簿：梁天监七年十二卿各置主簿一人，迁为五官功曹。又位不登十八班者别为七班，太常主簿班第四。（《唐六典》卷一四《太常卿》）
>
> 光禄主簿：梁天监七年，位不登十八班者别置七班，[光禄]主簿位三班。（《唐六典》卷一五《光禄卿》）
>
> 卫尉主簿：梁天监七年，十二卿各置主簿，位[流外]三班。（《唐六典》卷一六《卫尉卿》）
>
> 宗正主簿：梁天监十（按应为七）年置为七班。（《唐六典》卷一六《宗正卿》）

太仆主簿:梁天监七年,十二卿各置主簿一人,位不登十八班者别置七班,主簿班第三。(《唐六典》卷一七《太仆卿》)

鸿胪主簿:梁天监七年,十二卿各置主簿,位不登十八班者别为七班,主簿班第三。(《唐六典》卷一八《鸿胪卿》)

司农主簿:梁置一人,七班之中第三。(《唐六典》卷一九《司农卿》)

太府主簿:梁置太府主簿一人,七班之中为第三。(《唐六典》卷二〇《太府卿》)

少府主簿:梁主簿七班之中第三。(《唐六典》卷二二《少府卿》)

都水主簿:梁天监七年,大舟主簿七班之中第三,与宗正主簿同。(《唐六典》卷二三《都水卿》)

就排比结果来看,以上十条皆特叙梁代诸卿主簿,且皆云七班之中位第三,那么将作主簿的"七品,班第三",很可能便是"七班之中班第三"之讹,不宜取信。至于廷尉主簿则有不同,这一条的编者并未专叙梁代,而是另行采用了"魏晋宋齐梁陈,大理皆有主簿,晋至陈俱二人,正七品上"的记法,那么这里的"正七品上",就不可能是"七班之中班第三"之误。梁代以位不登中正品二品的官职别为流外七班,它们此前多数都是七、八、九品官。因此我们推测,廷尉主簿之"七品"应为"九品"之讹,方能符合它在梁朝的流外三班地位。当然,梁以前的官品尚无正、从品和上、下阶之别,"正九品上"应是梁陈之制;至于南齐廷尉主簿,视为九品之官可也。

这样,我们就可将所考得的南齐官品列为下表:

官品	官　职
一品	相国　太宰　太傅　太保　大司马　太尉　司徒　司空
二品	骠骑将军
三品	尚书令　尚书仆射　尚书　中书监令　镇军将军　冠军将军　九卿　太常廷尉　大司农　太子詹事　国子祭酒
四品	左右卫将军　四品将军　积弩将军　御史中丞
五品	黄门侍郎　中书侍郎　太子率更令　太子家令　太子仆　太子左右卫率　五品将军　国子博士
六品	尚书左右丞　太常博士　国子助教　诸王长史　领军长史　廷尉正　廷尉平　秘书丞　著作郎　著作佐郎　诸王友　太子门大夫
七品	太常丞　廷尉丞　太子詹事丞　太史令　太祝令　太乐令　陵令　廪牺署令　乘黄令　太仓令　中散大夫
八品	尚书都令史　门下主事　中书主事
九品	廷尉主簿

以上考察所涉南齐官职,有许多在《晋官品》、《宋官品》里面也能看到。比较其间异同,南齐时它们的品级大抵同于晋宋。这就说明,南齐基本上沿用了晋宋官品,晋宋齐三朝的官品大致一脉相承。

尤须指出,《宋书》卷四〇《百官志下》所记官品,往往被认为就是刘宋官品。然而这份官品之末却有"盖□□右所定也"一句,其中阙文,据岳珂《愧郯录》卷一〇"人品明证"条应是"晋江"二字,也就是说,原文应作"盖晋江右所定也"①。那么《宋志》(及《通典》)所记宋官品,其实是承用晋朝的。尽管刘宋也对官品有过微调,但并未另行制定一份本朝的官品。研究者在引证这份官

①可参看孙虨:《宋书考论》,《二十五史三编》,第5册第340页;中华书局本《宋书》校勘记。

品之时，对这一点必须留意。

刘宋官品来自晋朝，而南齐官品又与晋宋相近。上表之中有一些南齐官职不见于《晋官品》、《宋官品》，例如国子祭酒、国子博士、太常博士、太史令、太祝令、陵令、太乐令、廪牺署令、乘黄令、太仓令、国子助教等等。如果"三朝官品一脉相承"之说可以成立的话，那么这些官职在南齐的品级记录，就可以用来推定它们在晋宋时代的品级。

第六章　中正品与勋位

汉魏易代之际,引人注目的“九品官人法”降临世间了。它是由陈群在咸康元年(220 年)主持制定的,事见《三国志》卷二二《魏书·陈群传》。唐长孺先生、宫崎市定氏的努力①以及此后一系列相关研究,已大致勾勒出了这个制度的基本面貌。在叙述魏晋南北朝选官制度时,众多的著述都把九品中正制放在了中心地位。由于门阀制度构成了这个时代的特色,而九品中正制又属门阀制度的核心成分之一,因此对它的内容、作用和倾向性,学者的揭示各尽所能、无微不至,直到近年仍有新作不时面世。

尽管九品中正制首先是作为选官程序而存在的,可它与官僚等级制也有千丝万缕的联系。中正根据德行和才能把士人评定为上上到下下九等。从这些“品”被系于个人一点看,“中正品”是一种“人之品”,它所区分的是士人的个人德才;但与此同时,王朝也为各个具体官职规定了相应的中正品资格,即如某官须用第几品之类,那么这时“中正品”就不仅仅是“人之品”了,它也构成

①唐长孺:《九品中正制度试释》,《魏晋南北朝史论丛》,三联书店 1955 年版。宫崎市定:《九品官人法の研究——科舉前史》,京都大学文学部东洋研究会,1956 年版。

了一种“官之品”，也区分着官职的资望高下。那么在事实上，中正品就成了官品之外衡量官职资望的又一尺度。因此有理由断言，“中正品”不仅仅是选官制的一个环节而已，而且也是此期官僚等级制的一个组成部分。进一步说，以“中正品”为中心的一系列制度，造成了一种以“人”为中心的，或更具体地说，以人的“门第”为中心的“品位分等”秩序，对之我们称为“门品秩序”，它是此期士族政治的重要组成部分，从而使此期的官僚等级制呈现出大异秦汉的时代特征。

不过在着手阐明这一论点之前，还有些制度细节有待辨析梳理。这主要是官品九品与中正九品的异同先后问题，“勋位”、“勋品”的性质问题，中正品与官品的对应问题等等。依次论述如后。

一、魏官品与中正品之异同先后

《文献通考》的作者马端临对九品官人法有一个扼要的概括：

> 州郡县俱置大小中正，各取本处人在诸府公卿及台省郎吏、有德充才盛者为之，区别所管人物，定为九等。其有言行修著，则升进之，或以五升四，以六升五；倘或道义亏缺，则降下之，或自五退六、自六退七矣。是以吏部不能审定核天下人才士庶，故委中正铨第等级，凭之授受，谓免乖失及法弊也。①

①《文献通考》卷二八《选举一》，中华书局1984年版。

从形式上说，“委中正铨第等级”的目的，是以德才标准区别士人之高下，以供吏部任用；中正品第的级差，则为上上、上中、上下、中上、中中、中下、下上、下中、下下，共九品。这个前所未有的“九品”与官品的“九品”在形式上的相似性，便使二者的先后异同变成了一个纠葛。

较早时候，弄不清中正九品与官品九品之别者，不无其人。例如张鹏一先生辑考《晋官品令》，惑于《晋书》所记邓攸的“举灼然二品”与其历官官品不合，于是便说“可知魏晋之九品官制，品与官制不尽合也”①。其实这“灼然二品”是中正品而不是官品。还有人把中正品、官品视同一物。沈任远先生就有这样的叙述：“九品之名始于曹魏，曹丕为魏王，陈群为尚书，‘制九品官人之法，群所建也’。这时所定九品，究竟是官之品秩，抑才之等差，论者不一。以后来的事实推之，魏之九品，既以区别人才之高下，亦以划分官员之尊卑。魏建九品之制，晋朝因之，如东晋周玘任四品将军，此四品即为官品。”②按照沈氏之说，“九品”只有一个，也就是陈群所制定者；它一身二任，“既以区别人才之高下，亦以划分官员之尊卑”。然而据日人宫崎市定的看法：史料中所见士人的起家官品，大抵要比其所获中正品要低下一个层次，普遍情况是低四品左右。围绕“相差四品”之说，又有不少辩驳络绎而来；但无论如何，这若干品的差异意味着二者必是两个序列，而非同一“九品”一身二任的关系。

陈长琦先生近年又着意发挥如下见解：“资品与官品之间存在着统一性。”他用“资品”来指称中正品。“具体来说，某种官职

①张鹏一：《晋令辑存》，三秦出版社 1989 年版，第 51 页。

②沈任远：《魏晋南北朝政治制度》，第 210 页。

如标明官品二品，就表示这种官职需要资品二品的人来担任，标明三品，就表示这种官职需要资品三品的人来担任。同时，某人若获得资品二品，就表示有了做二品官的资格，若获得资品三品，就表示有了做三品官的资格”。因此魏晋官品与后代官品性质有异，它不是官阶等级而是“官才”等级：“官品的品级并不显示官员职位的贵贱，而显示的是官员职务所需要的官才，所以与其官长在官品等级中同列于一级的列曹尚书、廷尉平，并不表明他们与其官长官阶相同、地位平等、权力一样、秩俸一致。”①这就在中正品与官品之间建立了内在联系：前者是对官才高下的评定，后者则是对官职所需官才的安排，二者是一而二、二而一的关系，中正品是一份“官品升迁预告单”。

吴泽先生对这一观点评价相当之高：它“搞清了世族对九品官人法的具体操纵与控制过程，澄清了九品官人法与世族政治的联系机制。这些成果，是近年来两晋南朝政治史研究方面的一大进展。”②不过宋人岳珂对中正品与官品的关系，先有了类似推断：

> 魏延康元年二月，尚书陈群以天朝选用，不尽人才，始立九品官人之法，州郡皆置中正，以定其选择。以州郡之贤有识鉴者为之，区别人物，第其高下。则其初立品，似非品秩也，乃人品耳。而《通典》载魏官，自黄钺大将军至诸州郡防门，明列品第，则是肇端自魏，已循而讹矣。……《通典》乃若是其较且明，岂当时循陈群之法，谓某品人则可登某品，所谓

①陈长琦：《两晋南朝政治史稿》，河南大学出版社 1992 年版，第 4 章第 4 节，第 172、175 页。又见其《魏晋南朝的资品与官品》，《历史研究》1990 年第 6 期；《魏晋九品官人法再探讨》，《历史研究》1995 年第 6 期。

②参看吴泽先生为陈长琦《两晋南朝政治史稿》一书所作之《序》。

品者，逆设以待其人而已，非谓官品也，益远益讹，遂为官秩之定论耶?①

按照岳珂意见，最初“品”是“逆设以待其人”的，其意义是“某品人则可登某品”；至于它后来演为“官品”，这是使用之“讹”造成的。那么岳珂的看法，已含有陈长琦的部分意见在内了。至于“讹”之开端，据岳珂说是曹魏已然，“肇端自魏，已循而讹矣”，而陈先生则认为魏晋时的官品仍是“人品”。同时日人宫崎市定的“起家官品与乡品相差四品说”中也含有相近意见：预计起家以后的官位上升四等，官品即与乡品达到一致；由此他把中正品比作“一张期票”，如果获得了中正品二品，入仕则为六品官，十年二十年后应该被授予二品官②。这个“期票”的比喻，与陈先生的“官品升迁预告单”异曲同工。

不过，马端临已对岳珂提出异议了：

然此所谓九品者，官品也，以别官之崇卑；陈群所谓九品者，人品也，以定人之优劣。二者皆出于曹魏之初，皆名以九品；然人品自为人品，官品自为官品，岳氏合而为一，以为官品者逆设之以待某品之人，此说恐未然。……盖官品之制，即周之所谓九命，汉之所谓禄石，皆所以辨高卑之等级。其法始于魏而后世卒不能易，若中正所定之人品，……决与此官制之九品不相干，固难因其同时同名，而遂指此为彼也。③

①岳珂：《愧郯录》卷七《官品名意之讹》，《丛书集成初编》第0842种，第55页。
②宫崎市定：《九品官人法の研究——科擧前史》，第12页。
③《文献通考》卷六七《职官二十一》。

在我们看来，马端临的“人品自为人品，官品自为官品”见解，是较为通达合理的。而详审岳珂及陈长琦氏之说，则似有太多的可疑之处。

首先从创制时间上观察这一问题。不仅在何时、以何方式这中正品被“讹”为官品，岳、陈二氏并没有提供合理解释，而且按照他们的说法，中正九品就应该与官品九品同时问世：如果获得中正二品或三品就能迁至二品官或三品官，那么就必须先有二品或三品之官存在，也就是先有官品存在。可是九品官人法创立于献帝延康年间，而《魏官品》的出现，依祝总斌先生的意见及本书前章的考证，已经晚在魏末咸熙年间了。从延康到咸熙长达四十多年的时间中，王朝每年都要任命新官儿，九品官人法也一直在运作之中，可这当中却并没有官品伴随其间。就此而言，马端临说中正品、官品二者“同时同名”，也不尽准确。

其次如前章所述，官品与汉代班位间存在着密切关系，在以“居前”、“居后”为资望调整方式上二者一脉相承，这同样显示了魏晋官品就是官职的级差。官品以“九”为差、以“品”为名的形式，对中正九品可能有过借鉴取材。虽说史阙有间这一点无从索证，但平心而论还不是全无情理。然而对“九品”的形式借鉴，并不能为二者的性质画上等号。就性质而言，魏晋间所制定的官品九品，我们认为就是对官职位望的调整和认定，它与人品优劣并无直接关联。陈长琦先生提出，魏晋官品由于只是官职所需的“官才”等级，所以并不反映官阶、权力、职责和秩俸。对此首先必须承认，由于魏晋南朝官品与禄秩两行并用，官品确实就不能完全反映官职的所有待遇；不过仍有众多的官员待遇，包括物质待遇，仍然是取决于官品的，如同品官占田荫客制等制度所反映的那样。说官品“并不显示官员职位的贵贱”，与官职的权责毫无干系，我们认为绝不如此。

进而，通过列于《魏官品》的某些官爵名号，也能够说明其性质自始就是官阶。兹举数例以明之。

其一，《魏官品》第一品中有“黄钺大将军”，“黄钺”象征权臣所拥有的特殊权力。若认为确定“官才”之时，朝廷早已预料到获得相应中正品者许多年后将有“假黄钺”的前景，这能说合理合情么？同样，《魏官品》第一品列有“大丞相”。然而众所周知，汉末以来丞相一职已经“非复寻常人臣之职”①，什么人做“大丞相”已不只是行政问题而是政治问题了，相关的考虑是远远超出“官才”之外的。

其二，《魏官品》第三品中有光禄大夫。《晋书》卷二四《职官志》告诉我们：“光禄大夫，……魏氏已来，转复优重，不复以为使命之官。其诣公告老者，皆家拜此位；及在朝显职，复用加之。及晋受命，仍旧不改，……其诸卿尹中朝大官年老致仕者，及内外之职加此者，前后甚众。”还没进入仕途的士人之得到中正品三品，恐怕并不“预告”着他在告老之后会“家拜此位”，或者居于显职后能加官光禄大夫。

其三，郎中、中郎等在《魏官品》列在第八。这些郎官，在当时用以安置察举登第者，安置年老官员，以及对那些有高功殊位者及死事者，用作其子弟的赐官。正是为此，郎官的任命无须相应的中正品②，然而它们都被列入了官品之中。

其四，《魏官品》中又有诸国王公侯伯子男爵，县、乡、亭侯及诸关内名号侯爵。我们知道，爵位用以封皇室、用以赏功勋。皇

①《晋书》卷二四《职官志》。

②参看拙作《察举制度变迁史稿》，第167页。

子皇孙的身份显然与才德无干,武将文官的功勋与其才德毕竟也不能等量齐观。"爵以功为先后,官用能为次序"①,爵号并不是依据士子的才德而授予的,历代大致如斯。

可以举例证明中正品与封爵无涉。《三国志》卷一四《魏书·孙资传》:齐王曹芳诏"封(孙资)爱子一人亭侯,次子骑都尉,余子皆郎中"。按《魏官品》,亭侯官品第五,郎中官品第八,骑都尉《魏官品》无载,在《晋官品》中列在第六。曹芳之时官品九品尚未问世,姑且仍以《魏官品》来推测这件事情,并暂时假定官品与中正品是一一对应的,那么同是孙家兄弟,又是同时起家,他们的中正品居然能相差三四品之多,这真是出人意表了。陈长琦先生的解释是嫡庶长幼有别则中正品有别②,然而这恐怕又失穿凿了,因为没有任何史料可以证明,其时的中正品评曾把嫡庶长幼纳入考虑。

其五,《魏官品》列有各种将军号,它们分布在二、三、四、五品及八品之上。在魏晋之交,将军号在相当程度上已由军职演变为军衔了,加之于将校、加之于都督、加之于州郡长官,也加之于中央朝官。军号连严格意义上的官职都不是,与"人品"优劣更没什么关系,然而军号同样列在《魏官品》之内。

其六,《魏官品》中列有宦官:第三品有中常侍,第六品有黄门冗从仆射,第七品有寺人监、小黄门、诸署长、黄门署丞、中黄门,第八品有黄门从官、寺人。大家都知道,在经历了汉末"清议"、"党锢"的急风暴雨后,宦官已名声扫地为人不齿;魏文帝即位没几天便下令宦人为官者不得过诸署令,并把它著为"金策"、"藏之

①《汉书》卷一八《外戚恩泽侯表序》。

②陈长琦:《魏晋南朝的资品与官品》。

石室”[①]。在这种情况下,假如说朝廷“逆设”了宦官之品以待中正所品评之人,或者说宦官人选也要经过中正之品评,这做法恐怕匪夷所思吧。官品列有宦官,再度显示它是行政等级而非德才等级。

基于以上理由,我们认为《魏官品》之性质,正在于马端临所说的“辨高卑之等级”,而非“人品”之优劣,“人品自为人品,官品自为官品”。

日本学者在官品九品与中正九品的关系上,也有过一波一波的讨论。岡崎文夫认为,《三国志》卷二二《陈群传》所记“制九品官人之法,群所建也”,其时所制乃是中正品,后来这“九品”形式“再进而扩展开来,应用于官阶”了,但这官品九品“在武、文、明三代间是否已是成法,仍有疑问”[②]。依岡崎之见,中正九品在前,官品九品则是较晚时候才问世的,而且直到魏明帝时是否有官品仍无法确定。宫川尚志认为,中正九品是对人物的评品,而官品九品是针对官僚组织的金字塔而设计出来的,二者性质有异[③]。但对官品九品何时产生,宫川氏并未置辞。宫崎市定批评岡崎之说,提出陈群的九品官人之法“含有乡品的九品和官品的九品,两者是同时成立的”,“可以这样解释:官职九品是前提,出于与此相应的目的,中正的乡品采取了九品的形式”[④]。也就是说,在时间上两者同时产生,但在逻辑上则是据官品而定中正品。然而矢野

---

①《三国志》卷二《魏书·文帝纪》。

②岡崎文夫:《九品中正考》,《支那学》第3卷第3号,1925年;《南北朝に於ける社會經濟制度》,东京,1935年版,第202—203页。

③宫川尚志:《六朝史研究·政治社會篇》,平乐寺书店1964年原版,1977年再版,第267页。

④宮崎市定:《九品官人法の研究——科舉前史》,第90页。

主税站出来驳斥“同时说”，并提出了一个颇有想象力的猜想：曹丕、陈群的有关措施是分两步走的，第一步是为现任官僚们确定官品，第二步进而又为新的青年求官者确定居官资格，但这些青年求官者一时得不到官位，为其评定的品第便演化为中正品了①。越智重明一度把“制九品”和“官人之法”分开释读②，说是延康元年所制定的“九品”仅是官品而已，乡品是嘉平元年（249 年）设置州大中正时制定的③；不过他后来又失去了信心，转而考虑把“九品官人法”合为一读，释之为把官职分为九品而任用官僚的制度④。堀敏一在“制九品官人之法”这句话的解读上支持越智的最初意见，在中正品成立时间上与岡崎见解相近，认为它的制定比官品更早⑤。中村圭爾在官品九品与中正九品的先后问题上，声称宫崎氏的意见最为妥当，然而又补充说岡崎的看法也不无道理⑥，未免给人莫衷一是之感。川合安近年回眸有关辩论，其感想是，中正品先行而官品在后的考虑更为妥当⑦。

---

①矢野主税：《魏晋中正制の性格についての一考察——鄉品と起家官品の對應を手掛りとして》，《史学杂志》第 72 编第 2 号，1963 年；《九品の制をめぐる諸問題》，《长崎大学教育部社会科学论丛》第 18 号，1969 年。

②越智重明：《九品官人法の制定について》，《东洋学报》第 46 卷第 2 号，1963 年。

③越智重明：《州大中正の制に関する諸問題》，《史渊》第 94 辑，1965 年。

④越智重明：《九品官人法の的制定と貴族制の出現》，《古代学》第 15 卷第 2 号，1968 年；《魏時代の九品官人法について》，《九州大学东洋史论集》第 2 号，福冈，1973 年。

⑤堀敏一：《九品中正制度の成立をめぐつて》，《东洋文化研究所纪要》第 45 册，东京，昭和四十三年，第 52—53 页。

⑥中村圭爾：《六朝貴族制研究》，风间书房 1987 年版，第 83—84 页。

⑦川合安：《九品官人法創設の背景について》，古代学协会《古代文化》第 47 卷第 6 号，1995 年。

日本学者的辨析入微、不惮咬文嚼字，是值得赞赏的。例如面对“制九品官人之法”一语，对“制九品”与“官人之法”是否应该断为二事，他们曾推敲了又推敲，一直到发现《北堂书钞》卷六〇所引《魏略》中居然有如下记载为止：“陈群，字长文。延康元年，始建九品官人之法。拜吏部尚书。”大致说来，他们对官品与中正品的时间关系意见有三：一，官品在前、中正品在后说，如矢野主税；二，官品、中正品同时说，如宫崎市定；三，中正品在前、官品在后说，如岡崎文夫、川合安。依前两种看法，官品与中正品应该存在内在联系或对应关系。在此我们的意见已如前述：《魏官品》是魏末咸熙年间方才问世的，是其时司马氏一系列创制活动的一部分。至于中正品在前、官品在后的意见，我们对官品问世时间的判断，比岡崎文夫还要推迟许多。陈群所制“九品”早在汉末，这时他借鉴了班固《汉书·古今人表》的“九品”之法，其性质是对士人才德的一种评价。曹魏时期所谓“九品”，一般都是特指中正九品，这种用法甚至延续到了晋代。这以“九”为差而名之以“品”的做法，就算确实影响了官品的级别之名，但二者性质依然迥然不同。同称“九品”不等于官品九品与中正九品是一回事，好比李虎名之为“虎”但并不是虎，司马牛名之为“牛”也不是牛一样。

二、宋齐勋位的性质和等级

史料显示，南朝宋、齐的时候又出现了一种“勋位”，又称“勋品”，它的各个等级看来构成了又一序列。围绕“勋位”的性质和作用，又是各种解释异彩纷呈。本节也将插足这一聚讼之所，意在阐明:“勋位”不过是中正九品的一个“变体”而已,因此它也在中正制度的论题之内。

先来看看以往对“勋位”或“勋品”的各种不同解释。一些工具书或谓“南北朝时,对于有功将士,授勋官,按品晋级,称勋品”①,或谓:勋品是“官阶等级名称,北魏置,隋唐沿置。流外官的最高品阶不称第一品而称勋品,其下依次为二品,三品直至九品”②。近年还有把流外将军号看成勋品的说法③,不过这与史实相距太远。北朝及隋唐时“勋品”已发生了变化,那是后话;目前我们关注的只是宋齐的“勋位”或“勋品”,如本节标题所示。

宫崎市定氏提出,宋齐之时的勋位从二品到六品共有五等,其性质与中正品相近,其中勋位二品与中正品的“门地二品”处于同一水平线上,对应着官品六品;其余则分别与官品七、八、九品和流外相应④。

毛汉光先生推断,勋位“可能是士人清贯僵化后的一种补救办法,将真正寒素另立一个系统,以与士人清贯区别”,“推测勋位之成立,亦可能如士人清贯一般,分为九等。七品勋位、八品勋位、九品勋位亦可能有,因官微而不见载”。但如勋位分为九等的话,理应就有“一品勋位”了;可史料中这个品级却无迹可寻,对此毛汉光无法提供合理解说,只好说“一品勋位与清贯中之一品,是

①《辞源》,商务印书馆1984年版,第1册第384页。

②吕宗力主编:《中国历代官制大辞典》,第603页。

③黄惠贤先生说,梁武帝“‘位不登二品’的‘八班’和‘施于外国’的将军号,就应该是流外、勋品了”;北魏“勋品流外”也被黄先生解释为杂号将军,并且都与“勋官”等同起来。这些叙述中有许多疏误。见其《中国政治制度通史》第4卷(魏晋南北朝卷),人民出版社1996年版,第426—427页。

④宫崎市定:《九品官人法の研究——科舉前史》,第267—277页。

中古选制中的谜”①。

汪征鲁先生针对勋位是包括在中正九品之内，还是两分另立一点，提出：“我认为二者是相对独立的二个系统。追溯勋位、蕴位的渊源即为军勋、战功。……将用之于寒人的军勋、吏劳更加规则化、精细化，即产生了勋位、蕴位，并直接以此作为寒人的资品。这样在士人的九品中正体制之外，又出现了一个专为寒人所设的勋位、蕴位资品系列。”他还认为“以当时乡品有九等，官品亦有九等推之，似（勋位）亦当为九等”②。

张旭华先生最初断言勋位“是自南朝刘宋时始建的一种旨在区别寒官流品及其等级的用人制度”，包括勋品、勋位二品、勋位三品三个等级③。可这三级之说与史料不符，所以张先生若干年后又修正旧说，转而提出了勋位有一品至六品六个等级的观点；单称的“勋品”是“勋位”最高等级，一品勋位“简称或尊称”为“勋品”④。

以上诸说当然各有所据，可又彼此不同，假若只能择善而从，则我觉得宫崎市定对勋位的定性最为近实。不过针对宫崎氏的勋位等级有五之说，以及其余诸先生的六等说和九等说，我将做出的推测是四等说和七等说。猜得到质疑已应声而至了：同时提出四等和七等两种等级，岂不是自相矛盾么？为此逐步论述

---

①毛汉光：《从中正评品与官职之关系论魏晋南朝之社会架构》，《中央研究院历史语言研究所集刊》第46本第4分，1975年。

②汪征鲁：《魏晋南北朝选官体制研究》，第421页。

③张旭华：《从孝文帝清定流品看北魏官职之清浊》，《北朝研究》1992年第1期。

④张旭华：《南朝勋品制度试释》，中国魏晋南北朝史学会编《魏晋南北朝史研究》，湖北大学出版社1996年版，第147—149页。

如后。

宫崎氏已提示勋位与中正品性质相近，而我进一步认为，勋位、勋品实际就是中正品，更具体地说，它就是中正九品之中三品以下各级的"变体"。然而在眼下先不必涉及"变体"，不妨把宋齐勋位直接看成中正三品以下各级。相应的，对毛、汪、张诸先生的断言，勋位是独立于中正九品之外的另一序列，就不敢贸然附议了。

下面就把"勋品"、"勋位"的有关材料列示如下：

齐秘书令史，品勋位第六。(《唐六典》卷一〇《秘书令史》)

《齐职仪》：太祝令，品第七，四百石，铜印墨绶，进贤一梁冠，绛朝服，用三品勋位。(《唐六典》卷一四《太常寺》)

《齐职仪》：(廪牺)令品第七，秩四百石，铜印墨绶，进贤一梁冠，绛朝服，今用三品勋位。(《唐六典》卷一四《太常寺》)

《齐职仪》：太子有内直兵局，内直兵史二人，五品勋位。(《唐六典》卷二六《内直局》)

《齐职仪》：中庶子下有门下通事守舍人，四人，三品勋录叙，武冠朱服。(《唐六典》卷二六《太子三师》)

《齐职仪》：家令主簿一人，四品勋位。(《唐六典》卷二七《太子家令》)

《齐职仪》：食官令一人，三品勋位，掌厨膳事。(《唐六典》卷二七《太子食官署》)

《齐职仪》：太子率更令主簿，四品勋位。(《唐六典》卷二七《太子率更令》)

《齐职仪》：太子仆主簿，四品勋位。(《唐六典》卷二七

《太子仆》)

以上所引大抵出自《齐职仪》,因而几乎可以视为最原始的材料。由上所见勋位,有三品、四品、五品和六品四等。那么张旭华先生早先判断勋位只有一、二、三品三等,无疑是失于搜检了。

勋位中包括三至六品四级,诸家目前已无异说。此外勋位是不是还有其他等级,则依旧悬而未决。各位学者大抵都认为还存在着"二品勋位"。宫崎市定认为,勋位有二至六品共五等。毛汉光、张旭华二氏甚至还认为存在着"一品勋位"。张氏认为勋位等级有六,即从一品到六品;毛氏则提出勋位等级有九,那么六品勋位以下是否还有七、八、九品而史料未见,也形成了疑问。

对这个问题,只要把勋位与中正品视为一事,许多矛盾便可迎刃而解。中正品三品以下,从形式说有三至九品七个等级,由此勋位也是七等。不过就魏晋南朝史料看,中正品的七、八、九品并无实例,实际是不存在的。中正品三品以下既然实际只用其四等,勋位当然就也只有四等了。正是为此,我才给勋品推测出四等和七等两个等级来。换言之,我们认为勋位的上端并无一品、二品,勋位的下端并无七品、八品、九品。

下面就为此提供证明,并进而说明勋品与中正品具有同一性。首先来看勋位的上端。由于宋齐史料里面本无一品勋位,就不必为之浪费笔墨了;重点要审查的,是学者所举证的"二品勋位"。先看陵令和御府令的情况:

《齐职仪》:每陵令一人,品第七,秩四百石,铜印墨绶,进贤一梁冠,绛朝服。旧用三品勋位,孝建三年改为二品。

(《唐六典》卷一四《太常寺》)

诸陵令,永明末置,用二品、三品勋。(《南齐书》卷一六《百官志》)

宋大明中,改尚方曰左右御府,各置令丞一人。后废帝初省御府,置中署,隶右尚方。其后又置①。初,宋氏用三品勋位,明帝改用二品,准南台御史。(《唐六典》卷一一《尚衣局》)

所见诸陵令及御府令初用三品勋位、后改用二品,或"用二品、三品勋"这类记载,就被论者认为是存在着"二品勋位"的证据。

其实初用三品勋位、后复改为二品的不止以上二官,此外还有太乐令是同样情况。上引《齐职仪》所见,陵令一官经"革选"而由三品勋位变为二品,事在宋孝武帝刘骏孝建三年(456年);又据《南齐书·百官志》,南齐陵令为齐武帝永明末置,"用二品、三品勋"。查《通典》卷二五《职官七·太乐署》:"齐太乐及诸陵令,永明末置,用二品、三品勋。"可见南齐太乐令与陵令一样,也是"永明末置,用二品、三品勋"的。《通典》所言,当有所据,应该也出自《齐职仪》。太乐令和陵令同属太常寺,然而参照前引《唐六典》卷一四"太常寺"条所引《齐职仪》,同属太常、官品相同的太祝令、廪牺令,在南齐都是三品勋位。那么南齐的太乐令、诸陵令,似乎没什么特殊理由独为二品。由此我推测,这四令在刘宋前期均为三品勋位,至宋孝武帝时它们一度都被改为二品,并在

①按,原文此后还有"至齐高祖省,文帝又置"九字。近卫本夹注:"'至'以下九字有疑,《通典》、《通志》皆无此九字。"据删。参看广池学园事业部刊行、西北大学图书馆1984年复印本《唐六典》,第235页。

南齐永明末又恢复为三品勋位了。《齐职仪》"用二品、三品勋"的记述,乃是总合宋齐间前后两次"革选"而言之。这样解释,各条史料就较为融洽而不至抵牾了。

诸陵令和御府令最初都用三品勋位之人,又都在宋孝武帝和宋明帝时改用二品,这就被认为是存在"二品勋位"的证据。然而这种理解果真可靠吗?人们本应想到,上述文句还可以另作解释:"勋位"并不修饰下文"二品",这"二品"是中正二品,不是"勋位"。南朝所谓"凡厥衣冠,莫非二品,自此以还,遂成卑庶"①,"二品"乃是"衣冠"与"卑庶"的分界线。也就是说,诸陵令和御府令二官,最初规定是用三品勋位之人,后来其资位一度提高到中正二品,不属勋位了。勋位仅仅存在于三品以下。

判定这两处"二品"是什么性质,御府令一官留下了蛛丝马迹。此官宋初用三品勋位,宋明帝"改用二品,准南台御史"。"准"意官资相同,"南台"当然是御史台了。查《通典》卷三七《职官十九·宋官品》,侍御史官品第六;查《通典》同卷及《隋书》卷二六《百官志上》所载《梁官品》,南台侍御史在流内第一班。众所周知,梁制"位不登二品者又为七班",也就是说十八班以内的官职均是中正二品。那么无论是从刘宋官品第六、还是梁代流内一班看,侍御史的中正品都应为中正二品。复查《宋书》卷六〇《范泰传》:"昔中朝助教,亦用二品。……今有职闲而学优者,可以本官领之。门地二品,宜以朝请领助教,既可以甄其名品,斯亦敦学之一隅;其二品才堪,自依旧从事。"由此可知,从"中朝"即西晋直至刘宋,按照惯例,国子助教一职都任以中正二品之人。再来检阅《南齐书》卷一六《百官志》所叙南齐国学:"助教准南台御

①《宋书》卷九四《恩幸传序》。

史。”这个官资相“准”的规定，既包括二者官品同为六品（参看第五章第六节），也应包括相同的中正品资格。那么由助教为中正二品，可推定南台御史亦为中正二品；再由南台御史为中正二品，进而可以推定“准南台御史”的御府令的“二品”，所指也是中正品。

至如诸陵令，其资位在中正二品、三品之间。具体说来，它们在宋初为三品勋位，宋孝武帝改为二品，南齐复为三品勋位。又据《隋书·百官志上》及《通典·梁官品》，在梁十八班中“明堂、二庙、帝陵令”在第二班，这属于二品士流所任之官。由此知道，到了梁代诸陵令再度革选，又成了中正二品了。

毛汉光先生还曾举出另两条证据，来阐述“二品勋位”之存在：

> 朱幼：泰始初为外监，配张永诸军征讨，有济办之能，遂官涉二品①，为奉朝请、南高平太守，封安浦县侯，食邑二百户。（《宋书》卷九四《恩幸朱幼传》）
>
> 刘系宗：泰始中，为主书。以寒官累迁至勋品。元徽初，为奉朝请，兼中书通事舍人，员外郎。封始兴南亭侯，食邑三百七十户，带秣陵令。（《南齐书》卷五六《幸臣刘系宗传》）

毛氏认为：“对照二人的事迹而推测之，朱幼的‘官涉二品’可能是‘二品勋位’，而刘系宗的‘勋品’亦可能是‘二品勋位’。”

---

①中华书局本《校勘记》：“‘三品’各本作‘二品’，据《南史》改。按朱幼封县侯，官第三品，其余奉朝请、南高平太守，皆不至三品，官无有涉二品者，《南史》作三品是。”这就把“二品”或“三品”理解为官品了，其说非是。

然而我们感到，以这两条不同材料相互参证，其说服力仍嫌软弱了。朱幼后来官运不错，又做到了奉朝请、南高平太守，封安浦县侯，就这些官爵看，他所获得的"二品"的性质，完全可以直接理解为中正二品，而不是"二品勋位"。《宋书·范泰传》记，范泰曾建议对助教一官，其门地二品者以奉朝请领之，"以甄其名品"；"其二品才堪，自依旧从事"。不难看到，刘宋时奉朝请仍被视为一种"甄别名品"之官，用以使"门地二品"与"二品才堪"区别开来，那么它就不大可能位在勋品。从后来朱幼"官涉二品，为奉朝请"，又官至太守、爵至县侯（官品三品）看，这"二品"是不好解作"勋品"的。

至于刘系宗，他虽然在刘宋泰始中迁至"勋品"，但我们想他在元徽初为奉朝请时，其官资又进而提升为中正二品了。在获此际遇之后，刘系宗又得以兼中书通事舍人、员外郎、封始兴南亭侯。据《通典》所载各代《官品》，中书通事舍人在晋宋官品第七，员外散骑侍郎官品第五，亭侯官品第五。再后刘系宗仕途通达，还先后获得了龙骧将军、建康令、宁朔将军、右军将军、淮陵太守、少府、游击将军、鲁郡太守、骁骑将军、宣城太守等等衔号或官位。如果认为刘系宗一直位在"勋品"，则将与这些官衔方枘圆凿。

以上讨论意在说明，从勋位、勋品序列的上端看，它并无一品、二品这些等级，史料所见勋位仅是三、四、五、六诸品而已。下面再从其下端看，我们认为勋品与中正品实即一事，是中正品三品以下各等级的变体；而史料中能看到中正二品以下诸品，也正是三、四、五、六品这些个等级，实际是没有七、八、九三品的。

至今没有任何史料，能为中正品七、八、九品的存在提供确凿证据。不错，史料中是曾出现过"七第"、"七职"字样，但考察显示，它们都不应解作中正七品。首先来看"七第"。《晋书》卷一

○○《陈敏传》：

> 陈敏字令通，庐江人也。少有干能，以郡廉吏补尚书仓部令史。……东海王军咨祭酒华谭闻敏自相署置，而顾荣等并江东首望，悉受敏官爵，乃遗荣等书曰："……今以陈敏仓部令史，七第顽冗，六品下才……"

对这个"七第顽冗，六品下才"，唐长孺先生释云："仓部令史与左人令史大概同以六七品人充。"①把"七第"和"六品"都理解为中正品。周一良先生则认为"六品"指陈敏所任度支一官的官品，"而七第顽冗指中正所上之品"②。这两个说法彼此有异，但都把"七第"释为中正七品。越智重明的说法特别新颖："这个七第是从第七品官到流外第四品官所合计的七等，六品指的是乡品六品。"③近年罗新先生又作新说。《资治通鉴》卷八六晋纪怀帝永嘉元年(307年)载华谭之语作"今以陈敏凶狡，七弟顽冗……"，罗新因谓"七第"当作"七弟"，指陈敏的七位兄弟，而不是第七的品级④。

越智之说纯出推测。而罗新先生读书得间，其考述不为无据。然而玩《晋书》"今以陈敏仓部令史，七第顽冗，六品下才"语气，明是贬斥陈敏名位卑微而起家官品不显，那么夹在"仓部令史"和"六品下才"中间的"七第顽冗"四字，显然也应就陈敏名位而言，不会忽而横插陈敏诸弟事。因而也不妨以《晋书》校正《通

①唐长孺：《九品中正制试释》，《魏晋南北朝史论丛》，第115页。
②周一良：《魏晋南北朝史札记》，中华书局1985年版，第107页。
③越智重明：《魏晋南朝の人と社會》，研文社1985年版，第49—50页。
④罗新：《陈敏"七弟顽冗"考》，《中国史研究》1998年第2期。

鉴》,这两方面的可能性势均力敌,难兄难弟。退一步说,即令“七第”应从《通鉴》作“七弟”,那么这与中正七品更没关系了。

魏晋以来社会越来越看重“起家官”,将之视为身份高卑标志,门第不同则起家官有异;南朝士流与“吏门”判为二类,还有“令史门户”这种概念。陈敏既以仓部令史起家,而华谭贬斥陈敏地位卑微也正在这样一点,则“七第”、“六品”,我想都应就“仓部令史”寻求答案。西晋的八品令史约中正品第四,九品令史约五、六品。仓部令史的中正品当为六品,同时其官品当为第九,由此我大胆猜测:如将“七第”改作“九第”,则华谭之语便豁然开朗:陈敏不过起家仓部令史,官品第九、中正品第六而已。由此其起家官、官品和中正品三者,都可弥合无间了。又见张鹏一先生在辑考晋官品令时,就已将仓部令史补入第九品了,还引述《陈敏传》“七第顽冗,六品下才”为注①,虽没看到他的具体说明,其处理我想于理可通。当然,易“七”作“九”,并无强证,《资治通鉴》中“七弟顽冗”依然作“七”不作“九”;可我依然认为这样解释在情理之中。无论如何,目前看这个“七第”还无力指证中正七品的存在。

至于“七职”,出自《南史》卷七七《恩幸吕文显传》,说是典签一官“本五品吏,宋初改为七职”。这“五品”、“七职”,恰好又同时见于《唐六典》卷二九《亲王亲事府典军》所引《齐职仪》,谓诸公领兵职局有“库典军七职二人,仓典军七职二人”及“车厩典军五品二人,马典军五品二人”。日人宫崎市定认为“七职”是梁代流外七班的总称,当然出于谨慎,他只说这是个“极大胆的臆测”②。越智重明又提出,“七职”为七品到流外四品官的合计,是

---

①张鹏一:《晋令辑存》,第 67 页。

②宫崎市定:《九品官人法の研究——科舉前史》,第 274 页。

"门"所做的官①。这与他对"七第"的解释相同,也同样纯系臆测。周兆望先生又立一说:"刘宋初,典签由五品吏'改为七职',即由原五品官属下的小吏正式提升为七品官。"②然而这《南史》"七职"一词,吕思勉、严耕望引作"士职"③,作"士"不作"七",其根据大概是《南齐书殿本考证》所引的"本五品吏,宋初改为士职"一句④。还可补充,《资治通鉴》卷一二〇宋纪文帝元嘉元年(424 年)夏四月胡三省注引《南史》,也正好是记作"本五品吏,宋初改为士职"的。

严耕望先生释"士职"为"士人之职":典签"本以小吏任职,

①越智重明在《典籤考》(《东洋史研究》第 13 卷第 6 号)一文没有正面涉及这一问题,但在另一个地方则提出:"これは後門層が九品官中の第七品官から第九品官までと流外四品等官との合計七等の官に就くことをとりあげ、その身分を七第といつたもので、同じような理由でそれを七職ともいつている。そうした七第=七職には鄉品六品以下のものが就く。"《魏晋南朝の貴族制》,研文社 1982 年版,第 272 页。又说:"この七第は第七品官から流外第四品等までの合計七等のもの、六品は鄉品六品のものを指す。"《魏晋南朝の人と社會》,研文社 1985 年版,第 50 页。

②周兆望:《南朝典签制度剖析》,《江西大学学报》1987 年第 3 期。

③吕思勉:《两晋南北朝史》,上册第 475 页;严耕望:《魏晋南北朝地方行政制度》,《中央研究院历史语言研究所专刊》之四十五 B,1990 年版,上册第 216 页。

④殿本《南齐书》卷一《高帝纪上》附《考证》"臣祖庚曰"所引,"祖庚"即候补知县王祖庚。参看开明书店《二十五史・南齐书》第 2 册第 1669 页,或上海书店 1986 年版《二十五史・南齐书》第 3 册第 1914 页。查殿本《南史・恩幸吕文显传》,仍作"宋初改为七职"而非"士职"。参看开明书店《二十五史・南史》第 4 册第 2728 页,或上海书店 1986 年版《二十五史・南史》第 4 册第 2878 页。这说明王祖庚所见《南史》还不是今见殿本。百衲本《南史》亦作"七职",参看商务印书馆 1958 年版百衲本《南史》第 10 册第 12515 页。百衲本所用为上海涵芬楼影印北京图书馆藏及自藏元大德刻本。

宋初始用士人,呈事传教,盖已进而有类汉世之主簿,稍为刺史所亲任矣"①。徐茂明先生认为此说"符合由'吏'上升为'士'的常理";至于"五品吏":"这里'五品'或为衍字,或为'无品'之误"②。汪征鲁先生的看法是:"这里'五品吏'当为勋位或蕴位五品,因乡品五品则属寒微士人,其所任之官即为士职,只有三品及三品以下勋位、蕴位所对应的官职才被称为寒官,由寒人担任。'宋初改为士职',当指宋初以低级士人任此职";"三品及三品以下为寒微士人。寒微士人所任的官职亦即乡品三品以下所对应的官职亦称'士职'"③。可这个解释不乏混乱之处:既然把中正三品以下官都视为"士职","五品吏"也在其内,那么"本五品吏,宋初改为士职"的"改"字就失去了着落,既然云"改",则"五品吏"本非"士职";把"士职"之"士"说成寒微士人或低级士人,这"寒微"、"低级"有增字解经之嫌,史文本无其义;又,"蕴位"是梁朝才有的概念,不得用以论说晋宋制度。最新观点来自我的博士生陶新华同学,他又反过来论述"七职"不误,"七职"指的是公爵以上军府中的七种佐吏④。这个看法最可能导向正确的结论。不

①严耕望:《魏晋南北朝地方行政制度》,上册第 223 页。

②徐茂明:《试论南朝典签》,《苏州大学学报》1988 年第 4 期。

③汪征鲁:《魏晋南北朝选官体制研究》,第 408、416 页。

④陶新华:《魏晋南朝地方军政职官研究——以中央对地方的军政管理为中心》,北京大学历史学系 2000 年博士论文,第 36 页注[85]。《晋书》卷三三《王祥传》:"进爵为公,加置七官之职。"陶新华因谓"七职"即是"七官":"典签原出五品官的属吏,宋初扩大到公以上军府即诸侯王的军府也置典签。"叶炜同学还提供了隋唐的如下资料:《金石萃编》卷三八开皇十一年《诏立僧尼二寺记》:"县宦七职,爰及乡正";卷六五《白门陂碑》碑阴有"七司";《通典》卷三三《总论县佐》:"大唐县有令,而置七司。"《旧唐书》卷六三《萧瑀传》:"其年(武德元年)州罢七职。"在陶新华同学的博士论文预答辩时,罗新先生也向他提示了唐代存在"七职"的情况。

管怎样,从“士职”或“七职”之中是引申不出中正七品的。

为什么中正品在实际运用中没有七、八、九诸品呢?这或许可以和中正品没有一品的问题一并索解。唐长孺先生曾指出:中正“品第虽有九等,类别却只有二。一品徒有其名,无人能得到,所以二品就算最高”①。学者大都相信这个看法。这个一品虚悬问题,毛汉光先生称为“中古选制中的谜”,而方北辰先生有个很机智的推测。班固在《汉书》卷二〇《古今人表》中把古今人物分为九等,而中正九品之法是模仿《人表》而来的。《太平御览》卷二六五引《孙楚集》:“九品汉氏本无,班固著《汉书》序先往代贤智,以为九条,此盖记鬼录次第耳,而陈群依之以品生人。”由此方先生指出,《人表》中最高一等为圣人,其中列有三皇、五帝、禹、汤、文、武、周公、孔子这样一些如日中天的赫赫大名;圣人当然是无人企及的,所以由《人表》最高一等而来的中正一品,也就虚悬而不授人了。刘毅《请废九品疏》有言:“若然,自仲尼以上至于庖牺,莫不有失,则皆不堪,何独责于中人者哉!”这“自仲尼以上至于庖牺”之语恰与《人表》相合②。

我想方先生的解释乃是不易之论。《隋书》卷三三《经籍志二》“杂传”类有《海内士品》一卷,《新唐书》卷五八《艺文志二》“杂传记”类有《魏文帝海内士品录》三卷,“杂史”类有胡冲《吴朝人士品秩状》八卷,虞禹《吴士人行状名品》二卷③。可见魏国和吴国的士人对“士品”这样的玩艺儿全都兴趣盎然,而恰恰也正是

①唐长孺:《九品中正制试释》,《魏晋南北朝史论丛》,第109页。

②方北辰:《释九品中正制度之一品虚设问题》,《许昌师专学报》1989年第1期。

③《旧唐书》卷四六《经籍志上》“虞禹”作“虞尚”。

魏、吴两个政权里同时出现了中正制度①。汉魏间《汉书》在“三史”之一,对之的研究已蔚成显学②。《汉书·古今人表》的九品论人之法人们不但不会陌生,还很容易引发士林兴趣,令其跃跃欲试,给当代名士们也分分流品高下。那么,企图把乡论月旦制度化的陈群“依之以品生人”,确实就不在情理之外了。

进而,便可把方先生的思路推及中正品的下端。中正七、八、九三品,也就是下上、下中、下下这三品,均属“下品”。既就常人常情而言,接受“下品”之目也等于自取其辱,何况在班固《古今人表》中,“下下”被明标为“愚人”之品,其中包括共工、讙兜、三苗、纣、恶来、妲己、管叔、蔡叔、厉王、幽王、褒姒、虢石父之类臭名昭著的恶人;“下中”所列之舜父瞽叟、舜弟象、寤生、叔段、田恒、公山不扰、严跻(庄跻)、骑劫、赵括、秦二世、胡亥;“下上”所列之寺人貂、易牙、宋襄公、桓魋、庞涓等等,也不是什么叫人肃然起敬的角色。如果采纳中正九品与《人表》九品相关的论点,那么我想,首先执政者未必情愿任用“下品”愚人来滥竽充数、冒享天朝禄

①孙吴有郡中正、大中正,又称“大公平”。参看唐长孺的考证:《东汉末期的大姓名士》,《魏晋南北朝史论拾遗》,中华书局1983年版。

②《史通·模拟》:“大抵作者,自魏以前,多效‘三史’;从晋已降,喜学五经。”赵吕甫:《史通新校注》,重庆出版社1990年版,第500页。“三史”之学,如《三国志》卷四二《蜀书·孟光传》称其:“尤锐意三史。”卷五四《吴书·吕蒙传》注引《江表传》:“孤统军以来,省三史、诸家兵书,大有益。”卷六四《孙峻传》注引《吴书》:留赞“好读兵书及三史”。(可参看程千帆:《史通笺记》,中华书局1980年版,第89—90页)《隋书》卷二八《经籍志二》,有应劭《汉书集解》一百一十五卷,应劭《汉书集解音义》二十四卷,服虔《汉书音训》一卷,吴韦昭《汉书音义》七卷,吴张温《三史略》二十九卷。周一良先生指出:“当时对于班固《汉书》的兴趣,似乎大于《史记),所以注《汉书》的特多。”参看其《魏晋南北朝史学著作的几个问题》,《魏晋南北朝史论集》,北京大学出版社1997年版,第407页。

位，显得本朝乏才寡贤，其次士人也不至于如此轻贱，居然甘居“下品”与哙为伍。所以形式上存在的“下品”七、八、九三品，在实际上既不授人，也无人认领。中正品的三品以下只有三至六品得到了实际应用。中正三品属于“上下”，从形式看仍在“上品”，魏晋时三品仍不算卑品；四至六品即“中上、中中、中下”属于“中品”，寒微士人应该还能屈就。

日人矢野主税在考察中正品与起家官品的关系之时，以中正四、五品对应官品七、八、九品，以中正六、七品对应官品八、九品，以中正八、九品对应官品九品①。按照这种对应，官品九品所对应的中正品竟有四至九品六级之多，这显然太过密集。若把中正品的七、八、九品置之度外，看上去就合理多了。又《晋书》卷一〇五《石勒载记》：“勒清定五品，以张宾领选。复续定九品。署张班为左执法郎，孟卓为右执法郎，典定士族，副选举之任。”由“清定”一词看，这个“五品”以释作中正品最为合理。我想“五品”所指，实即中正品二至六品这五个等级。后来“续定”的“九品”也是指中正品，这就包括虚悬不用的一品及七、八、九品了。

中正品既没有七、八、九三品，勋位、勋品恰好也没有七、八、九三品，这当然不是偶然巧合，只说明了二者实为一事。再把二者相互比较，其事益明。

《晋书》卷三六《刘卞传》：“卞……为台四品吏。访问令写黄纸一鹿车，卞曰：‘刘卞非为人写黄纸者也。’访问知，怒，言于中正，退为尚书令史。”《初学记》卷二一引王隐《晋书》记载更详：“访问按卞罪，下品二等，补左人尚书令史。”正如唐长孺先生之

①矢野主税：《魏晋中正制の性格についての一考察——郷品と起家官品の對應を手掛りとして》，《史学杂志》第72编第2号，1963年。

谓:“那末左人尚书令史例以六品人充当。”[1]刘卞在降品前所任“台四品吏”,我推断是尚书主谱令史,方与其“写黄纸”的职责相合[2],此官在官品第八;复查《通典》卷三七《职官十九·晋官品》,官品第九有“门下、散骑、中书、尚书、秘书令史”,可以推测刘卞降品后所任左民尚书令史即在其中,亦即官品第九。又前述“陈敏仓部令史,七第顽冗,六品下才”,“七第”当为“九第”而“六品”为中正品。那么这两个例子,都显示了令史官品九品而中正品六品的情况。中书、秘书令史和尚书令史一样都在官品第九,宋齐二朝应当与此相类。那么再来看《唐六典》卷一〇《秘书令史》:“齐秘书令史,品勋位第六”;又同书卷九《中书令史》:“齐中书令史,品第六。”南齐的秘书令史、中书令史,也恰是官品第九而“勋位第六”的。九品既是官品之最低者,六品便是实用中的中正品之最低者。各代九品令史有中正品第六者,又有勋位第六者,二者都是六品,对此,以中正品和勋位本来就具有同一性为最佳解释。

同样的例子,又见于《南齐书》卷一六《百官志》云:“国学……典学二人,三品,准太常主簿;户曹、仪曹各二人,五品;白簿治礼吏八人,六品”,“诸陵令……置主簿、户曹各一人,六品保举”。这里的三品、五品和六品,当然不会是官品,将之理解为中正品最为顺理成章。再就南齐国子典学为中正三品一点,来检索《隋书》卷二六《百官志上》,得知梁代国子典学在“三品蕴位”。梁代“蕴位”与“勋位”性质相类,详下;那么反过来推测,南齐的典学之“三品”也不妨视为“三品勋位”。这也说明,中正品与勋位原本就是息息相通的。

---

①唐长孺:《九品中正制试释》,《魏晋南北朝史论丛》,第115页。

②拙作《察举制度变迁史稿》,第145页。

九品既是官品之最低品级,六品便是实用中的中正品之最低品级。在刚刚制订九品官人法时有没有被品为七、八、九品的人,我还不敢妄断其无;但在制订官品的时候,相信中正七、八、九品已名存实亡。两晋宋齐所见之中正六品或勋位六品的官职,其官品约在第九,这已是官品之最低下者,那么这也证明中正品与勋位实际均无七、八、九品存在,否则相对应的官职就要到官品九品之下去寻找了,而这样的尝试恐怕会像猴子捞月亮。就此而言,马端临阐述中正制度时云"倘或道义亏缺,则降下之,或自五退六、自六退七矣"①,其"退七"一说也不甚确切。

基于以上理由,宋齐之勋位与中正品,我们认为实为一而二、二而一的关系。中正品形式上含有九等,然而一品及七、八、九品均属"虚悬",实际上五等而已;勋位、勋品就是中正品三品以下诸级,它在形式上含有七等,实际运用中则为四等,七、八、九品并不实用。"勋位"并不如一些论者所言,是宋齐时独立于中正品之外的全新事物。

三、由勋位论官僚的身份结构

以上论述了"勋位"与中正品实为一事,但也已提示了"勋位"是中正品的"变体"。但为什么宋齐时中正品会变态为"勋位"、"勋品"呢?前述诸位论者对"勋位"的看法中有一点相当合情合理:"勋品"之名与武人寒流的军功吏劳有关。

从晋末而世入宋齐,低落的皇权得以复振,"主威独运,权不

①马端临:《文献通考》卷二八《选举一》。

外假”。值此之时,专制君主多少又恢复了权威,足以奖拔其从龙的功臣、其倚重的能吏、其私宠的幸臣了。武人、寒人凭借武功吏绩而得以进身的情况,应运而生。《南史》卷七七《恩幸阮佃夫传》:“(宋明帝)泰始初,军功既多,爵秩无序,佃夫仆从附隶皆受不次之位,捉车人武贲中郎将,傍马者员外郎。”《梁书》卷四九《钟嵘传》天监初钟嵘上言曰:“(齐东昏侯)永元肇乱,坐弄天爵,勋非即戎,官以贿就。挥一金而取九列,寄片札以招六校,骑都塞市,郎将填街。服既缨组,尚为臧获之事;职唯黄散,犹躬胥徒之役。名实淆紊,兹焉莫甚。臣愚谓军官是素族士人,自有清贯,而因斯受爵,一宜消除,以惩侥竞。若吏姓寒人,听极其门品,不当因军,遂滥清级。”可知在动乱中有一大批寒人因缘时会提高了地位,甚至混进了“清级”①。

大概也是为此,南朝中正二品官之内的“清浊”区分也就更为严格了:二品既已不足区分士庶,只好进而计较“清浊”了。虽钟嵘力斥“遂滥清级”者中不乏“勋非即戎”的冒牌货,但也可推知,至少在名义上他们仍是靠军勋而得拔擢的。面对寒流新进,清流旧门颇感悻悻;因士族政治积重难返,王朝也不得不在制度上作出区别,以使士族们能看得过眼,不至愤慨喧嚣。

这种区别,想来应该涉及两个层次的安排。江左的士族政治发展,造成了一种“高门”、“次门”和“役门”的三元身份结构,祝总斌先生对此已有专论。依祝先生所论,这个结构与中正制度的关系如下:高门都能获得中正品二品以上,次门的中正品为三品以下,役门则是全无中正品第的寒人编户。各个层次间存在一定

①胡宝国先生已指出,南朝寒人崛起者是能够获得中正二品的,见其《东晋南朝的九品中正制》,《中国史研究》1987年第4期。我同意他的看法。

流动的可能性，役门若能把九品以上官保持两三代，则有望成为次门；次门若能两三代中保持五品以上官，也可能跻身高门①。我们所说的两个层次，也就是中正二品层次和三品以下层次，由此观察军功、吏绩造成的身份流动问题。

首先是二品士流的高门层次。从许多武人、能吏、幸臣的仕历看，已有不少寒流侵入了士族的传统领地，猎得了奉朝请、给事中、员外郎甚至“黄散”这样的官职。针对这一情况，王朝把中正二品进一步区分为“门地二品”和“二品才堪”两类。前引《宋书·范泰传》：“昔中朝助教，亦用二品。……今有职闲而学优者，可以本官领之。门地二品，宜以朝请领助教，既可以甄其名品，斯亦敦学之一隅；其二品才堪，自依旧从事。”就显示了这种情况。在中正二品一级，“门地二品”与“二品才堪”被区分开来了，前者是纯以门第的，后者则向才学网开一面。由此就可划开老牌士族和寒流新进，显示那些跻身二品士流的寒士或寒人，依然不得与起家门第二品的贵游子弟齿列并称。

前已述及，南齐“助教准南台御史”，而南台御史应是中正二品之官。但唐长孺先生也已指出：“但殿中侍御史、南台御史却甚

---

①对高门、次门和役门的身份结构，可参看祝总斌：《门阀制度》，白寿彝主编《中国通史》，上海人民出版社 1995 年版，第 7 册第 572—592 页。又，日人越智重明提出“身份—族门制”理论，作者认为西晋末已形成士人上层、士人下层、庶人上层、庶人下层四个等级，与此对应的政治身份就是甲族、次门、后门、三五门。参看越智重明：《魏晋南朝の貴族制》，研文社 1982 年版，第 5 章“制度的身分=族門制をめぐつて”。周一良先生评价说，越智把片断史料中许多约定俗成的东西描述成整齐划一的制度，并把不同时期的现象混到了一起。见其《评介三部魏晋南北朝著作》，《魏晋南北朝史论集》，北京大学出版社 1997 年版。

轻,《南史》卷七十七《恩幸传》中很多寒人曾任此职,可知为寒官。"①所谓"寒官",我想就体现在"二品才堪"之上,同于国学助教。《宋书》卷七五《王僧达传》:"苏宝者,名宝生,本寒门,有文义之美。元嘉中立国子学,为毛诗助教。为太祖(宋孝武帝)所知,官至南台侍御史。"苏宝生由国子助教而南台侍御史,也可看成是二官的中正品相同之证,它们都是"二品才堪"而非"门地二品"。

第二个层次,则是中正三品以下的层次。与前类似,这里也有两种品位被区分开来:门品与勋品。正常情况下是根据较为固定、经久的"门品"来授官赋职的。有一些人世代为吏,尽管官属微末,只能屈居"次门"、"吏门",但毕竟也拥有"门品",比起全无乡邑品第的人,怎么也还高上一头,钟嵘所说的"吏姓寒人,极其门品"便是指此。前述西晋刘卞曾由太学试经而为"台四品吏",大约是担任了尚书主谱令史;后来他被降为中正六品、补尚书左民令史,那么他又可称为"六品吏"了。《晋书》卷五九《赵王司马伦传》:"太学生年十六以上,及在学二十年,皆署吏";《宋书》卷一四《礼志一》晋武帝泰始八年(272 年)有司奏:"太学生七千余人,才任四品,听留。"二文中"署吏"与"才任四品"实为一事,指的都是任用为"四品吏",如刘卞之例。又《宋书》卷八四《邓琬传》,叙及因军事之需而募民上钱米,王朝将分别赐署五品令史、四品令史与三品令史。这里五品、四品与三品都是中正品,三种令史因而可以分称"五品吏"、"四品吏"和"三品吏"。《南齐书》卷二八《崔祖思传》:"今廷尉律生,乃令史门户,族非咸、弘,庭缺于训。"可见当时"吏门"乃是令史一类的入仕之门,其"门品"约

①唐长孺:《南朝寒人的兴起》,《魏晋南北朝史论丛续编》,第 100 页注④。

在三至六品，是为“令史门户”。廷尉律生也任以“令史门户”，又典签一度也是“五品吏”。

“次门”或“吏门”的任官，通常情况当然是基于“门品”；但也有另一情况，就是基于勋绩的不次拔擢，这时候就将有门品低微者被给予更高官职，甚至全无门品、名在“役门”者骤然发身列名官簿的事情了。然而依照制度，授职居官必以中正品为资格。面对门品与官职的不相称，王朝既不打算委屈了建功累劳者以励方来，也不能不尊重久已凝化了的“门品”旧规，两相权衡的折衷措施，便是另设一种中正品，名之为“勋品”，以济“门品”之穷，而为军功吏绩提供晋身之阶。我以为这就是“勋位”的由来。

对“勋品”为何以“勋”为名，还可与“勋阶”概念参照理解。南朝专有一种“勋阶”，是通过军功而获赐的阶级。有人凭借“勋阶”做到了积射将军、羽林监；也有“以勋官至辅国将军、右军将军、骁骑将军，军主”；还能够看到将帅们凭借“勋阶”而向朝廷索取黄门郎、中书郎的事情。将吏所累积的勋阶当然构成了选举资格，但却为其昔日“门品”所限，我想这时候当轴便发动大脑机器，因“勋阶”而创“勋品”一名。质言之，“勋品”就是通过“勋阶”而获得的中正品，当然是一种有别“门品”的特殊中正品了。正如中正二品中有“门地二品”和“二品才堪”之别一样，在中正三品以下，“门品”与“门地二品”相类，“勋品”则与“二品才堪”相类。已趋僵化的中正制度，由此就可重新呈现出些许弹性，使无品第的寒人可以由吏绩军功赢得品第，经“勋品”以至“二品才堪”而进身发迹；同时这也能让高门心里多少舒坦一些：你小子别臭美了，你捞到手的“勋品”不过是个“另类”商标，咱家的“门品”才是历久不衰的正宗老字号。就此而言，“二品才堪”和“勋品”的存在，体现了南朝专制官僚政治与士族门阀政治的此消彼长，最终所能达到的平衡之点。

梁武帝天监七年(508 年)改九品官品为十八班,十八班以容"二品士流","位不登二品者"又为七班,此外另设"三品蕴位"和"三品勋位"两等,前者中列有官职近五十种,后者列有官职三十余种。详见《隋书》卷二六《百官志上》及《通典》卷三七《职官十九·梁官品》。对这"流外"制度的形成,中正品可以说是"居功至伟":把中正二品以上官职留置官品九品之内,再重新依九品排序;再把中正三品以下官职从官品九品中剥离出来,而别为"流外"七等。这个做法其实是北魏孝文帝启其先声,而梁武帝效颦于后的,详见本书第七章。北齐进而把"流外"品级也扩充为九,由此流内九品外又有了流外九品,上下两段有对称之美,隋承其制。因为"流外"的品级实际源于勋位、勋品,所以无论是魏、齐还是隋代,都有"流外勋品"之称;而且流外品的第一品后来径称"勋品",这时的"勋品"之名,就等于是流外品的"胎记"了,显示了流外品以中正品、具体说是以中正三品以下诸品为其母体的情况。这种藕断丝连,反过来便为中正品与勋品的同一性,再添一重证据。

不过较之北朝,梁代改造宋齐勋位的方式有所不同。宋齐之勋位本来是与官品两立并用的,例如太祝令、廪牺署令和诸陵令等既是七品之官,又为"三品勋位"。而在梁武帝的十八班制之下,"勋位"却独立出来,而且昔日的三至六品四个等级被合并为一了,仅仅"三品勋位"一等而已;由此繁衍出的"三品蕴位",与"三品勋位"处于同一层次,本身就成了官品。同时梁以前的中正品,二品以下实际被运用的只有三、四、五、六四品而已,七、八、九品虚悬而不用;至梁武帝革选之后就不同了,中正三至九品摇身一变为"流外七班",变成了官品性质的东西了。

那么梁武帝对流外七班、三品勋位、三品蕴位加以区别，出自什么居心呢？这个问题可以分为两个要点：首先三品勋位、三品蕴位是如何区分的，其次是流外七班与勋位、蕴位是如何区分的。

就第一个问题即蕴位、勋位之间区别而言，汪征鲁先生指出二者具有相同而互补的关系。这有一官而分列二类的情况，例如蕴位、勋位中都有殿中守舍人一职；有彼此包含的情况，例如勋位有尚书正令史，蕴位则有尚书度支三公正令史、尚书都官左降正令史；勋位有门下集书主通事正令史，蕴位中则有集书正令史；还有彼此对称的情况，例如勋位有东宫内监、东宫典书守舍人，蕴位则有东宫外监、东宫典经守舍人。因此汪先生认为，三品蕴位和三品勋位在级别上是等同的①。那么，蕴位、勋位之别既不像是身份区分，也不像是职类或等级区分，似乎只是个形式对称的花样，很难看出什么实用意义。也许二者的选品官资有某种不同，但史料没有提供详情细节，或者说我们研究不够更好一些。

至于第二个问题，勋位、蕴位与流外七班是什么关系，学者已注意到二者首先显示为职类之别。蕴位、勋位之官多为职能性官职，如诸令史、诸署丞、诸监、诸舍人、诸谒者、廷尉律博士、狱丞等等；而流外官则大抵为国官、府属、州佐之类，它们往往都具有起家官的意义。这种安排显然就有其深意了。

唐长孺先生云："流外七班以处通常被认为寒微的低级士族，以下还有所谓'三品蕴位'、'三品勋位'，那便是寒人之职。"②汪征鲁先生云："将高门士族、一般门阀士族称为士流，其一律为乡品二品；将低级士族、平民知识分子称为寒微士人、寒素，其分别

①汪征鲁：《魏晋南北朝选官体制研究》，第420页。

②唐长孺：《南朝寒人的兴起》，第98页。

具有乡品三品至九品的品级。而用勋位、蕴位来作军人、吏人、寒人的资品。”①金裕哲先生有如下判断：“流内官=士人，流外官=寒微士人，勋位=寒流即庶人。”②张旭华先生也有类似看法：“宋齐时期的上品、下品、勋品三个选官层次，分别与门阀士族、寒门庶族、吏姓寒人三个等级相对应。”③其实梁代也有类似的意图。梁武帝的措施的意义应该如下：二品士流所居官进入了十八班；至于中正三品以下原有门品和勋品之异，门品变成了梁代面向寒微士人的流外七班，勋品则变成了梁代寒流武人的“三品蕴位”和“三品勋位”。

起家官主要被用以确认官僚“门品”，令“官序不失等伦”。流外七班中如皇子皇弟府长史参军、王国侍郎常侍等等国官、镇蛮安远护军度支校尉司马等等府僚，诸州主簿、祭酒、从事等等州佐，与十八班内的同类起家官职，清浊不同而等差相续，故《隋书》卷二六《百官志上》称“又流外有七班，此是寒微士人为之。从此班者，方得进登第一班”。又谓：“诸王公参佐等官仍为清浊，或有选司补用，亦有府牒即授者。不拘年限，去留随意。在府之日，唯宾游宴赏，时复修参，更无余事。”大大小小的王府、军府、州府之中充斥着形形色色的参佐掾属，他们无所事事而优游待调，构成了中古士族政治的一道夺目抢眼的风景线。

但职能性的官职就颇不相同了。蕴位、勋位诸官，如诸令史、诸署丞、内外殿中监等，均系帝国行政不可或缺者；其胜任者的选

①汪征鲁：《魏晋南北朝选官体制研究》，第416页。

②金裕哲：《梁武帝天监年间官制改革思想及官僚体制上之新趋向》，收入中国魏晋南北朝史学会编《魏晋南北朝史研究》，湖北人民出版社1996年版，第176页。

③张旭华：《南朝勋品制度试释》，第157页。

拔无法遗略了吏干，所以“吏姓寒人”理所当然地成为首选。《颜氏家训·涉务》：“至于台阁令史、主书、监帅、诸王签省（按指典签和省事），并晓习吏用，济办使须，纵有小人之态，皆可鞭杖肃督，故多见委使。”寒人“晓习吏用”，能干实事；又“可鞭杖肃督”，想打就打，这两点与行政需要及专制需要一拍即合。由“勋位”之设置，尚无品第者便可凭其吏干获得中正品，尽管所获不过是“勋品”。比照梁代蕴位、勋位所列官职看，宋齐“勋位”所对应的官职，大约也应是令史、殿中监之类吏职。其时所谓“恩幸”的仕历，尤能提供实例。《宋书》卷九四《恩幸传》：

> 戴法兴：少卖葛于山阴市，后为吏传署，入为尚书仓部令史。大将军彭城王义康于尚书中觅了了令史，得法兴等五人，以法兴为记室令史。
>
> 阮佃夫：元嘉中，出身为台小史。太宗（宋明帝）初出阁，选为主衣。世祖（宋孝武帝）召还左右，补内监。
>
> 朱幼：泰始初为外监。
>
> 王道迄：始兴王濬以为世子师。以书补中书令史。
>
> 王道隆：为主书书吏，渐至主书。世祖使传命，失旨，遣出，不听复入六门。太宗镇彭城，以补典签，署内监。

就现有史料所传达的信息看，诸学者认为勋位及蕴位面向寒人的论点，乃不可移易之说。

其实就在东晋这个门阀鼎盛的时代，也肯定有一批“吏”在各官署中默默承担着实际政务，尽管史书对高门的权势阀阅和文采风流的连篇累牍记载，遮掩了他们的暗淡身影。南朝十八班、流外七班及蕴位、勋位的等级结构，不过是把这种状况表面化、制度化了而已。当然南朝皇权的复振，使高门、吏门、役门这个三元结构中的流动性，大大增加了。《宋书》卷九四《恩幸传》、《南齐书》卷五六《幸臣传》所列"恩幸"、"幸臣"，大多来自寒人，也有一些"人士之末"。我们罗列这些"恩幸"、"幸臣"的历仕诸官，并将之归入以下三类来排比观察：

蕴位、勋位职能类	流外七班国官、府属、州佐类	十八班流内职官类
尚书仓部令史	征虏、抚军记室掾	南台侍御史
记室令史	南中郎将参军督护	中书通事舍人
中书令史	侍诸王	太守
侍东宫	东海国侍郎	县令
太子主衣	诸王抚军中兵参军	杂号将军
东宫主书	诸王抚军咨议参军	员外散骑侍郎
东宫侍书	骠骑将军司马	太子旅贲中郎将
东宫通事舍人	扬州从事	五校尉
石头城监	武陵国典书令	中书侍郎
内监	琅邪王大司马府中典军	黄门侍郎
外监	始兴王后军行参军	前军、右军、后军将军
制局监	诸王世子师	内史
	司徒参军	太中、中散大夫
	山阳王骠骑参军	尚书郎
	右军、骠骑参军	尚书左右丞
	晋平王骠骑中兵参军	著作郎
	湘东王师	诸卿
	湘东国学官令	太子三校
	始兴王世子师	给事中
	安成王车骑中兵参军	右卫将军
	冠军府参军、主簿	持节督、刺史

续表

蕴位、勋位职能类	流外七班国官、府属、州佐类	十八班流内职官类
	领军功曹 劭陵王参军 齐国中书舍人 太尉中兵参军 竟陵王子侍书 冠军府行参军 殿中侍御史 竟陵王司徒中兵参军 司徒中兵参军	奉朝请 羽林监 殿中将军

由此表可以看到，宋齐"恩幸"所任之官，有在梁朝被归于蕴位、勋位者，如令史、东宫舍人、诸监等；有在梁朝属于流外七班者，如殿中侍御史、王国典书令、王国侍郎等等。至于参军、督护、主簿、司马、典军、功曹、从事一类僚佐，其中当然有不少是流内之官，但也肯定有不少流外七班之职。其余则是流内十八班之官了，"恩幸"们在仕途上不无机会跻身流内，从而不再屈居"吏姓寒人"、"寒微士人"的品位了。因此，在探讨十八班、流外七班及蕴位勋位结构的性质之时，也不宜刻舟求剑，把其间的流动性置之度外，尽管其流动规模依然有限，寒人进入十八班的机会毕竟不多，即使有缘跻身流内，大约也属于"二品才堪"，而非"门第二品"。

随之而来的问题是，梁代的三品蕴位和勋位，在制度上是高于还是低于流外七班呢？《唐六典》所取为后者，其卷一一《殿中省》："梁初，位不登七班者别署勋位。"卷一八《典客署令》："梁有典客馆令丞，在七班之下，为三品勋位"；卷一九《导官署令》：导官丞"梁在七班之下，为三品勋位。"（《隋志》作蕴位）卷二二《中尚署丞》:“梁位在七班之下,为三品勋位。”《通典》及《隋志》对梁官品先叙十八班,次叙流外七班,最后方叙三品蕴位和三品勋位,而这都将给人以如下印象:蕴位和勋位又在流外七班之下。

但我想问题并不这样简单。从身份方面说,“吏姓寒人”或较“寒微士人”卑下一些,而从行政等级看就未必完全如此。宋齐的勋品既相当于中正三品以下诸级,那么它与同级门品是并列关系。宋齐属于“三品勋位”的太祝令、廪牺署令、陵令等都是官品第七,陵令在孝建三年还曾革选为中正二品。可见其时三品勋位的官资并不太低,稍加提升即入二品。那么出于习惯考虑,梁朝也不大可能在三品勋位与流内十八班间平白横插进一大堆官职(即流外七班诸官),而把三品勋位骤然压低到七班之下。流外七班应该来自中正三至九品,若是蕴位、勋位在七班之下,则将相当于中正品的第十品了,这种局面有悖常情。

其次,流内一班有太乐令、太医令、尚方令、太官令、武库令、太史令,而三品蕴位、三品勋位中则列其佐官太乐丞、太医丞、尚方丞、太官丞、武库丞、太史丞。按诸署令官品第七者,则其丞官品第八;诸署令官品第八者,则其丞官品第九,依例二者相差一级①。由此观察,流内一班置“令”而蕴位、勋位中置“丞”一点,也可证明蕴位、勋位是紧接十八班的,从行政等级看它们与七班平起平坐。

再次,三品蕴位中有著作正令史、集书正令史、尚书度支三公正令史,三品勋位中有门下集书主事通事正令史、中书正令史、尚书正令史、尚书监籍正令史、都正令史等等。这些正令史都是三

---

①对这一规律,请参看《通典》卷三七《职官十九》所载《晋官品》的七、八、九三级。

省吏员之要职，此前都应属官品第八的大令史，很可能就是史料所谓“三品令史”，由此看在梁代它们也不应低于流外七班。由于令史一职的重要性，在梁代尚书五都令史已进入流内二班了，并革选士流以任其职。那么诸令史同时分布于勋位与流内一点，也显示了勋位紧紧上承流内的情况。

韩国金裕哲先生通过对令史和诸署令丞等官的考察，认为蕴位、勋位“直接地连续于流内”；并指出：皇帝直属的官职被置于蕴位、勋位，而长官的属官被置于流外七班①。梁代的蕴位、勋位已不同于宋齐，它们与流外七班一道从十八班独立出来，实已兼具官品和中正品双重性质。仅从流外七班面向寒微士人，而蕴位、勋位面向吏姓寒人看，或可说前者身份高于后者；然若考虑寒人“掌机要”之实际权势，这也不是绝对的，他们未必比七班“寒微士人”低下多少。因行政等级和身份等级错综交织，因此很难断言流外七班与蕴位、勋位孰高孰低。

四、中正品与官品的对应和不对应

“勋位”、“吏门”造成的官吏资格的身份化，不过是更大画面的一个局部而已。九品中正制既以区分“人之品”，又以区分“官之品”，这样，中正品和官品、禄秩、职位的错综交织，就使官僚等级体制大为复杂化了。本节准备就中正品与官品的对应与不对应的问题，透视这一等级格局。

中正品和官品的对应关系这一课题，开拓之功应归于日人宫

①金裕哲：《梁武帝天监年间官职改革思想及官僚体制上之新趋向》。

崎市定。50 年代他在《九品官人法の研究》中提出了一个著名观点,即中正品和起家官品相差四品,即如中正品为二品则起家为六品官,中正品为三品则起家为七品官之类。不过,此后与宫崎氏论点不尽相符的情况不断被发现,学者开始更深入地辨析这个问题。例如 60 年代,矢野主税氏就提供了另一种宽泛得多的对应关系①。所谓“弹性对应说”开始抬头。

近年来一些中国学者也对这种对应发生了兴趣。陈长琦先生持“资品和官品的统一性”之说,已如前述;同时他相信中正品和起家官品间确实存在着“对应规则”,在魏为相差三品,在晋为相差四品②。张旭华先生则提出了另一种对应规则,他认为上品和下品有本质区别,并在中正品、官品和门第间建立一种多层次的对应关系③。汪征鲁先生提出,所有国家正式官员的品级“都与乡品有一种在某些范围上、在大致趋势上的对应”④。不过另一方面,周一良先生认为宫崎之说“未见确据”⑤。胡宝国先生也对这种对应关系持否定态度,指出二者相差四品的情况并非定制,并进而申言:“乡品仅仅是与具体官职联系在一起的,而且也不只限于起家官职”,“就个人的乡品与任官而言,乡品决定的只是他可以担任的具体官职。当时人从不提乡品与官品的等次有何联系。”⑥

一方面,中正品与官品的对应被视作理所当然的前提;另一

---

①矢野主税:《魏晋中正制の性格についての一考察——鄉品と起家官品の對應を手掛りとして》,《史学杂志》第 72 编第 2 号,1963 年。

②陈长琦:《魏晋南朝的资品与官品》,《两晋南朝政治史稿》,第 4 章第 3 节。

③张旭华:《魏晋时期的上品与起家官品》,《历史研究》1994 年第 3 期。

④汪征鲁:《魏晋南北朝选官体制研究》,第 357 页。

⑤周一良:《魏晋南北朝史札记》,“七第与六品”条。

⑥胡宝国:《九品中正制杂考》,《文史》第 36 辑,中华书局 1992 年版,第 290—291 页。

方面,胡宝国先生却指出二者间的对应并无定制,中正品是与具体官职直接联系的。就管见所及,我以为胡先生的意见最为中肯,应予支持。下文的讨论就将由此开始。

一般说来,中正品较高者其起家官的品级也必然相对较高,这一点倒没多少疑问。中正品以二品为等差之始,那么二者间必然会相差若干等级,考求其间级差当然不是无用之功。宫崎市定首开论题,并推求出这差距大致是相差四品,应该承认这是一个重要贡献。不过这"差四品说"本身存在着众多反证。正如胡宝国所指出的那样,就连宫崎市定自己举出的例子,实际也以相差五品者居多;同时另一些例子又说明,存在着中正品与官品相差三品的情况。张旭华也以实例说明,曹魏时中正品二品者起家官品有五、六、七品之别,两晋时则有五、六、七、八品之别,因而他也不能不声明,其在官品和中正品间建立的对应"不能成为固定的模式"。

中正品与官品并不级级对应的证据,因学者已多所举证,我们不再一一复述。下面仅将矢野主税研究所得的"对应"关系列示参考,而附以宫崎市定的"对应"模式:

<table>
<tr><th>中正品</th><th>起家官品</th></tr>
<tr><td>一</td><td>五</td></tr>
<tr><td>二</td><td>六</td></tr>
<tr><td>三</td><td>七</td></tr>
<tr><td>四</td><td>八</td></tr>
<tr><td>五</td><td>九</td></tr>
<tr><td>六</td><td rowspan="4">流外</td></tr>
<tr><td>七</td></tr>
<tr><td>八</td></tr>
<tr><td>九</td></tr>
</table>

宫崎市定的对应

中正品	起家官品
一	三、四、五
二	五、六、七
三	六、七、八
四	七、八、九
五	七、八、九
六	八、九
七	八、九
八	九
九	九

矢野主税的对应

以上二表,在引证时为便于观览而较作者原样有所变形。

矢野以中正六品以下对应官品八、九品,是合理一些了。然如前述,中正品的一品及七、八、九三品实际是虚悬不用的。八品令史中正品第四,九品令史中正品第五、第六,九品是官品之最低者,六品是中正品之最低者。因此中正一品及七至九品这四个等级应予删去。由矢野列表可知,所谓中正品与起家官品的"对应",其实是相当散漫的。

至于宫崎氏提供的对应关系,不仅在"相差四品"一点上与史料抵牾,而且他用中正品的六至九品对应"流外",也有点儿画地为牢。据《三国志》卷二三《常林传》注引《魏略》:中正负责"差叙自公卿以下至于郎吏"。"郎"指郎官,官品第八;吏指令史之类,官品第八、第九,中正品约第三至第六。九品之外的微末吏胥,并不在中正品评范围之内。《晋书》卷六四《司马道子传》提到过"今台府局吏、直卫武官及仆隶婢儿取母之姓者,本臧获之徒,无乡邑品第"者。也就是说,有一些"台府局吏、直卫武官",因其卑微而轮不到"乡邑品第"。又《晋书》卷四三《王戎传》:"初,孙秀为琅邪郡吏,求品于乡议。戎从弟衍将不许,戎劝品之。"孙秀当时所担任的,大概是琅邪国的书佐①。要是按王衍初意而拒绝了孙秀的品第,孙秀就只好照旧龟缩在"无乡邑品第"者的行列里了。郡吏中能获得中正品第的,看来也只是少数人吧。总之,当时有些微末之职不须品第,中正对他们是不闻不问的。魏晋时的一郡将吏有三百五十多人的②,人人皆品,中正忙得过来么。

①《太平御览》卷二四八引王隐《晋书》:"孙秀,琅邪国书佐。"

②参看严耕望:《魏晋南北朝地方行政制度》,《中央研究院历史语言研究所专刊》之四十五B,1990年版,上册第266页。

顺便指出，魏晋时代能够得到中正品第的人，大约两万人。史料显示，这时有一种人被称为“王官司徒吏”。《通典》卷一〇一《礼六一·周丧察举议》：“今诸王官、司徒吏未尝在职者，其高品者有一举便登黄散，其次中书、尚书郎。”[①]这里的所谓“司徒吏”，我以为就是获得了中正品第、有资格任官补吏，因而隶名于司徒府的人，司徒府左长史主持中正品第。《三国志》卷一三《王肃传》注引《魏略》：“是时郎官及司徒领吏二万余人，虽复分布，见在京师者尚且万人。”这“郎官及司徒领吏”就属“王官司徒吏”。《晋书》卷四五《刘毅传》：“今一国之士，多者千数，……而中正知与不知，其当品状。”虽然时人以“郡国”并称，但刘毅所谓“一国之士”的“国”，不应指郡而是指州[②]。一州之内能得到中正品第者，多者约有千人，少者则为数百。曹魏有州十三，郎官及司徒领吏二万余人，其中京师约有万人，其散在诸州者也在万人上下，这与“一国之士，多者千数”的说法，正可沟通[③]。

---

①“其高品者”原作“其高足成”，“其次中书、尚书郎”原作“其次中尚书郎”，以意径改。

②按，据《晋书》记载，华谭曾为“本国中正”，丁谭曾为“本国大中正”，刘沈为“国中正”；又《魏书》记载，张伟曾为“本国大中正”。罗新本先生把它们都解释为郡中正或郡国大中正。见其《郡国大中正考》，《历史研究》1994年第5期。不过，《晋书·刘毅传》所载刘毅《请废九品疏》中的“国”，恐怕就不是指郡国了。刘毅既谓“今之中正，务自远者，则抑割一国”、“置中正，委以一国之重”，又言“置州都者，取州里清议咸所归服，将以镇异同，一言议，不谓一人之身，了一州之才”、“非州里之所归”、“驳违之论横于州里”。则刘毅所说的“国”是就“州”而言的，并不是“郡”。冈崎文夫已有类似看法，参看其《九品中正考》，《支那学》第3卷第3号，1925年，第49页。

③以上参看拙作《北魏北齐“职人”初探——附论魏晋的“王官司徒吏”》，《文史》第48辑，中华书局1999年版。

不管把官品和中正品的对应弄得如何细致入微，它也只是一种大致趋势而已，而不是法制规定。当时王朝从没在制度上把二者一一对应起来，如果墨守“差若干品”则无异于胶柱鼓瑟；另一方面却有充分证据显示，中正品是针对具体官职而具体规定的，从而证实了胡宝国先生的论断。

《北堂书钞》卷六八《从事中郎》“山简不拘品位”条引《镇东大将军司马伷表》：

> 从事中郎缺，用第二品。中散大夫河南山简，清粹履正，才职通济，品仪第三。

玩“从事中郎缺，用第二品”语气，这句话显然是在转述法规条文。这种条文显示，中正品是就具体官职而具体规定的。因为从事中郎须用中正二品之人，而中散大夫山简“品仪第三”，低下一等，所以司马伷在打算辟他作从事中郎时，就必须上表特请开恩了。中散大夫官品第七；同在七品之官有太子洗马，号称“清选”，其中正品应为二品，这与其官品相差五品。究其原因，就在于中正品并不与官品的各等级相对应，而是与各官职相对应的。

《宋书·范泰传》曾提到“昔中朝助教，亦用二品”，可知西晋朝廷为国子助教一官具体规定了中正二品的资格。范泰建议“门第二品，宜以朝请领助教”、“其二品才堪，自依旧从事”，这如果得到诏准，那么也将成为经制，而这也是就具体官职来作具体规定的，并没有涉及官品高下。

《南齐书·百官志》记述南齐国学设置：“典学二人，三品，准太常主簿；户曹、仪曹各二人，五品；白簿治礼吏八人，六品。”记述陵令时又云："诸陵令，永明末置，用二品、三品勋；置主簿、户曹各一人，六品保举。"对国学中的典学、户曹、仪曹、白簿治礼吏，对诸陵令及其下属主簿、户曹，王朝一一为之规定中正品。

《齐职仪》中有三条材料尤有必要复述于下：

> 《齐职仪》：每陵令一人，品第七，秩四百石，铜印墨绶，进贤一梁冠，绛朝服。旧用三品勋位，孝建三年改为二品。
>
> 《齐职仪》：太祝令，品第七，四百石，铜印墨绶，进贤一梁冠，绛朝服，用三品勋位。
>
> 《齐职仪》：（廪牺）令品第七，秩四百石，铜印墨绶，进贤一梁冠，绛朝服，今用三品勋位。

这三条材料以相当典型的格式，显示了官职、官品、禄秩、印绶、冠服以及中正品资格的完整规定，可以相信这就是王朝选簿之原貌。假如朝廷曾把中正品与官品一级一级地对应起来，那么知道了官品也就知道了中正品，那还用得着在具体官职之后，再一一说明这官的中正品么？

《通典》和《隋志》所载梁官品，其中的三品蕴位和三品勋位把同品官职总汇一处，这是由列表形式决定的。但若来看《梁选簿》，其中对各官勋位仍是分别规定的：

> 《梁选簿》：太市令，属四品。市职之任，不容过卑，天监三年革其选。（《唐六典》卷二〇《两京诸市署令》。"簿"原误作"部"，下同。"三年"，《职官分纪》作"七年"）
>
> 《梁选簿》：左尚方丞，为三品勋位。（《唐六典》卷二二《左尚署令》）

《梁选簿》有东宫食官丞,为三品勋位。(《唐六典》卷二七《食官署令》。《通典》、《隋志》在蕴位)

太市令不当为官品四品之官,这"四品"亦应该是勋位或中正品;天监中"革其选"提升了其资品,梁十八班中太市令在一班,已为二品士流之职了。《唐六典》所记梁代"三品勋位"之官还有太史丞、殿中外监、太乐库丞、清商丞、太医丞、廪牺令丞、乘黄丞、导官令丞、中尚署丞、锡库局丞、东宫卫库丞等,大约都出于《梁选簿》,这是与《齐职仪》相类的原始选官文件①。

还有另一种情况:某种官职数量较多且等级有差,例如令史就是如此。依前所述,可以知道存在着三品令史、四品令史、五品令史和六品令史。又据《隋书》卷二六《百官志上》,尚书五都令史"旧用人常轻",梁武帝天监九年(510年)诏"尚书五都……可革用士流",于是太学博士刘纳等"五人并以才地兼美,首膺兹选矣"。在这以后,尚书五都令史的中正品就应该是二品了。那么各种令史的中正品,便有二、三、四、五、六品之异。

又如各县令长的中正品,也有等级之差。《太平御览》卷二六九所引《宋武帝诏》中有"二品县";卷四一四引《广记》记,秀才吴甫自请降中正品为四品,随后被任命为南阳、新蔡长,那么南阳(按即宛县)、新蔡长应该就是四品县了。《晋书》卷七六《王彪之

①《隋书》卷三三《经籍志二》:"《梁选簿》三卷,徐勉撰。"查《梁书》卷二五《徐勉传》,徐勉于天监二年为尚书吏部郎中,后至尚书仆射,"朝仪国典,婚冠吉凶,勉皆预图议","在选曹,撰《选品》五卷。"这《选品》五卷与《梁选簿》三卷应即一事。

传》又有“秣陵令三品县耳”、“句容近畿二品佳邑”[①]之语。可见从中正品而言,其时令长有二品县令、三品县令,也有四品县长。以前我曾推测秣陵令为六百石县,官品七品,并进而推测千石县令官品第六、中正品第二,六百石县令官品第七、中正品第三,四百石县长官品第八、中正品第四[②]。这就可能给人一种感觉,似乎中正品与官品级级相应,并且恰好如宫崎市定所言相差四品。不过据祝总斌先生意见:“秣陵、句容属丹阳郡,东晋以后,人口仅次于吴、会稽、吴兴诸郡各县,远居全国其他县之上,县令自当为官品六品。”[③]其说甚是,我早先推测秣陵令官品第七的看法,应加订正。那么秣陵令与句容令同居官品第六,中正品却一为三品、一为二品,这再度显示了中正品与官品不相对应,而是因具体官职而异的。

不过对上述观点,汪征鲁先生揭著异议:“此说有一定道理。但也有些问题,即乡品是与所有的具体官职对应,还是仅仅与某些具体官职对应?某些具体的官职所对应的是一个特定的乡品品级,还是可能有二个、三个特定的乡品品级?官品的品级与乡品品级完全没有关系吗?”他依然认为:“魏晋南朝所有国家的正式官员及属吏、尤其是中央政府任命的国家正式官员及属吏之官品品级都与乡品品级有一种在某些范围上、在大致趋势上的

①按此句《晋书·王彪之传》原作“句容近畿三品佳邑”,我曾推测此“三品”当作“二品”,方与语气事理相合。参看拙作《察举制度变迁史稿》,第170页。后来,祝总斌先生根据《元和郡县图志》卷二五“句容县”条“晋元帝兴于江左,为畿内第二品县”的记载,予以证实。参看祝总斌:《门阀制度》,《中国通史》,第7册第564页。

②拙作《察举制度变迁史稿》,第170页。

③祝总斌:《门阀制度》,《中国通史》,第7册第564页。

对应。”①

汪先生为求表述精确，在“对应”二字之前加上了“在某些范围上”、“在大致趋势上”等修饰语，不过这反使宗旨变得暧昧犹疑了。这样的“大致趋势”太过宽泛，似以不称“对应”为好。我们的回答则具有确定性：一个官职只对应着一个特定中正品，这是见于帝国《选簿》的正式规定；至如二品令史、三品令史、四品令史、五品令史、六品令史以及二品县、三品县、四品县这类现象，与这个论断并不抵牾，并不能解作“一个官职对应两、三个中正品”。中正品较高则起家官品也较高一些，对此“趋势”我们并无异辞；但至今没人能够确凿举证，王朝明文规定了任何直接对应。

至如说所有国家或中央官吏的官品都与中正品对应，这里随手就能举出反证。如前所述，中央的“台府局吏、直卫武官”中就有不少“无乡邑品第”者。又，从魏晋开始宦官就被列入官品，《魏官品》的第三品有中常侍，第六品有黄门冗从仆射，第七品有小黄门、诸署长、仆、谒者、药长、寺人监、黄门署令、中黄门，第八品有黄门从官、寺人。我想这些宦官都没有中正品，可他们也都是有职有责有员有品的“国家正式官员”啊，那怎么能说，所有官员的品级都与中正品存在对应呢？

此外，某些散官的官品不但未必与中正品对应，甚至可能根本就没有中正品。例如议郎、中郎、郎中等“散郎”，其来源或者是察举，或者是赐官。西晋张轨受叔父赐官、五品，邓攸也接受了其祖父邓殷的赐官，后被举为“灼然二品”。这两个人的赐官都应是八品“散郎”，但中正品却一为五品、一为二品。又曹魏时贵公子钟会、荀顗都以父勋赐官郎中，前者后转秘书郎、尚书郎、中书郎，后者后转

①汪征鲁：《魏晋南北朝选官体制研究》，第357页。

散骑侍郎、累迁侍中,他们二人的中正品肯定都是二品,然而都以八品郎中起家。又《荀岳墓志》记,荀岳在太康元年(280 年)举秀才除中郎,太康三年除太子舍人,六年除尚书郎,七年以疾去职,诏除中郎。由荀岳仕历,知其中正品必为二品,然而他的始除与终除之官却都是中郎,这明明显示中郎的官资与中正品的高下无干。对于由父祖勋位或老迈废疾而赐拜为"散郎"者,目的是让他们居散官而享俸禄、免征役,以为优恤褒奖,这时所考虑的并不是才德,所以不计中正品第;对于由察举而拜授"散郎"者,是让他们先居散官以享俸禄、待迁调,在这时散官之授也与中正品无关。此外用以优老的光禄、中散、太中大夫等散官,我想也有类似情况(前述中散大夫山简"品仪第三",这中正三品是他个人所得之品,而非王朝为中散大夫规定之品)。因此,对汪先生的中正品"是与所有的具体官职对应,还是仅仅与某些具体官职对应"的质疑,我们明确回答以后者为是。

进一步说,九品官人法创自汉季,而官品则成于魏末。二者的这个时间差,会给在其间寻求刚性对应关系的人,增添很大麻烦。中正制创立后长达四十多年中官品阙如,这段期间中正品总不能和子虚乌有去对应吧。又,官品创制后禄秩不废,所以官僚的实际等级既决于官品、也决于禄秩,而禄秩与官品并不一致。《晋书》卷六七《温峤传》记东晋初年温峤上疏,以为使臣不宜"取卑品之人",建议"宜重其选,不可减二千石见居二品者"。这"二千石"和中正"二品"同被温峤视为使臣资格,可见禄秩仍然是尊卑的要件。那么问题就更复杂了。汲汲于中正品与官品之对应,偏偏对禄秩就视而不见,然而中正品难道就不能与禄秩对应吗?不过要这么尝试的话,可想而知是治丝而棼。

中正品与官品相差约三品到六品,那么"大致趋势上的对应"之说未免太过汗漫。探讨这"大致对应"虽有意义,但探讨二者的不对应,同样富有意义。

王朝正式规定了某官的任用资格为中正某品,那么在此官未授之时,这个中正品事实上就已发挥着确认此官资望的功能了。这就是说,在官品、禄秩之外,中正品构成了确定官资高下的又一因素。中正品不仅仅确认士人德才之高下,也确认官位资望之高下,正如"典学二人,三品"、"户曹、仪曹各二人,五品"、"白簿治礼吏八人,六品"、"诸陵令,永明末置,用二品、三品勋"、"置主簿、户曹各一人,六品保举"等所反映的那样。而陵令"旧用三品勋位,孝建二年改为二品"、尚衣局奉御"宋氏用三品勋位,明帝改用二品"、"太市令,属四品。市职之任,不容过卑,天监三年革其选"之类措施,则是通过调整中正品来调整资望的例子。秣陵令与句容令同居官品第六,甚至同为千石县令,仅由官品与禄秩看二者是平起平坐的;但从中正品看就不同了,它们一为三品县、一为二品县,由中正品之异,二职高下遂判。在这一视角中,中正品不仅是系之于"人"的,也是系之于"官"的,已经有了"士人之品"和"官职之品"的双重意义。对中正提供的品第,学界曾有"乡品"、"资品"等不同称谓[1];又岳

---

①"乡品"是日本学者的习惯用语,取义于史料中"乡邑品第"及"乡品犹不过也"等语,有浓厚的"乡论主义"色彩。陈长崎先生称为"资品",并不妥当。按"资"通指资历、资格。《晋书》卷六八《贺循传》:"至于才望资品,(贺)循可尚书郎,(郭)纳可太子洗马、舍人。此乃众望所积,非但企及清途,苟充方选也。谨条资品,乞蒙简察。"固然中正品也在"资"之内,但却不是"资"的全部。比如说,官僚因秩满所获"阶级"也属于"资",构成了升迁的"资次"。《文选》卷四九干宝《晋纪·总论》:"而世族贵戚之子弟,陵迈超越,不拘资次"(《六臣注文选》,第932页);《晋书》卷四一《刘寔传》:"官职有缺,主选之吏不知所用,但案官次而举之。……非能独贤,因其先用之资,而复迁之无已。……观在官之人,政绩无闻,率多因资次而进也。""资次"义同"官次"。

珂称之“人品”,或以为这个叫法比“乡品”更好。至如本书为什么称“中正品”而不取“人品”呢?其重要理由,就在于它不仅被授之于“人”,也是系之于“官”的。

进而,我们还可把“清浊”与官品的不对应问题纳入考虑。魏晋以降官分“清浊”,其所对应的政治变迁,则是士族高门自命“清流”、“清门”、“清华”,这已是学者熟知的事实了。中正九品的评定名义上以德才为准,事实上却往往“上品无寒门,下品无势族”;而士族习居之职,便是中正九品所确任的上品清官。一言以蔽之,官职的中正品高下,大抵也就是“清浊”之区分。《北堂书钞》卷五六《童子郎》:“《晋要事》云:咸康七年,尚书仆射诸葛恢奏,恭皇后今当山陵,依旧公卿六品清官子弟为挽郎,非古也。”在从公卿子弟中选拔挽郎的时候,除“六品”条件外还有“清官”条件,这“清官”就是中正二品;中正品的三、四、五、六品的等而下之,还意味着“清”之程度的递减和“浊”之色彩的变浓。

世入南朝,各色官职的清华区分更趋细密了。由于“凡厥衣冠,莫非二品”,中正制已有例行公事味道①,中正二品以内的各种官职,只好更多依赖“清浊”来标示位望,而且这与官品同样并不一一对应。《隋书》卷二六《百官志上》记梁陈起家之制:“皇太子家嫡者,起家封王,依诸王起家。余子并封公,起家中书郎。诸王子并诸侯世子,起家给事。三公子起家员外散骑侍郎,令仆子起家秘书郎。若员满,亦为板法曹,虽高半阶,望终秘书郎下。次令

①例如唐长孺:《九品中正制度试释》,《魏晋南北朝史论丛》,第116—123页。近年有学者反对这一看法,参看张旭华:《南朝九品中正制的发展演变及其作用》,《中国史研究》1998年第2期。但在我看来,这种分歧来自观察角度的不同。

仆子起家著作佐郎,亦为板行参军。此外有扬州主簿、太学博士、王国侍郎、奉朝请、嗣王行参军,并起家官,未合发诏。诸王公参佐等官,仍为清浊。”“仍为清浊”的“仍”字表明,这“清浊”不仅是就“王公参佐”而言的,也包括上述“并起家官”的一系列官职。板法曹在官品上“高半阶”,在清望上却排在秘书郎之下,官品与清望二者仍不对应。梁陈官品,给事中、员外散骑侍郎、秘书、著作佐郎并在第七,然而它们分别是诸王子并诸侯世子、三公子、令仆子的起家之选,由此看它们的清贵程度并不相同。《隋志》云:“陈依梁制,……凡选官无定期,随阙即补。多更互迁官,未必即进班秩。其官唯论清浊,从浊官得微清,则胜于转。”这句话《通典》卷一四《选举二》作:“官有清浊以为升降,从浊得清则胜于迁。”也是说“清浊”与官品不尽一致,有时候由浊官而荣获清官,从官品看可能倒是由高迁低了。

就是在北朝也有类似情况。北魏流外的小人之官另有七等,而流内百官除了以九品为差之外,又在官职后系以“三清”来进一步区分清浊。如刘琳先生所谓:“由此可见《职令》原文中每一种官都注明属于第几清。”他所依据的是《太平御览》卷二二九至二三二所引北魏四条《职令》:“光禄少卿第四品上,第二清”,“宗正[少]卿第四品上,第二清”,“廷尉少卿,第四品上,第二清”,“鸿胪少卿,第四品上,第二清”。这与魏晋南朝将中正品直接系于官职之后的做法,如出一辙而异曲同工。而且如刘先生所言:“‘三清’等第似乎不全由官品高低而定。”《魏书》卷七七《辛雄传》:“请上等郡县为第一清,中等为第二清,下等为第三清。”刘琳因云:“按《职令》,上、中、下郡守依次为四、五、六品,上、中、下县令依次为六、七、八品。如‘三清’等第严格以品位而定,辛雄不会提出将四品、六品之中级官职列为第一清。”[①]确实，要是按照辛雄的建议去办，那么四品上之郡守将与六品上之县令同在第一清，五品中之郡守将与七品中之县令同在第二清，而六品下之郡守将与八品下之县令同在第三清。

此外《太平御览》中还引有两条《职令》，一见卷二二〇：“太常少卿第四品上，第一清”，一见卷二三二：“司农少卿，第三清”，查《魏书》卷一一三《官氏志》所载《后职令》，司农少卿亦在第四品上。孙逢吉《职官分纪》卷一九又记卫尉少卿为正四品上，在第二清；太仆少卿为正四品上，在第三清。黄惠贤、聂早英先生据此而言：“同是九少卿之一，官品也都是第四品上阶，但是，门第品却相差甚大。太常少卿最高，为‘第一清’；光禄、卫尉、宗正、大理、鸿胪五少卿次之，为‘第二清’；司农、太仆二少卿又次之，为‘第三清’。”[②]官品相同而“清”有三等，是二者并不一一对应。又《魏书》卷八八《明亮传》，明亮不乐由“第三清”之常侍迁勇武将军，说是“其号至浊，且文武又殊”。张旭华先生论曰：“据《后职令》载，员外散骑常侍第五品上，勇武将军第四品下，若论品级高低，显属迁授。但其时士族鄙薄武事，视武职为‘至浊’，故武职官品虽高，亦终逊文职。加之员外散骑常侍‘从容献纳，出入王命’，且明叙为第三清，可谓地位显赫，位望清要，是以明亮不愿以五品文官而改授四品将军。”[③]

---

①刘琳：《北朝士族的兴衰》，《魏晋南北朝研究》，四川省社会科学院出版社1986年版，第311页以下。

②黄惠贤、聂早英：《〈魏书·官氏志〉载太和三令初探》，《魏晋南北朝隋唐史资料》第11期，武汉大学历史系魏晋南北朝隋唐史研究室编。

③张旭华：《从孝文帝清定流品看北魏官职之清浊》，《北朝研究》1992年第1期。此外，前注所揭黄惠贤、聂早英之文还据明亮之例推测说，北魏从三品之散骑常侍、正四品下之通直散骑常侍、正五品上之员外散骑常侍，有可能“职官品阶虽相差甚大，门第品却是同一的”，即同在“第三清”。

北朝之“第几清”，是为各个具体官职一一规定的；魏晋之时虽然尚无其事，但中正品高下已是为各个具体官职一一规定的了。显而易见，北魏的官品高下与“清浊”也并不重合。南北朝在二品清官内进一步区分清浊，同品之官“清”的程度有异，甚至时有高下反转，这与官品相同而中正品不同的现象，形式略异而实质略同。在某些等级上，官品并不对应清浊，中正品也并不对应官品。

五、“门品秩序”

综合对九品中正制的以上讨论，并结合学者对魏晋南北朝行政制度研究的众多成果，一种大异于秦汉的官僚等级秩序发展起来，对此已不难体察出来。这个变迁的性质和意义，在本书视角之中，就是秦汉禄秩的“职位分等”，在魏晋南北朝时代向“品位分等”迅速转型，由此而形成了一种“门品秩序”。

始于东汉的士族崛起，在魏晋以降便造成了专制皇权的低落和官僚政治的萎靡。为在分裂动荡中维系政治集团的稳定，朝廷无法不给予官僚更多权益以为羁縻笼络，并尽量从看上去忠诚可靠的家族中录用官员，官僚队伍的封闭性与日俱增，门阀士族势力因而蒸蒸日上、欣欣向荣。与此相应，官僚等级制中潜藏着的品位萌芽如得东风送暖，开始抽条开花。九品中正制度应运而生，朝廷上各种散官名号不断委积繁衍，从中发展出了“清官起家迁转之途”，日益发达的“清浊”观念对应着士庶之别、文武之别和官吏之别。它们与士族门阀的传统门第构成的错综复杂局面，就是所谓“门品秩序”。

九品官人法的创设，照制度说应以“德才”为准；但一种制度的意义，总要在投注于实践、与现实结合后才能真正显现出来。曹魏、西晋时专制官僚政治仍有相当活力，“草泽高士，犹厕清途”①，官僚保持了较大的流动性，中正“三年一清定”时每有“或以五升四，以六升五”之事。“这一阶段德、才仍为评定人品的极重要标准”②。不过与此同时，中正的品状已逐渐向权贵倾斜，进而向士族门阀倾斜了③。除能力、功绩和资历等行政考虑之外，官僚开始依照新的范畴，也就是依门第范畴而被区别为不同层类：居上品者，居下品者，以及“无乡邑品第”者。

中正品首先是系之于“人”的，较高中正品对应着较高官职，那么它事实上便构成了从属于个人的一种“品位”。而且由于中正制度的特性，士人在入仕前就先已被确认为高门、次门、吏门、役门等等，中正品据门第而授予，这在事实上就构成了一种先赋性的居官资格。汉代官僚免官后一般说就同于白民了，然而自晋以来，免官、除名已有区分，免官不过禁锢三年，此后“左降本资”复叙④；经常使用的“白衣领职”方式，等于依然承认了免官者的

①《通典》卷一六《选举四》引裴子野：“有晋以来，其流稍改，草泽高士，犹厕清途；降及季年，专称阀阅。”是说西晋“草泽高士”犹有进身之阶。

②祝总斌：《门阀制度》，《中国通史》，第7册第567—569页。

③《晋书》卷四五《刘毅传》载刘毅《请废九品疏》，指出当时“高下逐强弱，是非由爱憎。随世兴衰，不顾才实，衰则削下，兴则扶上，一人之身，旬日异状”。西晋的中正品评依然受制于官场权势之争，还没有凝化于经久不衰的士族门第；东晋以下，就“专称阀阅”了。换句话说，九品官人法创立后，曾经历了曹魏的犹重德才、西晋的“高下逐强弱”和东晋以下的“专称阀阅”三个阶段。

④《太平御览》卷六五一《刑法部·禁锢》：“《晋令》曰，犯免官，禁锢三年”；《陈书》卷二九《宗元饶传》：“其应禁锢，及后选，左降本资，悉依免官之法。”

官人身份；就是从“除名”为民之后很容易复官的情况看，也正如越智重明所论，官人之途仍未向其关闭；由于固化的门品依旧足资维持身份，他们依然有异于“三五门”中的庶民。可见汉代的免官、削爵措施对士人层的存在仍较漠视；但六朝在免官、削爵、除名时，就不能漠视拥有世袭门第的士人层的存在了①。官品、官职之外，士人的门品构成了官人的“本资”之一，门第事实上是官僚身份的潜在保障。所以更让南朝士人着急上火的倒不是除名、免官，而是“付之清议”、“付之乡论”，亦即褫夺其门品②；或者是降为次门、役门③。士族不但在居官之时，而且在居官之先，就已拥有着一种与官职分离的“品位”了，这便是“门品”的本质所在。

进而中正品又是系之于“官”的。在官品之外，中正品及“清浊”形成了区分位望的又一级差。晋成帝诏“依旧公卿六品清官子弟为挽郎”④，“清官”子弟被特别赋予了选举特权。“于是青州自二品以上光禄勋石鉴等奏曰……”⑤，是奏事资格之决于中正品

---

①越智重明：《六朝の免官、削爵、除名》，《东洋学报》第74卷第1、2号，1993年。

②“付之清议”、“付之乡论”指的是中正降品或夺品。《隋书》卷二五《刑法志》：梁制“犯清议则终身不齿”，陈制“唯重清议禁锢之科。若搢绅之族犯亏名教、不孝及内乱者，发诏弃之，终身不齿；先与士人为婚者，许妻家夺之”。《全梁文》卷六七庾元威《论书》：“梁制……私吊答中，彼此言感恩乖错者，州望须刺大中正，入清议，终身不得仕。”参看周一良：《两晋南朝的清议》，《魏晋南北朝史论集》，北京大学出版社1997年版。

③《宋书》卷八三《宗越传》：“宗越，南阳叶人也。本河南人，晋乱，徙南阳宛县，又土断属叶。本为南阳次门，安北将军赵伦之镇襄阳，襄阳多杂姓，伦之使长史范觊之条次氏族，辨其高卑，觊之点越为役门。”这就是门品变动之一例。

④《北堂书钞》卷五六《设官部·童子郎》引《晋要事》。

⑤《晋书》卷四五《刘毅传》。

者。“殷祠，皇帝散斋七日，致斋三日，百官清者亦如之”[①]，“其日内外二品清官以上，诣止车集贺”[②]，“三台五省二品文官，皆簪白笔”[③]，则反映了礼遇与中正品及清浊相涉。“（永明）六年，敕位未登黄门郎，不得畜女妓。（王）诩与射声校尉阴玄智坐畜妓免官，禁锢十年。”[④]黄门郎官在五品，位在其上的三品少府、四品射声校尉反倒没有“畜女妓”之优遇，这因为前者才是清华之职。“置学官，教授二品子弟数百人”[⑤]，“诏立国学。……取王公以下至三将、著作郎、廷尉正、太子舍人、领护诸府司马咨议经除敕者、诸州别驾治中等见居官及罢散者子孙”[⑥]，那么受学资格也以中正品来画线，选拔国学生时还要特别标出他爹的清官之名，目的是不许同品浊官的孩子们跟着沾光。北魏“将立国学，诏以三品已上及五品清官之子以充生选”[⑦]，用意略同。是教育特权决于中正品及清浊。又“诏二品清资官以上应食禄者，有二亲或祖父母年登七十，并给见钱”[⑧]，“旧制，军人、士人二品清官，并无关市之税”[⑨]，是又经济特权之决于中正品及清浊者。大明五年制“二品清官行僮干杖，不得出十”[⑩]，这虽不能直指为清官特权，但也显示

①《宋书》卷一四《礼志一》。
②《南齐书》卷九《礼志上》。
③《南齐书》卷一七《舆服志》。
④《南齐书》卷四二《王晏传》。
⑤《晋书》卷九九《桓玄传》。
⑥《南齐书》卷九《礼志上》。
⑦《魏书》卷八四《儒林传序》。
⑧《南齐书》卷七《东昏侯纪》。“二品”原作“三品”，应系“二品”之讹。参看胡宝国：《东晋南朝的九品中正制》，《中国史研究》1987年第4期。
⑨《南史》卷七七《恩幸沈客卿传》。
⑩《南齐书》卷四一《张融传》。

中正品及清浊不同，则法律权利有异。这样，由于中正品作为“人之品”和“官之品”的双重性，士人的门品与官僚等级权益之间，就建立了丝丝入扣的密切关联。

进而中正品、“清浊”与官品的不相对应，中正品、清浊对官资认定不尽同于官品和禄秩的高下尊卑，这更显出了此期官僚等级制的突出特点。官品制的诞生，使魏晋王朝得以对百官权责位望给予合理化的调整和配置。尽管官品也在颇大程度上反映着士族偏好，例如把士族起家官散骑侍郎、黄门侍郎、东宫官属等放在较高品级；但相对于中正品与“清浊”，官品多少仍要迁就官僚行政的内在需求。出自权限职能的行政考虑，某些外官或武职虽属“清流不为者”，但在规划品级时却不能将之压得太低；某些官职虽要求中正二品之人，但在官品上也没法拔得太高。南朝经常任以寒人、寒士的中书通事舍人，因其职责之重，在梁陈它们官品第八，十八班中在第四班；而士族起家官秘书郎、著作佐郎等，只是第二班而已：从官品看前者高于后者，而从“清华”说前者则无法与后者相提并论。又如治书侍御史、尚书郎的官品与班位均为第六，然而高门以居文法之职为耻，于是就出现了“旧郎官转为此职者（侍御史），世谓之南奔”①的情况。不难看到，中正品和“清浊”更便于向士族大开绿灯，更适应其维系高贵身份的需要，而官品等级则不能不给行政权责以较多一些的反映。这就造成了二者的不尽一致，以致同一官品中有中正二品，又有中正三品、四品之官，或同为中正二品之位，而对应官职有五、六、七品以至八品的情况。

官品与禄秩的不相一致，本来就已使此期的等级制复杂了不

①《南史》卷一九《谢几卿传》。

少。汪征鲁先生论官品与禄秩不相对应:“其原因在于,在同一品级官职中,存在着清官与浊官、京官与地方官、实际执掌官与闲散官、王官与属吏、王官与私属吏、属吏与私属吏、军府属吏与州郡属吏等等区别,故其所享有的国家禄秩也有不同。”[①]循此思路,进而把中正品、清官、浊官、职事官、散官及各种名号考虑在内,则其时等级秩序的繁复交织图画,连最前卫的现代派画家都要错愕不已吧。

魏晋以来,君主面对危机四伏的政局,不得不通过广授名位来把更多士人纳入彀中,多了一名拥有王朝名位的官儿,风雨飘摇的帝国大厦也许就多了一根支柱。与此同时,大量消耗行政资源而很少业绩的高门贵游,他们的尸位素餐令许多职事官都闲散化了[②],同时又期望着更多散位以供尸位素餐。于是,各种散位、加官、名号之类便迅速增殖。

这些散官名位,包括上承于汉代的郎官、诸大夫之类。郎官在汉有宫廷宿卫之责,魏晋时则已成“散郎”;诸大夫在汉代最初只是没有固定职事,却不是没有职事,魏晋以下则纯为优崇冗散之位。公府、军府、王府、州府的僚佐掾属,事实上也成了起家之选,“不拘年限,去留随意。在府之日,唯宾游宴赏,时复修参,更无余事”[③],并随府主高下而形成了清浊各异的繁密等级。散官中

---

①汪征鲁:《魏晋南朝官职中的“言秩”与“不言秩”》,《历史研究》1990年第6期。但汪先生说“这种官品与禄秩很不对应的情况在中国封建社会是仅见的”一点,容或可商。比如说,清代地方官吏的“养廉银”,就与官品并不对应。

②例如尚书郎在魏晋“选极清美,号为大臣之副”,是士族瞩目的清美之官。于是随后就出现了尚书郎的闲散化现象。《晋书》卷三九《荀勖传》:“尚书郎、太令史不亲文书,乃委付书令史及干,诚吏多则相倚也。”《梁书》卷三七《论》:“魏正始及晋之中朝,时俗尚于玄虚,贵为放诞,尚书丞郎以上,簿领文案,不复经怀,皆成于令史。逮乎江左,此道弥扇。”

③《隋书》卷二六《百官志上》。

的所谓“清官”,尤因位望清华、“职闲廪重”,而为“贵势多争”。“清官”以魏晋时“黄散”——黄门侍郎、散骑侍郎、散骑常侍——为始,后来散骑常侍、侍郎二职在正员之外又增设了员外、通直之位,结果达到了“六散骑”之多,其原因则是“于时公族务在闲任,故置外位”①。南朝士族以秘书郎、著作佐郎起家最为优越,东宫官署也是“清选”,等而下之的还有冗从仆射、给事中、奉朝请等等。加官名号除了诸大夫之外,其较高级者还有特进、开府仪同三司、侍中、散骑常侍之类。南北朝时,“东省”和“西省”应运而生,分别容纳文职和武职散官,两省散官取代了汉代郎署的昔日功能。

西晋的傅玄曾经斥责说,当今文武之官既众,拜赐不在职者又多,南面食禄者参倍于前②。其时李重也曾为此疾首蹙额:“太始以前,多以散官补台郎,亦经(径)补黄门、中书郎,而今皆数等而后至”③,“百官等级遂多,迁补转徙如流,能否无以著,黜陟不得彰。此为理之大弊也!”④“论者皆云省官减事,而求益吏者相寻矣”⑤。直到南朝皇帝依然为“周官三百,汉位兼倍,历兹以降,游惰实繁”而大伤脑筋,不过“若闲冗毕弃,则横议无已;冕笏不澄,则坐谈弥积”⑥,照旧是束手无策而左右为难。

这些散官具有如下特点:由于它们不属于承担兵刑钱谷的职事官,因而其起家意义、名位意义大大超过了其职能意义,也就是说:被用作起家之选、候选之位、迁转之阶,被用来使领受者享有

①《北堂书钞》卷五八引《晋诸公赞》。
②《晋书》卷四七《傅玄传》。
③《太平御览》卷二〇三引《李重集·杂奏议》。
④《通典》卷一六《选举四》引李重奏议。
⑤《晋书》卷三九《荀勖传》。
⑥《文选》卷三六王融《永明十一年策秀才文》,《六臣注文选》,中册第678页。

一份俸禄及其他权益，被用来标示品位或增加资望，诸如此类。不难看出，这些官职是围绕官僚个人身份、品位而繁衍开来，并用以维系和调节其身份、品位的。汉代官僚尚很少叠床架屋的头衔名号，禄秩等级显示了附丽于职位的鲜明特征，无职则无禄；其时虽然也有散官存在，但也如大庭脩所言，"从整个制度来看，与后世相比，冗官不多，而且每个官吏都担负非常具体的任务"①。相形之下，魏晋以降官僚们的成堆成串头衔，散官、加号的畸形膨胀，则构成一幅炫目耀眼的官场大观。六朝的免官不过免所居职官而已，兼领之官不在免例②；而且职事官被罢免之后，文武加官照旧保留："有罪应免官，而有文武加官者，皆免所居职官。"③由此，"加官"具有从属个人的"品位"性质，就再明白不过了。后来正是从这些散官、加官之中，发展出了从属于官僚个人的散阶制度，从而反衬出这些散官、加官，就是"品位分等"性质的散阶制度得以滋生的沃土温床。

不过南北朝的散官、加官、清官等繁杂参互，并没有获得隋唐散阶那种严整有序的外在形式，它们的位望高下、清浊异同乃是逐渐形成的传习。大致说来，权贵士族最想当什么官，什么官就

①大庭脩：《秦汉法制史研究》，第42页。

②《南齐书》卷三六《谢超宗传》："请以见事免（谢）超宗所居官，解领记室，辄勒外收付廷尉法狱治罪"；"请以见事免（袁）彖所居官，解兼御史中丞，辄摄曹依旧下禁止视事如故。"由"解领记室"、"解兼御史中丞"之被特别说明，可知兼、领之官一般不在"免所居官"之例，除非诏书特别下令"解领"、"解兼"（至于袁彖的"辄摄曹"，不知是御史之曹抑或他曹）。

③《太平御览》卷六五一《刑法部·免官》引《晋律》。又《梁书》卷五三《良吏伏暅传》："臣等参议，请以见事免暅所居官，凡诸位任，一皆削除。"因"免所居官"仅是免除"所居职官"，不包括文武加官及兼领之官等，故"凡诸位任，一皆削除"须特别标出。

是"清官",应着了那句古语:"官以人而清。"至于士族想当什么官,也是大有讲究的。讲究什么呢?首先是讲"清要"。门下和东宫的近侍之位切近至尊,黄门郎、散骑郎等很早即成"清选",这足以显示与皇帝"共天下"的门阀之显赫高贵。其次是讲"清闲"。因为高门贵游"糠秕文案,贵尚虚闲",东宫的太子庶子、太子洗马、太子舍人等等,便曾以"职闲廪重"而让他们心仪神往①。第三是讲"文学",即偏爱文翰性的官职。由于五朝高门本质上是文化士族,雄厚的文化素养是其安身立命之本,所以文翰性的官职如秘书郎、著作郎等,大抵是"清官"首选。"清闲"一点适应了士族尸禄耽宠的生活方式;对"清要"的垄断,则把寒庶排斥在权力中心之外。中村圭爾也认为,"清浊"选官制度是"清浊"社会观念的反映,涉及了处事态度、伦理观、性格等等的评价,但与官职所需的专门知识和职务处理能力无关,它实际与社会上的士庶身份相对应②。

士族的偏好左右着"清官"的形成,相应的"清浊"还体现于文武之别和官吏之别上,这是由士庶之别衍生出来的,因而也是"门品秩序"的重要内容。文化士族重文轻武,结果就把正常的文武职类之分弄成了身份之别。周一良先生指出,南朝"武官虽高位,亦逊文职也",并举步兵校尉张欣泰为例,他"不乐为武职驱使",齐高帝便处以"清贯"正员散骑侍郎。然而步兵校尉在第四

①上田早苗说:"清官是随侍皇帝的官员,大致为闲职。"见其《貴族的官制の成立》,《中國中世史研究——六朝隋唐の社會と文化》,東海大學出版會1980年版,第127頁。他认为,"清"的观念显示士族的"官僚生活并非依附于皇帝权力或国家权力,从本质上仍保留着在野时'清'的生活方式"。这一点我们并不完全赞成。

②中村圭爾:《六朝貴族制と官僚制》第2章第2节"清濁と晝錦",《魏晋南北朝隋唐時代史の基本問題》,汲古书院1997年版,第217页。

品，正员郎在第五品，是张欣泰实为由高迁低，“而（齐）世祖以除欣泰正员郎为殊恩，此即所谓‘未必即进班秩’，‘从浊得清则胜于迁矣！’”不过士族权贵不肯撒手军权，高级禁卫军官及高级军号，倒是他们所不拒绝的。南朝士族虽已很少领兵，但在名号方面也形成了“带帖”制度，“武位虽非高门所乐，然以文职清望官帖领之，则互相配合，最为美授”①。

官、吏之分与相近。秦汉时代文法吏与儒生并立朝廷，低级吏员可经“吏道”而迁至高官，其间没什么太大阻隔。不过东汉以来儒士地位扶摇直上，公府辟召、州郡察举以“经明行修”为准，单纯的文吏开始受阻于辟举环节，士人与文吏始有高下两分之势。魏晋以降士族名士占尽要津却不乐吏职，三省令史、中书舍人之类，大抵任以中正三品以下的寒流，到梁朝则取之于蕴位、勋位。这样，官僚和胥吏间的行政等级差别，就变成“士流”和“吏门”之间的身份鸿沟了。叶适曾说：“魏晋以来，以贵役贱，士庶之科，较然有辨。自刘毅、卫瓘、李重论中正，至（沈）约尽之矣。此魏晋江左大事也。不然，则戴法兴、徐爰、阮佃夫辈，皆士大夫之选，岂得尚为恩幸耶？”②王夫之亦云：“故晋宋以后，虽有英才勤劳于国，而非华族之有名誉者，谓之寒人，不得与于荐绅之选。其于公天爵于天下，而奖斯人以同善之道，殊相背戾，而帝王公天下之心泯矣！”③就连梁武帝居然也有如是痛感：“是则世禄之家，无意为善；布衣之士，肆心为恶。岂所以弘奖风流，希向后进？此实巨蠹，尤宜刊

①周一良：《〈南齐书·丘灵鞠传〉试释兼论南朝文武官位及清浊》，《魏晋南北朝史论集》，中华书局 1963 年版。

②叶适：《习学记言》卷三一，上海古籍出版社 1992 年版，第 285 页。

③王夫之：《读通鉴论》卷一〇，中华书局 1975 年版，上册第 262 页。

革！”[①]寒流即使得以进身也难免被视为“恩幸”，作为另类而屈居“勋位”，“选贤任能”的官僚政治发生变态，七扭八歪了。

还应指出，这种“品位化”的趋势甚至波及封爵。汉代的列侯、关内侯被用为酬功之法，但是封爵与官职已丧失了直接关联，并不构成选官的条件。但魏晋以降就不同了，封爵与选官再度建立了对应关系。《宋书》卷五八《谢弘微传》：“晋世名家身有国封者，起家多拜员外散骑侍郎，弘微亦拜员外散骑。”又《宋书》卷六七《谢灵运传》：“以国公例，除员外散骑侍郎。”谢弘微袭爵建昌县侯，谢灵运袭爵康乐公，他们都依例而拜员外散骑侍郎，这个制度是晋代已然的。西晋初年大封五等爵，是一次向势族权贵的权益大派送；而拥有封爵者的起家资格的赋予，又使爵位再度与官员等级制联系起来了。据杨光辉先生考证，父祖及本人拥有封爵者，其主要起家途径是吏部直接铨叙，其次为公府辟召；而父祖及本人无封爵的普通士人，则大抵要通过察举、辟召和出仕州郡入仕。二者的区分是很明显的[②]。再往后的北魏，好一段时间里实行着袭爵者兼袭军号的制度[③]。由于其时军号相当于位阶，则袭爵同时也就获得了起家官品。孝文帝虽然废除了这个制度[④]，但不过十七八年，宣武帝便又制定了《五等诸侯选式》，再度向爵位拥有者授

①《梁书》卷一《武帝纪上》。

②杨光辉：《汉唐封爵制度》，学苑出版社 1999 年版，第 164 页。

③《魏书》卷一一三《官氏志》：“旧制：诸以勋赐官爵者子孙世袭军号。”

④《魏书》卷一一三《官氏志》：太和十六年（492 年）“改降五等，始革之，止袭爵而已”。又同书卷七下《高祖孝文帝纪》：“（太和）十有六年春正月……乙丑，制诸远属非太祖子孙及异姓为王，皆降为公，公为侯，侯为伯，子男仍旧，皆除将军之号。”

予出身官阶[①]。这余波所及,还一直影响到了唐王朝的以封爵叙阶之制[②]。周代以爵位为官员的"品位",秦汉以来作为"吏禄"的禄秩等级,在不断扩张中排斥了爵级;然而由晋至唐以降,封爵再度与起家官阶建立了对应和联系,这也从一个侧面,显示了此期官僚等级秩序的宏观变迁。

由门第、中正品、形形色色的散官、清官,以及"清浊"之别、士庶之别、文武之别、官吏之别等等,凡此种种所构成的"门品秩序",因而也就显得错综交织、分外复杂。士族冠冕在其中却如鱼得水。梁武帝曾有一系列班品改革,从而使官品、官班、军班、郡班、县班、禄秩、爵制各成序列,小朝廷的官员等级结构更为五光十色、摇曳多姿;由此回首秦汉大帝国禄秩之简捷,二者简直不可同日而语。梁武帝把好大一堆精力,徒然花费在细密繁复的身份与品位的规划之上,而这些措施的华而不实,正反映了南朝政治制度畸形发展的特点。进而,用于保障门第身份而漠视行政需要的"门品秩序",无疑也是一种高度发展、然而也是畸形发展的"品位分等"秩序。相对于帝国的政治常态,这个时代官僚们的"服务取向"已趋萎缩、低落,而"自利取向"则大为扩展,兼并了大片地盘儿,并侵蚀浸润到等级制度上来了。

---

①《魏书》卷八《世宗宣武帝纪》永平二年(509 年):"五等诸侯,比无选式。其同姓者出身:公正六下,侯从六上,伯从六下,子正七上,男正七下;异族出身:公从七上,侯从七下,伯正八上,子正八下,男从八上。清修出身:公从八下,侯正九上,伯正九下,子从九上,男从九下。可依此叙之。"

②《唐六典》卷二《吏部郎中员外郎》:"凡叙阶之法,有以封爵。"

第七章　北魏对萧梁的官阶制反馈

南朝梁武帝曾对官品制度着手更革，同时北朝孝文帝也曾致力改革品阶制度。二者都是这个时代官阶制度的重大变化，大多数政治制度史的教科书对此也都没有遗略。而本章所将集中讨论的，则是官阶改革中南北双方的制度互动关系。

一般认为，南朝制度不管有多大变异，它们都是汉晋制度顺理成章的发展物；而十六国北朝制度，则是由吸收、学习汉晋制度而来的。学者论南北朝政治文化渊源流变，叙华夏文物礼法如何源源输入"五胡"条分缕析，对北魏孝文帝的"学习"、"汉化"津津乐道。然而北魏鲜卑政权是否对南朝也有制度反馈呢？这就鲜见有人言及了。不过这种反馈确实有案可稽，那位被看作江左礼乐集大成者的梁武帝，就曾对北朝制度有所取材，其十八班及流外七班等等重大改革，我相信就是对孝文帝所创类似制度的模仿袭用。对梁武帝和孝文帝的官品改革是否存在联系，日人宫崎市定也曾触及，但给予了否定的回答；后来川合安肯定了这种模仿的存在，但继续研讨的余地依然不小。本章就将围绕这个"反馈"线索而展开，由此把相关的官阶制考辨连缀贯穿起来。

一、梁官品的正从上下

九品官品自创制之后，一直沿用到江左宋、齐而仍无重大变化。但至梁武帝，就已感到有革故鼎新之必要了。他在天监七年(508年)的一系列措置，导致了以十八班制为中心的一系列班品制度的问世。其具体内容，俱见《隋书》卷二六《百官志上》。相应创制包括：

定为十八班。以班多者为贵，同班者，则以居下者为劣。

位不登二品者，又为七班。

又著作正令史……为三品蕴位。又门下集书主事通正令史……为三品勋位。

其州二十三，并列其高下，选拟略视内职。郡守及丞，各为十班。县制七班。用人各拟内职云。

又诏以将军之名，高卑舛杂，命更加厘定。于是有司奏置一百二十五号将军。……凡十品、二十四班，亦以班多为贵。其制品十，取其盈数；班二十四，以法气序。

其不登二品应须军号者，……凡十四号，别为八班，以象八风，所施甚轻。

又有武安、镇远、雄义……大凡一百九号将军，亦为十品、二十四班，止施于外国①。

①语中“止”原作“正”。按《唐六典》卷五《兵部郎中》：“诸将军亦为二十四班，止施于外国。”“止”于意稍长，径改。

概而言之,梁武帝的创制包括如下要项:十八班,流外七班,三品蕴位及勋位,州班("其州二十三,并列其高下"),郡班十班,县班七班,军号十品二十四班,不登二品之军号八班,施于外国之军号十品二十四班,共计九个序列。较之先前屈指可数的九品官品,此时官阶骤然繁复琐细了,看来梁武帝曾为此而殚精竭虑、苦心经营了一番。

蕴位、勋位问题,前章已经讨论过了,军号问题将在第八章论及;至于十八班之制,应该说是这次改革的核心部分,其他序列都是由此衍生出来的,本章论述也将集中在这一点上。较之官品九品,这个序列以"班"为名、且有等差十八级,看上去好像前无古人,全都出于萧衍老翁的独出心裁,但实情却未必如此。因为在建立班制同时,梁初还曾把九品官阶划分为正、从、上、下。把这一点也纳入视野,问题就复杂得多了。因为从这正、从、上、下之制来看,就不是"史无前例"了,它始于北魏孝文帝太和年间所颁诸《职令》、《品令》;而十八班制,很可能就是从这正从上下制度改头换面转换而来的。那么本章论述,就要从梁初的九品正从上下制度入手,这是不能绕行的。

包括《通典》、《隋志》的多数典志之书,都未能反映出梁、陈的九品官阶曾有过正从上下之别。不过还算有幸,保存于《唐六典》中的一些材料,提供了赖以深究的蛛丝马迹。日人宫崎市定慧眼独具,曾取之而加以论说①;但其列举尚有遗漏,考述上也仍然有余义可发。我们首先来列举有关史料,其中文字校勘,均据

①宫崎市定:《九品官人法の研究——科舉前史》,京都大学文学部东洋研究会 1956 年版,第 314—315 页。

日人廣池千九郎和内田智雄意见①;为了便于征引,对各条材料我们都加上编号:

1. 太尉:齐以大司马为赠官,梁氏三公加秩至万石,班第十八,陈正第一品。(《唐六典》卷一《太尉》)

2. 梁太常统陵监,其后改为令,班第二,品正第九。陈承梁制,秩六百石。(《唐六典》卷一四《陵署》)

3. 梁太常属官有太乐令,班第一,品从九。(《唐六典》卷一四《太乐署》)

4. 魏、晋、宋、齐、梁、陈,大理皆有主簿,晋至陈俱二人,正七品上。皇朝因而降之。(《唐六典》卷一八《大理寺》)

5.《梁选部(簿)》,太府丞一人,品从第七。陈因之。(《唐六典》卷二〇《太府寺》)

6. 梁以少府为夏卿,统材官将军、左中右尚方、甄官、平水、南塘邸税库、东西冶、中黄、细作、炭库、纸官、染署等令丞,班第十一,品从第四。陈因之。(《唐六典》卷二二《少府》)

7. 梁置左、中、右尚方三令、丞,其令并从九品。其后废中尚方,唯存左、右而已。陈因之。(《唐六典》卷二二《中尚署》)

8. 宋、齐、梁、陈有左、右尚方。晋、宋已来,并四百石。梁班[第一],从九品。(《唐六典》卷二二《左尚署》)

9. 梁有东冶令、西冶令,从九品下。《选部(簿)》:旧东冶重、西冶轻。然梁朝之西冶,盖宋齐南冶也。陈因之。

①所用《唐六典》为广池学园事业部刊行、西北大学图书馆 1984 年复印本。

(《唐六典》卷二二《掌冶署》)

10. 梁天监七年,置十二卿,改将作大匠为大匠卿,是为秋卿,班第十,品正第五。陈因之。(《唐六典》卷二三《将作监》)

11. 梁中庶子、庶子各四人。[中]庶子功高者一人为祭职(酒),班(行)则负玺,前后部护驾,与高功中舍[人]一人,共掌其坊之禁令,班第十一,从四品。庶子班第九,从五品。陈因之。(《唐六典》卷二六《太子左春坊》)

12. 梁典经局有太子洗马八人,统典经书舍人、典事守舍人员,班第六,正七品。陈因之。(《唐六典》卷二六《司经局》)

13. 太子中舍人……梁有四人,高功一人,与中庶子祭酒共掌其坊之禁令,班第八,正六品。陈因之。(《唐六典》卷二六《太子中舍人》)

14. 梁中庶子有通事舍人,又庶子下通事舍人二人,视南台御史,并一班,从九品。陈因之。(《唐六典》卷二六《太子通事舍人》)

15. 梁皇弟皇子府,友各一人,班第八,正六品,陈因之。(《唐六典》卷二九《亲王府》)

16. 魏氏诸王,始有文学员,晋、宋、齐、梁、陈,皆因之,班第五,从七品。(《唐六典》卷二九《亲王府》)

17. 梁庶子下有太子舍人十六人,职如晋氏,班第三,从八品。陈因之。(《职官分纪》卷二八《舍人》)

第17条材料来自宋代孙逢吉《职官分纪》,其内容被认为是《唐六典》的一条佚文,所以予以补入。又核以《职官分纪》所引《唐六典》相关各条,略无大异。又《唐六典》卷五《兵部郎中》:"《梁官品令》:宁远将军,正五品。"不过梁代宁远将军在第四品,非第五品;宁远将军在官品第五是晋代的情况。所以校勘者谓"梁当作晋,正当作第"。这条材料显有舛误,故暂予旁置。这样,成为证据的材料共 17 条。

以上材料中,太尉"正一品"在陈而不在梁,但也不妨一并考虑,因为陈朝可能沿袭了梁朝的划分正从做法。所举 17 种官职中,有太尉、太乐令、廷尉主簿、太府丞、东西冶令、皇弟皇子友、太子舍人等七种官职,其官品记录含有正从上下,但宫崎氏未及征引。同时宫崎氏还另外引有吏部尚书、太子詹事二职,将其官品标为"正三品"。然而《唐六典》实仅记为"第三品"或"品第三"而已,并无"正"字,故予以剔除而不引为据。下面试加考析。

由于梁武帝的十八班制吸引了学者的更多视线,所以对梁朝九品官阶的关注相对较少。《唐六典》中关于梁官品的记载有数十条之多,例如吏部尚书"第三品"、太子詹事"品第三"之类。冠以"正、从"或缀以"上、下"字样的,仅仅是其中一部分而已。那么单单依据这部分材料,能否就断定梁官品确有正从上下之分呢?也许存在这种可能:《唐六典》编者在品级之前误冠以正、从字样,或把北朝或隋代的制度张冠李戴,误认为南朝之制了。毕竟,大多数典志之书都未提及梁、陈官品有正、从之制。在做出断言之前,自然要把可能性考虑得多一点儿才好。

张旭华先生认为,以上材料中的"正、从"字样"皆系妄加,或系传抄之误"①。不过这样的论断略嫌简单化了。如果它们是"妄加"或"传抄之误"的话,为什么魏、晋、宋、齐官品就没有这种

①张旭华:《萧梁官品、官班制度考略》,《中国史研究》1995 年第 2 期。

情况，干吗专跟梁朝过不去，偏偏到了梁陈官品就给它“妄加”上正、从、上、下呢？

陈苏镇先生也认为，以上材料不足以说明梁代有正从上下之制，但他的意见就深入多了。陈先生首先认为，两条提示梁官品存在上阶、下阶的材料，即上述第4、第9条，并不可信；并进而提出，其余材料中所见正、从的字样，都是唐人概念：“‘班’是梁制，‘品’及其‘正’、‘从’则是唐人的概念，是《唐六典》作者用唐人熟知的九品正从概念，说明梁朝的班制。”①

陈先生所论第一点涉及上下阶问题。上引第4条谓自魏至陈大理主簿或廷尉主簿在正七品上，陈先生谓这条材料并不清晰确切，且大理或廷尉主簿在流外三班，那么官品“正七品上”是过高了。按，在本书第五章第六节《南齐官品拾遗》中，我们已辨“七”字很可能是“九”字之讹，推测廷尉主簿在梁陈为“正九品上”，在宋齐可能官在九品。这条材料确实存在着一些疑点，但还不是毫无参考价值。

又第9条，《唐六典》卷二二谓：“梁有东冶令、西冶令，从九品

---

①我曾在拙作《北朝对南朝的制度反馈——以北魏、萧梁官品改革为线索》（载《传统文化与现代化》1997年第3期）初次探讨本章所论问题。后来陈苏镇先生在其呈交祝总斌先生的一篇札记中，对此文提出异说，并以一份赐我。陈先生补充了两条《唐六典》关于梁官品正从上下的材料，并提出如下见解：一、《唐六典》中涉及梁官品上下阶的两条材料不可信；二、涉及梁官品正从的材料都属唐人概念；三、我曾推测梁武帝天监七年有两次革选，在五月先定官品正从上下，此后又将之改为十八班，陈先生以为两次革选之说不确。陈先生补充的两条材料，第一条即《唐六典》卷五的“宁远将军”条，另一条即《唐六典》佚文，原出《职官分纪》。两条均已征引辨析如上。其三点异议，最后一点确以陈先生所云为是，我有必要订正旧说之谬；其余两点，则仍倾向于保留原有看法，详下。无论如何，都要对陈先生不吝精力质疑纠谬深致谢意。

下。《选部》:旧东冶重、西冶轻。”陈先生认为,“选部”即“梁选簿”,那么“从九品下”的“下”字“或为‘梁’字之误”,“在没有其他可靠材料的情况下,这条材料不足信据”。不过,也有这样的可能:“下”字不误,文中仅夺“梁”字而已;甚至还可能不夺“梁”字,这“梁”字承上“梁有……”而省,《唐六典》编者原本采用的就是“选簿”的简化笔法。那么陈先生的推测,似乎便只有了几分之一的可能性。据《隋书》卷二六《百官志上》,梁代东西冶令在第一班,这与其“从九品下”的品级吻合无间。

关于上下阶的几条材料,确实都有些可资挑剔之处,但梁、陈之时却有个“半阶”概念,我以为实可与上下阶沟通,详后。无论如何,有关材料中涉及“正、从”品的却不算少。上下阶是个较细微的划分,而时人对孝文帝官品改革新颖之处的评价,主要在于正从十八级。《魏书》卷一一三《官氏志》:“前世职次皆无从品,魏氏始置之,亦一代之别制也。”又《南齐书》卷五七《魏虏传》:“是年(孝文帝太和二十三年,499 年),王肃为虏制官品百司,皆如中国。凡九品,品各有二。”孝文帝的官品是“皆如中国”的,而“凡九品,品各有二”就不是晋宋旧法了,故史家要特别加以揭举标示。因而梁官品是否有正品、从品之别,才最是关键之所在。陈先生认为梁代官品本无正、从之别,上引材料中的正、从字样都出于《唐六典》的班、品换算。不过在考虑了各种可能之后,我感到《唐六典》有关记载,大部分依然足资采信。

《唐六典》叙魏晋南朝制度虽然多有粗疏,但其所依据的《魏甲辰令》、《晋官品令》、《宋百官春秋》、《齐职仪》、《梁选簿》、《梁官品令》等等,却都是第一手材料。多达十七条证据已不能说是单辞孤证了,尽管其中个别条文或可推敲质疑,但按“说有易,说无难”的惯例,如无强证,将之全部否定毕竟相当困难。

《唐六典》记梁陈官品并无成法，或只记“班”而不记“品”，或只记“品”而不记“班”，或“班”、“品”同记，或仅仅说是同于前朝而已，有时还录及禄秩，情况多样。无论如何，其间看不到一个明确意图：为使唐人对梁十八班一目了然，而将之换算为官品附于“班”后。因为十八班制并不复杂暧昧，因而也就无此必要。如果《唐六典》使用了这样一种“书法”，即把前朝的异样品级换算成“品”，那么对北周“九命”就不当例外，理应一视同仁。因为九命正从十八级也以“命”多为贵，与梁“班”相类而与官品相反，这对习惯于一品为贵、九品为卑的唐人是同样的别扭。然而《唐六典》叙北周职官，或缀以“卿”、“大夫”、“士”一类爵级，如卷八“后周天官府置御伯下大夫二人”之类；或缀以命数，如卷五镇军大将军“后周八命”之类；或爵位命数兼出，如卷二“后周依《周官》置大冢宰卿一人，七命”、卷二一“后周置太学助教上士六人，三命”之类；但无论哪种情况中，都没有换算为“品”之做法。偶有记为“品”者，如卷二“后周左右光禄大夫，正八品”，然而校勘者已据《周书》改“品”为“命”。还可指出，北周“卿”、“中大夫”、“下大夫”、“上士”、“中士”、“下士”之类到底相当于唐官几品，后人更难遽知，多少要费心思估算一下；假使《唐六典》作者有便利读者的念头，为何不也将之换算成“品”，同样给唐人一个“明快”呢？

陈先生提出，《唐六典》叙梁代品、班，若其“品”不分正从上下，通常是品在前，班在后；而其“品”若分正从上下，则皆“班”在前，“品”在后。他的解释是，不分正从之“品”是梁初蔡法度所定，故在“班”前；正从有别之“品”是唐人概念，故在“班”后。但这也不尽然。《唐六典》卷一《尚书左右丞》：“自魏至宋齐，品皆第六，秩四百石。梁左丞班第九，右丞班第八，并第四品，秩六百石。陈因之。”这条材料就把不分正从之“品”记在了“班”的后面。至于为什么含有正从上下的“品”都在“班”后，我想这来自《唐六典》所据材料的原始格式。这些材料主要是《梁选簿》和《梁官品令》。《选簿》一般对各官职的品秩冠服等等作分别叙述，《官品令》则可能包含着以品级为准而集中罗列官名的情况。由于各种原始材料的格式不同，故抄编结果有异。“品”有正从者皆在“班”后，这也许是受《梁选簿》原样的影响所致。

《唐六典》所记叙的那些冠有正从、缀有上下的官职，同时也往往记有它们在十八班中的班位，将这班位与《通典》、《隋志》对比，结果是一一相合。同时把这些官职的品级与前后时代相比，则将看到，其中虽不乏相同者，然而差异也是明明可见。兹将其异者说明如下：

> 少府一职，晋宋在第三品，梁在从四品，陈在第三品。——是梁制既不同于晋宋，也不同于陈朝。
>
> 太子中庶子一职，晋宋在第五品，梁在从四品，陈在第四品。——是梁制异于晋宋而略近于陈。
>
> 大匠卿一职，魏将作大匠三品，此后不常置；梁制为正五品，陈复为三品。——是梁制同时异于前朝后代者。
>
> 太子中舍人一职，晋品第六，梁正六品，陈第五品。——是梁同于晋而异于陈。
>
> 太子洗马一职，晋宋均第七品，梁制正七品，陈为六品。——是梁同于晋宋而异于陈。
>
> 太府丞，晋宋诸卿尹丞均在第七品，梁为从七品，陈十二卿丞同列八品。——又是梁同于晋宋而异于陈者。
>
> 诸王文学，宋王国公文学第六品，梁从七品，陈皇弟皇子府文学在第七品。——是梁制异于前而同于后。

陵令，宋齐在第七品，梁在正九品，陈在第五品。——是梁同时异于宋齐及陈者。

太乐令，齐品第七，梁品从九。——是梁异于前代者。

这就提示我们，梁官品的安排有与前代相异者，也就是说梁代确曾对既往品阶作过调整；同时这个品级也不同于陈朝，《通典》、《隋志》所记陈官品，应是陈朝的再度更革之制，并非对梁制的沿用。随即产生的一个问题是，少府卿、大匠卿、太子中舍人、太子洗马、太府丞、陵令等官的品阶，梁、陈两代明有不同，而《唐六典》却均记曰“陈因之”，这是指因其班、因其品还是因其秩，很让人费解。我想梁陈两代曾多次“革选”，出现差异并不奇怪。

二、梁十八班制与北魏太和官品析分

各种迹象使我相信，《唐六典》所载梁官品，足以说明梁武帝除了别创十八班外，还曾经把梁官品析分出了正从品，甚至可能还有上下阶。只不过十八班制形式新鲜引人注目，结果使含有正从上下的官品隐而不显，逃过了后人的眼光。

那么梁武帝析分官品的动机何来呢？值此之时，读者很可能会和作者一样，共同把视线转向北朝。因为就在若干年前，北魏孝文帝的一次官阶改革先已出台，它与梁朝天监年间的官品析分，看上去非常类似。

九品官品制创始于曹魏末年，北魏在道武帝时就已采用了这种官品等级。例如《魏书》卷一一三《官氏志》所记天赐元年（404年）制，六谒官秩五品，大夫秩六品，元士秩七品，署令长秩八品，署丞秩九品；又王第一品，公第二品，侯第三品，子第四品，等等。北魏孝文帝锐意汉化，于太和十五年（491 年）“大定官品”，对九品官阶加以析分：九品各有从品，共十八阶；每一品中又有上、中、下三等之差，九品共有五十四级。太和二十三年（499 年），孝文帝又颁《后职令》，其析分之法较前《令》略加简化：官品九品仍然各为正、从；四至九品的段落，在正、从品之下只设上、下之差，取消了“中”之一级；合计共九品、十八等、三十级。宣武帝景明元年（500 年）正式颁用其制。详见《魏书》卷一一三《官氏志》。无庸赘论，比起魏晋官品的九个简略品级，这个含有三十个级差的制度，显示了相当的优越性。此后它为众多王朝所参用遵循，并非偶然。那么，北魏太和十五年到二十三年的官品析分，会不会就是梁武帝的官品析分之所本呢？为此首先就要解决二者的先后承继问题。

《隋书》卷二六《百官志上》：“天监初，武帝命尚书删定郎济阳蔡法度，定令为九品。……至七年，革选，徐勉为吏部尚书，定为十八班。”《通典》卷三七《职官十九》叙梁十八班之制，其后还有“而九品之制不废”一句为《隋志》所无。而这就意味着，梁朝推行班制之后九品官阶并未废止。据《隋志》所记，陈朝也是班、品并用的，可以推测这本是梁代成规。既然整个梁代都存在着九品官阶，那么其正从上下之制出现于梁代何时，就成了一个疑问。

《隋志》说天监初年蔡法度“定令为九品”，这也许会被认为是新官品的开端。不过若就另一些史料加以推测的话，这官品析分时在天监七年的可能性最大。具体说来，从少府卿、大匠卿、太府丞及陵令四官看，其品阶被记录的时间只能在天监七年或其之后；而从左、中、右三尚方令看，其品阶被记录的时间又只能在天监七年或其之前。两下综合，便把年份限定于天监七年左右了。

首先来看前一情况。上引《唐六典》第 5 条中“太府丞”一职，乃太府卿之属官；第 6 条记少府为夏卿，第 10 条记天监七年置十二卿时将作大匠改称大匠卿。按，自曹魏直到刘宋设置的都是九卿。《梁书》卷二《武帝纪中》：天监七年“五月己亥，诏复置宗正、太仆、大匠、鸿胪，又增太府、太舟，仍先为十二卿”。十二卿即九卿加以大匠卿、太府卿、太舟卿。大匠卿来自将作大匠，太舟卿来自都水使者，太府卿则为此时新设。十二卿又以四时分为春卿、夏卿、秋卿、冬卿。那么上引太府丞、少府夏卿及大匠卿等三条材料，所反映的就只能是天监七年五月之后的情况，而不会在天监初年，因为在那时还没有太府卿、夏卿这种官称呢。

汉代的九卿都是中二千石，在魏晋宋齐都列在官品三品；而梁代“十二卿”并置之后，诸卿班品却有了高下之别。高者如太常在第十四班，低者如鸿胪、大舟卿在第九班。由此来看前引《唐六典》，第 6 条所记少府卿“品从第四”，第 10 条记大匠卿“品正第五”，二者官品相差一阶。复查《通典》、《隋志》所记梁十八班制，少府卿在第十班，大匠卿在第十一班，也正好相差一班，并恰恰也是少府卿高于大匠卿，与官品的安排异曲同工。这既可印证《唐六典》上引材料时在天监七年，同时也再度说明，《唐六典》所记梁官品的正、从与班制两相吻合，因而是可信的。

此外《唐六典》第 2 条说是梁朝最初太常统陵监，后来陵监改称陵令。而《隋书·百官志上》中，明堂二庙帝陵令列在第二班。可见创建十八班制的时候，陵监已改为陵令了，其时在天监七年。那么陵令位居“正九品”之事，也只能断在天监七年。

其次再看后一情况。《唐六典》第 7 条说梁之尚方原有左、中、右三令，其后废罢了中尚方，唯存左、右而已。查《通典》、《隋志》，其“少府”属官都列有梁朝的中、左、右三尚方；而在记叙“十八班”的部分又都仅仅列有左、右尚方而已，在第一班。这尚方左、中、右三令并置，应该是齐末梁初的事情①；而在十八班中，中尚方令却销声匿迹了，这就意味着中尚方令的废罢，约在十八班制之前。那么《唐六典》所记叙的“梁置左、中、右尚方三令、丞，其令并从九品”这一情况，就只能发生在天监七年了：就官阶而言，在这年之前，尚无“从九品”这种阶次；就官职废置而言，在这年之后，“尚方三令”就无从谈起了，所存唯左、右二令而已。

综上所述，从新置之官和罢废之官两方面看，这些废置都在天监七年左右，而不是天监之初。相应的，以上十几条涉及正从品以至上下阶的材料，其最大可能出自天监七年，而不会是天监初年的那次蔡法度定官品。

梁朝初年蔡法度受任规划制度，但他的工作重心被置于法制方面。《梁书》卷二《武帝纪中》：天监元年夏四月梁武帝即位，其年八月“诏中书监王莹等八人参定律令”，天监二年“夏四月癸卯，尚书删定郎蔡法度上梁律二十卷、令三十卷、科四十卷”。又据《隋书》卷二五《刑法志》，其时参与制律的，除蔡法度外还有王亮、王莹、沈约、范云、柳恽、傅昭、孔蔼、乐蔼、许懋等人；“二年四月癸卯，法度表上新律，又上令三十卷，科三十卷。帝乃以法度守廷尉卿，诏班新律于天下”。就《刑法志》所记其事始末看，其时梁武帝的关注和诸人的精力，显然都集中在整个法制的更革之上，而不只是改革官品一端。当然，《唐六典》卷六所记《梁令》三十

①《南齐书》卷一六《百官志》记少府属官：“左右尚方令各一人”；《通典》卷二七《职官九》“少府监”条：“齐置左右尚方令各一人，梁有中左右尚方。”不过《魏书》卷五九《萧宝夤传》：齐末东昏侯时直后刘灵运奉萧宝夤起事，“会日暮，城门闭，乃烧三尚及建业城。”这“三尚”似即中左右三尚方。那么可能齐末已有三尚方之制了。

篇中“官品令”列在第四，其内容应该包括《隋志》所说的“定九品”。不过在这七八个月的立法活动之中，“官品令”的整理仅是很小部分；若就总卷数说，它只占总工作量的八、九、十分之一。《隋书·百官志上》所云“梁武受命之初，官班多同宋、齐之旧”，这“受命之初”的“官班多同宋、齐之旧”情况，应该包括天监二年在内。

梁武帝析分九品和增设流外的改革，不应在天监二年，而更可能在天监七年前后那次专门针对官品的“革选”之时。同时这正从品及上下阶，也不大会出在班制之后。天监七年创班制，所创有十八班、流外七班、郡职十班、县职七班、将军号十品二十四班及不登二品者八班、施于外国之军号十品二十四班等等好多东西。从常理推测，在塞饱了这么一大桌山珍海味之后，梁廷君臣居然还有食欲回头去炒九品官阶的隔夜剩饭，这种可能性不怎么太大吧。但官品正从是否出现在创制十八班之前呢？我曾根据天监七年五月出现的太府丞、少府卿和大匠卿三官，来推测这一年中有两次革选，首先是制定官品正从上下，然后在五月左右将之变换为十八班制。不过这推测存在着明显错误，陈苏镇先生已据《南史·梁本纪上》及《资治通鉴》予以驳正。《南史·梁本纪上》天监七年二月乙丑条：“增置镇卫将军以下为十品，以法日数；凡二十四班，以法气序。”又《资治通鉴》卷一四七梁纪天监七年，把徐勉定十八班一事系于正月，增置镇卫等将军在二月乙丑，置十二卿在五月。那么十八班制在天监七年的年初应已创制。并且我还意识到，太府丞、少府卿和大匠卿及其品阶正从的三条材料，固然出自这年五月之后，但这并不能证明此前就没有官品的正从上下。

具体过程虽难以厘清，但总的说仍可推测，天监七年这次“革选”至少包含了两个步骤：先把官品九品分出正从上下，《唐六典》的正从上下材料就出自这次初步改动；不过君臣们随即就决定索性另起炉灶，代以一种焕然一新的制度。

对北魏太和年间的官品析分，北魏君臣自以为是“一代之别制”，而南朝人士一定也有同样观感，这从《南齐书·魏虏传》“是年王肃为虏制官品百司，皆如中国。凡九品，品各有二”的语气中就看得出来。那么南朝如何因应这种改革呢？可以想象，在齐、梁易代之时，南朝君臣最多只能得知北魏第一次《职令》的改革消息，对其正在进行的第二次改革未必了了。就算他们业已风闻了北魏的第一次改革，改朝换代政治漩涡中的挣扎角逐，仍将让他们自顾不暇。到了天监初年蔡法度“定令为九品”时，洛阳的新生事物似乎仍未引起建康方面的注意。不过数年之后，第二次官品改革的消息传来之时，梁朝君臣们对北魏新制的优越性，就再也无法等闲视之了。

曹魏的九品官品本是个重大进步，它及时反映了此时官僚体制的诸多变迁。但发展中它渐又显露出了简略粗疏，不足以为百官高下作更细致的区分了。梁初的“定令为九品”仍拘泥于旧有的九个等级，而这种疏略的等差显然不敷应用。值此之时，梁朝君臣面对北魏改革的启示，看到居然可以把九品析分为正、从、上、下，很可能就有恍然大悟、相见恨晚之感。也就是说，他们居然就接过了这一析分之法，尝试着加以利用，其结果就是对这含有十八级、三十阶制度的移植，它因《梁选簿》等史料而留下了痕迹。换言之，梁朝的含有正从上下之别的九品官阶，乃是模仿北魏制度而来的。否则我们很难解释，为什么《唐六典》记载的梁官品所冠或所缀的“正、从、上、下”这四字及其含义，与北魏太和二十三年的官品制，居然就一一相符；并恰好也是先用“正、从”之法，来把九品区分为十八级，恰好也是再用“上、下”之别，再把四品以下的正从等级区分为二十四阶的！四个字儿的用法全都一样，天底下会有这样的巧合冥同么？干吗不颠倒过来，先分上下，后分正从呢？

不过，向来以学艺自负的梁武帝，大约很快就陷入了自尊心的深深困扰：这江左本是礼乐正朔之所在、文物制度之渊薮，而今居然在效“索虏”之故智了！难道真要“礼失而求诸野”了么？故而他随即就在“特色”上大作文章，以免有朝一日贻笑异族夷邦。我们推测，继踵而来的十八班制即职此之由。按，西晋刘颂曾建“九班”之制，此后各朝选簿上也每每以“班同”、“班次”的方式，确定诸官职间的资望关系，故梁武帝以“班”为名，便有显示“华夏特色”之效。其结果众所周知：十八班新制，以及相关的一大套新奇的班、品系列，如泉涌般应运而生。《隋书·百官志上》对之有令人生厌的连篇累牍记叙，为此我们对梁武帝的“创造性发展”，还真得奉上几分“钦佩”呢。

单就十八班制而言，确实不大容易发现其与北魏制度的相似性；可在我们揭示出如上事实——创制十八班制之时，梁朝还曾把九品析分为正、从、上、下——之后，情况就大不相同了。把这正、从、上、下作为中介，就足以把十八班与北魏类似制度联系起来。梁武帝的新奇包装，并未全然掩去东施效颦的马脚。尽管十八班表面像是创举，但实际不过是九品正从十八级的改头换面。下面进一步论证这样一点。

学者往往作如下比拟推定：第十八班相当于正一品，十七班相当于从一品；十六班相当于正二品，十五班相当于从二品……直至二班相当于正九品，一班相当于从九品，等等。这一比拟方法是可行的，《唐六典》上述梁官品正、从材料，与这种推定在很大程度上也是相合的。宫崎氏已做过这种比较。但因我们所辑官职较宫崎又多出了一半(由十种增至十七种),所以有必要补入新材料重新加以排比:

官名	《唐六典》所记品级	班品	习惯推定的品级
少府	从四品	十一班	从四品
太子中庶子	从四品	十一班	从四品
大匠卿	正五品	十班	正五品
太子庶子	从五品	九班	从五品
太子中舍人	正六品	八班	正六品
皇弟皇子府友	正六品	八班	正六品
太子洗马	正七品	六班	正七品
诸王文学	从七品	五班	从七品
太府丞	从七品	四班	正八品
陵令	正九品	二班	正九品
太乐令	从九品	一班	从九品
东宫通事舍人	从九品	一班	从九品
左中右尚方令	从九品	一班	从九品
东西冶令	从九品下	一班	从九品
廷尉主簿	正七(九?)品上	流外四班	

可见在增入新材料之后,《唐六典》的有关正从材料,与学者据班秩以推品级的方法而得出的结果,除太府丞及廷尉主簿二官之外大抵是一致的。例如《唐六典》载少府为从四品、十一班;而按学者上述推算方法,十一班应合从四品;《唐六典》载大匠卿为正五品、十班,而上述推算法,十班应合正五品;两相一致,余亦类此。至于唯太府丞、廷尉主簿班、品不合,这有目前难以说明的原因,例如转换时又有调整及史料错字之类。那么这种对应关系说明什么呢?它说明,十八班制乃是从九品正从十八级脱胎而来的,

所以二者间存在着一一对应的关系。在梁廷君臣们打算用十八班取代九品正、从之制时,为求便捷他们便直接做了这种转换。

当然读者也会立即注意到,这十八班只就九品的正、从区分做了转化,却未顾及上、下阶之分。不过仍有线索显示,十八班制在具体实施中,对此仍是有所考虑的。《隋书·百官志上》叙陈朝制度:

> 其余并遵梁制,为十八班,而官有清浊。……三公子起家员外散骑侍郎,令仆子起家秘书郎;若员满,亦为板法曹,虽高半阶,望终秘书郎下。

这条材料每每被学者引以论证梁陈选官重"清浊",不过我们所注意的,却是这"虽高半阶"的"半阶",指的到底是什么?或许有人会猜测,这"阶"没准儿就是"品"之别称吧?不过《隋志》记叙梁大通三年(529年)建三十四班军号①,谓:"遂以定制,转则进一班,黜则退一班。班即阶也。同班以优劣为前后。"也就是说,在梁、陈之时,"阶"的含义就是"班",而不是"品"。那么九品所对应的十八班,实际不妨看作十八"阶"。

《隋志》又记:"天监六年,置左右骁骑、左右游击将军,位视二率。改旧骁骑曰云骑,游击曰游骑,降左右骁、游一阶。"查左右骁骑、左右游击在第十一班,云骑、游骑在第十班。由此又证相差一阶即是相差一班。又《唐六典》卷二九《亲王府行参军》:"《梁选部(簿)》:嗣王府行参军,降正王府一阶。"查《隋志》所记梁制:皇

---

①按四十四班军号,中华书局本《校勘记》谓"今计止三十三班"。实际统计,则似为三十四班。

弟皇子府、嗣王府及蕃王府列为三等，其员属依次递减；十八班中行参军所见有三，“皇弟皇子府行参军”班第三，“嗣王府、庶姓公府行参军”班第二，“皇弟皇子之庶子府蕃王府行参军”班第一。由此又见一阶之差即是一班之差。《隋志》叙梁陈班品，每有“进一阶”、“减一阶”之夹注，而且这与“进一品”、“进二品”等绝不相混，这说明王朝对官位高下先别之以品，品同则别之以“阶”或“班”。梁创班制时，正式规定了“同班者则以居下为劣”，就是同班诸官用前后排序来确定高下；不过在选官实践中，与居上、居下或居前、居后相应，却还有个“半阶”的概念在使用着，它把一班一分为二，被用于区分同班诸官的官资高下。

由此就可解开如下疑团：在十八班制中秘书郎居二班之首，那么板法曹无论如何应在三班，可《隋志》却偏偏要说“高半阶”，而不说“高一班”，这到底是为了什么？这是因为，二者所差不足一班，当时确实还有“半阶”这更精细的差异。让我们来做如下假设：秘书郎在选簿上的实际地位是“二班上”，而板法曹则处于“三班下”——面对梁陈选簿上的这类记录，《隋志》是叙作“高半阶”更切题，还是说成“高一班”更确当，你也准能判断出来。以此解说“高半阶”的意思，你看能否驱散那团疑云？然而，这与进一步区分官品正、从的“上、下”，岂不是换汤不换药么！

尤其是这“半阶”的概念，也已经先见于北魏了，它被应用于考课进阶之中，而且其含义也恰好就等于进一步区分正从品的“上、下”。《魏书》卷六四《郭祚传》叙宣武帝景明初年考格，有“五年者得一阶半”之语，又有“上第之人三年转半阶”、“六年以上迁半阶”之叙；同书卷七八《张普惠传》，亦有“三年上第者蒙半阶而已”之言。今人习惯上以“阶”称呼上、中、下阶或上、下阶，北魏的“阶”则不尽如此。由于上阶或下阶都是一品的四分之一，明明已是官职高下的最小级差了；假如把“半阶”认作上阶或下阶之半的话，则此“半阶”就成了一品的八分之一，会闹出半个官的笑话来。所以北魏考课进阶中的“半阶”概念，就不大可能是上阶或下阶之半，而更像是指上阶、下阶本身。这就是说，北魏考课中的“阶”应指一品之半，即正品、从品；一“阶”进而又分为二等，这二等就称为上阶、下阶。“半阶”，意谓一阶又分上、下，即一阶之上、一阶之下也。对“半阶”概念的这一含义，日人福島繁次郎已先有类似意见了①。

孝文帝曾对考课之法力加改革，并使考课进级与官品阶级相辅相成②，因而这“半阶”概念，应是宣武帝之前的太和年间就已应用了。那么再来反观梁陈选官中的“阶”之概念：“阶”相当于“班”，而“半阶”则把一班一分为二，这与北魏的“阶”及“半阶”，到底能有多大差别？这再度说明，十八班制与九品正、从、上、下

①福島繁次郎说：“在这份《职令》（指孝文帝太和二十三年所制、宣武帝初所颁行之《职令》）中，四品以下分为二阶，进而分为上下二等。那么，一阶就意味着各品的正从，半阶则可以说是各阶的上下。”见其《北魏世宗宣武帝の考課と考格》，《史林》第47卷第4号。又《魏书》卷六九《袁翻传》：“窃惟安南之于金紫，虽是异品之隔，实有半阶之校。”按四安将军三品，金紫光禄大夫从第二品，那么也许有人会把这“半阶”解作半品。不过金紫在从二品末列，即第三列；安南在正三品第一列，其后还排列着太常等三卿一列，太子少师至四平将军一列，太仆等六卿一列，河南尹至开国县伯一列。所以四安至金紫的阶级差距是很小的。

②参看张文强：《魏晋北朝考课制度述略》，《北京师范大学学报》1988年第5期。“但至太和末，与当时官品格式之变化相适应，官吏考课之赏罚与官品、阶相结合起来。……又可知品第与官品、阶之结合肇始于孝文帝朝。”但张文强之文认为“迁一阶”之“阶”即是上阶、下阶，而我们认为，这“一阶”应为一品之半，一品含有两阶，它相当于正品、从品之别；“半阶”则对应着上阶、下阶。否则“一阶半”、“半阶”的意义都难以诠释。

之制，有极密切的关系，“班”同时又称为“阶”，并且还使用着“半阶”的概念，这与北魏官品惟妙惟肖。我们有理由推测，梁陈的“半阶”概念原本也源于北魏，是与正、从、上、下制度一块堆接收过来的；班制在形式上为十八等，但实际可能仍有三十个等级，因而显示出了脱胎而来的更多痕迹。

三、流外七班和流外七品

论定梁天监七年的班制改革是对北魏的效仿，还可找到更多证据。

梁代列卿的等级变化，便显示了十八班制曾受北魏影响的迹象。如前所述，由秦汉至宋齐，九卿品秩一直并驾齐驱，只是在梁朝别创十二卿制之后，诸卿班秩才高下有别了，从十四班太常卿到九班鸿胪卿，有五班之差①。而这列卿品秩有别之法，实已先见于孝文帝《前职令》，其时太常、光禄勋、卫尉从一品下，合称“三

①附带指出，《隋书·百官志上》谓“诸卿，梁初犹依宋、齐，皆无卿名”，近年的官制史著作仍沿用这一说法。如吕宗力主编《中国历代官制大辞典》“太常”条谓“梁及北齐改称太常卿”；“太常卿”条谓“南朝宋、齐、北魏为‘太常’的尊称，南朝梁定为官名”。第127、128页。然而这是不正确的。请看《艺文类聚》卷四九：“《齐职仪》曰：太常卿，一人，品第三，秩中二千石，银章青绶，进贤两梁冠，绛朝服，佩水苍玉。”《职官分纪》卷一八、《太平御览》卷二二八引同。又《南齐书》卷五六《幸臣传》：纪僧真，“永泰元年，除司农卿”；吕文显，“守少府，见任使，历建武、永元之世，尚书右丞，少府卿”（《南史》卷七七《恩幸传》同）。钱大昕《三史拾遗》卷四：“两汉三国志书太常、廷尉、宗正等，从无系以卿字者”，“汉有《卫尉卿衡方碑》，又《韩敕碑》有云‘故少府卿任城樊君’，此流俗之称。”《二十五史三编》，第5册第82页。不过南齐的“卿”似非“流俗之称”，看成正式官名更好一点儿。

卿”;太仆等正二品上,合称“六卿”。太和《后职令》中虽三卿、六卿同在正三品,但三卿仍居六卿之前,且仍有第一清、第二清、第三清之区别,官资高下仍不相同①。可见列卿尊卑有差,始于北魏而梁武帝变本加厉之。

又梁十二卿中有“太府卿”一职。查《通典》卷二六《职官八》:“《周官》有太府下大夫。……历代不置,然其职在司农、少府。至梁天监七年置太府卿,位视宗正,掌金帛府帑及关津市肆。陈因之。后魏太和中改少府为太府卿。”粗读其文,似乎太府卿始置于梁,北魏继之。不过稍稍留意时间先后,就可知道是北魏太和中置太府卿在前的,太和《后职令》已见其官,而梁设其职反是步其后尘。推测是梁武帝标新立异时急欲凑够十二卿之数,所以对《后职令》所见“太府”一见钟情,便顺手牵羊将之纳入诸卿之中了。日人川合安先已根据“太府卿”而推断梁制有取材北魏者②,其说可从。

十八班制还有一个改革:根据府主地位来区分同名僚掾的品级高下一点,发展到了前所未有的繁密程度。例如,细密区分出皇弟皇子府、嗣王庶姓公府、蕃王府、皇弟皇子庶子府、庶姓持节府等等类别;与此相应,长史、司马、从事中郎、咨议、功曹、录事、记室、中兵参军、正参军、行参军、主簿、国郎中令、三将、国大农、

---

①在太和《后职令》正三品中,三卿居前,六卿居后,明有等差。又,与之相应的三少卿、六少卿,虽同在正四品上阶,然其清浊却仍有法定区别:太常少卿为“第一清”,光禄少卿、卫尉少卿、宗正少卿、大理少卿、鸿胪少卿为“第二清”,司农少卿、太仆少卿为“第三清”。由此可以推测,三正卿、六正卿也必有相应区别。

②川合安:《北魏孝文帝の官制と改革南朝の官制》,弘前大学人文学部特定研究报告,1989年3月31日。

国中尉、国常侍、国侍郎、国典书令、参军督护等等一大堆属佐，对其因府主之异而来的高下之异，都不惮其繁地一一列入班制之中。所以较之魏、晋、宋官品，梁班制中陡然膨胀出好大一堆东西来。

而这么个特色，已先见于北魏太和二十三年《职令》了。在此《令》中，诸如二大二公府、司空皇子府、司徒府、从第一品将军府、第二品将军及始蕃王府、从第二品将军及二蕃王府、第三品将军及三蕃王府、四品正从将军府、五品正从将军府等等，业已较然有别了；因而高下各异的长史、司马、录事、参军等一大批属官反复出现、分布于不同品级，充斥和扩张着《职令》的篇幅。所以若先读过北魏《职令》，再读梁班制时似曾相识之感就会油然而生。当然梁武帝也不是全然模仿而无所发明。在北魏二十三年《职令》中，州府属官中只有司州具有特殊地位；而在梁班制中，扬州、南徐州、荆江雍郢南兖五州、湘豫司益广青衡七州①、北徐北兖梁交南梁五州，其同名属官皆有高下之差。僚属的官资高下因府主地位而变，这原是客观存在的；但决意在官品中加以充分反映，乃是孝文帝始发其端，而梁武帝追随于后的。

祝总斌先生也敏锐地注意到了，北魏《职令》对梁制应有影响。天监七年官阶改革，将尚书令、仆射由宋、齐的三品，分别提高到十六班（相当于正二品）、十五班（相当于从二品），如祝总斌所论，这除了尚书省自身发展因素外，“也有可能同时受到了北魏孝文帝改革所定职令的影响”，因为，“该职令中尚书令、仆射的官

①此从《隋志》。《通典》卷三七《职官十九·梁官品》里面，“湘豫司益广青衡七州”误为“湘荆河司益广青衡七州”。

品正好是正、从二品,见《魏书·官氏志》"[①]。如是看法,应属的论。

论述至此,就不能不提出另一项重要证据了。在如下一点上,梁班与魏品间再度显示了鲜明的相似性:"流外七班"或"流外七品"之制,在南北双方是同时存在的。

根据《隋志》所记,梁设十八班之制同时,"位不登二品者,又为七班",这七班称为"流外","又流外有七班,此是寒微人士为之。从此班者,方得进登第一班"。七班之外,别有三品蕴位与三品勋位。这个流内、流外体制,堪称魏晋以来官阶制又一重大变革,它区分开了高级文官和低级吏员、区分开了士大夫和胥吏,因而为后世长期沿袭。或说"晋代已有'流外'之名",其说不确[②]。

可是这一改革,萧衍照样不能贪天之功为己有,它仍是由北魏孝文帝著其先鞭、而梁武帝附骥于后的。在《魏书·官氏志》叙"太和中高祖诏群僚议定百官,著于令",有云:"勋品、流外位卑而不载矣。"又《魏书》卷五九《刘昶传》记孝文帝语曰:"我今八族以上,士人品第有九;九品之外,小人之官,复有七等。"可知北魏有流外小人之官,其品级为七;这流外七品之制,明明在梁武帝流外七班之前,他仍然是在食人余唾。

---

①祝总斌:《两汉魏晋南北朝宰相制度研究》,第217页。

②张旭华先生说:"至于流外之制,亦并非始于隋唐,早在晋代即已有之。《太平御览》卷六三四引晋《假宁令》:'诸文武官若流外已上者,父母在,三年给定假三十日。其拜墓,五年一假十日,并除程。'"见其《从孝文帝清定流品看北魏官职之清浊》,《北朝研究》1992年第1期。不过仁井田陞已经指出:"此《假宁令》乃是唐令乃至沿用唐令的宋初的令";最初把此令误解为晋令的,是程树德的《九朝律考·晋律考下》。参看《唐令拾遗》,第662、665页。

不过，既说北魏流外七品在前而萧梁仿效于后，就不容不揭举相应魏制的创立时间。北魏太和年间有多个有关职品的法令，涉及"流外七品"的在哪一年呢？近年有学者说：那"就是太和十七年颁布的前《职令》"，"明确地分职官为流内九品和勋品、流外七等，……这自然是前《职令》最重要的、带有时代特征的特点，也是孝文帝在官制改革方面最重要的创造。"①不过这个说法断难成立。《魏书·官氏志》把"勋品、流外位卑而不载"一句置于二《职令》之前，确实很容易给人以这种误会；然而《前职令》中，实无流内流外之别。

对此宫崎市定已有所辨析②。在太和十七年（493年）颁布《前职令》时，孝文帝明确表示他对此《令》并不满意，视之为权制而已。不过因忙于迁都事宜，一时无暇顾及。此后他决意"澄清流品"，在太和十八年特命崔亮兼吏部郎以为准备，事见《资治通鉴》卷一三九。

迁都洛阳后孝文帝亲自出马上阵，于太和十九年（495年）"自夏及秋，亲议条制"，终于在这年十二月宣示新的《品令》于光极堂上。这个《品令》介乎前后《职令》之间；而其目的则是要纠正《前职令》的"清浊同流，混齐一等，君子小人，名品无别"，并为此而新创了"士人品第有九，九品之外，小人之官，复有七等"之法。事见《魏书·刘昶传》。换言之，流外七品之制，由太和十九年《品令》而得成立。

刘昶其时颂圣之辞："陛下光宅中区，惟新朝典，刊正九流，为

①黄惠贤、聂早英：《〈魏书·官氏志〉载太和三令初探》，载武汉大学历史系编《魏晋南北朝隋唐史资料》第11辑。

②宫崎市定：《九品官人法の研究——科學前史》，第二编第五章"孝文帝の新官制"一节。

不朽之法，岂惟仿像唐虞，固已有高三代。”又《魏书》卷二四《崔僧渊传》称扬孝文帝“分氏定族，料甲乙之科；班官命爵，清九流之贯。礼俗之叙，粲然复兴；河洛之间，重隆周道”。这些都显示“刊正九流”即区分流内流外，时在迁洛之后①。太和十九年亦即公元495年的这一《品令》，比梁武帝建流外七班的天监七年亦即公元508年，要早上十好几年呢。

不过这一《品令》系太和十九年夏秋间所仓猝完成，所以随后又有润色调整之事，这以太和二十三年的《后职令》而告结束。比较前后二《职令》便能发现，《后职令》中许多官员的品级，都比《前职令》有明显下降。如宫崎氏所揭示，这是因为太和十九年创置流外后，有相当一批低级官吏分流于流外勋品所致。略加统计，《前职令》还能看到但在《后职令》中不见踪影的七品以下官员，约有六十种。仅就令史而言，先前列在七八品的门下令史、秘书令史、集书令史、起居注令史、公府令史、太子典书令史、司事令史、直事令史、尚书记室令史、公府阁下令史、诸局书令史、虎贲军

①按，“刊定九流”之“九流”一辞，经常用来特指与流外相对的流内九品。例如《魏书》卷一九中《任城王元澄传》，称奉朝请（从七品下）、门下录事（从八品上）为“三清九流之官”；《魏书》卷八八《良吏明亮传》，明亮以员外常侍升勇武将军，以“其号至浊”为由请求改授，宣武帝曰：“九流之内，人咸君子，虽文武号殊，佐治一也”；皆是。顺便再看看梁朝的情况。《梁书》卷二《武帝纪》天监四年诏：“今九流常选，年未三十，不通一经，不得解褐。”这时候梁朝还没有流外，语中“九流”当是泛指九品。但《南史》卷四九《庾杲之传》记，萧绎为荆州刺史时，有“州人范兴话以寒贱仕叨九流，选为州主簿”，而荆州别驾庾乔指其为“小人”而加排抑，羞愤而卒。按皇子荆州主簿在第二班，这“仕叨九流”，指的就是进入了二品士流之内，而这本非“寒贱”所应涉足。又《梁书》卷三五《萧子显传》：“子显性凝简，颇负其才气，及掌选，见九流宾客，不与交言，但举扇一撝而已，衣冠窃恨之。”这句话中的“九流”，由流内九品而引申为流内“衣冠”。

书令史、诸开府令史等，显然就在此后进入了勋品流外。至如那些在《前职令》中还列身九品、而《后职令》中就销声匿迹了的各种舍人、典录、省事、使者、算生、书吏、书干等等，它们若未废罢，那么也是分流于流外七品了。

这也就意味着，太和十九年《品令》在传统官僚等级制度史上，是又一个里程碑意义的法令。

宫崎氏还断言，经过太和十九年《品令》而转入了流外七品的，是《前职令》中的七、八、九品官。不过据我统计，《前职令》中的七、八、九这三品官里，仍有近三十种官称保留在《后职令》的九流之内了，当然以将军号居多。由于宫崎氏认为中正品与官品一一对应，二者相差四品，而这流外是由中正三品以下官变形而来的，因此在宫崎看来它们应由官品七品以下官构成。在解说梁十八班和流外七班的来源时，宫崎氏正是以此断言，十八班诸官来自此前的六品以上官，七品以下官则入于流外七班的。然而祝总斌先生已辨其说之非，考定这一分界线不在六七品而在七八品间，刘宋七品官的十分之九转入了梁的流内一班以上①。宫崎的“差四品”说，已被证明不甚确切；可他处处要牵合这“差四品”的论断，便经常对史料龃龉之处视而不见。

按照《隋志》的记载，流外官来自此前位不登中正二品者，正是为此，我们才能解释为何“流外”恰为七等。中正品不只是“人之品”，也是“官之品”，还具有区分官位高下之效。而中正三品以下的士流不为之官，从理论说应该是三至九品，合计七等。在昔日九品官阶中，这些中正三品以下官职一般在官品第八、第九品中，还包括部分七品官。而在如今，孝文帝索性使之彻底分流，脱

①祝总斌：《门阀制度》，白寿彝主编《中国通史》，第 7 册第 597—600 页。

离九品官阶而别为一类，并据以往在官职之后系以中正品的惯例，由中正品的三至九品，直接剥离出了一个流外七品的体系；中正品便摇身一变，变成了流外官品了。

新事物总不会凭空产生，往往有其所本，孝文帝之流外七品也是如此。"流外"之"流"，应理解为"二品士流"之"流"，而不登二品者，在中正品第中恰有七等，即三至九品。将选簿上系于官位后的中正品直接转换为流外官品，即如将中正三品官变为流外一品，中正四品官变为流外二品……直至中正品九品官变为流外七品，显然就是个明快便捷的机智做法。换言之，流外官产生时恰为七等，这显示了它与九品中正制的密切关系，乃是其直接的变态物，最初出自区分士庶的意图。然而另从行政角度观察，这"流外"制度还具有划分高级文官和普通吏员的功能，这与现代文官制度却也不无相合之处，其积极意义也是不能抹煞的。它为历代沿用，与此非无干系。

孝文帝所创流外七品又被称为"勋品流外"，这"勋品"与"流外"是什么关系呢？据《魏书》卷六八《甄琛传》及卷二一上《高阳王雍传》，宣武帝时甄琛上疏，称"六部里尉即攻坚之利器，非贞刚精锐，无以治之。……里正乃流外四品，职轻任碎，多是下才"，"请取武官中八品将军已下干用贞济者，以本官俸恤，领里尉之任，各食其禄，高者领六部尉，中者领经途尉，下者领里正。不尔，请少高里尉之品，选下品中应迁之者，进而为之。"高阳王雍亦云："部尉资品，本居流外，刊诸明令"，请使之"进品清流"。宣武帝遂令："里正可进至勋品，经途从九品，六部尉正九品诸职中简取。"经途尉及六部尉从此进入九品清流，而里正一职则从"流外四品"而"进至勋品"了。可见北魏"勋品"在九品清流之下，实际就是流外七品的第一品。

南朝宋齐的“勋品”又称“勋位”。中正品三品以下各级实有两类：一是“勋品”，面向以军功吏绩而晋身的寒庶；一是“门品”，面向较为经久的“次门”与“吏门”。北魏的流外七品以“勋品”居首，这说明什么呢？说明在上述中正三品以下的“勋品”和“门品”两类品级之中，流外七品仅仅源于其中的“勋品”部分，不涉“门品”。勋品偏重军功吏绩，相应的任官大多也是职能性官职，这个序列显然具有更多的官僚制意味，与偏重门第的“门品”有分道扬镳之势。那么由此衍生的北魏流外七品，可以认为其官僚制意味更为浓厚了。官吏两分体制虽然也是一种“品位”体制，不过向唐代展望，品官有散阶而吏无散阶，“官”层次的等级制实行“品位分等”而“吏”层次则偏重“职位分等”；后者更注重于“事”，即行政事务及所需才干，这个层次已不是以“人”或身份为中心的了。相形之下，梁武帝的十八班以下分流外七班、蕴位勋位两类。七班专容起家之官，流外部分依然拖着一个“门品”尾巴；安排职能官职的蕴位勋位被单列另立，在等级结构中看上去像个“另类”。至如北齐，流外仍以“流外勋品”为称，其品级增至九品以与流内对称①。隋朝“又有流外勋品、二品、三品、四品、五品、六品、七品、八品、九品之差”。“勋品”仍是流外一品的别称。隋代又有“视流外”共九品，“极于胥吏矣”②。也就是说，北齐以至隋唐的流外品，是顺着北魏的方向继续前行的。

①如《隋书》卷二七《百官志中》：“又自一品已下，至于流外勋品，各给事力。一品至三十人，下至于流外勋品，或以五人为等，或以四人、三人、二人、一人为等。”又《隋书》卷九《礼仪志四》：“元正大飨，百官一品已下，流外九品已上预会”，正三品以上升殿，从三品以下在阶下，“勋品已下端门外”。“勋品已下”即上文“流外九品”。

②《隋书》卷二八《百官志下》。

李锦绣先生对唐初视品官曾有一份出色研究,并在对唐初视品官辨析之余,又提出了这样一个论点:梁代的流外七班相当于隋唐的"视品",蕴位、勋位则相当于隋唐的流外官,"隋的视品官从北齐得名,同时结合了梁位不登二品官之实,其视品官是对北齐、梁制的综合"。隋代的"视流内"中有国子学生及州郡主簿、功曹、从事等官,这源出自北齐制度;但北齐制度只是隋代视品制度的一小部分而不是全部,隋制还兼容了梁位不登二品之官,而把嗣王、郡王以下府官、亲王以下国官纳入了视品①。这确实是一个发微之见,它推动人们不仅要从其来源,而且还应从其去向,来理解流外七班及蕴位、勋位的性质。同时我们也打算从梁、齐、隋三朝的制度源流关系方面,补充一点不尽相同的意见。

北齐有流内比视官十三等,所比官品为从三品到从九品,其中列有领民酋长、中正、国子学生及州主簿、功曹、从事等官职②。领民酋长地位特殊但并不卑下,中正一官也是如此。国子学生在北魏《前职令》中曾被置于"七品中"这个等级,《后职令》中一度不见其踪迹,北齐复置于视从七品,再度确认了国子生的出身官资。因此就北齐制度而言,视品与流内九品乃是并立关系,之所以别为"视品",仅仅因其不被视为严格意义的官职而已。可梁朝的流外七班就不相同了,它整个地处于流内十八班之下,即令其最高一等亦即七班,也较流内一班为低。显而易见,北齐"视品"与萧梁七班在创制用意上大相径庭。

隋廷进而扩充增置"流内视品十四等",视正二品有行台尚书

①李锦绣:《唐代视品官制初探》,《中国史研究》1998 年第 3 期;《唐代制度史略论稿》,中国政法大学出版社 1998 年版,第 144 页。

②参看《隋书》卷二七《百官志中》。

令，视从二品有上总管、行台尚书仆射，视正三品有中总管、行台诸曹尚书，视从三品有下总管……列在“视品”的这些官职，显然也都不是卑官末僚①。由此可见，隋制基本继承了北齐之制，不仅“视品”这个名目与北齐“流内比视官”字面相近，就是在视品与流内并立一点上也是前后相踵，但与梁制相比就相去甚远了。唐代视品主要容纳府官、国官，而且这部分官职在不断萎缩、低落，以至与流外地位相近，这便使之看上去近乎南朝的流外七班了。不过从本质上说，“视品”制度依然属于北朝系统。进而，北魏令史一类职能性吏员被置于流外七品，在北齐这发展为流外九品，隋承其制。而在南朝，职能性官职被置于三品蕴位、三品勋位，一等而已。那么从“流外”制度看，隋唐所继承的实是北朝成法，而非梁制。

那么，我们再回到梁武帝的天监七年改制上来。这一年中除炮制出十八班制外，构成其“革选”的荦荦大端者，还在于流外七班的创立——不过叙述至此，“创立”一词业已十分不妥，因为这一制度，明明仍是对孝文帝所创“勋品、流外”的抄袭剽窃。它只能是直接取材于太和十九年《品令》及二十三年《职令》。我们推测，梁武帝在析分九品为正从上下之时，已经同时接过了流外七品之制；旋建十八班制，再改流外七品为流外七班。否则我们便无法解释，为何梁武帝的制度恰好也称“流外”，并且真就那么巧，恰好也正是“七”班，而不是六班或八班什么的！

孝文帝因其亲手“刊定九流”独创流外而颇为自负，自以为足可“仿像唐虞”。同时我猜想，梁武帝也一定暗暗佩服孝文帝的聪明：他居然就想得到，利用中正品也能认定官位等级的功能，而顺

①参看《隋书》卷二八《百官志下》。

理成章地由中正三至九品弄出一个独立的流外序列来，而且这个序列对建康朝廷也是那么有用！

宫崎氏也注意到，梁之流外七班与魏之流外七品是那么相似，不过他仍倾向于认为，那似乎并不是前者对后者的模仿①。当然乍一看来，十八班制与北魏官品改革似无大关联。仅就皆为“七”等而论其“模仿”，这证据似乎还不够板上钉钉儿，采取谨慎态度仍然值得赞许。川合安从“太府卿”一职先见于北魏、后见于萧梁，推测萧梁设太府卿乃是效法北魏，这便为推论七班效法七品增添了些许可信度。本章考述进而揭示，梁代在实施十八班制之前，还曾经采用过正从上下的官品析分之法，而这做法也正是北魏在先、萧梁在后的。以此为中介，魏、梁制度间就有了更密切的关联。孝文帝改革在前，创九品正从上下、创流外七品；而梁武帝改革在后，也用九品正从上下之法、也用流外七班，那么这承袭搬用的痕迹，还涂抹得掉么？

概而言之，有幸保存于《唐六典》中的材料，显示梁官品曾有正从上下之差，而这一制度只能源于北魏，那么十八班制就不由得露出了麒麟皮下的马脚，显示出它是由这正、从、上、下再加包装而来的了，并非平地起楼台。也就是说，梁武帝第一步是先来生吞活剥了这正从上下之法，随后第二步是将之改头换面为十八班之制，以标榜自有“特色”。考察表明，十八班制有太多地方显示了其与太和诸《令》的派生关系，例如使用着类似的“阶”和“半阶”的概念，诸卿地位高下有别，新出“太府”一职，对僚属地位随府主而变动这一点在官品中加以细密排定，等等。最后但绝不是最不重要的，是在建立流外七班使与十八班并存这一点上，梁武

①宫崎市定：《九品官人法の研究——科學前史》，第44—45页。

之法压根儿就是孝文帝的"士人品第有九,九品之外,小人之官,复有七等"的拷贝翻版。近年仍见有论著,叙流外官起源先从梁武帝的流外七班说起,这并不公平。

梁武帝的改制尽管表面上花样新奇,但其最核心的内容却是源于北魏的,不过是对太和制度的移花接木而已。自齐末到梁的天监前期,北魏与梁的相互通使,确实是一度中断了,其原因则是孝文帝南迁及相应的南侵行动①。因此南朝所得知的北魏官品改革信息,不大可能来自正式使节。不过南迁洛阳使双方的空间距离大大缩短了,北魏也大大强化了对江淮地区的军事压力,南北各种形式的接触交往,实际更为频繁了。《南齐书·魏虏传》对此期双方征战记载得尤为详细,并于太和二十三年有言:"是年,王肃为虏制官品百司,皆如中国。凡九品,品各有二。"北魏的"制官品百司",不久就为南士所了解,他们将之归功于王肃,评价它大致"皆如中国";不过他们也感到,这官品正、从制度却前所未闻、卓有新意,所以《南齐书·魏虏传》要特加一句"凡九品,品各有二",因为这"品各有二"之法就不是"中国特色"了。宫崎氏说孝文帝太和十九年《品令》的出现,与王肃自南归北、带来了最新知识有关。不过我仍以为,北魏《前职令》已把官品析分为正、从与上、中、下,时在王肃太和十七年北投之前;这种官品析分制度,对王肃来说反倒是"最新知识",是他在南朝闻所未闻的;太和十九年的《品令》出自孝文帝的夙构,且由其"亲议"而成,未必是王肃所教。无论如何,天监初年的建康君臣应有足够的信息渠道,知悉北魏若干年前"制官品百司"的大事,包括其官品的正、从、上、

①参看梁满仓:《南北朝通使刍议》,《北朝研究》1990年上半年刊(总第3期);张承宗:《魏晋南北朝时期的南北交往》,《中国史研究》1994年第3期。

下制度，及流外七品制度。

当然，为了表明其想象力并不输于孝文帝，梁武帝又翻出了一大堆新花样，如郡职十班、县职七班、将军号十品二十四班及不登二品者八班、施于外国之军号十品二十四班等等，叠床架屋。据《隋书》卷二六《百官志上》所记，这“十品”、“二十四班”及“八班”皆大有深意：“其制品十，取其盈数；班二十四，以法气序”，“别为八班，以象八风”——皆有“天人感应”的吓人来头；并一气儿就“厘定”了军号二百多个，大通三年复加刊正，更达三百六十多个！不过到这一步，梁武帝可就弄巧成拙了。孝文帝把郡县官次、将军号秩都统一于九品十八级三十阶，这种处理显然更为简捷实用，因而随后就为北齐参用①，并成了后代通例；即就军号数量而言，此后从周齐到隋唐的趋势也是趋简而非趋繁。孝文帝的军号保持在一百多个，北周的军号便已不到五十个，隋代初年有四十三号将军。而梁武改革显然与北朝的简化趋势背道而驰，花哨多于实用，热衷于炮制名号、致力于安排身份，而非增进行政效率。繁多军号的背后是繁复僵化的品位结构，而这正是江左政治的痼疾所在。

南朝之后，萧衍老翁的“创造性发展”便成了无人问津的垃圾。除去了袭取北魏的部分，天监革选时自出心裁的“特色”，已被历史证明无多价值。在这场官品变革的智力竞赛之中，梁武帝肯定只是个“小巫”。十六国以来的民族对抗与文化冲突中，人民经历过痛苦，但社会也因而激发出了生猛的政治活力；北朝国家

①黄惠贤先生说：北齐“正四品下不见有上、下阶的区别”，“北齐袭魏制，似无上、下阶之分”。见其《中国政治制度通史》第4卷（魏晋南北朝卷），第419页。按《隋书·百官志》及《通典》所记北齐官品，正四品以下均有上下阶，不知黄先生所言何据。

所孕育出的强劲官僚制化运动，构成了走出中古士族政治、通向重振的隋唐大帝国的历史出口。经孝文帝大规模汉化改制，北魏政治法律制度的完善已不逊色于南朝；其创制能力甚至已达到如是程度：足以青出于蓝、转徒为师，反过来向南朝提供制度的反馈了。此期有许多优秀制度产生于北方，相似的制度在北朝往往就运行得更好，书面上的法制规章能得切实贯彻的，也是在北朝政权之中。本书对南北官阶改革的相互关联的考察，同样说明了这样一点。即使是成为江左"礼乐正朔"之象征的梁武帝，尽管极力维持着表面的自大，最终也不能小看了北方的鲜卑异族，而来偷偷摸摸地取人之长补己之短。

或许有人会说：南朝吸取北朝制度，不过官品制而已，他则未闻。然而这却不是因为梁陈君臣善于取精华而弃糟粕，而是因为"国情不同"。试问，被盛赞为"取精用宏"的《魏律》二十卷，与江左名胜的风流浮诞岂能相容？北魏"大考百僚"的考课法，平流进取、尸禄素餐的门阀士族岂肯接受？面对豪强兼并权贵庇荫束手无策的建康朝廷，那促成了国富民丰的均田、三长之制，又岂是他们所能所敢借鉴实施的么？正如"国情论"每每被用来抵制改革、用来掩盖对既得利益的死不撒手一样，关键在于北朝的制度进步与江左政权的"特色"——代表门阀的政治权势，代表士族的经济利益，代表名士的文化爱好——方枘圆凿。于是，缺乏民族文化冲突与融合的江左小朝廷，在抱残守缺中日趋萎靡、日暮西山；因胡汉结合而充满开放气象的北朝，反而变成此期政治发展的重心和主流。梁武帝的十八班制昙花一现，孝文帝的九品十八级三十阶却为后代遵用，恐怕也是其表征之一吧。

四、北魏官阶改革之溯源

梁武帝也不由自主地取法拓跋政权的制度，这反映了北方官僚政治的勃勃生机。但从另一方面看，孝文帝改制的斐然成果，仍是对晋宋制度的发扬光大，而非拓跋族的固有“胡制”的天然引申。这个方面我们并没有忽略不计。具体说，孝文帝的官品析分看上去是“一代之别制”，可这做法也不是无源之水、无本之木。魏晋的九品官品是个较粗疏的级差，它比起汉代禄秩等级简略多了；但实际运用中魏晋王朝仍不能没有弥缝之法，这就是对班位、阶次加以利用。这应该就是孝文帝的正从品、上下阶之所本。

孝文帝所定官阶与考课及进阶之制是相互配合的，而在其改革前后，南朝本已存在着“阶”和“进阶”之事。《宋书》卷五四《羊玄保传》：“先是，刘式之为宣城，立吏民亡叛制，一人不禽，符伍里吏送州作部；若获者，赏位二阶。”《南齐书》卷八《和帝纪》齐永元二年（500 年）萧颖胄起兵举事后发教有言：“先有位署，即复本职，将吏转一阶。”《梁书》卷三《武帝纪下》：普通五年（524 年）秋七月，“赐北讨义客位一阶”。可见南朝官吏的等级管理办法中，本有“阶”的存在。

而且“阶级”还可以追溯到更早的魏晋时代。所谓“阶级”略有二义：第一，官位等级意义上的阶级；第二，官僚个人所得阶级。本来在官品创制之时，其中就保存着一些更细致的“位”、“阶”，后来这些东西就发展得更为繁密了。西晋之时，李重对“百官等级遂多，迁补转徙如流”提出批评，将之视为“为理之大弊”，并发出了"今宜大并群官等级,使同班者不得复稍迁"的呼吁①。由此可知,汉魏以来还算简略的百官等级,到西晋时变得分外复杂了。

李重说:"太始以前,多以散官补台郎,亦经(径)补黄门、中书郎,而今皆数等而后至。众职率亦如此。"②按郎中比三百石,尚书郎约三百石,尚书侍郎四百石,品级相去不远,故有"尚书郎初从三署诣台试"、以郎中径补尚书郎之制③。曹魏时的黄门郎、中书郎大约也是四百石④。所以"以散官(即郎中)补台郎,亦径补黄门、中书郎"并不奇怪。但西晋时就不同了,郎中八品,尚书郎六品,黄门郎、中书郎五品;此外又有先经东宫官才能做尚书郎的制度,而东宫太子洗马官品第七;还曾一度规定不经县令不得为台郎,所谓"晋朝设法,不宰县不得为郎"⑤。那么仅从官品看来,这条升迁路线就已增加了好几个阶级,昔日一蹴而就的黄门郎、中书郎,"而今皆数等而后至"了。

西晋潘岳曾说自己"八徙官而一进阶",李善谓"一进阶""谓徙怀令为尚[书]郎也"⑥,即由七品县令迁为六品尚书度支郎。

---

①《通典》卷一六《选举四》。

②《太平御览》卷二〇三引《李重集·杂奏议》。

③参看《续汉书》卷二六《百官志三》及注引蔡质《汉仪》。

④《北堂书钞》卷五七《秘书丞》引王肃《论秘书表》:"秘书丞郎俱秩四百石,迁宜比尚书郎,出宜为郡";"武皇帝初置秘书,仪依御史台。文帝屡有优诏,丞郎之选,位次比黄门郎。"秘书郎与尚书郎俱四百石,故秘书郎"迁宜比尚书郎";秘书郎位次又比黄门郎,黄门郎之秩也应该是四百石。以此类推,中书郎亦应四百石,同于秘书郎、尚书郎、黄门郎。

⑤参看拙作《察举制度变迁史稿》,第174—176页。

⑥参看《文选》卷一六潘岳《闲居赋》及李善注,《六臣注文选》,上册第289页。

所以中村圭爾说这个“阶”是个与官品相涉的概念,是正确的①。要是另从禄秩看,怀令约为六百石,尚书度支郎却是四百石②,那不但不是“进阶”,反倒是降秩了。进一步说,同品之中还有更多的阶级。刘颂基于“官久非难也,连其班级,自非才宜不得傍转”,在做吏部尚书时“建九班之制,欲令百官居职希迁”③。从官品看同品的官职变动属于“傍转”,而从“班级”看这些官职间存在着进一步的阶序,其间的变动有可能已构成“迁”了。主张“大并群官等级,使同班者不得复稍迁”的李重,也推崇这“选例九等”。推测刘颂的“九班选例”,应该就是一种以九品官品为依归,合并了一品之内各种不必要的阶次,从而大为简捷化了的等级安排④。这“九班选例”在西晋未能得到施行,但在十六国后赵

①中村圭爾:《初期九品官制における人事について》,《中國貴族制社會の研究》,京都大学人文科学研究所 1987 年版,第 84 页。

②据《续汉书》卷二六《百官志三》,汉制尚书令千石,仆射、尚书六百石,左右丞、侍郎四百石。这个禄秩规定很可能一直沿用到晋、宋以至南齐。《宋书》卷三九《百官志上》:“尚书令千石,仆射、尚书六百石,丞、郎四百石。”观上下文,所述应为晋宋制度。又《晋书》卷二四《职官志》:“尚书令,秩千石。”《北堂书钞》卷六〇《吏部尚书》:“《(晋书)百官表注》云:(吏部)尚书一人,秩六百石,掌选举事。”《艺文类聚》卷四八《职官部·尚书》:“《齐职仪》曰:尚书六人,品第三,秩六百石。”(又见《太平御览》卷二一二《职官部·总叙尚书》)《初学记》卷一一《吏部尚书左右丞》:“自汉魏以来,品皆第六,秩四百石,梁加品第四,秩六百石。出《齐职仪》及《五代史·百官志》。”由此推测,梁以前尚书令一直是千石,尚书六百石,尚书左右丞四百石,均同于东汉。推测西晋尚书郎,禄秩依然四百石而已。

③《晋书》卷四六《刘颂传》。

④对“九班”,还可参看中村圭爾的有关论述,见《初期九品官制における人事について》,第 83 页。

却成为经制①,显示了十六国官僚政治反倒富于活力。反过来看,“九班”的不成功努力就反证了当时的“阶级繁多”。

魏晋官品与汉代班位一样,都通过居前、居后及“班同”、“位视”等手段,来确认同品官资之高下。但这“阶级”还不简单等同于官品中的诸官排序,因为不同职类的官位间又各有其承接关系。宫崎市定、中村圭爾对此期东宫官的官序曾有排比②,我们以此为基础,略加补充订正,举例说明上述问题。首先看史料:

> 晋太子詹事有中庶子、庶子各四人。局拟散骑常侍,品第五,班同三令四率,次中书侍郎下。(《唐六典》卷二六《太子左春坊》)
>
> (晋)四率,各丞一人,服视左右卫将军,品第五,位同中庶子。(《唐六典》卷二八《太子左右卫率》)
>
> 第五品:给事中 给事黄门 散骑 中书侍郎 谒者仆射 虎贲中郎将 冗从仆射 羽林监 太子中庶子 太子庶子 太子家令 太子率更令 太子仆 太子卫率……(《通典》卷三七《职官十九·晋官品》)

一般说来,“局拟”是指官职类别可相比拟,“班同”意指等级相同,“次某官之下”则低下一位。第1条材料说中庶子、庶子“班同

①《文选》卷四九干宝《晋纪·总论》:“子雅制九班而不得用。”《六臣注文选》,下册第932页。又《晋书》卷一〇六《石季龙载记》:“吏部选举,可依晋氏九班选制,永为揆法。选毕,经中书、门下宣示三省,然后行之。”

②宫崎市定:《九品官人法の研究》,《宫崎市定全集》第6册,岩波书店1992年版,第174页以下;中村圭爾:《六朝貴族制研究》,风间书房1987年版,第2章“九品官制における官曆”,第239页以下。

三令四率”，那么可以认为太子中庶子到太子卫率共同一位；然而它们又都“次中书侍郎下”，那么从第3条材料看，这就把谒者仆射、虎贲中郎将、冗从仆射、羽林监四官“绕”了过去，这四官并不构成卫率到中庶子诸官的迁升之位。

再看如下材料：

晋太子门大夫，局准公申（车）令，班同中舍人。（《唐六典》卷二六《宫门局》）①

晋惠帝在储宫，以舍人四人有文学才美者，与中庶子共理文书。至咸宁二年，齐王冏为太傅，遂加名为中舍人，位叙同尚书郎。其后资渐高，拟黄门侍郎，班同门大夫，改尚书郎下。（《唐六典》卷二六《太子中舍人》）

第六品：尚书左右丞　尚书郎　治书侍御史　侍御史　诸督军粮　奉车驸马骑等都尉　诸博士　公府长史司马　从事中郎　二品将军及诸大将军特进都督中护军长史司马　廷尉正监平　秘书郎　著作郎　丞郎　黄沙治书侍御史　诸护军长史司马　水衡典虞牧官典牧司盐都尉　（太子门

①按，《太平御览》卷二四七又谓太子门大夫“班同中书舍人”，而不是“班同中舍人”。然而从太子门大夫、太子中舍人第六品，而门下中书通事舍人第七品来看，太子门大夫是不会“班同中书舍人”的，应以“班同（太子）中舍人”为是。“中舍人”被误为“中书舍人”还有一例。《宋书》卷四〇《百官志下》：“中舍人，四人。汉东京太子官属有中允之职，在中庶子下，洗马上，疑若今中书舍人矣。”中华书局本于此无校。按此处所言“疑若今中书舍人”中的“书”字应系衍文，本来应作“疑若今中舍人矣”。证以《通典》卷三〇《职官十二》：“中允，后汉太子官属有之。……其后无闻。宋齐有中舍人，是其职也。”其末句即当本于《宋志》原文“疑若今中舍人矣”。《宋志》衍“书”字当在《通典》成书之后。

大夫[①])度支中郎将校尉都督　材官校尉　王郡公侯郎中令　中尉　大农　王傅师及国将军　诸县置令秩千石者　太子侍讲　门大夫　中舍人……(《通典》卷三七《职官十九·晋官品》)

上引第2条材料末句“改尚书郎下”的“改”字,《职官分纪》作“次”,作“次”于义较长。可矛盾也由之而生了:太子中舍人原来“位叙同尚书郎”,“资渐高”了之后反倒“次尚书郎下”了,这好像于情理不合。我想也许《唐六典》编撰者叙二事误倒其序,正确的事序原应如下:中舍人原来“次尚书郎下”,“资渐高”了之后才得以“位序同尚书郎”。设若其说不误,那就意味着最初尚书左右丞及尚书郎为一位,太子侍讲、太子门大夫及太子中舍人为一位;后来中舍人改为“位叙同尚书郎”,便提高了一位而与尚书郎并列了。无论如何,太子侍讲、太子门大夫和太子中舍人这三官曾经“次尚书郎下”,这时从《晋官品》看,它们与尚书郎还间隔着从“治书侍御史”到“诸县置令秩千石者”好大一堆官职呢,然而它们跨越诸官而直承尚书郎,与尚书郎的位差仅止一个位次。

①除了这个“太子门大夫”外,后面还列有一个“(太子)门大夫”,二者必有一衍,当以后者为是,此处应删。中华书局1984年影印万有文库十通本《通典·晋官品》中,后一“门大夫”与前面的“太子侍讲”连为一官,作“太子侍讲门大夫”。钱仪吉《三国会要》犹承其误。王文锦等点校《通典·晋官品》(中华书局1988年版,第1005页)对前一“太子门大夫”无说,对后一“太子侍讲门大夫”只是注云:“北宋本、明抄本无‘侍讲’。”吕宗力主编《中国历代官制大辞典》所附《晋代职官品位表》删掉了前一“太子门大夫”,将后文的太子侍讲与门大夫断为二官(第872页),是正确的处理。而中村圭爾根据前一“太子门大夫”排定班次(《六朝貴族制研究》,第242页),则是不正确的。

再看如下材料：

> 晋……太子洗马八人，掌皇太子图籍经书，职如谒者，局准秘书郎，品第七，班同舍人，次中舍人下。(《唐六典》卷二六《司经局洗马》)①
>
> (太子舍人)晋十六人，品第七，班同食官令，在洗马下。(《职官分纪》卷二八《舍人》。按，这段文字被认为是《唐六典》的佚文)
>
> 第七品：……太子洗马　太子食官令　舍人……(《通典》卷三七《职官十九·晋官品》)

第3条材料《晋官品》所列"太子食官令、舍人"，原作"太子食官令舍人"，二官误连为一事。太子洗马与太子舍人在第七品中列在一处，因此可以说二者"班同"；但从更细微的区分看，太子舍人仅与太子食官令"班同"而已，却不能与太子洗马比肩并列，而是"在洗马下"的。进而，第七品的太子洗马"次中舍人"下，而太子中舍人在第六品，洗马与中舍人间隔的官职达二十多个，然而它们在跨越了这么一大堆官职之后，依然以次相接。

由上述事例看来，晋代的"阶级繁多"情况是相当复杂的。首

---

①宫崎市定把此文中的"中舍人"引作"门下中书通事舍人"，并排出了"太子洗马——尚书曹典事——门下中书通事舍人"的升迁路线；中村圭爾对此虽有怀疑，但仍沿用了这个排序，并多次把"中舍人"解释为"中书舍人"。但这做法没有什么证据。查《晋书》卷二四《职官志》："中舍人，……在中庶子下、洗马上。"那么请看：《唐六典》说太子洗马"次中舍人下"，《晋志》则说中舍人在"洗马上"，两方面恰好相互印证，显然都不关"中书舍人"什么事。按宫崎、中村氏的排比，太子洗马与其上面的一个位阶"中书舍人"同处七品，只隔着一个"尚书曹典事"而已；但照我们看来，七品的太子洗马的位次上接六品的太子中舍人，其间隔着好大一堆官职呢。

先是官品各级中存在着居前和居后的排序，学者常常由此观察某官官资，指出某官在"第几品第几位"；进而一品之中，还可能有若干官职为一组而构成的不同位次；最后，各个位次或各官的承接排序还与官职的类别有关。其间关系，看起来就像印刷电路板一样错综交织。

其实在汉代就已有类似情况了。例如《晋书·职官志》、《通典》卷二一《职官三》及《唐六典》卷八等都有汉魏符节令"位次御史中丞"的记载。按御史中丞秩千石，符节令秩六百石，其间还相隔着比千石一级，可是在朝位上二官却以次相接。徐天麟提供的那份汉代班序表①，也并不直接等同于各官的迁升阶梯。比如说，六百石治书侍御史之高第者既以补治书侍御史，又以补御史中丞，御史中丞出为二千石守相，这便形成了一种位次和一条仕途；又如尚书郎初上台为守尚书郎，中岁称尚书郎，三年称侍郎，剧迁二千石或六百石刺史，公迁为县令，这构成了又一种位次和又一条仕途。汉代迁升阶梯大约仍是较为简捷明快的，从晋人对本朝"阶级繁多"的感叹中，就能体察出西晋的情况已与汉朝有异。"阶级繁多"也许可以视作官僚政治趋于精致化的表征，然而晋代的政论家却头痛不已，他们更倾心于较为简捷的行政等级和迁转秩序。

以上所讨论的"位次"、"阶级"，都是与官品相互为用的辅助等级，但这并不是"位"、"阶"的全部意义。除作为行政等级外，此期"位"、"阶"还有第二个意义，就是用作从属于官僚个人的资位。

先来看一些三国时的"增位"史料。《三国志》卷二《魏书·文帝纪》黄初元年（220 年）十一月魏文帝初即位："封爵增位各有

①徐天麟：《西汉会要》卷三七，上海人民出版社 1977 年版，下册第 438—441 页。

差”；卷三《明帝纪》太和五年（231 年）七月：“以（诸葛）亮退走，封爵增位各有差”；卷四《高贵乡公纪》正元元年（254 年）冬十月：“甲辰，命有司论废立定策之功，封爵、增邑、进位、班赐各有差。”卷四八《吴书·三嗣主传》建兴元年（252 年）闰月：“诸文武在位皆进爵班赏，冗官加等”；永安元年（258 年）十一月：“诸将吏奉迎陪位在永昌亭者，皆加位一级”；元兴元年（264 年）八月：“诸增位班赏，一皆如旧。”

世入晋朝，“增位”同样是通行做法。今姑以汪兆镛所辑两晋增位之事为例：

> 泰始元年（265 年）文武普增位二等。
>
> 惠帝即位（290 年），增天下位一等。
>
> 中兴建（317 年），（元）帝于赐诸吏投刺劝进者加位一等。
>
> 元帝大兴元年（318 年）文武增位二等。
>
> 明帝大明三年（325 年）皇太子立，增文武位二等。
>
> 成帝即位（326 年），增文武位二等。
>
> 咸康元年（335 年）帝加元服，增文武位二等。
>
> 康帝即位（343 年），增文武位二等。
>
> 穆帝升平元年（357 年）帝加元服、亲万机，增文武位一等。
>
> 孝武帝太元元年（376 年）帝临朝，增文武位各一等。
>
> 安帝即位（397 年），增文武位一等。①

①汪兆镛：《稿本晋会要》卷二八《职官三》，书目文献出版社 1988 年版，第 339 页。

汪氏所辑并未搜罗无遗,引其为例只是为了举证方便,观其大概而已。

这些记载中所进之“位”(以及所加之“等”),显而易见是加给官僚个人的。“位”既可以指朝位,也可以指官位。东汉史料中已不乏“加位”之词,不过意义有所不同。这有两种情况。首先它往往与“特进”相关,即如“加位特进”或“进位特进”。“特进”本来就是个与朝位相关的待遇,加特进则朝位可以进至车骑将军下或三公下,后来就逐渐变成加号了。其次,东汉“加位”有时也径指迁为某官。例如《后汉书》卷七八《宦者列传》:郑众“和帝初,加位钩盾令”,蔡伦“后加位尚方令”。至如三国时代的“增位”、“进位”,当然不能排除指称迁官的可能性;但“冗官加等”、“加位一级”这些语句中的“位”,显已脱离了具体官职。《三国志》卷二七《魏书·王昶传》王昶《陈治略五事》:“其三,欲令居官者久于其职,有治绩则就增位赐爵。”“久于其职”是说令其官职如旧,那么“增位”显然就不是官职迁升,所“增”的乃是另一种等级。

对魏晋的这种“增位”,或有人会联想到汉代的“增秩”做法。汉廷欲使地方官久于其任则增其禄秩,魏晋南朝仍是如此。《晋书》卷七七《诸葛恢传》晋元帝太兴年间(318—321年)诏:“会稽内史诸葛恢莅官三年,政清人和,为诸郡首,宜进其位班,以劝风教。今增恢秩中二千石。”这里先说“进其位班”,后言“增秩中二千石”,似乎“位班”对应的是禄秩等级。然而我想这个“位班”当为泛称。尽管禄秩也是影响“位”之高下的因素之一,但从另一些情况看,“增秩”和“增位”在魏晋南朝判然有别。朱铭盘所编南朝诸《会要》,在“普进位”条下罗列了不少南朝加位进阶的实例

（当然，他把“赐爵”和“赐劳”①之事也掺入其中，恐不妥当）；同时另行辑出了“加秩”条，其中大多是郡守加秩中二千石的情况②，不妨参看。晋廷在“增位”之外，也另有“加秩”之法，如《晋书》卷六八《薛兼传》：“拜丹阳太守，中兴建，转尹，加秩中二千石”；同书卷七八《孔坦传》：“太和中，拜吴兴太守，加秩中二千石。”因此

①“赐劳”主要是梁武帝采用的措施，朱铭盘在《南朝梁会要》“普加位赐劳”条中辑有四条：《梁书》卷二《武帝纪中》：天监八年（509 年）春正月祠南郊，“内外文武各赐劳一年”；天监十年（511 年）正月祠南郊，“居局治事赐劳二年”；卷三《武帝纪下》：普通元年（520 年）春正月改元，“赐文武劳、位”；太清元年（547 年）正月祠南郊，“孝悌力田赐爵一级，居局治事赏劳二年”。此外《文苑英华》卷四二四梁武帝天监四年（505 年）《南郊恩诏》：“应天监三年内犯夺劳及左降，可悉原降。”此诏应在正月南郊之时，它还反映了当时有“夺劳”之事。以“积劳”、“夺劳”为赏黜本是汉廷旧制，魏晋以下官僚政治衰败，就很少这种做法了。时至南朝情况又有所变化。《宋书》卷三《武帝纪下》永初元年（420 年）夏六月诏：“亡官失爵，禁锢夺劳，一依旧准。”其时既有“夺劳”，则同时当有“积劳”，即累积功劳、勤务以为赏赐或迁转依据的考课之法，这应是刘裕、刘穆之在晋末重振朝纲时所恢复的。此后又如《南齐书》卷二《高帝纪下》建元元年（479 年）夏四月甲午诏：“亡官失爵，禁锢夺劳，一依旧典。”卷三一《江谧传》：泰始四年（468 年）“谧坐杖督五十，夺劳百日。”卷三六《谢超宗传》：“治书侍御史臣司马侃虽承禀有由，而初无疑执，亦合及咎。请杖督五十，夺劳百日。”《梁书》卷五《元帝纪》承圣元年（552 年）冬十一月丙子诏：“禁锢夺劳，一皆旷荡。”“积劳”与“夺劳”的制度是有积极意义的，然而梁武帝仅因南郊、改元便对官僚无功“赐劳”，则令其积极意义大打折扣。

②朱铭盘：《南朝宋会要》“班秩”条，上海古籍出版社 1984 年版，第 426—427 页；《南朝齐会要》“加秩”条，上海古籍出版社 1984 年版，第 345—346 页；《南朝梁会要》“加秩”条，上海古籍出版社 1984 年版，第 366 页。其例如“（宋）永初初，度支尚书江夷出为义兴太守，加秩中二千石”，“（齐）高帝建元初，卫尉萧惠基为征虏将军、东阳太守，加秩中二千石”，“（梁）天监中，通直散骑常侍、左卫将军、侍中、卫尉卿萧颖达出为信威将军、豫章内史，加秩中二千石”，等等。

上面所引诸葛恢的例子,实属“加秩”而非“增位”,“增位”与“加秩”各为一事。

“位”的本义与朝位有关,但它也抽象化了。因为对“增天下位一等”、“文武增位二等”这种措施,是不好理解为百官的朝堂席位都向前挪动一位或两位的,这并没有改变彼此的相对位次,大家齐步向前走,等于全都没有“增位”了;而且一次次向前“进位”,朝堂上也没那么大地方。同时它肯定也不是当朝文武全部升官的意思,那样的话人事变动范围就大而无当了,朝廷上非乱套不可。合理的推测是,所增之“位”不过记于官僚个人的官簿之上,构成了一种选举资格。

“荐人或起家至二千石”并不被看成好做法,因文官制度的内在要求和发展趋向,官员任命的资格制度依然在由粗入精、日趋周密。《晋书》卷四一《刘寔传》:“官职有缺,主选之吏不知所用,但案官次而举之。……观在官之人,政绩无闻,自非势家之子,率多因资次而进也。”又同书卷五五《张载传》:“今士循常习故,规行矩步,积阶级、累阀阅,碌碌然以取世资。”魏晋选举是以“阶级”为本的,它构成了“官次”或“资次”。这“积阶级、累阀阅”的日子会把人熬得庸庸碌碌,官迷们却乐此不疲。官僚政治的本性之一,便是强调资格而排斥不次颖脱。“超阶越次”、“不拘资次”,在当时就已被认为有违惯例、视同弊端了。

陶侃在荆州,“尝发所在竹篙,有一官长连根取之,仍当足,乃超两阶用之”。齐武帝曾谆谆叮嘱镇守雍州的萧子懋:“汝可好以阶级在意,勿得人求,或超五三阶。”①任命时是超一阶、超两阶甚至“超五三阶”都较然可知。那么某人现为某阶,某官应须某阶,

---

①《世说新语·政事》;《南齐书》卷四〇《晋安王萧子懋传》。

都必有相应的管理制度。《南齐书》卷一六《百官志》:“肇域官品,区分阶资,蔚宗选簿梗概,钦明阶次详悉,虞通、刘寅因荀氏之作,矫旧增新,今古相校。”这“阶资”制度,见于正式法令,记于选簿官仪。那么“两阶”也好,“五三阶”也好,就应该同时记载于个人官簿和朝廷选簿之上,以为迁转之依据,是所谓“贯鱼之序”。

中村圭爾对晋代选官中的“资次”已经有了许多讨论,可供参考;他还引述了晋人的“随牒推移”、“随牒展转”之语,以及颜师古注:“随牒,谓随选补之恒牒,不被超擢者。”①我想这“牒”并不是选补任命书,而是指记载阶级的官簿。刘宋末萧道成平刘休范,迁中领军、镇军将军、领南兖州,增户邑,固让;褚渊、袁粲答曰:“今以近侍禁旅,进升中候,乘平随牒,取此非叨。济、河昔所履牧,镇军秩不逾本,详校阶序,愧在未优。”事见《南齐书》卷二三《褚渊传》。“乘平随牒”之“牒”,就是记载“阶序”之“牒”。证以《宋书》卷六三《殷景仁传》,殷景仁上表让侍中:“身荷恩荣,阶牒推迁,日月频积,失在饕餮”,诚请“回改前旨,赐以降阶”。既然以“阶”名“牒”,其性质就不言自明了。褚渊、袁粲意谓对萧道成的任命是“乘平随牒”、依据“阶序”的,不但“秩不逾本”,而且还“愧在未优”呢,该惭愧的不是您萧老先生而是我们朝廷有司。真是腆颜逢迎,拍马有术。

吕思勉曾把“资格用人之始”上溯到了汉末②。按,汉代官员晋升的常规依据是“功次”,它以年月日来计量,也被一五一十地

①中村圭爾:《初期九品官制における人事について》,第87页。

②《吕思勉读史札记·资格用人之始》,上海古籍出版社1982年版,第527页。其所举例证,是《后汉书·董卓传》注引《献帝起居注》的“主者患之,乃以次第用其所举”一句。

记载在“牒”上①,也有以若干“算”来计算功过的②。而魏晋南朝的“牒”上很可能又增添了关于位阶的记录,所以才有了“阶牒”之称。当官儿的既然“勉厉于阶级之次”③,可想而知“阶牒”就成了他们的命根子,把其中好不容易累积的阶级一概削除,便被用作严厉惩罚。梁代的伏暅就几乎惨遭不仅免所居官、而且“凡诸位任,一皆削除”的厄运④。而官僚如在“增位”、“加等”时获得了若干阶级,那么其升迁就可以跨过若干阶级了。比方说吧:某人迁为某官原属“超两阶”,不合通例;但谢天谢地,他刚好在“增文武位二等”时获得了“二等”的恩典,那么这任命便名正言顺,不再属于“资轻”或“资籍不当”了。所以朝廷“普增位”的诏书所到,大小官僚们无不欢声一片,“鸟腾鱼跃,喜蒙德泽”⑤。

从属于官品的“阶级”与从属于官员个人的“阶级”,存在着一而二、二而一的关系。也就是说,诸如太子中舍人“位叙同尚书郎”、太子卫率“位同中庶子”之“位”,与“加位一级”、“增文武位二等”之“位”,是同一制度的不同方面。《梁书》卷四一《褚翔传》:“时宣城友、文学加它王二等,故以翔超为之。”这就同时显示出阶级的双重意义:官职的阶级和个人的阶级。宣城王国的友与

---

①参看大庭脩:《论汉代的论功升进》,《简牍研究译丛》第2辑;大庭脩:《〈建武五年迁补牒〉和功劳文书》,《简牍研究译丛》,湖南出版社1996年版;胡平生:《居延汉简中的“功”与“劳”》,《文物》1995年第4期。据胡平生所揭,这种文书上包含八项内容:职务,爵秩,姓名,功劳,能力,年龄,身高,家庭住址及距离任职地远近。

②于振波:《汉简“得算”、“负算”考》,《简帛研究》第2辑。

③《南齐书》卷三九《刘瓛传》。

④《梁书》卷五三《伏暅传》。

⑤《晋书》卷五一《挚虞传》:“时太庙初建,诏普增位一等。……虞上表曰:‘……驿书班下,被于远近,莫不鸟腾鱼跃,喜蒙德泽。’”

文学，高于其他王国的友与文学二等，这是官阶的等差；褚翔的任命被认为是"超为之"，则是就其个人阶级比照官阶而言的。在选官的时候，选曹要对这两种"阶级"同时斟酌权衡，使二者尽量相应。

至于官员个人如何获得"阶级"，可能存在着多种途径。如上所述，朝廷时常特开恩典、普增百官之位，这是获得阶级的途径之一。这种"增位"有时与某种贡献相关，例如前引曹魏高贵乡公正元元年(254 年)的"命有司论废立定策之功，封爵、增邑、进位、班赐各有差"，孙吴景帝孙休永安元年(258 年)的"诸将吏奉迎陪位在永昌亭者，皆加位一级"，以及晋元帝的"赐诸吏投刺劝进者加位一等"。正因为立功或特殊贡献也是进阶的途径之一，所以刘宋周朗建议令天下养马，提出的鼓励办法便是"阶赏有差"①。

但就一般情况而论，获阶的最基本条件应是"秩满"，亦即供职某官达到了一定年头，累积了相应的资历和劳绩，便获得了相应阶级。这类似于汉代尚书郎初任为守尚书郎、中岁称尚书郎、三年称侍郎的情况。《南齐书》卷二《高帝纪下》建元元年(479 年)六月辛未诏："相国、骠骑、中军三府职，可依资劳度二宫。若职限已盈，所余可赐满。"其时相国府、骠骑将军府、中军将军府的府吏尚未"秩满"，但萧道成称帝伊始特施恩惠，便优许他们根据当下的"资劳"大小，提前选任为"二宫"之职；对因"二宫"职员已满而未得选任的府吏则予以"赐满"，令其获得一阶而不至吃亏。可见"秩满"即可得阶。"二宫"指东宫②，"三府职"和"二宫"之职，分别构成了仕途迁转之两阶。类似做法，又如《梁书》卷二《武帝纪下》天监元年(502 年)夏四月癸未诏："相国府职吏，可依资

①《宋书》卷八二《周朗传》。

②参看周一良：《魏晋南北朝史札记》，"晋书札记 · 二宫"条，第 45 页。

劳度台。若职限已盈，所度之余，及骠骑府，并可赐满。”在这份诏令中，相国府、骠骑府职构成了仕途之一阶，尚书台职构成仕途之一阶。若暂未迁官，给予阶级也是褒奖之法。然而迁阶而不授官毕竟不够实惠，有时就会招惹不满。《梁书》卷五三《伏暅传》曾提到，何远“累见擢”而伏暅“迁阶而已”，结果弄得伏暅“意望不满，多托疾居家”，泡开了病号。

总而言之，由曹魏而入西晋，官品中就已存在着众多更细致的位次了；以此为基础，官僚升迁也都要“积阶级、累阀阅”，一阶阶地爬上去。当时“阶级繁多”曾被视为时弊，但不能否认其中也包含着一些进化因素。以往的中古士族研究，往往把精力放在揭示士族“平流进取”的选官特权上，但江左五朝依然使用着繁密的进阶制度，官僚晋升依然要“积阶级、累阀阅”，却提示着另一方面的情况。在叙述中古士族时我们使用了“贵族化”的字眼儿，但“化”并不等于说他们已“化”到了尽头，变成百分之百的贵族了。这个时代的官僚政治依然是一种深厚的政治传统，士族政治不过是官僚政治的“变态”而已。前面对魏晋南朝位阶制的考察，就显示这样一点。

那么再回到北魏孝文帝的官品改革上来。上面的叙述似乎绕了好大一个弯子，但我们毕竟非无所得：孝文帝析分九品为三十阶的做法，并不是冷不丁从天上掉下来，或从地里冒出来的，而是其来有渐。梁武帝的班制改革显示，北朝对南朝也有制度反馈，北朝制度发展史并非仅仅是学习汉晋南朝的进程。但另一方面，北朝所反馈于南朝的制度，又非鲜卑部族所固有的胡制，而是华夏传统制度的更上一层楼。

西晋的“阶级繁多”，大概包含着错综交织的等级结构和迁升路线，阶级高下则受制于官品、禄秩、朝班、清浊等多重因素；并且纵向上不同职类的官职，如朝官、地方官及府官、国官等等，可能还各有因积习而来的阶次，使水平向度的比较也呈复杂暧昧之态。刘宋时“建平国职，高他国一阶”这种安排，仅用九品官品很难清晰标示，因为虽高一阶但仍在一品之内，而且这“一阶”还可能仅仅和“国职”相关。可是梁代班品就不同了，“时宣城友、文学加它王二等”一类区分，在十八班加流外七班的体制下更容易宛曲入微，各类府属、国官和州佐分布于流内八九班直至流外一班，有十几级之差。这个方便，就出自对北魏孝文帝官品析分的效法。孝文帝的官品析分，把错综交织的冗杂阶级整齐化为正、从、上、下，由此大为简捷明快了；此后建立的“三年成一考，一考转一阶”一类制度，进而使官阶制与考课制紧密结合起来，考课所进之“阶”就是官员等级之“阶”，晋升严格依据于“考阶”。帝国官僚的等级管理，从此又登上了一个新台阶。再往后的唐代考课进阶制度，以及“各以资次迁授”的循资制度①，它们无疑就是北魏制度的发扬光大。因而孝文帝官阶改革的进步，乃是胡汉双方共同浇灌的政治成果。

①唐代的职事官，除清望官及清官外，“各以资次迁授”，如超资授官则需要各种条件。参看胡宝华：《试论唐代的循资制度》，《唐史论丛》第4辑，三秦出版社1988年版，第187页。

第八章　军阶的演生

魏晋南北朝时期,没多少或根本没有实际行政职掌、而更多用于维系文武官僚位望权益的名号、禄位,眼看着一天天多起来了。各种掾属僚佐,东宫官,诸大夫,东西省散官,以及散号将军等等,皆是。就在其间,"品位分等"的文武散阶制度开始萌生、发展。必须指出,在散阶制的发展中,将军号进展最快,至少在萧梁和北魏,它们已呈现为严整有序的阶官序列了。时至西魏、北周之际,军号复得发挥"拉动"作用,把诸大夫、东西省文散官也"拉"入了"本阶"境界。再后的演进中,军号还构成了唐代武散阶的来源。在讨论中古品位制度的时候,军阶是个不可遗略的话题。

一、秦汉的将军制度

魏晋以下用以确定官阶的军号,是以战国秦汉以来将军制的演化为基础的。"将军"在《左传》、《国语》中就能看到了[①],它被用作官名,可以认为始于战国。按照顾炎武的意见,春秋"已有将军之文,而未以为名也。……及六国以来,遂以将军为官名"。他列举了此期所见"将军"、右将军、上将军、大将军等称号,说是"至汉则定以为官名矣"[②]。学者指出:"将军原是春秋时代晋卿的称号",战国时代"在官僚机构中不得不文武分家,产生了文官的首长——相,和武官的首长——将"[③]。《尉缭子·原官》所谓"官分文武,王之二术也"。《尉缭子》、《六韬》等兵书显示了"什长—伯长—千人之将—万人之将—左右将军—大将军"(或如"长—吏—率—将"之类)编制形式的存在[④]。战国时统兵出征的将领都称为将军,有大将军、上将军、左右将军、裨将军、护军将军、客将军等等军职[⑤]。楚怀王遣兵救赵,"乃以宋义为上将,项羽为次将,范增为末将"[⑥]。高下不等的将军呈现出了统属级差,而这就是后来将军得以序列化的萌芽。

汉代的将军名号,比起先秦来又多了不少,并显示出了不同

---

①《左传》昭公二十八年:"岂将军食之而有不足?""将军"指魏戊。杜预注:"魏子,中军帅,故谓之将军。"《国语·晋语四》:"郑人以詹伯为将军。"又《吴语》:"十旌一将军。"参看洪迈:《容斋随笔》卷七《将军官称》,第69页。又《通典》卷二八《职官十》:"晋献公初作二军,公将上军,则将军之名,起于此也。"

②顾炎武:《日知录》卷二四《将军》,《日知录集释》,下册第1066—1067页。

③杨宽:《战国史》,第204页。

④《尉缭子·束伍令》:"《战诛之法》曰:什长得诛十人,伯长得诛十长,千人之将得诛百人之长,万人之将得诛千人之将,左右将军得诛万人之将,大将军无不得诛。"上海古籍出版社1990年版,第13页;《六韬·犬韬·均兵》:"五骑一长,十骑一吏,百骑一率,二百骑一将。"上海古籍出版社1990年版,第24页。

⑤参看王宇信、杨升南:《中国政治制度通史》第2卷(先秦卷),第565页。

⑥《汉书》卷一上《高帝纪上》。

的类别。安作璋、熊铁基先生把它们区别为“重号将军”和“杂号将军”:“自大将军至前后左右将军,均为重号将军,为皇帝的最高级武官。此外还有众多的‘杂号将军’,或者说列将军。”①廖伯源先生则分称“征伐将军”和“中朝将军”:一类临时委任以征伐防卫,一类领戍京师军队,在宫内与闻政事②。临时性的征伐将军,“是为征伐叛乱和进行外征而临时设置的官职,因此,战事一旦结束,将军就被罢免,这是武帝以前大体上的原则”③。当然两类将军也有交叉重合的时候,如中朝将军有时也担任征伐。

前一类将军,即学者所谓的重号将军或中朝将军,据《续汉书》卷二四《百官志一》:“比公者四:第一大将军,次骠骑将军,次车骑将军,次卫将军。又有前后左右将军。”注引蔡质《汉仪》:“汉兴,置大将军、骠骑,位次丞相;车骑、卫将军、左右前后,皆金紫,位次上卿。”这些将军地位颇高,均金印紫绶,位在御史大夫之上。他们经常参与中朝议政,如果领尚书事,就能成为中朝的辅政者,实权有时竟在丞相或三公之上。所以廖伯源有“中朝将军”之称。劳榦也曾说过:自大将军霍光当政之后,“从此将军属于中朝了”④。不过杨鸿年先生认为:“中朝官里有将军,有武官;但不能说所有武官将军,以至校尉,都是中朝官”,且“后汉朝官已无中外之分”⑤。将军之成为中朝官,除领尚书事外,大约是通过“加

---

①安作璋、熊铁基:《秦汉官制史稿》,上册第244—245页。

②廖伯源:《试论西汉诸将军之制度及其政治地位》,《历史与制度——汉代政治制度试释》,第140页。

③大庭脩:《秦汉法制史研究》,第317页。

④劳榦:《论汉代的内朝与外朝》,《劳榦学术论文集》,甲编上册第551页。

⑤杨鸿年:《汉魏制度丛考》,“中外朝官的范围”条,第118—119页。

官”来实现的①。

据廖伯源统计，西汉霍光以后领尚书事者凡二十二人次，其中有十五人次，其本官是“将军”②。由于这类将军的政治权势，韩国学者金翰奎甚至把汉武帝以后的政治体制称为“幕府体制”，并以之解释东亚世界秩序。张传玺先生则提出异议，认为执政将军——张先生称为“文职将军”——的权势来自发展中的尚书台，而非将军的幕府③。汉武帝以后，这类将军主要来自外戚宠臣，还有儒生师傅厕身其间（如西汉萧望之以前将军领尚书事），往往一辈子不见他们驰骋疆场。东汉又有不少将军干脆不领京师兵马了。就此而言，张先生称为“文职将军”倒也不为无据④。无论如何，这八个将军号形成了一个序列，军职的高下也标志着辅政者的地位高下。例如昭帝初霍光、金日磾、上官桀一块辅政时，“大司马大将军、领尚书事”、“车骑将军”和“左将军”，就确认了这三

---

①陈仲安、王素先生云：“按所谓中朝官的制度，大致是通过‘加官’来实现的。”见其《汉唐职官制度研究》，第 16 页。安作璋、熊铁基先生把诸将军叙述于“中朝官”一章，孟祥才先生采取同样处理。但安、熊二先生也提示了“加官”的必要性：将军“加诸吏、给事中等称号之后，便得宿卫皇帝左右，参与中朝朝议，决定国家大事”。分见安作璋、熊铁基：《秦汉官制史稿》，上册第 243 页；孟祥才：《中国政治制度通史》第 3 卷（秦汉卷），第 4 章第 3 节。

②廖伯源：《试论西汉诸将军之制度及其政治地位》，《历史与制度——汉代政治制度试释》，第 176 页。

③金翰奎：《秦汉史之总合性研究与幕府体制》；张传玺：《对金翰奎论文的评议》；均见高丽大学主办东洋史学会第十届研讨会暨国际学术讨论会论文集：《中国史研究的成果与展望》，中国社会科学出版社 1991 年版。

④《宋书》卷三九《百官志上》引鱼豢，谓车骑将军“其或散还，从文官之例，则位次三司”。这个曹魏制度，大约承袭的是汉末旧例。可见散居中央的将军，有“从文官之例”的情况。

个人的地位差序。

后一类将军，即学者所谓“杂号将军”、“列将军”或“征伐将军”。据宋人徐天麟所考，西汉军号有数十种之多，其命名的办法，或以兵种、或以事任、或以赞语、或以地名、或以征伐对象。后汉将军数量也毫不逊色，徐氏考得五十余种①。据廖伯源统计，以汉武帝为界，西汉前期的将军几乎全都是征伐将军，而后期绝大多数是中朝将军。西汉军号共四十七个，武帝及武帝之前所见的占三十九个，后期新出军号八个，所见军号十八个。东汉军号共七十五个，光武时所见四十九个；此后直到献帝以前的一百三十三年里，新出军号只有七个，所见军号只有十四个；献帝的三十年中，新出军号十九个，所见军号三十个。所以廖先生说，东汉大多数时期，将军制度是“简单化”了的②。

不难看到，和平年代将军制度往往会趋于简化，而战乱频仍之时，杂号将军或征伐将军就伴随着四起的狼烟一起增殖了。《续汉书》卷二四《百官志一》：“世祖中兴，吴汉以大将军为大司马，景丹为骠骑大将军，位在公下；及前后左右杂号将军众多，皆主征伐，事讫皆罢。”刘秀逐鹿定鼎之际的许多将军尽管“事讫皆罢”，但它们的一些特点却很引人注目。刘秀曾广设将军，包括众多杂号大将军，如建威大将军、建义大将军、强弩大将军、虎牙大将军、征南大将军、征西大将军、横野大将军之类；进而各将军间还经常呈现出统属关系。如大司马大将军吴汉经常率领十二将军或九将军出战，又如“骠骑大将军景丹率征虏将军祭遵等二将

①徐天麟：《西汉会要》卷三二，第311页以下；《东汉会要》卷一九，中华书局1955年版，第196页以下。

②廖伯源：《东汉将军制度之演变》，《历史与制度——汉代政治制度试释》，第206—207页。

军击弘农贼","虎牙大将军盖延率四将军伐刘永","岑彭为征南大将军率八将军讨邓奉于堵乡","征虏将军祭遵率四将军讨张丰于涿郡","扬武将军马成率三将军伐李宪",等等①。这大将军统将军、将军复统将军的格局,虽因"天下既定,武官悉省"②,功臣多去将军号、"就第"家居而止,但这毕竟提示人们:战争频度与将军数量往往是成正比的,众多将军间的统属关系中隐含着序列化的可能性。

东汉将军制度又出现了一些变化,廖伯源为之揭著"名誉将军"一名:"名誉将军,则是既无领兵征伐之职权,亦不在朝与政之将军;其冠将军之号纯为荣誉性质。盖将军秩位崇高,礼仪尊重,又非政治组织中经常设置之官职,且无员额之限制,故皇帝用将军之号以宠异其亲幸,或在乱世时当政者用以安抚拉拢地方势力。"不仅官僚贵族经常用军号作荣衔,桓帝和灵帝时连宦官都能弄到将军称号,例如单超、曹节荣获车骑将军,以之养疾。这"拜将养病"的做法,真叫人齿冷。至于追赠军号的例子,廖氏考得十四例之多③。当时应劭就谴责过这种做法了:"灵帝数以车骑将军过拜孽臣内孽,又赠亡人,显号加于顽凶,印绶污于腐尸。昔辛有睹被发之祥,知其为戎;今假号云集,不亦宜乎!"④他用的"假号"一辞,正表明将军在由军职而向名号演化。其实早在汉武帝时,就有一些装神弄鬼的方士荣膺军号了,像文成将军少翁、五利将

---

①《后汉书》卷一《光武帝纪上》。

②《太平御览》卷二三八引《汉书》。

③廖伯源:《东汉将军制度之演变》,第206页及有关部分。

④《续汉书》卷一三《五行志一》注引。王利器《风俗通义校注》认为是《风俗通义》佚文。中华书局1981年版,下册第568页。

军栾大之流，有人称为“方术将军”[①]。可见军号不一定总和军政相干。军号还可以与文官互兼，例如右将军、典属国常惠死了，冯奉世代替他做了右将军、典属国；后来冯奉世升官为光禄勋，仍然带有右将军之号[②]

二、魏晋南朝将军号的散阶化

下面以“散阶化历程”为主线，来观察魏晋南朝将军号的有关变迁[③]。

汉末动乱以来，军号再度迅速增殖。曾有学者考得魏晋南北朝的将军官印，在七十余号以上[④]，这当然远不是军号的全部了。前述廖伯源统计，东汉军号共七十五个；献帝三十年中，新出军号十九个，所见军号三十个。而三国时代，我就洪饴孙《三国职官

---

①张艳国把汉代将军分为军阵将军、军制将军、方术将军三类。见其《论汉武帝时代将军制度的缘起》，《学术月刊》1989 年第 3 期。

②《汉书》卷七九《冯奉世传》：“右将军、典属国常惠薨，奉世代为右将军、典属国，加诸吏之号。数岁，为光禄勋。永光二年秋，陇西羌彡姐旁种反，诏召丞相韦玄成、御史大夫郑弘、大司马车骑将军王接、左将军许嘉、右将军奉世入议。”由文义推知，冯奉世担任光禄勋后仍保持着右将军之号。

③我的研究生陈奕玲同学与我共同致力这一课题，她的《考议魏晋南朝的将军开府问题》(《西安教育学院学报》1999 年第 2 期，或中国人民大学书报资料中心《复印报刊资料》1999 年第 6 期)、《魏晋南朝军号散阶化的若干问题》(北京大学历史学系 2000 年 6 月硕士论文，其同题论文将刊于《燕京学报》新 13 期)，对本节所涉问题还有更深入的探讨，敬希参看。

④叶其峰：《魏晋南北朝时期的将军及有关武职官印》，《秦汉魏晋南北朝官印研究》，香港中文大学文物馆 1990 年版。作者所搜罗武号官印八十八枚，其中所见将军号七十余个。

表》所辑[1]略加统计，要是把征镇安平、前后左右等将军都分别计算（即如征东为一号、征西为一号之类），再把加“大”者单计的话，那么仅曹魏时的将军就有百种以上。此外，蜀国特有的军号二十多个，吴国特有的军号也有二十多个。这样看来，三国军号可达一百四十多个。蜀《黄龙甘露碑》的列名中，如“跋尾”所云，便有“安汉、镇东等将军二十余人”[2]。由此而下，将军的名号化、位阶化进程骤然加速。有关进程，可以分别从军队将领之加军号，地方牧守、都督之加军号，及中央朝官之加军号等几个方面，大略观之。

狼烟四起之世，克敌制胜离不开将士们效死用命，酬功奖劳就少不得名位的褒赏，这时军号的普授便是再自然不过的事情。将领们的军号高下构成了其军衔，军号的变换呈现为军阶的迁升。例如：

> 张辽：建安中数有战功，迁裨将军；讨袁谭、袁尚，行中坚将军；破袁谭还邺，为荡寇将军；于合肥拒孙吴，拜征东将军；文帝即王位，转前将军。（《三国志》卷一七《魏书·张辽传》）
>
> 乐进：官渡力战，行游击将军；击袁谭，迁折冲将军；从征孙权，迁右将军。（《三国志》卷一七《魏书·乐进传》）
>
> 于禁：击袁绍，迁裨将军；袁绍破，迁偏将军；平东海，拜虎威将军；后迁左将军。（《三国志》卷一七《魏书·于

---

①洪饴孙：《三国职官表》，《后汉书三国志补表三十种》，下册第1489页以下。

②《隶续》卷一六，第426页。

禁传》)

张郃:降曹操,拜偏将军;讨柳城,以功迁平狄将军;御刘备,拜荡寇将军;文帝即位,为左将军;御诸葛亮,拜征西将军、车骑将军。(《三国志》卷一七《魏书·张郃传》)

徐晃:破武原贼,拜裨将军;破文丑,拜偏将军;从征蹋顿,拜横野将军;讨山氐,迁平寇将军;文帝即位,迁右将军。(《三国志》卷一七《魏书·徐晃传》)

臧霸:建安中为威虏将军;讨孙权,拜扬威将军;文帝即王位,迁镇东将军。(《三国志》卷一八《魏书·臧霸传》)

文聘:讨关羽,加讨逆将军;文帝时御敌有功,迁后将军。(《三国志》卷一八《魏书·文聘传》)

蜀国与吴国,自然也有同样情况。例如:

赵云:当阳之战保护甘夫人及后主,迁牙门将军;从刘备定蜀,为翊军将军;建兴元年,为征南将军,后迁镇东将军;箕谷之败,贬为镇军将军。(《三国志》卷三六《蜀书·赵云传》)

丁奉:初为小将,以功稍迁偏将军;孙亮即位,为冠军将军;破魏,迁灭寇将军;迎魏将文钦来降,以为虎威将军;与魏力战有功,拜左将军;孙休时斩孙綝,迁大将军。(《三国志》卷五五《吴书·丁奉传》)

从赵云的例子还能看到,军号不仅用于迁升,而且也用于贬降。军号的贬降和一般的降官是不能等量齐观的,因为当事人职权如故,发生变动的只是军衔。

魏晋时的军阶与军职的分化是一个过程,其时当然也有仅以将军头衔领兵出征的将帅,不过总的说来,军中另有编制,军职另有其名。东汉的军队编制是"部曲",大将军领营若干"部","部"有校尉、军司马,"曲"有军候,再往下还有屯长①。正常情况下将军员少位高,称"将军"的一般都是一军统帅;而魏晋以降军号泛滥,中下级军官拥有军号者与日俱增,这就促使着军号向衔号演变了。魏晋时代出现了牙门将、骑督、千人督、部曲督、部曲将等领兵军职,南北朝又逐渐形成队、幢、军的军队编制②,野战部队的各级军官称队主、幢主、军主,还有"万人督",驻防营队之长则名为戍主、防主③、城主、镇主。这些军职才是真正的领兵者,军号却不过是军职的加衔而已。例如蒯恩"以宁远将军领幢"④,张弘策

①《续汉书》卷二四《百官志一》。朱国炤先生根据青海省大通县上孙家寨汉简,指出当时军队编制单位如下:校、左部、右部、前曲、后曲、左官、右官、前队、后队、伍;这"与《后汉书·百官志》的军、部、曲、屯四级不一致。我们认为,应以木简记载为是";木简显示的这种制度,又与《通典》卷一四八《兵一》所记军、裨、校、部、曲、官、队、火、列的编制相合。见其《上孙家寨木简初探》,《文物》1981 年第 2 期。《通典·兵一》所记,朱先生认为是汉以前史料;上孙家寨木简系西汉中期史料;至于《续汉志》所记,我想也不会凭空而来,或许可以断为东汉制度。

②周一良:《魏晋南北朝史札记》,"军主、幢主、队主"条,第 408 页以下;朱大渭、张文强:《中国军事通史》第 8 卷(两汉魏晋南北朝卷),军事科学出版社 1998 年版,第 264—265 页。又据后书,"队是晋代军队的另一基本单位","每队有兵五十人",第 55 页。按《通典》卷一四八《兵一》:"五伙为队。"是"队"作为军队基层编制,西汉已然。这已由青海大通上孙家寨木简中的"前队"、"后队"得到证实。参看朱国炤:《上孙家寨木简初探》,《文物》1981 年第 2 期。

③戍主、防主,见宫川尚志:《六朝史研究·政治社會篇》,平樂寺書店 1964 年版,第 577 頁。

④《宋书》卷四九《蒯恩传》。

"为辅国将军、军主、领万人督后部军事"①,这里的宁远将军、辅国将军是他们的军阶,"领幢"、"军主、领万人督"才是其军职。《晋书》卷八四《刘牢之传》:晋安帝"元兴初,朝廷将讨桓玄,以牢之为前锋都督、征西将军,领江州事。……元显既败,玄以牢之为征东将军、会稽太守。牢之乃叹曰:'始尔,便夺我兵,祸将至矣!'""前锋都督"应是"万人督"一类的统帅之称,亦即军职,征西、征东将军则仅仅军阶而已;所以刘牢之免去军职之后,"将军"不废,兵权却弄没了。

其次再看地方军政长官加军号的情况。汉末以来,加授军号往往被用作对地方实力派的笼络羁縻之方,例如汉献帝拜荆州刺史刘表为安南将军,加庐江太守陆康为忠义将军,任刘繇为扬州牧、振威将军,迁陶谦为徐州牧、安东将军,加益州牧刘璋为振威将军,等等。按,西汉淮南王刘安曾把他的中郎伍被呼为"将军",衡山王刘赐曾把他的儿子刘孝呼为"将军",史家指出这都和"逆计"相关②;秦汉的民间起事者往往以"将军"为号③,也是相当引

---

①《梁书》卷一一《张弘策传》。又《南齐书》卷七《东昏侯纪》徐世檦语:"五百人军主,能平万人都督";《南齐书》卷二九《周山图传》齐武帝谓周山图:"卿罢万人都督,而轻行郊外……"万人都督看来是军主之上的大将,甚至一军主帅。

②《汉书》卷四四《衡山王刘赐传》、卷四五《伍被传》。王先谦《汉书补注》引周寿昌曰:"汉制,诸侯王国止有中尉,掌武职,无将军。将军,天子之官也,淮南王僭呼伍被,故被以亡国为言。《衡山王传》,号其子孝曰'将军',时王有逆计也。"中华书局 1983 年版,下册第 1032 页。

③略撮数例如下:《史记》卷四八《陈涉世家》:"陈胜自立为将军。"《汉书》卷一〇《成帝纪》:阳朔三年(前 22 年)申屠圣反,"自称将军";永始三年(前 14 年)樊并反,"自称将军",苏令反,"自称将军";卷一二《平帝纪》,元始三年(3 年)任横反,"自称将军";卷九九下《王莽传》:"及后汉兵刘伯升起,皆称将军,攻城略地";"析人邓晔、于匡起兵南乡,百余(转下页注)

人注目的。对汉末那些在大小地盘上的发号施令者，郡守、刺史、州牧仅仅象征着和平时期的民政管辖，而"将军"就含有特别的镇制意味了：在这个动乱年头，"加兵"之后才更像是这块地面上的老大，是货真价实的权势所归或秩序维系。

正是为此，刺史牧守加军号的现象，日益普遍开来。《通典》卷三二《职官十四·州牧刺史》："自魏以来，庶姓为州而无将军者，谓之单车刺史（原注：庶姓谓非帝族）。"据魏晋官品，单车刺史五品，领兵刺史四品。晋武帝曾因海内混一，以为天下太平了，一度便想改变刺史加军号领兵的局面，可是不过十数年晋惠帝便复其旧①。从后来的情况看，恢复刺史领兵确实是时势所迫，不得不如此。不仅州牧、刺史，郡守带军号也成了经常现象，甚至县令也有带军

（接上页注）人。……晔自称辅汉左将军，匡右将军。"《后汉书》卷一一《刘玄传》："王常、成丹西入南郡，号下江兵；王匡、王凤、马武及其支党朱鲔、张卬等北入南阳，号新市兵，皆自称将军"；《刘盆子传》：吕母反，"自称将军"；"（樊）崇等议曰：'闻古天子将兵称上将军。'乃书札为符曰'上将军'。"卷三八《法雄传》：章帝永初三年（109 年）张伯路反，"自称将军"；卷八七《西羌传》：永初五年（111 年）杜琦反，"自称安汉将军"；卷三八《滕抚传》：顺帝末徐凤反，"称无上将军"；卷三八《度尚传》："延熹五年，长沙、零陵贼合七八千人，自称'将军'"；卷五八《臧洪传》：灵帝熹平元年（172 年）许昭反，"自称'大将军'"；卷七一《皇甫嵩传》：张角兄弟起义，"角自称'天公将军'，角弟宝称'地公将军'，宝弟梁称'人公将军'"；等等。

①《北堂书钞》卷七二引王隐《晋书》："太康三年（282 年），罢刺史将军官。"《华阳国志》卷八《大同志》载："太康三年，更以梁、益州为轻车（州），刺史乘传奏事。……元康六年（296 年），复以梁、益州为重州。迁益州刺史栗凯为梁州，加材官将军；扬烈将军赵廞为益州刺史，加折冲将军。"《南齐书》卷一六《百官志》："晋太康中，都督知军事，刺史治民，各用人。惠帝末，乃并任，非要州则单为刺史。"唐长孺指出："所谓'轻州'，即刺史不加将军号"，"轻重（州）的差别主要在于刺史是否加军号，亦即是否领兵。"参看其《魏晋州郡兵的设置和废罢》，《魏晋南北朝史论拾遗》，第 147 页。

号的[1]。地方行政的军事化色彩,由于"都督"制度的发展而更为浓重了,都督、地方官与军号三者是密切相关的。《资治通鉴》卷八〇晋武帝咸宁五年(279年)胡三省注:"魏初置诸督诸军,东南以备吴,西以备蜀,北以备胡,随其资望轻重而加以征、镇、安、平之号。"由于传统上将军才是领兵之官,所以"都督"最初等于是"将军"的加衔;然而随都督制的发达和将军号的虚衔化,二者的轻重逐渐反转,都督喧宾夺主,越来越成为本职;而征、镇、安、平等军号经常升降变换,反倒使军号变成都督的位阶了。正如越智重明所言,"四征镇安平(大)将军的虚号化",构成了"都督势力强化的一个环节"[2]。石井仁也认为,三国以降的四征将军,并无实质性的征讨军政司令官的机能,其存在意义主要体现在权威象征方面[3]。

都督兼管军政和民政,用军号确认资格和迁升位阶,还不算远于情理;但地方民政长官也以军号迁升位阶,就特别引人注目了:

> 李元德:元嘉初,太祖遣大使巡行四方,兼散骑常侍孔默之、王歆之等上言:"宣威将军、陈南顿二郡太守李元德,清勤均平,奸盗止息。……"乃进元德号宁朔将军。(《宋书》卷九二《良吏传》)

---

①《宋书》卷五四《孔季恭传》:"隆安五年,于丧中被起建威将军、山阴令。"卷七四《沈攸之传》:"为龙骧将军、武康令。"

②越智重明:《晋代の都督》,《东方学》第15号,1957年。又可参看越智重明:《魏晋時代の四征將軍と都督》,《史渊》第117辑,1980年。

③石井仁:《四征將軍の成立をめぐつて》,日本古代史协会《古代文化》第45卷第10号,1993年。

申季历：元嘉九年，豫州刺史长沙王义欣上言："所统威远将军、北谯梁二郡太守关中侯申季历，自奉职邦畿，于兹五年，信惠并宣，威化兼著，……宜升阶秩，以崇奖劝。"进号宁朔将军。(《宋书》卷九二《良吏传》)

萧子良：(宋末)除使持节都督会稽东阳临海永嘉新安五郡诸军事、辅国将军、会稽太守。太祖(齐高帝)受命，广树藩屏，公以高昭武穆，惟戚惟贤，封闻喜县开国公，食邑千户。又以奏课连最，进号冠军将军。(任昉：《齐竟陵文宣王行状》，《六臣注文选》，下册第 1109 页)

以上三例中的前两例，被朱铭盘的《宋会要》辑入了"褒赐良吏"部分①。汉代褒赐良吏往往采用增秩、赐爵的办法，而魏晋以降除了承袭旧法外，又增添了"进号将军"的新招数。可见"将军"也构成了地方文职长官的"阶秩"。

再次就是中央朝官加军号的情况。政治的飘摇动荡，使得皇帝侧畔的朝中执政者，也以执掌兵柄为倾轧角逐的资本；拥有"将军"之名，即使并不领兵，至少形式上已比"手无寸铁"的文职更煊赫了。黄初七年(226 年)夏五月魏文帝疾笃，"召中军大将军曹真、镇军大将军陈群、征东大将军曹休、抚军大将军司马宣王，并受遗诏辅嗣主"②。这四位大将军受遗诏辅政的事情，好像重演了汉代辅政将军的保留剧目。又蜀国建兴六年(228 年)丞相、录尚书事诸葛亮以街亭之败"请自贬三等"，"于是以亮为右将军，行丞

①朱铭盘：《南朝宋会要》，第 436 页。
②《三国志》卷二《魏书・文帝纪》。

相事”①。这自贬三等，看上去不像是以禄秩计算的，因为右将军的禄秩至少也得二千石，从丞相经中二千石而二千石，仍达不到“三等”之多；而综合魏晋官品二品、三品所载，大将军为一班，骠骑车骑卫将军为一班，诸征镇安平将军为一班，镇军抚军前后左右将军为一班，龙骧征虏辅国等将军为一班。比如说，可以推测丞相原与大将军同阶，经骠骑班、四征班而至镇军班的右将军，是为“三等”。不管怎么个算法，从军号方面较容易得出“三等”之阶。

由此便能看到，军号也用于中央官的加号，并构成了其阶次的标志：

陈祇：以侍中守尚书令，加镇军将军。(《三国志》卷三九《蜀书·陈祇传》)

刘放、孙资：正始九年(248年)，卫将军、中书令孙资，骠骑将军、中书监刘放逊位。(《三国志》卷四《魏书·齐王芳纪》。又同书卷一四《魏书·刘放传》，正始六年中书监刘放转骠骑将军，中书令孙资转卫将军，领监、令如故)

胡奋：晋太康中以为尚书左仆射，加镇军大将军。(《三国志》卷二八《魏书·钟会传》，又《晋书》卷五七《胡奋传》)

谢安：寻为尚书仆射，领吏部，加后将军。(《晋书》卷七九《谢安传》)

沈文季：加镇军将军，置府，侍中、仆射如故。(《南齐书》卷四四《沈文季传》)

①《三国志》卷三五《蜀书·诸葛亮传》。

沈约：改授尚书左仆射、领中书令、前将军，置佐史，侍中如故。（《梁书》卷一三《沈约传》）

何敬荣：迁左仆射，加宣惠将军，置佐史，侍中参掌如故。（《梁书》卷三七《何敬荣传》）

王通：为翊右将军、右光禄大夫，量置佐史。（《陈书》卷一七《王通传》）

萧引：拜尚书金部侍郎，太建七年加戎昭将军。（《陈书》卷二一《萧允传》）

徐陵：太建八年加翊右将军、太子詹事，置佐史。（《陈书》卷二六《徐陵传》）

皆是其例。

很有趣的是，《三国志》卷三八《蜀书·许麋孙简伊秦传》还记载，有几位"雍容风议"而无所统御的人物，即麋竺、孙乾、简雍和伊籍，也弄到了一身军装。他们最初都是刘备的左将军从事中郎，平定益州后又都迁为将军：麋竺为安汉将军，孙乾为秉忠将军，简雍为昭德将军，伊籍为昭文将军。又据陈奕玲研究，东晋南朝丁忧服丧者往往以军号起复①。这时的"将军"简直成了安置闲散的冗位了。

大略说来，"将军"之号向将校以及各类官僚的普授、滥授，便是其虚衔化、位阶化的最主要动因。三国孙皓时有过"上大将军"

①参看陈奕玲：《魏晋南朝军号散阶化的若干问题》。按，北朝也有类似做法。如《魏书》卷五七《崔游传》："以本将军（征虏将军）迁凉州刺史，以母忧解任。正光中，起除右将军。"《魏书》卷五八《杨播传》："出除征虏将军、岐州刺史。……以母忧去职，延昌末，起为右将军。"

这样的军号[①]，"大"而复加以"上"，叠床架屋，炮制新军号已须穷思殚虑了。又如晋愍帝时麹允"欲以抚结众心"，"新平太守竺恢、始平太守杨像、扶风太守竺爽、安定太守焦嵩，皆征镇杖节，加侍中、常侍；村坞主帅小者，犹假银青、将军之号"[②]；宋文帝元嘉二十三年（446 年）北魏盖吴反，"遣使送雍、秦二州所统郡及金紫以下诸将印合一百二十一纽与吴，使随宜假授"[③]。需要奉送军号的场合多种多样、五花八门。甚至将军的府佐又加将军，大将军套着小将军[④]，有如中国盒子。前引《宋书・良吏传》郡守申季历之由威远将军迁宁朔将军，便被称为"升阶秩"。又《南史》卷四六《周山图传》，周山图请为义乡县长风庙神加"辅国将军"之号，对这个荒唐请求齐武帝当然很不耐烦："足狗肉便了事，何用阶级为。"也是径称"辅国将军"为"阶级"的。

军号阶官化的内容之一是序列化。汉代的大将军、骠骑将军、车骑将军、卫将军及前后左右将军，虽序位清晰但数量太少；征伐将军因事讫则罢，又难以形成稳定的尊卑差次。而魏晋以下因军号的繁衍普授，安排繁多军号的尊卑高下，便水到渠成地被列入了议事日程。汉代的将军虽有俸禄，但除了特殊情况，大抵没有"若干石"秩名，这种情况，到了汉魏之际就发生了变化：

> 曹公置都护军中尉，置护军将军，亦皆比二千石，旋军并

---

①《三国志》卷四八《吴书・三嗣主传》："元兴元年八月，以上大将军施绩、大将军丁奉为左右大司马。"

②《晋书》卷八九《忠义麹允传》。

③《宋书》卷九五《索虏传》。

④陈奕玲：《魏晋南朝军号散阶化的若干问题》。

止罢。(《续汉书》卷二四《百官志一》注引《魏略》)

献帝即位,天下大乱,(陆)康蒙险遣孝廉计吏奉贡朝廷,诏书策劳,加忠义将军,秩中二千石。(《后汉书》卷三一《陆康传》)

四征,魏武帝置,秩二千石。黄初中,位次三公。汉旧诸征与偏裨杂号同。(《宋书》卷三九《百官志上》引鱼豢)

文帝以陈群为镇军大将军,秩二千石。(《唐六典》卷五《兵部郎中》引《魏志》①)

三品将军秩中二千石者。(《晋书》卷二四《职官志》)

汉代的常设将军没有秩名,位在中二千石的御史大夫和九卿之上;临时性的征伐将军当然会有俸禄,可是没有固定的秩名来标志等级。汉末时候将军以比二千石、二千石、中二千石为秩之事,就来自军号序列化趋势的内在推动②。

魏晋之交官品又问世了,在官品上将军占据了第一至第五品,及第八品。现据《通典》卷三六、三七所载魏、晋、宋官品及《宋

①《三国志》卷二《魏书·文帝纪》黄初六年(225年)注引《魏略》载魏文帝诏,有"其以尚书令、颍乡侯陈群为镇军大将军"之语。又卷二二《陈群传》:"还许昌,以群为镇军大将军,领中护军,录尚书事。"

②还有学者指出:曹魏时"扫寇将军品秩应为二千石。"参看杨文和:《三国魏"扫寇将军章"银印》,《文物》1989年第5期。在魏末的《魏官品》中,扫寇将军已下降到了第八品"杂号宣威将军"层次,这时已不可能是二千石将军了。但从"银印"一点看,这个说法也不是一点儿道理都没有,因为汉制二千石银印青绶。推测这枚银印应属汉末魏初之物,当时扫寇将军的地位还不算低。

书》卷三九《百官志上》①,并参考学者的有关讨论②,将此期军号的官品分布略示如下:

一品	大将军
二品	车骑、骠骑、卫将军 诸四征四镇大将军
三品	四征、四镇将军 中军、镇军、抚军将军 四安、四平将军 前后左右将军 征虏、冠军、辅国、龙骧将军
四品	宁朔、建威等将军 东西南北中郎将
五品	鹰扬、折冲等将军
八品	宣威、明威等将军

①正如窪添慶文所云:"各时代都有不少官品表外的将军号。"例如四宁将军。见其《北魏的将军号》,邓奕琦译,《北朝研究》1990年上半年刊(总第3期),第148页。顺便再从墓志中举一个例子。《隋张静墓志》:"父景撰,宋振远将军、中散大夫。大子元通,齐招远将军、员外侍郎。"见安徽省博物馆:《合肥隋开皇三年张静墓》,《文物》1988年第1期。可是《宋志》中只有五品宁远、八品绥远,而无振远之号,当然也没有招远。《宋志》所记官品实为晋官品,且曰:"凡新置不见此诸条者,随秩位所视。"这就意味着刘宋没有制订本朝的官品,只是沿用晋官品而已;若有新置之官,则采取"随秩位所视"的方法确定等级。那么"振远将军"一类新出军号不见于《宋志》,就不奇怪了。

②陈苏镇:《南朝散号将军制度考辨》,《史学月刊》1989年第3期;高橋徹:《南北朝の將軍號と唐代武散官》,《山形大学史学论集》第15号,1995年2月;罔部毅史:《梁陳時代における將軍號の性格に関する一考察——唐代との散官関聯から》,《集刊东洋学》第79号,1998年5月30日。又,塩沢裕仁有《劉宋職官制における一考察——將軍號の除授狀况を中心に》,刊于日本法政大学《大学院纪要》第27号,1991年。但其重点不是对军号序列形式的考察。

高橋徹的《南朝宋将军表》,把领军、护军至殿中将军等一批禁军将领也列入表内,本表略去不取。又罔部毅史的《晋宋外号将军官品表》,没有列入第五品的鹰扬、建威等将军。还需补充说明的是,东西南北四中郎将与征镇安平四将军相似,加之于方镇长官,所以东、西、南、北字样都是因方位而定的。例如司马睿的儿子司马绍于建兴初拜东中郎将、镇广陵,其时"东"之方位以洛阳为准;后来徐州刺史王舒受命监青徐二州军事,镇广陵,加北中郎将,其时"北"之方位转以建康为准,"北府"之号由此而起①。晋宋军号与官品两分而各成首尾,而不是均匀分布在九品官品的每一级上:六、七品及九品三级上军号阙如,第八品上却拥挤着多达四十个军号,但无论如何,军号的序列程度已大为提高了。汉末的将军最低是比二千石,而魏晋官品中一大批低级军号居于八品,与四百石县长同处一品。因低级军号的增殖,军号在等级序列上明显由高而低地扩张着;它们大不同于汉代那几个高高在上、寥寥可数的头衔了,"昔日王谢堂前燕,飞入寻常百姓家",成了中下级军校力所能及的猎物。

萧梁以降,军号序列逐步向官品靠拢。天监七年(508 年)梁武帝改革班品,定一百二十五号军号为十品、二十四班,加上十四个不登二品之军号共八班。参照陈苏镇、高橋徹前揭文所提供的列表,并据《隋书》卷二六《百官志上》及《通典》梁官品,兹将梁天监七年军号班次简示如下以供参考:

---

①参看田余庆:《北府兵始末》,《秦汉魏晋史探微》,第 308—309 页。

第一品	24. 镇卫、骠骑、车骑　23. 四征、四中 22. 八镇　21. 八安　20. 四平、四翊
第二品	19. 忠武班　18. 武臣班　17. 镇兵班
第三品	16. 智威班　15. 智武班
第四品	14. 轻车班　13. 宁远班
第五品	12. 武威班　11. 电威班
第六品	10. 折冲班　9. 扫狄班
第七品	8. 略远班　7. 厉锋班
第八品	6. 武毅班　5. 克狄班
第九品	4. 伏波班　3. 佽飞班
第十品	2. 前锋班　1. 绥虏班
不登二品	8. 牙门班　7. 候骑班 6. 中坚班　5. 戈船班 4. 执讯班　3. 鹰扬班 2. 凌江班　1. 偏裨班

军号前面的数字，为其班次。这样一来，自第二十四班至流外一班共三十二个班次、一百三十九个军号，分布在十一个品级之上，从序列看从此首尾俱备，以前在六、七品和九品上存在的"断层"都给填上了。普通六年（525 年）至大通三年（529 年）"更加刊正"，二百四十号军号排列为三十四班。同时，"转则进一班，黜则退一班"和"同班以优劣为前后"的做法，也令进阶制度更为规范、严密。梁武帝的军号十品与官品九品被列为两个序列，但二者已相当接近了。在陈朝重新把军号纳入官品九品时，已不须多费手脚了，略作调整即成。

按照《旧唐志》"后魏及梁，皆以散号将军记其本阶"的说法，散号将军在南朝梁代构成了“本阶”;依《唐六典》“宋、齐、梁、陈、后魏、北齐,诸九品散官皆以将军为品秩”的说法,宋齐时的军号就已是“品秩”了。在军号散阶化的漫长演化中,把“本阶”的界标确定于何处当然可有不同选择:这时要考虑军号被用作将领军校的衔号的进展,用作牧守、都督的衔号的进展,以及用作各种文职官僚衔号的进展;还要考虑军号本身的位阶化程度、序列化程度,等等。

如果把“本阶”的初步完成定在萧梁以前,比如说把宋齐军号看成“本阶”;好像还得留神什么人会出来唱反调,尽管军号已明明被称为“阶秩”、“阶级”了。至如说最迟在萧梁军号已是成熟的“本阶”,我想就不该再有什么麻烦。陈苏镇先生业已指出:“梁陈的散号将军已成为整个职官体系中最基本的身份等级尺度,确是事实。”晋宋时军号实际已自成序列了,梁武帝又着意把军号单列,军号与官品一分为二、自成首尾。这做法的毛病,是使官品十八班与军号十品二十四班的对应关系变得迂曲繁琐了,缺乏一望即知的清晰明快;然而这毕竟彻底承认了军号之为军阶:十八班所列的是官职之名,十品二十四班所列的却是位阶之名。就好比貌合神离、同床异梦的两口子,终于盼来了一张离婚判决书,从此如释重负、各奔前程了。陈朝虽把军号再度纳入了官品九品,但却是称之为“戎号拟官”的;“拟官品第一”、“拟官品第二”的措辞说明,它们仍然自为一类,不是真正的官儿。在诸“将军”终于脱去了久不合身的“官职”外套,换上了称心如意的“位阶”新装后,哪怕再次把它们列入官品,如北朝隋唐某些文献的做法,就是眼神儿不佳者,也不会再把军阶与官职视同一物、混为一谈了。

三、北朝军阶制的发展

十六国北朝军号的散阶化同样进展迅速。十六国各政权基本承袭了魏晋的军号,北魏前期也是如此。同时北朝制度胡汉杂糅而不拘一格,还有许多军号独具特色。《魏书》卷一一三《官氏志》:"自太祖至高祖初,其内外百官屡有减置,或事出当时,不为常目,如万骑、飞鸿、常忠、直意将军之徒是也。"王仲荦先生指出:"另外有些将军虽用汉文,也和魏晋以来的将军名称大不一样,如郑兵、宋兵、陈兵、楚兵、吴兵、越兵将军之类。"①此外史料所见,还有秦兵将军、晋兵将军、周兵将军、鲁兵将军、卫兵将军等。吴兵将军毛修之的麾下领有"吴兵",窪添慶文因谓"这类将军即率各地域兵的将军"。他还指出五胡政权虽有自己特有的将军,但大多袭用了晋代将军号,北魏继承了这一做法;北魏前期的特有军号,在太和《后职令》中就大为减少,从而使南北双方的军号体系更为接近了②。

判断军号散阶化有许多指标,诸如虚衔化、序列化及授予的普遍化等等。在这些方面,北魏军号的散阶化丝毫不比南朝逊色,甚至有过之而无不及。北魏政权前期的部族色彩仍是相当浓厚的,简陋的行政组织消化不了众多的部落显贵及其子弟,又不能听其等同白民编户,广设内侍、普授爵位便是相应的对策。早在什翼犍时近侍便有百数,拓跋珪复国后同样广设侍从。除了侍

①王仲荦:《魏晋南北朝史》,上海人民出版社 1982 年版,下册第 546 页。
②窪添慶文:《北魏的将军号》。

中到中散之外，后来又设受恩、蒙养、长德、训士，置文散官五等及武散官五等，置内官、侍官；明元帝增置骐驎官；直到孝文帝时还有散官员、散员士、侍官等等名目①。各种内侍散员往往任以诸部大人、豪族子弟，没有固定职掌而随时听候差遣，由此构成进身之阶。封爵也是安置显贵及冗散的重要方式。拓跋珪皇始元年（396 年）便"封拜五等"，天赐元年（404 年）除伯、男二号，所封达

①据《魏书》卷一一三《官氏志》：什翼健"建国二年（339 年），初置左右近侍之职，无常员，或至百数，侍直禁中，传宣诏命。皆取诸部大人及豪族良家子弟仪貌端严、机辩才干者应选"。拓跋珪登国年间，"自侍中已下、中散已上，皆统之外朝大人，无常员，主受诏命外使，出入禁中，国有大丧大礼皆与参知，随所典焉"。天兴三年（400 年）十月"置受恩、蒙养、长德、训士四官"，分别职比特进、光禄大夫、中散大夫、谏议大夫，用"亲贵器望者"或"勤旧休闲者"。天赐元年（404 年）九月又置散官五品至九品五等，分别比拟于三都尉、三大夫、议郎、郎中、舍人；文官五品以下别有"造士"五等；武官五品以下散官亦有五等，"若百官有阙者，则与中擢以补之"。天赐二年正月，"置内官员二十人，比侍中、常侍，迭直左右"。天赐四年五月"增置侍官，侍直左右，出内诏命，取八国良家，代郡、上谷、广宁、雁门四郡民中年长有器望者充之"。明元帝永兴元年（409 年）十一月"置骐驎官四十人，宿直殿省，比常侍、侍郎"。孝文帝太和十一年（487 年）八月，"置散官员一百人，朝请员二百人"；十五年十二月，置侍中、黄门、散骑员，"又置光爵、骁游、五校、中大夫、散员士官。又置侍官一百二十人"。"光爵"一官墓志有见。《北魏安乐王拓跋诠墓志》："寻拜光爵，又以本官领太子中庶子。及皇居徙御，诏王以光爵领员外散骑常侍。"赵超：《汉魏南北朝墓志汇编》，天津古籍出版社 1992 年版，第 64 页。

按天赐元年九月所置五等文散官，《魏书・官氏志》原作"六品散官比议郎，七品散官比太中、中散、谏议三大夫"。疑应六品散官比三大夫，七品散官比议郎。因为汉晋旧制，诸大夫高于议郎；又《官氏志》上文，这年的前一月，即天赐元年八月，"初置六谒官，准古六卿，其秩五品；属官有大夫，秩六品"。作为六谒官属官的大夫也恰是"六品"，似可旁证五等文散官中的大夫应为六品。

二百余人[①]。此后封爵不断泛滥，孝文帝时“魏自公侯以下，迄于选臣，动有万数，冗散无事”[②]。五等诸侯及袭封子弟皆有起家资格，宣武帝还特意制订了“五等诸侯选式”。少数族政权在借用汉式官制时，对高级名号总是不如华夏朝野那么当事儿，往往随随便便地以名器假人。比如说黄门郎、秘书郎一类清官，在南朝几乎是高门“禁脔”，在北魏则凡庸蕃落之人亦可问津，从而给人以“挥金如土”之观感。以上种种，都给将军号的虚衔化提供了沃土。

孝文帝时封爵拥有者依然充塞堆积，而且这封爵与军号间又存在着直接联系。《魏书》卷一一三《官氏志》：“旧制：诸以勋赐官爵者，子孙世袭军号。（太和）十六年（492 年），改降五等，始革之，止袭爵而已。”其事又见《魏书》卷七下《高祖孝文帝纪》：“（太和）十有六年春正月……乙丑，制诸远属非太祖子孙及异姓为王，皆降为公，公为侯，侯为伯，子男仍旧，皆除将军之号。”由此可知，在太和十六年之前，承袭封爵者还可承袭军号。略撮数例以明之：

> 元根、元继：根，改封江阳王，加平北将军。继，字世仁，袭封江阳王，加平北将军。（《魏书》卷一六《京兆王元黎传》）
>
> 元道符：袭爵，中军大将军。（《魏书》卷一八《东平王元翰传》）

---

①《魏书》卷一一三《官氏志》。

②《魏书》卷一九中《任城王元澄传》。“选臣”大约是闲散候选之臣，爵位拥有者都应属于“选臣”。

元澄:袭封,加征北大将军。(《魏书》卷一九中《任城王元澄传》)

崔广:袭爵,拜平东将军。(《魏书》卷三二《崔逞传》)

王宝兴:袭爵常社侯、龙骧将军。(《魏书》卷三八《王宝兴传》)

房翼:袭,宣威将军,大城戍主。(《魏书》卷四三《房法寿传》)

李元茂:太和八年袭爵,加建武将军。(《魏书》卷四九《李灵传》)

韩武华:袭,除讨寇将军,奉朝请、太原太守。(《魏书》卷六〇《韩显宗传》)

事实上不仅袭爵者以军号加之,而且封爵、赐爵时也往往以军号相授。复撮数例以明之:

元崇、元俊:建宁王崇,泰常七年封,拜辅国将军。新兴王俊,泰常七年封,拜镇东大将军。(《魏书》卷一七《建宁王元崇传》)

元新成:太安三年封,拜征西大将军。(《魏书》卷一九上《阳平王元新成传》)

元详:太和九年封,加侍中、征北大将军。(《魏书》卷二一上《北海王元详传》)

元勰:太和九年,封始平王,加侍中、征西大将军。(《魏书》卷二一下《彭城王元勰传》)

房法寿:以功赐爵壮武侯,加龙骧将军。(《魏书》卷四三《房法寿传》及《校勘记》引钱大昕)

游雅：赐爵广平子，加建威将军。进爵为侯，加建义将军。（《魏书》卷五四《游雅传》）

郑羲：以功赐爵平昌男，加鹰扬将军。（《魏书》卷五六《郑羲传》）

韩麒麟：赐爵鲁阳男，加伏波将军。（《魏书》卷六〇《韩麒麟传》）

傅永：兼治礼郎，诣长安，拜文明太后父燕宣王庙，赐爵贝丘男，加伏波将军。（《魏书》卷七〇《傅永传》）①

闾毗、闾纥：高宗太安二年，以毗为平北将军，赐爵河东公；弟纥为宁北将军，赐爵零陵公。（《魏书》卷八三上《闾毗传》）

又《魏书》卷五二《胡叟传》：

叟既先归国，朝廷以其识机，拜虎威将军，赐爵始复男。家于密云，蓬室草筵，惟以酒自适。……叟死，无有家人营主凶事，胡始昌迎而殡之于家，葬于墓次，即令一弟继之，袭其爵始复男、虎威将军。叟与始昌虽为宗室，而性气殊诡，不相好附，于其存也，往来乃简；及亡而收恤至厚，议者以为非必敦哀疏宗，或缘求利品秩也。

这是太武帝、文成帝时的事情。由此也能看到，封爵与军号曾有

①按阳藻亦因拜燕王庙于长安而还授宁远将军、赐爵魏昌男。见《魏书》卷七二《阳尼传》。北魏原有执事宗庙者赐爵之例，参看《魏书》卷六〇《程骏传》："初迁神主于太庙，有司奏：旧事，庙中执事之官，例皆赐爵，今宜依旧。"

很密切的联系。胡叟的爵号与军号是同时到手的，而胡始昌之弟在承封时，也把军号与爵号一块接收过来了。胡叟拥有爵号、军号但依然在家呆着，军号不过系其名位品秩而已。

《官氏志》说"诸以勋赐官爵者子孙世袭军号"，除爵位之外"以勋赐官"也是世袭军号的条件。郑长猷"以父勋起家，拜宁远将军、东平太守"[①]，或即其例。军号还可以直接用于安置各色冗散。《北史》卷四二《常爽传》："太武西征凉土，(常)爽与兄士国归款军门。太武嘉之，赐士国爵五品，显美男；爽为六品，拜宣威将军。"开国县男正五品下，宣威将军正六品上。看来太武帝是先行决定了分别给常士国、常爽五品、六品之位，然后再通过以显美男和宣威将军予以落实的。换言之，授予"宣威"军号，就等于授予六品位阶，军号发挥的就是位阶作用。

闲散人员可以滥用军号为安置之方，那么在职者以军号为位阶，就更可想而知了。近年北魏和平二年(461 年)《文成帝南巡碑》碑文得以公布[②]，尽管这份碑文多处残泐，令相应统计无法精确，但毕竟为了解军号散阶化提供了新鲜材料。碑文中可考的臣僚约在二百七十至二百八十人之间，其中拥有军号者约一百五十七位(不计禁卫将军)，比例达到了 56%至 58%。在尚能清晰辨认的四十八种军号中，有半数军号、也就是二十四种军号，其拥有者不止一人：

---

①《魏书》卷五五《刘芳传郑演附传》。

②山西省考古研究所、灵丘县文物局：《山西灵丘北魏文成帝〈南巡碑〉》，《文物》1997 年第 12 期；张庆捷：《北魏文成帝〈南巡碑〉碑文考证》，《考古》1998 年第 4 期；张庆捷、郭春梅：《北魏文成帝〈南巡碑〉所见拓跋职官初探》，《中国史研究》1999 年第 2 期。

宣威将军，二十六人(占总军号的16.6%)；

鹰扬将军，十人(占总军号的6.4%)；

折冲将军，七人；

轻车、武毅、宁南、宁东将军，各五人；

宁朔、中坚、扬烈将军，各四人；

右、安南、广威、厉威、武烈将军，各三人；

中垒、奋武、陵江、宁远、威远、威寇、威虏将军，各二人。

六品宣威将军，据窪添慶文前引文所辑，在道武、明元和太武帝三朝共八人，而《南巡碑》所见则多达二十六人；正五品上的鹰扬将军，窪添慶文所辑不过世祖朝一人，而《南巡碑》所见多达十人。又有如下军号，窪添慶文未能在史料中找到实例，而见于《文成帝南巡碑》：中坚、中垒、振武、扬武、广威、折冲、伏波、陵江、轻车、明威、襄威、威烈、威寇、威虏、威武、武烈、武毅等将军。这种同名军号几乎“车载斗量”的充斥泛滥，因前所未闻而教人大吃一惊。

不过细想起来，类似现象我们原应有所察觉。史称北魏后期“边外小县，所领不过百户，而令长皆以将军居之”①，这管辖不过百户人家的令长，与一个小村长有多大区别？北魏末年庄帝有诏：“民年七十者授县，八十者授郡，九十加四品将军，百岁从三品将军”②，可见只要能活到九十或一百岁，是人就能弄个“将军”过过瘾。又，东魏北齐“洛京、邺都，(尚书)令史……皆加戎号”③。在北魏以至北齐、北周，军号下及于低微如令长、老人、令史的情

①《北史》卷四〇《甄琛传》。

②《魏书》卷七七《辛雄传》。

③《唐六典》卷一《都事》。

况，从《文成帝南巡碑》看来确是“履霜坚冰至”，其来有渐。令长、令史一类官职太过卑微，他们的军号在史籍中不易考见，不过石刻却可提供参证。西魏大统十二年（546年）《任安保六十人佛教造像碑》有“中律（？）殿忠将军假伏波将军阳安令荔非侍郎”①，是县令而“以将军居之”之例。北齐天保十年（559年）《周双仁为亡夫文海珍造像记》有“宁远将军、前吏部令史文海珍”②，是“令史加戎号”之例。宁远将军在北魏《后职令》为五品上阶，尚书令史则为从八品上阶。就是说文海珍以五品上之本阶，治从八品上之职。东魏兴和二年（540年）《李仲璇修孔子庙碑》碑阴所见太守、县令、别驾、治中、功曹、主簿、参军等六十三人，其中拥有军号者达三十五人，超过半数，其高者如征东、征虏将军，其低者如殄寇、明威将军③。东西魏时军号泛滥成灾的情况，在北魏文成帝时就有先兆可寻了。

汪征鲁先生编制有《两汉魏晋南北朝正史传主入仕状况定量分析表》④，其中列有一些以军号起家者。南朝所列有十六人左右。但略加详考，则其中一些人先有军职或官职，并不是以军号“起家”的⑤。南朝本来有宗王出镇要藩的政策，这时候他们照例

---

①陕西省文物普查队：《耀县新发现的一批造像碑》，《考古与文物》1994年第2期。

②引自大村西崖：《支那美術史・雕塑篇》，佛书刊行会1915年版，第326—327页。又见端方：《匋斋藏石记》卷一一《文海珍妻周双仁等造像碑》。

③《金石萃编》卷三一，第1册。

④汪征鲁：《魏晋南北朝选官体制研究》，下编。

⑤汪表所列，有柳光世起家振武将军，然据《宋书》卷七七《柳元景传》，他先已被北魏任命为折冲将军、河北太守；有沈怀明起家建威将军，然据《宋书》卷七七《沈庆之传》：“太宗泰始初，居父忧，起为建威将军”，“起”是“起复”而非起家，沈怀明先已入仕；有薛安都起家扬武将军，然（转下页注）

加有军号，所以皇子宗室以军号起家确是一种惯例，其军号高低也有规律可寻①，而汪表在此颇有遗漏②。寒人、军人拥有军号往往是积功所致，士族一般由文职入仕，而不以军号起家。至于北魏，汪氏特设第 29 表《中央政府征拜、除授为将军或其他武职而入仕》一表，加上相关各表的军号起家者，所见约五十人。汪先生已声明其统计限于"传主"，但何为"传主"有时也很难把握；又前述的因封爵、袭爵而获得军号者，汪表之中颇多阙漏。我们认为，北魏由军号起家的情况主要有二：其一是因封爵、袭爵而获军号，其二是从征立功而获军号③。前者与南朝皇子以军号起家相似，

(接上页注)据《宋书》卷八八《薛安都传》，他先是北魏都统，降宋后为扬武将军、太守；有卜天与起家广武将军，然据《宋书》卷九一《孝义传》，卜天与先为队主，数年后加广威将军；有鲁秀起家辅国将军，然据《宋书》卷七四《鲁爽传》，他先为北魏中书郎，降宋后为辅国将军、太守；有宗悫起家振武将军，然据《宋书》卷七六《宗悫传》，他先已从军，随刘义恭镇广陵；有杨法持起家宁朔将军，然据《南齐书》卷五六《幸臣传》，他此前先为僧正；有周罗睺起家开远将军，然据《隋书》卷六五《周罗睺传》，"陈宣帝时以军功授开远将军"，是亦先已从军。如此之类，似乎很难说是以军号"起家"的，至少都不够典型。

①参看陈苏镇：《南朝散号将军制度考辨》。陈先生指出，刘宋皇子初授军号例为三品，王子则为四品；萧齐皇子初授军号皆为辅国将军以上，王子则多为宁朔将军以上。

②汪表所列之宁朔将军萧晃、辅国将军萧长懋（二人皆在萧氏掌权时，可以视同宗室）、宁朔将军萧子恪，都属此类，但他未能将之视为特殊起家方式。而且这方面他的搜罗也多阙漏，如《宋书》所见冠军将军刘休范、征虏将军刘子勋、宁朔将军刘仲容、建威将军刘恺；《南齐书》所见冠军将军萧晔、冠军将军萧暠、辅国将军萧锋、宁朔将军萧子廉、宁朔将军萧昭胄、辅国将军萧子响；等等，皆其未及。由于汪表以上粗疏之处，加以利用时需要慎重。

③也有李翼"初为荡寇将军，斋帅"这样的起家记载，见《魏书》卷四九《李灵传》。

但广及于异姓素族而不限宗室;后一情况在魏末战乱时的泛滥程度,也是超过南朝的。北朝由部落传统而来的尚武骑射之风,令此间人更容易把军号接受为位阶。“将军”毕竟是个威风凛凛的衔号啊。

因封爵而获得的军号,等于是起家位阶。以其他官职起家入仕者一两迁、两三迁后便获得军号,也是普遍现象:

毕祖晖:自奉朝请,稍迁镇远将军、前军将军、直后。(《魏书》卷六一《毕众敬传》)

张纂:太和中,释褐奉朝请,稍迁伏波将军、任城王澄镇北府骑兵参军。(《魏书》卷六八《甄琛传》)

高叔山:司徒行参军,稍迁宁朔将军、越骑校尉。(《魏书》卷六八《甄琛传》)

房悦:解褐广平王怀国常侍,转青州平东府中兵参军,加宣威将军。(《魏书》卷七二《房亮传》)

潘永基:为冀州镇东府法曹行参军,迁威烈将军、扬州曲扬戍主。(《魏书》卷七二《潘永基传》)

张质:解褐奉朝请,员外郎,龙骧将军,谏议大夫。(《魏书》卷七六《张烈传》)

辛珍之:太尉铠曹行参军,稍迁中坚将军、司徒录事参军。(《魏书》卷七七《辛雄传》)

羊深:自司空府记室参军,转轻车将军、尚书骑兵郎。(《魏书》卷七七《羊深传》)

杨机:解褐奉朝请,见举为京兆王愉国中尉,迁给事中、伏波将军。(《魏书》卷七七《杨机传》)

高谦之:释褐奉朝请,加宣威将军。(《魏书》卷七七《高

崇传》)

范绍:太和十六年,选为门下通事令史,迁录事。稍迁强弩将军、积弩将军、公车令。(《魏书》卷七九《范绍传》)

斛斯椿:尔朱荣以椿为都督府铠曹参军,征伐有功,表授厉威将军。(《魏书》卷八〇《斛斯椿传》)

军号的变动等于是位阶的升迁,对此窪添慶文已提供了道武帝、明元帝和太武帝时的七十二个实例,无须我们赘述了。北魏授予军号通常称"加"、"进号",而且经常把军号称为"本将军",或称为"常级"①,显示了它就是维系品级、从属个人的一种名位。此外派遣国使之时,除授予散骑常侍、爵号之外一般还要加以军号,也说明了这是重要的身份标志②。

下面叙述北魏军号的序列化进程。窪添慶文所辑道武帝、明元帝和太武帝三朝军号中,有相当一部分是太和前后《职令》所不见的。它们包括:材官、四宁、秦兵、晋兵、周兵、鲁兵、郑兵、吴兵、宋兵、陈兵、卫兵、楚兵、统万、直意、忠意、鸿飞、功劳、胜兵、黑矟、正直、南统、东统、上、内、柱国、万骑、义兵、安集、常忠诸号。然而在《文成帝南巡碑》中,以上军号除了四宁将军可考(宁南将军五

①《北齐李祖牧墓志》:"除冠军将军,又除卫将军,皆常级也。"李建丽、李振奇:《临城李氏墓志考》,《文物》1991年第8期。

②例如《魏书》卷五五《游明根传》:"赐爵安乐男,宁远将军。……高宗……假员外散骑常侍、冠军将军、安乐侯,使于刘骏";卷五六《郑羲传》:"以功赐爵平昌男,加鹰扬将军。高祖初,兼员外散骑常侍,假宁朔将军、阳武子,使于刘准";卷五七《高祐传》:"假散骑常侍、平东将军、蓨县侯,使高丽";卷六〇《程骏传》:"延兴末,高丽王琏求纳女于掖庭,显祖许之,假骏散骑常侍,赐爵安丰男,加伏波将军,持节如高丽迎女";卷六二《李彪传》:"后假员外散骑常侍、建威将军、卫国子,使于萧赜。"

人，宁东将军五人，宁西将军一人）之外，其余大抵已不见了踪影。那么由此得到的认识便是：文成帝时的军号序列，与太和体制已颇为接近了。下面把《魏书·官氏志》所载太和《前职令》所见军号，与《文成帝南巡碑》所见军号比列如次：

官品		太和《前职令》所列军号	《南巡碑》所见相应军号
一品	下	骠骑、车骑、卫	卫大将军
从一品	中	四征	征东大将军、征东、征西
	下	四镇，中军、镇军、抚军	抚军大将军
二品	下	四安	安南大将军、安南、安北
从二品	上	前后左右、四平	前、平东、平西
三品	上	征虏、辅国、龙骧	征虏、龙□（骧）
从三品	下	镇远、安远、建远、建中、建节、立义、立忠、立节、恢武、勇武、曜武、昭武、显武	建中
四品	上	中坚、中垒、宁朔、扬威	中坚、中垒、宁朔、扬威
	中	建威、振威、奋威	建威、奋威
	下	建武、振武、奋武、扬武、广武、广威	振武、奋武、扬武、广威
五品	上	鹰扬、折冲、宁远、扬烈、伏波、陵江、平漠	鹰扬、折冲、宁远、扬烈、伏波、陵江
	中	轻车、威远、虎威	轻车、威远
六品	上	宣威、明威、襄威①、厉威	宣威、明威、驤威、厉威
	中	威烈、威寇、威虏、威戎、威武	威烈、威寇、威虏、威武
	下	武烈、武毅、武奋	武烈、武毅

①中华书局本《魏书》第8册第2987页原作“襄武将军”，显误。窪添慶文的列表改为“襄威”而不取“襄武”，是。《魏书》中“襄威将军”甚为多见，又《文成帝南巡碑》可以看到“驤威将军”，亦是一证。

续表

官品		太和《前职令》所列军号	《南巡碑》所见相应军号
七品	上	绥远、绥虏、绥边	绥远
	中	讨寇、讨虏、讨难、讨夷	
	下	荡寇、荡虏、荡难、荡逆	
八品	上	殄寇、殄虏、殄难、殄夷	
	中	扫寇、扫虏、扫难、扫逆	
	下	厉武、厉锋、虎牙、虎奋	
九品	上	广野、横野、偏、裨	

比较上表左右两列军号，正七品上绥远将军以上，《前职令》中的各级各组军号《南巡碑》中都有所见；至于正七品中以下的低级军号不见于《南巡碑》，大概是因为随从文成帝出巡、并有资格列名碑阴的臣僚军阶普遍较高。《前职令》成于太和十七年（493 年），而在三十多年前的文成帝和平二年（461 年），军号已呈现为完整序列了：列身碑铭的臣僚有接近六成的人拥有军阶。就此观之，北朝军号的散号化、阶官化进程，绝不比南朝缓慢多少。

窪添慶文比较太和《前职令》和《后职令》："与前令 54 阶中有 25 阶置将军号相对，后令全 30 阶中有 21 阶置将军号，这显示了后令中将军号阶官化倾向的进展。"这个意见是可以采纳的。《前职令》官品各级上有军号的不到半数，而这个比例在《后职令》却达到了三分之二以上，更多的官阶列有军号，这应该视为军号阶官化的一个进展。不过他所说的《前职令》中军号占了官品的二十五阶，是把禁卫将军如骁骑、游击将军等，以至西省散官员外将军等，都列在军阶里面了。本书上表将之排除在外，则从《前职令》看军号共占有了二十二阶，若加大将军则为二十三阶。那么窪添慶文所说的《前职令》到《后职令》的进展步伐,还应估计得再大一点儿。他随后又谓:“但它并不比梁天监改革中分武官为 10 品 24 班,使与流内 18 班对应更有前进。”这一点也不应这么简单。梁武帝规划的军号十品二十四班,从序列化程度来说确实是别有洞天;但他让军号序列独立于十八班之外,官品与军号的对应关系又变得迂曲了,而且还有郡班、县班、勋位、蕴位等等错杂并立,由此看孝文帝的制度反倒简捷实用。随后北周、北齐进而使军号与官阶完全一致化了,由此北朝再度反超南朝。这一点在随后两章中将作详细交待。

总而言之,经过三国两晋十六国的进化变迁,军阶作为独立于职位的“品位”序列,至少在梁、魏业已瓜熟蒂落。固然军号的应用范围还有限度,比如官僚仍不是全都拥有军号,这与唐代的“入仕者皆带散位,谓之本品”还不相同;但比起汉代“禄秩从属于职位”的情况,官僚等级制的重大变迁,毕竟已经发生了。

四、置佐与食俸

南朝梁代和北朝孝文帝时军号都已是“本阶”了。“本阶”不应该是单纯的荣号,它应是附丽着各种待遇的“品位”。对这样一点,下文选择置佐、食俸和进阶等三个方面予以说明。

首先叙述置佐问题。

军号的拥有者可以依高下而开府置佐,这是一项重要待遇。从狭义说,“开府”特指加号“开府仪同三司”;从广义说,“置佐”亦即设置僚佐,也等于是开设军府了,即使没有加以“开府仪同三司”之号[①]。曹魏之时，五品以上将军即有置佐者[②]。陈奕玲同学认为，根据《晋书·职官志》，西晋开府置佐的将军以三品为其下限；后来低于三品的将军也常有置佐者，乃是出于特命[③]。

在两晋南朝，是“重号”还是“小号”将军，是否出任地方，都和置佐与否直接相关。钱大昕指出：“‘冠军’以下，皆小号将军也。若出镇方州，则亦开府置官属，罢镇则止。”[④]照钱氏看来，重号将军才能置佐，小号将军就不行，除非这位小号将军“出镇方州”。还应说明，我们认为这“出镇”也包括出镇大郡在内，不止是“出镇方州”。《宋书》卷三九《百官志上》：“小号将军为大郡边守置佐吏者，又置长史，余则同也。”又《南齐书》卷一六《百官志》有“小府”之名，又云：“凡诸小号，亦有置府者。”玩其语气，一般情况下“小号”是不得“置府”的。那么“重号”、“小号”之别，似乎就是开府置佐与否的通常界线。

至于何为“小号”、何为“重号”，似乎经历了一个变化过程。黄惠贤先生认为西晋的辅国、东晋的龙骧都是“重号”；刘宋时宣威以下四十号为“杂号将军”，陵江以上将军均属“重号”；南齐冠

---

①《晋书》卷二四《职官志》所谓“开府”便特指加号“开府仪同三司”，与“置佐”有别。征镇安平大将军“不开府、［非］持节都督”者，同样“置参佐吏卒、幕府兵骑”；三品将军秩中二千石者未言“开府”，但同样有长史、司马、主簿、功曹等。这都不把置佐称为“开府”。又《南齐书》卷一六《百官志》，分叙“凡诸将军加‘大’字，位从公，开府仪同如公”，又叙“其未及开府，则置府亦有佐史，其数有减”。“未及开府”者只要有佐史，也是一种“置府”。

②《通典》卷三六《职官十八·魏官品》第八品有“五品将军长史司马”，是为其证。至于八品杂号宣威等将军，大约只是衔号而无佐官。

③陈奕玲：《考议魏晋南朝的将军开府问题》。

④钱大昕：《廿二史考异》卷二五《南齐书百官志》，《嘉定钱大昕全集》，第2册第554页。

军以下的将军下降为“杂号”。时至梁陈,《隋书·百官志上》明确记载:第一品第二十班四平、四翊以上“是为重号将军”[1]。当然黄先生所论也有些细节可以存疑,例如所用“杂号将军”一名也许不如“小号”更好一些[2];又谓刘宋陵江以上都是“重号”,这也不是一点儿疑问都没有的[3]。

---

①黄惠贤:《中国政治制度通史》第4卷(魏晋南北朝卷),第368—371页。

②汉代除大将军、骠骑、车骑、卫、前后左右将军等常设将军,因征伐需要而随机设置的将军后来称为“杂号将军”。《续汉书·百官志一》:“世祖中兴,吴汉以大将军为大司马,景丹为骠骑大将军。位在公下,及前后左右、杂号将军众多,皆主征伐,事讫皆罢。”又《晋书·职官志》:“骁骑将军、游击将军,并汉杂号将军也。”黄惠贤谓“车骑将军,曹魏时,若不为都督,则‘与前后左右杂号将军同’”。末句引文出自《宋书·百官志上》:“鱼豢曰:魏世车骑为都督,仪与四征同。若不为都督,虽持节属四征者,与前后左右、杂号将军同。”鱼豢所谓“杂号将军”,是承汉代情况而言的。《魏官品》、《晋官品》和《宋官品》第八品都有“杂号宣威将军以下”,这已相当微末了,与《南齐志》的“小号”概念似应有所区别。

③《南齐书·百官志》在开列征虏将军、四中郎将之后,注有“晋世荀羡、王胡之并居此官。宋齐以来,唯处诸王,素族无为者”;其后是冠军、辅国、宁朔、宁远、龙骧将军,并附注云:“凡诸小号,亦有置府者。”这些叙述应是兼宋、齐而言的。据《宋书·百官志下》,征虏至龙骧等将军第三品,宁朔至五武将军第四品,鹰扬至陵江将军第五品,“杂号宣威将军以下”第八品。从冠军到陵江这一大堆三品到五品将军,依黄先生之说,它们在宋齐间忽而由“重号”降为“杂号”,从官阶看这变动过于剧烈了,何况是“重号”抑或“小号”还牵涉到是否能“置府”的问题。我想钱大昕“冠军以下皆小号将军”的论点,应该也适用于刘宋。

附带说,钱大昕以征虏将军以上为重号,然而《宋书》卷七五《王僧达传》:宋孝武帝时王僧达“出为使持节、南蛮校尉,加征虏将军。时南郡王义宣求留江陵,南蛮不解,不成行。仍补护军将军。僧达自负才地,谓当时莫及。上初践阼,即居端右,一二年间,便望宰相。及为护军,不得志,乃启求徐州,曰:‘……护军之任,臣不敢处,彭城军府,即时过立。且臣本在驱驰,非希崇显,轻智小号,足以自安。……’上不许。僧达三启(转下页注)

是否为刺史、都督，刺史、都督的级别高下，是否领兵，是否为皇弟、皇子，都将影响到置佐与否及府佐多少：

> 自车骑以下为刺史又都督及仪同三司者，置官如领兵；但云都督不仪同三司者，不置从事中郎，置功曹一人，主吏，在主簿上，汉末官也。汉东京司隶有功曹从事史，如诸州治中，因其名也。功曹参军一人，主佐□□记室下，户曹上。监以下不置咨议、记室，余则同矣。宋太宗已来，皇子、皇弟虽非都督，亦置记室参军。小号将军为大郡边守置佐吏者，又置长史，余则同也。(《宋书》卷三九《百官志上》)
>
> 凡诸将军加“大”字，位从公。开府仪同如公。凡公、督府置佐：长史、司马各一人，咨议参军二人。诸曹有录事、功曹、记室、户曹、仓曹、中・直兵、外兵、骑兵、长流、贼曹、城局、法曹、田曹、水曹、铠曹、集曹、右户十八曹。城局曹以上署正参军，法曹以下署行参军，各一人。其行参军无署者，为长兼员。其府佐史则从事中郎二人，仓曹掾、户曹属、东西阁祭酒各一人，主簿舍人御属二人。加崇者，则左右长史四人，中郎掾属并增数。其未及开府，则置府亦有佐史，其数有减。小府无长流，置禁防参军。(《南齐书》卷一六《百官志》)

魏晋以来，府佐等级就是随府主军号轻重而异的。就《通典》及《隋书》所载《梁官品》、《后魏官品》看，梁、魏时各类府官区分得

(接上页注)固陈，上甚不说。以为征虏将军、吴郡太守。”观上下文所云，王僧达所谓“轻智小号”似指征虏将军；他以征虏将军为吴郡太守，似乎就属《宋书・百官志上》所谓“小号将军为大郡守”者。那么征虏将军或许也是“小号”。疑莫能明，记以存疑。

更细密了。北魏的将军，大约是在太武帝时正式开府置佐的。《魏书》卷四上《世祖纪》神䴥三年(430年)秋七月己亥诏："今诸征镇将军、王公仗节边远者，听开府辟召；其次，增置吏员。"同书卷一一三《官氏志》谓："七月，诏诸征镇大将依品开府，以置佐吏"，当即其事。不过《官氏志》并未注明这是"神䴥三年"的事情，容易让人误解为神䴥元年。推测在这以前，征镇将军有些没能开府，有些吏员不足。

开府置佐，无疑是一份优厚权益。军府僚佐逐渐取代州郡掾属，对南北朝后期这个重大变化，严耕望先生及浜口重國都曾给予了深入揭示，浜口重國还进而指出从北齐开始，刺史的府佐数量就开始依照州的自身等级，而不是所加军号的高低了①。北齐这个变动显示，府佐开始在向地方行政官员演变；两晋南朝那种府官的形象，至此而发生变态了。但此前情况还不全是这样。晋武帝咸宁年间，傅咸曾指责"虚立军府，动有百数"②，说明西晋时

①严耕望：《魏晋南北朝地方行政制度约论》，《大陆杂志》第27卷第4期；严耕望：《北朝地方政府属佐制度考》，《中央研究院历史语言研究所集刊》第19卷第1期；严耕望：《魏晋南北朝地方政府属佐考》，《中央研究院历史语言研究所集刊》第20本第1分；浜口重國：《所谓隋的废止乡官》，《日本学者研究中国史论著选译》第4卷(六朝隋唐卷)，中华书局1992年版，第327页。

②《晋书》卷四七《傅咸传》。《资治通鉴》卷八〇晋武帝咸宁五年(279年)胡三省注对傅咸此语中的"军府"有一个不尽准确的解释："军府，谓骠骑、车骑、卫、伏波、抚军、都护、镇军、中军、典军、上军、辅国、领军、护军、左右卫、骁骑、游击、左右前后军及杂号将军也。"按钱大昕《廿二史考异》卷二五"南齐书百官志"条已指出："晋、宋以来，将军有二等，自骠骑至龙骧，皆虚号，非持节出镇，不得领兵。此领护、左右卫、骁游、前后左右军将军，则皆主兵之官也。"《嘉定钱大昕全集》，第2册第554页。领护至前后左右军将军等等都是禁军将领，与军号有异。

有许多"军府"形同"虚立",那么这时府僚的军政职能就是很有限的,主要用以标志府主权势大小,以及为士人提供起家迁转之阶。《隋书》卷二六《百官志上》把参军之类说成"起家官":"诸王公参佐等官仍为清浊,或有选司补用,亦有府牒即授者。不拘年限,去留随意。在府之日,唯宾游宴赏,时复修参,更无余事。"优游无事的还不止王公参佐而已,军府参佐也有类似情况。王徽之"为大司马桓温参军,蓬首散带,不综府事。又为车骑桓冲骑兵参军,冲问:'卿署何曹?'对曰:'似是马曹。'又问:'管几马?'曰:'不知马,何由知数!'又问:'马比死多少?'曰:'未知生,焉知死!'"①这是人们都熟知的掌故。开府置佐既不全出行政需要,其维系府主权势的意义便更突出了。西晋时司马越府"多名士,一时俊异","朝贤素望,选为佐吏";司马越与军司王衍的合作,已暗具东晋"王与马,共天下"政治格局之雏形②。东晋权臣桓温之府也相当典型,林校生先生围绕桓府的有关考察,揭示了开府置佐的"树党"、"交通"和"隆望"功能。这是超乎日常军政职事之外的③。这个时代大大小小的军府、成堆成群的僚佐的存在,呈现为一种侵蚀皇权的分权势力。

随即叙述食俸问题,也就是散号将军的物质待遇。

官僚帝国的专制皇权一般总是倾向于针对职位发放俸禄的,并不怎么情愿向臣僚们无功授禄。不过这个意图的贯彻是有其

---

①《晋书》卷八〇《王徽之传》。

②参看田余庆:《东晋门阀政治》,第1章"释'王与马共天下'"。

③参考林校生:《桓温幕府僚佐构成说》、《桓温幕府职能事功剖说》,分见《北大史学》第3、4辑,北京大学出版社1996、1997年版。又林先生的《西晋八王幕府合说》一文也可参考,见《北大史学》第5辑,北京大学出版社1998年版。

限度的：它经常被君主个人的施恩示宠所突破，同时也受制于官僚的特权大小和贵族化程度。中古士族政治时代，朝廷充斥着尸位素餐的各色散官。尽管有些官职被确认不是“禄官”，但也享有着各种各样的好处。比方说刘宋孝武帝大明五年（461 年）就有“制帝室期亲，朝官非禄官者，月给钱十万”的诏书①。作为“职位”的“实官”固然都有俸禄，但各级军号本身也都对应一份不低的俸禄。也就是说，职事官如果同时又拥有军号，这人就能拿到双份儿的钱。这种类似“结构工资制”的做法，表明军阶具有实实在在的“品位”意义，而不只是荣号一类中看不中吃的玩艺儿。

据《隋书》卷二六《百官志上》，梁陈时代有如下制度：

> 诸将起自第六品已下，板则无秩。其虽除不领兵，领兵不满百人，并除此官而为州郡县者，皆依本条减秩石（原注：二千石减为千石，千石降为六百石，自四百石降而无秩。其州郡县，自各以本秩论）。凡板将军，皆降除一品。诸依此减降品秩。其应假给章印，各依旧差，不贬夺。

在军号的六品以下，板授军号是没有禄秩的，其原因无烦深论；不领兵或领兵不满百人的军号，朝廷作减秩处理；在以军号而兼州郡县长官时，长官职位保留本秩全俸，对军号亦作减秩处理。所谓“减秩”就是降俸禄一等，即如“二千石减为千石，千石降为六百石，自四百石降而无秩”之类。以此类推，那些领兵超过百人的将军，若无兼官则食本将军全俸。这就是说，军号确实提供了一份

①《宋书》卷六《孝武帝纪》。

禄秩,尽管有“减秩”之例。汪征鲁先生指出:“减秩”“仅对低级将军而言,中、高级将军其禄秩当完全保存下来。”①所谓“低级”即前述六品以下。当然五品以上的中、高级军号,如果是“板授”则仍要“减秩”,“凡板将军,皆降除一等”;至于正除将军,从属军号的俸禄就可以足额入囊了;若有兼官,两份俸禄照单全收。

北魏的军号同样对应着一份俸禄。《魏书》卷六八《甄琛传》:

> 请取武官中八品将军已下干用贞济者,以本官俸恤,领里尉之任,各食其禄,高者领六部尉,中者领经途尉,下者领里正。

由“八品将军已下……以本官俸恤”一语可以推知,北魏八品以下将军虽属微末,但依然是有“俸”有“恤”的。“恤”是王朝配给官僚的事役,可以转换为代役钱帛形式来享受。北魏的“职俸”与“亲恤”往往并称,共同构成了居官收益②。既称“八品将军已下”,就没有把九品将军撇在一边儿。据太和《后职令》,九品以下将军有旷野、横野、偏、裨四号,它们也应是有俸有恤的。

北魏后期的混乱伴随着国库空虚,朝廷只好时不时减俸甚至绝俸,让百官勒紧裤腰带;同时窃冒军功、占有军号者多如过江之鲫,朝廷已无力向天下所有军号拥有者支付俸禄了,所以在恢复俸禄时,就本着“忙者吃干,闲者吃稀”原则,首先倾斜职事官而不

---

①汪征鲁:《魏晋南北朝选官体制研究》,第160页。

②参看周一良:《魏晋南北朝史札记》,“亲恤”条,第331页以下。

及散号、散位，没事干的官先饿着①。这样一来，到北齐便形成了“官非执事、不朝拜者，皆不给禄”的制度②。至于事力的给予，可能也与此相类③。军号当然不能算是职事官，可是至少对那些高级军号而言，说其完全无俸好像也不合情理。品级较高且有资格居京“朝拜”的将军，应该依旧享有俸禄。从某些材料看，“朝拜”

①《魏书》卷三一《于忠传》：“初，太和中军国多事，高祖以用度不足，百官之禄四分减一。忠既擅权，欲以惠泽自固，乃悉归所减之禄，职人进位一级。”这是魏孝明帝时的事情。于忠对百官恢复了原俸，而“职人”所减的俸禄则亏空如故。又《魏书》卷一一《前废帝纪》普泰元年（531 年）四月诏：“员外谏议大夫、步兵校尉、奉车都尉、羽林监、给事中、积射将军、奉朝请、殿中将军、宫门仆射、殿中司马督、治礼郎十一官，得俸而不给力。”是削减东西省散官待遇的例子。《北史》卷七《齐本纪》北齐文宣帝天保元年（550 年）夏五月：“大赦，改元。百官进两大阶，六州缘边职人三大阶。自魏孝庄已后，百官绝禄，至是复给焉。”是东魏时百官无俸；北齐初天保元年也只说百官复给俸禄，而“职人”未及。所谓“职人”，我认为即包括军号的拥有者。详见拙作《北魏北齐“职人”初探——附论魏晋的“王官司徒吏”》，《文史》第 48 辑，中华书局 1999 年版。不过在这篇文章中，我曾说职人在北魏自初就没有俸禄，而这个说法与《魏书・甄琛传》上引材料抵牾不合，现在不得不改口了。又《隋书》卷二四《食货志》：“是时（北齐文宣帝时），用度转广，赐与无节，府藏之积，不足以供。乃减百官之禄，撤军人常廪，并省州郡县镇戍之职。又制刺史守宰行兼者，并不给干，以节国之费用焉。”看来天保元年恢复百官俸禄也只是一时之事，不久又再度“减百官之禄”了。

②《隋书》卷二七《百官志中》。

③《隋书・百官志中》记北齐河清制度：“又自一品已下，至于流外勋品，各给事力”，“州自长史已下，逮于史吏，郡县自丞已下，逮于掾佐，亦皆以帛为秩。……其镇将，戍主，军主、副，幢主、副，逮于掾史，亦各有差矣。”可见只要是有职事者，哪怕是流外勋品、低级史吏掾佐，也是给事力的。至于“官非职事、不朝拜者”是否给事力，不得而知。姑且推测他们的给事力与否，在制度上同于给俸之例。

资格至少包括七品以上①。

除俸禄、恤力之外，军号的物质待遇还涉及了职田的问题。据敦煌发现的西魏大统十三年（547 年）文书《邓延天富等户残卷》所示：敦煌地区丁男受正田一般为二十亩，但有一位拥有荡寇将军之号、唤作刘文成的人，却额外多受了正田二十亩；他的妻子还被特别注明为“台资妻”②。山本達郎认为：“这个二十亩，一定是因为刘文成户是荡寇将军、其妻是台资妻的特别分配，或许这就是可以唤作勋田乃至职分田性质的田。”③唐耕耦先生认为“台资”相当于唐代“职资”④。朱雷先生对“职资”也有较详考察：“‘停家职资’，是卸任归家的前任‘文武官’，在籍帐类文书中，可简作‘职资’。‘见任文武官’亦可称作‘职资’。”⑤王永兴先生认

---

①前注所引《魏书·前废帝纪》普泰元年（531 年）诏，令员外谏议大夫等十一官“得俸而不给力”，又谓：“老合外选者，依常格；其未老欲外选者，听解。其七品以上，朔望入朝。”这十一种员外散官中的“七品以上”可以“朔望入朝”，看来这个“七品”，就构成了北魏京官的朝拜资格之一。既然《隋志》有言“后齐制官，多循后魏”，眼下不妨暂时推定北齐也是如此。

②《敦煌资料》第 1 辑，中华书局 1961 年版，第 99 页；唐耕耦、陆宏基主编：《敦煌社会经济文献真迹释录》，书目文献出版社 1986 年版，第 1 辑第 112 页；黄永武编：《敦煌宝藏》，台湾新文丰出版公司 1986 年版，第 5 册第 144 页以下。

③山本達郎：《敦煌发现计帐史的文书残简——大英博物馆藏斯坦因带来的汉文文书六一三号》（上），谭两宜译，武汉大学历史系魏晋南北朝隋唐史研究室编：《魏晋南北朝隋唐史资料》第 3 辑，1981 年版，第 61 页。

④唐耕耦：《西魏敦煌计帐文书以及若干有关问题》，《文史》第 9 辑，中华书局 1980 年版。

⑤朱雷：《唐“职资”考》，《唐代的历史与社会》，武汉大学出版社 1997 年版，第 138 页。根据朱先生的考察，结合北朝“职人”的情况，我们推测“职资”包括两种人，一是拥有朝廷品位，例如散官、勋官，但没有现任职事官而家居待调的人；二是番上轮空的府兵将士。

为唐代勋官“身应役使”，不服役的要纳课，所以叫作“职资”；同样，刘文成的“荡寇将军”作为武散官也应服役，不服役的要向中央（台）纳资，故称“台资”①。杨际平先生看法相近：“台资”近于唐代散官、勋官、卫官不上番者的“纳资”②。我曾推测北魏后期的“职人”已有纳资入选之制，而“职人”包括散号将军③；王永兴、杨际平二先生对“台资”的解释，给这个推测又添了一分证据。唐代的官僚候选人有纳资入选之制④，这个制度的青萍之末应在北朝。

但不要因为军号拥有者需服役或纳资，就认为他们负担过重。事实上他们并不负担编户课役，其服役或纳资与编户的负担性质不同，那是作为“官人”而承担的义务，并且被用作候选条件⑤。由《邓延天富等户残卷》看，西魏北周的军号拥有者，在受田时还享有着特别优待。荡寇将军依太和《后职令》中为从七品

---

①王永兴：《介绍敦煌文书西魏大统十三年（547年）的计帐户籍残卷》，《陈门问学丛稿》，江西人民出版社1993年版，第265—266页。

②杨际平：《关于西魏大统十三年敦煌计帐户籍文书的几个同题》，中国魏晋南北朝史学会编：《魏晋南北朝史研究》，四川社会科学出版杜1986年版。

③拙作《北魏北齐“职人”初探——附论魏晋的“王官司徒吏”》。

④参看唐耕耦：《唐代的资课》，《中国史研究》1980年第3期；李春润：《唐开元以前的纳资纳课初探》，《中国史研究》1983年第3期。

⑤朱雷先生的《唐“职资”考》还指出，在“差科簿”等文书中，“停家职资”又称“前官”。根据《通典》及敦煌、吐鲁番文书所见，他们曾大量由县派充城主、堡主、里正等，还经常被临时差遣承担某种任务。这与编户课役的性质是不同的。又《唐律疏议》卷二八《捕亡律》“将吏捕罪逗留不行”条，“停家职资”有追捕逃犯义务：“即非将吏，临时差遣者，各减将吏一等”；“议曰：‘即非将吏’，谓非见任文武官，即停家职资及勋官之类，临时州县差遣，领人追捕者，各减将吏罪一等。”（《唐律疏议》，第526页）据《魏书》卷一一一《刑罚志》记载，北魏也有类似做法：“神龟中……尚书三公郎中崔纂执曰：‘伏见旨募，若获刘辉者，职人赏二阶……’”散号将军就属“职人”。他们的各种临时差使，构成了获得阶级和候选实官的条件。

上阶,在西魏九命中则为正三命上阶,其所受职田相当于一丁之田。按《魏书》卷一一〇《食货志》所记太和《均田令》只说“诸宰民之官,各随地给公田”云云,但“宰民之官”以外的官员们其实另有一种公田。《通典》卷二《食货二·田制下》引宋孝王《关东风俗传》:“《魏令》:职分公田不问贵贱,一人一顷,以供刍秣。自宣武出猎以来,始以永赐,得听卖买。迁邺之始,滥职众多,所得公田,悉从货易。”从文中把“宣武出猎”、“迁邺之始”叙为后事看来,这份《魏令》应是太和制度①。前述西魏刘文成所受二十亩田,是敦煌地区的一夫之田;而北魏“一人一顷”的“职分公田”额度,也大致相当于一位丁男的应受之田②。西魏刘文成凭着荡寇将军便多领了一份正田,这与北魏太和制度应有上承下效关系。顺便说,唐代官僚除了领受官吏永业田外,也可以占有普通人的

①有的学者据此便做如是叙述:“这说明北魏的职分公田是不许买卖的。但到东魏、北齐变成了‘不问贵贱,一人一顷’,可见给予职分公田的面扩大了。”见高敏主编:《魏晋南北朝经济史》,上海人民出版社 1996 年版,上册第 279 页。按此叙述,“不问贵贱,一人一顷”乃是东魏北齐制度,恐非。武建国认为这份《魏令》是“权宜之计”:“这显然不是太和九年田令中的内容,而是以后新增订和颁布的条令”;表示同意堀敏一的观点,即在迁都洛阳时颁布的。参看武建国:《论北朝隋唐均田制度的演变(下)》,云南大学历史系编《史学论丛》第 4 辑,云南大学出版社 1989 年版,第 20—21 页;堀敏一:《均田制的研究》,福建人民出版社 1984 年版,第 195 页。王仲荦认为“始以永赐,得听买卖”是在宣武帝时开始的。参看其《魏晋南北朝史》,下册第 560 页。又韩国磐认为,这条《魏令》所记一人一顷的公田,既非有功者的赐田,也不是按品级给予的官员永业田或职分田,而是沿自西晋时给予诸侯的刍藁田而来,后来并入了官吏的永业田中。见其《北朝隋唐的均田制度》,上海人民出版社 1984 年版,第 73—74 页。

②《魏书·食货志》记,“诸男夫十五以上,受露田四十亩”,“所授之田率倍之”,桑田则是“男夫一人给田二十亩”。如此合计共百亩。

丁田或老田①,鱼与熊掌可以兼得。

“迁邺之始”亦即东魏以来的“滥职众多,所得公田,悉从货易”情况,似乎表明各种名位拥有者,其时都享受着一份公田的好处;“悉从货易”的买卖之法则显示了其私有化的趋势;其时公田额度,大概同于北魏之“一人一顷”。至北齐河清制度:“京城四面,诸坊之外三十里内为公田。受公田者,三县代迁户、执事官一品已下,逮于羽林、虎贲,各有差”;又:“职事及百姓请垦田者,名为永业田。”②这里所叙的“受公田”及“请垦田”既然标明了“职事”,则“官非职事”者好像就沾不上光了。不过“受公田”和“请垦田”二者却还是有些差别的。“请垦田”的资格是广及于“百姓”的,“滥职者”们虽“官非职事”但毕竟是官老爷,不至于连平头百姓也不如,理应利益均沾而不当另眼相看。至于北齐的“公田”,比照俸禄、事力的情况,及七品荡寇将军在西魏得受职田的情况,我们暂时仍作如下推定:虽非“职事”,但至少位在七品以上、有资格居京和朝拜者,在东魏北齐依然有指望分一杯羹,获得一份公田,散号将军亦在其列。

此外将军高下有别则礼节待遇有异。这还不止冠服印绶之类,比方说,西晋的辅国将军就因“未为达官”,而“不置司马,不给官骑”③,那么更高的将军当然就有“官骑”了。因相关问题过于

---

①霍俊江:《从敦煌文书看唐代均田制授田的三种特殊情况》,《唐代的历史与社会》,第288页以下。

②《隋书》卷二四《食货志》。

③《晋书》卷四二《王濬传》:“拜濬辅国大将军,领步兵校尉。旧校唯五,置此营自濬始也。有司又奏,辅国依比,未为达官,不置司马,不给官骑。诏依征镇给五百、大车,增兵五百人为辅国营,给亲骑百人、官骑十人,置司马。”(按文中“步兵校尉”有误,参见钱仪吉《补晋兵志》。)

琐屑，恕不一一深论详考。

再次便是散号将军与阶级制度的关系问题。因考辨较多，转入下一节专论较为方便。

五、军阶与官阶

孝文帝的汉化改制，使北魏的行政水平进入了一个全新境界，其官阶改革甚至还反馈到了南朝萧梁。官阶改革的重大意义还不止于官品析分，它与铨选制和考课制是紧密结合在一起的。孝文帝有《外考令》，宣武帝有《景明考格》、《正始考格》、《延昌考格》。考课的等级要落实于阶级变动。诸如“今任事上中者，三年升一阶；散官上第者，四载登一级”，“景明以来考格，三年成一考，一考转一阶”，“考在上中者，得泛以前，有六年以上迁一阶，三年以上迁半阶，残年悉除。考在上下者，得泛以前，六年以上迁半阶，不满者除。其得泛以后考在上下者，三年迁一阶”[①]等等，都反映出考阶制度在日趋严密周备。崔鸿主张“才必称位者朝升夕进”，“岂拘一阶半级”[②]？袁翻也针对缘边州郡“阶当即用”，请求“必选其才，不拘阶级”[③]。但“不拘阶级”的呼吁，反过来却显示依阶授官才是经制，元匡便曾斥责于忠“不由阶级而权臣用命”，要求“冒阶而进者，并求追夺”[④]。又魏末“时徐君房、庾信来聘，名誉甚高，魏朝闻而重之，接对者多取一时之秀，卢元景之徒并降

①分见《魏书》卷二一上《高阳王雍传》、卷六七《崔鸿传》、卷六四《郭祚传》。
②《魏书》卷六七《崔鸿传》。
③《魏书》卷六九《袁翻传》。
④《魏书》卷三一《于忠传》。

阶摄职，更递司宾”①。所谓“司宾”当是主客郎、主客令之类；“降阶摄职”与依阶任职，在官员管理制度上业已有明确区分。唐代的考课进阶制度，便由此发展而来。

但北魏阶级制度依然有些细节有待澄清。唐代考课所进之“阶”是官僚的“本品”或“本阶”，也就是文武散阶。至于北魏的“阶”、“级”，某些论著简单地以官阶视之，但本书却不敢苟同，而把官阶和军阶加以区分视作更好选择。辨析的必要尤其来自这一事实：北魏的官阶与军阶一直没有一致起来。请看北魏《后职令》中的军号列表：

<table>
<tr><th colspan="2">官品</th><th>军号</th></tr>
<tr><td colspan="2">从一品</td><td>骠骑大将军、车骑大将军</td></tr>
<tr><td colspan="2">正二品</td><td>骠骑、车骑将军
卫将军、四征将军</td></tr>
<tr><td colspan="2">从二品</td><td>四镇将军、中军抚军镇军将军</td></tr>
<tr><td colspan="2">正三品</td><td>四安将军、四平将军、前左右后将军</td></tr>
<tr><td colspan="2">从三品</td><td>征虏、冠军、辅国、龙骧将军</td></tr>
<tr><td rowspan="2">正四品</td><td>上</td><td>○</td></tr>
<tr><td>下</td><td>镇远、安远、平远将军
建义、建忠、建节将军
立义、立忠、立节将军
恢武、勇武、曜武、昭武、显武将军</td></tr>
<tr><td rowspan="2">从四品</td><td>上</td><td>中坚、中垒将军</td></tr>
<tr><td>下</td><td>宁朔、建威、振威、奋威、扬威、广威将军
建武、振武、奋武、扬武、广武将军</td></tr>
</table>

①《北齐书》卷三九《祖珽传附弟祖孝隐传》。

续表

官品		军号
正五品	上	宁远、鹰扬、折冲、扬烈将军
	下	○
从五品	上	伏波、陵江、平漠将军①
	下	轻车、威远、虎威将军
正六品	上	宣威、明威将军
	下	○
从六品	上	襄威、厉威将军
	下	○
正七品	上	威烈、威寇、威虏、威戎、威武将军 武烈、武毅、武奋将军
	下	讨寇、讨虏、讨难、讨夷将军
从七品	上	荡寇、荡虏、荡难、荡逆将军
	下	○
正八品	上	殄寇、殄虏、殄难、殄夷将军
	下	○
从八品	上	扫寇、扫虏、扫难、扫逆将军
	下	厉武、厉锋、虎牙、虎奋将军

①平漠将军原作“平汉将军”。中华书局本《校勘记》〔一四〕推断应作“平漠”，这是正确的。查《北齐刘双仁墓志》：“除平漠将军、羽林监，换安西将军、银青光禄大夫。”（赵超：《汉魏南北朝墓志汇编》，第444页）这份墓志虽在武平元年（570年），但刘双仁卒时已九十一岁，其为平漠将军应在北魏后期及东魏。由此便证“平漠”之是，“平汉”之误。又《陇右金石录补》卷一亦据《南石窟寺碑》所见“平漠将军”，云：“疑平漠为是，而《官氏志》误也。”（第11页）

续表

官品		军号
正九品	上	旷野、横野将军
	下	○
从九品	上	偏将军、裨将军
	下	○

由此可见,北魏军阶与官阶各成序列,军号在官阶上的分布畸轻畸重。一方面官阶上有八个阶次是军号的空位,另一方面许多官阶上又列有数个以至十数个军号。官阶和军阶的一致化,是由西魏"九命"和北齐河清官品完成的①;在北魏孝文帝以降,以至依然沿用北魏《后职令》的东魏和北齐前期,"阶"、"级"是依官阶计算还是依军阶计算,显然就不该等量齐观。对于北魏考课所涉之阶级,张文强先生以官阶释之②;黄清连先生认为北魏官员"所升的阶、级当为职官的品阶",并根据日人福島繁次郎的研究,认为北魏考课所迁之阶为"职阶"③。不过也有相反意见。王德权先生提出:"北魏末史料经常出现的'阶'、'级'、'勋'等都是指将军

①参看拙作《周齐军号散阶制度异同论》,《历史研究》1998年第2期;及本书第十章第四节。

②张先生有如下论述:"如李彦为谏议大夫,'后因考课,降为元士'(《魏书·李宝附彦传》)。按《前职令》记谏议大夫为正四品下阶,元士为从四品上阶,二者相去正为一阶。"见其《魏晋北朝考课制度述略》,《北京师范大学学报》1988年第5期。

③黄清连:《唐代散官试论》,《中央研究院历史语言研究所集刊》第58本第1分,第139页注[24]。福島繁次郎的意见,参看其《北魏宣武帝の考課と考格》,《中国南北朝史研究》,名著出版株氏会社1962年版,第33—56页。

号”,而且被用为“职官所系的官阶”①。对这些不同解释,如有可能的话,应该使有关认识多少清晰一些。

至如军阶本身的位阶结构,也至少可以悬拟出三种可能:第一,军阶根据相同官品而构成一阶,以正四品下为例,可设想镇远诸号、建义诸号、立义诸号、恢武诸号共为一阶。第二,军阶以同类军号构成一阶,仍以正四品下为例,可设想镇远诸号为一阶,建义诸号为一阶,立义诸号为一阶,恢武诸号为一阶。第三,军阶以单个军号为“阶”,依其排序前后而定高下,仍以正四品下为例,可以设想镇远为一阶、安远为一阶、平远为一阶……,余类推。三种可能性中哪种符合事实,也要在考辨之后才能得知。

首先,针对把北魏所见“阶”、“级”笼统视同官阶的看法,我们来论证“军阶”的存在。《魏书》卷九《肃宗孝明帝纪》武泰元年(528 年)二月甲寅:

> 内外百官文武、督将征人,遭艰解府,普加军功二阶;其禁卫武官,直阁以下、直从以上及主帅,可军功三阶。

这里所特称的“军功阶”,很可能是与文官考课所进之“阶”不同的另一种“阶”。《魏书》卷一〇《孝庄帝纪》建义元年(528 年)五月壬午:

> 诏求德行、文艺、政事强直者,县令、太守、刺史皆叙其志业,具以表闻。得三人以上,县令、太守、刺史赏一阶;举非其

①王德权:《试论唐代散官制度的成立过程》,《唐代文化研讨会论文集》,第 848 页。

人，亦黜一阶。又以旧叙军勋不过征虏，自今以后宜依前式以上，余阶积而为品。其从舆驾北来之徒，不在此例。悉不听破品受阶、破阶请帛。……

这份诏书中所说的县令、太守、刺史的赏黜之阶，如果释为官阶，仍不能说是没有相当理由的；但"旧叙军勋不过征虏"一句特标"军勋"，且此"军勋"以"征虏"等军号相酬，那么"余阶积而为品"的"阶"很可能便别为军阶。《魏书》卷一〇《孝庄帝纪》建义元年秋七月丁巳：

诏从四品以上从征者，不得优阶；正四品者优一阶。军级从三品以上从征（按此处应有脱文），四品者优一大阶；正五品以下，还依前格；若有征阶十余，计入四品、三品，限授五阶。

在这条史料中，开头所说的从四品之不优阶和正四品的优一阶，看上去仍是就文官位阶而言的；但"军级从三品以上……"之后所述，便转入"军级"的奖励办法了，随后所谓从三品、四品、正五品各级的优阶，所指都应是"军级"、"征阶"。

可见其时官阶之外，另有一种"军级"、"征阶"的概念被使用着。《北齐高建墓志》还有"斩级"之名："又转武卫将军，加卫将军、右光禄大夫。号比宋昌，转不因于代邸；位方许褚，迁岂须于斩级。除骠骑大将军、散骑常侍。"①这"斩级"无疑也应与"军级"、"征阶"参照理解。孝明帝时，元匡曾"奏请取景明元年以来

①引自赵超：《汉魏南北朝墓志汇编》，第400页。

内外考簿、吏部除书、中兵勋案并诸殿最,欲以案校窃阶盗官之人”①;卢同也从吏部勋书中检核出窃阶者三百余人,这些“勋书”包括“吏部、中兵二局勋簿”②。看来其时涉及阶级之文簿有四:内考簿、外考簿、吏部勋簿及中兵勋簿,简言之则为考簿和勋簿。既然《魏书·孝庄帝纪》两条“优阶”材料都显示文官官阶与“军级”两分,那么我们不妨推测:吏部勋簿对应着官阶,中兵勋簿对应着军阶;当然也可以做另一种推测:内考簿、外考簿对应着官阶,吏部勋簿和中兵勋簿对应着军阶。

读者也许会马上质疑:尽管正常的考课进阶之外别有“军级”,但这仍不能说明“军级”构成了有异官阶的另一级差,它也可能遵循着官品的阶级。对于这一类质疑发难,可以通过个案分析予以回答。

此期虽不乏晋阶迁级的实例,但首尾完备、足资取证者却并不太多。尚可欣慰的是,披沙拣金之余我们居然不无所获。请看《魏书》卷七三《奚康生传》:

> (孝文帝时)以勋除中坚将军、太子三校。……萧鸾置义阳□,招诱边民。康生复为统军,从王肃讨之。……频战再退其军,赏三阶,帛五百匹。……一战大破之,赏二阶,帛一千匹。……以功迁征虏将军、封安武县开国男,食邑二百户。

奚康生初得“三阶”,后得“二阶”,先后合计共获五阶,并相应由中坚将军迁为征虏将军。奚康生的进阶在太和《后职令》之前,所

①《魏书》卷一九中《任城王元澄传》。

②《魏书》卷七六《卢同传》。

以依据《前职令》制成下表：

三品上	＊征虏、辅国、龙骧将军
三品中	○
三品下	○
从三品上	○
从三品中	○
从三品下	镇远、安远、平远将军 建义、建中、建节将军 立义、立忠、立节将军 恢武、勇武、曜武、昭武、显武将军
四品上	＊中坚、中垒、宁朔、扬威将军

对当事人进阶所历军号，表中在军号前加“＊”号以清眉目，下同。对这个表格加以辨析之后，我们决意采用“同类军号为一阶”的计算方法，即如自下而上，以中坚等号为一阶，恢武等号为一阶，立义等号为一阶，建义等号为一阶，镇远等号为一阶，由此，则自中坚而至征虏恰为五阶。

下面再从官阶方面加以观察。如依前章的推定，把孝文帝、宣武帝时的“阶”看成一品之半，则奚康生由四品上之中坚将军而至三品上之征虏将军，其间的官阶变动仅为两阶。就算把“阶”理解为《前职令》各品正从之下的上、中、下阶，那么其间官阶变动是为六阶，仍与五阶之数不符。质言之，奚康生所进五阶，释以军阶则通畅无碍，释以官阶则抵牾不合。那么便可初步推论：第一，军阶与官阶是有区别的，所见之“阶”是军阶还是官阶，是不宜混淆的；第二，在前拟军阶计算的三种可能性中，其第二种可能，也就是同类军号构成一阶的推断，更为可取。

如果认为这个例子中五阶、六阶区分细微、难免误差的话，请再来看《魏书》卷五八《杨侃传》：

(庄帝)建义初，……为都督，镇潼关。还朝，除右将军、岐州刺史。属元颢内逼，诏以本官假抚军将军为都督，率众镇大梁，未发，诏行北中郎将。……至建州，叙行从功臣，自城阳王徽已下凡十人，并增三阶。以侃河梁之诚，特加四阶。侃固辞，乞同诸人，久乃见许。于是除镇军将军、度支尚书，兼给事黄门侍郎，敷西县开国公，食邑一千户。

杨侃"特加四阶"，但他"乞同诸人，久乃见许"，则所加实同于城阳王元徽以下十人的"并增三阶"；与"三阶"相应的军号变动，则是由右将军而镇军将军。兹据《后职令》制成下表：

从二品	四镇将军 中军　*镇军　抚军将军
三品	四安将军　　　　列曹尚书 四平将军 前左*右后将军

杨侃既已先为三品右将军，其进阶显然就不会体现在三品度支尚书上，因为这等于在三品一级原地踏步了；而从"从二品镇军将军"的军阶角度看，其品阶变动便顺理成章：若以前左右后将军为一阶，四平为一阶，四安为一阶，中镇抚军为一阶，则从右将军迁镇军将军，恰迁"三阶"而纤毫不爽。从正三品到从二品，官阶之差一阶而已，不论这"阶"怎么计算仍是如此；但从军阶说，这官品两等中便含有四镇等将军、中军等将军、四安等将军、四平等将

军、前左右后将军共五阶之差。官阶、军阶之异,由此再见;而前揭同类军号构成一阶之原则,也由此愈明。

再证以《北齐石信墓志》:

> 乃从齐太祖献武皇帝建义信都。……改授使持节豳州诸军事、征东将军、豳州刺史、白马县开国伯。敷五教以齐民,约三章而厉俗。除使持节宁州诸军事、本将军、宁州刺史,开国如故。特优两大阶,遂授车骑将军,进爵平舒县开国侯,增邑二百户,并减勃海王国内之封。①

石信的"特优两大阶",既然落实为由征东到车骑将军的晋升,那么请看下表:

正二品	卫大将军 四征大将军 骠骑将军、* 车骑将军 卫将军 * 四征将军 诸将军加大者　　　　左右光禄大夫

就本表所见,从军阶说,由四征之阶经卫将军而至车骑之阶,正为两阶;而从官阶说,四征与卫将军均在正二品之内,并无变动,因而与"两大阶"抵牾不合。

对以军号为"阶"的情况,还可取证于如下材料:

> 宋循:(东)魏兴和二年(540 年),除慈山治军主,累阶加

①赵超:《汉魏南北朝墓志汇编》,第 412 页。

骠骑将军。(《隋宋循墓志》,安阳县文教局:《河南安阳隋墓清理简记》,《考古》1973 年第 4 期)

侯忻:永安年(528—529 年)复□大长秋丞,出内宫幄,真心匪石。又加布泛,除宣威将军。加建明(530—531 年)、普泰(531—532 年)泛,除龙骧将军、中散大夫。(《北魏侯忻墓志》,周铮:《北魏侯忻墓志考释》,《北朝研究》1997 年第 3 期)

由宋循之例,可见"累阶"的结果是"加骠骑将军"。在侯忻的例子里面,"布泛"意同"普泛"。据《魏书》卷一一《前废帝广陵王纪》建明二年春二月:"改建明二年为普泰元年。……内外文武,普泛四阶。"不过宣威将军正六品上,龙骧将军从三品,从军阶说其间至少有十一阶,从官阶说也有九阶,都与"四阶"不合。按,北魏这时候的政局一塌糊涂,三天两头儿就有泛阶、优阶的事情。也许侯忻在"除宣威将军"之后曾不止一次迁阶。无论如何,侯忻的两次泛阶都落实为军号了,宋循的"累阶"也是如此。这与前引"旧叙军勋不过征虏"是相合的,都能证明军号是"阶",或者说有一种"阶"在获得之后应由军号加以体现。

那么针对把北魏所见之"阶"、"级"都视为官阶的看法,我们论证了其时官阶之外确实别有"军阶"存在,而且"军阶"采用了与官阶不同的计阶方法。正因为是军阶,才更容易出现"征阶十余"这类情况。因为北魏官品中"阶"的概念是指一品之半,"征阶十余"如是官阶的话,折合为官品将多达五品以上,与北魏后期考课"三年转一阶"的常规相比,如此幅度的晋阶恐怕有悖情理。而军号等级颇多于官阶,在"限授五阶"并折合成官品之后,就不会过分超阶越级了。对军阶与官品的具体折算,限于史料还无法更清晰地阐释;不过如上实例,已足够显示军阶有异官阶这个事实了。若把其时所见“阶”、“级”都视同官阶而混同无辨,就是个不大不小的疏误。

以上事例所涉阶级都来自军功,是为“征阶”、“军级”。不过也不宜顺水推舟得出这一结论:军阶仅仅面向军人或军事。前引“边外小县,所领不过百户,而令长皆以将军居之”;“洛京、邺都,(尚书)令史……皆加戎号”,都是说文职也常用军阶来确定资位。《魏书》卷七八《张普惠传》:

> (宣武帝时)除扬烈将军、相州安北府司马。迁步兵校尉。后以本官领河南尹丞。世宗崩,坐与甄楷等饮酒游从,免官。……故事:免官者,三载之后降一阶而叙,若才优,擢授不拘此限。熙平中,吏部尚书李韶奏普惠有文学,依才优之例,宜特显叙,敕除宁远将军、司空仓曹参军。朝议以不降阶为荣。

其事又见《北史》卷四六《张普惠传》。兹据《后职令》制成下表:

正五品上	＊宁远、鹰扬、折冲、＊扬烈将军
正五品下	步兵校尉
从五品上	……
从五品下	……
正六品上	司空、皇子仓曹参军事

张普惠初为步兵校尉(正五品下)、后为司空仓曹参军(正六品上),从这两个官职的官阶看,他依旧落了个降阶下场。但从军号看就判然不同了。张普惠初为扬烈将军,后为宁远将军,而正五

品上阶的宁远、鹰扬、折冲、扬烈四将军同列一类，依前揭军阶构成原则理应视为同阶，所以“朝议以不降阶为荣”。这就为文官同样用军阶维系身份、调节资位一点，提供了证明。

对军阶的维系资位之功，再看《北齐封子绘墓志》：

> 天平中（东魏孝静帝，534—538年），除卫将军、右光禄大夫，常侍如故。出为平阳太守，加散骑常侍、当郡都督。寻征大行台吏部郎中。……太祖西征，征公大都督，复居吏部郎中，寻为勃海太守。公威著言前，化行令表，乱绳自解，佩犊斯除。袭爵安德郡开国公，又加散骑常侍，增秩一等，转骠骑将军，余官如故。①

其事又见《北齐书》卷二一《封子绘传》。封子绘以卫将军（二品）、右光禄大夫（二品），先后担任过郡守（上郡四品下、中郡五品下、下郡六品下），吏部郎中（四品上）及都督，袭爵开国郡公（一品）。在这品级各异的各种头衔中，其“增秩一等”是仅就军阶而言的。封子绘由卫将军转骠骑将军，而从前述石信之例的列表中可以看到：官品二品的骠骑、车骑高于卫将军一阶。这就是“增秩一等”。

而且还可看到，就某位官员来说，他的军阶、官阶以及爵位的品级往往高下有异。封子绘仕历中的郡守、吏部郎品级都低于将军，此间卫将军一号便足以把封子绘的地位维系于二品，这正是军阶的功能所在。还有一点不能忽略：在封子绘袭爵为一品开国郡公之后，他的本阶仍以军阶衡量，“转为二品骠骑将军”仍被视

①赵超：《汉魏南北朝墓志汇编》，第423—424页。

为“增秩一等”,是袭爵一品郡公不为“增秩”,这“秩”是靠骠骑将军来维系的。前揭张普惠的例子与此同理。张普惠前为正五品上的扬烈将军、正五品下的步兵校尉,后为正五品上的宁远将军、正六品上的司空仓曹参军,其前后军阶和官阶都不一致。又前揭北齐《周双仁为亡夫文海珍造像记》所见,从八品上阶之吏部令史文海珍,拥有着宁远将军之号,而宁远将军在五品上阶,军阶与官阶相差三品之多。职事官不断变动之时,军阶使官员品级得以不变,这就是一种“品位”功能。

就此而言,有学者求助于“古代官品爵大多一致的原则”探讨北魏官品,这恐怕相当不妥。张庆捷、郭春梅先生研究北魏文成帝《南巡碑》,在推定诸多不见于《魏书·官氏志》的鲜卑官名的品级高下时,采用了“依一人所任官、爵、品基本相当的原则,从该鲜卑官员所兼汉族官号、爵位两方面来考察”的办法。比方说碑中出现了众多的“折纥真”,其所兼军号有鹰扬、左卫、宣威、建威、游击等号,作者再参以爵品,于是就推定“折纥真的品阶当在从二品上阶至六品上阶之间;之所以出现如此之大的差别,可能和折纥真本人的功劳、门第、爵位、兼官及所在部曹轻重与否有关”。对《南巡碑》所见其余鲜卑官名的品级,作者也都照此办理①。不过由本书角度看,张、郭二先生推断方法的疏失所在,便是一人所拥有的军号、官阶和爵位,在很多情况下并非“品阶基本相当”。尽管“折纥真”的品阶不见于《魏书》,但那应该是一个特定品级,而不会是“从二品上阶至六品上阶”那么散漫无定的范围。各位“折纥真”所带军号高下不一,这是因为军号才反映了“折纥真”

①张庆捷、郭春梅:《北魏文成帝〈南巡碑〉所见拓跋职官初探》,《中国史研究》1999年第2期。

们的资历、功劳或门第之差；“从二品上阶至六品上阶之间”的差别体现于军号，而不是“折纥真”本身品阶“在从二品上阶至六品上阶之间”。《南巡碑》所见其余鲜卑官职，与之同理。

《北史》卷三《魏本纪三》孝文帝延兴二年(472年)十二月诏，“牧守温良仁俭克己奉公者，可久于其任，岁积有成，迁位一级”。既要让官员“久任”而又要“迁级”，这如何实现呢？先来看同《纪》太和十五年(491年)十一月诏：“二千石考上上者，假四品将军，赐乘黄马一匹；上中者，五品将军；上下者，衣一袭。”可见王朝直接使用军阶为地方官员考课迁级。尽管这只是“假将军”而已，但用来说明军阶不止用于军官，还是足够了。延兴二年诏想让牧守既“久任”又“迁位”，我想官职不变而晋其军阶，就是可行之法。又《魏书》卷三九《李神儁传》：“天柱将军尔朱荣曾补人为曲阳县令，神儁以阶县不用，荣闻大怒，谓神儁自树亲党，排抑勋人。神儁惧，启求解官。”“勋人”所获之阶当然是“军级”、“征阶”了，但这“征阶”同样构成了担任文职地方官的资格，比如说担任县令。李神儁起初拒绝了这次任命，并不是因为“征阶”这种资格不得为文官，而是因为那位人选的阶级不够。

了解了官阶、军阶的区别之后，就不致对某些记述产生误解了。《北史》卷二二《长孙子裕传》：“子裕位卫尉少卿，启舍泛阶十七级，为子义贞求官，除左将军。”据太和《后职令》，前左右后将军正三品。如以官阶计算，即令长孙义贞原为白丁、自从九品出身，那么十七级也到了从一品。这不但与“除左将军”不合，而且由白丁而正三品是平步青云了。不过若改从军阶考虑，则前左右后将军以下约有二十四五阶，假设长孙义贞原有七品出身，再加上其父转让的泛阶十七级，“除左将军”多少就说得过去了。

当然，北魏的“赏阶”、“泛阶”也有众多情况指涉官阶。由此,把北魏后期的“阶”、“级”全都说成军号,也不全面。例如,尚书仪曹郎中封轨出使高丽不辱使命,宣武帝赏其一阶,转考功郎中①。查《后职令》,尚书郎中在六品下阶,吏部郎中在四品上阶。推测考功郎中职近吏部,任重事繁,品级可能高于余曹郎一阶。可见,把北魏后期的“阶”、“级”全都释为“军阶”,也不尽稳妥。孝明帝时袁翻为安南将军、都官尚书,其上表有言:“窃惟安南之与金紫,虽是异品之隔,实有半阶之校”、“愿以安南、尚书换一金紫”,朝廷“于是加抚军将军”②。按抚军将军从二品,金紫光禄大夫在从二品之末,四安将军在第三品,这“半阶”所指也是官阶。“半阶”是一品之半。凡涉“半阶”、“一阶半”字样都指官阶、考阶;反过来说,考阶是以官阶为准的。

进而,王朝对散号将军也经常从官阶计算其品级。如宣武帝时百官普升一级,封回自镇远将军(第四品下)、安州刺史入为太尉长史(第四品上),元匡自征虏将军(从三品)、恒州刺史入为宗正卿(三品)③。这两人的一阶变动,其军号以官阶计算。类似事例,又如张彝原为抚军将军(从二品)、金紫光禄大夫(从二品),孝明帝时崔光表请降位一阶转授给张彝,张彝由此升为征西将军(正二品)④。从军阶看,从中镇抚军将军到四征将军,其间还有四镇将军一阶,合计二阶,所以这“一阶”是就官阶而言的。又前

---

①《魏书》卷三二《封轨传》。

②《魏书》卷六九《袁翻传》。

③《魏书》卷一九中《任城王元澄传》。据《魏书·官氏志》太和《后职令》,二大(大司马、大将军)、二公(太尉、司徒)长史在从三品。但本注又曰:“若司徒置二长史,左在散骑常侍下,右在中庶子下”,散骑常侍在从三品第一位,太子中庶子在正四品上阶。推测太尉长史也遵循同样规定,封回所迁为正四品上之太尉右长史,较镇远将军恰高一阶。

④《魏书》卷六四《张彝传》;《北史》卷四三《张彝传》。

引魏庄帝诏书:“民年七十者授县,八十者授郡,九十加四品将军,百岁从三品将军。”这“四品将军”、“从三品将军”,与前述二千石考课所假“四品将军”、“五品将军”,都是以官阶定将军等级的例子。

这样,北魏史料中的各色“阶”、“级”、“等”,就显得相当错杂了,或指军号所系之军阶,或指官职所在之官阶,有时军号又以官阶计。我甚至怀疑,有时“若干等”还可能涉及州郡等级,例如官僚赠号时的所谓“二等之礼”。窪添慶文指出,北魏赠官至少涉及了将军号和刺史、太守号这两方面的变动[①]。《北魏元朗墓志》:使持节安西将军、都督元朗卒于孝明帝孝昌二年(526 年),“于是朝廷爰案故典,加以二等之礼,赠使持节、安北将军、并州刺史,礼也。”[②]窪添慶文说:“从中尚不能明确看出元朗卒时之官和‘二等’的内容。”然而安西、安北同属四安之阶;就是从排序说,四安的位序应是南、东、西、北,那么由安西而安北也没有加阶,反而是略降了。因此可以推断,这“二等”是就“并州刺史”而言的,元朗此前为持节行河州刺史,河州刺史与并州刺史或有“二等”之差。又《北齐李云墓志》:李云为银青光禄大夫,济南郡太守,北齐后主武平六年(575 年)薨,“爰恻圣衷,荣加二等,诏赠使持节、都督豫州诸军事、豫州刺史”[③]。这次赠号既然不涉军阶,银青光禄大夫又已是正三品了,而上州刺史也不过正三品,那么所谓“荣加二等”,似乎应就地方官等级而言,指其以济南郡守而赠豫州刺史。窪添慶文以州郡的上中下等级考察赠官,但我们也不排除另一可

①参看窪添慶文:《关于北魏的赠官》,《文史哲》1993 年第 3 期。

②引自赵超:《汉魏南北朝墓志汇编》,第 202 页。

③《河南濮阳北齐李云墓出土的瓷器和墓志》,《考古》1964 年第 9 期。

能：用作赠号时刺史、太守依从于另一种专用等差，它不尽同于州郡的上中下行政等级，且赠号与死者生前官号的高下间，存在着某种我们尚不明了的对应关系。

由于史料不无仕历阙漏、阶数舛误的可能性，想把所见"阶"、"级"、"等"、"班"以至"阶"、"大阶"等一一说清，本人仍觉力不从心①。但无论如何，以如上考述说明其时军号的"品位"性质，还算绰绰有余了。其时阶级制度大致如下：从官职等级看，官品的正从上下构成一种阶级，军号构成了又一种阶级；从个人官资看，通过秩满、考课或"增位"获得的是一种阶级，由军勋而来的"勋阶"则构成另一种阶级。以上四项，既有区别又交相为用：首先，由秩满、考课而迁之"阶"构成了一般性选任资格，对"勋阶"则通常酬以更高军号；但也不尽如此，日常晋升也常以军号升迁阶级，获得"军级"、"勋阶"者也可能酬以军号以外的其他官职。

那么，北魏军号作为独立的位阶序列，在维系和调整官僚资望上就发挥着重要作用：它用于迁升官僚品级，在官职较低时维系着官员个人的较高品位；授官时军阶高下构成官资之准，否则

①举例说，《魏书》卷七六《卢同传》：卢同请以二阶回授其兄都水使者卢琇，卢琇遂除安州刺史。按都水使者从五品下，上州刺史三品，中州刺史从三品，下州刺史正四品下。即使从都水使者仅仅计至下州刺史，在官品上亦有四阶之差。遂疑此处"二阶"有误，或卢琇另有散官，以散官计阶。《魏书》卷八四《儒林李业兴传》：李业兴为征虏将军、中散大夫，"仍以典仪之勤，特赏一阶，除平东将军、光禄大夫"。但相关军阶排序为征虏（从三品）、前左右后（三品）、四平（三品），由征虏而平东是二阶而非"一阶"。《北齐书》卷三一《王昕传附弟王晞传》：北齐废帝"寻有诏以丞相（高演）任重，普进府僚一班，晞以司马领吏部郎中"。高演时为大丞相而王晞为其司马，北齐官品中吏部郎中、三公府司马都是四品上阶，吏部郎居前而已，那么王晞的"进班"也许只体现在所领吏部郎中的居前之上。以上情况，皆超越本人学力不能定案，而有待方家者。

便应按“阶县不用”处理；低级军号拥有者如无实官，可以通过纳资获得铨选资格；军阶还可以听任个人转让“回授”，例如长孙子裕以十七级转让其子，崔光表请降位一阶转授给张彝，这也反映了它是从属于个人的“品位”，而非从属于职事的“职位”。其时军号并非简单的荣誉称号，它具有实实在在的“品位”意义。

最后，北朝的位阶曾有官阶和军阶之别，南朝是否也有同类现象呢？就目前史料看情况是比较暧昧的，但仍可在此附带做些推测。

《宋书》卷七二《建平王传》：“建平国职，高他国一阶”；《隋书》卷二六《百官志上》记陈制：“令仆子起家秘书郎。若员满，亦为板法曹，虽高半阶，望终秘书郎下”；“嗣王府官减正王府一阶。”这些场合的“阶”，当然都是官阶。魏晋以来王朝经常对文武百官普遍“增位”，南朝依然如此，但“增位”同时又有了“赐阶”的说法：

> 先是，刘式之为宣城，立吏民亡叛制，一人不禽，符伍里吏送州作部；若获者，赏位二阶。（《宋书》卷五四《羊玄保传》）
>
> （邓）琬闻（刘）胡去，惶扰无复计，呼褚灵嗣等谋之，并不知所出，唯云更集兵力，加赏五阶，或云三阶者。（《宋书》卷八四《邓琬传》）
>
> 齐高帝建元元年（479 年）六月庚辰诏：诏将及客，戮力艰难，尽勤直卫，其从还宫者，普赐位一阶。（《南齐书》卷二《高帝纪下》）
>
> 齐明帝建武元年（494 年）十月癸亥诏：宿卫身普转一阶，其余文武，赐位二等。（《南齐书》卷六《明帝纪》）

齐东昏侯永元二年(500年)十一月乙卯萧宝融教:先有位署,即复本职;将吏转一阶。(《南齐书》卷八《和帝纪》)

梁武帝普通五年(524年)秋七月:赐北讨义客位一阶。(《梁书》卷三《武帝纪下》)

梁武帝大同十年(544年)三月壬寅:诏故乡老少,接踵远至,情貌孜孜,若归于父,宜有以慰其此心,并可锡位一阶,并加颁赉。……癸卯,诏园陵职司,恭事勤劳,并锡位一阶,并加沾赉。(《梁书》卷三《武帝纪下》)

魏晋的"增位"一般并不称"赐阶"。那么南朝的"增位"和"赐阶"有没有区别呢?以上引文中"位"、"阶"兼举的例子,如"赏位二阶"、"赐位一阶"一类,"位"与"阶"应该就是一回事;但也有"宿卫身普转一阶,其余文武,赐位二等"这样的记法,其中对宿卫军人称"阶",对文武百官称"位"。尽管史料相当暧昧,我依然怀疑这些实例中的"阶",可能有一些别为军功之阶。因为南朝史料中别有"勋阶"存在:

司徒、建安王(刘)休仁南讨义嘉贼,屯鹊尾,遣渊诣军,选将帅以下,勋阶得自专决。(《南齐书》卷二三《褚渊传》。《宋书》卷八四《邓琬传》记作:"遣吏部尚书褚渊至虎槛选用将帅以下,申谦之、杜幼文因此求黄门郎,沈怀明、刘亮求中书郎。建安王休仁即使褚渊拟选,上不许。")

虏围角城,遣僧静战荡,数捷,补帐内军主。随还京师,勋阶至积射将军、羽林监。(《南齐书》卷三〇《戴僧静传》)

这就显示,南朝的阶级之中,确实特有一种"勋阶"存在,它与官员日常的“累阶级”或由“增位”而来之“阶”应有区别。吏部尚书褚渊“勋阶得自专决”的权力属于特授,则一般情况下勋阶的授予还有更多手续,不止吏部尚书拍板而已。将帅们据其“勋阶”而狮子大开口,向朝廷索取黄门郎、中书郎之清官;戴僧静以“勋阶至积射将军”,这积射将军是东省武官,而不是军号。但以军勋而获军号的事情,在这时候并不罕见。随举几例:

> 薛渊:元徽末,以勋官至辅国将军、右军将军、骁骑将军,军主,封竟陵侯。(《南齐书》卷三〇《薛渊传》)
>
> 马仙琕:累有战功,以勋至前将军。(《梁书》卷一七《马仙琕传》)
>
> 陈伯之:以勋累迁为冠军将军,骠骑司马。(《梁书》卷二〇《陈伯之传》)

以上三人的辅国将军、前将军和冠军将军,大约就是来自“勋阶”的。北魏的“军级”或“军功阶”一般是酬以军号,正如“旧叙军勋不过征虏(将军)”之语所反映的那样;而在南朝,军号也正是被称为“阶级”的,例如《南史·周山图传》中称辅国将军为“阶级”,《宋书·良吏传》称进号宁朔将军为“升阶秩”。由此我们猜测,南朝可能存在着与北朝相类的官阶、军阶两分制度。

第九章　西魏北周军号散官双授考

定型于唐朝初年的散阶体系，包含着文散阶和武散阶两个序列，它们在南北朝的各自来龙去脉，全都有迹可寻。如果穷源竟委的话，武散阶来源于将军号的散阶化，而文散阶来源于文散官。但唐代文散阶并非此前文散官的线性进化的产物；文散官与军号的演化道路也不是两条互不相干的平行线，它们推进的轨迹在某一点上重合在一块儿了。这个重合的关节点，就是北魏到北周间的军号与散官的"双授"现象；由此"双授"，军号得以发挥"拉动"之功，把阶官化道路上姗姗来迟的文散官，迅速"拉"入了阶官的境界。

文散官的散阶化曾得益于军号的强劲"拉动"，这在中古官阶变迁史上，是又一个意味深长的重要事件。揭示"双授"的始末、缘由与意义，便是本章的中心论题。

一、西魏北周的军号、散官序列

西魏末年参照《周礼》进行改制，建立了"六官"体制，在官品方面也取裁周制而采用了"九命"等级。《周书》卷二《文帝纪下》

西魏废帝三年(554年)春正月:"始作九命之典,以叙内外官爵。以第一品为九命,第九品为一命。改流外品为九秩,亦以九为上。"由官品九品到周礼九命,其间更革不止名目的改头换面而已,包含在九命中的军号和散官,从结构到性质都发生了不少新变化。对北周九命及军号、散官,王仲荦先生的考述相当细密[①],可称了解这一制度的入门书。陈苏镇先生的《北周隋唐的散官与勋官》[②]也是一篇好文章,对周唐之间的文武散官及"戎秩"、勋官条分缕析,其政治社会因果得到了清晰揭示。本章打算继续讨论的是,九命官品还有个细微之处,稍不留神就会滑过视线:列于其中的军号和散官,呈现出了很整齐的一一对应关系,并经常是同时授予的。对之我们称为军号和散官的"双授"。下面就来探讨这个制度的详情、成因和意义。

西魏废帝三年"始作九命之典",这是两年后、即魏恭帝三年(556年)春正月"建六官"的前奏。九命内容,今见于《通典》卷三九《职官二十一·后周官品》、《周书》卷二四《卢辩传》和《北史》卷三〇《卢辩传》。三书之中以《通典》所列最详,《周书》及《北史》则省略了大量职事官名。职事官可以通过官名后所缀的上大夫、中大夫、下大夫、上士、中士、下士等字样来区分品级,而军号和散官则显然不能。所以三书的"周官品"对职事官的罗列有详有略,对军号和散官则均予列述,尽管不无互异之处。

下面根据《北史·卢辩传》所载,把九命所见军号、散官列如下表:

---

①王仲荦:《北周六典》卷九《勋官第二十》、《散官第二十一》及《戎号第二十二》,下册。

②陈苏镇:《北周隋唐的散官与勋官》,《北京大学学报》1991年第2期。

品级	军号	散官
正九命	柱国	
	大将军	
从九命	骠骑大将军	开府仪同三司(侍中)
	车骑大将军	仪同三司(散骑常侍)
正八命	骠骑将军	右光禄大夫
	车骑将军	左光禄大夫
从八命	四征等将军	右金紫光禄大夫
	中军镇军抚军等将军	左金紫光禄大夫
正七命	四平等将军	右银青光禄大夫
	前右左后等将军	左银青光禄大夫
从七命	冠军将军	太中大夫
	辅国将军	中散大夫
正六命	镇远将军	谏议大夫
	建忠将军	诚议大夫
从六命	中坚将军	右中郎将
	宁朔将军	左中郎将
正五命	宁远将军	右员外常侍
	扬烈将军	左员外常侍
从五命	伏波将军	奉车都尉
	轻车将军	奉骑都尉
正四命	宣威将军	武贲给事
	明威将军	冗从给事
从四命	襄威将军	给事中
	厉威将军	奉朝请

续表

品级	军号	散官
正三命	威烈将军	右员外侍郎
	讨寇将军	左员外侍郎
从三命	荡寇将军	武骑常侍
	荡难将军	武骑侍郎
正二命	殄寇将军	强弩司马
	殄难将军	积弩司马
从二命	扫寇将军	武骑司马
	扫难将军	武威司马
正一命	旷野将军	殿中司马
	横野将军	员外司马
从一命	武威将军	淮海都尉
	武牙将军	山林都尉

从九命的侍中、散骑常侍二职被置于括号之中，是因为它们并没有见于诸书"九命"所列诸官。但另据《北史·卢辩传》："周制……其开府又加骠骑大将军、侍中；其仪同又加车骑大将军、散骑常侍。"也就是说，与骠骑大将军、开府仪同三司相对应的，还有加官侍中；与车骑大将军、仪同三司相对应的，还有加官散骑常侍①。根据《北史》的这个记述，我们将侍中、散骑常侍附于相应名号之后。唐长孺先生说："所以开府与骠骑大将军，

①参看浜口重國:《秦漢隋唐史の研究》，东京大学出版会 1980 年重印版，上卷第 184—185 页。

仪同三司与车骑大将军是互称。”①这个“互称”的看法当然不错。但换个角度，也可以把骠骑大将军、开府仪同三司、侍中看成一组加号，把车骑大将军、仪同三司、散骑常侍看成一组加号。

“表”中军号和散官序列整齐而严谨，这十分引人注目：除了最高一级的正九命外，各个品级都列有四个散职，它们包括两个军号和两个散官。此前任何一朝官品的散秩排列，都没有达到如此简洁有序，可见西魏君臣在规划官品时，对军号和散官问题曾经深思熟虑。

不过九命各级中两个军号和两个散官的排列次序，《北史》、《周书》和《通典》所记却不尽相同。以正八命为例：

> 《周书·卢辩传》：骠骑、车骑等将军；左、右光禄大夫。
>
> 《北史·卢辩传》：骠骑将军、右光禄大夫；车骑将军、左光禄大夫。
>
> 《通典·职官二十一》：骠骑将军、左光禄大夫；车骑将军、右光禄大夫。

也就是说，《周书》笔法是先列两个军号、后列两个散官；《北史》和《通典》则以军号与散官相间，采取“一军号、一散官、一军号、一散官”的排序。进而《北史》和《通典》依然同中有异：在官名涉及“左右”之分时，《北史》一律以冠“右”者居前，以冠“左”者居后；

①唐长孺：《魏周府兵制度辨疑》，《魏晋南北朝史论丛》，第272页。

而《通典》则先之以“左”，而后之以“右”[①]。《周书》合并“左右”而言之，无疑是一种简略记法，可以相信它没什么深意。但《北史》尚“右”而《通典》尚“左”，到底孰是孰非呢？

王仲荦《北周六典》卷九《散官》部分，取《通典》之法以“左”居前，周一良先生则指出了北周官制是以“右”为尚的。至于对《北史》、《通典》军号与散官的交错排列，周先生认为：“古代石刻署列人名官名有时分别为上下两列，上列读尽然后接下列。后人钞录时往往误上下列为一行。以前引从七命类诸官为例，原本格式应是冠军将军与辅国将军以类相从，并列为上排；而太中大夫与中散大夫等文散官并列为下排。钞录者不解，于是以下列之太中大夫连上列之冠军，而下列之中散大夫遂与上列之辅国相连。其他各命亦皆类此。《北史》与《通典》官名次序之杂乱，当皆由此致误，不如《周书·卢辩传》之正确也。”[②]

这个论断无疑很有启发意义。同时，在九命十八级中还列有其他官职。这尤以《通典》所载为详，特别是在四、五命以下，有时一级上的职事官名就达上百种之多。在众多官名中，上述军号、散官却总是每级四个官名，以一军号、一散官的次序记于一处、自成一类，从而与诸地方官、府佐、职事官等区分开来。我们认为这

①中华书局 1984 年版影印万有文库十通本《通典》，正三命的军号、散官作“威烈将军、讨寇将军、左右员外侍郎”（第 222 页）。中华书局 1988 年版《通典》（王文锦等点校）第 1 册第 1068 页，根据北宋本、明抄本、明刻本，在“威烈将军”后补“左员外侍郎”，删“左右员外侍郎”中之“左”字。又云：“按，三本皆‘右员外侍郎’在前，‘左员外侍郎’在后，误。上文正八命光禄大夫，正七命（按当作“从八命”）金紫光禄大夫，正七命银青光禄大夫，皆左在前，右在后。今依例乙订。”

②周一良：《魏晋南北朝史札记》，“官品排列次序”条，第 422 页。

种“两两相间”或“一武一文”的排序,并不仅仅是一种“杂乱”,它有其特殊意义。《周书》采用了“左、右光禄大夫”一类笼而统之的叙述,这无疑是一种简化记法;不过它简而不明,使《北史》那种相间排列的意义隐而不显了;而从这种排列中,本能推导出一些很重要的事实来。也就是说,《周书·卢辩传》的简化记法并不妥当,而《北史》、《通典》的相间排列,反倒是可取的。至于《北史》尚右而《通典》尚左,我们以为《北史》为是。

对西魏北周尚左尚右问题,出于便利而置于第三节集中讨论。眼下面临的问题是,从这种“一武一文”的相间排列中,到底能推导出什么东西呢?我们的回答是:能够推导出上阶和下阶的存在。以正八命为例,骠骑将军与右光禄大夫,我们认为构成了上阶;车骑将军与左光禄大夫,我们认为构成了下阶。同理,就周先生所举的从七命而言,冠军将军之所以与太中大夫相连,是因为它们共同构成了上阶;辅国将军之所以与中散大夫相连,是因为它们共同构成了下阶。再从列表的高端说,正九命的柱国高于大将军,二者分别构成了上下阶;从九命的骠骑大将军高于车骑大将军,二者也分别构成了上下阶。直到表格下端的从一命,其中武威将军、淮海都尉为上阶,而武牙将军、山林都尉为下阶。也就是说,《北史》、《通典》“一武一文”的排序,看上去是一种混淆文武的“杂乱”,其实却自有道理。上面提供的北周军号散官表,就是按照这个认识制成的。据此而列出的军号、散官并不“杂乱”,反倒井然有序。

九品官品出现于曹魏后期。北魏孝文帝的改革,又把这九个等级析分为正、从、上、下。三品以上只分正、从,四品以下正、从再分上阶、下阶。这样,九品共计有三十个等级。北周的九命制度,也承用了这种正、从之法,计有十八级。不过如前所述,如果从军号和散官的角度看，正、从各命进而还有上、下阶之分，九命实际有三十六级，与孝文帝的正、从、上、下之法相去不远，不过略作变通而已。

根据《北史》及《周书》之《卢辩传》：周武帝建德四年，在正九命中增置上柱国、上大将军；在从九命中，改骠骑大将军、开府仪同三司为开府仪同大将军，改车骑大将军、仪同三司为仪同大将军，增置上开府仪同大将军、上仪同大将军。这样，就使正九命和从九命进而各分四级：

正九命	上柱国
	柱国
	上大将军
	大将军
从九命	上开府仪同大将军
	开府仪同大将军
	上仪同大将军
	仪同大将军

表中的这八级戎号，一起构成了又一个位阶序列，并使正九命和从九命二分为八[①]。再加上八命以下的三十二级，合计共四十等。

①八命而下，还有从八命的大都督、正七命的帅都督、从七命的都督，加上以上八级，共十一级。《隋书》卷二八《百官志下》："高祖又采后周之制，置上柱国、柱国、上大将军、大将军、上开府仪同三司、开府仪同三司、上仪同三司、仪同三司、大都督、帅都督、都督，总十一等，以酬勤劳。"这时的大都督、帅都督、都督都被用作位阶。但北周时的三都督，最初还不完全是和柱国到仪同的序列相衔接的位阶。《周书》卷二四《卢辩传》："周制：……授柱国、大将军、开府、仪同者，并加使持节、大都督。"当时的"大都督"虽是加衔，但却是加在柱国、大将军、开府、仪同之上的。《周书》（转下页注）

如不计重合者,北周建德四年后的位阶实际仍不止十八等而已,经过上面一番解析之后,它呈现出了四十个级差(当然,这里暂时把流外九秩置之度外)。

九命中的军号整齐匀称地分布于十八个等级之上,而先前的北魏还不是这样。在北魏孝文帝的太和官品中,军号在官阶上的分布是不连续的,杂乱无章而畸轻畸重(详后),二者还没有一致起来。而这就将造成许多不便。比方说吧,北魏文武官员或由考课而进官阶,或由军功而进军阶,由于军阶在官阶中的不连续,据阶授官时就会出现麻烦;并使军号与文职间的官资可比性,变得含糊复杂了。那么,西魏九命依从于官品各阶,对军号作整齐匀称的安排,使军号与官阶一致化了,显然就是个不小的进步。相应的整齐、清晰将带来实际的便利,例如便于进阶、泛阶,便于军号与其他官职进行等级比较,等等。

列在军号右方的散官序列中,侍中、散骑常侍、诸大夫、员外散骑常侍、给事中、奉朝请、员外散骑侍郎等等当然属于文散官

(接上页注)卷一六"史臣曰"所叙八柱国、十二大将军,都有"大都督"称号。《周书》中经常能看到北周时的"太师、柱国大将军、大冢宰、大都督"、"使持节、太傅、柱国大将军、大司徒、大都督"、"大将军、小冢宰、大都督"、"大将军、小司徒、大都督"、"拜使持节、骠骑大将军、开府仪同三司、都督"一类头衔。本章下一节中,还能看到"大周使持节、车骑大将军、仪同三司、大都督、散骑常侍"、"骠骑将军、右光禄、都督"、"骠骑将军、右光禄、帅都督"、"征东将军、右金紫光禄、都督"、"平东将军、右银青光禄、大都督"、"前将军、左银青光禄、都督"、"冠军将军、太中、帅都督"、"辅国将军、中散大夫、大都督"之类。这时的三都督已相当"名号化"了,但仍如《通典》卷三二《职官十四·都督》所谓:"至隋,三都督并以为散官。"它们正式成为"散实官"是在隋初。至于依然作为府兵将领的三都督,在隋炀帝时改称校尉、旅帅、队正,参看唐长孺:《魏周府兵制度辨疑》,第268—269页。

了；但同一序列中还有中郎将、都尉、司马等等，它们从名号上看原为武职，径称为“文散官”或许令人生疑。王仲荦《北周六典》只把这个序列名为“散官”，而不是“文散官”，这是较为谨慎的。不过考察显示，名为中郎将、都尉、司马，未必就一定是纯粹的武职。毕竟，它们填充了文散官在官阶中的空缺，使之首尾完备而与军号并立。就它们与军号分立，却与诸大夫、诸散骑站在一起而言，至少在被纳入这个序列之后，中郎将、都尉、司马等等已具有文职意味了。把它们看成是“准文散官”，甚至干脆就看成文散官，我想都说得过去。

这就是说，九命中与军号并列的散官，已初步发展为首尾完备的序列了。这个进步，我以为和军号的进步同等重要。汉代官簿上的功次记录，不过是一种作为褒奖迁黜依据的考课结果而已；魏晋以来，那些由秩满和功绩而来的迁任资格发展成“位”、“阶”，就“实在”多了，并因为和官品中的“阶”对应起来而更便运用；同时众多将军之演化为军阶，反过来说就是“位”、“阶”采用了官号的形式，“阶”由此更为血肉丰满、辐凑了更多权益礼遇，又上了一层楼；进而便是文散官的散阶化了。宫崎市定、窪添慶文都指出北魏的散官大夫被大量授予、标示位阶，由此成为唐代散阶的来源①；然而也像陈苏镇先生指出的，“《旧唐志》说：‘后魏及梁皆以散号将军记其本阶。’其实，北魏、北齐和梁、陈的文散官也具有本阶的性质，只是不如散号将军制度成熟”②。确实，北魏的军号已是颇成熟的“本阶”序列了；而文散官阶官化的步伐确实相

①宫崎市定：《九品官人法の研究》，东洋史学会 1956 年版，第 402—403 页；窪添慶文：《北魏における光禄大夫》，池田温编：《中國禮法と日本律令制》，东方书店 1992 年版，第 119 页。

②陈苏镇：《北周隋唐的散官与勋官》，《北京大学学报》1991 年第 2 期。

对慢了不少。不过我们仍然看到,时至西魏九命,在军号序列之外,文散官序列也脱胎而出、呱呱坠地了;并且如后文所见,这些散官此时都已具有了“本阶”性质。后世的文武散阶两存并立体制,就应该以此为始。

二、“双授”考实

在上述北周九命官阶中,军号与散官呈一武一文、两两相间排列,我们揭示这反映了一命之中上下阶的存在。同时,审视有关史料中军号与散官的实际授予情况,又有一个事实映入眼帘:这些两两相应的文武散号,还往往是被同时授予的。具体说来,即如授予骠骑将军之号者,同时也授予右光禄大夫;授予车骑将军之号者,同时也授予左光禄大夫,这就是本章所谓军号与散官的“双授”制度。下面便考求史料,以证明这种“双授”惯例的存在:首先证明军号与散官是成双授予的,其次是证明其间存在着上下阶的对应关系。

根据上节提供的西魏北周军号散官表,正八命中骠骑将军、右光禄大夫列为上阶,车骑将军、左光禄大夫列为下阶。那么请看北周史料中的如下“双授”情况:

> 黎景熙:从军,还,除骠骑将军、右光禄大夫。(《周书》卷四七《艺术黎景熙传》)
>
> 褚该:转骠骑将军、右光禄大夫。(《周书》卷四七《艺术褚该传》)
>
> 韦景略:后周骠骑将军、右光禄大夫、青州刺史。(《新唐

书》卷七四上《宰相世系表四上》)

巩宾:天和二年,授骠骑将军、右光禄大夫。(《八琼室金石补正》卷二五《周骠骑将军巩宾墓志》,文物出版社 1985 年版,第 181 页)

曹某:天和五年,君有六子,……次骠骑将军、右光禄、都督、汉阳太守……(《金石萃编》卷三七《周故谯郡太守曹袥乐碑》,第 1 册)

陈茂:授骠骑将军、右光禄大夫。(《金石萃编》卷三九《隋陈茂碑》)

寇奉叔:改授骠骑将军、右光禄。(《汉魏南北朝墓志集释》八图版 362《隋寇奉叔墓志》)

宋忻:保定二年,加骠骑将军、右光禄、帅都督。(《隋宋忻墓志》,《陕西长安隋宋忻夫妇合葬墓清理简报》,《考古与文物》1994 年第 1 期)

乐逊:加车骑将军、左光禄大夫。(《周书》卷四五《儒林乐逊传》)

李和:累除车骑将军、左光禄大夫。(《陕西省三原县李和墓清理简报》及《李和墓志》图版,《文物》1966 年第 1 期)

韩定□:邑生、长安县人、车骑将军、左光禄韩[定]□。(秦明智:《隋开皇元年李阿昌造像碑》,《文物》1983 年第 7 期;又张维:《陇右金石录》一,1943 年,第 54 页。韩定□之军号、散官,应为周官而非隋官①)

---

①隋开皇年间的造像题名沿用前朝官号,其例又如《八琼室金石补正》卷二四开皇六年(586 年)《龙藏寺碑并阴侧》(文物出版社 1985 年版,第 151 页),其题名列衔有云"骠骑大将军、开府仪同三司、内邱县散伯"者,"跋语"考之《隋志》,指出"然则此数人者,皆齐官而非隋官矣"。

于是我们就看到:第一,骠骑、车骑与左右光禄大夫是"双授"的;第二,骠骑与右光禄相应,车骑与左光禄相应,说明了骠骑、右光禄构成为上阶,车骑、左光禄构成为下阶,二者的"双授"提示了上下阶的存在。

进而在从八命中,四征将军与右金紫光禄大夫列在上阶,左金紫光禄大夫与中军镇军抚军将军列为下阶。请看如下"双授"情况:

黎景熙:孝闵帝践阼,加征南将军、右金紫光禄大夫。(《周书》卷四七《艺术黎景熙传》)

上官略:周保定四年,邑子、征东将军、右金紫光禄、都督、洛川县开国伯上官略。(《金石萃编》卷三六《圣母寺四面像碑》)

赵文表:从许国公宇文贵镇蜀,行昌城郡事。加中军将军、左金紫光禄大夫。(《周书》卷三三《赵文表传》)

李要贵:天和二年,丰王镇徐州东金紫光禄、抚军将军陇西李要贵供养。(《李要贵等供养天尊坐像》,金申:《中国历代纪年佛像图典》,文物出版社 1994 年版,第 214 号,第 512 页。"东金紫光禄"应即左金紫光禄大夫)

正七命是四平将军、前右左后将军和左右银青光禄大夫。请看如下"双授"情况:

崔仲方:后以军功授平东将军、银青光禄大夫。(《北史》卷三二《崔仲方传》,银青光禄大夫应系右银青光禄大夫)

李吉:天和四年,平东将军、右银青光禄、大都督。(《周

李贤墓志》，赵超：《汉魏南北朝墓志汇编》，第483页）

封某：香□、平东将军、右银青光禄封□。（《平东将军造像题字》，毛凤枝：《金石萃编补遗》卷一，《石刻史料新编》第2辑，第2册①）

宋忻：周二年，加前将军、左银青光禄。（《隋宋忻墓志》，《陕西长安隋宋忻夫妇合葬墓清理简报》，《考古与文物》1994年第1期）

寇遵考：武成二年，除前将军、左银青光禄。（《汉魏南北朝墓志集释》八图版363《隋寇遵考墓志》）

宋金保：天和元年，前将军、左银青光禄、都督、甘州刺史宋金保。（《甘州刺史宋金保十七人等造像记》，毛凤枝：《关中石刻文字新编》卷一，《石刻史料新编》，第22册第16885页）

雷某：保定二年，前将军、左银青光禄、潍州□垒□、南郡丞、假德州刺史雷（下泐）。（《北京图书馆藏中国历代石刻拓本汇编》，中州古籍出版社1989年版，北朝第008册《雷文伯造像记》，第101页）

董道生：保定二年，佛弟子、前将军、左银青光禄、都督、中城县开国男（下阙）。（《北京图书馆藏中国历代石刻拓本汇编》北朝第008册《董道生造像记》，第106页；又金申：《中国历代纪年佛像图典》，第206号，第509页）

赵佺：及皇室勃兴，冢宰作相，乃召公为中外府集曹，加

①按，此《造像题字》未见年代，毛凤枝《关中金石文字存逸考》卷一谓："书法似北周人书，故列于此。"见《石刻史料新编》第2辑，第14册第10358页。今由平东与右银青光禄之"双授"，知其必为北周之物无疑。

前将军、左银青光禄大夫。(《北周赵佺墓志》,张维:《陇右金石录》一,第48页)

雷标:前将军、左银青光禄、淮州苻垒县令、汝南郡丞、假怀州刺史、都督雷标。(《雷标等五十人造像铭》,马长寿:《碑铭所见前秦至隋初的关中部族》,中华书局1985年版,第47—49、90页。马长寿先生根据所涉地名,考证此铭在北魏分裂以前。但据《魏书·官氏志》及《隋书·百官志中》,北魏、北齐金紫及银青光禄大夫均无"左"、"右"之分。从"双授"情况及官衔"都督"看疑属北周)

卢文通:州都督、前将军、左银青光禄、师(帅)都督、州前主簿卢文通。(《卢谊碑》,韩伟、阴志毅:《耀县药王山佛教造像碑》,《考古与文物》1996年第2期)

韩盛:累迁至帅都督、持节、平东将军、太中大夫、银青光禄大夫、大都督。(《周书》卷三四《韩盛传》。疑平东将军实与银青光禄大夫同时加授,而太中大夫则在此之前)

从七命是冠军将军、辅国将军和太中大夫、中散大夫。请看如下"双授"情况:

栾乐:天和六年,化主、冠军将军、大中[大夫]、都督、大将军龙绖公记室栾乐。(《匋斋藏石记》卷一四《赵富洛等二十八人造观世音像记》)

李康:大隋冠军将军、太中、帅都督、恒州九门县令陇西李君。(《隋李康清德颂》,欧阳修:《集古录跋尾》卷五,中国书店1986年版,下册第1148—1149页。欧阳修谓为开皇十一年二月十二日建。按《隋书·百官志下》,隋开皇年间冠

军、辅国将军在从六品下阶；因避“忠”字之讳，散官无太中大夫，故李康官号应为周官而非隋官）

韩盛：累迁至都督、辅国将军、中散大夫。（《周书》卷三四《韩盛传》）

宇文建：建德三年二月，辅国将军、中散、都督、开国子宇文建。（《建崇寺造像记》，《关中石刻文字新编》卷一，《石刻史料新编》，第22册第16895页）

宇文嵩：建德三年二月，辅国将军、中散、大都督宇文嵩。（《建崇寺造像记》）

寇士璋：广州主簿、辅国将军、中散大夫、大都督、德·广期·襄城三郡守、义安县开国侯。（《魏寇炽墓志》，《汉魏南北朝墓志汇编》，第490页）

地连敦：保定四年，邑子、辅国将军、中散、金曹从事、郡主簿地连敦。（《金石萃编》卷三六《圣母寺四面像碑》）

李庆宝：保定四年，邑子、辅国将军、中散、都督李庆宝。（《金石萃编》卷三六《圣母寺四面像碑》）

同琋永孙：保定四年，西面邑主、辅国将军、中散、别将同琋永孙。（《金石萃编》卷三六《圣母寺四面像碑》）

宋景：县令宋景，辅国将军、内散、复州别驾治长史、宜昌·竟陵二郡□□□都督。（《金石萃编》卷三八《诏立僧尼二寺记》。“内散”即中散。此碑虽系开皇十一年立，但“辅国将军、内散”的组合应为周官）

正六命是镇远将军、建忠将军和谏议大夫、诚议大夫。请看如下“双授”情况：

寇遵考：周元年，迁掌朝上士，……俄而加建节将军、诚议。（《汉魏南北朝墓志集释》八图版363《隋寇遵考墓志》。按建节将军与建忠将军实为一事，隋代因避讳“忠”字而改之）

正五命是宁远将军、扬烈将军和左右员外散骑常侍。请看如下“双授”情况：

陈茂：转泾州总管府司录，宁远将军、右员外常侍。（《金石萃编》卷三九《隋陈茂碑》）

李显：都邑主、宁远将军、右员外常侍、鹑觚令李显。（秦明智：《隋开皇元年李阿昌造像碑》，《文物》1983年第7期；又张维：《陇右金石录》一，第54页。李显之军号、散官，应为周官而非隋官）

寇遵考：周元年，除扬烈将军、左员外常侍。（《汉魏南北朝墓志集释》八图版363《隋寇遵考墓志》）

从五命是伏波将军、轻车将军和奉车都尉、奉骑都尉。请看如下的“双授”情况：

张敏：六官建，授冬官下士、勋州别驾、伏波将军、奉车都尉。（《唐代墓志汇编》开元052号《唐张齐丘墓志》，上海古籍出版社1992年版，上册第1189页）

正四命是宣威将军、明威将军和武贲给事、冗从给事。请看如下“双授”情况：

元岩:仕周,释褐宣威将军、武贲给事。(《隋书》卷六二《元岩传》)

刘德:周建德三年,出身宣威将军、虎贲给事。(《汉魏南北朝墓志集释》八图版448《隋刘德墓志》)

荔非兴度:北周保定二年,襄威将军、虎贲给事、义士统军荔非兴度。(《荔非兴度观世音造像座》,陕西省文物普查队:《耀县新发现的一批造像碑》,《考古与文物》1994年第2期)

邵令和:北周保定四年,明威将军、冗从事邵令和。(《蒲州刺史王重兴等造像》,台湾中研院历史语言研究所藏拓片000838号①。按"冗从事"即冗从给事)

王仲远:北周保定四年,明威将军、冗从事王仲远。(《蒲州刺史王重兴等造像》。按"冗从事"应即冗从给事)

从四命是襄威将军、厉威将军和给事中、奉朝请。请看如下"双授"情况:

陈茂:迁振威将军、给事中。(《金石萃编》卷三九《隋陈茂碑》。按,"振威将军"或为"襄威将军"之误录,或为"襄威将军"之异名)

正三命是威烈将军、讨寇将军和左右员外侍郎。请看如下"双授"情况:

---

①1999年6月下旬应邀赴台湾中研院历史语言研究所访问期间,曾由刘淑芬女士引导参观所藏石刻拓片整理工作,其时得见这份拓片。特此致谢。

牛弘：在周，转纳言上士，加威烈将军、员外散骑侍郎。（《隋书》卷四九《牛弘传》）

从三命是荡寇将军、荡难将军和武骑常侍、武骑侍郎。请看如下"双授"情况：

秦业：保定二年，荡寇将军、武骑常侍、雍州典驿、幢主敬信士秦业敬造石像佛。（北京大学图书馆善本室藏三 1082 号拓片《秦业造像》）

正二命是殄寇将军、殄难将军和强弩司马、积弩司马。请看如下"双授"情况：

宋永贵：君讳永贵，解褐登朝，以周天和四年出身，授殄寇将军、强弩司马。（《八琼室金石补正》卷二八《隋左御卫长史宋永贵墓志》，第 181 页）

从二命是扫寇将军、扫难将军和武骑司马、武威司马。请看如下"双授"情况：

李屯：天和六年，邑日（子？主？）、扫寇将军、武骑司马李屯。（《匋斋藏石记》卷一四《赵富洛等二十八人造观世音像记》）

梁嗣鼎：黎州黎阳郡黎阳县人扫寇将军、武骑司马梁嗣鼎，……从父入朝，蒙敕授官。以周大象二年六月廿一日临终。（《北周梁嗣鼎墓志》，《汉魏南北朝墓志集释》七图

版360)

正一命是旷野将军、横野将军和殿中司马、员外司马。请看如下“双授”情况:

赵迴昌:周保定四年,南面上堪像主、旷野将军、殿中司马赵迴昌。(《金石萃编》卷三六《圣母寺四面像碑》)

屈男神□:周保定四年,左箱维那、旷野将军、殿中司马屈男神□。(《金石萃编》卷三六《圣母寺四面像碑》)

雷荣显:周保定四年,东面邑主、旷野将军、殿中司马雷荣显。(《金石萃编》卷三六《圣母寺四面像碑》。马长寿《碑铭所见前秦至隋初的关中部族》第72页,引作“雷显荣”,未知孰是)

费雷:周天和六年,典坐、旷野将军、殿中司马费雷。(《金石萃编》卷三七《费氏造像记》)

甍仲茂:建德元年,檀越主、旷野将军、殿中司马甍□□。(《邑子仲茂八十人等造像记》,《关中石刻文字新编》卷一,《石刻史料新编》,第22册第16893页)

王嵩庆:建德二年,息旷野将军、殿中司马、别将嵩庆。(吴怡如:《北周王令猥造像碑》,《文物》1988年第2期①)

同瑜乾炽:天和六年,夫旷野将军、殿中司马同瑜乾炽。

①原文中的录文无标点。王素、李芳先生在引证之时,将之断作“息旷陞,将军殿中司马别将嵩庆孙子彦、子茂、子开、子初,……”见其《魏晋南北朝敦煌文献编年》(饶宗颐主编),台湾新文丰出版公司1997年版,第410号,第265—266页。这样的标点含有错误:“陞”为“野”字别体,“野”后不当断句;“息”至“嵩庆”为一读,“息”为子辈;“孙”以下为孙辈,又起一句。

(《雷明香为亡夫同琋乾炽造像记》。马长寿:《碑铭所见前秦至隋初的关中部族》,第 95 页;又韩伟、阴志毅:《耀县药王山佛教造像碑》,《考古与文物》1996 年第 2 期)

张和仁:开皇十五年,旷野将军、殿内司马张和仁。(《张和仁造像碑》,耀生:《耀县石刻文字略志》,《考古》1965 年第 3 期。按张和仁之军号、散官,均为周官而非隋官)

滕归洛:开皇十六年四月,□父旷野将军、殿中司马归洛。(《滕钦造天尊像记》,《关中石刻文字新编》卷一,《石刻史料新编》,第 22 册第 16904 页。按滕归洛之军号、散官,均为周官而非隋官)

同琋永:周保定四年,左箱邑正、横野将军、员外司马同琋永。(《金石萃编》卷三六《圣母寺四面像碑》)

以上材料都足以证明,在九命各等级中,一武一文的散秩“双授”,业已形成了相当固定的惯例。

至于九命这个等级稍微特殊一些,其中军号和散官不止于“双授”,而进至于“三授”了:骠骑大将军、开府仪同三司与侍中构成一个固定组合,车骑大将军、仪同三司与散骑常侍构成一个固定组合。其例如:

崔说:进爵骠骑大将军、开府仪同三司,加侍中。(《周书》卷三五《崔说传》)

梁羽:迁车骑大将军、仪同三司、散骑常侍。(《周书》卷二七《梁椿传》)

高宾:加使持节、车骑大将军、仪同三司、散骑常侍。(《周书》卷三七《高宾传》)

杨文思：在周，年十一，拜车骑大将军、仪同三司、散骑常侍。(《隋书》卷四八《杨素传》)

强独乐：周明帝元年，大周使持节、车骑大将军、仪同三司、大都督、散骑常侍、军都县开国伯强独乐。(《八琼室金石补正》卷二三《强独乐文帝庙造像碑》，第142页。这块造像碑现存于成都市龙泉驿区文物保管所，参看薛登：《强独乐建周文王佛道造像碑未佚》，《文物》1987年第8期)

如把"使持节"及"持节"的头衔也算在内的话，那么这已进至"四授"了。

还有一些涉及"双授"的石刻材料中存在着错漏夺讹，但利用军号、散官的对应规律，就能轻而易举地把它们一一订正：

罗融：周建德二年，骠骑将军、左光禄、都督、河东郡主簿罗融。(《罗融等造像记》，平子君拓本，大村西崖：《支那美术史·雕塑篇》，佛书刊行会1915年版，第375页。按"左光禄"当作"右光禄"，与骠骑将军同在正八命上阶)

郭芙：佛弟子、平东将军、右光禄、宜州从事宜君县主簿……郭芙。(《郭芙造像碑》，耀生：《耀县石刻文字略志》，《考古》1965年第3期。又见马长寿：《碑铭所见前秦至隋初的关中部族》，第77—78、95页。据马长寿考证，这份造像铭是北周之物。那么"右光禄"应是"右银青光禄"之误省，与四平将军同在正七命上阶)

邵道生：建德元年六月廿日造讫，像主、前将军、右银青光禄、都督、治思金郡守邵道生一心供养。(《八琼室金石补正》卷二三《邵道生造像记》，第147页。按"右银青光禄"当

作“左银青光禄”,与前将军同在正七命下阶)

豆卢相:保定元年,都像主、前将军、右银青光禄、大都督、明水县开国公豆卢相。(《甘肃正宁县出土北周佛像》,《考古与文物》1985 年第 4 期。“右银青光禄”当作“左银青光禄”)

费永进:天和六年三月廿一日,造像一区。□□将军、谏议、长利县南音二县令、慎政郡丞、治都督费永进。(《金石萃编》卷三七《费氏造像记》。按“□□将军”应为“镇远将军”,与谏议大夫同在正六命上阶)

郭永:保定元年,南面邑主、建中将军、诚紫别将郭永。(《甘肃正宁县出土北周佛像》,《考古与文物》1985 年第 4 期。“诚紫别将”之“诚紫”无义,“紫”应作“羲”,“义”是“议”的省写。即诚议大夫之省称,与建忠将军同在正六命上阶。也就是说,原文应断作“诚义、别将”)

罕井举:天和元年,都化主、□□将军、右员外□中侍、都督罕井举。(《昨和拔祖等一百廿八人造像记》,《八琼室金石补正》卷二三,第 146 页。马长寿指出“右员外□中侍”之“□中”为“常”字之误,见其《碑铭所见前秦至隋初的关中部族》,第 73 页。“□□将军”当作“宁远将军”,与右员外常侍同在正五命上阶)

荔非显标:□□将军、左员外常□、□郡功曹荔非显标。(《任安保六十人佛教造像碑》。又按《荔非兴度观世音造像座》:“宁远将军、员外侍郎、前郡功曹荔非显标。”均见陕西省文物普查队:《耀县新发现的一批造像碑》,《考古与文物》1994 年第 2 期。两相参照,前者的“□□将军”当作“宁远将军”,“左员外常□”的“左”字误录,当作“右员外常侍”;

后文的“员外侍郎”实为“右员外常侍”，可能是造像者弄错了官名）

祁令和：保定二年，□□、□远将军、右员外□常□、□都督、斋主祁令和为亡父母□□敬造等身□□像一区。（《檀泉寺造像记》，胡聘之：《山右石刻丛编》卷二，《石刻史料新编》，第20册第14977页。“□远将军”当作“宁远将军”，“右员外□常□”当作“右员外常侍”）

郭永颐：建德二年，轻车将军、奉□都尉、别将郭永颐。（《北周建德二年郭乱颐造像碑》，靳之林：《延安地区发现一批佛教造像碑》，《考古与文物》1984年第5期。“奉□都尉”应为“奉骑都尉”，与轻车将军同在从五命下阶）

某某：北周保定四年，□威将军、虎贲给事□□。（《蒲州刺史王重兴等造像》，台湾中研院历史语言研究所藏拓片000838号。“□威将军”应为宣威将军，与虎贲给事同在正四命上阶）

雷□标：天和六年，殄□将军、强弩司马雷□标。（《北京图书馆藏中国历代石刻拓本汇编》北朝第008册《雷明香造像记》，第151页。“殄□将军”应为“殄寇将军”，与强弩司马同在正二命上阶）

秖平国：天和元年十一月，□野将军、员外司马、斌州市令秖平国。（《甘州刺史宋金保等十七人造像记》，《关中石刻文字新编》卷一，《石刻史料新编》，第22册第16885页。“□野将军”应为“横野将军”，与员外司马同在正一命下阶）

此外又如，《北周鲁恭姬造像记》的录文中有“天和二年六月十

□□和□□左员□□郎……"[1]一句。因为讨寇将军与左员外侍郎同在正三命下阶，那么若把其中残错不全的官名予以复原，订正为"天和二年六月十日，讨寇将军、左员外侍郎"，我们成竹在胸[2]。

利用"双授"规律，还能为纠正古籍中的相关错误提供帮助。庾信《周大将军襄城公郑伟墓志》："仍除使持节、车骑大将军、开府仪同三司，余如故。迁骠骑大将军、开府，加侍郎。"语中之"车骑大将军、开府仪同三司"，必衍"开府"二字；而文末之"加侍郎"，必当作"加侍中"[3]。又庾信《周大将军义兴公萧公墓志》："蒙授车骑大将军、散骑常侍，仍为持节都督、永州刺史；以保定五年除使持节、骠骑大将军、开府仪同三司。"[4]这段文字中，"车骑大将军、散骑常侍"之间应有"仪同三司"一衔，"骠骑大将军、开府仪同三司"之后应有"侍中"一衔。在西魏颁布的九命官品中，并没有看到侍中、散骑常侍二号，不过从《卢辩传》可以推知，这两种散官并未废止，二职的加授现象也常见于史籍。只是周武帝建德四年改骠骑大将军、开府仪同三司为开府仪同大将军，改车骑大将军、仪同三司为仪同大将军，此后一度便不见了侍中、常侍二职。不过《初学记》卷一二《侍中》："（后周）宣帝末，又别置侍中，

---

①引自张维：《陇右金石录》一，1943 年，第 41 页。

②本段对含有缺字错字的材料的辨析，原来散在前面相关各命之下。后遵宁映霞编辑建议，将之集中在一起专门论述。宁编辑审读本书时多有纠谬正误、拾遗补阙之处，特此致谢。

③许逸民先生根据《文苑英华》及屠本，谓"车骑大将军、开府仪同三司"中"开府"二字为衍文，其说是。参看许逸民点校：《庾子山集注》，中华书局 1980 年版，第 3 册第 946 页《校勘记》。《郑伟墓志》下文又云："常伯位重，霍去病之登朝；上将官尊，公孙敖之出塞"，这"常伯"正是就侍中而言的。

④《庾子山集注》，第 3 册第 1007 页。

为加官。"大约到了周宣帝时,又恢复了加官侍中之职。又《唐六典》卷八《左散骑常侍》谓"后周散骑常侍为加官",常侍的变动可能与侍中相似。

当然,单授军号或文散官的情况,在此期史料中也很常见。不过我的看法是,事实上的"双授"仍应比史料中所见更多一些。多数情况下史传不可能详记个人的所有历官,必然经常略其军号或略其散官,而这就意味着,有些就史料看只拥有军号或散官二者之一的人,事实上还可能同时拥有着另一种散秩。

此外还有些同时拥有军号和散官,但二者并不处于同一阶级,也就是说不符合上揭"双授"规律的事例。例如《唐罗君副墓志》:"曾祖和,周中散大夫、冠军将军。"①如按"双授"惯例,七命冠军将军本与太中大夫相应,辅国将军方与中散大夫相应。又《唐左法墓志》:"父广,天和年中,诏授扬烈将军。……□迁□□将军、左员外常侍。"②但左广除授的扬烈将军,恰好与后来的左员外常侍相配;而左广后来所迁的"□□将军",就不知何号了。又《金石萃编》卷五六《唐于志宁碑》:夫人宏农刘氏,曾祖延,周使持节、左光禄大夫、都督、骠骑大将军;《周书》卷三六《刘志传》:"世宗即位,除右金紫光禄大夫、车骑大将军、仪同三司。"以上罗和、左广、刘延、刘志等人,其军号与散秩的对应关系,都与上述"双授"惯例不甚相合。造像题记也偶有类似现象,例如张维《陇右金石录》一《吕瑞墓志》:"周二年以先登力战,授车骑将军、左金紫光禄、都督";《甘州刺史宋金保等十七人造像记》:"天和元年十一月,邑胄肆浩父镇远将军、左银青光禄、步兵校尉、故县开

①《唐代墓志汇编》贞观058号,第46页。

②《唐代墓志汇编》贞观117号,第82页。

国伯、帅都督严忻”;《金石萃编》卷三七《宇文达造像记》:“周天和五年,持节、骠骑□□、□金紫光禄、□□刺史、都督、乌□□开国子宇文康”;又前引天和六年《雷明香为亡夫同琋乾炽造像记》中还有“兄横野将军、强弩司马雷信标,弟宣威将军、辅(奉)朝请、别将雷标安”一句。这些材料均出北周,但军号与散官的对应关系均与前揭“双授”规律不合。

可以推测这种不合“双授”的情况至少有三种原因。其一,是史传省文与罗列历官因素,史传对某人的既往历官略存其要,所列并非同时拥有的官号。即使造像记中也有类似现象。如《八琼室金石补正》卷二三《昨和拔富等一百廿八人造像记》有“南面斋主、虎贲给事、中散大夫昨和富进”。北周虎贲给事在正四命上阶,中散大夫在从七命下阶,一个人好像不大可能同时占有高低两阶散官、享“一妻一妾”之福,我想这应该是昨和富进的先后历阶。可见即使是造像记结衔也存在着罗列历官现象。其二,在某个时候军号与散官及其对应关系曾有变化调整,但我们对之茫无所知。其三,便是其他原因造成的舛误,比如说像主或铭刻者弄错了官衔,或原刻漶漫致使录文有误等等。前引天和六年《雷明香为亡夫同琋乾炽造像记》中,同琋乾炽及雷□标的军号、散官都合乎“双授”,而雷信标、雷标安兄弟二人则都不相合,不妨猜测后者的抵牾当有隐情,使得像主雷明香对其娘家兄弟的当下名衔不甚了了。又前引荔非显标的官衔,《任安保六十人佛教造像碑》记为“□□将军、左员外常□”,实为宁远将军、右员外常侍;《荔非兴度观世音造像座》却记为“宁远将军、员外侍郎”,可见造像记的结衔经常出错。无论如何,这些矛盾的记载不足以推翻“双授”判断;证明着“双授”是通行惯例的史料,历历可数而足资采信。

不妨再把前已引及的陈茂、李和、寇遵考、寇奉叔和黎景熙等五人仕历，集中起来看看是什么情况：

陈茂：迁振威将军，给事中。……转泾州总管府司录，宁远将军、右员外常侍。……蒙褒赏，授骠骑将军、右光禄大夫。

李和：魏末，除安北将军、银青光禄大夫；入西魏北周，累除车骑将军、左光禄大夫；使持节、车骑大将军、仪同三司；骠骑大将军、开府仪同三司。

寇遵考：仕魏为奉朝请、加威烈将军。……周元年，除扬烈将军、左员外常侍；俄而加建节将军、诚议；武成二年，除前将军、左银青光禄；……又授车骑大将军、仪同三司。

寇奉叔：庄帝时，又授威烈将军、奉朝请；转[宁]远将军、步兵校尉；西魏时，授安东将军、银青光禄大夫；北周时，改授骠骑将军、右光禄。

黎景熙：魏末，迁镇远将军、步兵校尉；从侯景，授银青光禄大夫，加中军将军；西魏恭帝元年进号平南将军、右银青光禄大夫；孝闵帝践阼，加征南将军、右金紫光禄大夫；从军还，除骠骑将军，右光禄大夫；天和三年，进车骑大将军、仪同三司。

由此可见，军号与散官不仅同时授予，而且它们往往还同时变动。陈茂有三次散秩变动，都采取了“双授”形式；李和的四次散秩变动为“双授”，其中一次在魏末；寇遵考有五次散秩的变动为“双授”，其中一次是在东魏。寇奉叔四次“双授”，有三次是在北魏和西魏；而黎景熙六次“双授”，三次在北魏、西魏，三次在北周。就是说，还在西魏颁行九命之前，“双授”就已是通行做法了；到了九命问世，军号与散官间便正式建立了制度化的对应。那么这时的“双授”，即使不是正式规定，至少已成惯例了。

庾信《周兖州刺史广饶公宇文公神道碑》是这样赞美郑常之父郑顶的：“银青、金紫，方于温羡、傅祗；镇南、征东，比于刘弘、荀顗。”又其《周骠骑大将军开府侯莫陈道生墓志铭》艳称侯莫陈道生之授骠骑、金紫：“赵俨之为骠骑，正驾单车；张堪之拜光禄，长乘白马。以斯连类，朝野荣之。”①可见文武散号的同时拥有，都成了吹捧的口实或夸耀的本钱了。诸如中郎将、都尉、武贲给事、武骑常侍、武骑侍郎及诸司马等等名为武职，它们与军号的“双授”，还可以说只是一种名号之滥；至于诸大夫、员外常侍、员外郎、给事中、奉朝请等文散官之与军号的“双授”，则还进而导致了文武职类的混淆不分。这颇能显示西魏北周政治的特殊之点，例如它以军事立国、文武不分、“选无清浊”的特色。

三、尚左尚右问题

前揭西魏北周官制的尚左尚右问题，在叙毕“双授”之后，便可谋求答案了。因相关考证有嫌琐屑，读者如无兴趣，自可跳过本节径入后文。

西魏九命中的散官在官名涉及“左右”之分时，《周书》采用“左右光禄大夫”的简化记法，而《北史》一律以冠“右”者居前，以冠“左”者居后；而《通典》则先之以“左”，而后之以“右”。

---

①《庾子山集注》，第 3 册第 910、947 页。

《周书》笔法自可不论，至于《北史》、《通典》二书，到底孰是孰非呢？周一良先生以《北史》的“尚右”为是，并举证如下：北周大右弼一职居大左辅之前，天右皇后居天左皇后之前，天右大皇后居天左大皇后之前，右大丞相居左大丞相之前。因此周先生认为：“改尚左为尚右，或是宣帝随意变革而竟合于古之一端，《卢辩传》所记乃宣帝一时之制，《北史》先右后左之次序，盖犹保存旧日文献本来面目，否则不可能一律倒左为右。此种尚右之制，似迄北周之亡未变。”又宇文孝伯在周武帝末年曾入为左宫伯，后转右宫伯，为此周先生推测说：“或武帝末年已改以右为上耶？”①

我们认为，周先生的“尚右”论断是正确的，《通典》先“左”后“右”的记载，并不是北周九命实情。宫伯一职以“右”为上，同类材料还可以举出一条来。《周书》卷三〇《于翼传》：“六官建，除左宫伯。孝闵帝践阼……寻征拜右宫伯。”谢启昆《西魏书·百官考》的左右次序依从《通典》，又王仲荦先生的《北周六典》也依照于《通典》而以“左”居前，就此看来都不怎么妥当。不过周先生所举的右弼左辅、天右天左（大）皇后及左右大丞相的例子，都不是列在“九命”的官名，只能算是旁证；左宫伯转右宫伯一类事例虽是直接证据，但惜仅一官而已。

在考毕“双授”之后，我们便可由九命所涉散官本身，来最后终结这一问题了：如果在军号和散官的“双授”中，是居于正八命上阶的骠骑将军与右光禄大夫“双授”，居于正八命下阶的车骑将军与左光禄大夫“双授”，那么，右光禄大夫必与骠骑同在上阶，而左光禄大夫必与车骑同在下阶——也就是说应以冠“右”者居上，

①周一良：《魏晋南北朝史札记》，“官品排列次序”条，第423—424页。

这样,《北史》的记载就是正确的。同理,假若骠骑将军是与左光禄大夫"双授",车骑将军是与右光禄大夫"双授",则应把结论颠倒过来,以"左"光禄大夫居于上阶为是,进而认可《通典》的"尚左"记载。

那么问题就很简单了。北周九命中涉及左右之别的散官,有正八命的左右光禄大夫,从八命的左右金紫光禄大夫,正七命的左右银青光禄大夫,从六命的左右中郎将,正五命的左右员外常侍,正三命的左右员外侍郎。根据前节所示"双授"实例:骠骑将军与右光禄大夫"双授",车骑将军与左光禄大夫"双授";征南、征东将军与右金紫光禄大夫"双授",中军将军与左金紫光禄大夫"双授";平东将军与右银青光禄大夫"双授",前将军与左银青光禄大夫"双授";宁远将军与右员外常侍"双授",扬烈将军与左员外常侍"双授"。以上材料,都是以称"右"者居于上阶,以称"左"者居下阶的。虽然左右中郎将及左右员外散骑侍郎的"双授"未能考见,不过相关的二十多条证据,用来证成北周"尚右"绰绰有余。

除此之外,指向同样结论的材料还不止于此。对北周正七命下阶的前后左右将军,《周书》、《北史》、《通典》记法也不相同:

> 《周书·卢辩传》:前、后将军　左、右将军
> 《北史·卢辩传》:前、右、左、后等将军
> 《通典·职官二十一》:前、后、左、右四将军

按北魏孝文帝《后职令》第三品有"前左右后将军",从四品上阶有"前左右后军将军"。又《通典》所载魏晋南朝官品中的这些将

军,也大抵采取类似排序①。这些王朝都以“左”为上,所以这四个将军号是以“前”最贵,次“左”,次“右”,“后”最下。《周书》、《通典》的“前后左右”出自后人的表达习惯,它并不符合当时这四个军号的次序安排。就算是北周尚左,它们也应该按“前左右后”而不应以“前后左右”排序。故而《北史》“前右左后”的特异记述必有所本,那就是北周官制已由北魏之“尚左”,转而“尚右”了。《周书》卷七《宣帝纪》记大象元年(579 年)春正月所置四辅官,以大前疑、大右弼、大左辅、大后丞为序。这个“前、右、左、后”的排列,与《北史》上述四将军一模一样。

在“前右左后”这样的细微处《北史》都准确无误,相形之下《通典》便粗率多了。《通典》编者在抄录后周官品时,由于对其排序不甚了了,颇多错讹。例如从六命一级:

> 中坚将军　左中郎将　宁朔将军　仪同府·正八命州长史、司马、司录　右中郎将　郡守户五千以上者　大呼药②

可以看到,右中郎将本应紧接着宁朔将军,但它前边却插入了一个“仪同府·正八命州长史、司马、司录”,这肯定不是其原来次

①《通典》卷三六《魏官品》第四品有“前军、左军、右军、后军将军”;卷三七《晋官品》同,但其中“前后左右将军”应作“前左右后将军”,王文锦等点校本《通典·晋官品》(中华书局 1988 年版,第 1003 页)于此无说。同卷《梁官品》,第九班有“前左右后四军(将军)”(中华书局本《隋书·百官志》标点作“前左右后四军、嗣王府司马”,句中顿号应改作逗号,否则易致误解)。同书卷三八《陈官品》第五品有“前左右后军将军”。

②中华书局 1984 年版影印万有文库十通本《通典》是如此,中华书局 1988 年版《通典》(王文锦等点校)第 1 册第 1066 页,在根据诸本做出校勘之后,依然如此。

序。可见在抄录北周官品时,《通典》抄手们经常粗枝大叶、率意为之,并不严格依照周官品的本来格式。就此而言,我们也觉得《北史》对军号和散官的排序更可靠些。当然,《通典·周官品》所录官职数量远远超过了《北史》,它仍是珍贵的原始资料;不必因其在"尚左"、"尚右"上的粗率马虎,就把它打入"另册"任其尘封。

周先生指出,西魏时仍是左先于右,其例甚多,如赵善在大统四年自尚书右仆射转左仆射兼侍中,李彦在废帝初自尚书右丞转左丞。对这一点还可补充,如王懋以右卫将军迁左卫将军。至于北周何时由"尚左"转为"尚右",周先生认为是在宣帝之时,同时又推测武帝末年就转而尚右了。这一点还有推敲余地。

《北史》卷六四《柳庆传》:

> 恭帝初,进位骠骑大将军、开府仪同三司、尚书右仆射,转左仆射,领著作。六官建,拜司会中大夫。

按,九命颁于西魏废帝三年正月(554 年),"六官建"则是恭帝三年(556 年)的事情。那么已行九命之后,柳庆仍由"右"仆射而迁"左",一个推测便油然而生:初颁九命时仍依旧制而"尚左";在"六官建"之后的某个时候,才正式改为"尚右"。

不过另一条材料,让我随即打消了这个念头。《周书》卷三三《赵文表传》:

> 魏恭帝元年,从开府田弘征山南,以功授都督。复从平南巴州及信州,迁帅都督。又从许国公宇文贵镇蜀,行昌城郡事,加中军将军、左金紫光禄大夫。

查《北史》卷六〇《宇文贵传》:“废帝三年,诏(宇文)贵代尉迟迥镇蜀。”魏废帝三年即恭帝元年,这年正月颁行九命,三四月时废帝被废而恭帝即位。指令宇文贵镇蜀的诏书既然出自废帝,那么就应在三四月之前;相应的,赵文表也是这时候跟随宇文贵入蜀的,他的“行昌城郡事,加中军将军、左金紫光禄大夫”,应在此后不久。而此中军将军与左金紫光禄大夫“双授”,所反映的已是“尚右”的情况了。照此看来,在九命已颁而“六官”未建之时,就已经是“尚右”的了。所以我们认为周官品自初就以“右”为尚,这既不是由周宣帝创始的,也不是在武帝末年。

那么在颁行九命后,柳庆仍由右仆射迁转为左仆射这件事,又该怎么解释才好呢?查《周书》卷二《文帝纪下》云:“初,太祖以汉魏官繁,思革前弊。大统中,乃命苏绰、卢辩依周制改创其事,寻亦置六卿官,然为撰次未成,众务犹归台阁。至是始毕,乃命行之。”据此可知,在九命已颁而“六官”未建的那两年中,“众务犹归台阁”,尚书省并非废罢;而尚书省的官职以“左”为尚,如左仆射高于右仆射,左丞高于右丞之类,原本是汉晋旧法,所以这时候将被废罢的台阁继续“尚左”,乃是一个例外。至“六官建”后官制焕然一新,左右仆射根本就不存在了,百官便无例外地全都以“右”为尚了。

又,周先生还曾举证杨坚之例:杨坚在周明帝即位时被授以右小宫伯,周武帝即位后迁为左小宫伯。在周先生看来,这说明在周明帝时和周武帝初年仍是“以左为上”的。对本书的“九命自初就尚右”的判断,这显然颇为不利。

不过还是有办法对付这一难题的。官位变动会有各种情况,“迁”不一定就是升迁,那还有“平迁”甚至“左迁”的可能吧?据《隋书》卷一《高祖纪上》:

十六，迁骠骑大将军，加开府。周太祖见而叹曰："此儿风骨，不似代间人！"明帝即位，授右小宫伯，进封大兴郡公。帝尝遣善相者赵昭视之，昭诡对曰："不过作柱国耳。"既而阴谓高祖曰："公当为天下君，必大诛杀而后定。善记鄙言。"武帝即位，迁左小宫伯。出为隋州刺史，进位大将军。后征还，遇皇妣寝疾三年，昼夜不离左右，代称纯孝。宇文护执政，尤忌高祖，屡将害焉，大将军侯伏侯寿等匡护得免。其后袭爵隋国公。武帝聘高祖长女为皇太子妃，益加礼重。

细绎这段材料，许多微妙处马上就引起了我们的注意。宇文泰的"不似代(世)间人"之叹，不知是不是一种"异类异心"之感。明帝使相者往视，明明出自疑忌，所以赵昭要诡以"不过作柱国耳"为对。赵昭竟恶狠狠地鼓动杨坚"为天下君""必大诛杀"，想必是摸透了杨坚的怨恨之心。宇文护对功臣勋族数施辣手，对杨坚也曾"屡将害焉"并不足怪；其时杨坚专心侍奉母疾，应是一种韬光养晦之举。后来周武帝对杨坚的礼重联姻，不过是转示羁縻而已，警惧之心未必雪消冰释。周武帝即位不久杨坚就"出为隋州刺史"，那么此前杨坚的"迁左小宫伯"是否为正常的升迁，就很可以画上一个大大的问号了。所以我们推测，杨坚自右小宫伯迁左小宫伯之例，也可以视为"左迁"降职，并不能说明"左"高于"右"。

退一步说，就算"左迁"的判断仍有疑问，我们还可推测"迁左小宫伯"一句误衍"小"字，实际杨坚是由"右小宫伯"而迁"左宫伯"，而不是"左小宫伯"。毕竟，前已提供了《周书·于翼传》"六官建，除左宫伯。孝闵帝践阼……寻征拜右宫伯"一条证据，显示早在"六官建"的时候，宫伯之职就"右"高于"左"了。实在不行，不是还可以推测杨坚是以左小宫伯迁右小宫伯的，《隋书》把左、右弄反了么？

不仅官制，西魏北周的宗庙社稷之制，其左右方位也不同于前朝后代。《隋书》卷七《礼仪志二》："后周之制，思复古之道，乃右宗庙而左社稷。"可见北周在"左右"方位上的标新立异，还不限于官制方面呢。不过《周礼·春官·小宗伯》："建国之神位，右社稷，左宗庙。"这才是地地道道的古制①。今北京故宫，其左为太庙，其右为社稷坛，这是历代传统做法。西魏北周以《周礼》改制，"思复古之道"，然其宗庙社稷之方位，真不知是哪家哪朝的"古"。南北朝各朝，除了北周以外都是以"左"为上。比如说，在南朝、北魏、北齐以至隋代，都找得到许多右光禄大夫迁左光禄大夫的事例。那么西魏北周独独以"右"为尚，这是出于什么考虑，就没有好多史料可供考察了。

对于古代尚左尚右问题，以往的讨论可谓连篇累牍②。从官制而论，各代、甚至列国的左右之尚也莫衷一是：既有尚左者，如左右将军、尚书左右仆射、尚书左右丞；但也有尚右者，如军功爵右庶长高于左庶长，右更高于左更，以及右丞相高于左丞相；或说先秦之时中原尚左而楚、秦尚右，但也有人以为不尽如此③。《老

---

①钱玄先生以"向位之仪"为题，论述了"三礼"中所涉及的左右问题。他列举了十一条通例，其四为"左祖、右社稷"。参看《三礼通论》，南京师范大学出版社 1996 年版，第 519 页。

②可参看彭美玲：《古代礼俗左右之辨——以三礼为中心》，台湾大学出版委员会 1997 年版，有关叙述。

③较新的讨论，例如姚国旺：《谈魏晋时期官制的尚左》，《光明日报》1985 年 12 月 11 日；姚国旺：《西汉官制尊左右考》，《历史研究》1987 年第 3 期；晁中辰：《尚左、尚右辨》，《中国史研究》1988 年第 2 期；张焯：《秦汉魏晋官制尚左尚右问题——兼与姚国旺同志商榷》，《中国史研究》1988 年第 2 期；何浩：《尚左、尚右与楚、秦、宋官的尊卑》，《中国史研究》1989 年第 2 期。以上诸文，都没有涉及北周官制的尚右问题。

子》:“君子居则贵左,用兵则贵右。兵者不祥之器,非君子之器。”“用兵”即使用兵器,从常识说其时右手优于左手——当然左撇子例外——可老子将之“上纲上线”为道义问题了。郭店楚简本《老子》:“故吉事上左,丧事上右。是以偏将军居左,上将军居右。”①赵翼也举证说:“戎事、凶事既尚右,则非戎事、兵事则尚左。”②发兵之符“右在君”而左在将③,刖刑先左足而后右足④,似乎也显示杀伐之事以右为重。《老子》这么著名的文献西魏君臣不会陌生,“吉事尚左而戎事尚右”也早已是古代成说了。北周的尚右,正与西魏北周的军功贵族统治,与其崇尚军功之风,相映成趣。相应的,北周府兵系统的上柱国等官还形成了军号之外的“戎秩”,它是唐代“勋官”的前身。那么西魏之由尚左转而尚右,是不是参考了古制旧说,有意标榜对“戎事”的重视,标榜“尚武”呢?

或谓西魏改制所依据者,不是出于关中所遗汉魏旧制,就是来自“鲜卑野俗”。按,《老子》“居则贵左”一句,日人中井履軒有云:古皆贵右,故下降曰左迁,殊无贵左之证,至汉犹然;及其后官贵左者,自五胡猾夏始也,胡则贵左⑤。中井之说并不尽是,汉晋官制不乏尚左之事;但他指出的“胡则贵左”这一点,却有案可稽。匈奴之制,左贤王、左谷蠡王、左大将、左大都尉、左大当户,分别

---

①《郭店楚墓竹简》,文物出版社 1998 年版,第 121 页。

②赵翼:《陔余丛考》卷二一《尚左尚右》,第 333—335 页。当然,《礼记·少仪》既谓“卒尚右”,却又说“军尚左”。彭美玲认为“军尚左”指车兵。居左的弓箭手射程更远。

③杨宽:《战国史》,第 199—200 页。

④据法制史专家张建国先生指教,刖刑的“左右足”问题应作如是理解:初犯斩左足,再犯斩右足;如初次定罪就是“斩右足”,则行刑时左足应该并斩。也就是说,“斩右足”后“左足”也不存在了。

⑤转引自朱谦之:《老子校释》,中华书局 1984 年版,第 125 页。

高于右贤王、右谷蠡王、右大将、右大都尉、右大当户①。那么西魏北周的“尚右”,好像就不是来自胡俗。

我们还有另一个猜想。北魏分裂之后,北方正统归谁便成悬案。西魏的最大对头当然是东魏了。由于西魏居东魏之西,而“右”属“西”,所以宇文泰一干人在规划制度时便决意以“右”为上,也就是以“西”为上,从而暗示西魏高于东魏:俺们关西才是“正统”所在,你们关东算什么东西!

四、北魏的滥授与“双授”

在结束了“左右”问题之后,便可转入对“双授”现象的溯源了。

制定九命之前的大统年间,西魏统治者为笼络将士计,对名号的授予毫无吝惜珍重之意。诸如“侍中骠骑大将军开府仪同三司”、“散骑常侍车骑大将军仪同三司”这些崇高名位,拥有者比比皆是;诸大夫与各种将军的“双授”,已经习以为常。

进一步考察显示,这种名号猥滥乃是其来有自。据《魏书》卷七五《尔朱世隆传》,北魏前废帝元恭时尚书令尔朱世隆执总朝政,这时他曾有如下收买人心之举:

> 又欲收军人之意,加泛除授,皆以将军而兼散职,督将兵吏无虚号者。自此五等大夫遂致猥滥,又无员限,天下贱之。

①参看林幹:《匈奴史》,内蒙古人民出版社 1979 年版,第 28 页。

"皆以将军而兼散职",意谓凡是授予了将军号的人,同时也都授予散职;"督将兵吏无虚号者"之"号"不只是指军号,也包括着文散官,即"五等大夫"之类。换言之,尔朱世隆用来"收军人之意"的手段,正是军号与散职的"双授"。

魏末的"五等大夫"包括哪些大夫呢?或说:"所谓五等大夫之号,指太中大夫、中大夫、下大夫、中散大夫、散员大夫。"①北魏确实存在着这些大夫。但《魏书》卷一一三《官氏志》东魏武定七年(549年)三月诏:"左右光禄大夫各置二人,金紫光禄大夫置四人,光禄大夫置四人,太中、中散各置六人。"又《隋书》卷二七《百官志中》所载北齐官品:正二品有左右光禄大夫,从二品有金紫光禄大夫,正三品有银青光禄大夫,从三品有太中大夫,正四品有中大夫。以《隋志》所载北齐官品与《官氏志》所载东魏武定七年三月诏互校,《隋志》中的"中大夫"应作"中散大夫",原文夺一"散"字;而《官氏志》中的"光禄大夫置四人"应作"银青光禄大夫置四人",原文夺"银青"二字。也就是说,魏末"五等大夫"应是左右光禄大夫、金紫光禄大夫、银青光禄大夫、太中大夫和中散大夫。

我们推测,在此之前想必已有了类似的"双授"现象,因而才吊起了广大将士的胃口;再经尔朱世隆的推波助澜,这"皆以将军而兼散职"就变本加厉了。窪添慶文在考察北魏光禄大夫的位阶化时,已经指出魏末"大夫"的授予,越来越多地和"将军"的授予结合起来了②。我们进而以西魏九命中文散官序列的形成为基准,把视野扩大到侍中、散骑常侍之官、大夫之官和东西省散官三

①周一良:《魏晋南北朝史札记》,"尔朱世隆传中所见官制"条,第369页。

②窪添慶文:《北魏における光禄大夫》,池田温编:《中國禮法と日本律令制》,东方书店1992年版。

类散官，也不惮其烦，从史书碑志中搜录了上千人次的“双授”材料（包括赠号在内），提供进一步的叙述和分析。

首先可以肯定地说，魏末时军号散官的“双授”已是极通行的做法，比如一块造像碑中曾出现过二十九人同时拥有“双授”头衔的壮观场面①。还不妨举出一些人家做例子，以显示其普遍化程度。北魏前废帝时，一家韩姓兄弟中有五人拥有“双授”名号：次子韩显安征东将军、金紫光禄大夫，三子韩晖中坚将军、奉车都尉，四子韩光通直散骑常侍、征虏将军，五子韩钦威烈将军、奉朝

①《司马将军造像碑》，见韩自强：《安徽亳县咸平寺发现北齐石刻造像碑》，《文物》1980年第9期。原文没有录文，所提供的照片尺寸很小而且模糊不清。但经过尽力辨识，仍然从中得到了二十九人的“双授”官衔。他们是：1.“龙骧将军、谏议大夫、仓曹参军丁□□”；2.“安西将军、银青光禄大夫、大都督高道永”；3.“安南将军、银青光禄大夫、大都督”；4.“龙骧将军、谏议大夫、西厢大都督”；5.“假龙骧将军、伏波将军、□□[校]尉丑奴”；6.“伏波将军、给事中、帐内都督刘合涪”；7.“□东将军、金紫光禄大夫、□国县开国男罗□”；8.“假车骑将军、平北将军、银青光禄大夫、西□大都督、□□县开国男房□”；9.“平东将军、大中大夫……”；10.“龙骧将军、谏议大夫领武官大都督王隆”；11.“龙骧将军、威烈将军……杜贵和”；12.“扬烈将军、奉朝请、□□都督唐□□”；13.“讨寇将军、奉朝请、南厢都督王子□”；14.“安东将军、银青光禄大夫、前南兖□□□开国男、大都督桥子高”；15.“龙骧将军、谏议大夫、都督□□”；16.“□□将军、奉朝请、大都督□□”；17.“□□将军、羽林监、都督陈□□”；18.“假征虏将军、□寇将军、奉[朝请]……”；19.“假征虏将军、荡寇将军、奉朝请、都督……”；20.“假征虏将军、荡寇将军、奉朝请、都督王□”；21.“假征虏将军、荡寇将军、奉朝请、都督刘敬”；22.“征虏将军、中散大夫、帐内都督□□□□”；23.“龙骧将军、谏议大夫、东□都督、□县令刘安□”；24.“□东将军、□南将军、都督政文安”；25.“车骑将军、右光禄大夫、南兖州和籴使……”；26.“冠军将军、中散大夫……”；27.“镇远将军、羽林监、□境使杜延□”；28.“假征虏将军、荡寇将军、奉朝请、都督夏□□”；29.“□右将军、大[中]大[夫]”。原文作者认为，此碑作于魏末正光至永熙年间（520—535年）。

请,六子韩遵雅中军将军、金紫光禄大夫[①]。东魏孝静帝时一家元氏兄弟中有三人兼有军号与大夫:长子元景哲车骑将军、左光禄大夫,次子元叔哲、三子元季哲皆为征虏将军、中散大夫[②]。孝静帝时裴家三女,大女婿郑休为镇远将军、步兵校尉,二女婿杜穆为卫将军、光禄大夫,三女婿李慎为散骑侍郎、平南将军[③]。又宋家祖孙三代"双授":祖父宋汉为冠军将军、中散大夫,父亲宋果平东将军、左银青光禄大夫,宋忻本人初次双授威烈将军、奉朝请,转明威将军、冗从给事,又授前将军、左银青光禄大夫[④]。

曾得一二次或三四次"双授"的例子实在太多了,兹选择若干"双授"(连赠号在内)多至五次者,提供予读者以便参览:

> 贺拔胜:庄帝时,加通直散骑常侍、平南将军、光禄大夫。庄帝还宫,复加通直散骑常侍、征北将军、金紫光禄大夫;寻除卫将军、加散骑常侍;节闵帝普泰初,进号车骑大将军、右光禄大夫、仪同三司。孝武帝时,使持节、侍中、骠骑大将军、开府仪同三司。(《魏书》卷八〇《贺拔胜传》)
>
> 常景:宣武时,累迁积射将军、给事中;明帝初,拜谒者仆射、加宁远将军;正光初,除龙骧将军、中散大夫;击杜洛周,

---

①东魏前废帝普泰二年(532 年)《魏韩震墓志》。引自赵超:《汉魏南北朝墓志汇编》,下引墓志出于此书者均不另注。

②东魏孝静帝武定四年(546 年)《魏章武王妃卢氏墓志》。

③东魏孝静帝天平二年(535 年)《裴良墓志》,李学文:《山西襄汾出土东魏天平二年裴良墓志》,《文物》1990 年第 12 期。又,根据这份墓志,裴良次子裴诞为征虏将军、中散大夫,四子裴子通为辅国将军、谏议大夫。

④陕西省考古研究所隋唐研究室:《陕西长安隋宋忻夫妇合葬墓清理简报》,《考古与文物》1994 年第 1 期。

授平北将军、光禄大夫；节闵帝普泰初，除车骑将军、右光禄大夫。（《魏书》卷八二《常景传》）

杨㯹：孝庄帝立，拜伏波将军、给事中；加镇远将军、步兵校尉；进平东将军、太中大夫；从孝武帝入关，加抚军将军、银青光禄大夫；授通直散骑常侍、车骑将军。（《北史》卷六九《杨㯹传》）

高建：魏末从尔朱天光，除宁远将军、奉车都尉；迁前将军、太中大夫；投高欢，除镇东将军、金紫光禄大夫；又加卫将军、右光禄大夫；骠骑大将军、散骑常侍。天保六年卒。（《北齐高建墓志》）

甚至还能找到多达六次的“双授”记录：

和安：孝明帝时，除襄威将军、员外散骑侍郎；尔朱荣专权，授明威将军、给事中；转通直散骑侍郎、宁朔将军；寻除通直散骑常侍、冠军将军；尔朱（世）隆授太中大夫、平东将军；东魏孝静帝，征拜散骑常侍、征南将军。①

裴良：入除前将军、太中大夫；除平东将军、银青光禄大夫；还除征东将军、金紫光禄大夫；转车骑将军、右光禄大夫；进加骠骑将军、左光禄大夫。孝静帝天平二年卒，重赠侍中、骠骑大将军。②

---

①魏收：《征南将军和安碑铭》，《文馆词林》卷四五二，《丛书集成初编》，第1690册第26—28页。

②《东魏裴良墓志》，李学文：《山西襄汾出土东魏天平二年裴良墓志》，《文物》1990年第12期；《魏书》卷六九《裴良传》。按裴良的初次赠官为散骑常侍、本将军，侍中、骠骑大将军系“重赠”。

由于北魏的军阶与官阶还没有一一对应，军号的阶级比散官等级多出好多，所以军号的晋升比散官频繁，经常军号单独变动而不及散官。上引材料只提供了涉及“双授”的名号，至于各人仕历中军号或他官的单独变动，也就是不属于“双授”的那些迁转，均予省略以清眉目。无论如何，军号每每与散官双授，而且二者往往同时变动，这在魏末已成时风。这也就意味着，北周的“双授”惯例并不是平地起楼台，它有一个不算短的累积过程，乃是北魏同类现象之瓜熟蒂落、水到渠成的演进结果。

问题当然还没有到此为止。前已指出，西魏九命中文散官的自成序列及其“阶官化”，乃是此期官阶制度史之重大进步。那么这个质变与这千例以上的“双授”材料关系如何呢？这是本章最感兴趣的问题。在军号“双授”的那些散官中，侍中、散骑常侍可以看成一类，“五等大夫”又是一类，此外还有东西省散官。就材料所示，侍中、散骑常侍之与军号“双授”乃久已有之；而诸大夫与军号的“双授”，则主要是在宣武、孝明帝以后才弥漫开来的，在这以前只是零星出现而已。东西省散官也是如此。请分而述之。

首先来看侍中、散骑常侍一类。这二职用作加官，由来已久。王公拜重号将军，同时加以侍中或散骑常侍之职，这在北魏前期即不罕见。封爵之余加军号又加侍中、常侍者，如明元帝时，王洛儿为散骑常侍、新息公、直意将军；太武帝时，卢鲁元赐爵襄城公，加散骑常侍、右将军；王建赐爵济阳公，加散骑常侍、平南将军；皮豹子为散骑常侍，赐爵新安侯，加冠军将军；奚眷赐爵南阳公，加侍中、镇南将军；东平王拓跋翰太平真君中封秦王，拜侍中、中军大将军①；等等。

---

①分见《魏书》卷三四《王洛儿传》、卷三四《卢鲁元传》、卷三〇《王建传》、卷五一《皮豹子传》、卷三〇《奚眷传》、卷一八《东平王翰传》。

此外以军号出镇方面者,多授使持节之衔并加以侍中、常侍。如陆俟,太武帝时以使持节、散骑常侍、平西将军为安定镇大将;罗结,明元帝时以持节、散骑常侍、宁南将军为河内镇将①。又,派往外国的使者例假常侍、侍郎(及军号、爵号),这也构成了一类"双授",如游明根,文成帝时假员外散骑常侍、冠军将军、安乐侯,使于刘骏;郑羲,孝文帝时兼员外散骑常侍,假宁朔将军、阳武子,使于刘准②。

加官侍中、常侍,其人便得佩貂珥蝉,平添了不少荣耀。但问题是这时的侍中或常侍,是否已具"本阶"意义呢?有些材料会给人以这种印象。例如《东魏元均墓志》记载,元均在魏末拜员外散骑常侍、宁朔将军;庄帝时除征虏将军、通直散骑常侍;寻加散骑常侍、安东将军。他三次"双授"常侍,且由员外、通直、正员而级级上升,似乎这三官已具位阶意义。但若把视野再拓宽一点儿,就能看到另外的情况了:侍中、常侍之加官在解任或迁转后经常要取消,除非特别申明了"侍中(或常侍)如故"的优待。请看《魏书》卷四一《源子恭传》:

> 进子恭为持节、散骑常侍、假平北将军。……寻加散骑常侍、抚军将军。……(庄帝)车驾还洛,进征南将军、兼右仆射,假车骑将军,后加散骑常侍。……录其前后征讨功,封临颍县开国侯,食邑六百户,加散骑常侍。俄迁侍中。……前废帝初,除骠骑将军、左光禄大夫,侍中如故。寻授散骑常侍③、都督三州诸军事、本将军、假车骑大将军、行台仆射、荆州刺史。

①分见《魏书》卷四〇《陆俟传》、卷四四《罗结传》。
②分见《魏书》卷五五《游明根传》、《北史》卷三五《郑羲传》。
③按,原文作"寻授散骑侍郎",这个"侍郎"必为"常侍"之误,径改。

源子恭先后五加常侍,二为侍中,可知加官侍中、常侍具有临时性,而这无疑就淡化了其"本阶"意义:维系着本阶的官号应该具有稳定性,而不应该是今天授给了你,过两天又取消了的东西。所以,对文散官的阶官化,侍中、常侍与军号之"双授"的促进作用,还是不能估计得太高了。

下面再来看诸大夫与军号的"双授"。在北魏前期,高级将军与侍中、常侍的"双授"不算稀罕;但军号与诸大夫的"双授",在上千实例中却寥寥无几。不错,早在道武帝时就有许谦赠号平东将军、左光禄大夫;太武帝及明元帝时,又有司马休之赠号征西大将军、右光禄大夫,崔浩加侍中、抚军大将军、左光禄大夫,毛修之为散骑常侍、前将军、光禄大夫,又迁特进、抚军大将军、金紫光禄大夫①;等等。可总的说来,这时候的诸光禄大夫仍如魏晋旧例,乃崇重优礼之位,这与"本阶"仍然相去一间。

不过相去一间毕竟也是相去不远。属于集书省的谏议大夫稍微特殊一些,居其位者一度有规谏之责,还不能完全视之闲冗②。但其他各种大夫虽没有确定职事,却又赋予了居职者一定秩位,就此而言,不能不说它们已具"本阶"色彩了。《北史》卷三

①分见《魏书》卷二四《许谦传》、《北史》卷二九《司马休之传》、《魏书》卷三五《崔浩传》、卷四三《毛修之传》。

②参看《魏书》卷六二《高道悦传》:"转治书侍御史,加谏议大夫,正色当官,不惮强御",孝文帝称赞他"居法树平肃之规,处谏著必犯之节";卷六八《甄琛传》:太和初"迁谏议大夫,时有所陈,亦为高祖知赏";卷七八《张普惠传》:"转谏议大夫。(任城王)澄谓普惠曰:'不喜君得谏议,唯喜谏议得君。'"张普惠自谓"我当休明之朝,掌谏议之职,若不言所难言,谏所难谏,便是唯唯,旷官尸禄",庄弼称赞他"明侯渊儒硕学,身负大才,秉此公方,来居谏职,謇謇如也";等等。又卷一一三《官氏志》,道武帝天兴中置"训士","职比谏议大夫,规讽时政,匡刺非违"。

《魏孝文帝纪》太和二十年(496年)三月:

宴群臣及国老、庶老于华林园。诏国老黄耇以上,假中散大夫、郡守;耆年以上,假给事中、县令;庶老直假郡县。各赐鸠杖衣裳。

这里“郡县”都是虚衔“假官”,那么中散大夫和给事中也是如此,从而显示了大夫、给事中的加阶功能。大夫之官逐渐被视为“散秩”。请看:

卢义僖:神龟中转冠军将军、中散大夫;后拜征虏将军、太中大夫,散秩多年,澹然自得。(《魏书》卷四七《卢义僖传》)

卢文翼:永熙中,除右将军、太中大夫,栖迟桑井而卒。(《魏书》卷四七《卢昶传》)

可见这些大夫经常和军号一样,仅以维系秩位而已,所以径称“散秩”;居其职者不仅澹然无事,甚至不免“栖迟桑井”。北魏还存在着对承袭封爵者拜大夫的做法:

元燮:世宗初,袭,拜太中大夫。(《魏书》卷一九下《元燮传》)

元延明:袭,世宗时,授太中大夫。(《魏书》卷二〇《元延明传》)

薛孝绅:袭爵,位太中大夫。(《北史》卷三六《薛辩传》)

田纂:袭,位中散大夫。(《北史》卷三七《田益宗传》)

北魏本来有“诸以勋赐官爵者子孙世袭军号”的制度，现在我们又看到，大夫也有同样的用法，可见大夫的性质已逐渐和军号接近了。

官员在诸大夫和职事官间的频繁迁转，也日益构成调整官员资位的重要手段。比方说，州郡长官任满还朝，就经常采用征授大夫（这时往往也晋升军号）的形式：崔延伯为并州刺史，还朝为金紫光禄大夫；薛真度自扬州刺史还朝，除金紫光禄大夫；元法寿为安州刺史，征为太中大夫、加左将军①；等等。在州任已解、新职未授之时，所授大夫就构成了其间过渡，保证其位遇不至过大波动；若大夫品阶高于原官，那么还等于升级晋阶了。同时，不解散官而领兼实官，也是很通行的做法。如阴道方以安东将军、光禄大夫领右民郎中②，这时安东与光禄便加重了郎中的资位；元顺以银青光禄大夫领黄门郎，郑伯猷以征东将军、金紫光禄大夫领国子祭酒③，与之同理。或说魏晋南北朝的“领”“是兼领的意思，已有实授主职，又领他官他职而不居其位”④。这个概括没能把散秩领职事的情况涵盖在内。对以散职“领”职事者来说，所领之官反是主职。以“散”领“实”也可以称“兼”，如于纂以辅国将军、中散大夫兼大鸿胪卿；高道穆以征南将军、金紫光禄大夫兼御史中尉。

诸大夫用于确认或加重居官资位，用于安置暂无职事的冗散人员，用来为入仕提供进身初阶，用于任满者的迁转过渡——这些都使得诸大夫向位阶日益靠近。这个演进在北魏还没有大功

---

①分见《北史》卷三七《崔延伯传》、卷三九《薛安都传》、《魏书》卷一六《元法寿传》。

②《魏书》卷五二《阴道方传》。

③《魏元顺墓志》、《魏书》卷五六《郑伯猷》。

④黄惠贤：《中国政治制度通史》第4卷（魏晋南北朝卷），第407—408页。

告成，因为这时诸大夫毕竟员额有限，还没有被普授以反映官员的资格变动，也没有像西魏九命那样，与其他散官一起构成序列。不过，这种利用诸大夫来加阶晋级，用诸大夫做迁转中介，或以诸大夫“领”、“兼”实官之事，在北魏后期益发频繁起来了。宣武帝、特别是孝明帝以后，诸大夫在阶官化道路上明显加快了步伐。六镇起义以来军机日繁，为激励将士计王朝更不能吝惜名号，诸大夫之职的普授、滥授，特别是它们与军号的“双授”，一发而不可收拾地泛滥开来了。

我们觉得，比起侍中、常侍，诸大夫的滥授是更重要的发展。当众多官员的位阶都在依高下不同的“大夫”频繁升迁之时，它们就不止是员额有限的冗散之职，而在由“职位”向“位阶”迅速进化了。不妨再看一遍裴良的仕历：

> 起家奉朝请，宣武初为中散大夫；入除前将军、太中大夫；除平东将军、银青光禄大夫；还除征东将军、金紫光禄大夫；转车骑将军、右光禄大夫；进加骠骑将军、左光禄大夫。孝静帝天平二年卒，重赠侍中、骠骑大将军。①

裴良所历文散职共计八官，依次是奉朝请、中散大夫、太中大夫、银青光禄大夫、金紫光禄大夫、右光禄大夫、左光禄大夫，终于赠官侍中，其中六为大夫。这六任大夫并不表明裴良官居冗散，而是他位阶上升的标志。又《周书》卷三三《赵刚传》：

---

①《东魏裴良墓志》，李学文：《山西襄汾出土东魏天平二年裴良墓志》，《文物》1990 年第 12 期；《魏书》卷六九《裴良传》。

累迁镇东将军、银青光禄大夫；历大行台郎中、征东将军，加金紫阶。

请注意这“加金紫阶”一辞，它显示在魏末之时，由银青而金紫光禄大夫已相当于“加阶”，在时人眼中大夫已是个等级“符号”，而不止优礼崇重的职位了。侍中、常侍可能反复加授，而诸大夫则不是这样，未来的变动是迁至更高的大夫。《魏书》卷四四《宇文福传》：

(自豫州)还，为光禄大夫，转太仆卿。(宣武帝)延昌中，以本官领左卫将军，除散骑常侍、都官尚书，加安东将军、营州大中正。熙平初，除镇北将军、瀛州刺史。……解任，复除太仆卿，又为金紫光禄大夫。出除散骑常侍，都督怀朔、沃野、武川三镇诸军事，征北将军、怀朔镇将。

宇文福自豫州还，为光禄大夫；自瀛州还，为金紫光禄大夫，其间“散秩”拾级而上；而他做都官尚书时兼常侍，出督怀朔等三镇时再除常侍，两加常侍而位阶如故。可见，加官常侍具有临时性，而诸大夫的变动才标志着位阶的上升。

诸大夫比侍中、常侍等级多而地位低，更容易下及于中下级官僚。还有，侍中、常侍除了用作加官外，本身就是正官：侍中为门下省长官，常侍在集书省居首，因此不免有一身二任之嫌，缺乏区分职类的清晰性。西魏的侍中和常侍并不独立而与骠骑、车骑同授，并在建德四年被开府仪同大将军和仪同大将军所取代；隋炀帝时，侍中、散骑常侍及左右员外常侍、侍郎，最终退出了散官系统。这都不是没有缘由的。所以在涉身阶官化的各种散官中，是诸大夫的普授和与军号的“双授”，发挥了主导作用。

西魏九命中的文散官，还有员外常侍、员外侍郎、给事中、奉朝请等等。这些都是集书省或说东省散官，它们与诸大夫有很多相似的地方，例如经常被用为加官。员外郎、奉朝请因品级较低，还每每用作为起家官。给事中在孝文帝《前职令》中居从三品上，品级不低；但在《后职令》中降为从六品下，于是也成初仕之阶了。这些散职在北魏后期也在“双授”之例，如崔昂以伏波将军、韩裔以宣威将军、柳范以前将军与给事中“双授”①；高谦之以宣威将军、韩武华以讨寇将军、元延生以威烈将军与奉朝请“双授”②；李苗、崔朗以襄威将军、崔孝暐以宁朔将军、崔孝直以宣威将军与员外郎“双授”③。它们作为诸大夫之下的又一散官层次，在诸大夫带动下，也大大加快了阶官化的进程。

五、军号对散官的“拉动”

北魏末年的散官滥授和“双授”，是它们向阶官演进的重要动因。滥授使散官的性质迅速发生变化，使之由员额有限的散官，发展为员额无限的、标志秩位的名号了。那么“双授”在这里发挥了什么作用呢？“双授”当然也是一种滥授，不过这只是问题的一半而已。我们认为，“双授”的泛滥，使军号得以发挥一种特别的“拉动”作用，“拉动”了文散官的阶官化和序列化。下面就来申

①分见《北齐崔昂墓志》、《北齐韩裔墓志》、《魏书》卷四五《柳范传》。
②分见《魏书》卷七七《高谦之传》、卷六〇《韩显宗传》、《魏元延生墓志》。
③分见《魏书》卷七一《李苗传》、卷五七《崔朗传》、卷五七《崔孝暐传》、卷五七《崔孝直传》。

说这一论点。

魏晋以下,较之军号,文散官的阶官化和序列化姗姗来迟。到了北魏末年,滥授中的诸大夫的位阶色彩浓厚起来了,但"犹抱琵琶半遮面",制度上它们仍是"官职",而非法定本阶。"领"、"兼"之辞,就反映了散官的阶官化仍处在"妾身未分明"的状态。杨津于庄帝永安二年(529 年)"兼吏部尚书,又除车骑将军、左光禄大夫,仍除吏部",杨津实际是以吏部尚书而加车骑、光禄,但因制度上车骑、光禄仍是官职,并非纯粹的"本阶",授此二职相当于迁官,所以要特诏"仍除吏部",以使之留任吏部尚书。又如杨遁,"除尚书左丞,又为光禄大夫,仍左丞";李奖,"吏部郎中,征虏将军;迁安东将军、光禄大夫,仍吏部郎中";元晖,"入为尚书右仆射,寻迁左光禄大夫,尚书仆射、常侍悉如故"①。这"仍左丞"、"仍吏部郎中"、"尚书仆射、常侍悉如故"要特加说明,否则按惯例便应解除左丞或郎中、仆射之职。

时至西魏,文散官在阶官化上大大迈进了一步,终于掀去盖头,露出了阶官的真容颜。究其原因,军号通过"双授"给了散官一个强劲"拉动":由于将士们强烈要求在占有军号时也占有文散官,便导致了"双授"的泛滥;由于"双授"日益普遍,文散官便与军号建立了密切的对应关系。这样,已先行一步发展为"本阶"的军号,就"拉动"着相应的文散官向"本阶"加速进化;并由于军号的序列化程度高得多,军号便"拉动"着与之"双授"的文散官,也成为首尾完备的序列,"妾身已分明"了。这在西魏九命中军号与散官一一对应的排列中,最鲜明地体现出来了。

---

①以上分见《魏书》卷五八《杨津传》、卷五八《杨遁传》、卷六五《李奖传》及《元晖墓志》。

北魏后期文散官的位阶色彩虽然越来越浓了，但它们类别不一、数量有限，在官品分布上存在着重合或空缺，既不严密又不系统。为便比较，把北魏《后职令》中的军号和文散官列如下表：

九品		军号	散官
从一品		骠骑大将军、车骑大将军	仪同三司、诸开府
正二品		骠骑、车骑将军、卫将军、四征将军	特进、左右光禄大夫
从二品		四镇将军、中军抚军镇军将军	金紫光禄大夫
正三品		四安将军、四平将军、前左右后将军	侍中、银青光禄大夫
从三品		征虏、冠军、辅国、龙骧将军	散骑常侍、太中大夫
正四品	上	○	○
	下	镇远、安远、平远将军 建义、建忠、建节将军 立义、立忠、立节将军 恢武、勇武、曜武、昭武、显武将军	通直散骑常侍 中散大夫
从四品	上	中坚、中垒将军	○
	下	宁朔、建威、振威、奋威、扬威、广威将军 建武、振武、奋武、扬武、广武将军	谏议大夫
正五品	上	宁远、鹰扬、折冲、扬烈将军	散骑侍郎 员外散骑常侍
	下	○	○
从五品	上	伏波、陵江、平汉将军	通直散骑侍郎
	下	轻车、威远、虎威将军	○
正六品	上	宣威、明威将军	○
	下	○	○

续表

九品		军号	散官
从六品	上	襄威、厉威将军	给事中
	下	○	○
正七品	上	威烈、威寇、威虏、威戎、威武将军 武烈、武毅、武奋将军	员外散骑侍郎
	下	讨冦、讨虏、讨难、讨夷将军	○
从七品	上	荡寇、荡虏、荡难、荡逆将军	○
	下	○	奉朝请
正八品	上	殄寇、殄虏、殄难、殄夷将军	○
	下	○	○
从八品	上	扫寇、扫虏、扫难、扫逆将军	○
	下	厉武、厉锋、虎牙、虎奋将军	○
正九品	上	旷野、横野将军	○
	下	○	○
从九品	上	偏将军、裨将军	○
	下	○	○

可见北魏时不仅军号,就连文散官也没有均匀分布在九品三十级上。凡散职阙如的层次,我们都填入“○”号以便观览。对文散官来说,正四品以下的二十四级中只有九职,空位多达十七个。军号虽然等级较多,但在正四品以下仍有八个空位,同时另一些等级上却分布着十多个军号,拥挤不堪。不仅军阶与官阶不相一致,文散官也远没有形成完整的序列。这甚至使由此列出的表格,看上去都不如西魏军号散官表那么整齐美观。

西魏的官阶改革,首先就使军号与官阶一致起来,军号均匀分布在官阶各级之上，这已是个不小的进步。进而在此之后，军号对散官“本阶化”的“拉动”作用，就开始展露身手了。为优遇将士计，西魏上承魏末的“皆以将军而兼散职”而继续“双授”，那就得为每一阶上的军号都“拉”来一个文散官，使之成双配对儿，喜结连理。

在军号一方，因其数量颇多，略加整理就能排成每命两个军号的序列，其时不但无须创置新号，甚至对旧号还要大量删减，北魏的一百多个军号被化简到了不到五十号。但散官一方就不同了，它们本来数量寥寥。为了填充散官一方的大量空位，西魏统治者首先把金紫、银青光禄大夫和员外散骑常侍、侍郎都分出左右来，并因谏议大夫而新创“诚议大夫”一名，以增加它们的数量。由此军号就“拉”出了更多的大夫、常侍、侍郎之职。除此之外，他们还利用了左右中郎将、奉车都尉、武骑常侍等等职称，这些西省的官职在北魏后期已成散官，这会儿又因“双授”而被军号“拉”入了阶官序列。

“西省”与员外常侍、侍郎、给事中、奉朝请等所属的东省（集书省）相对，西省为武号而东省为文职。对南北朝的选官体制，不知道东西省就是个重大疏漏，因为东西省和两汉魏晋的郎署相似，构成了入仕迁转的环节，具有储才待调的意义。也正是为此，它们经常成为冗员积聚之所。北魏后期“天下多事，东西二省官员委积”①；北齐天保八年（557 年）裁减东西二省官，更定员额不过三百，而参选者多达两三千人。其时的西省散官同样用作初仕之位、迁转之阶，用以“领”、“兼”职事官。这样看来，尽管西省的左右中郎将、奉车都尉、骑都尉、武骑常侍等等名似武职，但因东

①《魏书》卷七七《羊深传》。

西省的特殊性质和对应关系，它们与东省的员外郎、给事中、奉朝请等已颇接近了。它们同样被用作加官[①]，并进而与军号“双授”。例如元飏、乞伏宝以显武将军与左中郎将“双授”[②]；辛纂以平东将军与中郎将双授[③]；吕罗汉以宣威将军、路雄以伏波将军、李育以扬烈将军、王悦以宁远将军与奉车都尉“双授”[④]。其实早在北魏道武帝时，奉车都尉、驸马都尉及骑都尉等“三都尉”，就已是文散官之比了[⑤]。可见西魏朝廷用西省武号来填充文散官序列中的空位，乃是渊源有自，而不是没有依据的。

为填充空位，西魏统治者还新创了一些官名。奉骑都尉，应该来自早先的骑都尉；冗从给事一号，把冗从仆射、给事中二名揉

---

①《魏书》卷一一三《官氏志》宣武帝正始四年（507 年）诏：“五校昔统营位，次于列卿；奉车都尉禁侍美官，显加通贵。世移时变，遂为冗职。既典名犹昔，宜有定员，并殿中二司马亦须有常数。今五校可各二十人，奉车都尉二十人，骑都尉六十人，殿中司马二百人，员外司马三百人。”从五校到员外司马都是西省散官。奉车都尉“显加通贵”，则为加官，已成冗散。至于五校，其员额达“各二十人”之多，便可知其早已与营兵无干，亦成散职。五校与军号的双授，亦颇常见，如王仲兴除折冲将军、屯骑校尉；后除振威将军、越骑校尉。又如刘武英以游击将军、刘道斌以广武将军与步兵校尉“双授”、张元宾以中坚将军与射声校尉“双授”、杨钧以中垒将军与长水校尉“双授”、封和突以建威将军与屯骑校尉“双授”。分见《魏书》卷九三《恩幸王仲兴传》、卷五九《刘昶传》、卷七九《刘道斌传》、卷六八《张元宾传》、卷五八《杨钧传》及《北魏封和突墓志》。由五校的例子，也可以旁证左右中郎将、奉车都尉、武骑常侍等西省散官，虽然名为武职，但和文散官已颇为接近了。

②分见《魏元飏墓志》、《魏乞伏宝墓志》。

③《魏书》卷七七《辛纂传》。

④分见《魏书》卷五一《吕罗汉传》、卷七二《路恃庆传》、卷三六《李育传》、《魏王悦妻郭夫人墓志》。

⑤据《魏书》卷一一三《官氏志》，道武帝时定制文散官五品，第五品散官比三都尉。

到一块堆了。冗从仆射原来也是西省官，在北魏有侯刚以虎威将军、于纂以明威将军、贾显智以伏波将军与之“双授”①。此外如九命散官中的武贲给事、武骑侍郎、强弩司马、积弩司马、武骑司马、武威司马、殿中司马、员外司马等等，大约都是积弩将军、积射将军、武骑常侍、殿中司马督、员外司马督等等西省旧职的重新变换组合。这些形为武职的新鲜官名，因其西省的来源，其实都已是文散官了②。出于“双授”需要，军号从一无所有中把它们生生“拉”了出来。

在北魏《后职令》中，侍中与银青光禄大夫、常侍与太中大夫居于同品，形成了重合。侍中、常侍与诸大夫本是性质不同的官职，所以常常会有并授现象，如田益宗以征南将军加金紫光禄大夫、散骑常侍，杨宽以骠骑将军为散骑常侍、右光禄大夫，王诵以前军将军为散骑常侍、光禄大夫等③。不过经西魏整理之后，侍中、常侍专门用来和骠骑、车骑大将军双授，由此便消除了重合现象，与诸大夫等等并入了同一序列。

魏末“双授”中军号与散官虽有大致对应关系，就是说二者品

---

①分见《魏侯刚墓志》、《魏于纂墓志》、《魏书》卷八〇《贾显度传》。

②我在这个问题上的最早论述，见于《西魏北周军号散官双授制度述论》一文，刊于《学人》第13辑，江苏文艺出版社1998年版。2000年5月购得雷依群先生的《北周史稿》，得以看到雷先生对北周的散官也有考述，请读者参看（第63页以下）。雷先生还没发现“双授”现象，也未能涉及西魏散官与东西省散官的沿革关系，而且我不同意雷先生这样的看法：“北周时期，职事官与散官的分途尚处于过渡阶段，换句话说，职散的区别还不十分严格，有些散官、加官还有职有权。”我的意见恰好相反：北周的九命官品之中，职事官、散官已判然有别了，这是汉唐官阶制度史上的一大变迁。

③分见《北史》卷三七《田益宗传》、《魏书》卷五八《杨宽传》、卷六三《王肃传》。

级相近而不会高下悬殊,但大体上仍无定制而莫衷一是。比方说吧,骠骑大将军、车骑大将军二号,有加仪同三司的,有加开府仪同三司的;有加侍中的,有加常侍的。"双授"组合的混乱多样,使官员地位丧失了简明的比较。西魏统治者着手整饬:"骠骑大将军·开府仪同三司·侍中"为一固定组合,"车骑大将军·仪同三司·散骑常侍"为一固定组合。同样,诸大夫与军号"双授"的对应关系在魏末也无定法,在西魏九命中则被彻底厘清了。

总而言之,经过了如此这般一番"拉郎配",军号们和散官们各成佳偶,映入眼帘的已不是天各一方的旷夫怨女,而是成双结对的鸳鸯了。军号把来源不同、零散杂乱的散官,"拉"入了与军阶对称的各个空位,官阶上文散官的那些空位被一一填满,形成了与军号对称的另一序列,有如军号的镜中映像一般。军号先已具有的"本阶"性质和序列化形式,也由于这种镜像关系,而传递给了散官。换句话说,散官由于和早已成为阶官的军号"双授",它们便"传染"上了对等的"阶官"性质。就是这样,军号把文散官"拉"成了一个完备序列,"拉"入了阶官境界。

由周官品中很不起眼的"双授"细节,我们也"拉"出了一系列的重要线索,使之呈现为官阶制演进的一个关键环节。尽管孤立地看上去,北魏后期"督将兵吏无虚号者,五等大夫遂致猥滥,又无员限",不过是乱世常见的名号泛滥而已,不过正是由此"弊端",西魏得以完成了一次散官制度的飞跃。由西魏九命制度,原本在各品级上杂乱分布的军号,变得分布匀称、结构清晰;同时一个与军号分立的文散官序列,也在军号的强劲"拉动"下问世人间了。

至此就可以总结本章论点了:首先我们发现,西魏九命中出现了两个并立的散阶序列:一个军号序列和一个散官序列。参照唐制，我们认为这就是后代文武散阶体制的萌芽滥觞。其次，从西魏九命中军号和散官的排列看，我们认为其间存在着一一对应关系，并进而以大量证据，证明了二者间“双授”惯例的存在。第三，在考察“双授”渊源时，我们发现它在北魏就已萌生，并在北魏后期成为“时尚”、蔚为大观。最终，本章论定，魏末的“五等大夫”、东西省散官的普授、滥授，有力促进了它们向“散阶”的进化；尤其是“双授”，它使在阶官化进程中先行一步的军号序列，得以发挥“拉动”作用，从零散而不成序列的各种散官中，生生“拉”出了一个整齐完备的文散阶序列；把在阶官化道路上落后一步的文散官，“拉”到了与之并驾齐驱、不分轩轾的地步。这也就意味着，包括散官普授和“双授”在内的名号滥授，本是无可置疑的政治弊端，然而就是从这个“弊端”里面，孕育出了一种颇有生命力的新生事物。

第十章　东西官阶互动与南北清浊异同

十六国、北魏间将军号业已充分阶官化了。由北魏末年到西魏、北周，文散官也开始在阶官化的道路上突飞猛进，而军号与散官的“双授”现象还曾发挥了重大“拉动”作用。然而前两章的叙述并没有让问题就此结束，我们还想进而了解，在关西的西魏北周借助“双授”而实现了散阶制的如上进步之时，关东的东魏北齐方面是什么情况？南朝政权的文散官发展又处在何种局面，有没有类似的变迁？为什么？

这些疑问，都要联系其时社会政治背景方能索解；而且由这一步一步的质疑，我们还不由自主地涉入了“后三国”与隋唐时的制度源流问题，或称“南北东西制度源流问题”。“南北”即南朝与北朝，“东西”即北齐与北周。众所周知，陈寅恪先生有如下著名观点：孝文帝改制的主调是学习汉魏晋宋制度，这一点为北齐所继承；隋唐制度上承南朝梁陈与北齐，而不承北周。本书在官阶方面的有关探讨，也许还能为这个饶有兴味的话题，提供一些新的参考。

一、北齐对“双授”的整饬

西魏九命中军号与散官一一对应，在实践上它们往往同时加授。这军号与散官“双授”，对文散官的“本阶”化和序列化，曾构成强劲的“拉动”因素，由此西魏才得以完成了一次官阶制的飞跃。这个过程中，西魏君臣对魏末“双授”现象的回应，无疑是顺水推舟、推波助澜。与此同时，东魏北齐统治者的态度如何，我们同样兴趣盎然。假若身处某个清明盛世，并设想一个正规的“文治”政局，那么相形之下，散官向军人的普授便明明是一种名号猥滥，“以将军而兼散职”更造成了文武职类的混淆。名器不可随意假人，这本是君臣士大夫的政治信条，但东魏北齐统治者也作如是观吗？有趣的是我们发现，东西政权在此的态度还真是南辕北辙、背道而驰的。

与西魏北周不同，东魏北齐对名号的滥授与双授的回应，是整饬和遏止。这话还要从魏末说起。名号猥滥的局面，人们的态度大约有两种：推波助澜以捞取荣华者当然大有人在；然而视为弊端而着意蠲革，确实也非无其事。《北史》卷二四《王昕传》：“吏部尚书李神儁奏言：‘比因多故，常侍遂无员限，今以王元景等为常侍，定限八员。’”李神儁担任吏部尚书时在魏孝庄帝①，这时候他对“常侍遂无员限”已耿耿于怀了。仅仅一两年后，北魏前废帝又有类似动作。《魏书》卷七七《羊深传》：“自天下多事，东西二省官员委积。前废帝敕深与常侍卢道虔、元晏、元法寿选人补定，自奉朝请以上，各有沙汰。”其事又见《北史》卷三九。《魏书》卷八四《儒林李业兴传》：“普泰元年（531年），沙汰侍官，业兴仍在通直，加宁朔将军。”“普泰”即前废帝年号。由“业兴仍在通直”，可知所沙汰的“侍官”至少包括东省的通直常侍和通直侍郎；如据《魏书·羊深传》，则沙汰范围是“奉朝请以上”。奉朝请是

①参看《魏书》卷三九《李神儁传》。

东省散官中官阶最低者(从七品下),这等于说所有东省散官都过了一遍筛子。李业兴幸免沙汰被特别记载下来,则惨遭沙汰者必定为数不少,比如有位叫柳楷的,就是这样一名被“分流”了的倒霉鬼①。前废帝沙汰东西二省之举,看来并不是一纸空文。

东省的散骑常侍、散骑侍郎、给事中、奉朝请等等,西省的诸郎将、都尉、校尉、司马等等,此时都已近乎虚衔,它们的滥授以及和军号的“双授”,一如五等大夫。由于拥有军号者多如牛毛,那么东西省官号的滥授就将使“将军而兼散职”者大量增加。孝庄帝和前废帝的直接用意是遏止散职滥授,但至少客观上同时就遏止了“双授”。

引人注目的是,魏孝庄帝和前废帝在整饬东西二省时,还采用了策试之法。《北史》卷七〇《徐招传》:“广阳王深北讨鲜于修礼,启为员外散骑侍郎、深府长流参军。……(孝庄帝)永安初,射策甲科,除员外散骑常侍,领尚书仪曹郎中。”徐招担任长流参军时加号员外散骑侍郎,这经过元深奏启就任命了;而孝庄帝时徐招“除员外散骑常侍”就没这么省事儿了,还得进一次考场。联系到孝庄帝时李神儁曾为常侍“定限八员”一事,不难推测这“策试”也是针对“常侍遂无员限”的限制之方。至于前废帝“沙汰侍官”时也采用了策试,证据见《魏书》卷一一《前废帝元恭纪》普泰元年夏四月己未:“帝于显阳殿简试通直散骑常侍、散骑侍郎、通直郎,剩员非才他转之。”魏收当年读书“积年,床板为之锐减”,功夫不负苦心人,这次策试上便大占便宜。《北史》卷五六《魏收

①《魏书》卷四五《柳庆和传》:“庆和弟楷,……迁宁远将军、通直散骑侍郎、本郡邑中正。普泰初,简定集书省官,出除征虏将军、司徒从事。”柳楷因“简定集书省官”而遭沙汰后,军号反由宁远将军(正五品上)迁为征虏将军(从三品)了,也许对沙汰者朝廷又给了优阶的甜头,以免他们怀恨滋事。

传》:“节闵帝(即前废帝)立;妙简近侍,诏试收为《封禅书》。收下笔便就,不立稿草,文将千言,所改无几。时黄门郎贾思同侍立,深奇之,白帝曰:‘虽七步之才,无以过此!’迁散骑侍郎。”所云“妙简近侍”与“沙汰侍官”应即一事;魏收之试《封禅书》,应该就在“显阳殿简试”的时候。

当时的政局多混乱哪,可统治者依然一本正经地策试取士,这真让人惊讶,在南朝我们都看不到类似情况。它显示自孝文帝汉化以来,北魏的“文治”传统已积累得相当深厚。这些力挽狂澜之举难免杯水车薪,但努力的本身却意味深长,它说明朝廷是把滥授和“双授”视为弊端而着力抑制的,为此还采用了公平竞争的文化考试。

东魏北齐统治者继踵而来。《魏书》卷一一《出帝纪》永熙二年(533年)五月诏:

> 大夫之职,位秩贵显;员外之官,亦为匪贱。而下及胥吏,带领非一,高卑浑杂,有损彝章。自今已后,京官乐为称事小职者,直加散号将军;愿罢卑官者,听为大夫及员外之职,不宜仍前散实参领。其中旨特加者,不在此例。

出帝即高欢所拥立的孝武帝元修。这一措施的矛头,直指滥加大夫及东西省员外官现象。允许“胥吏”、“称事小职”加“散号将军”,是因为散号将军早已通用为本阶;而大夫与东西省员外官不允许卑官“散实参领”,是因为朝廷仍未把它们看作阶官,仍打算维持其“位秩贵显”和散官性质。所以以胥吏卑官加散号将军则可,加大夫及员外诸官则期期不可。无论这个诏令出自孝武帝抑或高氏权臣,总之这个政权“该出手时就出手”,甫能立足便着手抑制滥授及“双授”了。

上述措施似乎还只针对于胥吏卑官，但随后执政者便盯上了督将兵吏。《魏书》卷七五《尔朱世隆传》：

（尚书令尔朱世隆）又欲收军人之意，加泛除授，皆以将军而兼散职，督将兵吏无虚号者。自此五等大夫遂致猥滥，又无员限，天下贱之。武定中，齐文襄（高澄）奏皆罢，于是始革其弊。

高氏统治者对“皆以将军而兼散职”再施铁腕，滥加五等大夫者“奏皆罢”，而且居然“始革其弊”，成效斐然。诸大夫与军号的“双授”，对于散官的阶官化是一次重大推动；然而它进入东魏便遭当头一棒，与它在西魏的际遇真不可同日而语。

并且高澄的相关举措还不止此。《魏书》卷一一三《官氏志》：

东魏孝静帝武定七年（549 年）三月：诏左右光禄大夫各置二人，金紫光禄大夫置四人，[银青]光禄大夫置四人，太中、中散各置六人。

孤立阅读这条材料，也许看不出什么特别的意思来。但与高澄“奏罢五等大夫”之举对照观察，这次“定岗定编”就露出了它的底细。这份诏书为“五等大夫”设立了员限，我想它矛头所向，就是“五等大夫遂致猥滥，又无员限”现象。孝庄帝时李神儁曾为“常侍遂无员限”而建言“定限八员”；武定七年又来为诸大夫确定员限，可称前仆后继。

魏末的“皆以将军而兼散职”，其实也包括侍中和散骑常侍的滥加，对此王朝也不肯放任自流。《北史》卷五四《高隆之传》：

魏自孝昌之后，天下多难，……又朝贵多假常侍，以取貂蝉之饰。隆之自表解侍中，并陈诸假侍中服者，请亦罢之。诏皆如表。

高隆之似乎只是请罢“假侍中服者”，不过上文还提到“朝贵多假常侍”，那么其所奏罢的还应该有散骑常侍在内。本传又载“自军国多事，冒名窃官者，不可胜数，隆之奏请检括，旬日获五万余人。而群小喧嚣，隆之惧而止”。旬日间就检获了五万多冒名窃官者，其动作之大、效率之高，如无强硬的靠山必不敢如此。虽然这因“群小喧嚣”而被迫中止，其用意则与制止侍中、常侍的滥授相类，可相参证。

又，魏末的滥授与“双授”还包括死后赠官。据日人窪添慶文研究，北魏赠官的通例是将军加刺史或太守，一般比去世时的官阶上升1—2级；但在528年河阴之变后，赠官幅度提高到了2—4级，甚至有5—6级者[①]。不过到了东魏，统治者对赠号的泡沫化就不肯听之任之了。《魏书》卷七四《尔朱荣传》记河阴之役后，人情骇震、官守废旷：

(尔朱)荣闻之，上书曰：“……无上王请追尊帝号，诸王、刺史乞赠三司，其位班三品请赠令仆，五品之官各赠方伯，六品已下及白民赠以镇、郡。诸死者无后听继即授封爵。均其高下节级别科，使恩洽存亡，有慰生死。”诏曰：“……可如所表。”自兹已后，赠终叨滥，庸人贱品，动至大官，为识者所不贵。武定中，齐文襄王始革其失，追褒有典焉。

①窪添慶文：《关于北魏的赠官》，《文史哲》1993年第3期。

“始革其失,追褒有典”,赠号之滥也得到了强力纠矫。

由东魏世入北齐,整饬名号的努力不但余波未息,反而后浪高过前浪。《北齐书》卷四五《文苑樊逊传》:

> (天保)八年(557 年),诏尚书开东西二省官选,所司策问,逊为当时第一。左仆射杨愔辟逊为其府佐。逊辞曰:“门族寒陋,访第必不成,乞补员外司马督。”愔曰:“才高不依常例。”特奏用之。九年,有诏超除员外将军。

又《北史》卷八三《文苑樊逊传》:

> (天保)八年,减东西二省官,更定选,员不过三百,参者二三千人。杨愔言于众曰:“后生清俊,莫过卢思道;文章成就,莫过樊孝谦;几案断割,莫过崔成之。”遂以思道长兼员外郎,三人并员外将军。孝谦辞曰:“门族寒陋,访第必不成,乞补员外司马督。”愔曰:“才高不依常例。”特奏用之。①

---

①李慈铭云:“按《北齐书》左仆射杨愔辟逊为其府佐,逊辞云云,是所辞者愔之府佐,若长史、咨议之类也(注:南北朝三公及都督置府佐,开府仪同三司及诸将军加大者,位皆从公。杨愔是时已拜开府仪同三司,故得开府置佐,是乃愔之府佐,非仆射有府佐也)。特奏用之者,即奏用为府佐也。其下始云九年诏除员外将军。盖南北朝以府佐为上选,称曰上佐,故逊自以门卑不敢当。”见其《北史札记》,《二十五史三编》,第 5 分册第 951 页。但我还是觉得《北史》所记比较接近实情,就是说杨愔除樊逊为员外将军,而樊逊自以为门卑,而只敢求任员外司马督。因为这次事件来自“尚书开东西二省官选”,那么所任命的官就应该是东西二省官,而不是李慈铭所说的“愔之府佐”。疑《北齐书》所记含有舛误。

结合各种史料,这个事件的原委大略如下:王朝决意整饬冗散委积的东西二省,把居职者一律就地免职,而以文化考试重定取舍;录取员额限定为三百人而已,参试者不限二省旧人,而是大门洞开、广开贤路。当时杨愔、辛术①受任主持其事。结果报名参试者多至二三千人,成了汉晋以来从未有过的一时盛事。尽管淘汰率几乎达到90%之高,事后却风平浪静、"人无谤讟",这应归功于当局的强硬和考试的公平。樊逊、卢思道、崔成之、李德林②等一批才士昂首入围,被任为员外郎、殿中将军、员外将军;所录用的三百士人"后亦皆致通显",看来也都是一时才俊。东西二省由此沙汰了大量滥厕其间者,同时也就构成抑制"双授"的又一因素。

把诸多零星事象集中起来加以观察,东魏北齐的名号整饬,竟是一系列的不懈努力呢③。进而,我们还曾对魏齐史传石刻中上千人次的"双授"实例加以统计,烦冗的排比令一个晦暗不显的现象浮现出来:东魏后期及世入北齐,泛滥的"双授"骤然大减、寥若晨星,简直都成了罕见现象了。可见东魏北齐对滥授和"双授"

①预其事者还有辛术,见《北史》卷五〇《辛术传》:"天保末,文宣尝令术选百员官,参选者二三千人,术题目士子,人无谤讟,其所旌擢,后亦皆致通显。"所谓"选百员官"即《北史・樊逊传》"员不过三百"。

②李德林也在参试者之列,见《隋书》卷四二《李德林传》:"于是举秀才入邺,于时天保八年也。……时(杨)遵彦铨衡,深慎选举,秀才擢第,罕有甲科。德林射策五条,考皆为上,授殿中将军。既是西省散员,非其所好,又以天保季世,乃谢病还乡,阖门守道。"

③顺便说,当时高澄还有沙汰尚书台郎之举。《北齐书》卷四三《源彪传》:"世宗摄选,沙汰台郎,以文宗(源彪之字)为尚书祠部郎中。"《北史》卷五五《赵彦深传》:"超拜水部郎。及文襄为尚书令摄选,沙汰诸曹郎,隐(即赵彦深)以地寒,被出为沧州别驾。"又同书卷四七《袁聿修传》:"时赵彦深为水部郎中,同在一院,因成交友。彦深后重被沙汰停私,门生藜藿,聿修犹以故情,音问来往。"可见,高澄整饬名号官选的涉及面,是相当广泛的。

的整饬抑止，不仅目的明确、手段雷厉风行，而且成绩卓著。史称高澄整饬"皆以将军而兼散职"、奏罢五等大夫的成果是"始革其弊"，这记述里几乎没有夸张的水分。

还有一些材料可以提供更多旁证。《北史》卷四三《邢邵传》：

> 自除太常卿兼中书监，摄国子祭酒。是时朝臣多守一职，带领二官甚少；邵顿居三职，并是文学之首，当世荣之。

"是时"即北齐文宣帝时。可知北齐对兼官曾大加限制。因为这时候诸大夫还没有充分阶官化，名义上它们仍是"官职"，加授诸大夫仍可视为"兼官"，那么兼官大量减少也就意味着"双授"的减少。又《北史》卷五五《唐邕传》：

> （唐邕）出为赵州刺史，侍中、护军、大中正悉如故。谓曰："朝臣未有带侍中、护军、中正临州者，以卿旧勋，故有此举。"

这是齐孝昭帝时的情况。北魏出督州镇又带侍中、常侍之号者不乏于时，我们曾视为"双授"的一种形式。北齐朝臣不得带侍中（这也应包括散骑常侍及诸大夫）临州，显然也是很有针对性的措置。为显示抑制"双授"的战果，再来看如下实例：

> 徐之才：加安东将军、银青光禄大夫；普太初，进散骑常侍、中军将军、金紫光禄大夫。……大齐……征金紫光禄大夫，俄转左光禄大夫。（《北齐徐之才墓志》，赵超：《汉魏南北朝墓志汇编》，第455—457页）

李云：节愍帝普泰中，除平东将军、太中大夫；又加镇东将军、金紫光禄大夫、平原太守，盖所以从班例也。……入为太中大夫；又除银青光禄大夫。……后主武平六年卒。（《北齐李云墓志》，赵超：《汉魏南北朝墓志汇编》，第 478—479 页）

元永：少为奉朝请，从尔朱荣，加将军、太中大夫；尔朱荣启南幽州刺史、假抚军将军；天保中，迁银青光禄大夫；大宁二年，迁金紫光禄大夫。（《北齐书》卷四一《元景安传》）

细绎徐之才、李云及元永三人仕历，便能发现一个有趣现象：他们在魏末的阶级变动都属将军与大夫的"双授"；然而世入东魏北齐，他们的散秩却唯以"大夫"单独变动，而不再兼涉军号，不再是"双授"了。同时也存在另一些例子，在魏末曾得"双授"者入齐后只见军号变迁，而无文散官伴随其间了：

元景安：尔朱荣时，加宁远将军；降高欢，加前将军、太中大夫；高澄时，加安西将军；任通州刺史，加镇西将军；文宣帝天保初，加征西将军。（《北齐书》卷四一《元景安传》）

石信：中兴之际从齐太祖，授伏波将军、虎贲中郎将；前将军，增号安东将军、银青光禄大夫；加征东将军、金紫光禄大夫；征东将军，优两大阶授车骑将军；复除骠骑大将军，骠骑大将军加仪同三司。（《北齐石信墓志》，《汉魏南北朝墓志汇编》，第 412—413 页）

赵道德：从高欢，征虏将军、中散大夫；右将军、太中大夫；世宗高澄当政，安西将军，加中军将军，又加镇东将军；文宣帝高洋时，除卫将军；孝昭帝时，除车骑大将军；武成帝时，

授骠骑大将军。(《齐赵道德墓志》,《汉魏南北朝墓志汇编》,第428—429页)

由此"双授"的长久泛滥,至东魏末真有戛然而止之势。后主高纬时"双授"又渐抬头,不过那时政局已紊,官爵名号的授予再度趋滥;苍头杂伎"封王者接武,开府者比肩",以致有人以封王为耻:"我非奴,何意忽有此授?"①这已不是政治常态了。旧史对高氏家族的荒淫昏乱多所渲染,不过在我们看来,他们绝不是愚蠢的统治者。高氏统治者制订《麟趾格》、《齐律》、《齐令》,裁并州郡县,厉行监察,打击贪污,改良选举,完善均田、三长制等等,都颇可称道。其整饬名号官选之举,也给了我们同样印象。若把"双授"看成政治弊端的话,那么北齐在这一点上显已超越了北魏。

然而问题还有另一方面:力图维系"文治"保持文武分途,制止名号的滥授滥加,这对"正规化"的一意寻求,却也使诸多散官回复了原有性质,阻碍了它们的阶官化进程。《隋书》卷二七《百官志中》叙北齐官制:"特进,左右光禄,金紫、银青等光禄大夫,用人俱以旧德就闲者居之。"可见北齐的诸大夫恢复到了旧有状态,比起魏晋江左并未显示出什么进步;它们仍是散官而已,而非阶官。

面对事物弊端,人们可能会任其泛滥而继续"弊"下去,也可能着手整饬使之回复"常态";然而还有第三种可能:利用这种弊端,反倒引发了新的发展,失之东隅而收之桑榆。东魏北齐的对策属第二种,最后一类则是西魏北周的情况。西魏和北周的"双

①《北齐书》卷五〇《恩幸传》、卷四二《阳休之传》。

授”已不宜简单地看成“滥授”了，在九命官阶中，它已发展为一个富有生命力的新鲜事物，一个文散官序列由此萌生。演进就是如此奇妙，它经常突破常规而从“弊端”中求得发展，采取了貌似后退、终则进步的曲折路线。进一步说，魏晋南北朝时官品制度的发展，本来就与此时的官僚政治萎靡有关。朝廷在“分官设职”时更多采取了“优惠考虑”而非“效率考虑”，促成了名号的泛滥和散官的委积繁衍；不过正是从这些名号、散官之中，发展出了职位、品级及文武阶官相辅相成的新体系。它们为隋唐帝国提供了更灵活的官员管理手段，从而不再表现为一种“弊端”了。

东西政权在因应“双授”上的这一迥异之点，无疑相当耐人寻味。比较显示，东魏北齐的政治更富“文治”色彩，这里汉族士大夫仍得以标榜门第、驰骋风流。陈寅恪：“洛阳文物人才虽经契胡之残毁，其遗烬再由高氏父子之收掇，更得以恢复炽盛于邺都。”①也是为此，汉族士人也经常陷入与鲜卑势力的冲突龃龉。而西魏北周就不一样了，它显示了浓厚军事立国的倾向。史称“周代公卿，类多武将”，“于时贵公子皆竞习弓马，被服多为军容”，“时周室尚武，贵游子弟咸以相矜，每共驰射”②。府兵制度构成了政权的支柱，甚至贤良察举也向府兵倾斜③。府兵将领的职称如柱国、大将军、开府、仪同等，不久就发展为一种标志身份的“戎秩”，并

---

①陈寅恪：《隋唐制度渊源略论稿》，中华书局1963年版，第43页。

②分见《北史》卷七五《张煚传》、《隋书》卷五〇《李礼成传》、卷五一《长孙晟传》。

③《周书》卷三《孝闵帝纪》元年八月诏：“今二十四军宜举贤良堪治民者，军列九人。”

成了唐代“勋官”的前身①。占有这些“戎秩”者,都是最有权势的军事勋贵。与东魏的每一次大战过后,都有一大堆西魏将士获得了更高封爵、军号、戎秩和文散官。为了优遇将士激励士气,承北魏积习而继续“双授”,对西魏统治者是非常自然的事情。也就是说,东西政权的政治文化差异,导致了双方对“双授”态度的泾渭分流,并进而影响到了散阶制的不同际遇。

二、南朝散官阶官化的停滞不前

东、西政治文化差异,导致了双方官阶制的不同命运,进而我们继续推进话题,把南北方向的相关比较也纳入视野。

魏晋以降,士族门阀支配了政治走向,官僚政治发生了严重的扭曲变态,职事官周围委积泛滥出琳琅满目、五光十色的名号、散职,一个人拥有着多种头衔变得屡见不鲜了。由此而导致的职、官、名号的相互分离,就是散阶制得以孕育萌生的温床。

不过,若仅仅以此解释魏晋南北朝散阶制的发达,那仍有不

①对从北周“戎秩”到唐代勋官的过渡,请参看陈苏镇:《北周隋唐的散官与勋官》,《北京大学学报》1991年第2期。雷依群先生直接把北周的上柱国等视为“勋官”,见其《北周史稿》,陕西人民教育出版社1999年版,第58页以下。但我还是倾向使用陈苏镇先生的“戎秩”概念,并把这个序列之演变成勋官,看成是唐初的事情。如下史料都可为陈先生的用法提供证据。《周书》卷八《静帝纪》:大定元年(581年)春正月丙戌,“遣戎秩上开府以上,职事下大夫以上,外官刺史以上,各举清平勤干者三人”;《隋大业七年刘则墓志》:“(开皇)十九年(599年),文官并加戎秩,转授帅都督。”(赵万里:《汉魏南北朝墓志集释》,图版四四六之二)《隋书·百官志下》“戎上柱国已下为散实官”的“戎”,应即“戎秩”的省称。

惬人意之处。由于五朝高门的典型形态是“文化士族”，江左政权又更富有“文治”色彩，因此初一着手很容易生发如下推论：江左文散官的阶官化应大大超越北朝才对。可真实的情况却与这种推断相左。文散阶正式问世在西魏北周，而冗官散职的委积则滥觞于魏晋。东晋以下的制度发展，南北两系分道扬镳。同是承袭魏晋而来的那些文散官，在直承魏晋的江左五朝，其散阶化进程却迟迟不前、步履蹒跚。

下面就来看一看南朝文散官的停滞情况，就加官、诸大夫和东西省散官分而述之。首先是加授侍中、散骑常侍的情况。以这种加授来调整、增添官员资望是家常便饭，史传中屡见不鲜。《南史》卷三〇《何戢传》：

> （齐高帝）建元元年（479 年），迁散骑常侍、太子詹事。寻改侍中，詹事如故。上欲转戢领选，问尚书令褚彦回，以戢资重，欲加散骑常侍。彦回曰：“宋时王球从侍中、中书令单作吏部尚书，资与戢相似，领选职方昔小轻，不容顿加常侍。圣旨每以蝉冕不宜过多，臣与王俭既已左珥，若复加戢，则八座便有三蝉，若帖以骁、游，亦不为少。”

同是吏部领选者，加不加常侍则因官资轻重而异。而且，何戢已经做过散骑常侍了，可他领选时是否加常侍，又成了问题。王球也是如此，他由侍中、中书令而任吏部尚书时，只能“单作”而无加官。这说明散骑常侍的加授具有临时性，侍中也是如此。又《南史》卷一五《徐湛之传》：徐湛之“再迁太子詹事，寻加侍中……后迁丹阳尹，加散骑常侍。”也可一并观察。侍中、常侍原有正官，在用作加官时具有随机性。加了解、解了加，说明它们依旧不是“本阶”序列中的确定等级。

其次来看诸大夫。北朝各色文散官的散阶化进程中，诸大夫的进化构成最核心的内容；但在南朝，诸大夫始终是崇礼、优老或冗散之职而已。《南齐书》卷三《武帝纪》永明七年(489 年)正月诏："诸大夫年秩隆重，禄力殊薄，岂所谓下车惟旧，趋桥敬老。可增俸，详给见役。"同书卷一六《百官志》："诸大夫官，皆处旧齿老年。"可见诸大夫照例用以"敬老"、安置"年秩隆重者"，其性质依然故我。《南齐志》仍把左右光禄大夫、光禄大夫、太中大夫、中散大夫列为光禄勋的属官，而这本是汉魏旧例。又《隋书》卷二六《百官志上》记叙梁制："又有左右光禄、金紫光禄、太中、中散等大夫，并无员，以养老疾。"窪添慶文曾比较南北朝光禄大夫的授予情况，他看到南朝以老疾而授光禄大夫的竟达半数之多，把这看成是旧例的沿袭，并指出这与北朝是很不相同的①。用来养老崇礼的散官，与作为纯粹等级符号的"本阶"，那还有相当距离。

诸大夫中冠以"光禄"者位望较高，经常加于德高望重者，或用于死后赠官。《南齐书・百官志》："乐安任遐为光禄，就王晏乞一片金，晏乃启转为金紫。"光禄大夫皆银章紫绶，诏加金章紫绶者则为金紫光禄大夫。左右光禄大夫位"从公"，如果"开府"的话就可以置官属②。所以南朝史传记官僚衔位，常用"光禄大夫某某"的记法，选择"光禄大夫"为其代表性官衔。至于中散大夫、太

---

①窪添慶文：《北魏における光禄大夫》，池田温编：《中國禮法と日本律令制》，东方书店 1992 年版，第 118—119 页。

②参看《南齐书・百官志》。又《隋书》卷二六《百官志上》："开府仪同三司位次三公，诸将军、左右光禄大夫优者则加之，同三公置官属。"《南史》卷一五《傅亮传》记有"左光禄府"、卷一九《谢几卿传》记有"左光禄长史"，皆是。

中大夫，因其阶级较低，有时候就用以安置闲冗、甚至政坛失意者了。兹就《南史》略撮数例：

萧惠训：梁武起兵时以郡相抗，归降后梁武宥之，以为太中大夫。（《南史》卷一八《萧琛传》）

王籍：以公事免，"及为中散大夫，弥忽忽不乐"。（《南史》卷二一《王籍传》）

王楷：人才凡劣，宋时为太中大夫。（《南史》卷二三《王蕴传》）

王弘之：宋明帝初同逆，战败被宥，终于中散大夫。（《南史》卷二四《王弘之传》）

垣护之：宋明帝时因聚敛贿货下狱免官，后起为太中大夫，未拜，以愤卒。（《南史》卷二五《垣护之传》）

殷道矜：幼而不慧，位太中大夫。（《南史》卷二七《殷景仁传》）

何求：性行诡僻，逃官隐居，后为太中大夫。（《南史》卷三〇《何求传》）

徐广：忠于前朝不附新主，宋初除中散大夫。（《南史》卷三三《徐广传》）

顾琛：宋明帝时同逆，兵败归降，为中散大夫。（《南史》卷三五《顾琛传》）

李慈铭的议论，王、谢等族"子弟出身，便官秘著；即人才极凡劣者，亦必至大中大夫"①，大概就是由"人才凡劣，宋时为太中大

①李慈铭：《南史札记》，《二十五史三编》，第 5 册第 548 页。

夫”、“幼而不慧，位太中大夫”之类而来的。太中、中散大夫中夹杂着“人才极凡劣”的下三滥儿，而且经常用来安置失意、甚至犯事获罪者，其对士大夫的吸引力想来不会很大。江左朝廷的诸大夫虽然也有维系名位的作用，不过在普授范围上，以及在虚衔化、序列化程度上，终归远不及西魏北周的进化水平。此外，东西省的给事中、奉朝请等等散官在南朝也同样存在；但它们都没有像北朝那样，在诸大夫的带动下而被纳入散阶序列。

太中大夫、中散大夫有时用以安置失意者、获罪者，自不足以解释江左文散官阶官化的迟缓。前一节把“正规化”的寻求视为东魏北齐抑止“双授”的原因，在南朝这同样可以用作思考线索之一。中古的士族政治主要体现于门阀的选官特权之上，至于官僚制度的架构本身，则依然如冰层下的潜流而缓慢发展，像三省制、察举制等等此期都有不小进步①。江左政权的典章制度直承魏晋，其“文治”传统当然非北朝可比。制度的一脉相承也就是一种惯性或惰性，使诸大夫顽强地维持着旧有性质，并把散官的滥授及“双授”看成难以接受、不合常规的做法。

进而，仅仅用“文治”传统和“正规化”，仍不足以深入解释南朝文散官阶官化的迟缓不前。我们相信士族政治对官僚政治的扭曲，确实伴随着“职位分等”色彩的淡化和“品位分等”意味的变浓，不过这是否会以“文散官阶官化”的形式表现出来，那还有更复杂的情况。众所周知，五朝士族政治对选官的一个重大影响，就是“重文轻武”的积习。北魏末年文散官散阶化进程的骤然

①关于魏晋南朝三省制度，研究颇多。这里只引证祝总斌的概括：“宰相机构和秘书、咨询机构的发展与完善，为隋唐三省制的出现准备了条件。”见其《两汉魏晋南北朝宰相制度研究》，第 385 页。关于此期察举制度的发展，可参看拙作《察举制度变迁史稿》。

加速，得益于文散官之向将士普授、滥授与“双授”，而在南朝，积久而来的“文清武浊”观念，对同类现象却形成重大抑制。

由武人起家的将领获得文散官之授，在南朝远不像北朝那么轻而易举。南朝一些武将是因战功卓著、在年老须加优崇之时，方才得到光禄大夫等号的：

> 张兴世：宋废帝元徽五年(477年)，以疾病徙光禄大夫，常侍如故。顺帝升明二年(478年)卒，时年五十九。(《宋书》卷五〇《张兴世传》)
>
> 朱修之：后坠车折脚，辞尚书，领崇宪太仆，仍加特进、金紫光禄大夫。以脚疾不堪独行，特给扶侍。卒。(《宋书》卷七六《朱修之传》)
>
> 宗悫：宋孝武帝大明五年(461年)，从猎堕马，脚折不堪朝直，以为光禄大夫，加金紫。(《宋书》卷七六《宗悫传》)
>
> 周盘龙：齐武帝永明中，以疾为光禄大夫。寻出……盘龙表年老才弱，不可镇边，求解职，见许，还为散骑常侍、光禄大夫。世祖戏之曰：“卿著貂蝉，何如兜鍪？”盘龙曰：“此貂蝉从兜鍪中出耳。”十一年(493年)，病卒，年七十九。(《南齐书》卷二九《周盘龙传》)

朱修之和宗悫老得摔断了脚才加大夫，张兴世和周盘龙也是在老疾解职时才得到常侍、大夫之号的，而这会儿齐武帝还对周盘龙以“貂蝉”、“兜鍪”为戏，可见对文号、武号之辨君臣颇为敏感，很当一回事的。《南齐书》卷二九《吕安国传》的记载就更典型了：

> (永明四年，486年)有疾，征为光禄大夫，加散骑常侍。

安国欣有文授,谓其子曰:"汝后勿作袴褶驱使,单衣犹恨不称,当为朱衣官也!"

吕安国在宋齐间一直"以将领见任",他把晚年终于得到"文授"视为殊荣,可见获得大夫、常侍头衔,对武将来说真是个"意外的惊喜"。他殷殷期望儿子千万别当"袴褶驱使"①,该去努力以文职进身,明明不以军职为荣。

军号与散官的"双授"例子,在南朝还不是完全无迹可寻。比如萧子良为光禄大夫、左将军,到仲举为贞毅将军、金紫光禄大夫,褚彦回为卫将军、开府仪同三司、侍中等等。不过,在南朝这只是随机现象而已,远不能与同期北朝的规模数量相比,而且绝不像北朝那样,军号与散官二者作为位阶不断同时迁升。魏周之际的文散阶进化,在相当程度上应该归功于军号的"拉动"。而南朝偶或一见的兼有军号和散官的情况,远不足以"拉动"文散官向本阶序列前进多少。

让我们再来回顾军号散阶化的成因。魏晋以降军号随战乱而迅速增殖,并在散阶化道路上走在前列。攻战杀伐离不开将士们的效死用命,论功行赏方能令士气长盛不衰。秦汉时崇高的"将军"之号,此时就成了褒功迁级的重要手段。瞬息万变的战争时分,经常需要迁黜将领品秩而不变动事任,或变动事任而仍其品秩,那么更便于灵活处理功过、权责矛盾的军阶制度,就显示了更大可行性。动乱使魏晋南北朝呈现为一个"军事化"时代,军政的需要,还使军阶的应用范围扩张到了地方军政长官和中央官

①"袴褶"即军装,参看《晋书·舆服志》、王国维《观堂集林》卷二二《胡服考》,及周一良《魏晋南北朝史札记》,"单衣"条,第236页。

僚。凡此种种，都使将军号迅速地向军阶迈进。

由此看来，尽管“军阶”也是一种“品位分等”制度，但从来源和功能看，它在相当程度上遵循了功绩制的原则、服从于军政考虑，并不是一种专意维护士族特权的位阶制度。高级军号虽然也是士族掌握军政权势的途径之一，但却不是其独占的门第徽章。陈苏镇先生的考察显示，南朝的军号面向宗室诸王，更多情况则是武人依赖军号而发身迁转；梁武帝大通年间的军号改制，在官品第三至四品之间加置了十六班共一百六十号军号，其目的就是拉长寒人武将的仕进之途①。日人高橋徹后来也表达了类似看法②。士族的高贵地位和特权标志，主要体现于对文职高官和“清华”诸官的独占，即令他们占有了军职和军号，那也只是占有“清官”的“延伸”。而且南朝士族逐渐丧失了军事能力，不得不安于文职，转把“执干戈而卫社稷”的责任让给了兵家武将，这也将减少士族获得军号的机会，从而减少了“双授”的出现频度。

这样，在魏晋南北朝这个时代，我们就看到了两种“品位分等”的并存情况。对本书论题来说，这种并存是又一个需要着力分析的关节之点。所谓两种“品位分等”，一种是第六章讨论过的“门品秩序”，它以门品和中正品作为主干；另一种则是由军号构成的军阶，其形成过程详见第八章内容。为了与“门品”相对而便于称引，对后者不妨借助引喻，名之为“官品秩序”。这里所说的“官品”，不是九品官品，而是特指因供职服勤而被君主授予的禄位，意谓“官僚制性质的品位秩序”，以便和“门第性质的品位秩

①陈苏镇：《南朝散号将军制度考辨》，《史学月刊》1989 年第 3 期。

②高橋徹：《南北朝の將軍號と唐代武散官》，《山形大史学论集》第 15 号，1995 年 2 月。

序”两相对照。尽管二者都具有“以人为中心”的性质，但若细加辨析的话，“门品秩序”是以士族“门品”为中心的，军阶则以人的“官品”为中心，它具有更多的功绩制色彩，要更多地服从于军政考虑，它正是一种由君主操纵而依功加授的禄位，由此就蕴含着使之整齐划一、形成序列的更大动力，以便利于中央权威的高效管理和依功加授。所以军阶的阶次清晰、严整有序的外在形式，与唐代的文武散阶已经异曲同工了。

而“门品”来自士族门阀的传统门第，来自其积久不衰的政治文化权势。门第、中正品、文武、清浊、官吏之别与官品、官职间错综交织的等级对应，乃是一种基于传习的秩序。由于它并非出自刻意规划，所以只是“散乱”于不同等级、不同机构、不同职类之中，而非一个外在的、整齐的位阶序列。从“分官设职”的行政规律观之，门品与官职的关系是杂乱无章、不成系统的；可在士族眼中就不同了：这个局面秩序井然，在其中他们如鱼得水，闭上眼睛也能找到自己的位置。对何等门第（如高门、吏门、役门之类）应获何等中正品级，对文官与武官、实官与散官、朝官与外官、命官与府官等等何“清”何“浊”，该由何起家迁转才算“人门兼美”、“才地俱允”，士族老马识途而轻车熟路。所以他们既无动力、也无必要将“清官”或文散官弄成一个整齐划一的外在序列，像西魏北周的文散阶那样。现成的“门品秩序”已能充分满足门阀的需要了，既然其门第就足以决定政治地位，其偏好就足以左右“清官”格局，那外在形式变动又有多大意义呢？而且这种更革只能求助于专制权威才能完成，还将造成既往“清官”格局、进而是士族既得利益的重大变动。在南朝“门品秩序”之中，文散官已与门品、中正品、文武、清浊的既成格局搅成了一团，军号想“拉动”这个盘根错节的局面，确实是力不从心、太过沉重了。

士族政治固然是滋生“品位”的沃土，而文武散阶也是“品位”性质的制度，可这二者依然相去一间。也就是说，与士族政治相关的“品位”秩序，不一定表现为文武散阶制。而且，假设南朝居然发展出一种类似北周、隋唐那种文散阶序列的话，它反倒可能是与士族传统分道扬镳的东西。北周、隋唐那种清晰整齐的散阶序列，较之汉代禄秩固然已具有浓重得多的“品位”色彩；但较之江左“清官”格局，它却呈现为一个依序晋升的开放序列。这些散阶虽然每每被用于“泛阶”，但“泛阶”毕竟排除了门第尺度，对文武士庶一视同仁。尤其在散阶依劳绩、军功而晋升的时候，它就已脱身于士族政治或贵族政治束缚，而明白无误地回归于官僚政治范畴之内了①。在把“清官”格局和北周隋唐散阶的各自性质作如上解析之后，我们就知道，士族政治确曾促成了官僚等级制的“品位化”，但那不必采取北周、隋唐的散阶形式。

我们曾不吝笔墨对北朝的“双授”予以详考，因为北朝文散官的阶官化得益于军号的强劲“拉动”。据说小两口共同生活一段时间后，神情气质都会越来越相像，“双授”时军号和散官的联姻也是如此：正是在这个过程中，军阶的功绩制意味和官僚政治色彩，得以通过“拉动”而传递给文散官了。魏末到北周的文散官普授、滥授以至“双授”，都出于对沙场将士的褒奖之需。因此北朝文散官的阶官化，既与昔日军号阶官化的原因相近，也和军号取得功绩制性质的原因相近。那么便可断言，北周那种文武散号两立并峙的散阶序列，都已属于“以官品为中心”的“品位分等”类

①宫崎市定已经指出：“北周所施行的（勋官）制度，结果成为功绩主义的官僚制。……只要立有功绩，就可随着功勋进级。”《宫崎市定论文选集》，商务印书馆1963年版，上卷第95页。北周的军号与散官序列都已具有“功勋进级”性质。

型了,它们业已超越了作为这个时代特征的“门品秩序”,开始由士族政治而向官僚政治回归。我们的唐代文武散阶上承北周的断言,不仅仅是就形式上的承袭而言的,也在于二者都已属于“官品秩序”类型。在唐代,虽然散阶的获得还得“一切以门荫结品”,这是中古士族政治和贵族政治留下的一块胎记;但名位机柄已掌之于专制君主,其予取予夺不再受制于“冢中枯骨”,“劳考进叙”的规定进而显示,唐代散阶制毕竟已经脱胎而出,离开其上一个时代的母体了。

三、南北“清浊”观念之异同

前面通过南北政治形态的差异,分析了南北散阶制度的不同发展。同时南北“清浊”观念之异同,也可以为这个讨论提供佐证。

在本书视角中,南北朝的“清浊”观念,可以看成一种特殊的“品位”。它甚至经常超越了王朝的法定官品,正如梁陈的“其官唯论清浊,从浊官得微清,则胜于转”情况所显示的那样。在士族眼中,“清浊”的区分比班品高下更富含金量。在散阶发展的南北比较之中,“文清武浊”惯例对南朝的散官阶官化形成了更大阻碍,从而显示南朝有“门品秩序”更深厚的基础。虽然所谓“清官”、“浊官”概念是同时存在于南北双方的,然而北朝军阶之所以拥有施展身手“拉动”散官的更大空间,就和南北“清浊”惯例的差异密切相关了。学界对中古选官的“清官”问题论述颇多,人们耳熟能详;但“清浊”问题上的南北差异,仍然有进一步的论述余地。

魏晋以来所谓“清官”的形成，来自士族所习惯迁转、并由此为之独占的那些官职。诸如“旧事，东宫官属通为清选，洗马掌文翰，尤其清者”、“黄散之职，故须人门兼美”、“秘书丞天下清官”①之类，已经形成了相当凝固的格局。在多数情况下“清官”来自积习，不但不是行政当局的刻意规划，有时君主的“革选”都回天乏力。散骑常侍的沉浮即其一例②。

哪些官能得到士族青睐而成为“清官”，第六章第五节中我们已指出这是大有讲究的：讲“清要”、讲“清闲”、讲文翰性官职。士族“望白署空，是称清贵；恪勤匪懈，终滞鄙俗”③，文法吏职是不合名流口味的，因此台省要职尚书郎初称“清美”，但“自过江来，尚书郎正用第二人”④；侍御史虽然担负着监察重任，然而“甲族由来多不居宪台”⑤。重文轻武，尤其是五朝冠冕根深蒂固的偏见；以军士武人起家者，被蔑称为“将种”、“兵家”。因此除了少数禁卫军校之职，一般说来武职官不在“清官”之列。张欣泰不乐武职，齐高帝就让他由四品的步兵校尉转为五品的正员郎，以为殊恩；杜幼文也以四品武职步兵校尉而求五品清望官黄门郎。这

---

①分见《梁书》卷四九《文学庾於陵传》、《陈书》卷三四《文学蔡凝传》及《南史》卷三一《张裕传附曾孙张率传》。

②《宋书》卷八四《孔觊传》：“初，晋世散骑常侍选望甚重，与侍中不异，其后职任闲散，用人渐轻。孝建三年，世祖欲重其选，诏曰：‘散骑职为近侍，事居规纳，置任之本，实惟亲要，而顷选常侍，陵迟未允，宜简授时良，永置清辙。’……既而常侍之选复卑。”又《梁书》卷二一《江蒨传》：“初，天监六年诏以侍中、常侍并侍帷幄，分门下二局入集书，其官品视侍中，而非华胄所悦。”

③《梁书》卷三七《谢举何敬荣传论》。

④《晋书》卷七五《王坦之传》；又《太平御览》卷二一五引何法盛《中兴书·太原王录》。

⑤《南齐书》卷三三《王僧虔传》。

些人们熟悉的例子，不仅说明着"文"优于"武"，同时也显示着由武职而得文职，往往要靠恩赐和力求。

当然寒人军士也可能因战功卓著而获文职、甚至跻身"清官"。不过南朝特重"起家官"，自幼"平流进取"、初仕便入清途，那才算是门望高华；出身卑微者即令苦苦奋斗、因缘时会而猎得清位，那与贵游们起家就是"清选"，仍不能相提并论。有些"清官"寒人就很难染指，例如秘书郎、著作郎；另一些"清官"如被寒人染指，则其"清华"光晕往往随即褪色。士族名流还曾大声疾呼"若吏姓寒人，听极其门品，不当因军，遂滥清级"[①]，力图堵住武人挤进清途的缺口。南朝有"带帖"制度，也就是以台省清望官如侍中、常侍、中庶子、黄门郎、尚书、御史中丞、廷尉、国子博士等等，来带帖骁骑将军、步兵校尉之类。周一良先生指出："武位虽非高门所乐，然以文职清望官帖领之，则互相配合，最为美授"，但如单任骁骑将军、步兵校尉之职，"其门第人身皆非帖领骁骑者之比也"[②]。换言之，"带帖"是以文职为主的。周先生还指出："大抵南朝甲族著姓起家文职，而'兵户''将家'寒门子弟往往出身武位。但仕宦既进之后，又不论出身，文武官位可更互为之。"不过这时依然"文"高于"武"，并体现在官僚结衔时以文官居武职之前这样的细节之上[③]。不难看到，江左的"清浊"选例更多体现了士族偏好：重清闲而轻吏职，重文翰而轻文法，重文官而轻武号。这"清浊"既不出自、也不符合行政规律，更不是君主的法律规定。

---

①《梁书》卷四九《钟嵘传》，梁天监初年钟嵘语。

②周一良：《〈南齐书·丘灵鞠传〉试释兼论南朝文武官位及清浊》，《周一良学术论著自选集》，首都师范大学出版社 1995 年版，第 68、69 页。

③周一良：《〈南齐书·丘灵鞠传〉试释兼论南朝文武官位及清浊》，第 65 页。

那么北朝的情况如何呢？十六国北朝的政治体制“胡汉杂糅”，这反倒为制度变异提供了众多契机，淡化了“正规”、“常态”观念。江左政权是文化士族盘踞朝廷，北方政权则由军功贵族构成了统治中坚①。由此就造成了南北政治文化的重大差异，我们认为后一形态更接近于专制官僚政治。军功贵族因其异族征服者身份和尚武传统，对“文武”、“清浊”之辨当然很不敏感。南朝官僚结衔以文官居武职之前，魏末及北周“双授”之结衔形式则恰好相反，例以“将军”居“大夫”之前，显示着武号优于文号的情况。

北魏的名位自初就比南朝猥滥，同样的官位随随便便就授给了地位低微者，或同样地位的人得到了更显赫的名号，这样的事情屡见不鲜。武人、恩幸、蕃胡、宦官都能占有“黄散”、大夫之号，不算什么稀罕事，例如皮豹子以有武略而为散骑常侍、王洛儿以善骑射为散骑常侍，乞伏居以高车部人为散骑常侍，娥清以“累著战功，稍迁给事黄门侍郎”，斛律那瓌以朔州敕勒人而得为光禄大夫②，等等。略查《魏书》卷九三《恩幸传》、卷九四《阉官传》，则宦官、恩幸之任常侍、大夫者便历历可见，俯拾即得。这在江左华胄看来要大惊小怪、愤愤不平的现象，北魏朝廷却安之若素，当事人亦居之不疑。又如秘书省官职，在南朝最为甲族起家之选，而在北朝，虽然孝文帝定姓族时有“上则散骑、秘、著”的规定，但实际

①可以参考黄惠贤先生的观点：北魏在初期就建立了鲜卑拓跋军事贵族专政，孝文帝结合胡汉门阀联合专政，但任何胡汉大族都不能与皇权分庭抗礼，因此这不是什么真正的“贵族政治”，而只不过是君主政体下变相的“官僚政治”。《中国政治制度通史》第4卷(魏晋南北朝卷)，第20页。这个观点相当可取。本书所谓“军功贵族政治”指的是“贵族政治现象”，并不认为北朝政体是“贵族政体”。

②分见《北史》卷三七《皮豹子传》、《魏书》卷三四《王洛儿传》、《北史》卷八四《孝行乞伏保传》、卷二五《娥清传》、卷五四《斛律金传》。

上却并不是那么清贵，如果就它们并非文化士族之独占禁脔而言的话。例如秘书监伊馛："代人也，少勇健，走及奔马，善射，力曳牛却行。……（太武）帝贤之，遂拜秘书监。"[①]南朝秘书省的官儿照例任以士族名胜，其中能拖动牛的壮士恐怕打着灯笼也找不出一个来；又如贺若统，"其先居漠北，世为部落大人"，"勇健不好文学，以祖荫为秘书郎"[②]。而这已在汉化颇深的孝明帝之朝了，可见北魏的"清浊"区分、文武界限，经常淡薄如纸。

当然，北朝并不是没有清官、清显、清华之类观念。但如加细绎，则北朝"清官"概念层次其实有三：第一层次是所谓"九流"。自从孝文帝创流内、流外之制，中正品的第三品以下别为"流外七等"，流内九品便都是"二品清宦"了。第二层次是所谓"三清"，同在九品之内，诸官仍有"第一清"、"第二清"、"第三清"之异，也有些官职在"九流"之列而不属"三清"[③]。第三层次，便是某些官职因其特殊位望而为朝野瞩目，由此而形成的观念性、习惯性"清官"了。

通过这三个层次，便能发现北朝有异江左的地方。例如北魏为九卿分出了"三清"，这并不是江左五朝旧例，江左并不在九卿

---

①《北史》卷二五《伊馛传》。

②《北史》卷六八《贺若敦传》。

③《魏书》卷一九中《任城王元澄传》：元雍拷杀奉朝请韩元昭、前门下录事姚敬贤，元澄申言"不宜以三清九流之官杖下便死"。按奉朝请从七品下，门下录事从八品上，二官品级并不算高，但因在九品之内，便得视为"清流"。同时"九流"之内又有"三清"和非"三清"之别。《魏书》卷七七《辛雄传》，魏孝明帝时辛雄"请上等郡县为第一清，中等为第二清，下等为第三清"，是此前北魏"三清"中对郡守县令未作规定。但《魏书》卷四一《源贺传》却说："其诸州守宰，职任清流。"因为刺史、郡守和县令都在"九流"之内，所以都可以视为"清流"。

这些行政性官职上纠缠“清浊”。进一步说，尽管“三清九流”之制仍被说成是“等级森严的门阀制度在职官制度中的深刻表现”，但北朝“清官”出自法令一点，学者依然指为北魏独有：“以皇权的威力和法令的形式，……从而正式制定了官职的清浊，……这是魏晋南朝皆不曾见而北魏独有的现象”①；“魏晋以来，人分士庶，官有清浊，但是均为习惯使然，未曾见官府以法令的形式规定哪些官是清官”②。进而可以推论，北魏的“三清九流”出自皇权、出自法令一点，已与江左那种最典型的士族门阀制度，拉开了相当距离；在“清官”变迁史上，北魏之制已呈现为江左到唐制之间的过渡形态。

至于那些因特殊位望而为朝野瞩目、从而形成的“清官”，北朝与南朝仍不相同。考察魏、齐、周各朝“清显”、“清华”等语用法，便可以知道它们每每是指台省要职。《北齐书》卷四二《崔劼传》：“何为不在省府之中、清华之所，而并出外藩，有损家代?”是省府要职即是“清华”。又史称袁聿修“以名家子历任清华”。检其仕历，他九岁为州主簿，释褐太保西阁祭酒，本州中正、尚书度支郎、五兵左民郎中、太子中舍人、太子庶子、博陵太守、太府少卿、大司农少卿、吏部郎中、司徒左长史、本州信州刺史、兼御史中丞、都官尚书、吏部尚书、太常少卿等③。又据史载，许惇“久处朝行，历官清显”。检其仕历，则有司徒主簿、殿中尚书、司农卿、大理卿、度支尚书、太子少保、少师、光禄大夫、开府仪同三司、尚书

①张旭华：《从孝文帝清定流品看北魏官职之清浊》。

②黄惠贤、聂早英：《〈魏书·官氏志〉载太和三令初探》，武汉大学历史系编：《魏晋南北朝隋唐史资料》第11辑。

③《北齐书》卷四二《袁聿修传》。

右仆射、特进等等①。这些职务中有很多是行政要职,可以窥知魏齐所谓"清华"虽有同于南朝者,但比较而言,却更看重其是否权尊责重、职事切要。

众所周知,南朝的高门贵游们不乐台郎,把担任侍御史视作"南奔",甚至御史中丞这样的要职都为其不屑,所谓"江左中丞虽亦一时髦彦,然膏粱名士犹不乐"②。即令居职也"势难久堪"③。可是尚书台郎和侍御史,在北朝都在"清华"、"高选"之列,这一点上尤能看到南北政治之差异。《魏书》卷一四《元子思传》:"谨案尚书郎中臣裴献伯、王元旭等,望班士流,早参清宦。"《魏书》卷六九《袁翻传》:"加以尚书清要,位遇通显。"《北齐书》卷四七《酷吏宋游道传》:"出州入省,历忝清资。"按宋游道原为司州从事,文襄帝高澄使为尚书左丞。《北史》卷三六《薛慎传》:西魏"六官建,拜膳部下大夫。慎兄善又任工部,并居清显,时人荣之。"④膳部、工部,前后代均属尚书省职。可见尚书台官不乏清望,尚书郎并不例外。

北魏御史号称"高选",不仅取人精慎,而且采取考试录用之法。孝明帝时,御史中尉元匡曾"博召辞人以充御史,同时射策者

①《北齐书》卷四三《许惇传》。

②《通典》卷二四《职官六》。

③《南齐书》卷三四《刘休传》。周一良先生指出,南朝的御史中丞并不受人尊敬,担任这个官职往往"里失乡党之和,朝绝比肩之望","怨之所聚,势难久堪"。参看其《两晋南朝的清议》,《魏晋南北朝史论集》,北京大学出版社 1997 年版,第 440 页。

④北周小膳部下大夫,相当于唐代尚书礼部之膳部郎中。《通典》卷二三《职官五·膳部郎中》:"后周有膳部大夫一人,亦掌饮食,属大冢宰。"又北周冬官工部有中大夫、上士、中士及旅下士,相当于隋唐工部诸职。《通典》卷二三《职官五·工部》:北周工部"掌百工之籍而理其禁令","隋乃有工部尚书,统工部、屯田二曹,盖因后周工部之名,兼前代起部之职"。

八百余人”①。这多达八百余人考试竞争御史职位之事，也是汉晋以来从未有过的盛况。又“御史中尉元匡高选御史”，高道穆以“欲厕影髦徒，班名俊伍”为言，希求“身隶绣衣，名充直指”。当高道穆官至御史中尉时他仍其旧贯，“选用御史皆当世名辈，李希宗、李绘、阳休之、阳斐、封君义、邢子明、苏淑、宋世良等四十人”，还曾为此踌躇满志：“自今日后，当得精选御史矣！”②所以史称：“后魏御史甚重，必以对策高第者补之。”③东魏御史位望不减，“中尉崔暹精选御史，皆是世胄”④。学者因而指出，北朝没有像南朝那样出现御史台位望下降，御史官遭门阀歧视的情况⑤。北魏孝文帝所定起家“清官”，“上则散骑、秘、著，下逮御史、长兼”⑥。

---

①《魏书》卷八五《文苑温子升传》。

②参看《魏书》卷七七《高道穆传》。

③《通典》卷二四《职官六·侍御史》。

④《北齐书》卷四五《文苑李广传》。

⑤陈琳国：《北魏北齐监察制度的变迁》，《北朝研究》1990 年总第 3 期；邱永明：《中国监察制度史》，华东师范大学出版社 1992 年版，第 198—199 页；张金龙：《北魏御史台制度的发展变化》，《北朝研究》1993 年第 4 期。又张金龙指出，北魏御史台制度“对隋唐制度影响极大”，见其《北魏御史台政治职能考论》，《中国史研究》1997 年第 4 期。

⑥《通典》卷一六《选举四》孝明帝时清河王元怿有言：“孝文帝制，出身之人，本以门品高下有恒，若准资荫，自公卿令仆之子，甲乙丙丁之族，上则散骑、秘、著，下逮御史、长兼，皆条例昭然，文无亏没。”按《魏书》卷二二《清河王元怿传》中华书局本校勘记认为，《通典》此文应出《魏书》原文，而今本《魏书》脱失。

又“长兼”所指不明。按“长兼”为北魏常用任用方式，各种官职都有“长兼”，上至太尉、下至行参军。《魏书》卷六七《崔鸿传》：“二汉以降，太和以前，苟必官须此人，人称此职，或超腾升陟，数岁而至公卿，或长兼、试守称允而迁进者，披卷则人人而是，举目则朝贵皆然。”《魏书》卷二一上《献文六王传》：“长兼之职，位亚正员。”《魏书》卷五〇《尉元传附尉羽传》：“高祖亲考百司，以羽怠惰，降常侍为长兼。”由正员降长兼属降位一等。

可见御史正在“省府之中、清华之所”范畴之内。与御史相类，廷尉也号称“清官”。元雍曾打算让三公曹令史朱晖担任廷尉平，元顺云：“朱晖小子，身为省吏，何合为廷尉清官！”[①]推知廷尉正、监、平和廷尉都是“清官”，并没有因其是“法职”而失其“清”。以上与南朝判然有别的情况，都显示了北朝对政务、法制更为重视，在对“清浊”的理解上，重点在于“清要”而非“清闲”。

《魏书》卷八八《良吏明亮传》：

> 延昌中，世宗临朝堂，亲自黜陟，授亮勇武将军。亮进曰：“臣本官常侍，是第三清。今授臣勇武，其号至浊。且文武又殊，请更改授。”世宗曰：“今依劳行赏，不论清浊，卿何得乃复以清浊为辞！”亮曰：“圣明在上，清浊故分。臣既属圣明，是以敢启。”世宗曰：“九流之内，人咸君子，虽文武号殊，佐治一也。卿何得独欲乖众，妄相清浊！所请未可，但依前授。”……亮曰：“请改授平远将军。”世宗曰：“运筹用武，然后远人始平，卿但用武平之，何患不得平远也！”亮乃陈谢而退。

学人往往引证这条材料，来证明北魏选官“文清武浊”。不过在我看来，用它来论证明亮个人不乐武号还说得过去，用来论证当时选官“文清武浊”，就和北魏的传统和现实格格不入了。宣武帝驳斥明亮“独欲乖众，妄相清浊”，一点儿也没有委屈了他。我颇疑明亮的真意是嫌“勇武将军”太低，便搬出“清浊”作“请更改授”的借口。宣武帝明确宣布“九流之内，人咸君子，虽文武号殊，佐治一也”，这只不过是以现实相告而已。北朝勋贵传记，每有“武

---

①《魏书》卷一九中《元顺传》。

艺绝伦,有将帅之略”、“性雄豪,工骑射”、“膂力过人,便习弓马”语,这与魏晋史传叙人多“风神夷简”、“雅有远韵”,南朝史传叙人多“词采遒艳”、“善为文章”,大相径庭。在北朝还常能看到这样的论调:“欲求宦达,当资干世之务”,“文章之事,不足流于后世,经邦致治,庶及古人”,“男儿当提剑汗马以取公侯,何能如先生为博士也”,“书足记姓名而已,安能久事笔砚、为腐儒业乎!”甚至北朝的汉族士族也难免世风熏染,而把“以武达”和“以文通”同等地视为振兴家门之途。

北魏孝文帝的时候,就经常有工商皂隶“或染清流”一类事情。宣武帝时,“法开清浊,而清浊不平,申滞理望,而卑寒亦免。士庶同悲,兵徒怀怨”,“中正卖望于下里,主按舞笔于上台”①。“蕃落庸鄙”也得以“操铨核之权”②,宦官、恩幸居然滥厕中正之位,大摇大摆地承担起了“清定门胄,品藻高卑”的庄严职责③。“士庶”界限的含糊暧昧已势所难免,“清浊”、“文武”不足以阻止官位、名号的普授及滥授。由北魏始终不绝的“以军功为给事中”、“以军功除员外散骑常侍”、“以功授员外散骑侍郎”、“讨盖吴诸贼皆有功,拜散骑常侍”、“以军功累至书侍御史、通直散骑常侍”、“累以战功进至左光禄大夫”、“征伐有功,稍迁中散大夫”、“以军功累迁金紫光禄大夫”、“以军功至太中大夫”④等现象,进至魏末五等大夫、东西省散官向“督将兵吏”们“双授”,就不过是

①《魏书》卷七八《孙绍传》。

②《通典》卷一四《选举二》。

③参看《魏书》卷九三《恩幸传》、卷九四《阉官传》。

④分见《魏书》卷七二《路雄传》、卷三八《刁雍传附刁整传》、《北史》卷二七《寇儁传》、卷二八《源贺传》、卷三六《薛辩传附薛英集传》、卷三五《郑道邕传》、卷四九《斛斯椿传》、卷四九《贾智传》、卷五三《金祚传》。

百尺竿头、再进一步而已。

《北史》卷三〇《卢恺传》："自周氏以降，选无清浊。及恺摄吏部，与薛道衡、陆彦师等甄别士流，故涉党锢之谮，遂及于此。"《隋书》卷七二《孝义陆彦师传》："隋承周制，官无清浊。"北周和隋代并不是没有"清显"概念，但这"清显"却已不是江左那种以士流门品为中心的"清浊"了。北周"六官"制使官名焕然一新，昔日那些显赫的"清官"，连职称都面目全非了，这对"清浊"旧例，也应是一次深刻清洗。

从更长时段看，北周的军事立国、文武不分和"选无清浊"，又只是过渡时期的暂时现象而已。唐帝国逐渐恢复了"文治"传统，"清资官"、"清望官"、"清官"等概念，被再度利用起来。《唐六典》卷二《吏部尚书侍郎》："凡出身非清流者，不注清资之官。谓从流外及视品出身者"；《郎中员外郎》："清望官，谓内外三品已上官，及中书黄门侍郎、尚书左右丞、诸司侍郎，并太常少卿、秘书少监、太子少詹事、左右庶子、左右率及国子司业"；"四品已下八品以上清官：四品谓太子左右谕德……"又《旧唐书》卷四二《职官志一》："职事官资，则清浊区分，以次补授。又以三品已上官，及门下中书侍郎、尚书左右丞、诸司侍郎、太常少卿、太子少詹事、左右庶子、秘书少监、国子司业为清望官。太子左右谕德……为清官。"

不过唐王朝的"清官"在周隋之后，业已历经了"否定之否定"过程，它不能被错认为"门阀制度"的一部分，而是朝廷立法者对官职资望的正式认定了。正如毛汉光先生所论，唐代的清官概念体现了中央集权制的加强，具有客观性、一贯性及合理性①。相

①毛汉光：《科举前后（公元600年±300）清要官形态之比较研究》，收入台湾《中央研究院国际汉学会议论文集》，1981年版，历史考古组分册，上册。

对于南朝的"官以人而清",不妨说唐朝"清官"已是"人以官而清"了:士人因荣居其职才获得了声望,而不是他的个人门第为这个职位增添了"清华"。这又如胡如雷先生所论:唐代的郎官、宪台官、谏官等是清职,人们意识中也有清浊观念,但士族进士登第后并不能保证历官清贵,他们经常在浊职上辗转移官,与庶族已不再存在差别①。就此而言,唐朝的"清官"概念与北魏"清官"更为近似,而与江左"清官"拉开了距离。唐朝的文武散阶制在性质上也更近于北朝而非江左,与此恰好形成了一个平行的观照。

十六国北朝的部落贵族势力一度造就了品位秩序的温床,北魏前期的散官相当发达,其时还充分利用了大夫、士等来自周制的爵号②;散号将军的普授和滥授,北魏比起南朝有过之而无不及。不过北朝贵族之异于江左高门者,在于他们是军功贵族;国人武装—军功贵族—鲜卑皇权关系,构成了北朝政治结构的主干;汉族士族是依附于这个主干之上的,士族身份更多取决于当

①胡如雷:《门阀士族兴衰的根本原因及士族在唐代的地位和作用》,《唐史论丛》第3辑,陕西人民出版社1987年版,第101页。

②北魏初期取法周礼,"大夫"、"士"之制特别发达。如道武帝天兴元年(398年)十二月置八部大夫;二年三月,尚书三百六十曹"令大夫主之";三年十月所置受恩、蒙养、长德、训士,长德比中散大夫,训士比谏议大夫;天赐元年(404年)八月置六谒官,"属官有大夫,秩六品;大夫属官有元士,秩七品";同年九月制散官五等,其中六品散官(原作七品散官,误)比太中、中散、谏议三大夫;天赐二年正月制,州置三刺史"比古之上中下三大夫也";孝文帝太和十五年(491年)置中大夫、散员士。又太和十七年《前职令》中所列,除传统的左右、金紫、银青光禄大夫及太中、中散、谏议大夫之外,还另有中大夫、下大夫、元士及散员大夫、散员士;前者应是散官,后者却有先秦周制的"内爵"意味。参看《魏书》卷一一三《官氏志》。

朝官爵①。国人武装和军功贵族的支持,令十六国北朝自初就拥有足以驾驭百僚群吏的强大皇权;骑马部落对“军功”的传统崇尚,在政权渐具规模后顺理成章地转化为对“事功”的推崇。由此,自魏晋而趋衰败的专制皇权和官僚政治,逐渐在北朝走出低谷而再呈生机,官僚的贵族化和“自利取向”的比重日趋淡化,而“服务取向”的分量扶摇直上。相应发展随即就体现在官阶制度之上了。北魏孝文帝改革简单粗略的九品官品,将官阶析分出正从上下,并使之与考课进阶制密切结合起来了。就连孝文帝所建立的士族品位制度,也具有清晰有序的“外在”形式②,这一点可与军阶的整齐形式参照理解。在北朝的散阶化进程中,军阶是一个非常能动的因素;南朝那种士庶、文武、清浊选例,在北朝远不足以遏制军阶的能量。

军队的组织形式与专制官僚制度具有天然的亲和性,在对集权制、等级制、法制和功绩制的寻求上二者息息相通。官僚制度是专制者的权力基础,专制者又是官僚政治所需权威的最终来

①唐长孺先生指出,孝文帝定姓族是以当朝官爵为准的,参看其《魏晋南北朝隋唐史三论》,武汉大学出版社 1992 年版,第 189 页。祝总斌先生认为这也兼顾着魏晋旧门,参看其《门阀制度》,白寿彝主编《中国通史》,第 7 册丙编第 3 章。陈爽先生的研究揭示:在北魏“四姓”形成过程中,“其自身的当朝官爵和政治权势起了更为关键的作用”。参看其《世家大族与北朝政治》,中国社会科学出版社 1998 年版,第 65 页。

②《新唐书》卷一九九《柳冲传》柳芳《氏族论》:“制:凡三世有三公者曰‘膏粱’,有令仆者曰‘华腴’,尚书、领护而上者为‘甲姓’,九卿若方伯者为‘乙姓’,散骑常侍、太中大夫者为‘丙姓’,吏部正员郎为‘丁姓’。”又前引《通典》卷一六《选举四》:“自公卿令仆之子,甲乙丙丁之族,上则散骑、秘、著,下逮御史、长兼,皆条例昭然,文无亏没。”姓族与官位的对应井然不紊,清晰有序。

源。先秦的秦国正是通过军国主义道路,而成功实现了国家的专制化和官僚制化的。就是在现代世界,由军人把持的政权一般也都是独裁专制政权。东晋皇权低落、门阀与皇权“共天下”的局面,以武装性的次等士族为其终结者①;但南朝文化士族百足之虫、死而不僵,次等士族重振专制官僚政治的动量,远不如北朝军功阶层之大。南朝皇权政治的复兴是有限的、不充分的,北朝的专制统治者则具有真正的权威,其官僚政治也显现了更大活力。相应的,散阶制度、尤其是文散阶制度,反而在北朝获得了更充分的发展,就不足为怪了。

四、北齐对西魏军号序列的借鉴

以上三节,讨论了东西南北三方的文散阶不同进化状况。西魏北周实现了文散阶的重大进步,而北齐以至南朝却相形迟缓,其原因已经剖析如上了。但这并未穷尽三方散阶制异同的全部问题。西魏王朝依据《周礼》而革故鼎新,推出九命、“六官”而弃置汉晋旧制,看上去真是非牛非马、不伦不类。在对名号滥授、“双授”厉加整饬之余,东魏北齐统治者对此是否观感良好,当然是很可疑的。不过,西魏的改革中仍然包含着一些重要进步,其文武散阶的序列形式就是如此。那么北齐统治者是否把这整齐匀称的文武散阶,也看成是“弊端”而不屑一顾呢?

这个问题并不是作者凭空悬拟的,细绎北齐军号变迁,其间

①田余庆先生提出,次等士族是东晋门阀政治的掘墓人。参看其《东晋门阀政治》,“刘裕与孙恩——门阀政治的掘墓人”章。

确实存在着可资考求的有趣线索。兹据《隋书》卷二七《百官志中》,把北齐军号列为下表:

品级		军号
正二品		骠骑、车骑将军、卫将军、四征将军
从二品		四镇、中镇抚军、翊军将军
正三品		四安将军、四平将军
从三品		冠军将军、辅国将军、龙骧将军
正四品	上	镇远、安远将军
	下	建忠、建节将军
从四品	上	中坚、中垒将军
	下	振威、奋武将军
正五品	上	广德、弘义将军
	下	折冲、制胜将军
从五品	上	伏波、陵江将军
	下	轻车、楼船将军
正六品	上	劲武、昭勇将军
	下	明威、显信将军
从六品	上	度辽、横海将军
	下	逾岷、越嶂将军
正七品	上	戎昭、武毅将军
	下	雄烈、恢猛将军
从七品	上	扬麾、曜锋将军
	下	荡边、开域将军
正八品	上	静漠、绥戎将军
	下	平越、殄夷将军

续表

品级		军号
从八品	上	飞骑、隼击将军
	下	武牙、武奋将军
正九品	上	清野将军
	下	横野将军
从九品	上	偏将军
	下	裨将军

读者浏览这份列表时一定会觉得眼熟,好像在哪儿见过类似的东西。一点儿不错,这"似曾相识"之感并不是错觉,它和北周九命中的军号排列异曲同工。再请读者回想一下前揭北魏军号列表,并把它与上表相比,则能看到北魏与北齐的军号排序大相径庭了,尤其是在官品的中下段落。具体说来,在从三品以上,北齐军号与北魏军号区别不大,只是从二品增添了一号"翊军将军",正三品、从三品中分别不见了"前左右后将军"及"征虏将军"。但正四品以下就相当不同了,它们已因如下变动而面貌一新:在正四品上阶到从九品下阶的二十四个等级上,匀称分布着四十四个将军之名,自正四品至从八品每阶列有两个军号,正九品、从九品则每阶一个军号。

这就是说,北齐官品中的军号序列,较之北魏还是发生了重大改观。它一改北魏军号在官品中那种杂乱无章、畸轻畸重的分布,变得匀称而整齐了,从而与西魏九命的军号排序,看上去是那么类似;北魏依然冗杂繁多的将军数量,在北周和北齐也都同样大幅度地化简了。这样人们就不能不面对这一现象了:东西政权都出现了军号的整齐化、军阶与官阶一致化的进步,以及作为附加成果的军号简化的进步。对此我们并不相信出自巧合，却宁愿选择另一个显然更为合理的视角：这是由某一政权著其先鞭，而另一政权追随于后的。那么首先赢得这一进步的，究竟东、西谁属呢？下面的任务，就是考察在时间上谁个在前、谁个在后了。

九命体系颁布于西魏废帝三年（554年）。据《周书》卷二《文帝纪下》，这年春正月西魏朝廷“始作九命之典，以叙内外官爵。以第一品为九命，第九品为一命。改流外品为九秩，亦以九为上”。

北齐官品同时见之《通典》卷三八《北齐职品》及《隋书·百官志中》。《通典》未能为其年代探讨提供什么线索，为此转而求助《隋志》。《隋书》之《食货志》、《礼仪志》等，叙北齐制度主要依据《河清令》，那么《百官志》也应如此而不当例外。《隋书》卷二五《刑法志》：“河清三年（564年），尚书令、赵郡王叡等……又上《新令》四十卷。”诸书对《河清令》的卷数所记有异，但对其修成时间则无异说。

《唐六典》保存了两条《河清令》佚文，为判定《隋志》所载北齐官品的来源，提供了直接线索：

> 《唐六典》卷四《膳部郎中》：“北齐《河清令》改左士郎为膳部”；
>
> 《唐六典》卷四《主客郎中》：“北齐《河清令》改左主客为主爵，南主客为主客。”

查《隋志》北齐官制，在“尚书省”部分恰好记载着膳部曹、主爵曹和主客曹，而不是左士郎、左主客和南主客曹，这正与《唐六典》所引《河清令》相合。可见《隋志》所叙北齐官制，正是以《河清令》

改易后的制度为准的。在《河清令》之前,未闻东魏北齐有官制官品的重大更革。所以《隋志》所叙北齐官品,也一定是出自《河清令》的。对河清之前东魏北齐的官职品级,史家一般取证于《魏书·官氏志》所载太和《后职令》,这是很妥帖的做法。《唐六典》卷六《刑部郎中员外郎》:"北齐令赵郡王叡等撰《令》五十卷,取尚书二十八曹为其篇名。"推测《隋志》所载北齐官制及官品,应在《河清令》之"吏部令"部分。尚书令高叡呈上《河清令》在河清三年(564 年)春,而西魏九命官品颁布于废帝三年(554 年)春,亦即北齐文宣帝天保五年春,九命的问世比《河清令》要早整整十年呢。质言之,西魏的九命在前,北齐的河清官品在后。

比较后魏、西魏和北齐的军号序列,还能发现一个有趣的地方。西魏九命中的军号大抵取自北魏旧名,武威、武牙二号似非北魏旧有,然而这不过是出自《北史》避讳,本是应作虎威、虎牙的,仍是北魏旧号。北齐军号就不同了,正四品以下的四十四个军号大半出自新设,其中有二十六个军号非北魏《后职令》所有,它们是翊军、广德、弘义、制胜、楼船、劲武、昭勇、显信、度辽、横海、逾岷、越嶂、戎昭、雄烈、恢猛、扬麾、曜锋、荡边、开域、静漠、绥戎、平越、殄夷、飞骑、隼击、清野诸号。其中大多是北齐君臣的独出心裁,而且看得出来,他们在命名时很费了一番心思:新创的军号两两一组,字面上力求堂皇对仗,有时甚至还推敲过音调的和谐,如广德对弘义,逾岷对越嶂,戎昭对武毅,荡边对开域,静漠对绥戎,平越对殄夷,等等。不过这陡然而起的花样翻新反而教人心中起疑,因为这些军号除少数是汉晋旧名,如楼船、度辽等号外,有些却是取自南朝,例如戎昭、雄烈、清野等号,从而留下了蛛丝马迹。据《隋书》卷二六《百官志上》,戎昭将军在陈"戎号拟官"第八品;雄烈将军,在梁大通三年(529 年)军号"雄猛班"第 4

号;清野将军,在梁大通三年军号"开远班"第5号,在陈"戎号拟官"第七品。梁武帝的大通军号已多达三百多号,五光十色而美不胜收。这很可能就挑动了北齐君臣的比美争胜之心,在炮制军号名目上大显身手。陈寅恪先生曾经说,南朝梁陈制度乃王肃等输入之所不及,故魏孝文帝及其子孙未能采用,而北齐的制度结集之中遂无梁陈因素①。不过现在从某些迹象看来,似乎还不能断定北齐制度中,梁制的影响一丁点儿都没有。

照一般规律,新变革总要在略成轮廓、粗具规模之后,人们才会逐渐完善其细部、弥缝其枝节。西魏君臣在认识到北魏军号序列居然可以改进之时,一时能想到的只是因其旧名加以调整而已。别的一时还顾不上。但对北齐改革者就不同了:有西魏成品可供套用,节省下来的过剩精力,便可投入到润色军号名目这些细枝末节上来。这名目改易还有如下效果:显示北齐军号多少也有"创造",并不是效关西之故智、步黑獭之后尘。因此,西魏九命军号大抵仍北魏之旧,而北齐河清军号却焕然一新,后者相对于北魏的更大变异程度也在提醒着我们,是西魏改革在前,而北齐润色于后的。

不过我的博士生叶炜同学,对此提出了一个质疑:北齐的"左右丞相"并没有在《隋志》所载《北齐官品》中得到反映,由此推测这份官品应在北齐乾明(560年)之前,而不是我所说的河清三年(564年);《隋书·百官志中》所述北齐制度,包含着前后不同时间的制度,不仅仅是基于《河清令》。叶炜同学一向读书精细,平时的师生切磋中我经常受益,这一回同样感谢他的质疑。齐废帝高殷的乾明年号仅存八个月而已,其前便是公元550年至559年

①陈寅恪:《隋唐制度渊源略论稿》,第2页。

的文宣帝天保时代；而西魏九命颁于 554 年，这样西魏官品和北齐官品的孰先孰后，便因二者时间太过接近而变得暧昧了，甚至孰前孰后还可能反转过来。做研究理应一丝不苟地排除反证，哪怕它看上去鸡毛蒜皮，但“小处不可随便”，一着不慎就可能满盘皆输。

下面就来看东魏北齐的丞相情况。东魏高欢、高澄都曾做过丞相或大丞相。世入北齐，如《隋书·百官志中》所谓：“乾明中，又置丞相。河清中，分为左右。”叶炜同学便根据这个“乾明中，又置丞相”的记述，提出《北齐官品》既然不含丞相在内，那么这份官品的制订就应该在乾明之前。然而据《北齐书》卷四《文宣帝纪》：天保八年（557 年）夏四月乙酉“以太师、咸阳王斛律金为右丞相”；同书卷五《废帝纪》：天保十年（559 年）十月文宣帝高洋崩，太子高殷即位，“十一月乙卯，以右丞相、咸阳王斛律金为左丞相”；乾明元年（560 年）二月，“戊申，以常山王演为大丞相”。是《隋志》不确，北齐置丞相并不是晚在乾明，把丞相分出左右也不是晚在河清，至少天保八年北齐就有“右丞相”了。此后北齐的右丞相、左丞相及大丞相便时时见于史籍，丞相府曾经设于邺都北城的中兴寺内①。假使《北齐官品》中没有左右丞相一点，可以说明它的制订时间在设置左右丞相之前的话，那么这个时间还应早在天保八年之前，比叶炜同学的推测更早一些。再来查《北史》卷一三《后妃传上》所载《河清新令》片断，其中对后宫名号，有左右昭仪比丞相、三夫人比三公等等规定。可见北齐《河清令》中确实

①《北齐书》卷一四《上洛王高思宗传》：“皇建末，孝昭幸晋阳，武成（高湛）居守。……时丞相府在北城中，即旧中兴寺也。”按高湛在孝昭帝皇建初年进位右丞相，见《北齐书》卷七《武成帝纪》。

有丞相之官，所以才会有左右昭仪比丞相之事。然而《隋志》所载《北齐官品》却不见丞相，那么这份官品并不出自《河清令》的危险性，又进一步增大了。

我当然不甘心束手就擒，为此设想了好多求解途径。它们有些只好半途而废，有的却提供了一线希望，使我有化险为夷之感，仍然倾向把《隋志》所载《北齐官品》看成河清制度。

思路之一来自军号本身：通过魏齐军号异同，来证实或证伪如上判断。《隋志》所载的《北齐官品》里面，淘汰了北魏《后职令》的大量军号，又设置了一些新军号，由此北魏军号和北齐军号就呈现为两个不同体系。那么，考察史料中魏齐不同军号的"交接"时间，就可以判断《北齐官品》的出现时间了。说得再具体一点儿：如果某个时候不见了北魏的旧有军号，却出现了《北齐官品》所列的新增军号，那么这个当口必然就是新官品的问世时间。为此我分别排列出了北魏有而北齐无、北齐有而北魏无的两类军号，由此来检索史传石刻。尽管有参考价值的材料竟然寥寥可数，但迷茫黯淡之中还是觅到了几丝光明。

《隋志》所载《北齐官品》没有"征虏将军"一号，而这个军号列于北魏《后职令》，这"征虏将军"就成了一条线索。那么请看《北齐书》卷二三《崔㥄传附崔瞻传》：

> 皇建元年，除给事黄门侍郎。……瞻患气，兼性迟重，虽居二省，竟不堪敷奏。加征虏将军，除清河邑中正。肃宗（孝昭帝）践祚，皇太子就傅受业，诏除太子中庶子，征赴晋阳。

废帝高殷乾明元年和孝昭帝皇建元年，都在公元560年，分界线则是农历八月的孝昭帝高演即位。孝昭帝即位后崔瞻被任命为给事黄门侍郎，不久又“加征虏将军，清河邑中正”；到了这年的十一月，“世子百年为皇太子”①，随后“皇太子就傅授业”，崔瞻又被任命为太子中庶子，赴晋阳东宫。《北史》卷二四《崔逞传附六世孙赡传》的有关记载，缺少“加征虏将军，除清河邑中正”一句，不过这句话对我太重要了，让我额手称庆，因为它说明至少在皇建元年十一月时，依然沿用着“征虏”这个北魏《后职令》中的军号，这就说明，当时《隋志》所载《北齐官品》尚未颁行。同时在皇建之前就已存在着左右丞相了，那么《北齐官品》未载左右丞相一点，并不足以证明它必定在左右丞相设置之前。我以为，很可能是因为这丞相“非寻常人臣之职”，品级太崇②，才没有被列入官品，而另作特例处理。

另一个思路，是探讨官名的改换，在这里“廷尉”一官足资取证，从而使我免于“征虏将军”的单文孤证，而是无独有偶、双喜临门了。北魏、东魏的廷尉之职，在北齐被更名为“大理”了，可参《通典》卷二五《职官七》及《唐六典》卷一八《大理寺卿》。而《北齐官品》所列的是“大理寺”而不是“廷尉寺”，就是说这份《官品》必然出现在廷尉更名为“大理”之后。那么请看《北史》卷七《孝昭帝纪》：

> 皇建元年(560 年)八月：又以廷尉、中丞，执法所在，绳违按罪，不得舞文弄法。
>
> 皇建二年(561 年)二月丁丑：诏内外执事之官从五品已

①《北齐书》卷六《孝昭帝纪》。

②《北齐书》卷一四《高归彦传》，魏收在谏阻加高归彦右丞相时说：“至尊(武成帝)以右丞相登位，今为归彦威名太盛，故出之，岂可复加此号。”可为参考。当然，北齐后期“丞相”稍轻，甚至经常被用为赠号。

上、及三府主簿录事参军、诸王文学、侍御史、廷尉三官、尚书郎中、中书舍人,每二年之内,各举一人。

这些记述,显然取材于孝昭帝的诏书原文,那么诏文所见"廷尉"一名,便可以说明直到皇建年间廷尉仍没有改称大理。

《北齐书》卷四六《循吏宋世轨传》有段记叙,说宋世轨在文宣帝天保年间官居廷尉卿,"时大理正苏珍之亦以平干知名"。不过我想这苏珍之的"大理正"官衔,属于史家用后来的官名追记前事,并不能说明天保年间已经改"廷尉"为"大理"了。《北齐书》卷四二《阳斐传》:"乾明元年(560年),征拜廷尉卿。"又同书卷四三《封述传》:"大宁元年(561年),征授大理卿。"据此,"廷尉"之改称"大理"当在武成帝大宁年间。拿后出官名称呼先前任职的情况容易出现,而用已废官名称呼现职的情况一般不大会发生。封述之"征授大理卿"仍不排除采用后出官名的可能性,但阳斐在乾明年间的官衔"廷尉"则毋庸质疑。

综上所述,在北齐的乾明年间以至皇建之时,"廷尉"仍没有更名"大理",由此《隋书·百官志中》所载"大理寺,掌决正刑狱"及《北齐官品》第三品列有"大理"这些情况,也都必然在皇建之后。推测这"大理"应始于武成帝大宁之年;如果稍稍往后再推延两三年,把这份列有"大理"的《齐官品》的颁行推定为河清三年(564年),我想合情合理吧,因为这年三月辛酉王朝"以律令班下"①,这"律令"中就含有《河清令》。

那么,以上考察反倒印证了我的前揭意见:《隋书·百官志》叙北齐制度主要以《河清令》为素材。《隋书·百官志中》叙行台

①《北史》卷八《齐武成帝纪》。

制度:“行台,在《令》无文。其官置令、仆射。其尚书丞郎,皆随权制而置员焉。其文未详。”这个“《令》”我想就是《河清令》。行台制度《河清令》无载,“其文未详”,《隋志》作者便只好勉为其难,就其所知聊述轮廓而已。又,前面曾指出《隋志》“乾明中,又置丞相。河清中,分为左右”的说法并不确切,推测这个粗疏舛误,也源于《隋志》以《河清令》为本,对河清以前的制度未暇详考。今见《北齐官品》的颁行既在河清,则其中的新军号比西魏九命要晚整整十年;由二者的相似之处,北齐军号在结构上曾效法北周一点,便可以认作定谳了。

《隋志》谓:“后齐官制,多循后魏。”北齐对北魏官制多所承袭。但对北魏军号北齐君臣却独独予以改革,那么是何触动启发,使之忽然觉得有此必要呢?西魏创九命、“六官”以标榜“关中本位”,对其用心高氏统治者当然洞若观火。此期高氏君臣也正汲汲于制度更革,例如大规模地制定《麟趾格》、《齐律》、《齐令》及“五礼”等等,为制度的完备他们不惜人力物力,且成绩斐然。在面对北魏官品和西魏九命之时,对后者军号序列的重大变动,就算他们装没看见,也不会真的视而不见。

军阶与官阶不相一致有其历史原因:秦汉将军本为领兵之官,原非阶级,初无必要与官阶一致、匀称分布于官阶之上。不过随军号日益被用为军阶,军号在官品中的杂乱无章、畸轻畸重,就会暴露出诸多不便了。例如北魏的官员进阶,或由考课而进官阶,或由军功而进军阶,那么军阶在官阶中的不连续性,就将给据阶授官增加复杂性,军号、文职间的可比性也显得含糊曲折了。这甚至给今人都添了不少麻烦:北魏史料中屡屡出现的“进若干阶”、“进若干级”,我们往往弄不清它究竟是官阶还是军阶;有时借助上下文,才能勉强猜出一点儿端倪来。这样看来,西魏官品对军号的匀称整齐安排,显然就是个不小进步。

依从于官品的正从上下阶,对军号作均匀排列,这正是西魏九命官品的创新之处。较之北魏军号在官品中的杂乱无序,这种整齐清晰能带来实际的便利,例如便于进阶、泛阶,便于军号与其他各种官职的品阶比较,等等。因此,北齐忽而舍魏制而创新法,若干年前的西魏九命必定给了他们重大启示。西魏军号在结构上的优越性,使他们无法不怦然心动。换言之,北齐军号序列的重大调整,只能来自西魏的启示。

由于借鉴了西魏成果,河清制度中军阶与官阶一致起来,相应的便利就在进阶中反映出来了。据《北齐书》卷八《后主纪》:

> 天统三年二月:帝加元服,大赦,九州职人各进四级,内外百官普进二级。
>
> 天统四年十二月:太上皇帝崩。丙子,大赦;九州职人普加四级①,内外百官并加两级。
>
> 武平元年六月:以皇子恒生故,大赦,内外百官普进二级,九州职人普进四级。

后主之时这几次泛阶,引人注目地都采取了百官"进二级"、职人"进四级"的措施。乍一看人们难免心中暗问:这"职人"是些什么人?王朝干吗给他们加倍的优待呢?有的学者把魏齐"职人"释为"职掌人",我的意见却不相同,我认为"职人"乃是有散阶

---

①中华书局本《校勘记》:"诸本和《北史》卷八,'四'都作'一'。《文馆词林》卷六七〇魏收《北齐后主大赦诏》即是这次大赦所发的诏书,称'普加四级'。按此纪天统三年二月、武平元年六月大赦都说'九州职人,普加四级'。'一'字误,今据《文馆词林》改。"

（或说有出身）而无实官者，散阶主要就是军号[①]。那么就来看看北齐军号列表。在这份表中，正四品以下每阶列有两个军号，它们以其居前和居后，又分别构成了两个军阶。我相信，这就是职人泛阶所依据的“级”。这就意味着：百官进级依据于官阶，职人进级依据于军阶；因官阶每级上容纳着两个军号，故军阶每两级相当于官阶一级，相应的，军阶的四级则相当于官阶的二级；有其职事的“百官”的“进二级”，与没有职事的“职人”的“进四级”，就官阶而言其实是半斤八两；认为王朝为职人提供了特别优惠，不过是不明就里时的误解。可见由于河清改制，军阶、官阶间有了明确的可比性，可以极便利地加以换算；而这么个优点，原是向西魏学习而来的。北齐虽然没能借鉴西魏的文散官序列，但在军号方面，毕竟表现出了见贤思齐的风格。

五、官阶制与南北朝隋唐制度源流问题

所谓“后三国”时代的南北东西制度源流讨论，程树德先生对南北律学源流的慧眼独具的揭示，应为其始[②]；很可能是受其启发，陈寅恪先生又以其过人才气，在《隋唐制度渊源略论稿》一书中，将之推及于礼仪、职官、音乐、兵制、财政各个方面。此后，这一问题就时时成为学界的瞩目焦点。近年的有关进展，依然显示着它

---

①参看拙作《北魏北齐“职人”初探——附论魏晋的“王官司徒吏”》，《文史》第48辑，中华书局1999年版。

②参看程树德：《九朝律考》，《南朝诸律考序》、《后魏律考序》、《北齐律考序》、《后周律考序》等。

的深厚研讨价值，以至本书的讨论，也不由自主地涉身其中了。

依一般共识，北魏制度史之大势是由胡汉杂糅而“汉化”、是向魏晋南朝学习；随后，北齐和南朝的制度为隋唐所采，而北周的改制则属昙花一现。这是学者通用的叙述模式。我们相信总体趋势大致如此，但希望不要将之绝对化了。

例如北魏的制度发展史，就不止是对魏晋江左制度的亦步亦趋。孝文帝的改制多有创造，一些优秀成果已超越南朝，如《魏律》，如三长均田之制。尤其是孝文帝的官品改革成就，甚至还反馈到了江左梁朝。西魏的九命、“六官”，学者多不以为然，视为制度怪胎而宁愿看好北齐。但事实真的完全如此吗？至此我们已经知道，西魏九命中的军号序列和散官序列，就是一个不容忽视的成就。北朝散阶制演化由此展示了蓬勃活力，它冲破了中古“门品秩序”而回归于“官品秩序”，并构成了隋唐制度的渊源。这再度表明，北朝制度自有创造，绝不仅仅是汉晋南朝的二道贩子。西魏的官阶改革很快就影响到了北齐，北齐也不能不从西魏制度中吸取养分，可见关西政权的官僚政治同样生机勃勃，其制度探索并不是一无可取。

孝文帝的官品改革反馈到了萧梁，西魏的军号改革影响到了北齐——在研究南北朝官阶时我们发现，上述的制度传播流向，颇与学界的一般认识相左。这就提示着人们，对各政权间制度互动的复杂性，必须给予充分注意。

陈寅恪先生曾经说到，北周之创作，或者来自鲜卑野俗、或者来自魏晋旧制，乃关陇汉族文化与六镇势力环境促成的“混合品”，“其影响及于隋唐制度者，实较微末”①。这个论断我们

---

①陈寅恪：《隋唐制度渊源略论稿》，第2页。

认为至今依旧有效。甫入隋世，统治者便立即罢废“六官”、九命，西魏改制寿终正寝，这样的事实人人触目可见。另一方面，诸多细节上的研究推进，还是使相关看法更深入一些了。就本书所论的官阶制而言，西魏北周不仅在军阶上出现了可喜进展，更重要的是文散官也已发展为散阶、形成序列了，从而构成了唐代文武散阶制的先声。唐代的“勋官”体系，明明也是以北周的“戎秩”为前身的。对北周的文武散阶及勋官制度，隋廷的态度有些动摇不定，但最终为唐王朝所继承下去、并继续完善之。在官阶制方面，西魏北周“影响及于隋唐制度”者不但远过南朝，同时无疑也超越了北齐。它们都是文官制度的荦荦大端，恐怕不宜以“微末”视之；全盘贬低北周而一味褒扬北齐，未必是平情之论。

此外，人们曾断言北周法律远逊北齐，隋《开皇律》取《北齐律》而不取北周《大律》。可这也不好绝对化了。刘俊文先生已经指出：隋律之“厩仓”、“断狱”二篇即有取于北周，其流、杖、笞刑的等级安排，都有取于北周①。倪正茂先生认为，从篇名、刑名、十恶等几方面都显示出隋律对周律有所继承②。叶炜同学最近详考这一问题，进而提出北周《大律》对隋唐律的影响，不在北齐律之下③，我觉得他的看法很有道理。北魏劳役刑称“年刑”，北齐称“刑罪”，而北周律称“徒刑”，所以隋律中的“徒刑”一名取北周而不采北齐。又唐有“式”，“式者，(百官有司)其所常守之法也”。

---

①刘俊文：《唐律渊源辨》，《历史研究》1985 年第 6 期。

②倪正茂：《隋律研究》，法律出版社 1987 年版，第 3 章“二、析隋律‘多采后齐之制’”，第 101 页以下。

③叶炜：《北周〈大律〉再探》，待刊。

而“式”这种法律形式之获得重大发展,也在西魏①。大统中宇文泰命有司斟酌古今,取可以益国利民、便时适治者,为二十四条之制及十二条制;后来又命尚书苏绰总为三十六条,更损益为五卷,颁于天下,号称“中兴永式”或“大统式”。《周书》卷二三《苏绰传》:“绰始制文案程式,朱出墨入,及计帐、户籍之法。”这些大约都被收入了“大统式”之内。

又,沈家本谓:“汉以罚金为常法,而赎则武帝始行之,下逮魏晋六代南朝并承用斯法。北朝魏及齐、周并有赎而无罚金,隋唐承之,于是罚金之名无复有用之者。”②然而这个“魏及齐、周并有赎而无罚金”的说法,不尽可从。《北史》卷三三《李玚传》:李玚遭僧暹告讦后尽力辩解,“灵太后虽以玚言为允,然不免暹等意,犹罚玚金一两”。是北魏仍有罚金。又《北史》卷三九《毕义云传》:“(司马)子瑞又奏弹(毕)义云事十余条,多烦碎,罪止罚金,不至除免。”《通典》卷一四《选举二》北齐孝昭帝皇建二年(561年)诏:“有犯死罪以下、刑罪以上,举主准举人之犯,各罚其

①云梦睡虎地秦简有《封诊式》,是“对案件进行调查、检验、审讯等程序的文书程式”。见《睡虎地秦墓竹简》,第 244 页。邢义田说这种“式”“在性质上是文书程式,作用则在供官吏学习,并在处理案件时供参照之用”。汉代的文书范本也称为“式”。此外其时“凡是当做标准、规范的都可称作式”,如“铁式”、“木式”及相马的“马式”等等。见其《从简牍看汉代的行政文书范本——“式”》,《严耕望先生纪念论文集》,台湾稻乡出版社 1998 年版,第 397—400 页。《晋书》卷二六《食货志》:“又制户调之式。”按《唐六典》卷六《刑部》:“晋命贾充等撰令四十篇……九、户调。”是晋代关于户调的法规原在“令”中,非独立的形式。正如唐长孺先生推测:“但也可能所谓‘户调之式’乃是后人综合相关法令而加以‘式’的名称。”见其《西晋户调式的意义》,《魏晋南北朝史论丛续编》,三联书店 1959 年版,第 1 页。那么直到西晋,还没有作为独立法规形式的“式”。

②沈家本:《历代刑法考》,中华书局 1985 年版,第 1 册第 330 页。

金。……其违限不举，依式罚金。”①是北齐仍有罚金。可见沈氏“魏及齐、周并有赎而无罚金”之说不确。罚、赎有别，在财产刑上具有不同意义，对此法制史学者辨析得很清楚了。北朝“有赎而无罚金”的转变，应以北周《大律》为始；“隋唐承之”者乃承用北周，非承北齐也。

又官员任期，汉无定限。南朝有地方官六年为限、三年小满之制。《资治通鉴》卷一七八隋文帝开皇十五年（595 年）十二月诏：“文武官以四考受代。”胡三省注：“唐虞以三年为一考，后世以一年为一考。”王仲荦先生详细排比有关史料，指出北魏外官守令六载为程，内官文武四年为限，而“北周之制，盖微有变革，似内外众官，悉以四载为一任也。隋文帝……诏文武官以四考交代，……隋之四考而代，当是遵循周制”②。是隋唐“四考受代”之制，系承北周而来。

又爵制方面，唐制对北周也多有继承。按北魏、北齐五等封爵，爵号加“开国”者方为实封，如开国郡公、县公、县侯、县伯、县子、县男、乡男；至于加有“散”字的“散爵”，例如散郡公、散侯、散伯、散子、散男，则另成序列。北周就已经没有“散爵”这种事了③，而是在同一爵号下，另外确定若干户（即“别食”）为实封④。那么

①按此《通典》所录这一诏书的大部分内容，不见于《北齐书》卷六《孝昭帝纪》及《北史》卷七《齐本纪》，严可均《全北齐文》亦失收。《通典》所录，可补诸书之不足。

②王仲荦：《北周六典》卷五，第 364 页。

③《八琼室金石补正》卷二四开皇六年（586 年）《龙藏寺碑》跋语：“又《百官志》后齐五等爵有称散郡县者，次于开国者一等，散县伯从三品。后周及隋无散爵。”文物出版社 1985 年版，第 151 页。

④王仲荦先生认为：“别食”之制“盖明帝武成初已试行之，至保定二年始成定制耳”。《北周六典》卷八，第 558 页。杨光辉先生则说：“保（转下页注）

来看唐代制度：九等封爵“并无官土”，其加实封者，方能“分食诸郡以租调给”。这与北周的爵制，是更为接近的。正如杨光辉先生的总结：从爵称、爵序和食租税方式等方面看，“铸造隋唐爵制的直接模式，当主要是北周后期之制。……说隋唐爵制渊源的主流是北周而非北齐或南朝之制，不为过分。”[①]换言之，隋唐爵制，更近于北周而非北齐。

又隋唐有卫官起家之制，以父祖封爵和资荫为官者，一般要先出任千牛备身或亲、勋、翊三卫，还有“明经、进士，不如三卫出身”之说[②]。这个制度虽然与西汉的“郎卫”入仕相类，但东汉以来郎官大抵以士人、孝廉为主要来源，其“宿卫”之责渐成具文，曹魏时宿卫之郎就等于废罢了。而隋唐间的卫官起家之途再度兴起，盖源于北朝军功贵族的入仕惯例。吴宗国先生概括说：“北周勋贵功臣子弟入仕……还有的起家为千牛备身或左中侍上士、左侍上士、左亲卫、右勋卫等其他宿卫官。”[③]其出身为左亲卫者，如元弘嗣；出身左勋卫者，见《唐苏使君墓志》及《唐王使君墓志》[④]。其出身千牛备身者，有李衍、元享、窦荣定、宇文恺、阎毗等；出身右侍上士者，有司马佀、韦寿、于玺、元文都、于宣敏、李安、杨瓒等；出身中侍上士者，有宇文神举、苏孝慈等；出身左侍上士者，有王颁、柳旦、于宣道、李浑、杜彦等；出身前侍下士者，有王轨等。

（接上页注）定二年以前，西魏北周封爵皆为虚封；之后，仅柱国等‘勋德隆重者’方可寄食他县，其余封爵仍然属于虚封爵。”《汉唐封爵制度》，第76页。两说小异。

①杨光辉：《汉唐封爵制度》，第10页。

②爱宕元：《唐代的官荫出身——以卫官之路为中心》，《日本中青年学者论中国史》六朝隋唐卷，上海古籍出版社1995年版。

③吴宗国：《唐代科举制度研究》，辽宁大学出版社1997年版，第13页。

④参看王仲荦：《北周六典》卷八《左亲卫》、《左勋卫》，第536页。

而北齐的宿卫官系统，却并没有形成入仕常途①。相对于北周，北齐起家之法更富于“文治”色彩，与北魏后期和南朝有更多的相似之点。就是说隋唐两朝的卫官起家惯例，乃是继承北周的。进一步说，“隋唐宿卫之制，多因循北周”②，尽管其制度细节在不断变动③。府兵制在隋唐虽有变异，然而说它源出北周，不应该存在疑问吧。

就是说到三省六部九卿之制的发展完善，北周的影响也不该忽视。对这个问题，刘后滨先生近来有专门论述。他指出，魏晋南北朝时，尽管中书省、门下省的职权已经有了重大发展，但在形式上依然是秘书咨询机构，设于禁中而称“内省”。北周则通过改制而把中书、门下二省纳入了“六官”体系，使这二省从禁中移到了禁外，变成了外朝机构，这就给了三省制的发展一个有力推动。同时，魏晋以来尚书诸曹不断侵夺九卿职权，诸曹与诸卿的分工出现了很多叠床架屋的地方。唐代的六部与九卿，则分别掌管政令和政务，人事虽然互不统属，政务上却是相互衔接的关系。其间的过渡中介，就是北周的“六官”改制，因为这个改革把九卿也纳入了六官，从而推动了九卿与六部之间的分工配合，开启了隋

---

①参看汪征鲁：《两汉魏晋南北朝正史传主入仕状况定量分析表》，“十一、东魏北齐时期”，“十二、西魏北周时期”。《魏晋南北朝选官体制研究》，第559—577页。就汪《表》所列，北齐很少以卫官入仕者，这和北周是很不同的。但汪先生对诸仕途的综合分析，却没有把“卫官入仕”分立出来，作为北周具有特征性的仕途之一。

②王仲荦：《北周六典》卷八，第536页。

③参看唐长孺：《魏周府兵制度辨疑》“五、隋代宿卫制度溯源”，《魏晋南北朝史论丛》，三联书店1955年版。

唐时更为合理化的六部与九卿关系①。又旧说隋朝因为避杨忠之讳，而把“中书”改为“内史”，其说不确。如吴宗国先生所言，隋代“内史之名承自北周”；而且隋代门下省长官称为“纳言”，也是“承自北周”的②。

又隋唐尚书省中“工部”成了六部之一，这也深受西魏北周的影响。汉代以将作大匠司掌工役。东汉的民曹尚书掌管缮治、功作、盐池、苑囿、盗贼等事，工役只是他兼掌的众事之一，晋、宋、南齐依然依样画葫芦。梁陈二朝的左户尚书掌管户籍而“兼知工官之事”，若逢有了营造工程，则权置起部尚书以掌之，事毕则省。北魏也以民曹兼领工官。北齐的工官事务，转隶于祠部尚书之下的起部郎中。这就是说，司掌造作的机构，这时候虽已相当专门化了，但仍然没有被纳入尚书的行列，仅仅以曹郎主持而已③。而到西魏就不同了，政权既然依《周礼》而建“六官”，则“冬官”大司空的设置势在必行。工役之曹的地位由此升格，得以与其余的五官比肩并列了。隋唐工部尚书与其余五部平起平坐，北周“冬官”的设置当为其始。北周冬官之下有“工部中大夫”等等官职，即为隋唐“工部”所本。此外民部之名，来自北周民部中大夫；礼部之名，始于北周春官礼部中大夫、礼部上士；兵部之名，始于北周夏官兵部中大夫、小兵部下大夫；刑部之名，始于北周秋官刑部中大

①刘后滨：《北周官制与南北朝至隋唐间政治体制的演变》，《法门寺文化研究通讯》第12期（1998年法门寺唐文化国际学术讨论会专号），及《史学论丛》1998年。

②吴宗国：《三省的发展和三省制确立》，《唐研究》第3卷，北京大学出版社1997年版，第160页。

③参看黄惠贤：《中国政治制度通史》第4卷（魏晋南北朝卷），第152—154页。

夫、小刑部下大夫①。

北齐的政制典章，上承北魏孝文改制而又百尺竿头、更进一步，其可以称道之处，确实为数不少。周武帝之灭北齐，不能说没有偶然因素。平齐战争之初，北周的将士们提心吊胆，时时流露着对北齐的恐惧畏惮；要不是北齐恰值主昏臣庸，双方胜负很难逆料；宇文忻“若齐人更得令主、君臣协力，未易平也”之语，恐怕真的就是当日的实情。但从另一方面说，北周居然能够以弱抗强、并终于以弱胜强，这也反映了它的政治及制度并非乏善可陈。

陈寅恪先生论隋唐制度三源，一为北魏北齐，二为梁陈，三为西魏北周，而北周对隋唐制度影响最小。钱穆先生却不怎么赞成他的看法：“礼乐、制度，秦汉以下，早有分别。史书中如职官、田赋、兵制等属‘制度’，封禅、郊祀、舆服等属‘礼乐’。……隋唐制度，自是沿袭北朝。陈君混而不分，仅述南朝礼乐，忽于北方制度，此亦不可不辨。”就“南北”方向说“隋唐制度，自是沿袭北朝”，那么就“东西”方向看呢？钱穆认为：“苏绰为宇文泰定制，即根据《周官》。下迄隋唐，遂重开中国历史之光昌盛运，苏氏之功不为小。”②是把北周政治，视为“重开中国历史之光昌盛运”之始。又近年陈明先生讨论中古政治文化发展：“其实，如果把西魏

①王仲荦先生说：唐代六部“还可以从这些官制来看和北周六官制度的继承关系”。见其《北周六典》，上册“前言”第5页。袁刚先生说：“六部之名除吏部外均得自六官，二十四司名也有许多来自六官系统。”见其《漫谈西魏北周依〈周礼〉六官改革官制》，《北朝研究》1997年第2期。李光霁先生对此还做了较细致的排比，见其《隋唐职官制度渊源小议》，《中国史研究》1985年第1期。

②钱穆：《略论魏晋南北朝学术文化与当时门第之关系》，《钱宾四先生全集》，台湾联经出版事业公司，第19册第254—255页。

北周的新型政制理解为一种文化精神,那么可以说它对隋唐社会文化的影响才是最大的。”①

对如上诸说的歧异之处,这里还不打算当下就做出判断,读者自可一一审查辨别之;我们目前只想表达如下一点:对周齐政制的优劣异同及其与隋唐制度的源流关系,应有更深入全面的认识,如此而已。

①陈明:《儒学的历史文化功能——士族:特殊形态的知识分子研究》,学林出版社 1997 年版,第 391 页。

第十一章　隋唐间文武散阶制的定型

中古时代的散阶制度，在经历了魏晋南北朝的漫长演进之后，在隋唐之际，以一种职事官、文散阶、武散阶、勋官与官品相互配合的复合体系，来到了它的初步归宿。此后新的变迁当然又在逐渐孕育，但那已超出了本书论述范围，另属唐宋研究者的任务了。本章只把散阶制如何终结于唐初形态一点作为任务，并以此收束全书。

对于唐代的散阶制度，政治制度史的论著大抵辟有专节，提供详略各异的介绍。专题的研究也是很丰富的，唐史学界的马小红、黄清连、黄正建、张国刚、王德权、徐连达诸先生，相关论文已有多篇①。在追述唐代散阶制渊源的时候，揭示最为深入的是黄

①马小红：《试论唐代散官制度》，《晋阳学刊》1985 年第 4 期；黄清连：《唐代散官试论》，《中央研究院历史语言研究所集刊》第 58 本第 1 分，1987 年；张国刚：《唐代的阶官与职事官的阶官化论述》，《中华文史论丛》1989 年第 2 期；黄正建：《唐代散官初论》，《中华文史论丛》1989 年第 2 期；王德权：《唐代律令中的"散官"与"散位"——从官人的待遇谈起》，《中国历史学会史学辑刊》第 21 期，1989 年 7 月；徐连达：《隋唐官员的品阶及职、散、勋、爵制度》，日本唐代史研究会《唐代史研究会报》1990 年 5 月第 3 号；王德权：《试论唐代散官制度的成立过程》，《唐代文化研讨会论文集》，文史哲出版社 1991 年版。

清连、王德权先生,但仍有些论点留下了商榷余地。至于魏晋南北朝的制度研究者,陈苏镇先生的两篇专论①,在阐述南北朝到隋唐间阶官发展上贡献重大;其后高橋徹、岡部毅史的文章②,也各自勾画了制度变迁的某些轮廓。但是,以上研究都没有令问题穷尽无遗,仍然有些线索有待揭示、有些细节需要厘清。本章中包含着对上述成果的综述,同时也希望在一些细节上多少再进一步。

一、隋初的散实官和文散官

隋朝的制度构成了北朝至唐的过渡环节,这个王朝面对着南朝、北周和北齐三方面的制度资源。在这百川归海、承上启下之时,隋朝制度规划者曾在上述三源之间摇摆不定,出现了方向各异的多次尝试。这种情况持续到了唐贞观年间,才算泥沙澄清、尘埃落定了;其最终结果,则体现为对北周制度的继承和发展。

黄清连先生在叙述隋唐散官时,否定了隋朝以前"本阶"制度的存在。他认为,与唐代散官有很大不同,隋以前的散官一般具有闲散、冗置、加官的意义,仍未发展为散阶,并且没有把散阶用为官僚铨叙、考课、薪给、服色等等的标准。这个说法显然忽略了

①陈苏镇:《南朝散号将军制度考辨》,《史学月刊》1989 年第 3 期;《北周隋唐的散官与勋官》,《北京大学学报》1991 年第 2 期。

②高橋徹:《南北朝の將軍號と唐代武散官》,《山形大学史学论集》第 15 号,1995 年 2 月;岡部毅史:《梁陳時代における將軍號の性格に関する一考察——唐代との散官関聯から》,《集刊东洋学》第 79 号,1998 年 5 月 30 日。

散号将军的问题。陈苏镇、王德权先生已经指出，至少在北魏和萧梁之时，将军号业已构成“本阶”系统。

王德权先生认为，南北朝的诸大夫等散官仍然只是闲散之职而已，最终未能发展出维系品阶的功能，它们与唐代阶官的联系仅限于个别名号上的承袭。因此唐代阶官的真正起源，只能求之于将军号和周隋散实官。不过以上两章的讨论中已经揭示，西魏九命中将军号与文散官业已各成序列了，事实上这就是唐代文武散阶两存并立的先声；在北周文散阶中，有十个品级以“大夫”为称。那么王德权认为诸大夫并非唐代散官的渊源，显然也有简单化之失。

王德权先生对北朝诸大夫的散阶化给予了过低的评价，乃是事出有因。隋朝初年官阶制度的大幅度动荡摇摆，一度掩去了其变迁的痕迹。隋文帝开皇二年（582 年）二月，就弃置了北周的“六官”、九命体制，转“依汉魏之旧”①，所以学者多谓隋唐不采北周制度。此时隋文帝在阶官方面的措施，可参《隋书》卷二八《百官志下》：

> 高祖又采后周之制，置上柱国、柱国、上大将军、大将军、上开府仪同三司、开府仪同三司、上仪同三司、仪同三司、大都督、帅都督、都督，总十一等，以酬勤劳。又有特进、左右光禄大夫、金紫光禄大夫、银青光禄大夫、朝议大夫、朝散大夫，并为散官，以加文武官之德声者，并不理事。六品已下，又有翊军等四十三号将军，品凡十六等，为散号将军，以加泛授。

---

①《隋书》卷一《高祖纪上》。又同书卷六〇《崔仲方传》：“又劝上除六官，请依汉魏之旧。上皆从之。”

居曹有职务者为执事官，无职务者为散官。戎上柱国已下为散实官，军为散号官。

也就是说，隋文帝时设有上柱国等十一等"散实官"，特进及诸大夫等七种文散官，以及翊军等四十三号将军。这散实官、散官和军号三个序列，构成了隋初官阶制度的基本结构。下面一一分析之。

首先来看上柱国至都督这十一等散实官，它们来自北周的"戎秩"，在隋代仍然时常被称为"戎秩"，后来又成了唐代勋官的前身。"戎秩"本来是府兵将领的官称，原来是实实在在的领兵之官，但因广泛用以酬奖将领，从而经历了与军号相近的虚衔化历程。西魏北周历次大战之余，都有一大批将士靠着战功而升迁了戎秩。这批府兵将士是关陇集团的中坚和隋政权的支柱，对他们的既得利益，隋王朝不敢也不会横刀夺爱。所以隋文帝废"六官"、九命，却不能不保存将士所拥有的"戎秩"，以免引起关陇集团的犹疑，尽管它并非"汉魏之旧"。就此而言，说隋朝不用北周制度，也不尽然。在军号和文散官之外，"戎秩"或"散实官"的发展，构成了此期官阶发展史的又一重要线索，并与周隋关陇集团的崇高身份、府兵制度的支配地位密切相关。

其次我们来看散官。隋文帝把诸大夫等散官的性质规定为"并不理事"，"以加文武官之德声者"。由于这个规定，隋朝的诸大夫就和北周相当不同了。北周九命中诸大夫已经和其他散官一道构成了"本阶"序列，为了充实这个序列，西魏君臣还把金紫、银青光禄大夫分成左右，并新创诚议大夫一职，以增加大夫数量。而隋文帝的做法，事实上等于废止了这个序列。

首先，诸大夫被单独划分出来，重新单列为"散官"一类，那么它们就从北周散阶序列中分割出来，并恢复了昔日优崇闲冗的性质。此前北魏、北齐和南朝的文散官,本来都具有“并不理事”,“以加文武官之德声者”的特征。北魏末的“五等大夫”,因滥授以及与军号“双授”而向位阶进化了;而东魏北齐雷厉风行地遏止“双授”,则使诸大夫恢复了散官性质。《隋书》卷二七《百官志中》叙北齐制度:“特进、左右光禄、金紫·银青等光禄大夫,用人俱以旧德就闲者居之。”隋文帝对诸大夫的定性,与北齐如出一辙。

隋初散官中从三品的朝议大夫、正四品的朝散大夫二职,是此前所没有的。不过从品级上分析,它们应分别来自魏齐从三品的太中大夫和正四品的中散大夫①,改名是出自“中”字的避讳,并无更多深意。又,北周文散官有“谏议大夫”,此官在北魏承担规谏之责,还不完全是散官;在北周它就被纳入了文散阶序列,还新造了“诚议大夫”一名,与其共同构成了正六命的上阶与下阶。但在北齐和隋代,谏议大夫都不在“旧德就闲者居之”或“以加文武官之德声者”之列。就连谏议大夫的“从六品”这个品级,北魏、北齐和隋朝都是相同的。北齐谏议大夫在集书省,隋属门下省,员均七人②。可见,齐、隋王朝对散官的态度是同样的保守,着意维持谏议大夫的原有性质,不肯承认经长期发展,此官已趋闲散的事实。

相应的,曾被纳入北周九命而共同构成了文散阶的一大批官职,如左右中郎将、左右员外常侍、奉车都尉、奉骑都尉、武贲给事、冗从给事、给事中、奉朝请、左右员外侍郎、武骑常侍、武骑侍郎、强弩司马、积弩司马、武威司马、殿中司马、员外司马、淮海都尉、山林都尉等等,都不在隋文帝所定“散官”范畴之中。这些名

①《隋书》卷二七《百官志中》所载北齐官品第四品下有“中大夫”一职,有可能是“中散大夫”之误。

②《通典》卷二一《职官三》:谏议大夫“北齐有七人,属集书省,……隋亦曰谏议大夫,置七人,属门下省。炀帝废之”。

号大多来自东西省官称。其中一部分是北魏旧有的,在北齐和隋代它们依然存在,但已被排除在法定“散官”(特进及诸大夫)行列之外了;也有些是北周为填充文散阶而新造的,这部分大抵横遭废止。就是说,北周和军号一一相配的文散阶,在隋初像乱棒下的鸳鸯一样东飞西散了。如把魏、齐、周、隋各朝的大夫与东西省散官列表比较,就可清楚看到北周独树一帜形同“另类”,而魏、齐、隋三朝则如出一辙,诸散官在官品上散乱无序。

隋初诸大夫只是散官而非阶官一点,还可以由其授予情况加以说明。或说“隋初仍以散实官和文武散官记本阶”,其说小疏。在隋文帝时期,频繁发挥着“本阶”作用的是散实官(及军号),却不包含文散官在内。下面做一个简略比较:就《隋书》各传传主,对隋文帝到隋炀帝大业二年(606 年)以前的散实官及文散官,比较其授予频度。统计显示:各传传主此期获得散实官者二百多人次,并且散实官的加授明显意味着阶位的上升;而加授大夫的却屈指可数,或说总共还不到十例,其中有用为褒奖的,有因老病而加授的,还有用作死后赠官的。二者比例悬殊如是:散实官被大量授予并依序迁升,这正是“本阶”的特征;而诸大夫的偶尔加授,则说明了它们仍不过散官而已。大夫的荣耀虽有加重资位之功,但获此荣耀者数量太少,要把它们看成“本阶”,我们就很为难了。至于散骑之官和谏议大夫,隋朝这个时期也有些加官员外散骑常侍、员外散骑侍郎、通直散骑常侍和谏议大夫的例子,但除了给出使外国者加授散骑的情况(这原是南北朝的旧例)之外,这类加官同样寥寥可数。

这与北魏末年的“五等大夫遂致猥滥”,以及北周授予军号者例加散官的情况,判然有别。隋文帝对北周文散阶的废弃,应该视作对北齐制度的继承,当然也含有参照江左的意思。至于其废弃理由,我想与北齐的制止“双授”相近,就是出于维持行政“正规”“常态”的考虑,而把北周新法视为异端畸形。学者有隋制不采北周之论,隋初文散官的遭际与这个论点倒是吻合的。还可指出,尽管北齐抑制“双授”成效斐然,并依汉魏旧法重申了诸大夫的散官性质,可实际上魏末世风遽难顿改,北齐“单授”的大夫实际仍有位阶性质,大夫之衔的变换在北齐仍能标志位阶上升。那么隋初连单授的大夫都寥若晨星了,可见其回归“汉魏”的步伐比北齐来得更大。

可能就是为此,王德权先生感到隋初的诸大夫与阶官还有遥远距离。他向前略作追溯,但也只看到了北齐诸大夫“用人俱以旧德就闲者”的规定,就不再深究了。既然“北齐诸大夫职一如北魏,只是有功大僚养疾休闲之所”,而《隋志》所叙隋代文散官的性质又近于北齐,这就使王先生相信南北朝诸大夫都是散官。也就是说,隋初诸大夫在“阶官化”进程上的一番倒卷,掩盖了西魏北周诸大夫曾经有过的重大变动。

二、隋初的军号序列

下面再来看隋初的军号。据《隋志》所载,隋初的军号序列也发生了不小变化。隋文帝在六品以下,设置了翊军等四十三号将军,凡十六等,“以加泛授”①。这种安排与北周、北齐和南朝有同

①这四十三号之上以“将军”为名者,还有骠骑将军和车骑将军。但这两个最常见的重号将军,在隋初变成了府兵将领、骠骑府和车骑府的长官,不再是军阶了。可参看谷霁光:《府兵制度考释》,《谷霁光史学文集》,江西人民出版社、江西教育出版社1996年版,第1卷第99页以下。

有异。

首先由军阶与官阶是否一致化的角度加以观察。北魏的军阶还没有和官品一致化，最先实现了这一点的是西魏九命，北齐随后步其后尘。那么隋朝的四十三号将军在官阶中的整齐排列，大致每一级两个(或两类)军号，显然继承了西魏北周的发展。

其次再来看其是否首尾完备，即其是否覆盖了官阶的各个等级。西魏军号的分布大致由九命的高端直到低端；北齐河清官品中的军号也具有同样特征，当然这是效法北周的。而隋文帝的做法却前无古人，他把军号序列压低到六品以下，从官品看它只占了小半个序列，使五品以上显出了大段空白。这不但不是北周、也不是北齐的做法，甚至也不合于南朝的军号安排。那么隋文帝为何要把军阶“压扁”到原来的一半呢？究其原因，第一是为了避免位阶的叠床架屋和畸轻畸重，第二是为了对泛阶构成抑制。

首先讨论第一点。这一点必须与戎秩或散实官参互观察。北周的八级戎秩是分布在正九命和从九命两级之上的，使之进一步各分为四个层次。而北周军号上至正八命而止，军号序列的上端正好在八、九命处与戎秩衔接。西魏北周的名号颇为猥滥，稍低的名号已大为贬值、不足以飨人心了，将士位居八、九命者比比皆是。只要看看“上开府仪同大将军”这些名号，“将军”冠“大”之余又冠以“上”、又冠以“开府仪同”，就可知道统治者在炮制高级名号时已捉襟见肘。戎秩令正九命和从九命进而析分为八，在高级名号过多过滥时，对品阶高端继续析分乃势所必然。可这样一来，便造成了品阶高端的过分拥挤。倾心于制度的整齐匀称者，对这种头重脚轻显然不会首肯心仪。看看北周戎秩与军号的如下图示就清楚了：

品级	戎秩	军号
正九命	上柱国 柱国 上大将军 大将军	
从九命	上开府仪同大将军 开府仪同大将军 上仪同大将军 仪同大将军	
正八命		骠骑;车骑将军
从八命		四征;中镇抚军将军
正七命		四平;前右左后将军
从七命		冠军;辅国将军
正六命		镇远;建忠将军
从六命		中坚;宁朔将军
正五命		宁远;扬烈将军
从五命		伏波;轻车将军
正四命		宣威;明威将军
从四命		襄威;厉威将军
正三命		威烈;讨寇将军
从三命		荡寇;荡难将军
正二命		殄寇;殄难将军
从二命		扫寇;扫难将军
正一命		横野;旷野将军
从一命		武威;武牙将军

（“军号”栏中分号之前为上阶、之后为下阶）

因此隋文帝决意使散实官在品阶分布上“舒展”开来。北周戎秩原先分布于正九命至从九命，相当于正一品至从一品；而隋文帝的散实官，则一变而分布于从一品至正七品下了。那么，翊军、翊师等四十三号将军为什么被压低至正六品以下，其原因就显而易见了：是为使军号与散实官大致衔接和分布匀称。请看隋初的散实官和军号的如下图示：

品级	散实官	军号
从一品	上柱国	
正二品	柱国	
从二品	上大将军	
正三品	大将军	
从三品	上开府仪同三司	
正四品	开府仪同三司	
从四品	上仪同三司	
正五品	仪同三司	
从五品		
正六品	大都督	翊军、翊师；四征、内镇抚军将军
从六品	帅都督	四平、四军；冠军、辅国将军
正七品	都督	镇远、安远；建威、宁朔将军
从七品		宁远、镇威；伏波、轻车将军
正八品		宣威、明威；襄威、厉威将军
从八品		威戎、讨寇；荡寇、荡难将军
正九品		殄寇、殄难；扫寇、扫难将军
从九品		旷野、横野；偏、裨将军

（“军号”栏中分号之前为上阶、之后为下阶）

不难看到,昔日戎秩与军号的衔接点在正八命处,相当于官品二品;经隋文帝调整之后,如不考虑大都督、帅都督和都督,散实官与军号改在五品处衔接,显然已大大降低。在舒张了戎秩、压缩了军号之后,尽管二者仍然略呈重合,但给人的观感已经好得多了。这又透露出制度规划者的一个居心:在九品官品之上,品阶高端主要利用散实官,品阶低端主要利用军号,而不是让它们两峰并峙、重叠杂沓。换言之,散实官和军号一个占据着官品上段、一个占据着官品下段;两个序列形二实一,是承接互补的关系。

不过这样做也许会引发一个政治麻烦:由于上述"舒张"散实官的做法,柱国、大将军、开府、仪同等名号的品级降了不老少。那么拥有这些名号的将士们,是否会觉得自己平白无故地忽然降了好几级,为此大动肝火呢?然而我想,这还不致引起什么大不了的纠葛。隋文帝此举发生在易代之际,这本身就是个权益再分配的当口,其间名号的调整不过细枝末节。此其一。这种名号的合理化是整体性的,对所有人一碗水端平,大家伙儿旅进旅退,并不会导致你高我低的相对不平衡。此其二。又史料所见,隋文帝在谋篡之时和受禅之初,曾给一大批效忠者加授、迁升戎秩,其党羽们和投机者实际是狠捞了一把,并没有真正吃亏。此其三。就此三点而言,隋文帝对散实官和军号的调整,仅仅是行政制度的变化而已,还不致招来政治冲突。就算有人在这过程中吃过亏,王朝后来也都酌情给些甜头,令其有"品命如前,朝章不易"之感①。

①例如斛律彻在北周建德六年(577年)得除使持节、仪同大将军,袭崇国公。"归隋,品命如前,朝章不易。开皇十年还依前授,加右车骑将军。至开皇十一年,蒙依前授崇国公,如本公。"《隋斛律彻墓志》,《太原斛律彻墓清理简报》,《文物》1992年第10期。北周从九命的仪同大将军,(转下页注)

随后来看隋文帝对散实官和军号的定义:散实官用以"酬勤劳",散号将军用以"加泛授"。军阶本来也有"酬勤劳"的意思,但魏末和周、齐的"泛授"过于猥滥,动不动就"加二级"、"加四级"的,而这无功受阶显非良制。虽然泛阶的做法惯性太大、一时刹不住车,但把军号压低到正六品以下,泛授范围也就被限于正六品以下了。五品以上的散实官就得靠"勤劳"来获得,不能等待天上掉馅饼似的泛阶恩典了。

总之,在面对北周军阶、文散阶和戎秩三者之时,隋初统治者态度大抵如下:戎秩或散实官因涉及关陇将士权益而不能放弃,文散官则应恢复汉魏旧貌;至于军号,它作为军阶已有悠久传统,这时候仍有利用价值,但要与散实官相互协调起来。为此隋文帝采取了废止文散阶、而使散实官与军号相衔接的措施,并通过扩展散实官、压缩军阶的办法,使二者在品级结构上较为均匀合理。散实官与军号在形式上是两个东西,就官阶的衔接看却相当于一个本阶序列,可文散阶就成了其间的牺牲品了。

这种安排,戎秩方面大体承袭了北周传统,文散官方面是对北齐做法的沿用。至于军号,名涉"杨"、"忠"音字的军号,事涉皇上尊严而需要避讳,中军改内军,建忠改安远,中坚改建威,扬烈改镇威;这以外的,就尽量照搬北周的旧号和旧序。例如北周从六命的上下阶分别是中坚、宁朔将军,正五命上下阶分别是宁远、扬烈将军;隋初因避讳而改动军号后,便是建威、宁朔同品,宁远、镇威同品。要是照我的"唯美主义"偏好,我就宁可让建威与

(接上页注)即隋代的正五品的仪同三司,而车骑将军在隋也是正五品。所以"加右车骑将军",就等于承认了北周仪同大将军的"前授"官资。至如"右车骑将军",即周隋间"泾州右武卫三骠骑"、"右领军右二骠骑将军"、"右武候廿府左车骑将军"、"右武候右六府骠骑将军"之类。

镇威同品、宁朔与宁远同品，才觉赏心悦目，然而执政者却仍其旧贯而无改作。当然，军号上也有些细微处兼采北齐以至梁陈。正六品上阶的“翊军”一号便取自北齐，北齐河清官品中护军与翊军并列于从二品。隋廷置“翊军”于四十三号将军之首，并相应增添“翊师”一号与之并列，而这“翊师”源出梁武帝天监七年（508 年）军号的第十七班，大通三年（529 年）军号的镇兵班，陈朝“戎号拟官”的第四品。可见隋初规划军号时，对北齐及梁陈的遗产都曾翻检了一遍，并非率易而行。

比较东西南北三方，隋初的军号最近北周。对此还是不要指为因循守旧。北周军号与官阶一致化了，军号数量由百余号化简为不到五十号，都是值得称道的不小进步。北齐取法北周，军号化简到了七十多个。隋朝的将军一度只有四十三号。再瞻望唐代，武散阶一至五品有将军十三号，再加上六至九品十六个校尉、副尉，则进而化简到二十九号了。作为对比，南朝梁武帝的将军二十四班在官品十八班外，官阶与军阶仍不一致；天监中“厘定”军号，“厘定”到了二百多号；大通三年（529 年）的“刊正”不但没有刊繁为简，反倒“刊”成了三百六十多号。陈朝虽依九品重新安排了“戎号拟官”，但军号依然多达二百三十七号，仅其第六品一级上就拥挤着“拟官一百四号”①！在这堆积如山的炫目军号里挑拣出官员们应得的那一号，选曹不知要白搭多少无谓的功夫；假使君臣们还乐此不疲，就更无聊透顶，只能说嗜痂成癖了。南朝军号的繁冗华丽，洋溢着江左政治家对浮华虚饰的深情厚爱；北朝军号的不断化简，则贯注了北朝重视实效的政治精神。就此而言，隋初的四十三号将军更近北周之法，乃是势所必然。

①梁陈军阶，参看《隋书》卷二六《百官志上》。

三、八郎八尉的创设

北周文散阶的这个发展成果，总之是在开皇初年被隋廷弃置了，无论称为“回归”也好或视为“后退”也好。然而不久就出现了另一些转机。据《隋书》卷二八《百官志下》，隋文帝开皇六年（586 年）对官制又做较大调整，其措施中有如下一项：

> 吏部又别制朝议、通议、朝请、朝散、给事、承奉、儒林、文林等八郎，武骑、屯骑、骁骑、游骑、飞骑、旅骑、云骑、羽骑八尉。其品则正六品以下，从九品以上。上阶为郎，下阶为尉。散官番直，常出使监检。

这“八郎八尉”的设置，引起了我们的很大兴趣。讨论隋唐散官的不少论著，在向上溯源时并没有留意隋初“八郎八尉”。那么俞鹿年先生叙述唐代散阶自隋代“八郎八尉”始，应该说是很有见地的①。黄清连、王德权先生对这“八郎八尉”给予了更具体深入的关注研讨。黄先生认为：隋代郎、尉“只能视为唐制的雏形”；王先生认为：隋代郎、尉基本上受汉代郎吏制度的影响，“开皇散官的功能在‘番直’与‘出使监检’，大业散员郎，略与纯粹散官相近，意义在于培训人材；至于大业‘正员郎’系职事官，亦非官人所带的散位。”②在我看来，二位先生的评价似乎都偏低了一点儿。

---

①俞鹿年：《中国政治制度通史》第 5 卷（隋唐五代卷），第 453 页。

②黄清连：《唐代散官试论》；王德权：《试论唐代散官制度的成立过程》。

魏晋以来各色散官、名号的阶官化发展经水滴石穿、绳锯木断的漫长积累，业已接近质变、脱胎而出了；隋初文散官的一度倒卷，并不足以阻止其江河日下之势。隋廷规划官制改革之时，有东西南北三方资源可资利用。对这三方资源，隋廷并不是简单地取此舍彼、拼接修补而已，也在身不由己地着手创造。这“八郎八尉”即是一端。

从各方面看，“八郎八尉”都显出了向阶官演进的迹象和趋势。这十六官被规定为“散官”，并且构成了一个连续序列。这些散官需要“番直”，而唐代用作阶官的散官，在未获实职之前也正是要番上的。唐代武散阶从五品以上以“将军”为号，正六品以下则以“校尉”、“副尉”为号，后者与开皇六年的“八尉”显然是一脉相承。在“八郎”方面看这一点就明显了，唐代文散阶从五品以上的名为“大夫”，正六品以下的十六个名号都以“郎”为称；而且其中有八个名号，直接就来自隋代“八郎”。所以《通典》卷三四《职官十六》叙朝议至文林等“八郎”于“文散官”部分，将之视作唐代文散阶的前身；并在“武散官”部分，叙述了武骑至羽骑等等尉官，将之视作唐代武散阶的前身。与之类似，《唐六典》卷二《吏部郎中员外郎》叙述唐代文散官二十九阶：“宋齐梁陈后魏北齐，诸九品散官皆以将军为品秩，谓之加戎号。隋开皇六年，始置六品已下散官，并以郎为正阶，尉为从阶。”

从名号来源看，八郎与此前的许多文散官一脉相承，或者是由它们衍生的：

朝议郎：与其时朝议大夫同名。当因朝散大夫衍生而来；

通议郎：当由“朝议”衍生而来；

朝请郎："晋宋齐梁陈，并有奉朝请员"①；

朝散郎：与其时朝散大夫同名，朝散大夫来自中散大夫，因避讳而改"中"为"朝"；

给事郎：当源于东省散官给事中；

承奉郎："承奉"当由"给事"衍生而来；

儒林郎："盖取前史'儒林传'之义"②；

文林郎："盖取北齐文林馆征文学之士以充之义"③。

至于八尉之号：

武骑尉：西汉有加官"武骑常侍"④，南朝宋孝武帝大明中置为西省武官⑤，南齐、梁、北魏、北齐及隋初因之。北周的武骑常侍在文散阶之列。又梁武帝天监七年（508 年）军号有"武骑将军"，在第十二班⑥；

屯骑尉：汉武帝所置八校尉之一，东汉为五校尉之一，魏晋以降成为西省军职；

骁骑尉：晋宋以来，骁骑将军为西省军职，与游击将军名号相对；

游骑尉："游骑将军，魏置，陈有之，大唐因之。"⑦梁武帝

---

①《唐六典》卷二《吏部郎中员外郎》。

②《通典》卷三四《职官十六》。

③《通典》卷三四《职官十六》。

④《史记》卷一〇九《李将军列传》：李广、李蔡兄弟"皆为武骑常侍，秩八百石"。

⑤《宋书》卷六《孝武帝纪》大明二年（458 年）九月："置武卫将军、武骑常侍官。"

⑥《隋书》卷二六《百官志上》。

⑦《通典》卷三四《职官十六》。

"改旧骁骑曰云骑,游击曰游骑,降左右骁、游一阶"。云骑、游骑在梁十班,陈官品中"品并第四"①;

飞骑尉:当由诸"骑尉"衍生而来;

旅骑尉:当由诸"骑尉"衍生而来;

云骑尉:参看游骑尉。

羽骑尉:梁天监七年有"羽骑将军"在十一班,大通三年在龙骧班,陈"戎号拟官"中官品第七②。

"八尉"这个名目一直可以上溯到西汉的八校尉(中垒、屯骑、步兵、越骑、长水、胡骑、射声、虎贲)、东汉之五校尉(屯骑、越骑、步兵、长水、射声)。《唐六典》卷五《兵部郎中员外郎》叙述作为唐代武散阶的诸校尉、副尉的起源:"《汉书·百官表》校尉皆二千石,武帝置。隋朝改为散官。皇朝因之。"即是揭示了其来龙去脉。东汉的五校已称"官显职闲","多以宗室肺腑居之"③。上田早苗指出它们不但经常是外戚的迁转之位;而且经常任以名儒④。上田氏把五校看成是内朝官,安作璋、熊铁基也有类似意见⑤,这

①《隋书》卷二六《百官志上》。

②《隋书》卷二六《百官志上》。

③《后汉书》卷三九《刘般传》:"时五校官显职闲,而府寺宽敞,舆服光丽,伎巧毕给,故多以宗室肺腑居之。"

④上田早苗:《貴族官制の成立》,中国中世史研究会编:《中国中世史研究》,东海大学出版会1970年版。

⑤安作璋、熊铁基:"……这些都尉和校尉,随着大将军等属于内朝官,也算是内朝官。而且他们往往有侍中之类的加官号。"《秦汉官制丛稿》,齐鲁书社1987年版,第250页。又,对诸都尉官职,二先生云:"东汉时似乎取消了此类都尉,而只保留了有地方官性质的都尉。"(第249页)其说不确。

也许不很妥当[①]。“内朝官”的问题暂且搁在一边儿,不管怎样,这种以名儒冠以校尉头衔侍讲禁中的做法[②],已经显示了这些军校是可以在名位意义上加以利用的。魏晋五校往往是宗王的迁转之阶[③],东晋南朝五校逐渐不领营兵了,变成了西省散职;它们常常被用于“带帖”[④]一点,更是位阶化、衔号化的突出表现。北魏宣武帝为五校定员各二十人,“遂为冗职”。魏末的五校也在与军号“双授”的名号之列,并构成了西魏文散阶的来源之一。与五校相近的还有三都尉(奉车都尉、驸马都尉、骑都尉),以及其他西省武职散官,它们都可视为隋初八尉的来源。

八尉与西省散官关系密切,八郎则与东省散官关系密切。作

①杨鸿年先生认为后汉朝官已无中外之分,而且“在汉史上,很难找出例子,证明这些校尉(指统领禁军的北军五校和城门校尉)都是中朝官”。见其《汉魏制度丛考》,“中外朝官的范围”条,第118页。又陈仲安、王素先生云:“按所谓中朝官的制度,大致是通过‘加官’来实现的。”见其《汉唐职官制度研究》,第16页。

②《后汉书》卷三七《桓郁传》:桓郁“永平十五年,入授皇太子经。迁越骑校尉。……建初二年,迁屯骑校尉”,窦宪上疏称其“结发敦尚,继传父业,故再以校尉入授先帝,父子给事禁省”。《后汉书》卷三七《桓焉传》:桓焉“永初元年,入授安帝,三迁为侍中、步兵校尉”。《后汉书》卷三七《丁鸿传》:“永平十年诏征,鸿至即召见,说《文侯之命篇》,赐御衣及绶,禀食公车,与博士同礼。顷之,拜侍中。十三年,兼射声校尉。”《后汉书》卷七九下《儒林楼望传》:“永平初,为侍中、越骑校尉,入讲省内。……后为左中郎将,教授不倦,世称儒宗,诸生著录九千余人。”

③《三国志》卷一四《魏书·刘放传》注引《孙资别传》记魏明帝语:“万年后计,莫过使亲人广据职势,兵任又重。今射声校尉缺,久欲得亲人,谁可用者?”《北堂书钞》卷六一《设官部十三·五校尉》:“《晋令》云:晋承汉置五校尉,为宿卫军,各领千兵。晋初诸王起家多为之。”

④参看周一良:《〈南齐书·丘灵鞠传〉试释兼论南朝文武官位及清浊》,《魏晋南北朝史论集》,北京大学出版社1997年版。

此论断，并不仅仅基于东西二省在选官体系中的结构性地位，而且还在于设置八郎八尉的用意，直接就是要取代东西省散官的，史料可以显示二者间的交接与更迭关系。就在《隋志》叙毕八郎八尉之后，便是另外一段论者往往未加措意的记载：

> 罢门下省员外散骑常侍、奉朝请、通事令史员，及左右卫殿内将军、司马督、武骑常侍等员。

这里所罢废的员外散骑常侍、奉朝请，本来是东省散官；所罢废的殿内将军、司马督、武骑常侍等，本来是西省散官。殿内将军原称殿中将军，因避讳的缘故而改成了这个名字。八郎八尉的设置和东西省散官的罢废，不过脚前脚后而已，实际就在同时。因此我相信，这一置一罢应有内在联系。

王德权在寻找隋文帝八郎八尉的来源时，上溯到汉代"郎吏"。这个跳跃遗略了汉隋间"东西省"这个中介环节。魏晋郎官已无宿卫之责，成了所谓"散郎"，与所谓"司徒吏"共同构成官僚候选队伍，还有"番上"之责①。随后郎官更趋消沉，而门下省的散骑常侍、散骑侍郎、给事中、奉朝请等逐渐形成"东省"，左右二卫以下一批军职则逐渐形成"西省"。东西省散职向入仕者提供了入仕初阶，其迁转构成了阶位上升；它们若被用为加官，则有增加资望之功，在其高于职事官品时尤其如此。北朝的秀孝对策及第者，经常以东西省散官出身；王朝有时还以策试选拔东西省散官，参试者曾多达二三千人。二省居职待调者，如同魏晋王官、司

①参看拙作《北魏北齐"职人"初探——附论魏晋的"王官司徒吏"》，《文史》第48辑，中华书局1999年版。

徒吏一样，仍然定期番直和承担各种临时差使，包括出使，所谓“散官在直”，“任官外戍，远使绝域，催督逋悬，察检州镇，皆是散官，以充剧使”①。魏末与军号“双授”的散官除了五等大夫之外，还有许多就是东西省散号。这样一来，汉魏郎署实已不存了，东西省散位接管了其功能、取代了其昔日地位。这是中古选官体系的一大变迁。如果要从“体系”角度讨论魏晋南北朝选官的话，对这一情况就不宜语焉不详。

八郎八尉的职能被规定为“散官番直，常出使监检”，学者觉得这有点儿像汉代郎吏；但实际八郎八尉所直接取代的，却不是郎吏，而是东西二省。在隋初至开皇六年这段日子里，昔日东省的散骑常侍等等属于门下省，昔日西省的殿内将军等等属于左右二卫。《隋书·百官志下》：

> 门下省……又有散骑常侍、通直散骑常侍各四人，谏议大夫七人，散骑侍郎四人，员外散骑常侍六人，通直散骑侍郎四人，并掌部从朝直。又有给事二十人，员外散骑侍郎二十人，奉朝请四十人，并掌同散骑常侍等，兼出使劳问。
>
> 左右卫……武骑常侍十人、殿内将军十五人、员外将军三十人、殿内司马督二十人、员外司马督四十人，并以参军府朝，出使劳问。

由此可见，东省的散骑常侍、谏议大夫等官，此时仍有“掌部从朝

①《魏书》卷二一上《高阳王雍传》。又《魏书》卷五九《萧宝夤传》也提到了东西省散官的当直和出使：“数旬方应一直”，“或充单介之使”。二者不同的是，高阳王元雍强调东西省散官的辛苦，萧宝夤则攻击他们的清闲。这是由于散官当差的不确定性造成的，其辛苦或清闲因人因时而异。

直”及“兼出使劳问”之责;西省武骑常侍、殿内将军等官,此时仍有“以参军府朝,出使劳问”之责。明眼人一看便知,八郎八尉的“散官番直”,所接替的正是东西省官的“部从朝直”、“参军府朝”;八郎八尉的“出使监检”,所接替的正是东西省官的“出使劳问”。既然东西省与八郎八尉的一裁一设恰好同时,二者间又有接力赛似的职能交接,那么这两个举措,就绝非两不相涉了。一言以蔽之,隋文帝要以“八郎八尉”体制取代东西省体制。由此一举,南北朝的东西省走到了生命的尽头,入仕候选制度的又一轮演化由此发端。反过来看,这也反映了“八郎八尉”体制并非平地起楼台,而是以东西省制度为其母体的。

下面我们便来观察隋朝八郎八尉的各种功能。首先,它们被用作起家之选:

> 薛德音:有隽才,起家为游骑尉。(《隋书》卷五七《薛道衡传》)
>
> 陆法言:敏学有家风,释褐承奉郎。(《隋书》卷五八《陆爽传》)
>
> 房彦谦:及高祖受禅之后,遂优游乡曲,誓无仕心。开皇七年,刺史韦艺固荐之,不得已而应命。吏部尚书卢恺一见重之,擢授承奉郎,俄迁监察御史。(《隋书》卷六六《房彦谦传》)
>
> 窦诞:隋仁寿中,起家为朝请郎。(《旧唐书》卷六一《窦诞传》)①

①按《新唐书》卷九五《窦威传》作“(窦诞)隋末起家朝请郎”。可是八郎是隋文帝开皇六年(586年)设置的,隋炀帝大业三年(607年)(转下页注)

其次，它们还用为加授之职：

苏夔：迁太子舍人，后加武骑尉。(《隋书》卷四一《苏威传》)

太子舍人从六品下，而武骑尉正六品下，“加武骑尉”后苏夔的位阶升了两阶。在兼任情况下，八郎八尉看来便构成了“本阶”：

张刚：隋朝议郎，行雍州录事参军。(《唐张贞墓志》，《唐代墓志汇编》咸亨一〇九，上册第588页)

按上州录事参军从七品上，中州录事参军正八品上，均低于正六品上的朝议郎。唐制：职事官卑于本品者曰“行”。在隋代可能已有类似做法。由贡举对策入仕者任以八郎八尉：

侯白：举秀才，为儒林郎。(《隋书》卷五八《陆爽传附侯白传》)

杜正伦：隋代举秀才止十余人，正伦一家有三秀才，甚为当时称美。正伦善属文，深明释典，仕隋为羽骑尉。(《旧唐

(接上页注)已废，“隋末”二字误，应从《旧唐书》。根据1985年出土的《窦诞墓志》，窦诞于仁寿二年(602年)补隋献皇后挽郎，由此在仁寿三年获得了朝请郎的出身。可参看鲁才全《窦诞职官年表——以〈窦诞墓志〉为中心》一文的考证，武汉大学历史系魏晋南北朝隋唐史研究室编《魏晋南北朝隋唐史资料》第16辑，武汉大学出版社1998年版。

书》卷七〇《杜正伦传》①)

温彦博:开皇末,对策高第,授文林郎。(《新唐书》卷九一《温彦博传》)

房玄龄:年十八,举进士,授羽骑尉。(《新唐书》卷九六《房玄龄传》)

韩仲良:开□□□年为□□学生,仁寿□年被举,授吏部朝散郎。(《金石萃编》卷五〇《韩仲良碑》)

苗先:父先,隋开皇二年州贡明经,行修廉洁孝悌,敦(射)册甲科,起家游骑尉。至大业初,任上党郡主簿。(《唐苗明墓志》,罗振玉:《山右冢墓遗文》卷上,《石刻史料新编》,第21册第15880页)

这游骑尉,就是苗先任官上党郡主簿之前的待调散位。

最后,八郎八尉承担着"番直"和临时差使一点,在史料中也是有迹可寻的:

薛德音:起家为游骑尉,佐魏澹修《魏史》。《史》成,迁著作佐郎。(《隋书》卷五七《薛道衡传》)

侯白:为儒林郎。……于秘书修国史。(《隋书》卷五八《陆爽传附侯白传》)

李文博:开皇中为羽骑尉。特为吏部侍郎薛道衡所知,恒令在听事帷中披检书史,并察己行事。……后直秘书内省,典校坟籍。(《隋书》卷五八《李文博传》)

---

①又,《新唐书》卷一〇六《杜正伦传》作"调武骑尉",未知孰是。或许他在举秀才之后,曾由羽骑尉而调任武骑尉。

裴矩：已受禅，迁给事郎。奏舍人事。(《隋书》卷六七《裴矩传》；又《新唐书》卷一〇〇《裴矩传》)

阎毗：炀帝嗣位，盛修军器，以毗性巧，谙练旧事，诏典其职。寻授朝请郎。毗立议，辇辂车舆，多所增损。(《隋书》卷六八《阎毗传》)

张胄玄：高祖征授云骑尉。直太史，参议律历事。(《隋书》卷七八《张胄玄传》)

温彦博：授文林郎，直内史省。(《新唐书》卷九一《温彦博传》)

房玄龄：授羽骑尉，校雠秘书省。(《新唐书》卷九六《房玄龄传》)

刘焯：(蜀)王以罪废，焯又与诸儒修定礼律，除云骑尉。(《隋书》卷七五《儒林传》)

刘炫：及蜀王废，与诸儒修定《五礼》，授旅骑尉。(《隋书》卷七五《儒林传》)

末两条中，刘炫、刘焯似乎是以云骑尉、旅骑尉身份，承担修定礼律这项差使的。

比起东西省散官，甚至比起北周的文散阶序列来，八郎八尉在清晰整齐上都更胜一筹。对这种整齐的寻求，很可能就是隋文帝的改革动机。东西省散官仍不成序列，其品阶分布多有重合或空缺；北周文散阶虽然序列化了，但那些来自东西省散号的阶称，或称郎将，或称都尉，或称侍郎，或称常侍，或称给事，或称司马，仍嫌杂乱无章。而八郎八尉不但正好填充了正六品以下的十六个阶次，而且文号统一为"郎"，武号统一为"尉"，其匀称整齐，是前所未有的赏心悦目。

位阶序列理应具备形式上的整齐性,这个道理无烦深论。而八郎八尉的这种整齐排列,我想应该来自军阶排序的启迪。无论在梁、陈还是魏、齐,同阶军号的命名多有规律可寻,它们大抵使用着相类的字眼儿,诸如恢武、勇武、曜武、昭武、显武将军为一阶,建威、振威、奋威、扬威、广威将军为一阶之类。在规划八郎八尉时,隋初君臣不会体会不到由此而来的清晰明快。隋文帝的八骑尉中的武骑尉、骁骑尉、游骑尉、云骑尉、羽骑尉五号,在此之前,本来就有武骑将军、骁骑将军、游骑将军、云骑将军、羽骑将军之名可供参鉴取材了。于是我们又看到,在阶官化中军号对散官的"拉动"作用还不止一次,也不止于文散官。时至隋初,军号又把五校、三都尉之类的武号"拉"成八骑尉序列,并因郎、尉的一文一武两两对称关系,随即又"拉"出了与之相对的八郎序列。

再从官阶上的占位方面把八郎八尉与军号加以对比,则八郎八尉恰好覆盖着与翊军、翊师等四十三号将军相同的段落,即正六品上到从九品下的段落。开皇六年隋文帝还没打算用八郎八尉取代将军号,不过正六品以下的散阶以郎、尉为名,却在后来被证明了是发展趋向。在提供入仕初阶、承担"番直"和"出使监检"以及使贡举士人居此待调等方面,这八郎八尉明为承上启下的重要环节:与昔日东西省散官一脉相承,同时下启了唐代郎、尉序列。唐代以郎、尉入仕者也要到吏部或兵部尽"番上"义务,那么由东西省散官的"番直"到八郎八尉的"番直",再到唐代郎、尉的"番上",其间的环环相扣便灼然可见。还有,"上阶为郎,下阶为尉"的安排使"文"居"武"上,这与散实官及将军号的浓厚"武职"色彩颇不相同,已流露出转向"文治"的苗头了。为此种种,我们对八郎八尉的阶官化潜力的评价,就比有些学者更高一些。假如尝试着拿八郎上接诸大夫的话,那么一个更整齐的文散阶序列就呼之欲出了。

四、隋炀帝的散职

方才已提出一种设想：以诸大夫和诸郎共同构成文散阶序列，有可能的话再加上诸将军与诸尉共同构成武散阶序列，便是最理想的“大团圆”结局了。不过这只是事后诸葛亮的一厢情愿而已，它们实际所经历的变迁绕了不少弯子。随即的更革，来自隋炀帝对官制的大幅度调整，其中事涉官阶者，见于《隋书》卷二八《百官志下》大业三年（607 年）令：

> 旧都督已上至上柱国，凡十一等，及八郎八尉、四十三号将军官，皆罢之。并省朝议大夫。自一品至九品，置光禄、左右光禄、金紫·银青光禄、正议、通议、朝请、朝散等九大夫，建节、奋武、宣惠、绥德、怀仁、守义①、奉诚、立信等八尉，以为散职。开皇中，以开府仪同三司为四品散实官，至是改为从一品，同汉魏之制，位次王公。

---

①按“守义尉”应作“秉义尉”。《隋书》卷八二《赤土传》云常骏、王君政出使赤土有功，“俱授秉义尉”。此“秉义尉”《北史》卷九五《赤土传》作“执戟都尉”，《校勘记》谓：“《隋书》作‘秉义尉’。按《北史》、《隋书》例讳‘秉’字（避李昺名），《隋书·百官志下》言炀帝置九大夫、八尉，其中有‘守义尉’，当即‘秉义尉’。《隋书·赤土传》或是因旧史原文，或是后人回改。《北史》改‘秉’为‘执’，‘戟’当是‘义’之讹，‘都’疑为后人妄加。隋无‘执戟都尉’官名。”（以上情况系承叶炜同学提示，特此致谢）本章后文所引《唐张云墓志》有秉义尉，是其证；《唐支茂墓志》有“康义尉”，《唐孟普墓志》有“景义尉”，疑皆录文之讹。

陈苏镇先生把这个措施称为“一个奇怪的改革”。此前共同构成本阶序列的戎秩与将军号以及新设的八郎八尉等三个序列，此时全部废罢；此前仅仅“以加文武之德声者”的诸大夫，这时候却扩张开来，并构成“散职”序列的主干；在“散职”之下，又新设建节至立信等八尉与之衔接，“以至从九品”。由于炀帝废止了官品的上下阶，九品只存正从十八级，这样除了正一品没有散号，从一品有开府仪同三司、光禄大夫两个散号之外，以下的十六级每级各一散号，形成阶梯。

九大夫加八尉这个序列，由此全盘取代了散实官和军号序列，并接管了它们的“本阶”功能。正如陈苏镇先生所指出：“大业三年后的‘散职’是散实官与文散官合二为一的产物，名似文散官，实为散实官”；并以具体例证，揭示了隋文帝散实官与隋炀帝“散职”之间，存在着对应和转化的情况①。《旧唐书》卷四二《职官志一》对大业“散职”作如是叙述：“炀帝又改为左光禄大夫、右光禄大夫、金紫光禄大夫、银青光禄大夫、正议大夫、朝请大夫、朝散大夫、建节[尉]、奋武尉、宣惠尉十一等，以代都督已上；又增置绥德、怀仁、守义、奉诚、立信等五尉，以至从九品。”②也就是说，从散实官到“散职”经历了两个序列的一一对转。《隋书》卷三《炀帝纪上》大业三年诏谓：“改上柱国已下官为大夫。”是说当时拥有上柱国等散实官者，依制改其名号为各级大夫。又《隋萧玚墓志》：“(大业)二年授上开府仪同三司。三年，朝旨以近代官号随时变改，虽取旧名，不存事实。改上开府，授银青光禄大夫。”③上

①陈苏镇：《北周隋唐的散官与勋官》。

②《旧唐书》的这段叙述并不完全准确，炀帝所设大夫有九，而这里漏掉了光禄大夫和通议大夫；九大夫加上建节等三尉，应是十二等，而非十一等。

③引自李春敏：《隋萧玚墓志考》，《考古与文物》1996年第1期。

开府仪同三司与银青光禄大夫均为从三品，大业三年二者依品级发生对转。

官阶序列事涉官僚权益，一般说来，总得保持一定稳定性而不好动辄废置；可从隋文帝到隋炀帝，“官阶制像月亮，初一十五不一样”，变来变去，时不时地整个序列被废除而整个序列被创设，这是很引人注目的。那么炀帝这个更革意义何在呢？下面一一论之。

首先，“同汉魏之制”大约就是炀帝的用心。《隋萧玚墓志》说大业三年“朝旨以为近代官号，随时变改，虽取旧名，不存事实”。确实，到了隋炀帝的时候，汉魏许多官名都面目全非了，比如说“上柱国”、“上开府仪同三司”之类是汉魏闻所未闻的，将军号在曹魏仍有相当军职性质。而文职诸大夫，则在汉朝就已是散官了，与议郎、郎中等同属光禄勋。拿“大夫”作位阶，看上去更像“汉魏之旧”。北朝虽然“源出夷狄”，但在汉化中并不惮于取裁华夏典章以标榜正统，北周“六官”就利用了姬周古制。隋文帝废北周“六官”时就已宣称“依汉魏之旧”了，隋炀帝的“同汉魏之制”是老调重弹。随着隋帝国的混一车轨，南北文物制度的综合已大势所趋，十六国北朝以来的军功贵族政治，也开始向“与士大夫治天下”的“文治”形态缓缓回归了。这时南朝（及北齐）虽然也是可资参考的“文治”典范，但出于政治考虑却应贬为偏霸僭伪，所以在扯出“文治”大旗时，仍以标榜“汉魏”为宜。炀帝本人颇受南朝文化浸染，其诗文近于南朝宫体，开设进士科以文辞取士，并对昔日的文化中心东都洛阳、以至江南风物都兴趣盎然。我甚至还怀疑，隋炀帝罢废官品各阶的上、下级而独存正从十八等，乃是暗地里取法梁武帝的十八班制。隋炀帝的“崇文”劲头儿显然比他爹隋文帝更大，在阶官名号的选择上舍“戎号”而取“大夫”,大概也出于同样意向。

陈苏镇认为,隋初以散实官记本阶,这体现了关陇集团的特有门第观念;而大业所设光禄大夫等文散官,实是由上柱国等散实官变换而来的,这“无异于将戎装改名为儒服”,以“利用山东社会的传统为关陇集团服务”。王德权论述说,隋炀帝的文散官系由散实官直接转换而来,其意义则在于“改变魏晋以来的尚武习性,转而崇尚文治,但此举却限制了武人的仕进,严重打击了以武力统一天下的府兵系统人物”①。两位先生的论述都值得参考。

然而还须指出,从制度形式看,隋炀帝以大夫为散阶的做法,又是上承西魏北周的。这就非常有意思了。我们看到,“尚武”与“崇文”因素与散阶制的关系是相当复杂的;同是出于“文治”意向,但因情势之异,它对散阶制的影响就会大不相同。尽管关西政治文武同途、军国合一,而山东北齐的“文治”色彩浓重得多,但诸大夫的散阶化关西却先行一步;虽然诸大夫本身属于“文授”,但它们的阶官化动力,当时却来自向军人的滥授、来自和军号的“双授”,而不是“文治”寻求。北齐政权囿于传统而制止“双授”的做法,反倒扯了文散官阶官化的后腿;隋文帝以“加文武官之德声者”定义诸大夫且不予滥授,所继承的反而是北齐的“文治”寻求。江左文物虽然灿然可观,但以大夫为本阶的情况,“尚武”的北魏反倒比江左更甚。隋炀帝以大夫为本阶,看上去有回归于汉魏“文治”之意。可从制度源流看,文散阶序列的形成、大夫正式构成阶官序列,却是源出北周,而非关东社会和北齐政权。因此,简单说这是隋炀帝屈从山东社会或山东士族的传统,也是只及其

①陈苏镇:《北周隋唐的散官与勋官》;王德权:《试论唐代散官制度的成立过程》。

一、不及其二。在北齐和隋文帝时,“正规化”考虑和“文治”一度捆住了散阶制发展的手脚;但自隋炀帝始,回归“文治”和“同汉魏之制”的意向,摇身一变,又转成推动文散阶前行的动力了。

从北魏后期到北周,诸大夫曾在阶官化道路上迅猛推进,而北齐和隋初则有所倒退;可我们却不能仅仅根据这一度倒退,就小瞧了北朝诸大夫阶官化的宏观势头。时至北周,诸大夫的阶官化业已累积了丰厚进步,它在经历了曲折之后,早晚要再度显示为进化的主流。从开皇初到大业三年不过十七八年,一度退步为加官、散官的诸大夫便东山再起,再度以阶官面貌列身官品之中了。隋炀帝的九大夫与北周的左右光禄、左右金紫、左右银青及太中、中散、谏议、诚议十大夫,实是一脉相承。略有不同的,一是增设了居诸大夫之首的光禄大夫;二是金紫、银青光禄大夫去其“左右”;三是最后四个大夫变成了正议、通议、朝请、朝散;四是北周十大夫所占据的官阶为正八命至正六命,相当于正二品至正四品;而炀帝九大夫则始于从一品,终于从五品;如此而已。

九大夫的设置已论述如上,此外隋炀帝在九大夫之下还安排了建节至立信等“八尉”。由品阶分布观察,大业八尉所占段落正好对应着开皇间的八郎八尉。明眼人一看便知,隋炀帝所废实仅八郎,开皇武骑至羽骑等八尉实际是在改名换姓后被纳入“散职”了。隋文帝声称“依汉魏之旧”,却仍然把戎秩或散实官用为本阶;隋炀帝声称“同汉魏之制”,可他在诸大夫之下设置的却是八尉;这似乎都不能说是汉魏制度。既然隋文帝留下的八郎和八尉都可以做样子,那么隋炀帝干吗不以八郎与九大夫相接,偏偏选中了武号八尉上承九大夫,弄成这么个半文半武的组合呢?

这八尉无疑是个“尚武”的尾巴。从品阶上看,它们所对应的是隋炀帝所废罢的四十三号将军。无论是在南朝还是北朝,军号都先于文散官而发展为本阶,军号和戎秩都曾是关陇将士的身份标志。很可能,炀帝囿于以武号为本阶的旧例,以及北朝重军人、尚军功的积习,不得不在文号大夫之下,以"尉"之一名为武号保留一席之地。其实,隋文帝的开皇八郎八尉,原本也是文武相杂的。我们曾经期待,在开皇八郎八尉之后,官阶制上应该出现诸大夫与诸郎的共同组合,不过这在炀帝时并未完全实现。看来从北朝"尚武"传统向中华帝国的"文治"常态回归,需要一个渐进过程,一口吃不成胖子。

还要补充提示的是,这一年、也就是大业三年新设八尉之时,炀帝有再度裁抑东西二省之举。《隋书·百官志下》:

> 废散骑常侍、通直散骑常侍、谏议大夫、散骑侍郎等常员。
>
> 其直阁将军、直寝、奉车都尉、驸马都尉、直斋、别将、统军、军主、幢主之属,并废。

两段材料中,前一段事涉原东省官员之进一步裁废,后一段事涉卫官与军府的汇合①。隋文帝在创设八郎八尉时,已经罢撤了员外散骑常侍、奉朝请等东省散官;而隋炀帝在设置八尉时,又进而罢撤其散骑常侍、侍郎、谏议大夫等散官。至于西省,隋文帝创设八郎八尉时,已经罢撤了殿内将军、司马督、武骑常侍等散官;而隋炀帝进而罢撤的奉车都尉、驸马都尉,原来属于广义的西省散官。隋炀帝这个举措使东西省继续萎缩,事实上就等于销声匿迹

①此期卫官,参看高橋徹:《衛官と勲官に関する一試論》,《呴沫集》八,1993年。

了。隋文帝创八郎八尉，同时裁减东西省；隋炀帝创九大夫加八尉，也动手裁罢东西省。这就为东西省散官与隋唐散阶制的环环相扣、此起彼伏关系，再度提供了证据。

从位阶序列的合理化方面观察，隋炀帝这项大刀阔斧的改革有不少进步。在此之前，散实官与军号虽然大致衔接，但制度上毕竟是两套东西；文散官虽然只是零星授予，但制度上依旧自为一类。并且从官阶布局看，散实官的段落是从一品到正七品，军号的段落是正六品到从九品，文散官的段落是正二品到正四品，它们的品阶分布都不完整。而隋炀帝的"九大夫加八尉"是个贯通九品的单一序列，在整齐清晰上又迈进了一步。在首尾完备一点上它上承北周文散阶，在官称清晰一点上它又超越了北周文散阶。至如它兼综文号武号，则可以视为过渡形态。隋文帝以散实官加军号为本阶，隋炀帝以诸大夫加八尉为本阶，看来这父子两皇帝有一个共同念头："本阶"这东西用不着搞两套，"夔一而足矣"。这和唐代的文武散阶两立并存相比，当然是有距离的。

随后在史料中就能看到，"散职"九大夫及八尉取代散实官（和军号），而承担起了"本阶"功能。"散职"构成了起家迁转之阶，例如：

> 曹谅：君起家朝请大夫、泾州湑城府鹰扬；诏加正议大夫、平州留守。（《唐曹谅墓志》，《唐代墓志汇编》永徽〇〇八，上册第135页）

> 张云：隋大业十一年，起家授秉义尉……皇泰元年，转授奋武尉，又加通议大夫。（《唐张云墓志》，《唐代墓志汇编》贞观一六七，上册第115页）

孟普：解褐隋景义尉。(《唐孟普墓志》,《唐代墓志汇编》显庆一二〇,上册第305页)

段玮：隋大业十年,解巾建节尉。(《唐段玮墓志》,《唐代墓志汇编》咸亨〇二五,上册第527页)

邢詧：君释褐隋奉诚尉。(《唐邢詧墓志》,《唐代墓志汇编》麟德〇三〇,上册第416页)

散职还被用来向贡举入仕者授予出身。如李某:“及登强士(仕),性度纯远,优游文雅,任性推移。乃被抑举孝廉,隋任奉诚尉也。”①对于拥有实职的官员来说,这些“散职”用如本品。《隋书》卷五八《许善心传》:“驾幸江都郡,追叙前勋,授通议大夫,诏还本品,行给事郎。”“诏还本品行给事郎”意思是说,以“本品”通议大夫行给事郎之事。可见当时已有“本品”观念了。“散职”也被用于考课迁级。如凉州刺史樊子盖被授银青光禄大夫,武威太守;大业三年入朝,炀帝下诏褒美“故能治绩克彰,课最之首”,进位金紫光禄大夫,太守如故;数年后下诏“宜加褒显,以弘奖励。可右光禄大夫,太守如故”②。即是其例。还能看到八尉有家居待调者。如高洛:“隋任建节尉。并志怀沉静,性狎幽贞,不规轩冕之荣,独守丘园之乐。”③北魏散官未能获得实官,便直书其事为“栖迟桑井”;而唐代墓志却有了更悦耳迷人的说法:“情悦老庄”、

①《唐李某墓志》,《唐代墓志汇编》永徽一〇七,上册第200页。按“抑举”似不甚通,疑本作“推举”,而录文误“推”为“抑”。

②《隋书》卷六三《樊子盖传》。

③《唐高德墓志》,《唐代墓志汇编》显庆一五一,上册第325页。

"素轻荣进"、"不干禄位"、"托质丘园"①。这位高洛一直未得实授,而是以散职建节尉在贞观中"卒于私第"的。又如元质:"隋末留守洛阳南子城,仍依□奋武尉,非其好也,乃退保丘园,优游自养。"②不就是没捞到实官么,但为面子起见便说另有更甜的葡萄,舍不得丘园之乐。可见大业八尉不是实官,而是出身、位阶或候选实官的资格。

不过我们又注意到如下情况:"散职"被频繁地用于酬奖军功。由《隋书》、《北史》可见,炀帝历次军事行动中,都有大批从征者被酬以诸大夫及八尉。随举数例:

> 裴仁基:从将军李景讨叛蛮向思多于黔安,以功进位银青光禄大夫,赐奴婢百口,绢五百匹。击吐谷浑于张掖,破之,加授金紫光禄大夫。斩获寇掠靺鞨,拜左光禄大夫。从征高丽,进位光禄大夫。(《隋书》卷七〇《裴仁基传》)
>
> 某喜:隋大业八年占募从戎,授廷节尉。(《唐某喜墓志》,《唐代墓志汇编》贞观〇五一,上册第41页。按"廷"当

①以《唐代墓志汇编》所见唐初情况为例,如《杨达墓志》:"武德之际……拟飞骑尉,式旌忠节。君改志怀禽,尚不愿宦阶,情悦老庄,唯求放逸"(贞观一四三,上册第98页);《范雅及妻宋氏合葬志》:"朝加武骑尉。君素轻荣进,早味清虚,晦迹丘园,□然自得"(贞观一五〇,上册第103页);《唐梁基墓志》:"释褐授吏部文林郎。君立性忠贞,志敦仁孝,不干禄位,情在养亲。定省不阙于晨昏,温清莫离枕席"(贞观一五三,上册第105页);《唐元勇墓志》:"皇唐……遂授朝散大夫,以隆荣赏。君情珍恬淡,意鄙高班,遂托质丘园,萧然自得"(永徽一二四,上册第212页);《唐王孝瑜墓志》:"贞观十三年,例加陪戎副尉。君相名利之为患,思偃仰于泉林,逍遥五亩之间,放旷一丘之内"(永徽一二八,上册第215页)。

②《隋故元质墓志》,《唐代墓志汇编》贞观一三六,上册第94页。

作“建”）

张骚：君随慕讨辽，敕授建节尉。（《唐张骚墓志》，《唐代墓志汇编》贞观〇六八，第52页。按“慕”当作“军”）

支茂：隋大业八年，身从戎律，摧剪凶徒，饮至策勋，蒙授康义尉。（《唐支茂墓志》，《唐代墓志汇编》永徽〇一六，上册第140页。按“康义尉”应作“秉义尉”，参前）

孙兴：隋大业初，拒杨亮于河阴，授建节尉，从勋例也。（《唐盖赞君故孙夫人墓志》，《唐代墓志汇编》永徽一〇八，上册第201页）

张伽：以平辽之勋，授建节尉。（《唐张伽墓志》，《唐代墓志汇编》显庆〇三〇，上册第248页）

支明：在隋季年，策身州府，征讨有勋，授宣惠尉。……勤庸著绩，又授建节尉。（《唐支怀墓志铭》，《唐代墓志汇编》显庆〇五八，上册第267页）

由其中孙兴的“授建节尉”被说成是“从勋例也”，遂知“散职”酬勋是有“例”可循的。

通过军功获得阶级是关陇集团的悠久传统，而酬功的阶级在北周是戎秩、军号和散官；在隋文帝时是散实官和军号。隋炀帝新创散职，却不能把将士原有的散实官一笔抹煞，只能把它们转化为“散职”，以免剥夺权益之嫌。进而，对散实官的酬勋功能，“散职”也不能不接管过来。因为眼下的阶级只有一个散职了，若不拿散职酬奖将士，则他们在失去了名位指望时也将失去立功渴望。隋文帝和隋炀帝都打算维持单一的“本阶”，然而这“单一”是优点同时也是缺点，它缺乏针对不同情况的灵活性。隋炀帝的“九大夫加八尉”，无法对文官武职的迁阶进级分别处理，无法对军官的例行考迁和将士的沙场军功加以区别①。以“尉”号酬勋还算说得过去,至如以“大夫”之号酬勋,从“文治”政治的传统常态看,就有点牛头不对马嘴了。在提供入仕初阶和初迁位阶方面,九品到六品这个段落只有武号八尉,以“文士”自居者对这顶军帽难免感觉别扭。随军功贵族政治向文官政治的逐渐转型,单一序列的局限性蕴含着继续变异的可能性,文武分途势所必然。其实隋文帝的开皇八郎八尉,本来是可以让以“文”入仕和以“武”发身者各得其宜的。再着眼于唐代文散阶、武散阶与勋官的三足鼎立,隋文帝和隋炀帝的单一“本阶”,就更显得是过渡形态了,尽管其中也包含着一步一步的进步。

五、谒者台九郎序列

炀帝的“散职”尝试包含着一些进步,但仍然存在着不小问题,而且还可能不止上节所述问题,所以不久,隋炀帝才不得不采取措施以期弥缝。《隋书》卷二八《百官志下》:

> 谒者台大夫一人,掌受诏劳问,出使慰抚,持节察授,及受冤枉而申奏之。驾出,对御史引驾。置司朝谒者二人以贰之,属官有丞一人,主簿、录事各一人等员。又有通事谒者二十人,即内史通事舍人之职也。次有议郎二十四人,通直三

①唐代的勋官,主要面向立有战功或长期驻守在边镇的人(当然也有普赐的时候)。参看傅玫:《唐代的勋官》,《祝贺杨志玖教授八十寿辰中国史论集》,天津古籍出版社 1994 年版,第 97 页。这就和武散阶的功能区分开来了。

十六人,将事谒者三十人,谒者七十人,皆掌出使。

其后废议郎、通直、将事谒者、谒者等员,而置员外郎八十员。寻诏门下、内史、御史、司隶、谒者五司监受表,以为恒式,不复专谒者矣。

寻又置散骑郎二十人,承议郎、通直郎各三十人,宣德郎、宣义郎各四十人,征事郎、将仕郎、常从郎、奉信郎各五十人,是为正员,并得禄当品。又各有散员郎,无员无禄。寻改常从为登仕,奉信为散从。自散骑已下,皆主出使,量事大小,据品以发之。

我们最终关注的,主要是末段所述散骑郎至奉信郎等“九郎”设置;不过《隋志》把这件事特别记录于“谒者台”这个机构之下,这一点却也事出有因,所以我们把谒者台的变迁一并移录于上。

据《隋书》卷二七《百官志中》,北齐“谒者台,掌凡诸吉凶公事,导相礼仪事。仆射二人,谒者三十人,录事一人”①。又据同书《百官志下》,隋文帝初年并没有“谒者台”这个机构,想来它一度被罢省了。而隋炀帝不仅予以恢复,还令其官属从北齐的三十余人骤然膨胀到了一百八十余人。可没多久,隋炀帝又把议郎、谒者等一百六十人全部废罢,别置员外郎八十人;此后又别置散骑郎至奉信郎九郎,正员多达三百六十人,此外还有散员郎;此前的八十位员外郎大约又被取而代之了。看得出来,这种大幅度的随置随罢、犹疑不定,显示着朝廷正在为什么事情摸索解决办法。

那么这时朝廷正为什么事而费脑筋呢?如果注意到其间谒

①吕宗力主编《中国历代官制大辞典》第763页云北齐谒者二十人,误。

者台的职责也随之扩张,已由北齐的“掌凡诸吉凶公事,导相礼仪事”,扩大到隋炀帝时的“掌受诏劳问,出使慰抚,持节察授,及受冤枉而申奏之”,以及“监受表”,还有各位谒者的“掌出使”等等,答案就逐渐浮现出来了。

隋炀帝大业三年创设了“大夫加八尉”的序列,同时废止了隋文帝之八郎八尉。如前所述,隋文帝的八郎八尉承担着“番直”和“出使监检”任务,这些差使原是由东西省散官承担的。早在北魏时元雍就提到东西省散官“本非虚置”,“任官外戍,远使绝域,催督逋悬,察检州镇,皆是散官,以充剧使”。日常的行政事务各有府寺署司,至于大量临时性差使,它们也是朝政的有机成分,按北朝传统它们一向是诉诸散官的。那么在隋炀帝废止了八郎八尉及东西省的残留官职之后,繁杂的“番直”和“出使监检”之责,一时就搁置在那里找不到合适人了。

我想正是为此,炀帝才在废除八郎八尉的同时,立刻扩张谒者台并使之“掌出使”,这两个相继的事件原有内在联系。对其间原委,《隋志》编者比我们清楚多了,要不然他们不会把这两件事放在一块叙述。隋炀帝独独想到了以谒者台“掌出使”,这好像也是“同汉魏之制”之一端。汉代光禄勋之下有“谒者掌宾赞受事,员七十人”①,无独有偶,隋炀帝所置谒者恰好也正是“七十人”,是直接比照“汉家故事”照猫画虎的吧。谒者的“宾赞”指担任“礼仪先生”,而“受事”就应指承担各种临时差使,包括出使。汉武帝元狩元年(前 122 年)四月诏:“其遣谒者巡行天下,存问致赐,曰:皇帝使谒者,赐县三老、孝者帛,人五匹……有冤失职,使

①《汉书》卷一九上《百官公卿表上》。

者以闻。”[①]是其一例。又《汉三老赵掾碑》：“孙丰，字叔奇，监度辽营谒者。”[②]赵丰以谒者监度辽将军营，这就相当于隋代散官的“出使监检”吧。东汉的谒者中分化出了常侍谒者、给事谒者和灌谒者，分别秩比六百石、四百石、比三百石；常侍谒者五人，余三十人，“掌宾赞受事，及上章报问；将、大夫以下之丧，掌使吊”[③]。隋炀帝任谒者台以劳问慰抚、申奏冤枉之责，可以说是于汉有征；而隋炀帝谒者台的“监受表”，也应与东汉谒者的“上章报问”相类，都涉及了诏令文书的上呈下发。

在罢废八郎八尉之后，谒者台的膨胀一时解决了随机差使的承担问题，但问题并没有到此为止。回到官阶这个视角上看，隋炀帝所设的八尉全为武号，不大符合文武分途常规，这仍是个美中不足。谒者虽能承担随机差使，但并不是起家之选，可至少按照北朝传统，能够承担随机差使的官职，与能够提供入仕初阶和最初几级迁转阶梯的官职，本应一身二任，是同一些官职的，像东西省散官那样。抓住了这一线索，前后的相关变动就豁然开朗了。扩张谒者台的办法顾此失彼，也就是说未能兼顾文职散阶问题。隋炀帝随后的调整，便是把“掌出使”的议郎、通直谒者、将事谒者和谒者全部废罢。这些官员所承担的责任被一分为二：首先“诏门下、内史、御史、司隶、谒者五司监受表”，由这五司接管了谒者台的部分职能和工作量；其次另置“员外郎”八十人，它们所承担的，应该就是此前议郎、谒者的“出使”职责。以员外郎主出使和以谒者主出使之所以不同，我猜测就在于员外郎同时

①《汉书》卷六《武帝纪》。

②沈年润：《释东汉三老赵掾碑》，《文物》1964 年第 5 期。

③《续汉书》卷二五《百官志二》。

又是起家之选、入仕初阶。即使从官名看也是如此:"员外郎"之名来源于员外散骑侍郎,无论在南还是在北,它原来都是典型的起家之官。

不过从起家之选、入仕初阶看,员外郎又仅止一官,还构不成仕进序列。短短几年中相关制度却变来变去、莫衷一是,规划制度的君臣们大概也很心烦。不过只要探索就有希望碰上出路,炀帝旋即又设九郎,这应该说是水到渠成、瓜熟蒂落了。

炀帝旋即设立的散骑至奉信等九郎,具有如下三个特征:首先它们全为文号;其次,它们以正员和散员两分,正员"得禄当品"而散员"无员无禄";第三,九郎皆有差使,"自散骑已下,皆主出使,量事大小,据品以发之",品阶高的干大事,品阶低的干小事。以上三点,遥承魏齐东省旧制,直承隋文帝所设八郎。尽管名目有异,却完全可以把隋炀帝"九郎"看作隋文帝八郎的变体:名目划一、都以"郎"为名,且均匀分布于从五品至从九品,构成了一个整齐序列,由此以清晰的初仕阶梯性质——阶官性质——示以世人。

正如隋文帝开皇六年所设八郎那样,隋炀帝的谒者台九郎被用作入仕迁转之阶。例如:

> 来楷:以父军功授散骑郎。(《隋书》卷六四《来护儿传》)
>
> 虞柔、虞晦:次子柔、晦,并宣义郎。(《隋书》卷六七《虞世基传》)
>
> 刘世让:仕隋征仕郎。(《旧唐书》卷六九《刘世让传》)
>
> 杨士贵:父士贵,隋谒者台登仕郎。(《唐杨全墓志》,《唐代墓志汇编》贞观一七一,上册第117页)
>
> 王宏:释褐隋谒者台散从郎,从班例也。寻除河内济源

丞。(《唐王宏墓志》,《唐代墓志汇编》永徽〇四八,上册第162页)

路深:隋征仕郎。(《唐路基妻解氏墓志》,《唐代墓志汇编》永徽一三六,上册第220页)

孟普:解褐隋景义尉、将事郎。(《唐孟普墓志》,《唐代墓志汇编》显庆一二〇,上册第305页。“将事郎”即“将仕郎”)

桓逸:隋宣义郎,河南郡丞。(《唐桓万基墓志》,《唐代墓志汇编》龙朔〇四七,上册第367页)

袁弘毅:年始弱冠,隋释褐任散从员外郎。(《唐袁弘毅墓志》,《唐代墓志汇编》麟德〇二三,上册第411页)

孙秘:隋任将仕郎。(《唐孙处信墓志》,《唐代墓志汇编》总章〇〇五,上册第485页)

其中王宏之“从班例也”一语也常常出现于北朝墓志,指的是据资授阶之例;那么何等官资该从“九郎”何阶起家,在隋朝也是有“班例”可循的,类似于唐代某品官的子弟从某品叙阶一类。来楷的“以父军功授散骑郎”,应该就出自这样一种“班例”吧。

谒者台九郎用作入仕初阶一点,也体现在为贡举者提供出身之上:

张行成:大业末,察孝廉,为谒者台散从员外郎。(《旧唐书》卷七八《张行成传》)

胡俨:随(隋)日以孝廉举授登仕郎。(《唐胡俨墓志》,《唐代墓志汇编》贞观〇二七,上册第26页)

房基:隋大业七年,任国学生,……既预宾贡,策应甲科,授宣义郎。(《唐房基墓志》,《唐代墓志汇编》永徽一二三,

上册第211页）

谒者台九郎有正员和散员两部分，这一点可由实例得到印证：

王安：君少游闾里，……刺史杨处洛以君才堪理务，举涉龙门，试策甲科，起家恒州真定县主簿。后迁散员郎。（《唐王安墓志》，《唐代墓志汇编》贞观〇五〇，上册第40页）

赵肃：洎乎冠岁，……授谒者台员外登仕郎。（《唐赵肃墓志铭》，《唐代墓志汇编》显庆〇一八，上册第240页）

吴子彻：父子彻，隋奉信员外郎。（《唐吴素墓志》，《唐代墓志汇编》显庆〇三六，上册第251页）

李爽：有隋将季，为谒者台将事员外郎。（《唐李爽墓志》，《唐代墓志汇编》总章〇二〇，上册第494页）

上官寿：祖寿，隋谒者台正员郎。（《唐上官义墓志》，《唐代墓志汇编》总章〇三九，上册第507页）

李孝友：考孝友，隋晋州岳阳县令。……大业十二年，补谒者台散从员外郎，非其好也。（杨炯：《原州百泉县令李君神道碑》，《全唐文》卷一九四，第2册第1965页）

还可注意的是，九郎作为散号还有家居待调者，而这正是初仕散阶的特点。其例如：

杨昭：隋任散员外郎。君丘园养望，取乐陶如。（《唐杨昭墓志》，《唐代墓志汇编》贞观一六五，上册第113页）

姚秀：于时□蒙授宣义郎，不向朝荣，□居养德，诚可享兹余庆，保此长龄。（《唐姚秀墓志》，《唐代墓志汇编》贞观

一七四,上册第 119 页)

李智:君隋授谒者台登仕郎。辞官遁居,优游自得。(《唐李智墓志》,《唐代墓志汇编》永徽〇七七,上册第 181 页)

如前所论,这"丘园养望"、"不向朝荣"、"辞官遁居"等等说法,其实都不过是对散阶拥有者未得实官、家居待调的粉饰。我想他们都属"员外"。

顺便指出,大业九郎之正员部分当然要承担差使,但散员郎有时也被委以事务。例如王安:"后迁散员郎。浑国修贡,王子入朝,以君秘密,特遣监藩。……散员巡省,幽狱来苏,救人倒悬,罚罪以蒲。谨密天性,为世楷模。"①可见王安在担任散员郎时,曾经承担了"监藩",还有巡省狱讼、"救人倒悬"的善政。这当然就构成了他日后的迁转资历。

不难看到,隋炀帝号称废八郎八尉,可八尉实际未废,而是在变换名目后被纳入"散职"了;而被一度废止的八郎,事实也不久便以"九郎"面貌卷土重来。郎、尉体制的废而复置,显示了"春风吹又生"的强大活力。始于开皇的八郎八尉不但名目清晰、等级严整,而且还适应了文武分途之需,从而顺应了阶官发展的宏观趋势。九郎的设置加重了这一可能:在将来某个时候以"郎"代"尉"而与诸大夫相接,共同构成一个纯文号的序列;再把余下的八尉与军号相接,共同构成武号位阶序列。进之,隋朝的郎尉缘何具有如此强劲的阶官化潜力,就在于此前的东西省散官为其提供了深厚基础。

---

①《唐王安墓志》,《唐代墓志汇编》贞观〇五〇,上册第 40 页。

六、唐初散阶制的定型

隋代的散阶制经历了一轮一轮的调整尝试，文散官、散实官、四十三号将军、八郎八尉、“散职”九大夫八尉、谒者台九郎等等兴废无常。世入唐初，散阶制已临近其最终归宿了。但即令在这个时候，摸索推敲之事照旧余波未息。

《旧唐书》卷四二《职官志一》叙勋官起源时说：“武德初，杂用隋制。”“杂用”之言一语破的，揭示了唐高祖时散阶变迁的最大特点。武德之初继续使用着“散职”九大夫、八尉，同时又重新捡起了隋文帝的柱国、开府、仪同、大将军、都督等散实官。据《旧唐书》卷四二《职官志一》及《唐会要》卷八一《勋》记载，这时所授的散实官和散职名号，后来被称为“国初勋名”。隋代的散实官和散职本来就用以酬勋，战乱年代散、勋不分更是情理中事。据史料所见，重新被起用的阶号还有隋文帝的八郎八尉。例如胡俨：“武德五年除吏部文林郎”；郭云：“我皇崛起，英俊云集。公投款辕门，深蒙优礼，授武骑尉”；杨达：“武德之际，丑虏犯边，君乃杖剑从征，克平凶党，寻蒙江州道行军元帅拟飞骑尉”①等等。而隋炀帝谒者台九郎，居然也仍在授受之列。例如霍达：“自义旗爰指，即预元功，服勤旦夕，授将仕郎。”②

可见唐高祖为笼络招徕而不遗余力，以“抓住老鼠就是好猫”

①《唐胡俨墓志》、《唐郭云墓志》及《唐杨达墓志》。分见《唐代墓志汇编》贞观〇二七，上册第 26 页；贞观〇二三，上册第 23 页；贞观一四三，上册第 98 页。

②《唐霍达墓志》，《唐代墓志汇编》麟德〇二五，上册第 412 页。

的态度，把各期各色隋代阶号一股脑搂过来，再一把一把地随手撒向投款从龙者。这广收博采便开启了又一轮官阶大试验，隋代先后出现的各种位阶得以联袂登台，各显风姿而妍媸毕现，由此孕育出了新的变革契机。

若干年后，唐高祖便试图选定"好猫"了。据《旧唐书》卷四二《职官志一》，武德七年(624年)改革官阶制度：

> 武德七年定令：……又以开府仪同三司、特进、左光禄大夫、右光禄大夫、散骑常侍、太中大夫、通直散骑常侍、中大夫、员外散骑常侍、中散大夫、散骑侍郎、通直散骑侍郎、员外散骑侍郎、朝议郎、承议郎、通议郎、通直郎、朝请郎、宣德郎、朝散郎、宣义郎、给事郎、征事郎、承奉郎、承务郎、儒林郎、登仕郎、文林郎、将仕郎，并为文散官。
>
> 辅国、镇军二大将军，冠军、云麾、忠武、壮武、宣威、明威、定远、宁远①、游骑、游击十将军，为散号将军，以加武士之无职事者。
>
> 改上开府仪同三司为上轻车都尉，开府仪同三司为轻车都尉，仪同三司为骑都尉，秦王、齐王下统军为护军，副统军为副护军，上大都督为骁骑尉，大都督为飞骑尉，帅都督为云骑尉，都督为武骑尉。
>
> ……至七年颁令，定用上柱国、柱国、上大将军、大将军、上轻车都尉、轻车都尉、上骑都尉、骑都尉、骁骑尉、飞骑尉、

①原文"定远、宁远"作"信远"，通计仅止九号。中华书局本《校勘记》云："《新书》卷四六《百官志》、《通典》卷三四、《通考》卷六四'明威'下有'定远、宁远'四字，无'信远'。"

云骑尉、武骑尉,凡十二等,起正二品,至从七品。

据此而知,唐高祖奠定了文散官、散号将军和勋官三个序列的并立格局。由此一来,隋文帝以散实官和军号为"本阶",隋炀帝以九大夫八尉为"本阶"的单一位阶体制,至此便告寿终正寝。阶官序列的多元化的趋势,在当时看是不可逆转的。兹将三个序列列示如下:

唐武德七年位阶			
品级	文散官	散号将军	勋官
从一品	开府仪同三司		
正二品	特进	辅国大将军	上柱国
从二品	左光禄大夫	镇军大将军	柱国
正三品	右光禄大夫	冠军将军	上大将军
从三品	散骑常侍	云麾将军	大将军
正四品上	太中大夫	忠武将军	上轻车都尉
正四品下	通直散骑常侍	壮武将军	
从四品上	中大夫	宣威将军	轻车都尉
从四品下	员外散骑常侍	明威将军	
正五品上	中散大夫	定远将军	上骑都尉
正五品下	散骑侍郎	宁远将军	
从五品上	通直散骑侍郎	游骑将军	骑都尉
从五品下	员外散骑侍郎	游击将军	
正六品上	朝议郎		骁骑尉
正六品下	承议郎		
从六品上	奉议郎		飞骑尉
从六品下	通直郎		

续表

唐武德七年位阶			
正七品上	朝请郎		云骑尉
正七品下	宣德郎		
从七品上	朝散郎		武骑尉
从七品下	宣义郎		
正八品上	给事郎		
正八品下	征事郎		
从八品上	承奉郎		
从八品下	承务郎		
正九品上	儒林郎		
正九品下	奉仕郎		
从九品上	文林郎		
从九品下	将仕郎		

就文散阶的构成而言,武德七年令针对隋炀帝“散职”做了不少改造调整。从五品以上的阶次,由开府仪同三司、特进、五种大夫和“六散骑”构成。那么多个大夫被废省而诸散骑被用为散阶,就是个引人注目的变动。正六品以下设置了十六种郎官,它们取代的是隋炀帝“散职”中的八尉。隋炀帝时官品只有正从十八级,而唐高祖恢复了上下阶,所以正六品以下段落的品阶倍增到十六级了①。在这十六级中,隋文帝的开皇八郎,被用作各品的上阶;隋

①黄清连先生认为,诸郎在此时以至在贞观十一年令中,都“未分上下阶”;直到唐玄宗开元时代,才有“在六品以下每一种郎,都赋予特定品阶”之事。但他没有能够为这个说法提供强硬的证据。官品六品以下的散官序列有上下阶之别,开皇年间的八郎八尉就已是“上阶为郎,下阶为尉”的了。

炀帝的大业九郎，有八郎被用作各品下阶；从五品的散骑郎被排除在外，以免与“六散骑”中的散骑侍郎混淆，诸郎名目略有调整，如此而已。北周的文散阶虽初成序列，但仍杂以西省武号；隋炀帝“散职”正六品以下以“尉”为称，而与其上的文职诸大夫文武相杂；到了武德七年，一个纯由文号构成的文散阶序列，终于得以问世人间。

不过“六散骑”被重新纳入文散阶而与诸大夫相杂，又造成了一个不大不小的新问题。相形之下，隋炀帝“散职”从五品以上以“大夫”为主，把诸散骑排斥在外，反倒更为整齐醒目。并且诸散骑是昔日东省或集书省官员，一向是既有正员又有员外，还每每作加官，这种“一身二任”之病，未免缺乏区分职类和名号的清晰性。为什么唐高祖时会出现这种情况呢？我想这与官阶析分有关。隋炀帝的官品只有正从十八级，从正一品到从五品相应只有九级。而在恢复了上下阶之后，这个段落就变成十三阶了，这时隋炀帝的九大夫再加上开府仪同三司和特进不过十一级而已，还差着两个空位呢。在填补这两个空位时，武德君臣不知怎么回事，没想到再弄两个大夫来，而是转身去请“散骑”帮忙。但对“六散骑”只取其二，则“大夫”太多而“散骑”就不够人多势众了。索性杀富济贫，把“六散骑”全都用上，而把“大夫”砍倒四个留下五员，合计十一阶；再加上开府仪同三司和特进，合为十三阶。那么这不过脑筋一时绕了弯，并没有太多深意。

下面再来看军号与勋官。隋文帝曾把军号压低到散实官以下，只分配给它们正六品至从九品半个段落；而武德七年则仅仅使用了辅国到游击十二个散号将军，安排在正二品到从五品下，约略是官阶的上半个段落，六品以下军号付诸阙如。就是说隋文帝和唐高祖的军号都只是官品的半截，但一上一下背道而驰。若就加“大”的将军和辅国到游击这些将军的昔日地位来说，给它们官品的上半段当然不算委屈，但问题是，由此官品下半段便没有与之相承的武职位阶，这一块空荡荡了。

本来，隋文帝的八骑尉是可供利用的，它们可以上接军号而构成武散阶的下半个段落。而唐高祖未作此举原因可能有二：第一是唐高祖把八骑尉挪作他用，将之一分为二，一部分纳入了勋官，一部分改换为文散官了，详后；第二点更为重要，就是此期制度规划者仍没有如下明确观念：令武散阶与文散阶两立并存、对称起来。设置十二号将军的用意仅仅是“以加武士之无职事者”，给暂无职事的武人提供一把交椅。其实，尽管隋文帝的八骑尉已被割裂，可这会儿还有隋炀帝的大业八尉足资取材呢，但王朝好像认为位阶这玩艺儿有一套就足够了，便把它们都撂在一边了。

至少从法令上看，十二号将军并不是面向职事武官的，那么其散阶意义就不完整了。因为唐代散阶的意义是“凡九品以上职事皆带散位，谓之本品”，就是说这“本品”应是职事官所带之号。尤其当“本品”与职事官存在品阶之差时，散阶的作用就特别重要了。从官阶制发展大势看，武散阶早就成了现实的行政需求。既然十二号将军难以满足这种需求，相应功能恐怕就要转落到上柱国至都督头上。为此我推测，上柱国至武骑尉这个序列，在武德七年还不是纯粹的“勋官”，它们依然残留着一定的“本阶”意义，当然在文武散阶分离开来之后，准确说应是武散阶的意义。隋文帝时上柱国等“散实官”本来就曾用作“本阶”，这未必没有对武德初年上柱国等名号的使用留下影响。那么在武号方面，唐高祖武德七年的制度仍有散、勋不分之嫌。

在勋官的命名方面，武德七年变动不小。上开府仪同三司、开府仪同三司、上仪同三司、仪同三司分别改名上轻车都尉、轻车都尉、上骑都尉、骑都尉；上大都督、大都督、帅都督、都督则分别改名骁骑尉、飞骑尉、云骑尉、武骑尉。这骁、飞、云、武四骑尉，取自隋文帝八骑尉之四。名一改给人的观感又好了不少："都尉"及"骑尉"之名不仅更显整齐，而且与其正四品到从七品的级别相称；进而还可避免与文散阶中的开府仪同三司混淆，避免与都督府的都督和大都督混淆——也是在武德七年，唐高祖改总管府为都督府，总十州军政者则为大都督。

这样，隋炀帝所废"都督已上至上柱国，凡十一等"，又以上柱国至武骑尉的新面貌再获新生。回顾这个历程是很有趣的：隋文帝时的上柱国等散实官十一等，在隋炀帝时被"散职"九大夫加八尉取而代之。如陈苏镇先生所指出，散实官在从五品一级上原来存在一个空位，而隋炀帝给它填补上了一个朝散大夫。武德初年恢复散实官时，曾针对这从五品的朝散大夫而新创"上大都督"一号，居仪同三司和大都督之间，反过来使昔日散实官的十一等变成了勋官十二等。换言之，唐初勋官在向隋文帝的散实官回归时，实际是就"散职"这个中介反转回去的，所以才会多出一等来。而武德七年的文散官，虽然采取了大夫之名，却又与隋炀帝的"散职"大异其趣，隋炀帝"散职"仍然用来"酬战士"、"赏勋劳"，但武德七年已另有勋官承担这些功能，诸大夫便得以摆脱"酬勋"之任，而成为纯粹的文散阶了。

概而言之，武德七年制度包含文散阶、散号将军和勋官三个序列。第一个序列，"并为文散官"一点已明确无误了；第二个散号将军仅仅用于无职事之"武士"，要把它们看成武散阶的话则未免踌躇，且其序列也不完整；至于第三个勋官序列，尽管后来被唐人视如勋官，但因十二号将军尚不完善、也不加于职事官，要说它们没有残留一些武散阶性质，恐怕也不尽然。

在由隋至唐的散阶进化中，隋廷一次一次地破旧立新、以新代旧；武德初年则是把这相继出现的各种本阶同时投入使用，其优劣利弊由此相形毕现。武德七年的规划还不怎么完美，但散阶制度毕竟已迫近其漫长演进的最终归宿了。十余年后，也就是唐太宗贞观十一年（637 年），王朝便再事更革。唐代位阶制度这第二次的设范立制，最终使各种序列各得其所了。《旧唐书·职官志一》：

> 又改以光禄大夫为从二品，金紫光禄大夫为正三品，银青光禄大夫为从三品，正议大夫为正四品上，通议大夫为正四品下，太中大夫为从四品上，中大夫为从四品下，中散大夫为正五品上，朝议大夫为正五品下，朝请大夫为从五品上，朝散大夫为从五品下。其六品下，唯改通议郎为奉议郎，自余依旧。
>
> 更置骠骑大将军，为从一品武散官；辅国、镇军二大将军，为[正]从二品武散官①；冠军将军加大字；及云麾已下，游击以上，改为五品已上武散官。又置昭武、振威、致果、翊麾、宣节、御武、仁勇、陪戎八校尉、副尉，为六品已下武散官。
>
> 贞观十一年，改上大将军为上护军，大将军为护军，自外不改，行之至今。

为便观览，下面将有关序列列为下表：

①原文无“正”字。按唐高祖武德七年制，辅国、镇军二大将军分居正二品、从二品。贞观十一年的制度仍应如此。

贞观十一年位阶			
品级	文散官	武散阶	勋官
从一品	开府仪同三司	骠骑大将军	
正二品	特进	辅国大将军	上柱国
从二品	光禄大夫	镇军大将军	柱国
正三品	金紫光禄大夫	冠军大将军	上护军
从三品	银青光禄大夫	云麾将军	护军
正四品上	正议大夫	忠武将军	上轻车都尉
正四品下	通议大夫	壮武将军	
从四品上	太中大夫	宣威将军	轻车都尉
从四品下	中大夫	明威将军	
正五品上	中散大夫	定远将军	上骑都尉
正五品下	朝议大夫	宁远将军	
从五品上	朝请大夫	游骑将军	骑都尉
从五品下	朝散大夫	游击将军	
正六品上	朝议郎	昭武校尉	骁骑尉
正六品下	承议郎	昭武副尉	
从六品上	奉议郎	振威校尉	飞骑尉
从六品下	通直郎	振威副尉	
正七品上	朝请郎	致果校尉	云骑尉
正七品下	宣德郎	致果副尉	
从七品上	朝散郎	翊麾校尉	武骑尉
从七品下	宣义郎	翊麾副尉	
正八品上	给事郎	宣节校尉	

续表

贞观十一年位阶			
正八品下	征事郎	宣节副尉	
从八品上	承奉郎	御侮校尉	
从八品下	承务郎	御侮副尉	
正九品上	儒林郎	仁勇校尉	
正九品下	奉仕郎	仁勇副尉	
从九品上	文林郎	陪戎校尉	
从九品下	将仕郎	陪戎副尉	

在文散官方面,这次"清理散阶队伍"把混入散阶没几天的"六散骑"剔了出去,用光禄到朝散十一名大夫来填充五品以上散官的各级岗位。《旧唐书》卷四三《职官志二》记左散骑常侍:"武德初,以为加官。贞观初,置常侍二人,隶门下省。明庆(即显庆)二年又置二员,隶中书省,始有左右之号。"贞观初年让散骑常侍复归于门下省,遵循的是南北朝的旧例;但散骑既是门下的官称,又是阶官之称,还是重了名了。所以贞观十一年索性免掉了常侍、侍郎的阶官义务,让它们只在门下省专心上班,倒是个挺好的做法。

将军号方面,从一品增设骠骑大将军①,冠军将军加大,五品以上将军共设十一号,是为微调。重大变化发生于六品以下,这个段落新增了昭武等八校尉、八副尉。把这十六尉上溯到隋文帝

①黄清连先生指出"骠骑大将军"的设置史有异文。《唐会要》卷八一《勋》:"显庆元年九月二十二日,置骠骑大将军,为武官散位,从一品。"又《旧唐书·职官志一》亦云:"显庆元年……又置骠骑大将军员,从一品。""不知显庆元年为何又再置骠骑大将军?是临时改制或史料有误?待考。"

的开皇八尉和隋炀帝的散职八尉,如今没人说三道四了吧。王朝正式把这个序列定义为“武散官”,以与文散官相对。武散阶以将军与诸尉结合,文散阶以大夫与诸郎结合,双峰并峙而两相辉映,二者都获得了严谨完美的制度形式。

至于勋官方面,贞观十一年在名号上只是改上大将军为上护军,大将军为护军。这个调整仅从形式看当然不算太大,然而在性质上说,此时武散阶已正式诞生,它肯定会把勋官残留的武散阶功能全部据为己有。我想在这以后,上柱国至武骑尉才称得上纯粹的“勋官”呢。

到了贞观十一年,南北朝以来官阶制航程的九曲十八弯,以一个文散阶序列、一个武散阶序列和一个勋官序列,扬帆入海了。不止三个序列的最终定型而已,文武散阶运用原则也得以正式确立。《旧唐书》卷四二《职官志一》:

> 凡九品已上职事,皆带散位,谓之本品。职事则随才录用,或从闲入剧,或去高就卑,迁徙出入,参差不定。散位则一切以门荫结品,然后劳考进叙。《武德令》,职事高者解散官,欠一阶不至为兼,职事卑者不解散官。《贞观令》,以职事高者为守,职事卑者为行,仍各带散位。其欠一阶者,依旧为兼,与当阶者皆解散官。永徽已来,欠一阶者或为兼、或带散官、或为守,参而用之。其两职事者亦为兼,颇相错乱。咸亨二年,始一切为守。

《唐六典》卷二《吏部郎中员外郎》:

> 掌考天下文吏之班秩品命。凡叙阶二十九。从一品曰开府仪同三司(略)。凡散官四品已下、九品已上,并于吏部

当番上下。凡叙阶之法，有以封爵，有以亲戚，有以勋庸，有以资荫，有以秀孝，有以劳考。有除免而复叙者，皆循法以申之，无或枉冒。凡应入三品、五品者，皆待别制而进之，不然则否。凡文武百僚之班序，官同者先爵，爵同者先齿。（注：……若职事与散官、勋官合班，则文散官在当阶职事者之下，武散次之，勋官又次之。）

又《新唐书》卷四六《百官志一》：

凡文散阶二十九。……自四品，皆番上于吏部。不上者，岁输资钱，三品以上六百，六品以下一千，水旱虫霜减半资。有文艺乐京上者，每州七人。六十不乐简选者，罢输。

武散阶四十有五。……自四品以下，皆番上于兵部，以远近为八番，三月一上。三千里外者免番，输资如文散官，唯追集乃上。六品以下，尚书省送符。……忠武将军以下、游击将军以上，每番，阅强毅者直诸卫；番满，有将略者以名闻。①

武散四十五阶中，若不计专门用来授给少数族首领的阶号，则为二十九阶。有关的制度详情，唐史研究者已有大量考析，论者自可参看，不需赘述。这里着眼于魏晋南北朝以来的散阶进程，对这些发展的意义补充几点看法。

首先，由《唐书》、《六典》等所见，唐代散阶制度集南北朝各种发展之大成，例如叙阶制度、番上制度、劳考进阶制度，我们都

①《唐六典》卷五《兵部郎中》作："番满者，六品已下并听预简选，量其才能，或留本司，或送吏部；五品已上者，则奏闻。"

能在南北朝找到渊源。当然其周密完善的程度更上一层楼了。甚至对“兼”、“守”、“行”这些术语的界定，都显示了在散阶与职事官的关系细节上曾有精心推敲。

进而，“凡九品已上职事，皆带散位，谓之本品”的制度，是此期的又一大进步。由魏晋到南朝萧梁、北朝北魏，散号将军已进化为相当成熟的“本阶”了；其普授程度在北朝尤甚，甚至小县令长、尚书令史都拥有军号。但是毕竟，这时依然不是所有官员都拥有作为位阶的军号；即使把诸大夫及东西省员外、加官都考虑在内，仍不是所有官员都能分到一个用作“本阶”的散号，朝廷也没正式规定官员都必须有个散号做“本阶”。由北周、北齐直到隋朝，依然如是。那么，所有职事官“皆带散位”的制度，就标志着散阶制度的彻底完成，货真价实而童叟无欺。

再者，文武散阶各二十九阶而并存两立，也是此期又一大进步。萧梁、北魏时散号将军已成为成熟的本阶了，但文散官的进化未能跟上军号的步伐。西魏创制九命时，顺应魏末军号与散官“双授”的风尚，文散官被军号“拉”成了阶官序列；但问题在于：随后一段时间里军号依然“拉”着文散官而不松手，非跟它双宿双飞不可，文散官的阶官化反而又被“双授”所束缚：文散官既然总与军号“双授”，并且与相应军号处于同一品阶，那它就仍不是完全独立运用的位阶。经过隋代的种种曲折，直到武德七年和贞观十一年，曾被军号“拉”了一段路的文散官，才算真正甩开手、挺直腰，分道扬镳而独立前行了。所以文散阶进化的彻底完成，也应确定为唐初武德到贞观年间的事情，西魏北周只是进化环节而非典型形态。

不过说到进化历程，西魏北周毕竟是个不可或缺的关键环节，军号把散官“拉上马，送一程”毕竟功不可没。我们坚持把唐代散阶追溯到西魏北周，是为“先河后海”之义。军号、文散阶和戎秩的三者并立局面，最初始于西魏九命；军号、文散阶与官阶的一致化，最初始于西魏九命；文散官的普授，也以西魏北周为盛，而这种普授是其“阶官化”的主要途径。南朝的军号与官品还没完全一致化，文散官的散阶化很不充分。北齐并无戎秩或勋官，文散官仍北魏之旧而不成序列，其军号与官品的一致化乃是学自北周。隋代阶官虽有新的尝试和发展，但同时又摇摆于北周、北齐和南朝制度之间。这样看来，贞观年间的文武散阶和勋官序列，以及以散位入仕叙阶之制，无疑是对北周制度的直接承袭；入仕者皆带文武散位的制度，也不妨看作北周普授文武散官做法的变本加厉。

就此而言，或谓隋唐制度不承北周，从散阶制度看这不算公允。《旧唐书·职官志一》在“勋官”部分叙述隋文帝散实官，而在“散官”部分叙述隋炀帝“散职”：“文武散官①，旧谓之散位，不理职务，加官而已。后魏及梁，皆以散号将军记其本阶，自隋改用开府仪同三司已下。贞观年，又分文武。”语中丝毫不及诸大夫的变迁，叫人雾里看花；至于东西省散官的有关演变，更被置之度外、只字不提。这就给了后人很大错觉。学者因谓武德散官中的太中大夫、中大夫、中散大夫系远承北魏，诸大夫之官为唐代阶官所提供的仅止名号而已。这不仅低估了西魏诸大夫的变迁意义，甚至也忽略了唐代散阶的重要成分——诸郎和诸尉的真正来源。无论是诸大夫还是东西省散官，都是在西魏正式组成为文散阶序列的。九命官品中的太中大夫、中散大夫已是七命散阶了，这就

①按“文武散官”原作“武散官”。中华书局本《校勘记》：“《十七史商榷》卷八一云：‘武’字上脱‘文’字。”王鸣盛说是。

是武德令之所本;而九命中另一些源于东西省散官的位阶,也在隋代与诸郎、诸尉呈交接转换关系。隋文帝以散实官和将军号为本阶而不及诸大夫,不过一时半会儿的事。开皇中诞生了八郎八尉,隋炀帝以九大夫和八尉为本阶,以及此后谒者台九郎的设置,这无不是此前北周的进步打下的底子。细绎隋代及唐初散阶制度方向各异的尝试,最终的演化方向,仍然包含着对西魏北周文散官发展成果的发扬光大,而不是将军号和散实官的单独演进结果。

当然,较之西魏北周,唐代的文散阶毕竟百尺竿头、更进一步,而非照葫芦画瓢。除前所论之外,北周"双授"以武号居文号之前,"戎秩"又高居文武散阶之上。高高在上的"戎秩"及"双授"惯例,都体现了关西政治的"文武同途"精神。隋文帝以散实官加军号拼成本阶序列,其官品分布虽比北周的戎秩和军号更为合理,但废止文散阶的做法依然阻碍了文武分途。随后的八郎八尉名号划一、阶次整齐,并显出了文武分家迹象,是一个明显进步。隋炀帝"散职"则在"大夫"以下设"尉","尉"号仍然留下了尚武的"尾巴"。而唐制则是文散阶、武散阶及勋官分立,而且把文散官放在最前边,"武散次之,勋官又次之",从文、武、勋三者次序看,这恰好把北周先"戎秩"、后军号、后散官的次序颠倒过来了。

文武序列高下拼接、彼此取代的一次次复杂变动,除了制度合理化的内在推动之外,政治文化因素同样显示了强大影响:崇文与尚武之间存在着分歧,关陇集团、山东士族、江左政权各自拥有不尽相同的偏好和传习。文号在隋唐间终于发展为"本阶"主体,当然也可以说这是"对山东士族传统的屈从",唐代散阶中确实存在着关东、甚至江左因素的影响。唐高宗在武散阶中特设了面向少数族首领的怀化大将军、归德将军，后来形成了面向异族的一个序列①，这似乎就参照过南朝梁武帝的旧法②。以文号构成散阶的发展北周先拔头筹，这也可以解释为北朝军功贵族自身的"文官化"，当然北齐和南朝都为此提供了重要参照。无论如何，文官政治才是中华帝国的"常态"，它在这个农业社会中已形成深厚传统；管理千百万小农首先得靠文官而不是武将，这个历史趋势无从逆转。以"文号"为本阶主体的做法，看来更能适应这一需要。

唐初的文散阶发展体现了"文治"趋向，可这个文散阶又是在"尚武"色彩最为浓厚的西魏北周发展出来的。这个"悖论"同样显示了变迁因果的交织错综。唐代散阶的"文治"色彩应该说是向南朝传统的摆动，文散官居武散官之前的规定，也像是江左官僚结衔时以文号居前、武号居后的旧习。但江左士族政治所促成的官僚等级"品位化"，主要体现于"门品秩序"之上，相应的清浊文武之辨更多适应了士族偏好、保障了门阀特权，而不是服务于军政需求。军阶虽然也是一种品位秩序，却具有相对更多的功绩制色彩，它出自法制规定并由君主操纵，乃是一种"官品秩序"。在江左因"门品秩序"的支配，留给军阶的空间是较为狭窄的；但北朝就不同了，其军功阶层的强大势力和崇尚军功吏绩的深厚传统，使之通过魏末"双授"，而大大推动了文散官的阶官化。

也就是说，南朝的"崇文"阻碍文散官的进化，北朝的"尚武"反倒推动这个进化；而至隋唐之际，推动文散官进化的动力又转

①这个序列的形成，可参看黄清连先生上揭文的辨析。

②梁武帝天监七年革选，别设"一百九号将军，亦为十品、二十四班，正施于外国"。见《隋书》卷二六《百官志上》。

成“崇文”了。昔日那些文散官本来是组织在“门品秩序”之中的,有些还是士族倾心的“清官”;然而在上述一左一右的曲折行进之中,军号先是通过“双授”而“拉动”了文散阶的进化,并由此而把浓厚的功绩制色彩和“官品秩序”性质传递给了文散官;随后武号本阶逐渐松开了“拉”住文散阶的双手,文号本阶得以自立家门,重新回到“单授”上来;但文散阶从军阶那里所承受的序列化形式和功绩制熏陶,却得以积淀下来了,大大清洗了士族政治意味,旧鸟归林,回归于官僚政治了。

魏晋南北朝是“品位”等级制高度发达的时代,不过就在这个时候,也依然并存着两种“品位”秩序:“门品秩序”和“官品秩序”。田余庆先生曾把门阀政治定义为“门阀与皇权的共治”,将之视为“皇权政治的变态”,它来自皇权政治,又早晚要回归于皇权政治①。相应的,我们不妨用“士族政治”指称与士族特权相关的所有事象,并将之视为“官僚政治的变态”。士族政治来自官僚政治,又早晚要回归于官僚政治。门阀政治仅仅存在于东晋一朝,士族政治则存在于魏晋南北朝的大部分时候。士族存身的最终根据终归是官位的世代占有,他们不能脱离官僚政治而存身,这一点就是士族“贵族化”的限度。魏晋南北朝时“门品秩序”和“官品秩序”两种品位秩序的存在,正是这种双重性的反映。士族门阀的另一存身根据在于深厚的文化垄断。相应的,田余庆先生把武装性的次等士族视为东晋门阀政治的终结者和南朝皇权政治的重振者。我们则进而提出,南朝的次等士族重振皇权的动量,远不如北朝军功阶层之大。在散阶制方面也恰好能看到,作为“官品秩序”的军阶,在北方拥有着大得多的驰骋空间,并拥有

---

①田余庆:《东晋门阀政治》,北京大学出版社 1991 年第 2 版。

足够的能量“拉动”文散官的阶官化；这些文散官有一些本来还是江左“清官”，但经军号的“拉动”，它们都被纳入为“官品秩序”的组成部分了。南北朝到隋唐间，王朝在处理散阶名号和序列时，由“崇文”而“尚武”，由“尚武”而回复“崇文”，其实对应着一个否定之否定的进程：军功阶层取代文化士族，文职官僚又取代了军功阶层。由此而来的文官重新“官僚化”，与五朝那种文化士族挥手道别了。

周隋之际是“官品秩序”得以扩张和“门品秩序”黯然失色的关键时分，唐代的文武散阶，便是继承这个发展而来。唐代“散位则一切以门荫结品”制度，仍是前一时代的历史遗产，显示了唐代政治依然残留着贵族政治色彩。然而“门荫”所依据的毕竟已是当朝官爵而非“冢中枯骨”，不是五朝冠冕那种脱离了朝廷官爵的传统门第了。正如宁欣先生所论：门荫“否定了门阀专政时期以门第高低作为享有世袭特权的原则”，“就门荫制度的范围，门第并无任何法律地位”，“可以说，当朝官品在门荫入仕群体中占有绝对优势，大小士族、新老士族都无法仅凭门第取得世袭高位”①。尤其是“然后劳考进叙”的规定，更使得迁阶晋级依赖于功勋业绩。就此而言，唐代文散阶与南朝距离较远，与北朝政治则存在着千丝万缕的联系，是与周隋相近的那种“官品秩序”。它既是历史发展中官僚阶级所获权益的一部分，但又体现为由士族政治向官僚政治的回归；若从制度发展看，还体现为古代文官制度的一项新成果、一种更灵活的官员管理手段。

---

①宁欣：《唐代选官研究》，台湾文津出版社 1995 年版，第 138—139 页；《唐代门荫制与选官》，《中国史研究》1993 年第 3 期。

七、唐初郎尉体制的几点考辨

武德、贞观年间的散阶制变迁大势，已如前节所述；全书的各个重大论点，到此都可以告一段落，就算仍有新义可发，也只能另请大方之家了。至于制度细节，倒还留下了一些疑问，我们在全书最后部分予以辨析。

对唐代二十九阶文散官的正六品以下部分，《唐六典》卷二《吏部郎中》作如下叙述：

> 隋开皇六年，始置六品已下散官，并以郎为正阶，尉为从阶。……炀帝又置八郎八尉，六品置建节尉、奋武尉，七品置宣惠尉、绥德尉，八品置怀仁尉、守义尉，九品置奉诚尉、立信尉，并为正从。又六品置承议郎、通直郎，七品置宣德郎、朝散郎，八品置登仕郎、将仕郎，九品置常从郎、奉信郎，亦为正从。皇朝以郎为文职，尉为武职，遂采开皇大业之制，以为六品已下散官。

文中“炀帝又置八郎八尉”，似应作“炀帝又废八郎八尉”。不过如有意引申借喻，则说炀帝“置”八郎八尉却也可通。因为隋炀帝确实又设置了建节等八尉、承议等八郎（即谒者台九郎的后八个）。这两种八郎八尉，在武德初年都被用于褒赏接踵而至的投效者。

武德七年令对有关散号予以综汇整理，这在前一节已经讨论过了，不过对相关史料的解释却存在着一些异议。黄清连认为，武德七年令所定位阶"包括二大将军、十将军、四骑尉，共十六阶"。这与本书对这些散阶的解释有异。按，武德七年曾把上开府仪同三司以下的勋官改名都尉、骑尉，同时还有如下安排："其散官文骑尉为承议郎，屯骑尉为通直郎，云骑尉为登仕郎，羽骑尉为将仕郎。"详见前引《旧唐书·职官志一》。黄先生便以此为据，把"四骑尉"也算成此期的武散官了。不过我想黄先生恐怕是误会了史料；其他论者固然没有把四骑尉视同武散官，但对相关原委也未加辨析，故有必要讨论如下。

上引《旧唐书·职官志一》四尉改四郎的记载，据中华书局本《校勘记》[三]，这四尉中的"文骑尉"，《通典》卷三四、《通考》卷六四别作"武骑尉"。武骑尉等来自隋文帝开皇八尉；而承议郎、通直郎、登仕郎、将仕郎原属隋炀帝大业八郎，武德年间列在十六郎中。照我的意见，唐高祖的上述命令，意思是要把拥有武骑尉等武号四尉者，分别改换为承议郎等文号四郎，却不是像黄先生所理解的那样，是把四尉用作武散官。

当然这里面有些很绕弯儿的地方，令事实真相暧昧不明。据《旧唐书·职官志一》记载，唐高祖改革勋官名号时，采取了"上大都督为骁骑尉，大都督为飞骑尉，帅都督为云骑尉，都督为武骑尉"的做法。按，隋文帝开皇八尉为武骑尉、屯骑尉、骁骑尉、游骑尉、飞骑尉、旅骑尉、云骑尉、羽骑尉。那么，四都督改四骑尉和四骑尉改四郎，就是两个同时的事件。对所记四骑尉转四郎，如从品阶方面观察，其武骑尉及承议郎都是正六品下，屯骑尉及通直郎都是从六品下，云骑尉及登仕郎都是正九品下，羽骑尉与将仕郎都是从九品下。那么在把尉号转为郎号的时候，八尉中第七至八品的骁骑尉、游骑尉、飞骑尉、旅骑尉去向不明。再把取骑尉之名来替代都督之号一事纳入考虑，骁骑尉被用来替代上大都督、飞骑尉被用来替代大都督，那么这里仍然余留着游骑尉、旅骑尉没有着落。进而，武骑尉既用来取代都督，又被转为承议郎；云骑尉既用来取代帅都督，又被转为登仕郎。其间头绪纷纭，乍一看去，还真有点儿摸不到头脑呢。

为便于分析，我们把隋文帝开皇八郎八尉、隋炀帝大业八郎与武德年间的郎、尉及勋官变换情况列为下表：

<table>
<tr><th></th><th>隋文帝八郎</th><th>隋文帝八尉</th><th>隋炀帝八郎</th><th>武德七年十六郎</th><th>武德七年骑尉所转郎号</th><th>武德七年骑尉所代都督</th></tr>
<tr><td rowspan="2">正六品</td><td>朝议郎</td><td></td><td rowspan="2">承议郎</td><td>朝议郎</td><td rowspan="2">承议郎</td><td rowspan="2">都督</td></tr>
<tr><td></td><td>武骑尉</td><td>承议郎</td></tr>
<tr><td rowspan="2">从六品</td><td>通议郎</td><td></td><td rowspan="2">通直郎</td><td>通议郎</td><td rowspan="2">通直郎</td><td rowspan="2"></td></tr>
<tr><td></td><td>屯骑尉</td><td>通直郎</td></tr>
<tr><td rowspan="2">正七品</td><td>朝请郎</td><td></td><td rowspan="2">宣德郎</td><td>朝请郎</td><td rowspan="2">?</td><td rowspan="2">上大都督</td></tr>
<tr><td></td><td>骁骑尉</td><td>宣德郎</td></tr>
<tr><td rowspan="2">从七品</td><td>朝散郎</td><td></td><td rowspan="2">宣义郎</td><td>朝散郎</td><td rowspan="2">?</td><td rowspan="2"></td></tr>
<tr><td></td><td>游骑尉</td><td>宣议郎</td></tr>
<tr><td rowspan="2">正八品</td><td>给事郎</td><td></td><td rowspan="2">征事郎</td><td>给事郎</td><td rowspan="2">?</td><td rowspan="2">大都督</td></tr>
<tr><td></td><td>飞骑尉</td><td>征事郎</td></tr>
<tr><td rowspan="2">从八品</td><td>承奉郎</td><td></td><td rowspan="2">将仕郎</td><td>承奉郎</td><td rowspan="2">?</td><td rowspan="2"></td></tr>
<tr><td></td><td>旅骑尉</td><td>承务郎</td></tr>
<tr><td rowspan="2">正九品</td><td>儒林郎</td><td></td><td rowspan="2">登仕郎</td><td>儒林郎</td><td rowspan="2">登仕郎</td><td rowspan="2">帅都督</td></tr>
<tr><td></td><td>云骑尉</td><td>登仕郎</td></tr>
<tr><td rowspan="2">从九品</td><td>文林郎</td><td></td><td rowspan="2">散从郎</td><td>文林郎</td><td rowspan="2">将仕郎</td><td rowspan="2"></td></tr>
<tr><td></td><td>羽骑尉</td><td>将仕郎</td></tr>
</table>

（注：表中最右一栏的四都督排列，只反映其名号变换关系，不反映其品级）

列表之后,问题顿时直观明晰多了,仔细推敲便能弄清武德七年上述变动的真意。这个看似复杂混乱的问题,说破了却相当简单:唐高祖取隋文帝的八尉名号以替代四都督,同时对先前拥有这些八尉名号者,改其号为隋炀帝八郎,以避重沓。

问题首先始于唐高祖打算以“骑尉”号改换勋官名号,这时他借用了隋文帝八尉中的骁骑尉、飞骑尉、云骑尉、武骑尉四号,以取代此前的上大都督、大都督、帅都督和都督四级。其中上大都督为唐初新设,大都督、帅都督和都督则为开皇散实官旧名。这种名号变换不乏合理成分,较之“都督”之名,“骑尉”之号更符合这四等勋官所处的六至七品地位,并能避免与都督府之都督的杂沓重名。不过武骑尉原来在正六品、居八尉之首,却被用来替代最低等的都督,对此制度规划者必有什么特别考虑,但详情莫明。此外,四品至五品勋官上开府仪同三司等被更名为诸都尉、骑都尉,也出于相近理由:使勋官的名号合理化和序列整齐化。

可这样一来,制度规划者就给自己招来一个麻烦。唐高祖起事后在赐阶酬功时,本来是以散实官、将军号、开皇八郎八尉、炀帝“散职”及谒者台九郎交错并用的,而武德七年把勋官四都督改名为四骑尉的办法,不仅割截了开皇八骑尉之半,使之变得残缺不全了,而且这八骑尉之号此前已作为散阶投入赐授,那么,此前已被授予八骑尉者,其名号与勋官新号四骑尉要发生的混淆,想躲也躲不开了。

朝廷对此所采取的弥缝之法,是求助于隋炀帝的郎号序列。根据对上表的推敲,相应措施应如下述:对那些已被授予开皇八尉的人,把他们的名号转换为隋炀帝大业八郎。即如:拥有武骑尉名号者,今改其号为承议郎;拥有屯骑尉名号者,今改其号为通直郎,以此类推。比如说我原来的散官是武骑尉,但武德七年王朝把勋官都督也改名叫武骑尉,那么我这武骑尉到底是散官还是勋官,从官名上看就分不开了;不过幸好朝廷又规定作为散官的武骑尉改名承议郎,那么我现在是承议郎而不是武骑尉了,这就避免了与勋官武骑尉的混淆。隋文帝的郎、尉体制,以八郎居各品上阶,以八尉居各品下阶,所以唐高祖在令八尉拥有者改号为大业八郎时,也就顺水推舟,把这大业八郎确定为各品下阶,以便在品级上同于昔日八尉。武德令中的十六郎,以隋文帝开皇八郎为各品上阶之名,以隋炀帝大业八郎为各品下阶之名,照我看就出于这个原因。当然,大业八郎的后三阶原来是将仕郎、登仕郎、散从郎;武德七年则略加调整,变成了承务郎、登仕郎、将仕郎。

开皇八尉是整个被转换为大业八郎了,而《旧唐志》"其散官文(武)骑尉为承议郎,屯骑尉为通直郎,云骑尉为登仕郎,羽骑尉为将仕郎"这段转述《武德七年令》的文字,却怎么只叙述了四尉四郎呢?另外的四尉四郎跑哪儿去了?这里面肯定有名堂。我推测,《旧唐志》必定是采用了截其首尾、以偏概全的简化笔法,把另外的四尉四郎省略掉了;假如要复原其省略部分,则这段《唐令》本应如下:

> 其散官武骑尉为承议郎,屯骑尉为通直郎,[骁骑尉为宣德郎,游骑尉为宣义郎,飞骑尉为征事郎,旅骑尉为承务郎,]云骑尉为登仕郎,羽骑尉为将仕郎。

括号内为作者所复原文字。日人仁井田陞所著《唐令拾遗》,在"官品令"部分录有这段《武德七年令》,然而对其中的潜在阙文未及置意①。可在我们补足这段阙文之后,方才的困惑便一清如水了。

足资证成这个复原的证据还不止于此。请看:

> 从七品下曰宣义郎。梁有宣义将军,隋文帝置游骑尉,皇朝改焉。(《唐六典》卷二《吏部郎中》②)
>
> 游骑尉,隋置散官,大唐改为宣义郎,盖取梁宣义将军之名。(《通典》卷三四《职官十六·文散官》)

所谓"皇朝改焉",其时当即武德七年。可见唐初确实曾把游骑尉改为宣义郎。《通典》及《六典》作者全都晓得宣义郎的来源是游骑尉所改,他们怎么知道得这么清楚呢?其根据一定都是《武德七年令》原文中的"游骑尉为宣义郎"一句,就是说他们都看过《武德七年令》原文。"游骑尉为宣义郎"一句既然得到了印证,以此类推,"骁骑尉为宣德郎"及"飞骑尉为征事郎,旅骑尉为承务郎",便都不是我的向壁虚构了。或谓《唐六典》有误:"按《隋志》:炀帝置宣义郎。'皇朝改焉',可疑。"③不过现在看来,作此疑问已无必要。在经考订排比而复原了《武德令》原文之后,我们便有充分理由,认定黄清连先生把文(武)骑尉等四骑尉看成武散官,应属误会。

---

①仁井田陞:《唐令拾遗》,栗劲等编译,长春出版社1989年版,第1页。近年日本学者出版的《唐令拾遗补》(东京大学出版会1997年版),仍然没有涉及这份《武德七年令》所潜藏的阙文问题。

②按此条材料系叶炜同学提示,特此致谢。

③廣池千九郎训点,内田智雄补订:《大唐六典》,西北大学历史资料室、图书馆1984年复印本,第31页,附注。

当然，武德七年作此调整之后，八尉序列就不复存在了。而此时所确定的辅国大将军至游击将军等十二号武散官为正二品至从五品，它们在官品上只占据了半个序列，显非完璧。贞观十一年朝廷对此再加完善，在六品以下设置昭武至陪戎八校尉、八副尉，武散官遂获得了首尾完备的完美形式。

对贞观十一年诸校尉的设置，黄清连先生还提出了如下疑问：《唐张伯通墓志》谓其以贞观十年四月十五日授陪戎副尉，《唐杨士汉墓志》谓其在贞观十年授陪戎副尉，"以上二例都在《贞观令》颁布之前，颇疑此陪戎副尉，只是因袭隋的官名，作为赏劳阀之用"；又《唐张才墓志》："隋历告终，唐皇启圣，隋官例降，准当陪戎副尉，谨从班例"，黄清连谓："在《贞观令》颁布施行以前，陪戎副尉是否正式纳入武散官制度中运作，实可存疑。"

按，贞观十一年令所定武散官八校尉、八副尉，在贞观十一年以前就已出现于史料之中，对此我们还可举出两例。《唐耿某墓志》："入选登朝，起家仁勇校尉"，贞观九年卒[①]；《唐敬府君墓志》："五年八月，授□武校尉。"[②]这"□武"或为正六品上之昭武校尉，或为从八品上之御武校尉。无论是陪戎副尉、仁勇校尉，还是昭武校尉或御武校尉，都不见于隋朝，凭空推断它们是隋官根据不足。从"赏劳阀"、"从班例"等语看，把它们释为武散官较为近实。又《唐敬府君墓志》："父瑜……武德元年授上轻车，久勤军幕，匪懈戎旃，更授陪戎副尉。"这"上轻车"是武德七年才设置的，然而墓志却说"武德元年授上轻车"。六年前就有人事先得到"上轻车"了，莫非真有能让时光倒流的时空隧道？很

---

①《唐代墓志汇编》贞观〇四八，第39页。

②《唐代墓志汇编》龙朔〇八三，第391页。

可能,这不过是拿后来改换的勋名代称初授的勋官而已。上述诸校尉是不是也有类似情况呢?至少这可以成为诸多解释中的一种吧。

后　记

若干个月的辛苦之后，一部书稿总算初具规模了，时不时便想起昔日选题、构思和摸索推进的时光。正如眼看着已和自己比肩而立的孩子，难免要回首一把屎、一把尿把他拉扯大的那些日子一样。

把好多功夫花在了官阶制上，说来不无偶然。有次备课时，无意发现梁官品可能存在着正、从、上、下的阶次区分，兴趣由此而生。经过一番思考，决定从"北朝对南朝的制度反馈"角度加以发挥。不久适逢某杂志约稿，便匆匆成文。此后为授课之需，我继续阅读品阶方面的文献，又发现北周可能存在着军号与散官的"双授"现象，随后从史传、石刻中搜罗出了北朝上千个"双授"实例，并一一输入电脑加以排比。那个夏天热得像蒸笼，经常浑身是汗干到后半夜，虽疲惫不堪却心情不错。

我不想只停留在琐屑枝末的制度考证上，随即就尝试拓宽视野、寻找线索，编织更宏观的论述框架。针对北魏末年的"双授"我提出了"拉动"概念，把北周的军号与散官序列视为唐代文武散阶的先声，并开始借助"品位分类"和"职位分类"概念，来观察更长时段的官阶制变迁。在向后追寻时，我对北齐北周军号散官的异同优劣、隋代文散官制度的来龙去脉、南朝散官阶官化的停滞不前等问题，陆续撰文叙述，并由此涉入了南北朝和隋唐制度源流的讨论。至如向前追寻时，尤其得益于“品位—职位”这个视角的“以论带史”之功。若没有这个先入之见，我绝不会从北周一下子跳到秦汉以至先秦，也写不出《论汉代禄秩之从属于职位》、《从稍食到月俸》等等文章。

先前我对官品和中正品的关系曾有些论说，经整理、充实并修订了一些错误之后，我把它们也纳入了眼下这个思路。这会儿我就感到，我已找到了一些散乱的珠子，又编织了一条连贯的主线，足可连缀成一条首尾相连的珠链了，便开始为一部书稿规划章节。

各章渐具规模的时候，心思又逐渐转回到理论问题上来了。反复斟酌之余，终于决定以“品位分等”、“职位分等”用语来取代“品位分类”、“职位分类”，以避免并不必要的概念纠葛——若有什么人跟我过不去、说我误用概念的话，我已预先金蝉脱壳了。进而，“自利取向—服务取向”概念也被纳入了分析框架，并试图通过官阶制的折光，来透视传统官僚政治的长时段变迁。依据这个又深化了一点儿的思路，我最后动手写成了本书的最前一章，并反过来重新调整增删，把手稿重新连缀组织起来。

就是这样，若干条含有“正、从、上、下”字样的官品材料，很“偶然”地引出了眼下这部书稿。它的数十万字，覆盖了千年以上的时段，涉及了浩繁史实与众多头绪，对我真是勉为其难。最觉吃力之处是通盘斟酌和整体推敲，框架是否匀称精巧，论证是否环环相扣，经营起来极费心思。自己干活儿向来粗枝大叶，有个六七分把握就贸然发言，给自己的评价同于王朔之“无知者无畏”。虽说书中也提出了不少推论，不过也知道这往往欲益反损：多说多错，少说少错，不作新说则永远不错。只就部分史料就贸然立论，却没把每个细节、线索一一澄清，想到可能潜藏的种种漏洞便惴惴不安。然而必要穷尽材料、遍参论著，时时陷进某一点而不及时拔足，所需要的便是“不知是何年”的漫长时光。“将以穷无穷，逐无极与?”不妨以“有所止”来自慰，“止”于精力和能力所不及之处。让丑女大大方方地出嫁见公婆吧，还是不必要老死闺中。

一向把思考写作看成非常“个人化”的事情，是自己与自己的孤独交谈，是个人心灵原野上的寂寞漫步。因此一向较少众口难调的外在顾虑，生怕被命题作文，不习惯与人合资联产，想象中那就跟合作写诗似的，不会加倍优美，只能适得其反。阅读时也偏好“个人化”的作品，那样的著述总给我一种感觉：有些课题你不去研究，别人早晚会走到同样结论上来；但“个人化”的看法，如果那位作者不表达出来，天底下就不大可能再有雷同的东西了。当然不是说“个人化”才是最好的。治学境界各有千秋，我从不以为只有某一路数才“于道为最高”，所以才经常随意尝试，不惧怕吃了蜘蛛。自己所写的东西，在水准高低上只能说尽力而已，唯独盼着它多少独具一格。以往的两种著作都曾尽己之力，去探索稍含新意个性的叙述框架。规划眼下这部《品位与职位》的时候，依然如此。当然“想”是一回事儿，做没做到又是一回事儿。新意和个性不能靠“自我表扬”，是好是坏都得由别人说；而我只能一如既往，迈步穿越毁誉，听任直觉的指引和判断。

时间一长，便逐渐形成了一些思考习惯。比方说吧，有时会尝试从社会科学中汲取灵感，但又往往只当是一种启示而并不拘泥，不惮于修改所借用概念，以适合当下之需。既然工作场所是史学而非社会科学，就不妨取我所需、为我所用，也不一定去追踪最时新的理论。正好比雕塑家有时会换把新工具，但犯不上引进最新式的数控车床，也用不着恪守“技工守则”一样。以官阶为题、以文献为本都是老掉牙的做法了，预设框架、构建体系也有跟不上“后现代”的落伍之嫌，只寄望从人文领域的“法无定法”中收化旧为新之效。社会科学与中国史学的最佳契合，不一定来自预想好逑的填表征婚；不妨跟着感觉走，茫茫人海中的蓦然回首，或许有不期而遇的心心相印。

面对一个制度时我有两条道儿可走：既可以“由面入手”，也可以“由点入手”。由“面”入手的话，我可以参考“百官志”，按官职的类别时代之类预先拉出一份纲目，再分门别类地排比资料填充进去；假如由“点”入手，我就该去探寻那些足以围绕其展开考证的关节之点，通过这些“点”支撑起全文的骨架。以往写作时，力所能及的话我都尽量“由点入手”。所以本书的章节安排，颇不同于政治制度史的教科书。自己的几部著作事先都无写作提纲，每每是到了快要写完、各“点”差不多被找出来的时候，才忽然明白了自己要写什么，于是再来重新调整修订。

政治制度史研究自然和政治史很不一样，也许不像后者那样有血有肉、有声有色。曾听过一种说法：制度的规定是死东西，与实际政治并不是一回事儿，人的活动才是真正的政治。不过这说法我不怎么信服。制度规定虽不等于实际政治行为，但在我眼中，它们仍不止一纸空文而已。政治制度同样有血有肉，它们的结构有如精微的有机体，它们的运动呈现出韵律和节奏；它们也经历着生、住、异、灭，像生命界的花木鸟兽一般；它们有时高歌猛进，有时也误入歧途，有时分道前行，有时又百川归海；不同制度间的碰撞、排斥、渗透和配合，同样错综多变、跌宕起伏，其精彩和微妙不亚于不同势力的联手、敌对和纵横捭阖。我心目中的“制度”是制约政治活动的行为框架，细心体察它们每一个律动和呼吸,都能为理解其时政治,提供足以由微知著的蛛丝马迹、雪泥鸿爪。

不过,把许多时光花在了官僚等级制上,其终极意义究竟何在呢？时不时就会困惑起来。本没敢把研究拔到“弘扬”、“史鉴”或“服务”高度,而且就个人天性说,从来与等级、权力、身份、地位一类东西格格不入。二十多年前到燕园求学,读到了“人人生而平等”的庄严申说,那时的震撼至今记忆犹新,“个人服从官府,全民听命领袖”的纸糊信条一时崩塌。而这些日子里,自己却拿大官小官的官大官小做了研究课题。当然知道对帝国体制应该历史地看待,它森严精密的权力金字塔无疑也是文明的成就;不过即令如此,对它,以及对古今中外一切类似物,心底照旧生不出一丝儿倾慕敬仰之感:“秦取天下多暴,然世异变,成功大”,不过如此而已;“傥所谓天道,是邪？非邪？”

眼下这部书试图论证,在专制强化起来的时候,官僚的特权、自利取向和贵族化倾向就会受到抑制,成为较有效能的行政工具。而这时候,我就想起了某次会上某教授的一番议论:每当中国出现了一位铁腕君主时,政治就变得清明了,官僚就变得守法了,社会就变得安定了。这个看法或许不无道理,肯定还不是他一个人的看法。但由那津津乐道的口吻、悠然神往的神态,联想到近年文艺对专制帝王连篇累牍的讴歌赞美,我却感到了深深悲哀。现代民主制已提供了一种现实可能,使人民得以全权支配自己的公仆,令其尽心尽责,而不必匍匐乞灵于一位贤明的独断者;然而说到本书,我却无力更改书中论点,若读者因之而生误解的话,那绝不是我的本意。

拉拉杂杂的独白,也该到此为止了。随后,要向祝总斌先生深致谢意。祝先生精于制度,对学术一丝不苟。他细心阅读了整部书稿，其商榷意见从字词的错误直到论点的偏颇。本书原题《职位与品位》，是接受了他的建议，才改为《品位与职位》的。经祝先生指正，交稿时就不那么忐忑不安了。叶炜同学曾多次向我提供史料和指出疏漏，陈奕玲同学与我共同研讨将军号的问题，师生切磋中我受益匪浅。最后，中华书局的宋一夫先生、仇正伟先生慨然接受了这部书稿，宁映霞编辑为之付出了辛勤劳动，盛情可感，在此一并致谢。

2000 年 4 月 5 日